腦神經科學、呼吸&動態冥想，
讓你擺脫原始腦，開啟自我深度對話、停止焦慮內耗的
內在溝通減壓聖經

내면소통 삶의 변화를 가져오는 마음근력 훈련

冥想
改造大腦

김주환
金周煥 著

游芯歆 譯

心理肌力訓練的核心
是讓自己完全擺脫恐懼。

身心靈的所有疾病
皆源自恐懼。

心理韌性
不是來自於非成功不可的
不屈不撓意志或執著。
而是來自於不畏懼失敗的心態。

如果你放緩呼吸，
回過頭來，
靜靜地審視自己的內心，
就會發現
那裡有一種放空的平靜
和完全的自由。

各界推薦

　　我一直以為溝通是與外界進行的事情，沒想到是從「內在」開始。想做好內在溝通，就必須培養心理肌力，而最好的方式就是冥想。金周煥教授所定義的冥想，不是大師們所說的那種刻板冥想，而是結合最尖端的腦科學和物理學為基礎所架構的冥想。內在溝通冥想是為了理解和鍛鍊背景自我，也就是連接經驗自我與記憶自我的主體。只要你能放緩呼吸，鍛鍊心理肌力，感覺訊息就會昇華為語言，社交齒輪也會開始轉動。總有一天，當冥想如刷牙一樣成為我們日常生活的一部分時，不只是個人的心理肌肉，就連社會的心理肌力也會變得更強大，我夢想著一個個人與社會都很健康的世界。

——崔在天

梨花女大生態科學系特聘教授，生命多樣性財團理事長

　　雖然大家都知道我們的行為會隨著決心而改變，但卻很難精準地解釋我們的心靈。人們過去雖然不斷透過哲學和心理學等多方面研究與實驗，獲得了相關關係或因果關係來解釋我們的心靈，但仍有許多不足之處。我們雖然知道心靈是由大腦所形成，但根據近來的研究成果發現，心靈其實是大腦和身體經由內在溝通所產生的結果。金周煥教授此次的著作便是透過腦科學解釋人類心靈如何運作，同時也解開了許多有關心靈的疑惑。而且，這也是一本介紹如何培養心理肌力及具體訓練法的巨著。想擁有美好的人生，就要有舒適的身體和心靈，因此在培養身體肌力的同時，也要培養心理肌力。謹向想擁有比「完美身材」更有價值的「完美心靈」的朋友們推薦這本書。

——權五鉉

三星電子前副會長，《超級差距》作者

這本書不僅介紹了腦神經科學的精髓，並且在量子力學的現代科學堅固基礎上明確闡釋了人類的頭腦是如何運作，以及我們生活中最重要的內在溝通。我對作者慧眼如炬地將心靈與精神健康的一切濃縮成「內在溝通」這個關鍵字感到萬分驚訝。這本書不像坊間常見的自我激勵書籍一樣要求讀者做這做那，而是結合嚴格的科學與哲學背景，在堅實和嚴密的基礎上建立自己的理論，有條理地說明大腦的運作方式。他看出了主動推理是大腦運作的基本方式，也因此提供了從根本上擺脫心靈痛苦的線索。

　　如果我們的教育能打破只注重培養單純雇用勞力的現行模式，轉而加強非認知能力的話，我們才能滿懷期待地希望那些具備自我調節能力、社交能力、自我激勵能力的人才們構築一個新的世界。尤其是對一些自以為不夠聰明而深感自卑的人來說，如果能說服他們相信，只要改變大腦神經網路就可以過上新的生活，那也算是一個好消息。只要我們相信人可以改變自我，然後按照作者的引導，就可以驗證「我溝通故我在」的真理和「改變自我就可以改變世界」的驚人事實。尤其是可以透過影片直接嘗試該如何坐臥站立，以及包括如何呼吸、行動、訓練本體感覺在內的各種冥想法，就是一種關懷讀者的最佳溝通方式。我對於作者能夠在百忙之中，而且還是新冠疫情期間抽空整理出如此海量的知識，向世人呈獻這樣的一本巨著，深表感激。做為一個一生都在為飽受恐懼、憤怒、疼痛、情緒障礙之苦的人們治療的精神科醫師，我希望所有人都能學習作者所介紹的心理肌力訓練法，從心理上過著健康的生活。

──蔡正浩
天主教大學附設首爾聖母醫院精神健康醫學系教授，韓國創傷性壓力協會暨大韓冥想醫學會創始人

　　矽谷的冥想文化已經廣為人知，我也透過與作者的會面學習冥想，體驗了自己的改變。這本書是一本很珍貴的書籍，因為它不是從宗教，而是從科學的角度去接近，也就是以無數腦科學理論為基礎來詮釋冥想。我希望讀者們都能夠透過冥想培養內在溝通能力，以及透過教育和訓練培養心理肌力。

──金奉鎮（Kim, Bong Jin音譯）

「外送民族」議長，《如何讀好一本書》作者

　　人類是脆弱的，現實是可怕的，這可說是做為人的根本境況（Condición humana）。但是，難道我們別無選擇嗎？金周煥教授的《冥想改造大腦》以腦科學、哲學、物理學的證據為基礎，提出了冥想的建議。他認為，通過冥想可以克服恐懼，而只有克服了恐懼的人才能獲得真正的自由。這本書讓我久違地學習和思考了許多事物，就像在讀21世紀的伊比鳩魯、叔本華或齊克果一樣。

——**金大植**
韓國科學技術院教授，《元宇宙智人》作者

　　作為一名講師，我努力工作了30年，有時充滿活力地向前奔跑，但也有兩腿膝蓋發軟的時候。這時，我才領悟到，當人生崩潰的那一刻，為了重新站起來，我們需要有強勁的肌力，那就是作者所強調的「心理肌力」。希望大家能透過這本書培養心理肌力，每當你遇到考驗和危機的時候都能重新站起來。

——**金美京**（Kim, Mi Kyung音譯）
MKYU法人代表，《金美京的四十堂課》作者

　　我經常聽到「人是不會改變的」這種話，但人其實是會改變的，只不過非常困難而已。為了改變自己，就需要正視自己內在的各種面貌，以及擁有改變自己的力量，這本書在談論的就是這一點。以最新的腦科學和心理學研究為基礎，深入淺出地告訴我們該怎麼做才能正確地了解自己和培養改變自己的力量。也就是說，我們的大腦裡雖然沒有肌肉，但是心靈卻可以像肌肉一樣強化肌力。這是一本令人想一讀再讀的書，也讓我對本書想傳達的訊息——改變自己就能改變世界，深有同感。這個世界比過去任何時候都需要許多的變化，而這個變化就要從擁有更強大、更堅韌的心靈做起。

——張東善（Jang, Dong Seon音譯）
腦科學家，「好奇的腦研究所」所長，《大腦裡還有另一個大腦》作者

在數位轉型時代，人類經歷的根本變化是藉由智慧型手機獲取海量訊息的同時，大腦活動有了改變，而社交關係也因此出現不同的型態。數年前我看到金周煥教授在《心理韌性》一書中介紹的心理肌力理論後大吃一驚，因為我發現每天早上不經意拿起智慧型手機，愉快地觀覽演算法則所推薦的新聞和短片的數位人類，正處於心理肌力比過去任何時候都要脆弱的環境中。

對數位人類來說，最重要的還是大腦。最近所有學問都非常理所當然地朝著與腦科學相關的研究方向邁進。在過去20多年來一直對溝通能力和腦科學的關聯性有深入研究的金教授，透過這本書再次興致勃勃地介紹內在溝通和心理肌力對人類的重要性。我最近在MZ世代喜愛的元宇宙遊戲平台上，探討他們是如何認識虛擬形象、彼此如何溝通、為什麼熱衷於創造那種世界，因為所謂「粉絲經濟」的數位世界成功秘訣就在於此。而這本書充滿著令人從根本上重新思考新變化起因的驚人研究成果，除了用在自我激勵之外，在準備面臨數位新文明的過程中，也是一本如珍寶般不可或缺的著作，甚至連該如何準備與訓練的方法都不厭其煩地教導。心理肌力要結實，數位肌力也才會結實，對於正在為未來數位文明時代做準備的所有人來說，這是一本非讀不可的書。

——崔在鵬
成均館大學副校長，《手機智人》作者

前言

　　心理也有肌肉。就像身體的肌肉一樣，透過系統化地反覆訓練，就可以加強心理肌力。培養心理肌力至少能產生三種好處：

　　第一，對心理健康有很大的幫助。不僅能擺脫焦慮和疼痛的痛苦，還可以提高情緒調節能力，讓心情平靜下來，長期保持快樂的狀態。這不表示我們壓抑憤怒或忍受焦慮的能力會變強，而是從一開始就不會產生憤怒、恐懼和焦慮的情緒。

　　第二，對身體健康也有很大的幫助。不只能強化免疫力，還能提升身體的各項功能，減緩老化。就如同肌力運動能防止身體的急速老化一樣，許多最新研究結果在科學上也明確證實了心理肌力訓練能防止大腦的老化。

　　第三，提高成就力量和執行能力。透過穩定大腦的杏仁核，並活化以前額葉皮質為中心的神經網路，可以提高我們的整體認知能力，一般的業務執行力也會獲得改善，尤其是問題解決能力、專注力、創意力，以及具有說服性的溝通能力等也會變強。只要能提高心理肌力，無論是學習、體育、商務、研究或創作活動等任何事情都會有更好的表現。

　　以上不是我個人的見解或主張，而是簡單歸納本書中所介紹的許多腦科學研究結果。總而言之，心理肌力訓練是一種具體而可靠的方法，可以讓人擁有更健康、更幸福、更豐富的生活。如果從小就可以自然而然地接觸心理肌力訓練，一定能獲得更大的效果。如果許多人都能主動學習保持自己身心健康的方法，我們社會上的許多問題自然迎刃而解。讀完這本書之後，相信讀者諸君也會和我有同樣的想法。

　　為了提出系統化培養心理肌力的具體方法，這本書設定了兩個目標，一個是透過內在溝通概念的建立，闡明內在溝通冥想如何強化心理肌力的理論目標；另一個是提出能提高心理肌力的內在溝通冥想具體方法的實用目標。

一言以蔽之，**本書的核心重點就是冥想**，這是提升心理肌力最有效的訓練法，而冥想的本質就是內在溝通。

現代人都知道運動的重要性和肌力訓練的成效，只要是現代人，每個人不是正在運動，就是至少有必須運動的想法。然而冥想卻沒能達到這種程度，那麼冥想的重要性或心理肌力訓練未能被廣泛接受的原因是什麼？想來是因為一提到冥想，就讓人有濃厚宗教色彩的感覺吧？擁有數千年歷史的現存宗教，將冥想發展成為一種修行的方法。冥想雖然因此得到了很大的發展，但事實上也給了現代人難以接近的感覺。況且相較於西方國家，韓國在冥想方面的研究或認知程度相當低。在日常生活中像運動一樣堅持冥想的人數比率，也明顯落後於其他先進國家。對於一些無關宗教或神秘主義，只以身心健康為目的，想要像運動一樣經常練習冥想的人來說，很難找到相關資料或教育課程。

在過去的數十年期間，跑步等有氧運動或各種肌力運動已經深深地融入我們的日常生活中。然而在1970年代以前，人們普遍認為只有運動員才需要每天運動，直到數十年前，每個人在生活中都必須堅持運動的想法才開始成為根深柢固的「常識」。而如今，每個人都應該以提高心理肌力為目的經常進行冥想的觀念，也同樣正快速地扎根成為一種常識。

原本人類根本不刷牙，但今天全世界幾乎所有人每天都刷牙。刷牙這個新習慣成為人類普遍行為模式所花費的時間，還不到一百年。同樣地，我相信冥想修行也很快就會有如此的變化。因為就像刷牙有益於人類健康一樣，我確定冥想也會對現代人的身心健康有很大的幫助。

本書所介紹的內在溝通冥想，無關宗教或神秘主義，是任何人在日常生活中都可以輕易練習的。在過去的十年期間，我一直致力於創建科學化的冥想訓練課程，很高興現在終於可以將成果展現在世人眼前。所謂的內在溝通冥想，是廣泛地涉獵無數傳統冥想技法之後，從腦科學的觀點徹底審查其效果，再將其有系統地轉換為穩定杏仁核及活化前額葉皮質神經網路的訓練。

為了達成本書的理論目標，首先我想提出冥想的科學依據。比起傳達冥想具有各式各樣效果的膚淺訊息，我將根據最新的科學理論來介紹大腦的基本運作方式，並以此為基礎，闡明冥想所根據的原理和所產生的效果。內在溝通冥想理論的核心基礎，是引領現今腦科學的「預測模型」。我將透過基

於卡爾・弗里斯頓（Karl Friston）自由能原理的「主動推理」（Active Inference）理論和「馬可夫覆蓋」（Markov blanket）模型來探討情緒障礙或慢性疼痛的根本原因，並提出腦神經系統放鬆訓練、內感受和本體感覺訓練、動態冥想、自我參照過程等心理肌力訓練法作為預防的方法。

我溝通故我在

　　本書雖然將冥想解釋為內在溝通的一種型態，但實際上內在溝通理論所說明的內容不限於冥想。內在溝通理論是一種普遍性溝通理論，透過將人類意識和自我意識的本質理解為內在溝通的過程，來說明所有溝通型態的過程和效果。尤其是以主動推理和隱秩序（Implicate order）*為基礎的內在溝通觀點，已經超越了近代哲學所建立的先驗性個人、機械論世界觀、因果論等傳統觀念，讓我們可以從新的角度來看待人類和社會。

　　將世間萬物分為認知的主體和客體的笛卡兒（René Descartes）曾說過「我思故我在」（I think therefore I am），他主張人性的本質是觀察和審視的認知主體或靈魂。這種客觀主義衍生出機械論世界觀，對現代人的意識結構有著決定性的影響。機械論世界觀主宰我們所接受的義務教育課程，至今依然作為常識在運作中。相對論和量子力學的問世已經超過了100年，但我們卻還無法擺脫300年前的笛卡兒式思考方式。

　　腦科學家安東尼奧・達馬西奧（Antonio Damasio）提出「軀體標記假說」（Somatic Marker Hypothesis），主張意識的本質是軀體所反應的情緒。他認為情緒是軀體的問題，而非思想或心靈的問題，人類的靈魂或心靈也同樣屬於軀體的問題，所以他的書，書名就是《笛卡兒的錯誤》（Descartes' Error），而他的論點則可以歸納為「我覺故我在」（I feel therefore I am）。

　　腦科學家魯道夫・里納斯（Rodolfo Llinás）更進一步表示，大腦功能的最

---

* 隱秩序是量子物理學家戴維・玻姆（David Bohm）提出的概念，指宇宙深層的基本秩序，與我們日常可見的世界（顯秩序）形成對比。它描述一種看不見但統一的結構，所有事物都包含於其中，並彼此緊密相連。

初目的是為了驅動身體而產生的意圖和其實現，而意識其實也是大腦為了實現行為意圖的一種功能。因此，簡單地說，他的論點就是「我動故我在」（I move therefore I am）。

另一方面，現代腦科學的領導者卡爾・弗里斯頓基於自由能原理和預測誤差最小化的原則，將意識定義為主動推理的最高司令塔。也就是說，意識是位於最高層級的生成模型。所以，他以「我在故我思」（I am therefore I think）為題撰寫論文，並且發表演說。

基於弗里斯頓的自由能原理和馬可夫覆蓋模型，我將意識理解為一個持續的內在溝通過程，並進一步將自我意識視為「溝通的內向性展開」的結果。尤其在嚴厲抨擊機械論世界觀方面，我是透過戴維・玻姆（David Bohm）的隱秩序和捲秩序（Enfolded order）的概念，來建立內在溝通的概念。因此，內在溝通的概念可說是綜合了弗里斯頓的自由能原理和玻姆的隱秩序觀點。我的這個觀點可以歸納為一句話——「我溝通故我在」（I communicate therefore I am）。當然，這句話裡的「溝通」指的是內在溝通。

當我們獨自思考時，會使用特定的語言。任何人在心中進行內在溝通時都會使用母語或自己熟悉的語言。思考或自言自語等形式的內在溝通，是在語言的基礎上完成的。語言是為了與其他人溝通而制定的社會規約，但為什麼人們在獨自思考時也使用語言呢？為什麼私人的內在經驗會立即被作為社交溝通的語言具象化呢？

意識的本質就是一個不停將自己的個人經驗轉化為可以向他人表達的過程。也就是說，意識是一個過程，不斷地將自己的私人經驗改編成「足以向他人表達的內容」。意識本身是內在溝通的過程，但前提是有他人的存在。意識存在的根本理由，是因為在主動預測模型的層級秩序裡，位於最上層的生成秩序為了將預測誤差降至最低，結果不得不積極與他人溝通。這就是意識的本質。

萬一我的感覺或敘述的情節，與存在於他人內在狀態的意識有明顯的差異時，那就是我產生了幻覺或妄想。然而，決定這種主動推理的結果是否正常的標準，並不是某種外在且客觀的事實，而是來自於和他人的溝通罷了。換句話說，是按照偏離其他人平均推理結果的程度來決定。當所有人都出現幻覺或都陷入妄想的情況時，那就代表所有人都沒有出現幻覺或妄想。或者

說，在大部分的人都出現幻覺或妄想的情況下，我們卻能夠跳脫出來，那才是真正的幸福和自由。

內在溝通是與自我的溝通，獨自思考、回憶、感覺、自言自語都是內在溝通。而腦科學的各種研究成果也顯示，即使在與他人交談時，內在溝通仍在我們的內心中持續進行。掌握他人的意圖或情緒也屬於內在溝通，讀書、看電影、聽音樂，或者使用社群媒體、看文章、寫文章時，也不時會出現內在溝通。所以說，一切溝通都始於內在溝通，終於內在溝通。

內在溝通的結果是意見、想法、決策，也是意識、敘事、回憶，同時也是我自己。內在溝通是啟動「自我」的方式，是生成「自我」的過程。除了這樣的意識作用之外，內在溝通的過程還包括解釋和整合視覺、聽覺器官所發送的感覺訊息、心臟或內臟等各種臟器所發送的內感受訊息，以及手、足等身體各部位所發送的本體感覺訊息之後構築外界形象的主動推理過程。換句話說，內在溝通的概念不僅是我和自己以言語溝通的意識過程，還包括了對各式各樣感覺訊息的下意識推理過程。為什麼要強調下意識主動推理過程？因為那是情緒或疼痛產生的基本過程。心理肌力訓練的核心，就是要改變這種下意識主動推理的錯誤習慣。

冥想是一種心理肌力訓練

加強心理肌力就是由「我」來改變「自己」。但我就是自己，無法自行改變，那麼「我」要如何改變自己呢？改變自己這件事之所以做得到，是因為名為「我」的存在，並非只有一個。內在溝通會出現在我的身體裡，這本身就代表我的身體中存在好幾個「自我」，而腦科學和心理學早已經對多個自我進行了概念化和理論化。對多個自我的分類法有好幾種，但一般被廣泛接受的方法是分為「經驗自我」和「記憶自我」。「經驗自我」指的是當下正在這裡經歷特殊經驗的我，而「記憶自我」則指將所經驗的事情累積成情節記憶的我。記憶自我又稱為「個別自我」或「Ego」，也是日常的自我認同。同時，還有一個能察覺「經驗自我」和「記憶自我」存在的「背景自我」。舉例來說，我現在正在聽音樂，這時，感覺到現在聽的音樂真好聽

的，是經驗自我；想起以前似乎曾經和某個人在哪裡聽過這音樂的，是「記憶自我」；而覺察這種經驗自我和記憶自我的存在，則是「背景自我」。心理肌力訓練的核心，就是在各種型態的內在溝通中，培養背景自我的覺察能力。

　　背景自我總是靜靜地存在於我們的意識之外，所以我們在日常生活中會忘記它的存在，只單純將經驗自我和記憶自我誤認為自己的本來面目。而且背景自我是認知的主體，而非客體，因此也無法加以描述或說明。但是，我們經常能感覺到它的存在。當我們關上窗戶時，房間裡會變得黑暗，但是一開窗，又會變得明亮起來。然而，這並不表示窗戶是光線的來源，它只不過是讓陽光透進來而已。經驗自我就像一扇窗，是此時此刻允許陽光透過的存在。而記憶自我就可以比喻成是覆蓋在這扇窗戶上各式各樣不同色彩的窗簾，窗簾會利用有限的性質和特色，為透窗而入的光線帶來不同的變化。但是，窗戶或窗簾對做為光源的太陽，卻產生不了任何影響。背景自我就像太陽，雖然必須透過經驗自我才能顯現，並且受到記憶自我的限制或遮蔽，但背景自我始終維持原狀。而各式各樣的冥想修行，就是為了透過背景自我領悟「我」的本質面貌。

　　背景自我是認知的主體，是不時覺察經驗自我和記憶自我的存在。背景自我空空蕩蕩、寂靜無聲，所以平靜而美好。人類所有的想法、情緒、經驗、記憶、行為等都是經驗自我和記憶自我所產生的一種噪音。在一個超越情緒、想法、經驗的地方，在一個所有噪音集體消失的地方，才顯得出寂靜。嚴格來說，以前沒有的寂靜並非現在才出現，而是寂靜一貫地存在於此，只是被噪音暫時掩蓋，直到噪音消失才被發覺。

　　內在溝通冥想的核心，並不在於我能做出多麼完美的冥想、能管控想法和心靈到什麼程度、能把事情做到何種地步，反而是在於我能捨棄多少、我能放下多少想管控和調整的意圖。因為心理肌力訓練的重點是為了覺察始終如此悄無聲息存在的背景自我。寂靜不是付出努力就可以得到的，努力去做什麼事情反而更有可能產生吵雜噪音。相反地，當你什麼都不做的時候，寂靜就會出現。我的寂靜始終存在於彼處，而冥想就是通過什麼都不做來完成最重要的事情。

　　冥想會讓我們感到舒適和快樂，如果你在進行冥想時感到痛苦和難受，

那麼很有可能你在進行的不是冥想,而是其他別的事情。假設我們正走在山路上,前方出現了一塊大石頭擋住去路。那石頭重嗎?如果堅持要抬起它,那一定重得不得了。但是,對於不打算把石頭抬起來的人來說,那就根本不是一塊沉重的石頭。只有抬著石頭卻無法放下的人,石頭才會給他們帶來沉重的痛苦。

內在溝通冥想就從問自己「我為什麼現在要抬著這塊沉重的石頭?」開始,拚死拚活非要抬著石頭的執著從何而來?為什麼放下石頭會讓你像生命終結一般感到恐懼,理由何在?這份恐懼的源頭是什麼?而我「理應」抬起這塊石頭的理所當然來自何處?社會上的傳統觀念?周圍的視線?可以確定的是,我的這些想法絕非來自背景自我。是記憶自我讓你抱有「我必須抬起這塊石頭」的想法;是經驗自我讓你感覺「石頭太重好痛苦」,而背景自我只是默默地觀望和審視你的這種執著和痛苦。放棄手抬重石的執著需要勇氣,放下石頭的力量就是心理肌力,而冥想則是放下執著的訓練。

改變自己就是改變世界

我在講授冥想課程時,往往會有人提出這種問題——如果一個人不顧堆積如山的社會問題或結構問題,獨自靜坐冥想,這麼做是對的嗎?是不是過於專注在「我」的問題上,或者是不是把政治和社會的問題全都還原為個人層面的問題?這些說法都沒錯,的確不應該只顧著探索個人層面,但如果因此乾脆不探索個人層面的話,那反而更糟糕。

仔細觀察社會結構問題,並嘗試解決的努力非常重要。但是,為了達到這個目的,首先就應該好好鍛鍊社會成員們的心理肌力,不能只停留在將一切都歸咎到社會結構的問題上。因為一味地怪罪社會結構問題,是無法改變任何現狀的。既然已經意識到了結構上的問題,就應該嘗試去改變它。而這種嘗試要付諸實現,就必須強化每個人的心理肌力。心理肌力薄弱的話,這種嘗試本身就不可能存在。

心理肌力可以大致分為三種,都與「我」有關。心理肌力是一種能力,讓「我」更好地管理自己(自我調節能力)、更好地對待他人(社交能力),以

及更好地處理世事（自我激勵能力）。強化心理肌力就表示改變自己，而改變自己就等於改變世界。我的改變會為我的生活和環境帶來變化，而我寄身其中生活的環境和世界，並非在我存在之前就已經注定了無可撼動。我的環境是由我與世界相遇後形成的知覺碎片所構成，而我的世界則是根據我的身體和世界互動的結果所產生。改變世界就是改變自我，或者反過來說，唯有改變自我，才能改變世界。所以，改變自我也像改變世界一樣地困難。

由此可見，一個人的心理肌力不是個人層面的問題。然而遺憾的是，傳統上幾乎所有學術，尤其是各種人文學和社會科學始終只將個人視為被動的存在。今天的人文社會科學將人類視為只會被動接受來自歷史與社會結構影響的弱者，並以此一成不變的觀點為傲。人文社會學家們認為，一個人的態度、行為和認知是由客觀的歷史、社會、經濟、文化、政治條件所決定的。換句話說，政治結構決定了投票等政治型態，經濟條件決定了經濟活動方式，歷史和文化則決定了一個人的想法和行為。也就是說，存在於人類意志之外的「社會結構」是自變數，而人類的想法和行為則是由它來決定的應變數。當然是有這種層面的存在，但卻非僅限於這一種層面而已。如果只有這樣的世界觀，本質上的改變或革命從一開始就根本不可能實現。義務教育中從來沒教過「人類的意志、行為、思想也可以是自變數」這回事，因為把一個一個的人製造成社會齒輪的零件，才是目前教育系統的目標。

如果想擁有一個更美好的世界，就應該明確地教導學生——個人是可以改變結構的；就應該明確地啟迪學生——歷史終究是由一個個的人創造出來的。在現代社會中，如史蒂夫·賈伯斯說的，相信「我可以改變世界」的人會被當成少數的「瘋子」，他們是沒被義務教育提供的學校課程洗腦的人，也是一群打破常規的存在，而歷史往往是由這種大膽的「瘋子」所締造。這些瘋狂的人不時會給世上帶來巨大的變化，我們生活的世界就是這群瘋狂者的創意和努力的成果。如果你想改變，如果你夢想從本質上改變自己生活的社會結構，那就需要有將人類視為自變數的眼光。

我們不應該只關注一個人會受到政治、社會條件多大的影響，也應該關注一個人會如何、何時給自己所屬的政治、社會條件帶來何等的影響。同時還應該研究一個人是如何發現自己有了想改變社會結構的「改變意志」，以及察覺這股意志的力量是什麼。然而，目前尚沒有一門學問以這幾點為研究

對象，也沒聽過有任何理論說明人該如何改變整體社會的結構。因此，學校裡也無法教導學生如何靠著一己之力改變自己所寄身的社會和結構。

當人類試圖改變社會結構時，最需要的就是強大的心理肌力。因為如果缺乏調節自己情緒的自我調節能力、與他人合作和說服他人的社交能力、為完成夢想而不斷鼓勵自己的自我激勵能力，就會落得一事無成。**心理肌力薄弱的人，絕對無法駕馭自己生活的世界朝夢想的方向改變**，唯有身體和心理都健康的人才能挑起改變或發動革命。唯有心理肌力強大的人，也就是能憑藉自我價值和自我尊重來施展強大自我調節能力的人，才能發揮高水準的道德心、責任感，以及對人類的尊重與關懷。那些道德淪喪或對他人行使有形或無形非人道暴力的人，都同樣是一群心理肌力薄弱的人，這種人通常會走向自我毀滅。問題是他們在自我毀滅之前，往往會先毀滅周圍的人。

民主主義的反面是暴力，衡量一個社會民主程度的標準，就是看它免於受暴力的程度。如果公平正義是奠基於暴力之上的話，那就不是民主。政治過程中不得存在任何形式的暴力，這才是民主。人類的暴力源於恐懼、憤怒等負面情緒，心理肌力薄弱的人會基於恐懼和憤怒而行使暴力。要建立一個健全的民主社會，就需要成員們都擁有情緒調節能力和健康的心理肌力。因此，培養心理肌力的這個建議，目的是為了創造建設更美好世界的基本條件。而透過教育和訓練來培養社會成員們的心理肌力，與其說是針對個人層面的問題，不如說是針對政治和共同體的提案。

本書概要

本書的概要如下：

第一章首先解釋心理肌力訓練的重要性。我們大腦的基本運作方式與生活在洞穴中靠狩獵和採集維生的原始人沒有太大的不同，在危機情況下杏仁核會被啟動，前額葉皮質的神經網路功能會下降。這種運作方式對原始人來說是合理的，因為他們所面對的「危機」主要是使用肌肉力量戰鬥或逃跑就可以解決的問題。但這卻不太適合我們現代人，因為我們必須處理的危急情況，大部分利用的不是肌肉，而是前額葉皮質的神經網路。因此，穩定杏仁

核的心理肌力訓練，對現代人來說至關重要。

第二章介紹心理肌力概念的理論和哲學背景，同時也對自我調節能力、社交能力和自我激勵能力三種心理肌力所根據的腦科學基礎做一番說明。

第三章解釋心理肌力可行的理由。許多人陷入基因力量的幻覺中，生活在「我」的許多部分先天如此的錯覺裡。因此本章中將證明我們所認為的「先天」，實際上是受到「環境」的影響。再進一步導入表觀遺傳學的觀點，即考慮基因表現過程與環境之間的相互作用。同時也針對心理肌力「訓練」的意義，說明大腦的功能性連結與結構性連結可以根據神經可塑性加以改變。

第四章討論改變自我的意義和可行性，說明「我」是由多個自我所組成的。「多個自我」的概念也是內在溝通理論的出發點。然後再從腦科學的角度說明意識的本質就是內在溝通，並且介紹意識的重要特徵。

第五章則透過卡爾·弗里斯頓的自由能原理和主動推理理論來說明大腦的基本運作方式。尤其是闡明作為現代腦科學理論中非常重要的概念，即「預測」或「推理」的本質其實就是查爾斯·桑德斯·皮爾斯（Charles Sanders Peirce）所說的「溯因」（abduction），並且說明唯有改變生成模型才能改變大腦的推理方式。這一點之所以重要，是因為通過訓練提升心理肌力的目的，就是為了讓大腦習慣新的推理過程。換句話說，也就是在主動推理理論的基礎上，將心理肌力訓練的本質理論化。

第六章透過戴維·玻姆的隱秩序和捲秩序概念，探討內在溝通的「內在」意義。玻姆將內在溝通解釋為隱秩序，為我們開闢了一條可以將所有溝通的過程和效果理解為生成秩序的道路。並強調無論是腦科學、傳播學或其他任何一種科學，都有必要跳脫機械論世界觀，克服因果論思考方式的狹隘框架。

第七章從腦科學的角度對內在溝通的概念進行整理和理論化，一窺內在溝通的各種效果。同時強調冥想的本質是內在溝通訓練，並說明內在溝通是心理肌力訓練的核心。

第八章提出透過內在溝通冥想訓練來穩定杏仁核的具體方法。首先從主動推理理論的角度來解釋情緒和疼痛是以同樣的方式產生的，然後說明如何透過心理肌力訓練來修正造成長期情緒和疼痛問題的大腦推理過程中的錯

誤。同時具體介紹專為放鬆腦神經系統和提高內感受自覺能力的冥想訓練法。

第九章介紹提高本體感覺自覺能力的各種傳統「動態冥想」訓練法，以作為穩定杏仁核的另一種方法。因此，也同樣從腦科學的角度來說明動態的重要性和透過本體感覺訓練來調節情緒的可行性。

第十章介紹為自我參照過程和我他肯定（I'm OK-You're OK）的內在溝通冥想，以作為活化前額葉皮質神經網路的訓練方法。更具體地強調自我參照過程訓練的三個階段，並說明觀隔冥想的重要性。眾所周知，肯定自我與肯定他人能活化前額葉皮質，並提高幸福感受。在這章中也同時介紹了內在溝通冥想裡以寬恕、憐憫、愛、接納、感恩、尊重串連而成的六種我他肯定的方法。

第十一章從各式各樣傳統冥想中，介紹與心理肌力訓練相關的冥想技巧。尤其是透過數息觀，深入探討所有冥想基礎的呼吸冥想。

有一點要注意的是，本書中所介紹的心理肌力訓練，只是有助於預防或防止焦慮症、憂鬱症、創傷症候群、精神壓力等疾病的復發，而不是治療這些疾病的方法。換句話說，在健身房進行的肌力訓練，是肌肉骨骼系統毫無異常的人為了讓自己的身體更加健康才這麼做，而不是為了治療疾病。如果你曾經被診斷出患有各種焦慮症或憂鬱症的話，在進行心理肌力訓練之前，應該先按照醫師處方努力擺脫病痛之後再開始。

在我對「內在溝通」這個新概念進行理論化的過程中，不得不涉獵最新的腦科學理論。而且在將內在溝通訓練連接到過去的冥想傳統時，必須參考的研究文獻數量大增。在撰寫本書的數年期間，作為傳播學學者的我，愈來愈堅定地相信，建立「內在溝通」概念和理論是我可以貢獻給這個世界最有意義的事情。因此，也讓我產生一種類似使命感或責任感的心態，促使我學習了比當初預想更多的東西，稿紙的份量也增加了兩倍以上。結果完稿時間比計畫晚了很多。在此，我想向影響力（Influential）知識產品平台總經理文泰鎮（Mun, Tae Jin音譯）致以最深的謝意，感謝他始終耐心等待拖延多時的稿件。同時也感謝作為主編，在編輯、設計、排版等各項工作上不辭辛勞的韓成洙（Han, Seong Su音譯）部長，以及在校對階段給予了許多有用反饋的金賢京（Kim, Hyeong Gyeong音譯）老師。因為有你們的包容和協助，我才得以將一

次涵蓋好幾個主題，多少顯得晦澀難懂的初稿，完全重寫了相當大的一部分，並且從整體上重新組織內容。

　　諷刺的是，如今得以脫稿還是多虧了新冠疫情。在過去的兩年期間，我有了一個可以獨自坐在書桌前一整天的合理藉口。學校授課也全部都改成坐在書桌前的線上教學，各種會議或論文審查就不用說了，連演講、學會發表和研討會等也全都在線上進行，讓我節省了大量的時間。再加上各種活動或聚會也幾乎全部取消，不必浪費時間在路上到處奔波，可以把大部分的時間都傾注在撰稿工作上。

　　內在溝通理論的核心可說是卡爾‧弗里斯頓的自由能原理和主動推理理論，以及戴維‧玻姆的隱秩序和內捲概念。在寫這本書的時候，我向弗里斯頓教授解釋了內在溝通理論，結果還寫出了兩篇應用主動推理概念的論文。能做到這一切，也是因為非面對面聚會成為常態，利用線上方式與國外學者們溝通和討論的風氣廣泛流通的緣故。藉著這個機會，我要向對於主動推理理論和馬可夫覆蓋模型給予我許多回饋的倫敦大學學院（UCL）弗里斯頓教授致以最衷心的謝意。

2023年2月

石水　金周煥

目次

各界推薦 004
前言 008

第一章　心理肌力訓練的重要性

為了生存，大腦會扭曲現實 026
以原始人大腦生活的現代人 028
恐懼：大腦應對緊急狀況的方式 031
斑馬為什麼不會得胃潰瘍 033
杏仁核與前額葉皮質的拉鋸關係 036
教育對強化心理肌力的重要性 041

第二章　心理肌力的三種腦科學根據

人類生活中的三種問題範疇與心理肌力 056
心理肌力是與三種範疇溝通的能力 060
自我調節能力：與自己溝通的能力 062
社交能力：與他人的溝通能力 070
自我激勵能力：與世界的溝通能力 075
心理肌力的腦科學根據 078

第三章　心理肌力訓練

擺脫基因決定論的幻覺 ································ 088
看似遺傳，實則來自環境的影響 ························ 092
從表觀遺傳學的角度來看心理肌力訓練 ·················· 098
神經可塑性：心理肌力訓練帶來的變化 ·················· 108

第四章　自己改變自己

為什麼自己能改變自己 ······························ 120
把「我」當成單一固定實體的幻覺 ···················· 123
背景自我與內在溝通 ································ 127
意識是一種持續性的內在溝通 ························ 135
從量子力學的角度來看意識 ·························· 140
意識的特性和大腦製造的幻覺：
單一性、同步性、連續性、體化性、被動性 ·············· 149

第五章　大腦是如何運作的

推理：大腦的基本運作方式 ·························· 166
溯因推理：推理的邏輯結構 ·························· 170
預測誤差和自由能原理 ······························ 182
馬可夫覆蓋：主動推理過程的模型 ···················· 187
馬可夫覆蓋與內在溝通 ······························ 195
對精神疾病和酬賞系統的新理解 ······················ 203
馬可夫覆蓋的巢狀結構與內在溝通訓練 ················ 214

第六章　隱秩序與內在溝通

擺脫機械論世界觀才能進行內在溝通 ……………………… 224
一個整體的宇宙和隱秩序 …………………………………… 233
唯氣論世界觀與整體動態 …………………………………… 237
隱秩序與物心二元論問題 …………………………………… 246
物質、意義、能量三位一體關係與自我的三種範疇 ……… 251
玻姆與弗里斯頓：主動式資訊與主動推理 ………………… 258
生成秩序與內在溝通 ………………………………………… 264

第七章　內在溝通與冥想

所有溝通都來自於內在溝通 ………………………………… 272
內在溝通的腦科學基礎：語言處理的雙重流程 …………… 276
內在溝通對大腦發育的重要性 ……………………………… 281
內在溝通的類型和樣式 ……………………………………… 285
內在溝通力量的具體實例：安慰劑、催眠、禪問 ………… 291
訓練心理肌力的內在溝通冥想 ……………………………… 302

第八章　用於穩定杏仁核的內在溝通冥想

恐懼和憤怒在本質上是相同的 ……………………………… 316
情緒的問題不在於心理，而在於身體 ……………………… 321
情緒與疼痛本質上是相同的 ………………………………… 328
擺脫情緒障礙和慢性疼痛 …………………………………… 334
用於穩定杏仁核的腦神經系統放鬆訓練 …………………… 340
訓練內感受的內在溝通冥想 ………………………………… 363

第九章　本體感覺訓練和動態冥想

何謂本體感覺訓練 ································ 378
意識為運動而存在：情緒是一種固定行為模式（FAP） ··· 382
清醒：運動的準備狀態 ····························· 390
通過動態冥想調節情緒 ····························· 401
本體感覺訓練的各種型態 ··························· 414

第十章　用於活化前額葉皮質的內在溝通冥想

意識與自我參照過程 ······························· 440
自我參照過程訓練與冥想的效果 ····················· 444
自我參照過程訓練的三個階段 ······················· 450
六種正向內在溝通冥想：寬恕、憐憫、愛、接納、感恩、尊重 ··· 464

第十一章　用於提高心理肌力的各種傳統冥想

何謂冥想修行 ····································· 500
佛教的傳統冥想法 ································· 506
儒教的傳統冥想法：靜坐法 ························· 524
莊子的冥想法 ····································· 529
呼吸冥想傳統：數息觀 ····························· 534

注釋與參考資料 ··································· 558
圖片資料 ··· 569

凡例

- 本書遵循韓國國立國語院的標準語規定及外來語標記法，但部分人名按照實際發音標示。
- 本書中部分網址在圖書出版後可能因該頻道狀況而停止播放。

第一章

心理肌力訓練的重要性

- 為了生存，大腦會扭曲現實
- 以原始人大腦生活的現代人
- 恐懼：大腦應對緊急狀況的方式
- 斑馬為什麼不會得胃潰瘍
- 杏仁核與前額葉皮質的拉鋸關係
- 教育對強化心理肌力的重要性

為了生存，
大腦會扭曲現實

　　心理肌力是人類實現任何事情的基本成就力量，擁有強大的心理肌力就等於擁有高度自主實現任何目標的成就力量。在詳細說明心理肌力之前，我想先探討心理肌力訓練的必要性，我認為如此才能提供更深入了解心理肌力的動機。

　　在了解強化心理肌力訓練的必要性之前，首先要注意兩件事情。第一，大腦的一部分基本運作方式不太適合生活在現代社會中的我們；第二，大腦的運作方式隨時可以透過適當的訓練來改變。

　　如果不進行心理肌力訓練，或者訓練的方向錯誤，只著重在以考試為主的競爭教育，那便很難避免身心的痛苦。我們大腦目前的運作方式，只適合以狩獵和採集作為基本生存方式的原始社會。雖然距離農業革命的開始已經過了一萬年，但想依賴進化來適應農業革命之後急遽變化的社會和文化，這個時間又嫌太短。人類在現代社會的生存方式雖然有了很大的改變，但大腦的運作方式卻仍舊停留在舊石器時代。在這種情況下，為了克服大腦的運作方式與現代人生活無法同步的問題，就需要有系統且反覆進行的心理肌力訓練。

　　人類的大腦並非為了準確認識和理解世界的真實面貌而存在的，對於獨自待在黑暗頭蓋骨裡的大腦來說，重要的不是能否精準反映外界事物，而是在特定環境下如何最大限度地提高生存機率。大腦的認知功能不是為了要正確掌握世界的面貌，而是為了讓我們的生存和繁殖變得更加有利，因此會朝著適當地扭曲這個世界，並接受這個結果的方向進化。

　　大腦的核心功能就是「扭曲」這個世界。我們在衡量聰明程度時經常使用的「智力」，其核心也是「扭曲」。我認為，人們誤以為大腦的主要功能是正確反映世界，這種錯覺阻礙了人工智慧的發展。如果是真正可以模仿最

真實人類智慧的人工智慧，應該是要能引發視錯覺（Optical illusion），並且在溝通時能引起誤會才對。視錯覺和誤會是走向強大人工智慧的關鍵。將視錯覺當成大腦在訊息處理過程中所發生的單純誤謬的觀點，正反映出對大腦基本運作方式的根深柢固誤解。關於這點，我會在以「主動推理」（active inference）理論為中心的第五章中仔細說明，現在就先集中探討大腦以自己的方式扭曲世界的這一點。

那麼「大腦『扭曲』世界」是什麼意思呢？這是指大腦對於透過身體的感覺器官所傳達的各種感覺訊息，以「自己的」方式定義。這樣的定義如果藉由語言來完成，就是敘事（Storytelling），敘事是意識在大腦中運作的核心功能。

我們眼中的這個世界，其實體並非「如實呈現」，而是「大腦製造出來」的。不管是身體的活動或大腦的運作方式，目的都是為了適應生活。為了活下來，人類的大腦把各種從世界接收到的感覺訊息，透過主動推理來定義，並以此為基礎引發情緒和疼痛，更進一步促使身體做出各種動作，這就是大腦的基本運作方式。

人類的大腦在過去200萬年的進化過程中對環境已經非常適應，可以毫無問題地運作。然而，自從進入現代社會以後，大腦的運作方式不僅對生存沒有幫助，反而經常造成傷害，無法再適用於當前的社會結構與生活方式。最能顯示出大腦因為這種不適用性而出現問題的代表例子，就是情緒障礙和慢性疼痛等症狀。看看我們的周圍，已經很難找到從未經歷過情緒調節問題的人，也很難找到全身上下沒有哪裡不舒服的人。不是只有你一個人感到焦躁、生氣、無助或憂鬱；也不是只有你一個人全身這裡痛那裡痛，這是全世界所有現代人都擁有的共同特徵。然而，為什麼會變成這樣呢？

以原始人大腦
生活的現代人

人類的出現大約開始於200萬年前，緩慢地進化到35,000年前為止，這期間人類的生活方式主要依賴基因方面的變化。賈德・戴蒙（Jared Diamond）*認為人類的生存方式自35,000年前開始有了飛躍性的進展，他以「大躍進」一詞來形容這段時期。自大躍進時期以來，我們的生活方式發生了變化，不再依賴基因的進化，而是以文化或技術的進步為基礎。現代人的生物學結構基本上與35,000年前的克羅馬儂人很類似。戴蒙認為，如果我們現在遇見了35,000年前的克羅馬儂人，有可能可以教會他們開飛機。因為兩者之間只有文化上的差別，基本的智力或語言能力很相似。這也表示我們的大腦結構和基本運作方式與舊石器時代原始人相差無幾。

現代人用原始人的大腦生活產生的最大問題，就出在面對危機的反應方式上。當大腦感覺生存受到威脅時，就會向全身發出緊急訊號，並且進入克服危機的系統中。假設有個原始人打獵途中遇到了野豬，當幾頭野豬突然發動攻擊，原始人的大腦就會判斷這是對生命的威脅，便發布緊急訊號，瞬間讓自己的身體進入戰鬥或逃跑的最佳狀態。

此時最需要的是肌肉的力量，因此心跳會加速，以便向肌肉細胞供給更多的能量和氧氣。接著是緊縮肩膀肌肉、顏面肌肉，尤其是咬緊牙關時使用的下顎肌肉等一系列的肌肉。

平時大腦會向消化器官輸送許多能量，但在危機情況下，大腦會切斷對消化器官供給的能量，降低消化功能，轉而將能量集中到肌肉來。當務之急是要跟野豬搏鬥，哪有餘力去消化早上吃的飯，對吧？而且，維持免疫系統

---

* 《槍炮、病菌與鋼鐵》的作者。

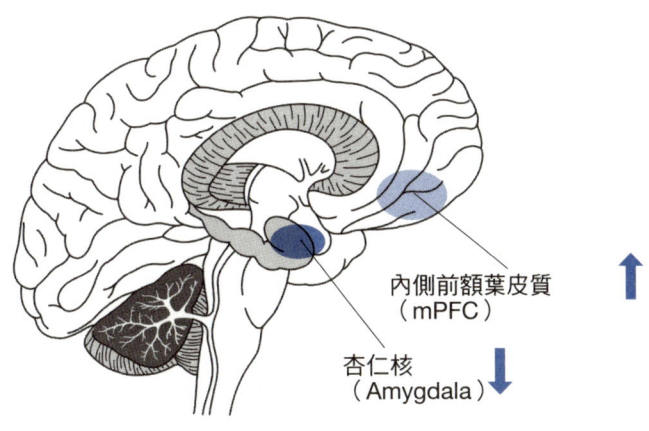

【圖 1-1】生存在現代社會的原始人大腦。 內側前額葉皮質（mPFC）和杏仁核（Amygdala）緊密相連並互相牽制，當一方發揮功能時，另一方的功能就會降低。就像蹺蹺板一樣，以一個上升、另一個就下降的方式運作。

也需要許多能量，但為了集中精力對付眼前的野豬問題，大腦也會緊急調降免疫功能，這就是典型的壓力反應。此外，以前額葉皮質為中心所執行的理性和邏輯思考能力也會急遽下降。前額葉皮質沉著冷靜思考問題解決方案的認知功能，只適用於和平時期，當野豬出現在眼前時，就必須依照本能和直覺來對應。

如上所述，身處危機情況時，我們會更依賴以杏仁核為中心的神經網路，而不是以前額葉皮質為中心的神經網路。在危機情況下，杏仁核首先會喚起恐懼和恐怖的情緒，因為這種情緒有助於生存。如果恐懼和恐怖不能迅速獲得解決的話，通常就會以憤怒或攻擊傾向表現出來。用對外的攻擊來消除內在焦慮的這種情緒，我們稱之為「憤怒」，所以憤怒其實只是恐懼的另一個名字罷了。

在以狩獵和採集為重要生存方式的原始時代，大腦以這樣的方式運作是非常合理的。因為原始人會遭遇的威脅，通常都必須透過肌肉的力量去戰鬥或逃跑來解決。但是威脅現代人生存的問題，卻不是靠肌肉的力量就可以解決的。對於聯考考生、面試求職者，或者面臨發表重要專案的上班族來說，

誘發焦慮，降低消化功能、免疫功能、認知能力，緊縮肩膀、頸部、臉部、舌根肌肉等壓力反應，只會妨礙問題的解決。

現代人所面臨的大部分重要問題，必須使用以前額葉皮質為中心的神經網路才能有效地解決。但是大腦卻將這些問題判斷成「危機」，試圖透過以杏仁核為中心的神經網路引發情緒反應來解決，難免就會產生困難。

現代人的大腦在面臨個人生活的重要時刻，譬如大學聯考、求職面試或發表專案時，就會做出和原始人遇上野豬時相同的反應。當我們希望聯考能考高分或面試能通過時，應該透過前額葉皮質的活化來提升邏輯思考能力和問題解決能力才對，但大腦卻反過來啟動杏仁核，讓身體肌肉緊縮、心跳加速、加劇恐懼感和恐怖感，這也造成了專注力和問題解決能力的下降。

我們的大腦還不知道，現代社會中已經沒有太多需要靠肌肉來解決的緊急情況。而不得不帶著原始人大腦生活在現代社會的我們，唯一能做的就是仔細了解大腦的基本運作方式，加以適當的調整，以便培養適應環境的能力。這就是心理肌力訓練的核心目標。

恐懼：
大腦應對緊急狀況的方式

　　大腦在心理肌力中最重要的部位是以前額葉皮質為中心的神經網路，而其中最主要的關鍵則是以mPFC（內側前額葉皮質）為中心的神經網路。想加強心理肌力，首先要啟動的便是以mPFC為中心的神經網路。但是要啟動以前額葉皮質為中心的功能，其先決條件就是必須從穩定杏仁核做起。

　　如果說前額葉皮質是大腦的表層，那麼杏仁核就是大腦深處的底層。被稱為「情緒中樞」的邊緣系統，其核心部位就是杏仁核。當大腦做出危機情況的判斷那一瞬間，被觸發的「恐怖迴路」核心區域也是杏仁核。杏仁核可說是一種警報裝置，當緊急情況發生時，杏仁核會將此訊息通知全身，以便有效克服危機。

　　位於杏仁核中心部位的「核」（nucleus），會在恐懼感出現的那一瞬間迅速改變心跳，讓心跳突然加快或減緩。以老鼠為例的話，就會出現突然受到驚嚇，或反過來突然僵住、一動也不動的反應。當一個人有過嚴重的恐懼經驗時，基於「恐懼學習」效應，他會對類似的刺激做出更激烈的反應。在杏仁核的啟動方式上，老鼠和人非常相似。從一項針對人類的實驗結果發現，先播放日常經常聽到的聲音，再突然放出砰的一聲巨響，讓受試者深受驚嚇之後，即使再播放日常的聲音，杏仁核也會被啟動。俗話說「一朝被蛇咬，十年怕草繩」，這一句話就總結了「恐懼學習」效應。

　　如果用電刺激老鼠的杏仁核，使其活化的情況下，即使播放同樣的聲音，老鼠受到驚嚇的程度也會比杏仁核未被活化時要激烈得多。就像這樣，當杏仁核處於被啟動的狀態時，老鼠對相同的刺激也會顯現出更激烈的恐懼反應，譬如受到的驚嚇更大、表現出來的憤怒更激烈、攻擊性更強等等。

　　相反地，當杏仁核出現異常，即使給予刺激也無法活化時，就感受不到恐懼。我們的左右腦各有一個杏仁核，就算其中一邊的杏仁核出現異常，只

靠另一邊的杏仁核也能夠處理大量訊息，因此還是可以感受一定程度的恐懼。但是萬一有一位患者左右杏仁核都出現障礙的話，他就無法感受恐懼。如果播放女人害怕的尖叫聲給這樣的患者聽，即使他清楚地意識到尖叫聲的主角很害怕這一點，但自己也不會因此感到恐懼或不悅。然而將同樣的聲音播放給普通人聽，他們的杏仁核會被活化，並且產生厭煩或害怕等負面情緒。當實驗人員將一張因恐懼而全身蜷縮的人的圖片給左右杏仁核都有障礙的患者看時，也會觀察到類似的現象。患者可以意識到這個人在害怕這個事實，但患者本人卻無法感同身受。杏仁核在識別他人表情裡的恐懼情緒方面，也發揮重要的作用。但是杏仁核異常的患者即使看到他人一臉驚嚇，也無法辨識出對方的情緒狀態，不過在辨識這個人是誰時，則沒有任何問題。

有幾項決定性的實驗證實了杏仁核在我們感到恐懼時發揮了關鍵作用這一點。左右杏仁核異常的患者即使近距離看到活蛇或蜘蛛，或者進入遊樂場裡的鬼屋、看到整部都是猛鬼出沒的電影時，都不會感到害怕。在一項實驗中記錄了一位杏仁核異常患者在三個月期間的實際生活中經歷各種情況時所出現的情緒反應，其中完全找不到他對什麼東西感到害怕的恐懼反應。不過，除了恐懼之外，這位患者對其他情緒的感受則沒有任何問題。

有許多研究結果也觀察到，在包括恐慌症在內的焦慮症患者身上會出現杏仁核異常活躍的現象。尤其是蒐集各種研究成果加以分析的統合分析研究結果確定，焦慮症和PTSD（創傷後壓力症候群）患者和一般人比起來，杏仁核和島葉呈現異常活躍的狀態。特別是創傷後壓力症候群患者，不只是杏仁核更活躍這一點，同時也發現在情緒調節方面擔任重要角色的dACC（背側前扣帶迴皮質）和vmPFC（腹內側前額葉皮質）反而沒那麼活躍。

如上所述，杏仁核是誘發恐懼和恐怖情緒的中軸，而憤怒、厭煩、無助或憂鬱等負面情緒，都是恐懼在持續的情況下出現的挫折感表達方式。所有負面情緒的根源都是恐懼，當杏仁核被活化時，就會感到恐懼，而反覆活化的杏仁核會形成即使受到些微刺激也會出現激烈反應的恐懼迴路。這時，作為心理肌力基礎的前額葉皮質的神經網路功能就會下降。

斑馬為什麼
不會得胃潰瘍

　　幾乎所有哺乳動物的大腦中都有杏仁核，作用也非常相似，都是在危機發生時啟動進入緊急狀態的程序，以便調動所有生物能量來擺脫危機。例如，當斑馬被獅子追趕時，其杏仁核會變得特別活躍，並且通過各種神經傳導物質和荷爾蒙作用，暫時將身體變成可以最大限度輸出肌肉力量的狀態。這時，各種荷爾蒙被釋放出來，心跳速度加快，以便供給更多的血液給肌肉。在承擔這個任務的各種荷爾蒙中，最具代表性的一種就是以「壓力荷爾蒙」而為人所知的「皮質醇」。

　　不管是被獅子追趕的斑馬，還是遇上野豬的原始人，最需要的都是肌肉的力量。危急時刻遍布全身的壓力荷爾蒙，便負責將最大限度的能量傳送給肌肉的任務，這就是一種壓力反應。此時，一些平常很重要、但可以暫停的功能，就會幾乎全部暫停下來，代表性的例子就是消化功能。壓力反應會暫時中斷消化器官，甚至調動原本應該流向胃腸的血液全部轉向肌肉。同樣地，此時生殖功能和免疫功能也會下降。這種短暫的急性壓力狀態並不會對身體造成太大的影響，因為可以促進血液循環，提高身體活力，反而有助於健康。問題就在於，如果長期處於壓力狀態下，會造成消化功能、生殖功能、免疫功能出現嚴重障礙。

　　斑馬被獅子追趕的瞬間，體內會分泌大量壓力荷爾蒙。然而很神奇的是，斑馬雖然經常暴露在被獅子攻擊的危險當中，卻不存在所謂「慢性壓力」這種東西。因為這種被獅子追擊的緊急情況，結果很快就會分曉，無論是被吃掉還是成功逃跑，情況都會在分秒之間結束。在《斑馬為什麼不會得胃潰瘍》（Why zebras don't get ulcers?）這本書名很有趣的書中，美國史丹佛大學的羅伯特・薩波斯基（Robert Sapolsky）教授便主張，成功擺脫獅子追擊的斑馬只會繼續平靜地啃食眼前的青草，不會想起曾經攻擊過自己的獅子，也

不會感到憤怒，更不會擔心明天獅子又出現了該怎麼辦。牠們的注意力只集中在當下，等到下次獅子又出現時再盡力逃跑就行。

遇上野豬的原始人應該也差不多。原始人很少存在慢性壓力，因為他們的危機模式通常不會持續太久。但是現代人遇到的野豬，幾乎沒有能在十分鐘之內解決的，譬如誘發考生壓力反應的野豬是大學聯考，聯考這頭巨大的野豬在好幾年間不斷緊迫逼人，導致杏仁核時刻不得安寧。上班族和自營業者也是如此，來自職場上司的壓力、工作績效評價、奧客、競爭業者、景氣蕭條、高油價等無數野豬，造成現代人的杏仁核持續處於活躍狀態。再譬如說，如果家庭內部長期不和，那就簡直像和野豬一起生活。其結果會造成許多人因為消化功能、生殖功能、免疫功能下降而飽受痛苦，或者無緣無故這裡疼那裡痛，感到全身無力。同時，還有可能因為心理肌力的減弱，而罹患各種焦慮症和憂鬱症。慢性壓力是心理肌力的最大敵人。

慢性壓力引起的最大問題之一，就是免疫功能出現異常。慢性壓力會造成保護我們的身體免受癌細胞侵襲的自然殺手（Natural killer；NK）細胞和T細胞的功能大幅下降。慢性壓力會導致焦慮症和睡眠障礙，睡眠不足本身也會造成免疫功能下降。在一項以大學生為對象進行的實驗結果發現，如果將一天的睡眠時間縮短為4個小時，第二天負責抑制癌細胞的NK細胞的活動力會減少70%。

慢性壓力也和身體免疫系統攻擊正常組織的自體免疫疾病有密切的關係，自體免疫疾病有多發性硬化症、氣喘、類風濕性關節炎、克隆氏症、潰瘍性大腸炎、全身性紅斑狼瘡、貝塞特氏病、牛皮癬和異位性皮膚炎等一百多種。這些疾病的共同點就是找不出確切原因，但是全部都與環境和遺傳因素有關，其中慢性壓力被視為最大原因。

如今，全身性紅斑狼瘡、類風濕性關節炎和多發性硬化症等自體免疫疾病的發病率，女性要比男性高得多。由這點來看，遺傳因素的嫌疑似乎比環境大得多，因為無論是男性或女性並非各自生活在不同的環境裡，而且也不能說女性暴露在菸酒等有害物質的情況更多。但是加博爾‧馬泰（Gabor Maté）博士卻認為，應該從整體趨勢來觀察。

1940年代男性和女性多發性硬化症的發病率為1:1，後來女性發病率逐漸增加，到了2010年代，男女發病率就達到了1:3.5。也就是說，女性的發

病率高出男性3.5倍。馬泰認為，很難相信基因會在短短70年間發生如此大的變化，但也很難認為在過去的70年間只有女性更頻繁地暴露在被污染的環境下。比較妥善的說法是，女性的慢性壓力在過去70年間一直不停地增加。另一個例子是北美地區遭受種族歧視的黑人女性氣喘發病率要高於同一地區的男性，馬泰認為從社會經驗這個因素凌駕環境或遺傳因素的這點來看，氣喘發病的主要原因也應該是慢性壓力。

治療自體免疫疾病的最常見藥物是壓力荷爾蒙。大多數被證實有效且廣泛使用的氣喘治療藥，都是含有複製腎上腺素和皮質醇成分的藥物。而多發性硬化症的治療，同樣是採取透過皮質醇等壓力荷爾蒙來調節自體免疫反應的方式。異位性皮膚炎、皮疹、類風濕性關節炎也是採用類固醇治療，這同樣含有皮質醇成分。總而言之，壓力荷爾蒙具有強烈抑制免疫功能的作用。

杏仁核的活化會誘發慢性壓力，不只造成身體上的不適，也會大幅降低前額葉皮質的功能。杏仁核持續活化的情況下，會大幅減弱以前額葉皮質為中心的神經網路整體活動力，造成心理肌力難以正常發揮作用。而反過來，當前額葉皮質發揮功用時，就可以抑制和控制杏仁核。接下來，讓我們更仔細地探究杏仁核與前額葉皮質之間的拉鋸關係。

杏仁核與前額葉皮質的拉鋸關係

讓大腦養成穩定杏仁核的習慣

杏仁核和前額葉皮質之間有強烈的一動一靜傾向，從一個上升、另一個便下降這點來看，兩者關係猶如蹺蹺板。因此為了活化作為心理肌力關鍵的前額葉皮質，首先就必須穩定杏仁核。尤其是大多數飽受壓力之苦的現代人，因為杏仁核的過度活躍，使得情況更為糟糕。即使如今處在必須用頭腦，而不是用肌肉才能解決的危機情況下，大腦的運作方式卻依舊像原始人一樣先活化杏仁核，這點是現代人必須改變的地方。如果不先從穩定杏仁核做起，為了活化前額葉皮質所做的心理肌力訓練就難以見效。

那麼，為什麼當杏仁核活躍時，前額葉皮質的活性就會下降呢？前額葉皮質是以邏輯和理性處理訊息的部位，借用諾貝爾經濟學獎得主丹尼爾・康納曼（Daniel Kahneman）的概念，前額葉皮質就是一個「慢想」（slow thinking）的部位，也負責掌管恆心和毅力（perseverance），會同時考慮對方和自己的立場，並且具備發揮創意解決問題的功能。然而，當我們處在生存受到威脅的情況下，這種具有邏輯性和理性的「慢想」就無濟於事了。

讓我們想像一下以狩獵和採集作為基本生存方式的原始時代先祖，當他背起一把石斧上山狩獵兔子時，突然迎面碰上一群野豬，簡單地說，就是出現緊急事態時，人類的大腦就會非常合理地開始運作。大腦意識到現在是生死存亡的緊要關頭，於是便活化杏仁核，並且暫時停下「慢想」的前額葉皮質功能，以此切換到依賴直覺和感性的「速應」系統。當野豬就出現在眼前迎面衝過來的時候，慢吞吞地考慮該怎麼合理解決問題是毫無意義的。在這種危機迫在眉睫的時刻，還去思考自己的狀態、野豬的立場、野豬的意圖是什麼，真的是一點幫助都沒有。相較於此，還不如將所有能量都傳送到肌肉

上，當下決定逃跑或戰鬥。慢想放到後面再說，先迅速做出反應才能提高存活機率。

處於壓力的情況下，即使本人沒有意識到，肌肉也會不知不覺地緊縮。當肌肉過度緊張的時候，就會出現各種問題。眾所周知，下顎肌過度緊張使得牙關咬得太緊的話，就會造成顳顎關節障礙或睡眠時磨牙的現象。脖頸和肩膀的長期過度緊張會形成烏龜頸（頭部前引），導致頸椎間盤突出或肩關節障礙。慢性壓力會導致身體因為肌肉不必要的緊張而形成不均衡的姿勢，這是許多肌肉骨骼系統疾病的根本原因。我要說的結論可能存在單純化的錯誤，但我認為，一言以蔽之，慢性壓力就是杏仁核長期活要躍的狀態。這種狀態不僅會傷害身體，還會削弱心理肌力。

根本的問題是，我們的大腦運作方式只適合住在洞穴裡以狩獵維生的時代，而我們卻必須用這樣的大腦生活在複雜的現代社會裡。當我們走在路上，突然有流氓出現揮舞著拳頭時，或者爬山突然遇到野獸時，在這些真正需要肌肉力量的情況下，活化杏仁核是有幫助的。但是，如果是在聯考接下數學考卷時、面試坐在面試官前時或在重要會議上必須面對眾人發表具有說服力的報告時呢？這種時候如果杏仁核被活化的話，就很難堪了。因為越是這樣的時刻，我們需要的不是身體肌肉，而是前額葉皮質的功能。因此這時候就必須讓杏仁核穩定下來，讓前額葉皮質活躍起來。但是我們的大腦在這種情況下還是採取和原始時代相同的運作方式，習慣性地刺激杏仁核，結果越是緊張的重要時刻，心臟越是撲通撲通跳得飛快，呼吸變得又急又淺，頸部和肩膀肌肉緊縮，牙關咬得死緊，手掌心一直冒汗。

這些現象的發生都表示，隨著杏仁核的活化，此時我們真正需要的前額葉皮質的功能嚴重下降。於是包括專注力、判斷力、創意力、解決問題能力在內的心理肌力也隨之全部下降，如此一來我們便無法正常發揮自己的力量。為什麼越是緊張的重要時刻，越要刻意讓杏仁核穩定下來、讓前額葉皮質活躍起來，就是因為唯有如此才能最大限度地發揮自己的力量。所以我們要讓大腦養成新的習慣——越緊張的重要時刻，越要穩定杏仁核、活化前額葉皮質，這就是心理肌力訓練的目標。

前額葉皮質與杏仁核在功能上的連結

當杏仁核活化時，前額葉皮質功能就會下降；相反地，當前額葉皮質活化時，就可以穩定地抑制杏仁核。mPFC（內側前額葉皮質）與杏仁核的功能性連結越強的人，其危機管理能力就越優秀。處於危機情況下還能沉著鎮定控制情緒的人不僅不怕失敗，還能夠發揮積極的挑戰精神。前額葉皮質中，尤其是位於內側的mPFC，在穩定杏仁核、調節情緒、發揮心理韌性方面也扮演著關鍵角色。

許多相關研究顯示，前額葉皮質和杏仁核之間的功能性連結（Functional Connectivity）越強的人，就越能妥善地調節情緒。尤其是mPFC活躍度越高、與杏仁核的功能性連結越強的人，調節情緒的能力也越卓越。還有一項實驗是讓受試者暴露在負面刺激物中，誘發其負面情緒，再以fMRI（功能性磁振造影）測量此時受試者的大腦活性化狀態。換句話說，就是讓受試者情緒不佳，刺激其杏仁核的同時，即時告知受試者其杏仁核的活躍程度，讓他自行調節情緒，以此作為穩定杏仁核的一種訓練。透過這種神經回饋（neurofeedback），也再次確認了mPFC部位活躍度越高的人，杏仁核就越穩定的事實。

杏仁核與前額葉皮質之間的功能性連結從幼年期持續發展到青年期，其強度與調節壓力能力有密切的關係。我們的身體裡有維持恆定的類似自動調節溫度裝置的系統，所有的荷爾蒙都是由這個系統來調節。譬如壓力荷爾蒙分泌過多時，大腦就會立即察覺此情況，並啟動系統降低壓力荷爾蒙的分泌。然而，如果一個人從小受到排擠或虐待，長期暴露在嚴重的壓力之下，那麼壓力荷爾蒙的自動調節功能就會出現異常。在這種情況下，杏仁核和前額葉皮質之間的功能性連結也會減弱。

根據另一項針對4～23歲的人為對象，觀察其大腦功能性連結的研究結果顯示，杏仁核與大腦其他各部位之間的功能性連結會隨著年齡增長出現愈來愈發達的傾向，而其中最明顯的便是杏仁核與前額葉皮質之間的功能性連結。換句話說，杏仁核與前額葉皮質之間的連結網不是與生俱有的，而是隨著個人成長和後天受到教育與環境的影響，才逐漸發展起來的。這也表示，與幼年期或青少年期負面情緒有關的經驗與學習，或是與情緒調節相關的訓

練，都會對杏仁核與前額葉皮質之間功能性連結的發展產生重大影響。

在有關大腦發育的另一項研究中證實，杏仁核與前額葉皮質之間的功能性連結在未滿10歲的兒童時期，當杏仁核活化時，前額葉皮質也會同時活化，兩者呈現出正向（positive）關係。但是進入青春期後，則呈現出一方活化、則另一方活性受到抑制的負向（negative）關係。從這個時期開始，人們便可以根據個人意願和意志來活化前額葉皮質和抑制杏仁核，藉以培養自我調節負面情緒的能力，讓自己在情緒上變得更加成熟。如果在青少年時期無法培養這種能力的話，那麼患上情緒障礙的機率就會增加。所以在進入青少年期之前，就有必要開始訓練心理肌力，學習如何穩定杏仁核、活化前額葉皮質。

警惕腦科學中的過度還原論

以上我們探討了以mPFC為中心的前額葉皮質神經網路是心理肌力的核心基礎，以及杏仁核的活化會誘發恐懼或憤怒等負面情緒、降低前額葉皮質功能的事情。但是，我想澄清的是，這種說法是為了便於理解大腦中看似複雜，甚至互相矛盾的各式各樣功能，大幅簡化之後的解釋。

在腦科學中必須時時警惕過度的還原論，大腦的特定部位或神經網路的活性化，很少以一對一的方式對應某種特定的功能。就像彈鋼琴時手指肌肉會活化起來沒錯，但也不能因此斷言手指肌肉的活化就等於在彈鋼琴。當一個人感到幸福或產生正面情緒時，他的大腦中眼窩前額葉皮質（OFC）通常是活躍的。但眾所周知，當一個人露出憤怒或攻擊性時，OFC同樣也是活躍的。所以，如果將OFC與情緒的關係統一簡化成「OFC活化＝幸福感增加」這樣的等式的話，就很危險。不過，如果在其他所有條件都相同的情況下，OFC的活化就很有可能產生正面情緒的說法，還是很合理的解釋。

杏仁核的活化也是如此。杏仁核雖然是大腦中的一個小小部位，但這裡面也存在著各式各樣的神經網路。杏仁核的前側和後側以各自不同的方式連接大腦不同部位的神經網路，產生各種不同的功能和現象。當一個人心情非常好的時候，或將注意力集中在感興趣的事物上時，杏仁核也會被活化。也

就是說，不能簡單地將杏仁核的活化與誘發負面情緒之間劃上等號。即使如此，杏仁核的基本功能是對恐懼做出反應、引發全身緊張的解釋，依然是正確的。當一個人表現出憤怒或攻擊性時，杏仁核就會被啟動。當然，這時候不僅杏仁核呈活躍狀態，還會與包括OFC在內的大腦各個部位連結，形成一個動態神經網路。然而，很明顯地，當所有條件都相同時，是可以將杏仁核的活化視為憤怒或攻擊性的重要指標。

事實上，不只是對杏仁核，許多腦影像研究也對大腦其他部位提出稍有不同，甚至相互矛盾的結果。目前的腦科學還是一門尚未脫離初期研究階段的新興學問，因此這種混亂的情況更為嚴重。儘管每年都會有新的測量工具和分析技術問世，但比起大腦精細的作用，功能性磁振造影依然是一種粗糙笨重的研究工具。因此在腦影像研究中，對於結果的分析會比結果本身更重要。儘管存在這些侷限，但到目前為止，腦科學研究已經為我們在日常生活中該如何努力才能強化心理肌力提供了明確的基本方向。

如何將腦科學理論與技術應用在心理肌力訓練上，並且闡明其效果的工作，是腦科學家的責任。對於想加強心理肌力的人，只要記住穩定杏仁核和活化前額葉皮質的必要性及加強與神經網路，尤其是與以mPFC為中心的神經網路的功能性連結重要性，那就足夠了。現在，很明顯有兩項重點是我們在進行心理肌力訓練時必須做到的。一是以和自己的身體內在溝通為基礎，進行穩定杏仁核的訓練；另一項是以和自己心靈的內在溝通為基礎，進行活化前額葉皮質的訓練。

教育對強化心理肌力的
重要性

前額葉皮質受教育的影響最多

　　從大腦的各部位發育順序來看，以mPFC（內側前額葉皮質）為中心的前額葉皮質區域最晚完成。而受到環境和教育影響最多的區域，也是前額葉皮質。據了解，前額葉皮質完全發育的年齡約為25歲左右。要過了25、6歲之後，前額葉皮質才能充分發育，讓一個人可以藉由抑制杏仁核的活躍來控制自我情緒和衝動性，並且具備理性判斷的能力。在此之前，人不太能好好地掌控情緒，自然凡事衝動，判斷力與對未來的預測力也不足。汽車保險公司從保險人滿26歲以後大幅降低保費的做法其來有自，即使是從犯罪統計來看，未滿25歲的犯人以衝動型暴力犯罪的比率最高，但26歲以上的犯人則以經濟犯罪等智慧型犯罪的比率逐漸增加。

　　前額葉皮質的發育要在25、6歲才完成，但杏仁核的發育完成則要早得多。青春期因為杏仁核的活躍，引發了各種負面情緒和衝動，而前額葉皮質此時尚未成熟，無法正常運作，這種差距在國中二年級左右拉開得最大。處於這段前額葉皮質還無法發揮功能，只有杏仁核恣意妄為時期的孩子們，在情緒上可以說是陷於一種沒喝酒也像喝得爛醉一樣的狀態。

　　為了杜絕國高中學校的校園暴力事件，最重要的是打造能夠縮小此種差距，穩定杏仁核、活化前額葉皮質的教育環境。加重處罰其實沒什麼用，想讓「嚴厲懲處學校暴力加害者」這條規定發揮效力，孩子們大腦中的前額葉皮質就必須正常啟動。當孩子們想行使暴力時，就會想起嚴厲懲處的規定，「預測」到「嚴懲」可能帶來的痛苦，再以此為基礎做出「判斷」，「決定」不行使暴力。然後，如果想按照這個決定來「控制」自己的行為，前額葉皮質的神經網路就必須正常運作。但是我們很難期待國高中時期青少年的

前額葉皮質具有這樣的功能，所有的懲處規定都在呼喚大腦的前額葉皮質，但在青少年的大腦中，能對這些懲處規定做出反應的前額葉皮質還沒完全成熟，所以只能在杏仁核的帶領下，隨著情緒的爆發，不問前因後果衝動地做出攻擊行為。

減少青少年暴力的最有效方法，就是通過心理肌力訓練讓杏仁核穩定下來。我們必須幫助青少年盡可能緩解壓力狀態，減少誘發負面情緒的習慣。

有子女的父母們更應該注意的是，杏仁核的活化具有很強的傳染性。人類大腦已經進化到共同體的某一個成員所感受的恐怖和害怕會即刻傳達給其他成員的程度。根據大腦的進化，當生活在洞穴裡的某個人看到野豬，杏仁核受到了刺激的時候，由於這對一起生活的旁人來說也是危機，因此所有成員的杏仁核全都會自動活化起來。

我們大腦的運作方式也和原始人差不多，當家庭中或職場裡一起生活的某個人表露出負面情緒時，所有人的杏仁核都會以驚人的速度活化起來。尤其是父母生氣、煩躁、焦慮或擔心時，子女的杏仁核也會馬上跟著活化。經常表露負面情緒的父母只會養育出杏仁核變得更強、前額葉皮質變得更弱的孩子。換言之，就是只會把孩子養育成一個情緒不穩定、軟弱無能的人。因此，養育孩子的父母們一定要更堅持訓練心理肌力，為穩定自己的杏仁核和活化前額葉皮質而努力。從後面我們將探討的表觀遺傳學（epigenetics）的角度來看，父母的情緒狀態也是對孩子大腦健康發育有強烈影響的重要環境。父母在孩子面前必須經常是一個幸福的人，這樣孩子們才能成長為一個幸福且有能力的人。

學校教育也是一樣，必須將促進孩子們杏仁核的穩定和前額葉皮質的活化作為教育的首要目標。與此相關有一項值得注意的學習，那就是在教育界廣為人知的「SEL」（Social and Emotional Learning，社交情緒學習）。SEL的核心要素是自我覺察、自我管理、社會覺察、人際技巧、負責任的決定等。具體來看的話，「自我覺察」是一種包含了認識自己情緒狀態在內的自我理解能力；「自我管理」可以說是涵蓋了調節自我情緒能力在內的自我調節能力；「社會覺察」則是能識別他人情緒狀態，掌握他人意圖的能力；「人際技巧」是與他人溝通的技巧，除了表達能力之外，還包括了共情能力和換位思考能力；「負責任的決定」是透過了解情況和脈絡，主動且主導性地掌握和

解決問題的能力，包括問題解決能力、創意力、道德性、判斷力等。在第二章我會提到心理肌力的三項要素——自我調節能力、社交能力和自我激勵能力，而社交情緒學習則與加強這三種心理肌力有密切的關係。自我覺察、自我管理與「自我調節能力」，社會覺察、社交技巧與「社交能力」，負責任的決定與「自我激勵能力」各自相關。

以SEL為基礎的教育不僅能培養理解和調節自己與他人情緒的能力，還能培養維持和睦人際關係的能力，對於提高學業成就也有很大的幫助。這是因為透過穩定杏仁核、活化前額葉皮質的訓練，不僅能提升毅力、持久力、專注力，還有解決問題的能力。有許多論文研究在學校中以多元化方式實施SEL的效果，接下來就讓我們看看統合分析這些論文的結果。在一項以全部213篇論文為基礎，針對從幼兒到高中學生（5～18歲）超過27萬人進行的社交情緒學習效果的統合分析結果顯示，不僅是孩子們的情緒調節能力與社交能力有所提升，對自己與對他人的態度也出現肯定性的轉變。而且隨著問題解決能力的提升，孩子和家人或朋友的關係也變得更積極。同時因為孩子們包括憂鬱或焦慮等心理問題的減少，在學業成績方面也出現顯著的進步。

SEL應該被理解為一種強化心理肌力的訓練，也應該更廣泛地教給國小、國中、高中的學生們。教育應該培養非認知能力的觀點已經成為全世界的共識，幸好韓國國內對SEL的關注也愈來愈高。但是實際在學校裡，依然將非認知能力教育當成是一種與學業毫不相關的品格教育。只有知識上的傳播是不夠的，還需要讓學生接受能提升心理肌力的「訓練」，通過持續不斷的訓練，使穩定杏仁核和活化前額葉皮質的變化實際發生在孩子們的大腦中。唯有如此，孩子們才能成長為一個幸福的人，不僅有著健康的身心，還能夠充分發揮自我潛力。

> **Note** **「社交」（social）的涵義**
>
> 在韓國，SEL（Social and Emotional Learning）通常被翻譯成「社會情緒學習」。然而，這種翻譯很容易引起誤解。這裡的「social」翻譯成「社會」並不恰當，已經接近誤譯的程度。「social」有兩個意思，一個是「與朋友或周圍人之間的人際關係」之意，而「social」

用作這種意思的情況較多。譬如「social activities」，與其說是某種社會性活動，不如說是和朋友們見面一起玩樂的社交活動。當我們說某人很會「social」時，其意思是指這個人「喜歡和人們見面交流」，也就是善於「社交」的意思，而不是「社會」。Facebook和Instagram被稱為「social media」，意思也是「社交媒體」，而不是「社會媒體」。作為預防新冠疫情擴散所實施的「保持社交距離」也是指保持「人與人之間的物理距離」，而不是製造「社會」的某種「隔閡」。

「social」的第二個涵義是指共同體或社會。韓語「社會的」（　）中的「社會」，主要指像韓國社會、美國社會等特定範圍內的整個共同體。因此，韓語「社會的」一詞，用英文來表達，與其說是「social」，應該說是「societal」（與社會相關的）才對。

「society」也一樣，根據韋氏字典，「society」的第一和第二個意思是社交群體，第三、第四、第五個意思是共同體或全體社會。所以將電影名稱〈Dead Poets Society（台灣翻譯為：春風化雨）〉翻譯成〈死亡詩人社會〉就是最具代表性的誤譯，應該翻譯成〈死亡詩人聚會〉或〈死亡詩人的同好會〉之類才是對的。「Social Psychology」也經常被翻譯成「社會心理學」，這也是應該翻譯成「人際關係心理學」才對。因為「社會心理學」很容易被誤認為是一門有關韓國社會心理或美國社會心理現象的學問。

如果將「Social and Emotional Learning」翻譯成「社會情緒學習」的話，學生或教師都很難快速地理解到底要做什麼，可能會覺得這是不是一種社會研究課程，目的是為了學習韓國社會的情緒。不是這樣的！這個名稱是表示，這是一項提高學生們的「社交性」或「人際關係能力」的教育課程，目的是為了讓學生能與朋友或家人等周圍的人融洽相處的意思。想要達到這個目的，學生們就必須具備善於觀察和調節自我情緒狀態的能力、敏於察覺和理解他人的情緒狀態，以及能夠完整表達自己想法或情感的技巧。因此SEL應該翻譯成「社交情緒學習」，而不是「社會情緒學習」，這樣教師和學習的學生們才不會產生誤解，可以正確地教導和受教。

著重於提升非認知能力的教育

我們大腦的基本運作方式不太符合這個要生活一輩子的世界所要求的能力，所以即使是透過義務教育，也應該將心理肌力的訓練法教授給所有青少年。但令人惋惜的是，世界各國的義務教育依然是以語文或數學為主，即使教育的基本方向現在應該轉向心理肌力的培養。如今，需要依靠認知能力的工作可以交由人工智慧處理的時代即將到來，幸好最近在學校裡也開始強調心理肌力的重要性，但是大部分的教育課程仍然只著重在提升認知能力上。

人類的能力有兩種，一種是認知能力，另一種是非認知能力。

通常我們對於頭腦聰明的人會說他認知能力出眾。長久以來，人們普遍相信認知能力決定人類的基本成就力量。大學或企業也一直在努力選拔認知能力出眾的「人才」，因為他們相信聰明的人不管是學習還是工作都會做得很好。而且他們也進一步認為，取得高成就的人都是因為他們聰明、腦子好的緣故。

然而，不斷有許多研究結果顯示，無論是哪個領域裡，取得高成就的人是因為他們在毅力、恆心、動機、心理韌性、熱情、專注力等非認知能力水準很高，而心理肌力就是代表性的非認知能力。無論在哪個領域取得非凡成就的人都有一個共同點，那就是心理肌力強大。以智商（IQ）之類智能指數為代表的認知能力本身，對我們所成就的事情並沒有那麼大的影響。智商高僅僅表示可以很快學會新事物而已，聰明伶俐並不代表一定就會成功，反而是擁有強大心理肌力的人，才有更高的機率實現自己想做的事情。

認知能力與非認知能力之間不存在明顯的相關關係，認知能力和非認知能力兩者可以同時都很高，也可以都很低，或者只有其中之一很高。也就是說，頭腦聰明並不一定就能保證心理肌力也很強，心理肌力薄弱也不一定代表腦子不好。有的人只有腦子好，心理肌力卻極端薄弱；有的人雖然不怎麼聰明，但卻擁有強大的心理肌力，這樣的情況隨處可見。無論是哪種情況，心理肌力的強度都是決定成就力量的根本因素。因為心理肌力薄弱的人，不管他是否聰明，都缺乏足夠的力量去完成任何事情。

有個辦法可以簡單判斷一個人的心理肌力是否強大，那就是看這個人的自我調節能力、自我激勵能力和社交能力，這三種能力愈高，表示這個人的

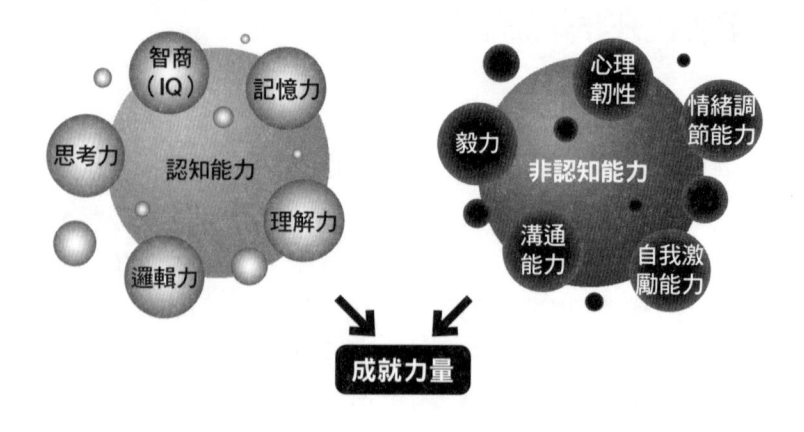

【圖 1-2】認知能力與非認知能力。人類能否成就自我由兩項因素來決定——認知能力和非認知能力。

心理肌力愈強。心理肌力強大的人做事踏實、持之以恆、為人正直，能發揮專注力和毅力，懂得關懷他人、尊重他人，不會因為一次的失敗就一蹶不振，也不會因為小小的成功而興奮或自滿，而且他們也具有卓越的情緒調節能力和衝動控制能力。因為這種非認知能力出眾的人，有很大的機率也擁有優秀的品格和韌性，所以非認知能力也被稱為「成就力量人格」（Achievement Competence Personality，ACP）。

心理肌力可以透過系統化的努力和反覆訓練來提升，這和透過運動鍛鍊身體肌肉的道理是一樣的。心理肌力也和身體肌肉一樣，某種程度上是與生俱來的。有的人心理肌力天生就很強，有的人天生就很弱，但就像身體肌肉一樣，後天的習慣和努力才是最重要的。

你的手臂肌肉現在可以發揮的力量，與你先天與生俱來的力量幾乎沒什麼關係。反而是與你最近幾個月期間是否時常活動和鍛鍊手臂更有關係。即使是一個先天肌肉發達的人，因為受傷或其他原因兩三個月期間手臂完全不能動的話，手臂的肌肉就會變得脆弱不堪。相反地，一個生來弱不禁風的人，只要堅持運動和鍛鍊，就能擁有結實的肌肉。心理肌力也是如此，任何人只要能堅持努力超過三個月，就可以擁有強大的心理肌力。無論是身體肌肉，還是心理肌肉，後天的努力更重要。

或許你會覺得透過心理肌力訓練來加強恆毅力（GRIT）是一種耳熟能詳的說法。但是從制式教育的觀點來看，這是一種非常新穎、劃時代的說法。因為傳統教育或心理學向來認為一個人的力量主要由他的認知能力來決定，所以學校或企業的教育也同樣著重於知識的學習或智能的啟發。

事實上，沒有人不知道非認知能力的重要性。大多數人都曉得，當我們想實現願望時，必須持之以恆和付出努力。在考試或比賽中想取得好成績，必須有高度的專注力；在職場中想有所作為，協作能力和領導能力非常重要，這些大家都有共識。同樣地也沒有人會否認情緒調節能力或衝動控制能力是恆毅力的基本條件。然而，在正規學校課程中卻完全沒有造就恆毅力所需要的恆心、專注力、毅力等相關教育；也沒有系統化的教育課程來加強合作時所需要的說服力或領導力；同樣地，我們也找不到提升情緒調節能力或衝動控制能力的教學科目。全世界義務教育系統的共同點，就是只著重和教導語文和數學。

透過著重非認知能力的教育可以培養高恆毅力的人，這個主張不僅悖離了一百多年來的義務教育系統，也和無數人的刻板觀念背道而馳，甚至是從根本上質疑教育和人才開發領域工作者的角色。但這也表示，這個觀點觸動了許多與此相關人員的自尊心，並威脅到他們存在的意義。我很清楚，無論我在本書中再怎麼基於科學證據提出多麼合乎邏輯、多麼合理的說法，也無法說服讀者，更不可能改變我們社會的固有觀念。儘管如此，我還是要朝著那不可能的旅途一步步走下去。因為我認為時機已到，應該要開始改變錯誤的固有觀念了。而且我也認為，包括我自己在內，我們都是著重認知能力教育的犧牲者。過去數十年期間的腦科學和行為科學研究結果也明白地告訴我們，著重於提升認知能力的教育系統已經無法再維持下去了。我相信，未來的教育核心將不再是語文和數學，而是心理肌力訓練。

為什麼心理肌力應該成為教育和人才開發的核心目標

20世紀以來，對人類的研究僅將人類理解為受刺激才有反應的「被動」生物，而非「主動」生物。換句話說，研究的焦點只放在包括周圍環境在內

的外界變數對人類態度、思想、行為帶來什麼樣的影響上。然而無論在心理學、教育學、經濟學、政治學或社會學等任何學問中，都不存在「人可以透過主動練習特定行為或課題來開拓自己命運」的概念。無論是經濟學的購買行為相關理論，或是政治學的投票行為論，幾乎所有的社會科學理論都是圍繞著社會結構和環境如何決定人類思想和行為而展開的，例如購買意願決定價格、社會結構與文化造成人類意識和行為的改變等等。

當今所有的「科學」都認為外在環境、社會結構及系統決定了人類的態度、想法和行為，卻從來沒有研究過任何關於具備自發性的人類是如何主動改變和影響自己環境和世界的問題。真的很神奇！

現代教育的目標也是不斷地灌輸知識或資訊，以便學生可以妥善適應外在環境。全世界沒有任何一個國家的義務教育把「主動改變自己周圍環境，以培養改變世界的力量」當成教育的重要標的。包括韓國在內，凡是引進義務教育制度的國家，學校教育的目標都是為了培養一般的民主公民。就像生產一塊又一塊的磚瓦一樣，生產出一個又一個制式思考方式的人，這就是現代義務教育系統存在的理由。

正如世界著名的教育學家肯·羅賓遜爵士（Sir Ken Robinson）所說的，世界各國為什麼特別強調語文和數學科目，原因無非是為了培養工薪族。現代的義務教育系統不斷將「已經有了固定的基本結構，無法再改變」的思考方式灌輸給學生，並且教導學生通過學校教育找到工作是一條理所當然且普遍的道路。事實上，學校教育系統和教科科目本身是以灌輸學生作為終身工薪族所需要的生活習慣、思考方式及世界觀為目標。對於只接受過這種教育的人來說，很難讓他們相信可以靠自己的力量讓世界變得更好。所以乾脆從源頭封鎖，杜絕這種想法的產生，這就是現代義務教育的本質。

透過心理肌力訓練可以提高非認知能力和恆毅力，這也表示我們不僅可以自行發展自己的基本能力，還可以主動改變自身的處境。換句話說，就是灌輸一個人可以靠著改變自己來改變世界的想法，這是一種教育上的嶄新觀點。今後的教育必須教導學生，想改變世界首先要主動改變自己，以及這種改變有可能實現的。學校必須培養學生擁有敢主動改變自己所屬社會結構的能力和自律性，並鼓勵他們這麼做。同時還要教導他們，為了創造更美好的社會，要主動反省自己的生活方式和信念體系，不斷地加以重組。

要成為一個心理肌力強大的人,可以透過不斷地自我省察來持續改變自我,藉此開拓自己的命運。

在印刷媒體支配一切的時代,教育的核心目標是傳播知識或資訊。但是在數位技術從根本上改變了一切的今天,不只是學校教育,企業的人才開發目標也應該從知識的學習轉換為能力的強化。Google始於1998年、Facebook始於2004年、Kakao Talk始於2010年、ChatGPT始於2022年。在未來10年或20年後,一定會有現在還不存在的新型態企業或服務出現,掌控這個世界。不管未來有什麼樣的變化到來,未來教育和人才開發的重點都應該放在培養能順利適應和發展新變化的基本「成就力量」上。而這基本成就力量就是心理肌力。

今後學校教育和企業人力開發的核心目標應該著重於加強基本成就力量,即心理肌力。如今心理肌力訓練之所以變得更加重要,在於這個世界正在高速進行根本上的改變。雖然這種說法根本無庸置疑,聽起來像是老生常談,但即使如此,這的確是最大的原因,這個世界正以任何人都無法想像的速度和深度快速改變中。

尤其是人工智慧時代的到來,更凸顯出教育和人力開發的重點應該放在加強成就力量等非認知能力方面。如今,人工智慧已然實現,不僅發展迅速,也滲透了我們生活的每個角落。與人類認知能力相關的領域將最先被人工智慧所取代,在邏輯能力、計算能力、戰略性判斷能力等方面,人工智慧很明顯地會遠遠超越人類。即使如此,面對必須與人工智慧共存的下一代學生們,我們卻還在教導他們以語文和數學為主的教育,這簡直就跟「挖土機都開過來了,還在教人用鏟子」沒兩樣。現在不是用鏟子的時候,也不是計較鏟子大小或種類的時候,更不是背誦鏟子該用幾度角插入地面最有效率的時候,而是該果斷丟掉鏟子,培養足以開動挖土機的潛力和能力的時候。

現在,未來教育和人才開發的核心目標必須從提升認知能力轉為提升非認知能力。已經有許多專家將共情能力、道德感、溝通能力、問題解決能力、創意力、公民意識、協作能力視為未來社會必備的能力,而這些能力全都與非認知能力有關。所以這不是天方夜譚,而是當前迫切需要的改革。

人類平均壽命100歲的時代已經到來,現年20多歲的年輕人將活到2100年。而我們該留給他們的,不是很快就會過時廢棄的知識,也不是任何人上

網查詢就能輕易找到的資訊。未來還有80年要活的年輕人需要的，是無論這個世界如何改變都能應付自如的適應力，以及創造更美好未來的成就力量，也就是心理肌力。

　　心理肌力就像身體肌肉一樣，隨時可以透過系統化和反覆訓練來加強。心理肌力的核心要素有三項──設定目標後，能發揮努力不懈的毅力和熱情的「自我調節能力」；能基於他人對自己的好感和信賴，說服對方接受自己的想法，並發揮領導力的「社交能力」；能在自己的工作中找到意義和樂趣，並發揮恆心和毅力的「自我激勵能力」。只要能強化這種心理肌力，就會具備無畏失敗的積極挑戰精神，以及將逆境作為跳板重新飛躍的心理韌性。

　　在第二章中，我們將逐一探討這三種心理肌力。

Think About

綜合型人才時代
需要的教育是什麼？

假設我們生活在一個凡事以體育為中心的世界，根據目前通行的常識，想成為優秀足球選手的學生可以到一流大學的足球系就讀，學習運球、自由球、角球、鏟球等科目，拿到足球學位後，再到需要足球選手的企業任職即可。想成為棒球選手的學生，最有利的做法就是選擇棒球系，專攻棒球。但是，突然間足球或棒球等傳統體育項目的人氣下滑，巧妙結合足球和棒球的所謂「足棒」新項目登場，受到了爆發性的歡迎。另一方面，結合排球和籃球的「排籃」新項目出現，逐漸征服了市場。這些新項目需要的是既會踢球又會投球，或者既會投籃又會扣球的「綜合型」人才。

現在，我們就生活在所有領域都需要綜合型人才的時代。掌控世界的遊戲一旦改變規則，所需要的人才形象也會發生變化。然而，重視學術傳統和權威的大學或各級教育機構仍舊堅持傳統方式的教育。事實上，他們別無選擇，因為大多數教授從來沒有好好研究過「足棒」或「排籃」，或者連學都沒學過，也就沒辦法教學。他們大部分都是數十年如一日只浸淫在足球的某個細部領域裡，一輩子只研究角球或自由球，不然就是只研究投籃或越位，只能算是某特定領域的「專家」。

如今，大學開設的各種科目都是以這些細部專業為基礎構成的，大部分科目開設的原因是出於教授過去的教學經驗或授課能力，很少會考慮學生們在未來生活中的現實需求而開設新的科目。大部分的教授不過是被迫要提交許多論文而已，幾乎從來沒有被要求必須考慮學生未來的生活，開發新的教育內容（contents）。越是以研究為主的綜合大學，越是如此。這類大學的教

授們，比起為學生的未來開發新的課程，他們更埋首於為自己的前程撰寫研究論文。為了生存，他們不得不如此，其結果就是越踏實誠懇、有學者風範的教授，越專注在自己長久以來研究的專門領域，最後反而背叛了必須生活在未來的學生們。很明顯地，事情正朝著錯誤的方向發展。

很多人都提到大學的危機——學費被凍結導致財政困難、沒有選擇學生的自主權、教授們的研究能力持續下降云云。當然，這些問題都很嚴重，但是大學危機的實質卻不在這裡。大學危機的實質在於老一輩的人沒能為年輕一代的未來，提供合適的教育。

大學裡開設了各種領域的專業科系，各科系培養出相關領域的專家，所以法學院畢業後成為法律界人士、工學院畢業後成為工程師、醫學院畢業後成為醫生、心理系畢業後成為心理諮詢師、護理系畢業後則成為護理師。當然，不是所有畢業生都能找到與自己主修科系相關的工作，至少大學「主修」的宗旨在於培養特定領域的專家。

然而，如果要進入當今全世界年輕人的夢想職場——Google或Meta公司任職，該選擇哪個科系呢？那如果想進亞馬遜或蘋果公司的話呢？到Kakao或Naver求職時，哪個科系最有利呢？誰也不知道！那麼，又應該主修哪個科系，才有足夠的能力開發以區塊鏈或人工智慧為基礎的創新服務，創造新的價值呢？沒有任何一個專業科系在教這種東西。

現在的大學或小學、國中、高中教育制度的基礎，是在19世紀或更早以前建立的，基本上沒有什麼變化。以目前的教育系統不僅無法幫助學生們應對未來生活，就連當下需要的能力也教不出個所以然來。然而，學生們為了考上大學，不惜經歷應試地獄，但這麼做卻不是因為上了一流大學就能得到優質的教育服務，而是為了拿到某某大學文憑（學閥）。如今，大學使命的本質，與其說是提供教育內容，不如說是販賣畢業證書和學位罷了。

如今一流大學的招牌之所以還具有一定的價值，是因為學閥保障了終身職場。名校畢業有利於獲得好工作或進入專門職種，因此也保障了一定程度的生活。但是，學位保障好工作和飯碗的時代正快速落幕。當大家都知道名校畢業不代表就能找到好工作這個事實之後，大學的文憑買賣也就此告終。

而這種跡象可以從大學研究所教育的沒落看出來，即使是一流學府，優秀的學生現在也不想再進入研究所深造。因為大家都已經知道，碩博士學位對飯碗一點幫助都沒有。大學（以及特定主修或科系）想存活下來的話，就必須證明自家所提供的教育內容確實有助於謀生。之所以頂尖人才都湧向全國各大醫學院，是因為大家都有共識，只要醫學院畢業當了醫生之後，一輩子不愁吃穿。如果無法證明這種實用價值，大學就沒有餘力追求純理論研究。

　　歷史上無論哪個時代和國家，從來沒有一所大學和各級教育機構只教導無助於謀生的「純理論研究」。純理論研究不是指不符合時代需要且不具備長期實用價值的學問，所以絕不要把不符合時代的過時學問和純理論研究混為一談。純理論研究是指「長期」，應用研究是指「短期」有助於謀生的學問。但是現在大部分的教育機構，無論長期或短期，都不會優先考量學生們的未來。大學和各級學校所提供的教育課程，有相當大的部分是為了教師們當下的生計考量，而不是為了學生們未來的生計著想。

　　考慮到年輕人的未來，我們該為他們培養的是成就力量，這是人類最基本的能力，無論世界如何改變，這種能力也不會變。也就是說，我們應該更注重培養年輕人相當於「基礎體力」的成就力量，而不是某種特定技巧或知識。就拿運動來說吧，與其教導足球的運球技巧或棒球的投球技巧，還不如教他強化心肺功能和核心肌力的訓練法。為了積極妥善地應對未來即將面臨的任何變化，這種基礎體力非常重要。基礎體力強大的人才將引領世界的未來，而心理肌力就是這樣的基礎體力。

第二章

心理肌力的
三種腦科學根據

- 人類生活中的三種問題範疇與心理肌力
- 心理肌力是與三種範疇溝通的能力
- 自我調節能力：與自己溝通的能力
- 社交能力：與他人的溝通能力
- 自我激勵能力：與世界的溝通能力
- 心理肌力的腦科學根據

人類生活中的三種問題範疇與心理肌力

我們在生活中會遇到的問題大致可以分為三種，第一是與自己有關的、第二是與他人有關的、第三是與物體或事件（事情）有關的。三種範疇以第一人稱（我）、第二人稱（與我建立關係並進行對話的你）、第三人稱（它們）等的區別出現在各種語言中。這三種範疇不僅是人類存在的基本領域，也是人類意識的基本框架，許多哲學家以各種不同的方式探討這三種範疇。

偉大的氣候學家兼哲學家查爾斯・桑德斯・皮爾斯也曾經以「我」、「你」、「它」來區別第一層次（Firstness）、第二層次（Secondness）、第三層次（Thirdness），這種基本的區別是皮爾斯理論體系的起點。根據皮爾斯的介紹，第一層次的「我」（I）是抽象世界，屬於神學領域；第二層次的「你」（Thu）代表精神世界，是心理學與神經學的對象；第三層次的「它」（It）指的是能感覺到的物質世界，為宇宙論的終極對象。

若想健康幸福地生活，便必須分別處理好這三種範疇的存在。擁有強大的心理肌力就表示一個人有能力與這三種範疇分別建立良好關係，並加以管理的意思，也代表可以引導這三種範疇朝著自己所願方向發展的意思。

由於這三種範疇是以互不相同的方式存在，因此管理這些範疇的心理肌力也各有不同。首先是「自我調節能力」，負責調節和掌控「我」；其次是「社交能力」，負責與包括「你」在內的周圍人們建立良好關係；最後是「自我激勵能力」，負責激勵自我以熱情完成「它」，即世間萬事。

雖然三種心理肌力各自負責三種範疇，但追根究柢都是我（I）在進行溝通。我（I）與自己的溝通，就是自我調節能力；我與他人的溝通就是社交能力；我與世間萬事的溝通就是自我激勵能力。

因為一切都和「我」（I）有關，所以三種範疇中最基本的就是自我調節能力。自我調節能力可以說是所有心理肌力的核心，投射在他人身上就是社

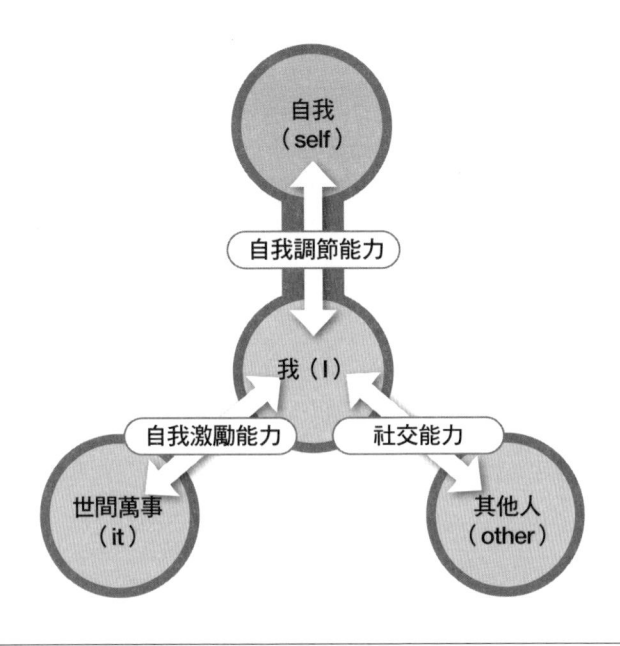

```
         自我
        （self）
          ↑
          ↓
      自我調節能力
          ↑
          ↓
         我（I）
       ↙      ↘
  自我激勵能力   社交能力
   ↙              ↘
 世間萬事         其他人
  （it）         （other）
```

【圖 2-1】三種心理肌力

自我調節能力（核心肌力）：與自己溝通的能力，自我省察。
社交能力（連結肌力）：與他人溝通的能力，整合與連結。
自我激勵能力（熱情肌力）：與世界溝通的能力，熱情與改變。

交能力，投射在事物上面就是自我激勵能力。

　　心理肌力薄弱的人往往會和自己進行負面的溝通，對自己持負面態度的人也會對周遭的人或自己做的事情保持負面的看法。如此一來，內心便充滿憤怒與憎恨，最後必然會走向不幸的道路。相反地，為自己感到自豪，也尊重和關懷周圍的人，並且在自己所做的事情中找到意義樂此不疲的人，一定會感到幸福。而我周圍的世界和我的生活是否幸福，就取決於我如何與這三種範疇溝通和建立關係。

　　將人類的基本心理肌力由三種肌力組成的理論基礎，也可以透過海德格來探討。根據海德格的說法，「人是被拋到這個世界上的」，沒有任何一個人是按照自己的意願和計畫來到這個世界。而身不由己「被拋進（這個世界）的存有」（there Being），即「此有」（Dasein），也就是人。而「此有」的基本屬性，則是「在世界中的存有」（In Der-Welt-sein, Being-in-the-world，簡

稱「在世存有」）。

　　世界是由他人和事物所組成的，但卻不能因為「此有」的屬性是「在世存有」，就說「此有」存在於世界「裡」。「此有」的意思不是像水在水杯裡或衣服在衣櫃裡那樣存在於世界「裡」。所謂在世界「中」的存有，是指不斷與世上其他存在溝通，也就是關注、關照、關懷這個世界的意思。持續與我交流的存在是我的世界，我所關注和審視的是我的世界，我所關懷的對象是我的世界。我無法認知，也不在意的對象，就不是我的世界。我時時刻刻都在和我的世界溝通，並且透這樣的溝通不斷架構和產生我置身的世界。換句話說，這個世界其實是我關注和溝通的產物。海德格所謂「此有」的基本屬性——「在世存有」，其實就是指「不斷溝通的存有」。

　　根據海德格的說法，人類是會關念（Sorge，關心和顧念）的存在。照顧並關心他人的行為就是關懷（Fürsorge），這關聯到社交能力；關心周遭事物是關切（Besorgen），這是與自我激勵能力有深層關係的概念。

　　另一方面，海德格認為，在理解某個對象的時候，需要有各種類型的洞察力（Sicht=insight）。他將深切審視自我並作為在世存有而嘗試徹底理解自己的洞察力稱為「透視」（Durchsichtigkeit）；將回顧周圍的人並給予關懷和理解的洞察力稱為「顧視」（Rücksicht）；將關照和理解周圍事物的洞察力稱為「尋視」（Umsicht）。如果說「透視」是自我調節能力的核心，那麼「顧視」周圍眾人就可說是社交能力的核心，而廣泛地「尋視」周圍事物就是自我激勵能力的核心。

　　沙特也將存有的基本方式分為三種。首先，他和海德格一樣，將事物的存有和人類的存有區分開來。沙特認為，沒有「意識」的事物，其本身就是一種「在己」（en-soi）存有，這是獨立於人類意識之外的存在。相反地，擁有意識的人類是「為己」（pour-soi）存有。沙特認為，人類的意識是有對象性的，也就是說，意識總是面向某個對象。沙特也談到第三種存在的型態，那就是「為他」（pour-autrui）存有。「為他存有」存在於與他人的關係中，以他人的視線為前提。換句話說，只有在與某個人的關係中才會暴露出來的存有，就是「為他存有」。如果借用沙特的概念來說明三種心理肌力的話，與「為己存有」的關係是自我調節能力、與「為他存有」的關係是社交能力、與「在己存有」的關係則是自我激勵能力。

Note　何謂「此有」（Dasein）？

　　我並不贊成將「Dasein」翻譯成「此在」的慣常譯法，海德格為了明確事物的存有方式和人的存有方式不同，透過「Dasein」這個新造詞來指稱「人的存有方式」。因此將「Dasein」譯為「人的存有」，或乾脆就譯為「人」會更恰當。從國內研究者不將「Dasein」譯為「人」，而譯為「此在」的那一刻開始，就使得海德格的哲學給人一種很難理解的感覺。另外，海德格將「事物存有的方式」稱為「存有者」（Seiende）。也就是說，某種東西的存有（Sein）有兩種方式，人的存有稱為「Dasein」，事物的存有稱為「Seiende」。

　　海德格之所以必須創造出「Dasein」這個新概念，是因為德語表示「在」之意的單詞「Sein」不分人或物都可以使用。為了強調事物的「在」與人的「在」意義不同，海德格創造了新的「Dasein」一詞用來指稱「人的存在」，以區別指稱普通事物存在的單詞「Sein」。

　　幸好韓語沒有這種不便，除了謙讓語的「在」（있다）一詞之外，還有敬語的「在」（계시다），而這個詞的使用範圍只限於人類。也就是說，韓語中隨時可以用謙讓語的「在」指稱普通事物的存有，用敬語的「在」指稱人的存有。這在日語中也是一樣的（事物的存有用「ある」表示，人的存有用「いる」表示）。然而歐美語言中並沒有如韓語或日語一般，可以用不同的單詞來區分事物的存有和人的存有。英語中無論是人還是物，都只能用「be」動詞來表示。德語也一樣，無論人或物全都用「Sein」。由於這種語言上的侷限，海德格不得不創造出新的單詞——「Dasein」，專門用來指稱人的存有方式。總而言之，「Sein」指事物的「存有」，「Dasein」指人的存有就對了！人的存有「Dasein」的重點在於不斷與他人、與世界建立關係，保持溝通。「Dasein」用一句話來概括，就是可以溝通的存在。海德格哲學的核心在於強調「溝通是人類存有的關鍵」，而「人類存有的關鍵在於溝通」也是內在溝通理論的基本立場。

心理肌力是與
三種範疇溝通的能力

　　海德格和沙特的共同點是，他們都認為人存有的核心是與他人的關係，也就是溝通。與他人斷絕溝通的情況是「在己存有」，這不是人真正意義上的存在，這樣的人只是一塊肉而已。唯有與他人的持續溝通，並且建立關係，才能成為「在世存有」，也才能成為真正意義上的人。如果我們從海德格的觀點來解釋沙特的概念，身為物體的在己存有，是存有者；身為人的為他存有，則是此有。

　　馬丁・布伯（Martin Buber）認為，「我」的存在本質取決於我所對待的對象，他的這種概念也與三種心理肌力有密切的關係。根據布伯的觀點，「我」的存在，其本質會因為和哪種對象建立關係而有所變化。因為待物的「我」和待人的「我」具有互不相同的本質，很難用一個單詞「我」（I）來標記。因此布伯建議將「我」分為兩種類型，待物的「我」稱為「吾-它」（I-it），待人的「我」稱為「吾-汝」（I-thou）。

　　當我口渴拿起一瓶水時，我的存在本質是「吾-它」（I-it），但當我和朋友交談時，我的存在本質是「吾-汝」（I-thou），「我」的存在本質是由我和哪種客體建立關係來決定的。換句話說，首先要有所謂「我」的這個固定實體存在；其次，與其說是和物或人建立關係，不如說是根據我和哪種客體建立關係，才能為「我」的存在本質下定義。

　　與人建立關係就是進行溝通的意思，如果我想成為真正的「吾-汝」（I-thou），就需要進行對話。也就是說，要將對方視為「人」，以尊重和關懷待之。為了進行「溝通」這種行為，必須始終將對方放在自己之前考量，對他人的認識要先於對自己的認識。因此，對話在基本上其實就是一種優先考慮對方、極具倫理性的行為。自私自利者缺乏對話能力，想培養對話能力，就要從培養為對方著想、尊重對方的心態做起。溝通的最基本原型是

「對話」，對話是和對方「一起進行」的「行為」，只有在彼此都把對方視為「人」的關係裡，才有可能進行真正的對話。布伯將你我通過對話提升為新的存在稱為「對話時刻」（dialogic moments）。唯有將對方當成「人」來對待，自己也才能成為真正的「人」。也就是說，如果沒能將對方當成溝通的對象給予尊重的話，我就別想成為真正的人。

舉例來說，假設電梯裡擠滿了人，就在電梯門要合攏的那一瞬間，有個人一隻腳踏進了電梯裡，這時，超重警報響起。如果電梯裡的人全都希望那人出去的話，那麼那個人就已經不是對話的對象，只是一坨必須卸下好讓電梯門合攏的沉重蛋白質和脂肪罷了。這時，電梯裡的人不是作為「吾-汝」來對待那個人，而是以「吾-它」的立場來對待對方。同樣地，在擁擠的地鐵裡不斷碰撞的人們，對彼此而言也不是「吾-汝」，而是「吾-它」的存在。因為他們不是溝通的對象，而是讓自己感到不便的一堆「肉塊」而已。把觀眾人數換算成金錢的電影院老闆也是一樣，只是以「吾-它」的存在來對待觀眾。換句話說，我不會因為面對某個人就自然而然地成為「吾-汝」的存在，而是唯有將對方當成溝通的對象，給予尊重時，我才會成為「吾-汝」的存在。當我們溫柔撫觸像朋友一樣從小陪伴著自己長大的院前橡樹，訴說自己心事時，這一刻我就是以「吾-汝」的存在來對待這棵橡樹。

在布伯的「吾-汝」和「吾-它」概念上，我又多加了一個概念。當我回頭面對自己，這時的我既不是「吾-汝」，也不是「吾-它」，而是「吾-吾」（I-me）的存在。「吾-吾」是我面對自己，和自己說話，觀照自己時的存在方式，後文我們在探討「內在溝通」時需要的就是「吾-吾」。如果我們根據以上的觀點擴展布伯的概念來探討三種心理肌力的話，自我調節能力就是與「吾-吾」（I-me）建立良好關係並進行溝通的能力；社交能力就是與「吾-汝」（I-thou）建立健全關係的能力；自我激勵能力就是與「吾-它」（I-it）建立具高效生產關係的能力。

無論是海德格的「此有」、沙特的「為他存有」或布伯的「吾-汝」存在，都是一脈相通的概念，全都將與他人的溝通視為人類存在的核心。為了成為一個人，我們需要溝通，三種心理肌力就是為了培養與自己、與他人、與世上萬物進行良好溝通和建立健全關係的能力。

心理肌力是與三種範疇溝通的能力

自我調節能力：
與自己溝通的能力

何謂自我調節能力

　　自我調節能力是自己設定目標，並堅持不懈實現這個目標的能力，也是善於調整自己情緒的能力。自己能好好地尊重自我、掌控自我的能力，就是自我調節能力，其子要素包括情緒調節能力、積極性、自我節制、衝動控制能力、認真性、道德性、正直性、毅力和堅持等。

　　乍聽之下，自我調節能力似乎是「自己調節和掌控自己」的意思，這可能會給你邏輯或修辭矛盾的感覺，因為調節的主體和客體都是「自己」這兩個字。後面第四章我們會仔細討論這個問題，不過這裡的「自己」，也就是「我」，指的不是同一個存在。「我」可以對「自己」感到滿足或不滿，也可以反省或稱讚。我還可以跟自己「自我對話」（self-talk）。這就已經暗示了所謂「我」的存在並不是單一，而是複數的存在。因為，我為了要觀察「自己」、為了要和「自己」溝通、為了把「自己」當成調節和掌控的客體，都必須將「我」和「自己」區隔開來。

　　發揮自我調節能力，就是指發揮可以將時時刻刻試圖調節的主體「我」和被調節的客體「自己」區分開來的能力。如果想發揮自我調節能力，就需要有能力認清「我」目前的狀態，以及有能力區別「我」當下狀態與想到達卻尚未實現的「我」未來的狀態。能夠駕馭當下狀態的「我」走向尚未存在狀態的「我」，這就是自我調節能力。

　　進行自我調節的「我」是主觀自我（I），成為調節對象的「我」是客觀自我（me），客觀自我的另一個名字是「self」。當我說出我在思考我自己這句話的時候，就表示現在這裡有正在思考的主體（I）和該主體正思考著的客體（me）。而將作為客體的我（me）的外表、行為、經驗、身分等等整合

之後的另外一個名字，就是「self」。

如果借用丹尼爾・康納曼的概念來說的話，為了發揮自我調節能力，「經驗自我」（experiencing self）必須牢牢掌控「記憶自我」（remembering self）。「經驗自我」是存在於當下、知道自己正在體驗某事的自我。相反地，「記憶自我」是將過去的經驗以記憶的型態儲存起來，由此產生的自我概念。「經驗自我」是主觀自我（I），「記憶自我」是客觀自我（self）。

經驗自我從心理上感覺自己正在體驗當下的「這一瞬間」，持續時間大約三秒左右。我們除了睡覺時間之外，每天平均會感受2萬次「當下這一瞬間的經驗」。假設我們會活到80多歲，那麼一輩子就會感受約6億次「當下這一瞬間的經驗」。不過，這種經驗大部分會馬上消失，一點也不會留在我們的記憶裡。其中只有極少的一部分會被編輯為特定的故事儲存起來，這些故事累積下來，就創造出一個「記憶自我」。有關我的童年、人際關係、職業等所有經驗的記憶，加起來就形成了情節記憶（episodic memory）。也就是說，我只在眾多的經驗裡選取極少的一部分，通過任意整合或潤色、編輯，各自賦予不同的意義之後，把這些經驗當成一個故事儲存起來。而作為對這些故事的記憶集合體，就是「記憶自我」，也是客觀自己（self）。記憶自我是由無數經驗累積下來所形成的，因此記憶自我不僅必須尊重累積了當下眾多經驗的「經驗自我」，而且還要是可以調整的，這也是主觀的我（I）和客觀的我（self）之間的一種健全關係。

被我視為「自己」的自我（self），可以透過我所遇到的其他人或我所做的事情而實際感受到。在沒有任何媒介物的情況下，主觀自我（I）本身很難認識客觀自我，並與之溝通。我（I）要認知自我（self），必須依賴周圍的人或職業活動等作為媒介才有可能做到。我（I）做的事情和遇到的人就像一面鏡子，映照出自己（self）的模樣。也可以說，世上萬物和眾人都成了鏡子，映照出我的模樣。換句話說，世上萬物和眾人都是通過我而連結在一起。

尤其是我周圍的人就是一面面的鏡子，映照出我自己。美國社會心理學家喬治・賀伯特・米德（George Herbert Mead）認為，「將我至今在生活中與無數人溝通的經驗，用抽象的方式整合的人」就是「自己」。換句話說，我（I）對自己（me）的看法其實是概化他人（me＝generalized other），也就是我與他人互動的結果。在「我」的這個概念中，已經涵蓋了我在生活中所經驗

的無數「他人」。

我所認為的「我」這個人，取決於過去與我交流和互動的人對待我的態度。假如我從出生之後遇到的每一個人都把我當成王子般對待我、伺候我的話，那我當然會認為自己是「王子」。

由此可知，自我調節能力就是作為獨立個體的我（I）主動回顧和調節自己（me）的能力。可以調節自己（me）的存在，除了我（I）之外，別無他人。主動審視自己的情感、想法和意圖的能力，就是自我調節能力的核心。

自我調節能力是一種抑制能力

大多數心理學家將「自我調節」定義為：當一個人想做某件事時，主動節制或壓抑那些可能成為障礙的行為、衝動、情緒、欲求等，尤其是那些帶有習慣性或自發性的反應。人類大多數的行為都不需要認知上的努力或費心，而是自然而然或習慣性地做了出來。而「自我調節能力」就是出於明確意圖，刻意壓制這些常規的、典型的或自發的行為，控制自己不要衝動去做的能力。例如有飯後吸菸習慣的人想戒菸，就需要克制吸菸這種自發性習慣的能力，那就是自我調節能力。戒菸這件事，如果有「為了健康」或「為了遵守規則或承諾」、「考量到日後健康」等明確意圖，就能克制自己習慣成自然的吸菸行為。像這種帶著特定意圖刻意抑制自己的行為或想法，或者按照自己的決心加以調節的能力，與以vlPFC（腹外側前額葉皮質）及mPFC（內側前額葉皮質）為中心的神經網路有密切的關係。

在發揮各種自我調節能力的時候，例如在無聊的課堂上或開會的時候仍舊保持端正坐姿、為了應付預期的危險而做好準備、抵抗眼前的誘惑，或者克制因憤怒而產生的攻擊行為等等，都有vlPFC的參與。尤其是rvlPFC（右腹外側前額葉皮質），更是共同參與了多個與抑制衝動能力相關的神經網路核心部位，不僅與調節慣性情緒或行為有關，也與承受慢性疼痛的能力有密切的關係。研究人員觀察ADHD（過動症）患者、藥物成癮者、賭博成癮者的結果，發現這些人的該部位無法正常發揮作用。而反過來，也有好幾項研究結果顯示，自我調節能力水準高的人不太會對藥物或酒精上癮。

自我調節能力是發揮的能力

傳統上，心理學將自我調節能力理解為「克制」某種事物的能力。當然，如果想發揮恆心和毅力時，通常都需要克制常規和習慣的行為。然而，作為心理肌力要素之一，自我調節能力已經超越了克制的能力，是更全面的概念。與其克制什麼事情，不如提高專注力或注意力，將自己的精力全數灌注到自己想做的事情上，這也是自我調節能力的重要層面。

然而，並非有意識地克制某些習慣行為，就能自然而然地集中精神。運動選手在比賽中想要集中精神，或考生在答題時想專注思考，這不僅僅是有意識地克制或節制，而是需要具備將精力與注意力聚焦於目標的能力。

在設定了目標和相應計畫之後，為了達成這個目標，至少需要兩種能力。第一種是專注「自我」的能力。專注自我是指時時刻刻回顧自己，覺察自己當下狀態的意思。我們必須要了解自己當下的狀態，才能將精力全數灌注在想做的事情上面。像這樣持續回顧並覺察當下自己狀態的意識功能，在腦科學中就被稱為自我參照過程（Self-referential processing）。自我參照過程在提高心理肌力方面是非常重要的因素，也是傳統冥想修行的核心。大腦中參與自我參照過程的部位，主要是以mPFC（內側前額葉皮質）為中心，連結後扣帶迴皮質（PCC）和楔前葉（precuneus）的神經網路。若想發揮毅力或專注力的話，首先就必須能夠順利地處理有關自己的訊息，而負責這件工作的部位就是以mPFC-PCC/precuneus相連的神經網路。

而要達成某個目標和計畫所需的第二種能力，就是專注所願，即特定「對象」的能力。唯有同時將注意力集中在自我和對象上，才能發揮自我調節能力。專注特定對象時會用到的大腦部位稱為dlPFC（背外側前額葉皮質），主要結合mPFC一起運作。mPFC和dlPFC之間的功能性連結愈強，為了達成目標而集中精力和持續付出努力的能力，成就力量就愈高。

另外，如果想發揮恆心和毅力，就要有能力做出未來可以獲得更大滿足的選擇，而不是做出當下可以得到少許滿足的選擇。這就是「延遲滿足」（delayed gratification），這裡面也涵蓋了因為看重未來的成就而寧願承受當下痛苦和誘惑的耐心。大腦中與這種延遲滿足有密切關聯的部位，是「從前額葉向頂葉方向延伸的神經網路」（frontoparietal task control network）。這個神經

網路的中樞也可以說是以mPFC為中心的前額葉皮質。也有研究結果顯示，如果暫時麻痺mPFC的話，會使得延遲滿足行為消失，做出更衝動的行為。而在其他研究中也發現，以mPFC為中心的神經網路與可以抑制衝動、堅持努力達成目標的能力有密切的關係。mPFC和酬賞系統之間的連結性愈好，就愈能抵抗眼前的誘惑，愈能專注在自己的目標上。[1]相反地，如果暫時降低mPFC功能的話，那麼這種完成目標導向行為的能力也會隨之下降。

> **Note** **指稱大腦各個部位的方法**
>
> 　　前額葉（prefrontal lobe）或前額葉皮質（prefrontal cortex，PFC）是額葉的前面部位，也位於額頭的正中央。前額葉皮質又再細分為上側、下側、中間內側、兩邊外側。這與其說是解剖學上的明確劃分，不如說是為了方便起見才大致區分的。前額葉皮質的上側名稱會加一個「背」（dorso-）字前綴，下側則加一個「腹」（ventro-）字前綴，中間內側加「內側」（medial-）前綴，兩邊加「外側」（lateral-）前綴。而特定部位則使用形容詞區分，如前側（臉側）加上「前」（anterior），後側加上「後」（posterior）。大家可以利用掌心朝下握拳的方式理解，朝上的手背部位加「dorso-」，朝下的手指頭第一、第二節部位加「ventro-」，掌心內側部位加「medial-」，兩邊——即大拇指和小指頭之間的部位——加「lateral-」的前綴。拳頭內側掌心部位是mPFC（內側前額葉皮質），在mPFC區域靠下——即手指頭尾端第一節和掌心接觸的部位——是vmPFC（腹內側前額葉皮質），靠上兩側部位——即手背和拇指或小指接觸的部位——是dlPFC（背外側前額葉皮質），靠下兩側部位是vlPFC（腹外側前額葉皮質）。而vmPFC正下方兩側——即眼球正上方位置——是OFC（眼窩額葉皮質）。大多數構成心理肌力基礎的神經網路，與mPFC、vmPFC、dlPFC、vlPFC和OFC有密切的關聯。

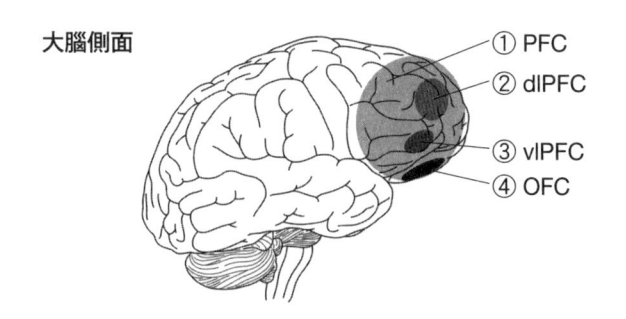

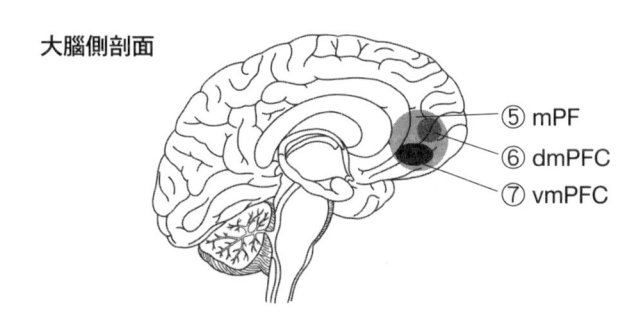

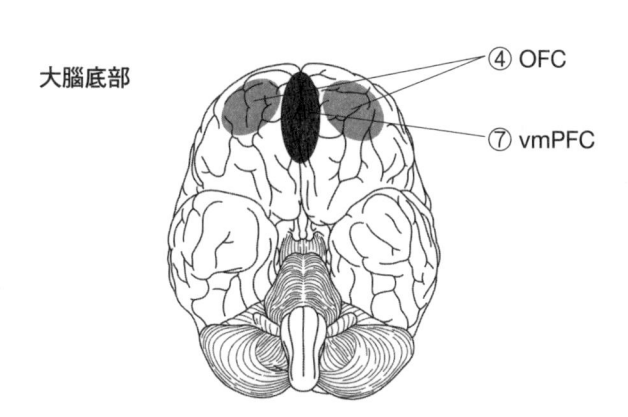

大腦側面
① PFC
② dlPFC
③ vlPFC
④ OFC

大腦側剖面
⑤ mPF
⑥ dmPFC
⑦ vmPFC

大腦底部
④ OFC
⑦ vmPFC

① **PFC**（prefrontal cortex）：前額葉皮質
② **dlPFC**（dorso-lateral prefrontal cortex）：背外側前額葉皮質
③ **vlPFC**（ventro lateral prefrontal cortex）：腹外側前額葉皮質
④ **OFC**（orbitofrontal cortex）：眼窩額葉皮質
⑤ **mPFC**（medial prefrontal cortex）：內側前額葉皮質
⑥ **dmPFC**（dorso-medial prefrontal cortex）：背內側前額葉皮質
⑦ **vmPFC**（ventro-medial prefrontal cortex）：腹內側前額葉皮質

【圖 2-2】與心理肌力相關的前額葉皮質（PFC）各部位

自我調節能力：與自己溝通的能力

自我調節能力是情緒調節能力

　　自我調節能力的另一個重要因素是調節情緒的能力。調節情緒不是單純指克制和忍受憤怒或恐懼等負面情緒的意思，這是對情緒的「壓抑」（suppression），而不是調節。真正意義上的調節情緒是透過退後一步從客觀的角度觀察自己，以便正確認識和重新評估（reappraisal）自己的情緒狀態。眾所周知，大腦中的vmPFC（腹內側前額葉皮質）是與專注和認知自我情緒、重新評估後主動調節的能力相關的核心部位。有好幾項研究結果都顯示出辨識自我情緒狀態的能力和有意識地調節情緒的能力，主要都是由以vmPFC為中心的神經網路來發揮作用。

　　所以，vmPFC是大腦中與識別和調節情緒能力相關的重要部位，尤其在正面情緒被誘發時更為活躍。正面情緒的誘發不僅會製造好心情和幸福感，還可以透過vmPFC等神經網路的活化更好地調節負面情緒。也有報導指出，當一個人心懷感激時，vmPFC尤為活躍。

　　也有一些研究以更直接的方式證實，vmPFC是與情緒調節能力相關的關鍵部位。當研究人員透過以微弱直流電刺激大腦特定部位的tDCS（跨顱直流電刺激）方式活化vmPFC之後，即使受試者正處在足以誘發負面情緒的情況下，但他不僅情緒調節能力有所提升，也降低了憤怒和攻擊傾向。

　　情緒調節能力的關鍵部位vmPFC在決策過程中也占了一席之地。假設當我們在決定是否要吃某特定食物時，透過自我調節能力的發揮決定不吃垃圾食品的人，他們的vmPFC不僅會對該食物滋味的資訊，也會對該食物影響健康的資訊做出反應。但是自我調節能力薄弱無法抗拒垃圾食品誘惑的人，他們的vmPFC不會回應與健康相關的資訊，而是只對與食物滋味相關的資訊有所反應。換句話說，當我們進行某種行為時，vmPFC便扮演著要不要發揮自我調節能力的決定性重要角色。特別是，vmPFC會與dlPFC（背外側前額葉皮質）一起組成網路來發揮自我調節能力。另一方面，vmPFC也會透過參與情緒調節和自我節制而成為促使一個人做出道德行為的基礎。譬如說，犯下不道德和殘忍罪行的反社會人格者（Psychopath）會表現出與屬於精神疾病之一的人格障礙患者類似的特徵。有研究結果指出，這是因為他們的vmPFC和杏仁體都存在障礙的緣故。

自我調節能力是一種心理肌肉

自我調節能力類似於身體肌肉。肌肉如果在短時間內集中使用的話，很快就會疲勞。就像反覆將重物提起放下的話，沒多久肌肉就無法再施力，因為肌肉的力量有限，很容易消耗殆盡。

自我調節能力也類似於此，如果我們為了完成某個課題而過度使用自我調節能力的話，到了要執行下一個課題時，就無法正常發揮自我調節能力。如果在完成必須抗拒誘惑或調節情緒的課題之後，接著就馬上進行第二輪課題的話（也就是連續執行必須發揮自我調節能力的課題時），此時，自我調節能力會明顯下降。舉例來說，為了不讓自己吃掉眼前的甜餅乾和清涼飲料而使用了忍耐和節制力之後，接著馬上去解數學題的話，那麼解題能力就會下降，這種現象已經透過各種研究得到了反覆驗證。

肌肉的另一個特徵是，在能量消耗與復原不斷交替的過程中，透過反覆進行一定負荷的訓練，肌肉會逐漸變得更強壯。同樣地，自我調節訓練也可以通過反覆訓練變得更強。人類為了提高自我調節能力，數千年以來一直進行的訓練就是冥想。堅持不懈的冥想可以培養朝著自己設定的目標前進的力量，做出更專注的目標導向行為。

傳統的冥想修行法有好幾種，而所有冥想修行的普遍共同點，就是有助於提升專注力。實際上，當我們透過冥想提高專注力時，大腦的dlPFC（背外側前額葉皮質）、mPFC（內側前額葉皮質）、ACC（前扣帶迴皮質）等部位也會同時活化。也就是說，冥想會促使作為自我調節能力基礎的神經網路活躍起來。這個過程一再反覆的話，自我調節能力就會在神經可塑性（neuroplasticity）的作用下變得愈來愈強。關於神經可塑性，在第三章會有詳細的介紹。

以上我們探討了有關自我調節能力中存在克制的能力、發揮的能力和情緒調節的能力等各個層面。而與這麼多能力相關的神經網路共同點，就是全都以mPFC為核心部位連結在一起。在接下來我們要探討的心理肌力另一個要素「社交能力」的發揮上，mPFC也同樣扮演著關鍵角色。

社交能力：
與他人的溝通能力

大腦將人際關係視為生死存亡的問題

　　社交能力是指尊重和關懷他人，理解他人的心情，能對他人的痛苦或感受產生共情的能力。社交能力高的人善於表達自己的意思，也善於掌握他人的意圖，懂得如何說服他人，展現領導力。其下的子元素包括共情能力、關係性、自我表達能力等。

　　除了我之外的每一個人都是「他人」，當他人之中有人成為我的說話對象時，那個人就成了「你」。溝通是建立「你」和「我」的關係，並以此為基礎，構成我和你的過程。尊重和關懷他人、理解他人的心情、能對他人的痛苦或感受產生共情的能力就是社交能力。

　　我這個人與我做的人間事是透過他人連結在一起的，無論我們做了什麼，總是在與他人的關係裡進行的。現在我努力撰寫這本書的這件事情，也是因為有閱讀此書的不特定多數讀者存在才得以進行。因為有了讀者（他人）的存在，我才筆耕（人間事）不輟。他人將我與人間事拴在了一起，同時人間事也將我與他人連結起來。

　　我必須與我周圍的他人建立良好關係，必須能夠帶領他人朝自己想要的方向發展，這就是說服力，也是領導力。成就一件事情，這種行為大部分只有依賴說服與那件事情相關的人們才有可能實現。與他人建立愛與尊重關係的人，才能給予他人好感和信賴感。好感和信賴感就是說服力和領導力的基礎。

　　人無法離群索居，大腦對與他人的人際關係視同自己的身體一樣重要。因此，當人際關係決裂時，大腦會將這件事理解為身體受到傷害或生命受到威脅一樣嚴重。這也是遭到他人拒絕或被排擠時，為什麼會感到像身體受到

傷害時一樣的痛苦。

當我們強烈撞擊硬物感到疼痛時，大腦會啟動兩個系統。一個是頂葉的感覺皮質，這是感到碰觸或五感的部位，透過這個部位我們得知有什麼東西撞到自己的身體。另一個系統是背側前扣帶迴皮質（dACC）和前腦島（anterior insula，AI），透過這個系統會感到疼痛和難受。換句話說，撞擊硬物的訊息和疼痛的訊息是由大腦不同的部位各自處理的。萬一因為腦溢血（中風）造成背側前扣帶迴皮質和前腦島受損的話，那麼情況會如何呢？中風患者即使因為強烈撞擊重物受了傷，也完全感覺不到疼痛。他們只會意識到自己撞到了什麼，而感覺不到疼痛。當身體受了傷卻感覺不到任何疼痛時，就有可能導致危險。如前所述，痛苦是大腦發出的警訊。幸虧有這樣的警訊，當我們面臨生存受到威脅的情況時就會萬般小心，以免再次感到痛苦。然而，感覺不到疼痛的人也等於無法接收這種警訊，因此有更大的機率暴露在生命受到威脅的危險中。

身體受傷時之所以會感到疼痛，是因為身體受損威脅到生命。大腦藉由讓我們感到疼痛的方式，來向我們發出受傷這類危險的警訊。當人際關係決裂時，大腦也會以生命受到威脅的警訊方式讓我們感到痛苦。娜歐蜜・艾森伯格（Naomi Eisenberger）的一連串研究結果已經證實了當一個人在人際關係中遭到拒絕或被排擠時，大腦中在身體受到暴力攻擊時感覺疼痛的部位會因此活躍起來。

當我們與他人產生衝突、單方面被甩或分手、被同事排擠的時候，我們也會像身體受到傷害一樣感到痛楚，這時，背側前扣帶迴皮質和前腦島部位會強烈地活躍起來。也就是說，大腦中與發生事故或感冒生病等身體不適時相同的區域會被啟動。事實上，許多人因為人際關係中的矛盾與挫折會感到胸口被撕裂般、心被打碎似地痛不欲生。腦科學家們已經證實，來自人際關係的痛苦和身體的痛苦一樣，是真正的「疼痛」。他們甚至證明，服用泰諾（Tylenol）之類的止痛藥可以進一步緩解因分手或排擠所帶來的痛苦。

大腦將人際關係中所遇到的困難視同身體受損一樣的致命，大腦本能地知道，這種事情對我們這些必須群居生活的人來說，構成了嚴重威脅。

社交能力：與他人的溝通能力　　071

讀懂自己與他人心思的社交能力

　　社交能力的核心是溝通能力，泛指善於處理有關自己與他人訊息的能力。為了進行良好的溝通，首先必須了解自己的想法、情緒和意圖。同時也要正確掌握他人的想法、情緒和意圖。一言以蔽之，就是要善於處理有關我和他人的即時訊息。處理這些相關訊息的核心中樞也同樣是mPFC（內側前額葉皮質）。更具體地說，對自己心理狀態的推理主要是由位於mPFC中稍微下方位置的vmPFC（腹內側前額葉皮質）中負責，而對他人心理狀態的推理則是由位於上方的dmPFC（背內側前額葉皮質）處理。

　　在社交能力中，如何掌握對方意圖也是很重要的能力之一。在掌握他人意圖方面，大腦中扮演關鍵角色的部位也一樣是mPFC。舉例來說，已經有研究證實mPFC在夫妻之間的溝通上也扮演著重要角色。因為在掌握配偶意圖方面，就是由以mPFC為中心的神經網路負責核心任務的。

　　當一個人覺得自己的想法都會千迴百轉了，想必別人的想法也一樣時，這就是一種將自己的想法投射到他人立場來觀照的能力，這種能力的核心也有mPFC的存在。像這樣站在他人的立場，以這個人的觀點來看世界的行為，稱為「換位思考」。如果一個人缺乏換位思考能力，就很難理解他人的立場。這種人經常會被人指責是自私缺德的人，雖然有些人明明可以理解他人的立場，卻因為自私和貪念，而做出不道德的行為，但也有人是因為mPFC功能低落，導致他們缺乏從他人的角度看待事物的能力。

　　在腦科學中，換位思考能力被稱為「心智理論」（Theory of Mind，ToM）。心智理論不是關於心智的某種理論，指的是一種可以掌握及理解他人立場或意圖的能力，通常出現在孩童滿三歲半左右的時候。心智理論還未形成前的孩童，無法區別自己的觀點和他人的觀點。當孩子背對電視站在媽媽前面時，他無法領悟自己這麼做會讓媽媽看不到電視。所謂「無法區別自己的觀點和他人的觀點」，也表示「自我」的概念還未成形的意思。想理解他人的觀點，就必須有明確的自我意識。換句話說，在產生「我」這個概念的同時，也要產生所謂「你」的概念。未滿三歲半的孩子不僅對他人沒有明確的概念，自我意識也很模糊。由於孩子缺乏自我意識，所以他們也沒有留下對於「我」的記憶。我所意識到的「我」，是藉由將部分過去經驗編輯成

故事累積下來所形成的。因此,在沒有自我意識的時候,就無法創造出以「我」為主詞的故事,也不具備對「我」的記憶,這就是為什麼大部分的人通常只記得滿三歲半以後的事情。嚴格來說,所謂「我」的存在不是從出生的那一刻就開始的,而是滿三歲半以後,具有了心智理論才開始的。

除了掌握他人立場和意圖的心智理論之外,自我意識(self-awareness)能力也是社交能力的核心之一。連帶地,mPFC神經網路也扮演著非常重要的角色。尤其是mPFC與TPJ(雙側顳頂交界區)之間的神經網路,更是以在心智理論和溝通能力上起到關鍵作用的區域而為人所知。自閉症(autism)就是一種因為心智理論和自我意識能力出現異常,以至於無法發揮溝通能力的疾病。調查結果顯示,自閉症兒童的mPFC-TPJ神經網路有發育不良的現象。

另外,述情障礙(alexithymia)是個人無法認知自己的情緒、因此也不懂得向外人表達的認知行為障礙。有述情障礙的人由於無法感受自己與他人的情緒,所以也無法妥善地調節。患有這種障礙的人通常在建立和維持人際關係上有很大的困難。研究發現,述情障礙患者尤其在mPFC-TPJ神經網路的發育方面也出現明顯落後的現象。

正面情緒能培養人際關係

具有優秀溝通能力的人懂得尊重和關懷他人,擅長社交活動。多項研究顯示,這類人的mPFC神經網路非常發達。尤其是情緒調節核心部位的vmPFC參與處理愈多有關自己和他人的訊息,與mPFC神經網路和紋狀體等其他大腦部位的連結性愈強的話,就會表現出對他人愈親切和體貼的傾向。

社交能力出眾的人在人際關係上也表現出高水準的正面情緒,他們通常是陽光型開朗快樂的人。有關自己與他人幸福狀態(wellbeing)的訊息也是通過前面介紹過在自我參照過程中扮演主要角色的mPFC-PCC(後扣帶迴皮質)/楔前葉(precuneus)神經網路來處理的。有關他人幸福的正向訊息主要在mPFC前側與PCC/precuneus上側處理,有關自己幸福的正向訊息則主要在mPFC後側與PCC/precuneus下側處理。在處理與自己和他人相關的正向訊息

時，以mPFC為中樞，連結PCC/precuneus的神經網路會活躍起來。研究發現，愈幸福的人，其右楔前葉（right precuneus）愈發達，容量也愈大，這對心理肌力有非常重要的意義。換句話說，這也表示處理有關我與他人的正向訊息是強化心理肌力的一種非常有效的訓練法。

　　如果說，主要處理人際關係中與幸福相關訊息的部位是mPFC和PCC的神經網路，那麼主要處理人際關係中與矛盾和難受相關訊息的部位就是mPFC和ACC（前扣帶迴皮質）的神經網路。

　　ACC中，特別是位於上邊的dACC（背側前扣帶迴皮質）和前腦島（anterior insula），如前所述，是當一個人感受到來自人際關係的痛苦或疼痛時就會活化起來的部位。

　　另外，腸胃是身體中最敏銳的部位，往往能最早察覺人際關係中的矛盾，或識別對個人生活可能造成威脅的潛在危險人物；而大腦中最先感知胃腸所發出的內感受訊號，並將之處理為所謂「情緒」訊息的部位，則是mPFC-ACC神經網路。因此mPFC-ACC可以說是在培養和發揮社交能力上非常重要的神經網路。對此，我們將會在第八章中詳細探討。

　　以上我們了解到與社交能力相關的各種神經網路中，大多數也包含了mPFC在內。接下來，我們要探討的是心理肌力的第三個要素——自我激勵能力。

# 自我激勵能力：
與世界的溝通能力

連結我和他人的人間事

　　自我激勵能力是指對自己所做的事情充滿熱情的能力，其子要素包括內在動機、自主、勝任和熱情等。當一個人設計了某樣東西，並將這個點子在現實世界中具體製造出來，這份力量就是自我激勵能力。我們以投射腦中計畫或圖像的能力為基礎，不斷改造這個世界。

　　人間事將我和眾人連結起來。我們相約見面，熱烈討論、交換意見，都是為了某件事情。從這點來看，人間事也算是連結「我」和「你」之間的橋樑。人間事就存在於我和你的關係中，所以我們要和經常面對的世界或「事情」建立良好的關係。我們必須對自己的工作賦予意義，把目標放在建造城堡，而不是搬運磚石，才會有發展和成長。我們必須尊重自己做的工作，如此我們才能從中看見別人感受不到、看不到的事物，以及發現其深層的意義，也才能全心投入工作中。

　　我們必須擺脫「我的存在由世界決定」的想法，要相信自己可以主動改變世界。唯有如此，才能產生以熱情完成一件事的「動機」。人可以通過改變世界來改變自我和成長。人都擁有想按照自己意願來改變周圍環境的本能欲望，兒童們一直在努力地改變世界，這對於他們來說是一種「遊戲」，他們從中感受到「樂趣」，這就是內在動機。這種內在動機會提高正面情緒，而這種正面情緒就會成為創意力和解決問題能力的基礎。

　　人會透過按照自己意願改變周圍環境來得到快樂，孩子就是透過改變周圍環境而自行成長起來的。改變周圍環境可說是自我成長的唯一途徑，幼童撕書，不停地抽衛生紙，喜歡玩砂、玩水、玩樂高，也是因為他們可以藉由自己的行為來改變客體的緣故。因為再怎麼觸摸、敲擊、搖晃也不會變形的

固定物體沒什麼樂趣，所以孩子們不會想玩這種東西。大人也一樣，人們之所以貪圖金錢和權力，也是因為有了金錢和權力才能對周邊產生影響，給環境帶來變化。

自我決定與解決問題能力

自我激勵能力是對於自己想做的事情可以自行賦予動機的能力。這種能力的基礎來自內在動機，也就是從世間萬事中感受到的愉悅。而內在動機始於自主性，自主性是對「我」是自己生活和環境之主的信念。具有這種信念才能產生自我決定和勝任，相信自己未來的生活可以由自己來決定、由自己來改變。必須有像這樣對自己本身的高度肯定，才能擁有強大的自我激勵能力。過去已經有許多研究結果顯示，正面情緒水準愈高的人，創意力和問題解決能力也愈高。

與內在動機相關的最著名理論之一，是美國史丹佛大學心理系教授卡蘿・德威克（Carol Dweck）的成長心態（growth mindset）。透過自身的努力可以提高勝任感的信念，就是一種成長心態，擁有這種心態的人必然也擁有高度的內在動機。

腦科學研究中已經證實，成長心態愈強的人，左右兩側的dlPFC-mPFC神經網路也愈發達。特別是需要發揮毅力和恆力的「恆毅力」（grit）愈強的人，其右側以dlPFC和mPFC為中心的神經網路的連結性愈強。

自我激勵能力強大的人會表現出高水準的問題解決能力。問題解決能力不是指找出單一正確答案的能力，而是為了解決自己所面臨的問題，利用受限的人力和物力，賦予其新的意義和功能，提出最佳對策的能力。問題解決能力的另一個名字是創意能力或創意思維。創意能力和問題解決能力愈優秀的人，以mPFC為中心的精神網路就愈發達，尤其是與DMN（預設模式網路）的連結性愈強。在休息無作業狀態或放鬆冥想時會被啟動的DMN，是與創意能力有最密切關係的神經網路。

三種心理肌力與非認知能力相關的各種理論核心概念

心理肌力（金周煥）	自我調節能力	社交能力	自我激勵能力
情緒智力（丹尼爾·高曼）	自我認識、自我控制	共情能力、社交技巧	自我激勵能力
多元智能（霍華德·加德納）	自省智能	社交智力	
自我決定（德西與萊恩）		歸屬	勝任、自主
軟技能（詹姆士·赫克曼）	毅力	社交性	
成長心態（卡蘿·德威克）			成長心態

> **Note**
> ## 三種心理肌力與非認知能力的關聯性

　　三種心理肌力是非常普遍的範疇，那些與非認知能力相關的代表性理論所強調的核心概念，就屬於三種心理肌力之一。

　　首先，與自我調節能力相關的理論和概念有丹尼爾·高曼（Daniel Goleman）在情緒智力理論裡所說的自我認識和自我控制，霍華德·加德納（Howard Gardner）在多元智能理論中提到的自省智能，詹姆士·赫克曼（James Heckman）所強調的軟技能（soft skills），或者說人格特質（personality traits）軸心之一的情緒調節能力或毅力，安琪拉·達克沃斯（Angela Duckworth）的「恆毅力」等。

　　其次，與人際交往關係相關的理論和概念有丹尼爾·高曼在情緒智力理論裡提到的共情能力和社交技巧，霍華德·加德納在多元智能理論中提到的社交智力，理查·萊恩（Richard Ryan）與愛德華·德西（Edward Deci）在自我決定論所說的歸屬，詹姆士·赫克曼所說的軟技能的另一個軸心——社交性等。

　　與自我激勵能力密切相關的概念有丹尼爾·高曼在情緒智力理論裡所說的自我激勵能力，德西與萊恩在自我決定理論中所提到的勝任和自主，卡蘿·德威克的成長心態，愛麗絲·伊森（Alice Isen）所說的創意性問題解決能力的泉源——正面情緒等。

心理肌力的
腦科學根據

心理肌力的基礎——內側前額葉皮質

　　正如我們前面所探討的，構成自我調節能力、社交能力、自我激勵能力這三種心理肌力基礎最重要的神經網路，就是以mPFC（內側前額葉皮質）為中心的神經網路。然而，與誘發恐懼或憤怒等負面情緒相關的杏仁核，當它呈活躍狀態時會全面削弱包括mPFC在內以前額葉皮質為中心的神經網路功能。因此，心理肌力訓練的目的，就是為了降低杏仁核的活性，加強以前額葉皮質為中心的神經網路功能。

　　在這一節裡，我們將更仔細地探討心理肌力訓練中最重要的大腦部位——mPFC。眾所周知，mPFC是「統合」大腦各種功能的部位。如前所述，mPFC與自我調節能力（毅力、恆心、專注力、情緒調節能力、衝動抑制能力等）、社交能力（處理有關自己與他人的訊息、掌握他人意圖等）、自我激勵能力（內在動機、解決問題能力、創意力等）三種心理肌力有密切的關係。當然不是光靠mPFC這一個部位就負責所有與心理肌力相關的功能，大腦的各式各樣功能是依賴幾個部位同時參與的神經網路發揮作用，而大腦的幾個部位透過同時或依序連結來負責特定功能。然而，mPFC在與心理肌力相關的幾乎所有神經網路中，都扮演著關鍵性的中樞角色。

　　位於前額葉皮質內側的mPFC，不僅是大腦皮質最前端的區域，還與第一層結構（被稱為「爬蟲類大腦」的腦幹）和第二層結構（被稱為「哺乳類大腦」的邊緣系統）緊密相連，這些結構呈現額頭前側向內捲的形態。mPFC不只在「結構上」與包含杏仁核在內的邊緣系統緊密相連，在「功能上」也有密切的關係，因此也被戲稱為「邊緣系統的延伸」。位於額葉最前端、常被戲稱為「理性腦」的 mPFC，與被戲稱為「感性腦」的邊緣系統相連。mPFC不

僅大幅度水平連接三層結構的大腦皮質──頂葉的各個部位，而且還負責垂直連接第一層和第二層。mPFC就像這樣透過各種水平和垂直方式的連接來完成統合作業，所以也被稱為「統合腦」。

mPFC也是預設模式網路的中軸。原本人類大腦不存在「休息狀態」，即使人類什麼都不做靜止不動時，為了維持生命跡象，大腦也會保持運作，譬如胡思亂想、聽到聲音、處理視覺訊息等等。有些人會想起過往沉浸在回憶裡，有些人則會構思未來計畫等等，各自浮現不同的想法和記憶，因此所謂「靜止不動」的意義因人而異。為了解釋「休息無作業狀態時的腦神經網路」這個看起來非科學性也有點奇怪的概念何以能夠成為重要概念的原因，有必要對腦部影像研究的基礎──fMRI進行簡單的介紹。同時，我認為，對「大腦的某個部位被活化」這件事所代表的意思，以及腦部影像研究核心的fMRI研究是如何進行等等做個簡略整理，對後面的討論有很大的幫助。

利用fMRI的腦部影像研究

利用fMRI（功能性磁振造影）的腦部影像研究始於1990年代，MRI（磁振造影）是一種透過在強磁場中引起氫原子核共振來拍攝身體內部影像的技術。前面之所以冠上「功能性」一詞，是因為這是在磁振造影儀每兩秒一次持續掃描整個大腦圖像的同時，施加各種實驗刺激，藉以觀察大腦活化模式變化的一種磁振造影。我們通常在醫院裡拍攝的MRI可以清楚地拍到身體內部的部分「結構」，想獲得一段影像，大概需要花費20到30分鐘以上。大腦也可以採取這種方式拍攝清晰的「結構」，如果想檢查大腦裡面有沒有腫瘤、腦血管狀態如何，就可以透過仔細地拍攝大腦結構來觀察。

fMRI不是像這樣一張照片要拍老半天，而是每兩秒一次大致掠過整個大腦的拍攝技術。在連續拍攝的過程中於固定的時間點給受試者看看情人的照片，或是看看酒瓶、聞聞某種味道、聽聽某種聲音、猜個謎題等等，以各種方式展現實驗刺激物，然後再比較實驗刺激物展現前和展現後的大腦狀態。fMRI就是像這樣在大腦對特定刺激產生反應時，可以粗略地測量某個部位發生了多大變化的技術。這時，fMRI就可以利用統計的方式來感應腦

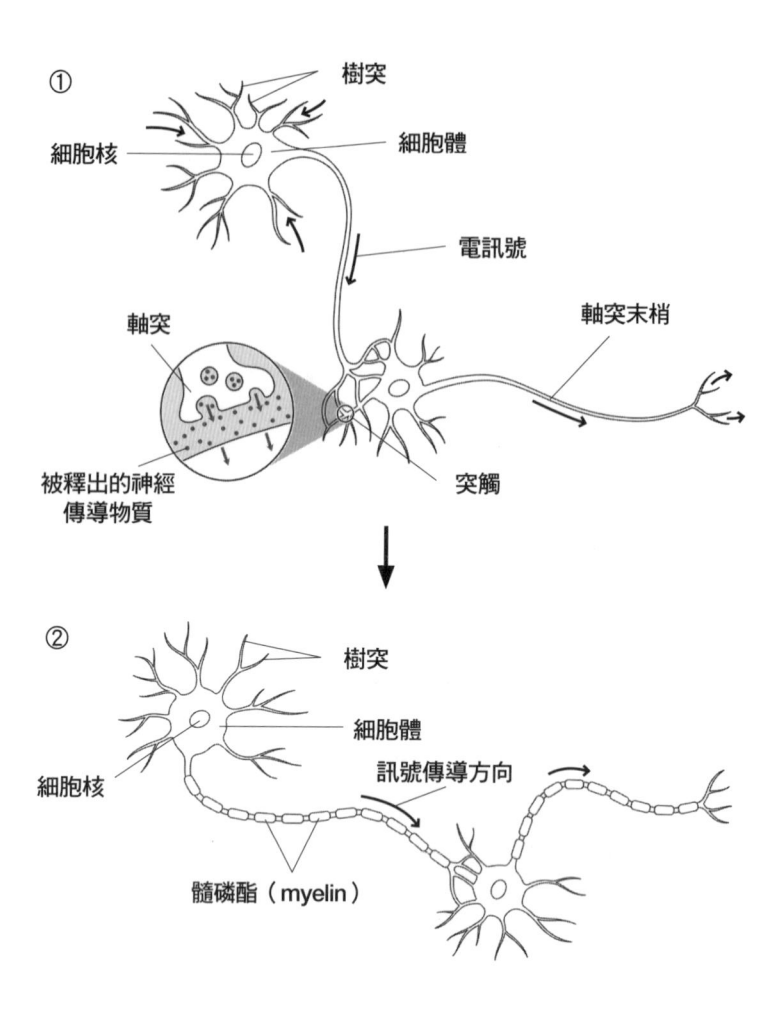

【圖 2-3】神經細胞活化的意義　電流會經由神經細胞的軸突（axon）流向末梢傳遞訊號，再由末梢釋放神經傳導物質，經由突觸將訊號傳遞到下一個神經細胞，這就是神經細胞的「活化」（activation）。特定神經細胞之間的活化一再重複的話，就像會上面的圖形②一樣，產生軸突被髓磷酯包覆等的變化，這就是我們在後面將會探討的神經可塑性。

血管中血氧濃度的差異。這就是全部的過程，所以fMRI不是像拍照一樣拍下某種影像。

目前fMRI儀器可以顯示的資訊是有關大腦特定部位的活躍程度，使用被稱為「立體像素」（Voxel＝Volume＋Pixel）的2×2×2公釐立方體作為檢測單位或解析度。大腦特定部位的「活化」，這只表示在相關部位的數十萬到數百萬個神經細胞束附近的血液中觀察到相對較高的血氧濃度。神經細胞的「活化」是指細胞核所在的神經細胞體會將電訊號傳遞給特定軸突，軸突末梢的突觸處會因此釋放特定神經傳導物質，促使與其他神經細胞樹突相連的突觸產生化學訊號，然後再次引發下一個神經細胞的電訊號，而這一連串的過程都是在一瞬間同時發生的（參考【圖2-3】）。為了完成這項作業，神經細胞需要能量；而為了獲取能量，神經細胞就需要有更多血氧濃度相對較高的新血供應。fMRI儀器並不是測量神經細胞本身的活化情況，而是透過供應給大腦特定區域神經細胞束的血氧濃度來推算神經細胞的活化程度。

大腦特定部位的血氧濃度增加，這句話的意思是指該部位的神經細胞正在努力工作，所以需要更多的氧氣和能量。當我們進行肌力訓練時，血液會暫時湧向相關部位，產生「幫浦」作用。大腦也一樣，如果大量使用哪個特定部位，為了供應氧氣和能量到該部位，新血會在一瞬間湧過來，造成血氧濃度變高。

當我們看到例如「給酒精中毒患者看酒瓶時，大腦的某個部位會活躍起來」等新聞報導時，也會看到大腦的各個部位被標示得花花綠綠的。但是真正在fMRI影像中，大腦的活動並不會顯出花花綠綠的樣子。只不過在看到酒瓶前和看到酒瓶後，通過統計分析推斷出大腦的特定部位血氧濃度會相對發生變化而已。研究人員透過這種統計分析得到的結論，就是當大腦特定部位的血氧濃度數據出現顯著的變化時，便可以斷定這裡是受到特定刺激活化的部位。出現顯著差異活化的部位呈現花花綠綠的顏色標示，只不過是研究人員自行塗上色彩以方便自己識別罷了。因此，對fMRI大腦影像的過度解讀是最要不得的事情。

大腦並不是一直處於空白狀態下，然後在受到特定刺激的那一瞬間，與之相關的大腦部位才突然活化起來的。實際上，大腦始終都在忙著處理與生命跡象相關基本且連續的訊息，是同時有好幾個部位一直保持活化的狀態。

再加上每個人之間都有很大的差別，所以如果想識別哪個部位受到特定刺激會活躍起來的話，只能以沒有那種刺激時作為基準，來觀察前後的差異。換句話說，所有的fMRI影像都是像這樣的一種訊息，只能透過「基準狀態」和「暴露在刺激下的狀態」之間的差別來顯示。

因此，在腦部影像研究中，受試者會在實驗項目或活動進行之前，先拍攝一張作為「基準」的休息無作業狀態大腦活化模式——這被稱為休息狀態或基線（baseline）影像。之所以需要這種作為基準的基線影像，是因為即使我們什麼事都不做，靜靜地待在那裡，大腦也仍舊勤勉地工作。我們還是一樣需要呼吸、需要消化、需要想著各式各樣的事情，身體也需要不斷地輕微移動。大腦要處理從某處傳來的聽覺訊息、進入眼睛的各種視覺訊息，並相應地回想起各種記憶，大腦就像這樣永不止息地辛勤運作著。換句話說，大腦的各個部位無論是以哪種模式都持續運作中。因此，腦部影像研究只能通過「比較」時時都在接受刺激或執行功能狀態下的活化度與休息狀態下的活化度來完成。休息狀態的大腦活化模式也算是所有腦部影像研究的基準。

在所有fMRI腦部影像研究中，很需要像這樣作為基準的大腦活化模式。然而，將休息狀態當成大腦活化模式的基準，可能不是那麼恰當。例如，當研究人員試圖找出看到酒瓶狀態的大腦活化模式時，就很難將休息無作業狀態的大腦活化模式當成基準。因為當一個人看到酒瓶照片時，大腦中雖然存在會對「酒瓶」做出反應的部位，但也存在對照片或影像本身會做出反應的部位，或者對特定顏色或模樣做出反應的部位。因此，為了精確地識別大腦中會被「酒瓶」刺激活化的部位，以觀看與酒瓶相似但不是酒瓶的其他影像時的狀態為基準會更恰當。那麼，想知道觀看情人照片時會活化的大腦部位，需要用什麼作為「基準」呢？同樣地，這時就需要觀看一張雖然不是情人，但平時很親密的熟悉臉孔的照片。用觀看陌生的非特定人物照片時的狀態和看情人照片時的狀態，來比較大腦的活化程度是有困難的。因為在情人照片所形成的刺激中，除了「情人」這一層面之外，還混合了「認識」的人、「親密」的人等各種刺激，而大腦中反應這些刺激的部位也很多樣化。考慮到這種複雜性，準備最有效率的「基準刺激物」始終是一個艱難的挑戰。

大腦活化模式與執行功能的關係

　　拍攝腦部影像並不代表可以了解這個人在想什麼、處於何種情緒狀態。打個比方，這就和即使測量了手臂肌肉細胞的血氧濃度變化，也很難具體了解手臂做了什麼事情，是一樣的道理，頂多能知道使用了手臂肌肉中的哪個部位罷了。知道一個人使用手臂肌肉的哪個部位，就可以推理出他是用手臂拿著筷子吃飯，還是拿著筆寫字，但還是完全無法得知這個人究竟吃了什麼食物、寫了什麼內容。

　　即使如此，許多fMRI研究人員還是想透過腦部活化模式來推理各部位的獨特功能。即使是在十多年前，還是有許多研究人員試圖透過腦部活化模式來理解大腦做了什麼事情。打個比喻，這就像當一個人握筆在紙上寫字時，有人試圖透過檢測手指肌肉和手臂肌肉的活化模式來得知手寫了什麼字一樣。好吧，那就讓我們假設通過這樣的分析，可以找出一個人在書寫特定的字時，他的某根手指頭和手臂肌肉的活化模式。但我們還是很難在之後根據那種肌肉活化的模式，來推斷這個人寫了那個特定的字。同樣地，當大腦在執行某特定功能時確實會展現出特定的活化模式，但卻不能因為找到了這個特定活化模式，就得出大腦正在執行該特定功能的結論，原因是大腦的特定部位並不是只參與一項功能。例如寫特定的某個字時使用的手指肌肉和手臂肌肉，在書寫其他文字，而不是該特定文字時，也差不多都會用到。而且，寫字時使用的手指肌肉和手臂肌肉，在拿筷子或彈鋼琴時也用得到。

　　因此，大腦的活化模式與其功能之間並非一對一對應。這意味著，無法將某種特定功能固定地與某種活化模式配對解釋。一種活化模式可能涉及多種功能，反之，多種活化模式也可能共同與某一功能相關聯。換句話說，即使在輸入相同的文本，有些人使用左右手「一指神功」也能完成輸入。這意味著，即使手指肌肉的活化模式完全不同，結果仍然是一樣的——完成相同的文本輸入。而相比之下，每個人之間的大腦活化模式的差異甚至比這還要顯著。

　　從另一個層面來看，當大腦執行特定功能時，被認為與該功能相關的大腦部位會活躍起來，這可以成為該功能正順利執行的依據嗎？舉例來說，與解數學題相關的大腦部位，是在擅長數學的人身上更活躍呢？還是在不擅長

數學的人身上更活躍？對此也出現了許多誤解。許多人相信，大腦相關部位愈活躍，才能把功能執行得愈好。果真如此嗎？

再以手指頭肌肉為例來思考一下。長期使用筷子的人，與拿筷子相關的手指頭肌肉會很發達，只要稍微活化相關肌肉，就可以熟練使用筷子。根據研究結果顯示，能熟練地進行某種行為，且與之相關的肌肉愈發達的人，在進行該行為時，相關肌肉的活躍程度就愈低。相反地，無法熟練地使用筷子的初學者，會在手指頭肌肉上用力，讓肌肉變得很緊張。這麼一來，不僅是整隻手的肌肉，連手臂和肩膀肌肉也會緊張起來，變得很活躍。

同樣地，擅長數學的人即使在大腦相關部位幾乎沒有被啟動的情況下，也能順利地解開題目。相反地，不擅長數學的人在解數學題時，大腦相關部位會高度活化。那麼，大腦愈不活躍，功能就發揮得愈好嗎？這可不一定。圍棋選手的大腦為了提前預測目數，並計算複雜情況下的目數，會呈現極端高度活躍的狀態。但是圍棋初學者由於缺乏解讀目數的能力，他們的大腦反而不太活躍。大腦與特定功能相關的部位活化所代表的意義，可以根據情況和條件進行不同的解讀。也就是說「大腦特定部位活躍起來」這句話可以有許多不同的意義，所以在解釋時必須慎重和小心。

如果我們想讓特定部位的肌肉發達起來，就必須針對相應部位加以訓練，有系統地反覆進行相關動作或行為。透過反覆的訓練，實實在在鍛鍊好特定部位的肌肉之後，再和進行該動作或行為時沒有經過訓練的人相比，就會發現自己的肌肉變得沒那麼活化。

心理肌力訓練的原理也類似於此，透過堅持不懈的心理肌力強化訓練，建立起強大的mPFC神經網路之後，不需要特別的努力或費心，就可以充分發揮心理肌力。也就是說，擁有強大mPFC神經網路的人，即使在該神經網路幾乎沒有被啟動的情況下，也可以發揮與心理肌力相關的各種能力。相反地，mPFC神經網路薄弱的人，如果想發揮心理肌力，就必須加大前額葉皮質部位的活化程度。有一點可以確定的是，任何人想強化mPFC神經網路，就必須堅持不懈地進行心理肌力訓練，才能讓mPFC神經網路活躍起來。

為什麼預設模式網路很重要

第一個發現無作業休息狀態下的功能連結網路的人，是1995年當時威斯康辛大學醫學院博士生巴拉特·畢斯瓦爾（Bharat Biswal）。但進一步發展這個概念的人卻是美國神經學家馬庫斯·賴希勒（Marcus Raichle），他在2001年開始將休息狀態的功能連結網路稱為DMN（預設模式網路）。

起初腦科學家們認為，只要讓受試者什麼事都不做，靜靜地休息，大腦也會進入無作業休息狀態。也就是說，他們認為當大腦處於無作業狀態下，所有部位的活躍度都會降低，直到接受下一個作業時，大腦各部位才會被活化，需要消耗更多的能量。然而，研究結果顯示，即使在無作業休息狀態時，大腦仍舊在辛勤地工作。執行目標導向行為或作業時的大腦，與無作業休息狀態時的大腦，能量消耗的差別只有不到5%。而且研究也發現，當注意力集中在特定工作或課題上時，原本在大腦無作業休息狀態時活躍起來的部位，反而活性會降低。無作業休息狀態時更加活躍的神經網路就是DMN，而這片神經網路的核心裡，也同樣有mPFC的存在。

研究結果也指出，在進行自我參照過程，處理有關自己的訊息時，DMN與在這個過程中活化的大腦部位有相當多的重疊。此時採取的實驗方式，是讓受試者選擇最能表現自己的形容詞，或思考自己目前的狀態或感覺，來進行自我參照過程。然而，思考自己本身或意識他人眼中的自己時，DMN也會同時活化起來。因此當我們進行自我參照訓練時，會透過自己觀照自己的情緒或想法，促使與mPFC關聯的神經網路活躍起來。這時，作為自我激勵能力核心的創意力與解決問題能力也會跟著提升。

有研究顯示，創意力高的人，其DMN和IFG（額下迴）之間的功能連結網路也很強大。創意思考能力的核心也是以mPFC和IFG為中心的神經網路，尤其是所謂FPN（額頂葉網路）的神經網路更是創意思考的關鍵。而FPN與DMN之間有著密切的關係，其核心也有mPFC的存在。另一方面，好奇心與自我效能（Self-efficacy）之間有著緊密的關聯，這也成為了創意力的基礎。而誘發作為創意力基礎的好奇心和自我效能的神經網路，也和以前額葉皮質為中心的神經網路有密切的功能性連結。

一連串指稱大腦各部位的陌生名詞相繼出現，或許會讓某些讀者感到複

雜和混亂。但是只要忍受這一點點的複雜，仔細探究研究結果的話，就可以發現一個明確的事實，那就是幾乎所有與心理肌力相關的神經網路中，mPFC就如同中藥裡的甘草一樣，隨處可見它的蹤影。

當一個人為了成就某件事而發揮恆心和專注力的時候，大腦就會被要求必須即時處理有關自己個人的訊息，也必須將注意力集中在客體上，還必須克制衝動、延遲滿足，並且必須具有成長心態等多樣化的功能。這些各式各樣的大腦功能由各自連結的許多不同部位的神經網路分別負責，而這些神經網路中幾乎毫無例外地都有mPFC的存在。

希望讀者諸君一定要記住，為了強化自我調節能力、社交能力、自我激勵能力三種心理肌力，務必要活化以mPFC為中心的神經網路。而活化mPFC最有效的訓練法，就是冥想。這是經由各種科學研究早已證明的事實，後文中會對此仔細地一一探討。第三章首先會從表觀遺傳學和神經可塑性理論的角度來探討心理肌力訓練是如何影響大腦神經網路，讓自己可以改變自己。

第三章

心理肌力訓練

- 擺脫基因決定論的幻覺
- 看似遺傳，實則來自環境的影響
- 從表觀遺傳學的角度來看心理肌力訓練
- 神經可塑性：心理肌力訓練帶來的變化

擺脫基因決定論
的幻覺

「我天生如此」的想法會妨礙心理肌力訓練

如果一個人持續有系統地進行重複的運動，就會長出肌肉，身體也會發生變化。同樣地，只要堅持訓練，心理肌肉會變強，想法和行動也會出現變化，成就力量也相對提升。簡而言之，就是整個人都會變得不一樣。如果想透過心理肌力訓練，從根本上改變自己的話，一定要對訓練效果有信心，如此才能堅持努力，也才能將後面我們會討論到的「內在溝通」效果發揮到極致。

過去十多年來，我在對學生、運動選手、上班族、專家、公司領導、主管們進行心理肌力訓練時，領悟到一件事情，那就是即使做著相同的心理肌力訓練，其效果也會因人而異，甚至出現很大的差別。造成這種情況的原因很多，但其中最大的原因就在於個人對自己能改變多少的想法差別上。妨礙心理肌力訓練效果的最大因素，是一個人對自我改變設限的固定觀念。「江山易改、本性難移」的固定觀念，真的是心理肌力訓練的最大敵人。

為了讓心理肌力訓練發揮效果，首先就必須放棄對自我改變設限的固定觀念。典型的固定觀念之一，就是「基因幻覺」。一般人普遍認為「基因決定一個人能力或行為方式」的觀念在現代社會中根深柢固，因此我們有必要根據科學事實仔細研究基因的運作方式。這是因為我們必須先擺脫受先天或基因影響的幻覺，才能發揮心理肌力訓練的效果。

當然，這世上一定有聰明的人，也有從小就展現非凡才能的人，以及在任何一個領域都可以看到顯著比他人優秀的人。但這種聰明、才華、天賦、業務處理能力等等卻不是由智力來決定的，也絕非由先天基因來決定的。那麼，這種「才華」和「能力」從何而來呢？

有些人認為人與人之間在才華和能力上的差別是從一出生先天上就已經決定好的，而他們根據的是自己的經驗。這些人輕易地下定結論說：「父母很會念書的話，孩子也很會念書；父母是音樂家的話，孩子也會展現音樂方面的才華；父母是體育選手的話，孩子的運動神經也會比較發達。這不是遺傳，是什麼？」但是，如果再深入思考的話就會發現，父母傳給子女的不只有生物學上的基因。譬如，父母是音樂家，他們的子女從小就接受更多的音樂教育；父母是運動員，他們的子女有更多機會接觸和學習運動。父母在成為基因的來源之前，首先是一個非常重要的環境因素。

智力不能決定成就

許多科學研究結果證實，作為基本成就力量的心理肌力可以通過系統化的反覆訓練來加強。然而，到目前為止我在講座或教學時遇到的大部分人都不相信這一點。無論是學生、家長、成年人或孩童，以及無論職業是學者、運動選手、大企業主管、業務人員或研究員，大部分的人都被「基本上一個人的能力是與生俱來」的幻覺所誤導。

然而，在過去一百多年期間有無數的科學研究結果明確顯示，人類的成就力量不是靠先天來決定的。其中，路易斯・特曼（Lewis Terman）的研究徹底打破了人們對智力的幻覺，也就是學業成就或工作成就由智力決定，而智力則由遺傳決定的固定觀念。

1921年史丹佛大學的著名心理學家特曼獲得美國政府的巨額研究經費，對智力與成就之間的關係進行了大規模的研究。特曼堅信個人能力是與生俱來的，他也是開發出現今這個時代廣泛使用的「智力（IQ）測驗」的學者。特曼接受美國全境各中小學教師的推薦，選出25萬名成績特別好的孩童。然後，他讓這些優秀的學生接受自己開發的智力測驗，篩選出智商在140以上的孩童約1,470名，也就是選拔出堪稱英才中的英才，然後持續追蹤觀察這些孩子長達數十年。特曼認為這些自己選拔出來的天才們一定會在各個領域取得傑出的成就，他對這點深信不疑。

然而，數十年過去了，這群天才中卻沒有任何一個人在各個領域裡取得

驚世成就。當然，還是有幾個人在社會上創下了豐功偉業，其比率與1,400多名平凡孩童中出現成功者的比率差不多。入選的天才群組裡也沒有人拿到諾貝爾獎，反而是因為智商低於140被排除在實驗對象之外的孩童群組裡，出了兩名諾貝爾獎得主。當天才群組的孩子們長大成人以後，大多數就像一般人一樣從事著平凡的工作。歷經了幾十年的研究，最後特曼不得不作出如下的結論——「智力與成就之間不存在任何相關關係」。

不是所有的事情都是由與生俱來的基因所決定的。當然，個體之間會因為基因而存在一定程度的差異。「這孩子像他爸，做出來的事情都一樣」這種話你一定聽說過吧。這句話固然可以解釋為一種對基因影響力的強大信念，但另一方面也可以解釋為這孩子從小看著自己爸爸、模仿爸爸的所作所為，是後天因素使得他變得和自己爸爸一模一樣。

身高和長相等身體特徵受遺傳因素的影響很大，擁有相同基因的同卵雙胞胎在身高體重上非常相似。但是除了身體特徵之外，遺傳因素會對性格、行為或能力等方面產生多大的影響就很難確認。可以肯定的是，相較於身體特徵，性格、行為、能力受到後天環境與學習的影響更大。

心理肌力多數由後天決定

那麼，心理肌力有多少是由先天決定，又有多少可以透過後天努力來改變的呢？這個問題之所以重要，是因為我們在後文中要探討的內容核心，就是透過內在溝通訓練來提升心理肌力和成就力量。到底個人能力的差別有多少是與生俱來的，而我們又能指望後天的努力能達到什麼樣的結果呢？在思考這個問題之前，我們有必要回顧表觀遺傳學研究在過去數十年來所取得的各項成果。

簡單來說，表觀遺傳學就是一門透過基因與環境交互作用來研究遺傳現象的學問。特定的基因是否會被表達出來，或者會表達出多少性狀（生物體可遺傳的特徵），這些不是受到基因本身，而是受到各種外在環境因素或身體條件的影響。我們體內所有細胞的DNA裡面，都儲存著我們整個身體結構的設計圖。然而，DNA僅止於是設計圖而已，實際上要建造什麼樣的房

子，除了DNA之外，還需要由其他許多因素來決定。

每一個肌肉細胞、神經細胞或心臟細胞裡，都儲存著相同的DNA訊息。根據DNA裡的訊息決定哪些細胞形成肌肉、哪些細胞形成大腦。遺傳訊息會由DNA轉錄（transcription）到RNA，從這裡會形成各式各樣的蛋白質，這個過程稱為基因調控（gene regulation）。然而，這個過程會受到我們身體所經歷的各種環境條件的極大影響。代代相傳的特徵，看似受到遺傳的影響，但深究的話，往往會發現很多情況是由成長環境所造成的。

當子女表現出和父母相似的性狀時，我們很容易會認為這是受到遺傳的影響。但實際上有很多都是受到所謂父母的這種「環境」潛移默化的結果。與成就力量或性格等行為層面相關的表現，更是如此。父母不僅將基因遺傳給子女，也為子女創造了環境。更準確地說，父母就是對子女整個身心和生活發生巨大影響的環境本身。為人父母，一定要深入思考「我對我的子女而言，是一種什麼樣的環境」這個問題。更進一步還必須思考「我對我自己來說，是一種什麼樣的環境」。

許多我們認為是與生俱來的東西，其中大多數都是根據後天特定環境和重複的行為所造成的。雖然心理肌力在某種程度上是由基因來決定的，但相對來說，有更多的部分是由環境和習慣決定的。透過心理肌力的強化來改變自己這件事，也等於是在創造新的環境來培養後天的習慣。為了瞭解環境與後天的習慣對我們身心有多大的影響，讓我們先來探討幾項具有里程碑意義的研究，這些研究為我們開啟了表觀遺傳學的視角。

看似遺傳，
實則來自環境的影響

代代相傳的表觀遺傳變化

開啟表觀遺傳學觀點的代表性研究案例之一是荷蘭的「飢餓的冬天」（Hongerwinter）。當時正值第二次世界大戰末期的1944年9月，在盟軍的猛攻之下，德軍處於劣勢，而納粹統治下的荷蘭，反抗運動越發如火如荼。納粹為了報復，將荷蘭的所有糧食運往德國之後，對荷蘭進行完全封鎖。在外部食糧供給被切斷的情況下，嚴寒的冬天到來，荷蘭人找不到食物只能挨餓，這就是有名的「飢餓的冬天」事件。自1945年5月開始封鎖到解除只有短短的幾個月時間，卻有將近22,000人因營養不良而死亡，實在是一件慘無人道的事情。

即使在春天到來、德軍撤走之後，飢荒依然餘波盪漾。在母親肚子裡經歷了「飢餓的冬天」、於春天誕生的嬰兒，日後都患有多重疾病。在懷孕第三期（孕期最後的三個月）於母親腹中經歷了冬季飢荒的孩子們，變得極端肥胖的比率，不僅比其他時期出生的孩子要高出19倍，大部分還患有糖尿病等嚴重代謝症候群疾病。就連他們在30年後長大成人所生下的孩子，罹患肥胖和糖尿病的比率也很高。那麼，他們身上到底發生了什麼事情？

在母親肚子裡經歷了冬季飢荒的胎兒，由於孕婦吃不到東西，因此胎兒也得不到足夠的營養供給。在這種情況下，胎兒的身體就會體會到自己所在環境中營養不足的事實。當無法通過臍帶獲得充足營養供給的情況持續幾個月之後，胎兒的身體逐漸適應了營養不足的環境，最後，就會在身體裡形成「節約型新陳代謝」（Thrifty metabolism）系統，這是指身體各器官為了防範營養不足而在體內儲備最大限度的熱量和鹽分的一種系統。例如，只要血液中還留有一點糖分，胰臟就會分泌大量胰島素，將糖分以脂肪的型態囤積起

來；而腎臟也不會完全排出血液中的鹽分，而是囤積在體內。就像這樣，身體為了生存會竭盡全力適應艱苦的環境，透過基因調控的過程，以後天的方式形成節約型新陳代謝系統。

當幾個月期間的飢餓冬天結束，春天到來的時候，原本在母親體內飽受營養不足之苦的孩子們出生了，終於可以獲得足夠的營養供給。但是，這群新生兒的身體早已經形成節約型新陳代謝系統，因此，即使身體獲得了充足的營養，代謝系統還是出現持續將糖分和鹽分囤積在體內的傾向，最後終於導致肥胖和糖尿病。

在荷蘭「飢餓的冬天」問題持續了一代又一代，隨著歲月的流逝，患有肥胖和糖尿病的女童長大之後懷孕了。即使在這種情況下，她們的身體依然維持著節約型新陳代謝系統。由於代謝系統會盡可能地抽取血液中的糖分以脂肪的型態囤積起來，因此，和其他孕婦相比，她們血液中的營養成分顯然不足。結果，她們的胎兒在母親的肚子裡也面臨著營養不足的環境。就像母親在外婆肚子裡時那樣，這些胎兒的體內也同樣透過基因調控形成了節約型新陳代謝系統。最後，這些孩子們在成長過程中，也必然會像自己的母親一樣飽受肥胖與糖尿病之苦。所謂「節約型新陳代謝系統」體質從祖輩到孫輩，影響了一代又一代的人。

當患有肥胖和糖尿病的母親所生出的孩子也同樣患有肥胖和糖尿病時，我們很容易認為這是一種「遺傳」。但實際上這只是為了適應類似條件的環境所形成的特定性狀世代相傳而已，與「遺傳」一點關係都沒有。母親與孩子全都被迫處於營養不足的環境中，透過相似的基因調控形成特定性狀，因而罹患相同的疾病。就像這樣，看似父母遺傳給子女的情況，實際上大多數的情況都是在相似的環境下子女出現與父母相似的各種體質或傾向。

假設有位孕婦時常暴露在壓力下，長期受到高於平均水準的壓力時，血液中的壓力荷爾蒙指數就會一直維持在高點。孕婦的壓力荷爾蒙會影響到胎兒，導致大腦發育全面變得遲緩。大腦未能發育完全就出生的孩子，不僅學習能力與記憶力低下，患有焦慮症的情況也不少。尤其是嚴重處於孕婦壓力荷爾蒙中的胎兒出生時，調節這種荷爾蒙的大腦部位（發出抑制糖皮質類固醇分泌信號的大腦區域）變小，功能也變差，結果只能在維持血液中高度壓力荷爾蒙的情況下生活。這種孩童長大後懷孕的話，胎兒也會暴露在高度壓力荷

爾蒙之下，出生時會和自己的母親一樣，大腦中調節壓力荷爾蒙的部位變小。結論就是，患有神經質和焦慮症的孕婦生下和自己一樣患有神經質和焦慮症孩子的比率較高。如果只看表象，會以為母親的焦慮症遺傳給了孩子，事實上是受到相似環境的影響產生的表觀遺傳變化代代相傳。這和前面所提到的在母親腹中經歷冬季饑荒，出生之後患有肥胖和糖尿病的患者們，是非常類似的情況。

父母本身是重要的環境

問題就在於，患有精神壓力和焦慮症的孕婦，生下同樣患有精神壓力和焦慮症的孩子，是否完全由環境條件所造成，還是遺傳因素也發揮了部分作用。為了解決這個問題，就需要透過實驗來研究，但是研究人員卻無法以人類為對象來進行此類的實驗。於是兩位神經科學家麥可・米尼（Michael Meaney）和達蓮・法蘭西斯（Darlene Francis）試圖透過老鼠的交叉撫育（cross-fostering）實驗來獲得解答。

老鼠也和人一樣，有自己養育崽鼠的方式。有些母鼠有經常「舔拭和梳理」（licking and grooming）崽鼠的習慣，在這種母鼠教養下長大的崽鼠，情緒穩定，體內壓力荷爾蒙數值很低，也看不出有焦慮現象，而且學習能力和記憶力也很優秀，輕易就能完成「尋找迷宮出口」等任務。相反地，不怎麼照顧崽鼠，也不給予舔拭或梳理的母鼠，其養育出來的崽鼠體內壓力荷爾蒙很高，表現得很焦慮，而且學習能力和記憶力也明顯較差。因此，母鼠的養育方式對崽鼠大腦發育有很大的影響。「母鼠愛意表達」的環境因素，對崽鼠的大腦基因表現產生了影響。

實驗室裡的研究人員將剛出生的崽鼠和母鼠隔離後，只有一部分的崽鼠每天給予固定時間的梳理，然後和沒有得到身體接觸的崽鼠相比較，發現有得到梳理的崽鼠體內壓力荷爾蒙數值顯著偏低，牠們不僅大腦發育得更好，記憶力和學習能力也更優秀。多年來各種研究結果顯示，母親的慈手和疼愛、舔拭和梳理等身體接觸，不只是老鼠，對猴子的大腦發育和學習能力的提升，也有決定性的影響。

米尼和法蘭西斯將壓力荷爾蒙高的母鼠生下來的崽鼠和普通母鼠生下來的崽鼠，一出生就在12個小時之內互相交換養育。透過這個實驗他們發現，比起生物學上的母鼠，養育母鼠的壓力荷爾蒙對崽鼠的壓力調節相關的遺傳性狀（genetic character）表現有更大的影響。這個研究證實了壓力荷爾蒙高的母鼠，比起基因，透過行為（養育方式）對崽鼠的遺傳性狀表現有更大的影響。換句話說，母鼠不是透過基因，而是透過行為和養育方式對崽鼠的性狀表現產生更大的影響。

　　法蘭西斯教授的團隊甚至更進一步嘗試了出生前交換養育環境的產前交叉撫育（prenatal cross-fostering）實驗。為此，研究人員將兩隻懷孕母鼠的腹部剖開，首先取出其中一隻老鼠的部分受精卵，再和另一隻母鼠胎盤的部分受精卵交換之後移植。透過精密手術交換了母鼠的鼠胎，在懷孕期滿後健康地出生。部分由受精卵移植的崽鼠們雖然帶有不同的基因，但卻共享母鼠胎盤的「環境」。在基因上遺傳了帶有焦慮症的母鼠基因、卻被移植到正常母鼠胎盤裡的崽鼠生下來之後，幾乎從來沒有表現過焦慮的症狀。相反地，基因正常母鼠的崽鼠被移植到有焦慮症的母鼠的胎盤生下來以後，就顯出高度的焦慮症狀。這是一項具有決定性的實驗，證實了胎兒出生之後是否會出現神經質和焦慮症，不是由基因來決定，而是取決於孕婦胎盤內的血液裡壓力荷爾蒙指數有多高。這類型的研究也顯示了胎兒時期所經驗的「母親子宮」這個環境，即使出生長大後，仍舊會產生影響。這些稱得上是表觀遺傳學的研究，都表明「環境」會對基因表現帶來變化。

　　交叉撫育研究結果有兩個意義，一個是許多看似受到先天基因影響的表現中，有相當大的部分其實是受到父母的營養狀態、壓力荷爾蒙指數高低、撫育方式等「環境」因素影響才出現的。另一個是「父母」這個環境條件，不僅會影響基因調控過程和基因表現，還會對大腦發育和身體運作方式產生長期性的影響，可說力量十分強大。

從被收養的孩子找出思覺失調症的真相

　　與遺傳或環境的爭議問題相關的另一個值得探討的重要研究，是在1960年代由西摩‧凱提（Seymour Kety）所完成的有關「被收養的思覺失調症患者」。1950年代以前，思覺失調症（精神分裂症）的主要發病原因一直被認為是父母錯誤的養育方式。當時的人們如此堅信著，導致病患的父母不得不承受莫大的愧疚感。人們也普遍認為，包括思覺失調症在內的許多精神疾病在本質上都是「一個人為了應對難以忍受的痛苦情況而選擇的不得已策略」。因此治療方法也是以精神分析學為基礎的諮商治療為主，也就是重新詮釋童年時期痛苦經驗的記憶，並予以開解。然而，對當時這種「醫學常識」不以為然的凱提，便決定進行一項研究，試圖透過資料分析來挑戰這種常識。

　　凱提和他的同事們收集了丹麥5,500名童年時被收養的孩童相關資料，分析後發現，生母患有思覺失調症的孩童，即使被沒有患思覺失調症的父母收養長大，思覺失調症的發病率還是很高。一般來說，思覺失調症第一次發病大部分介於17、8歲到20歲出頭之間。如果說父母的養育方式是誘發思覺失調症發病的主因，那麼生母是否患有思覺失調症應該不會對孩子的思覺失調症發病率有太大的影響。但是針對被收養孩童的一項調查結果顯示，影響思覺失調症發病率的主因，在於生母是否患有思覺失調症。

　　另外，收養思覺失調症孩童的養父母或家人中，有思覺失調症患者的比例，和收養健康孩童的養父母或家人中有思覺失調症患者的比例差不多。也就是說，透過分析巨量資料的結果顯示，被收養孩童的思覺失調症發病率與生母是否患有思覺失調症有極大的關係，而與養父母則沒有任何關係。而且，後續的研究也發現，不單單是思覺失調症，憂鬱症或酒精成癮等其他精神疾病也出現類似的傾向。

　　凱提的研究為人們的觀點帶來了劃時代的轉變，證實了許多精神疾病主要是由生物學因素所引起的，而不是來自童年時期的痛苦經驗或記憶。然而，如果我們更深入探究研究結果的話，就可以知道精神疾病並非單純由遺傳所引起的。生母或養父母都沒有思覺失調症的被收養孩童，發病率約為1%，這也是思覺失調症的平均發病率。換句話說，每100個人當中會有1、2個人患有思覺失調症。然而，如果生母患有思覺失調症的話，被收養孩童的

發病率為9%,這個數字強烈暗示思覺失調症是受到遺傳的影響。然而,即使生母並未患有思覺失調症,但若養父母之一患有此病,孩子在這樣的「環境」中成長,其發病率仍可達到3%。換句話說,在沒有遺傳因素的影響下,僅僅是環境因素也會使得思覺失調症的發病率增高。而更令人驚訝的是,如果生母和養父母都有思覺失調症病史的話,被收養孩童的思覺失調症發病率飆升到17%。也就是說,即使在同樣帶有思覺失調症基因的情況下,根據養父母是否患有思覺失調症,發病率可以從9%上升到17%。這份研究結果顯示,基因與家庭環境相互作用產生某種加乘效應(Synergy effect),這會對人的資質和疾病等各方面產生強烈的影響。

綜合大量與基因相關的研究結果來看,基因並不是自己製造特定生物學事件的主體。也就是說,即使帶有特定的基因,也不一定都會表現出來。基因只不過是一種設計圖罷了,解讀設計圖的過程就是「轉錄」(transcription),而據此建造房屋的過程則是「基因調控」(gene regulation)。然而,環境會對這樣的轉錄和基因調控過程產生強烈的影響。這裡所說的「環境」,是指從細胞的分子生物學層面到一個人經歷的個人或共同體經驗等所有層面的環境條件。與其說是環境改變了基因的鹼基序列,不如說是環境改變了大部分的轉錄過程,進一步影響基因的運作方式。這種影響產生的變化,會根據變化種類的不同,其效應持續時間可能很短,也可能是一輩子,甚至可能影響到下一代。

從表觀遺傳學的角度來看
心理肌力訓練

沙漠與叢林的實驗：基因與環境如何相互作用？

史丹佛大學教授羅伯特・薩波斯基在大學部的課程《人類行為生物學》中，對表觀遺傳學觀點——即特定性狀是基因與環境相互作用的結果——做了極佳的解釋。[2]薩波斯基教授以假想的案例來說明基因和環境的關係及相互作用，在此為了便於理解，我想透過其他假想案例來說明。以下假定有與某種植物成長相關的三種基因改造體1、2、3號。

案例一
生長在沙漠上的這種植物，帶有1、2、3號改造基因的植株高度均為50公分。而生長在潮濕叢林地區的這種植物，高度均為1公尺。（100%受到環境影響）

案例二
當生長在沙漠的這種植物帶有1號改造基因（GMO）時，植株高度為10公分；帶有2號改造基因時，長到50公分；帶有3號改造基因時，長到1公尺。另一方面，生長在叢林裡的這種植物也出現同樣的趨勢。（100%受到遺傳影響）

案例三
生長在沙漠的這種植物按照1、2、3號改造基因，高度分別為10公分、50公分、1公尺。但是，生長在叢林的這種植物按照1、2、3號改造基因，高度則分別為1公尺、50公分、10公分。（基因與環境的相互作用）

案例一的情況，基因對植株高度一點影響都沒有，只有環境產生100%的影響。在潮濕的地方，無論基因如何改造，這種植物都會長得很高大。

案例二的情況，基因對植物有100%的影響，而環境則沒有任何影響。無論是在乾燥或潮濕的地方，帶有1號改造基因的植物高度很矮，帶有2號改造基因的植物高度中等，帶有3號改造基因的植物則非常高大。

案例三的情況，環境和基因相互作用。該基因的1、2、3號改造體會隨著氣候條件的不同，有不同的運作方式。也就是說，在沙漠之類的乾燥地區，1號基因改造體植株高度很矮，3號很高；相反地在叢林之類的潮濕地區，1號很高，3號很矮。這時就必須同時考慮環境和基因的影響。對於案例三的情況，只問三種基因改造對植株高度有什麼影響是沒有任何意義的，因為這種高度的改變取決於氣候。同樣地，只問氣候對植株高度有什麼樣的影響，也是沒有意義的，因為要看植物帶有哪種改造基因。換句話說，環境的影響會受到基因的限制；同時，基因的影響也會受到環境的限制。

現實中如案例一或案例二那樣，只受到基因或環境單一因素影響的情況非常罕見。大多數情況如同案例三那樣，都是在基因和環境相互作用之下產生的影響。相互作用的方式往往更複雜、更奇妙，例如，相較於改造基因1、2、3號在沙漠中對植株高度完全沒有任何影響的情況，在叢林中則產生非常強烈的影響。因此，如果只觀察在沙漠生長的植物的話，就會誤判改造基因1、2、3號與植株高度一點關係都沒有。

沉迷於基因決定論的人，把基因當成如同案例二那般的萬能。只要一說到環境的重要性時，就誤以為是像案例一中所提到的情況。然而實際上，基因表現絕大多數是按照案例三的情況。所謂「環境很重要」指的是案例三的情況，而不是案例一。

基因決定論的誤區：從荷蘭家族到老鼠實驗的啟示

與案例三一樣，作為與環境相互作用，影響人類行為和精神健康而被廣泛研究的基因，就是生產單胺氧化酶A型（Monoamine oxidase A，MAO-A）的基

因。生產這種酵素的基因名稱，為了方便起見，就稱為MAO-A基因。

MAO-A是一種酵素，能氧化並清除突觸中存在的神經傳導物質，例如血清素。當MAO-A基因發生變異（正確地說，是因為MAO-A啟動子功能異常）導致無法正常生產單胺氧化酶的時候，在其他條件相同的情況下，突觸之間就會存在較多的血清素。

事實上，抑制單胺氧化酶會增加突觸之間存在的血清素含量，利用這一作用機制製造的憂鬱症治療劑就是單胺氧化酶抑制劑（MAO Inhibitor，MAOI）。MAOI和選擇性血清素回收抑制劑（Selective Serotonin Reuptake Inhibitor：SSRI）都是代表性的憂鬱症治療藥。MAOI可以藉由抑制單胺氧化酶來防止血清素的氧化，SSRI系列的藥物可以防止分泌出來的血清素被重新吸收而從突觸中消失。這兩類藥物都具有提高存在於突觸之間血清素含量的效果，會使病患心情變好，憂鬱感也隨之消失。SSRI系列的代表性藥物「百憂解」又被戲稱為「快樂丸」（happy pills），被認為是一種可以製造快樂的神丹妙藥。這種叫法過於單純化，好像只要增加突觸之間存在的血清素含量就可以感到快樂似地，但人腦的運作方式可沒有那麼簡單。

促使人們對MAO-A基因產生興趣的著名論文，是1993年發表在學術期刊《科學》上的一篇有關荷蘭家庭的論文。[3]這個家庭的成員們因為MAO-A基因的變異，完全無法生產分解血清素等的酵素（酶）。因此，儘管突觸之間存在的血清素含量非常多，但他們卻顯出極端的憤怒調節障礙與衝動性的攻擊傾向。這種傾向尤其在男性成年人身上更為明顯。這篇論文的作者們感到十分迷惘，因為過去許多研究報告都表明血清含量愈低，攻擊傾向就愈高，而這已經被視為一種定論。這些作者們在結論中並沒能對自己的這項研究結果作出適當的解釋，只提出了幾點猜測。因此，他們主張有必要在後續研究中透過動物實驗之類，就像這個荷蘭家庭一樣，進行抑制MAO-A基因運作的實驗。

兩年後，一篇回應上述主張的論文發表在同一家學術期刊《科學》上。該論文的研究人員對老鼠進行了MAO-A基因改造，使其像荷蘭家庭一樣無法生成分解血清素等的酵素。實驗結果顯示，老鼠們出現極端恐懼的反應，尤其是成年雄鼠表現出強烈的攻擊傾向。但令人驚訝的是，這些老鼠的血清素含量是正常老鼠的九倍之多。

在許多測量身體血管內血清素含量或通過藥物暫時調節血清素含量的研究中，發現「血清素含量愈少」，越可能出現高度攻擊性和壓力反應。但是，研究MAO-A基因的論文報告卻說由於基因變異導致人體無法分泌單胺氧化酶，結果「血清素含量愈高」，愈可能顯出高度攻擊性和壓力反應。這些互相矛盾（嚴格來說是看起來矛盾）的研究結果，令學者們陷入混亂，於是便有形形色色的臆測和各式各樣的解釋出現。那麼，到底是怎麼回事呢？

　　圍繞著MAO-A基因的爭議，是顯示神經系統運作方式沒那麼單純的代表案例。突觸之間的血清素含量對壓力和攻擊性程度有什麼樣的影響呢？對於這問題的答案是「視情況而定」。例如，憂鬱症患者因為壓力和憂鬱症症狀造成血清素含量低於正常水準的狀態，那麼治療時使用MAOI或SSRI系統的藥物會有助於提高血清素含量。在這種情況下，提高血清素含量可以降低攻擊性，緩解憂鬱症症狀。

　　相反地，如果MAO-A基因由於遺傳上的缺陷從一開始就無法正常發揮作用的話，那就另當別論，因為身體會以各種方式來適應這種情況。由於基因變異的人從一開始就缺乏單胺氧化酶，因此身體細胞為了克服這個困難就會配備相應的系統，可以強力運轉重新吸收無法氧化的血清素。同時，這個系統也會藉由大幅減少能夠使血清素作為神經傳導物質發揮作用的血清素受體（5-HT受體），讓突觸之間存在的血清素無法另作他用。因此，通過藥物暫時增加的血清素含量和因為MAO-A基因變異原本就很多的血清素含量疊加在一起，最後就出現正好相反的行為模式。薩波斯基教授能夠對圍繞著MAO-A基因變異對血清素效果的爭議，作出如此條理分明又乾淨俐落的整理，令我肅然起敬。當然，他的解釋也可能存在弱點，說不定未來會有其他的研究證明這種解釋是錯誤的。但是相較於到目前為止許多與MAO-A基因相關的論文和爭議所表現出來的混亂，薩波斯基教授合乎邏輯的解釋已經非常具有說服力了。

　　MAO-A基因由於變異而無法正常生產酵素時，會表現出攻擊傾向。部分學者對這個結論深感興奮，甚至稱之為「戰士基因」（Warrior Gene）上演了一齣鬧劇。有學者分析，在紐西蘭原住民毛利族中MAO-A變異基因攜帶者，也就是「戰士基因」攜帶者的比率很高，所以他們的暴力傾向可能更強烈。甚至還出現法院對殺人犯的判決中，對攜帶該基因的人予以減輕刑罰的

事情。法院接受律師的主張，認為該殺人犯因為攜帶「戰士基因」，所以天生就具有攻擊性，判決時應該予以考慮。「戰士基因」概念面臨諸多批判，這項爭議也完整暴露出草率簡化基因對人類行為的影響可能導致的問題。許多人對特定基因都有如上述案例二一樣的誤解。但是大部分的基因卻是像MAO-A一樣，如案例三的方式發揮作用。

攜帶MAO-A變異基因的人當中，只有童年有過被虐待經驗者才會顯現出反社會暴力傾向。即使攜帶了MAO-A變異基因，但童年時沒有被虐待過，而是在良好的環境下長大的話，其暴力傾向或精神健康方面反而會比MAO-A基因正常的人狀況更佳。也就是說，MAO-A基因的變異會給在良好環境中長大的人帶來值得期許的結果，但會放大在惡劣環境下長大的人的暴力傾向。其他研究報告也證實，MAO-A基因的變異只有在童年受虐的情況，才會表現出情緒障礙和社會認知能力低下的結果。MAO-A基因的變異會帶來什麼樣的結果，取決於這個人的成長環境；而成長環境又會對這個人產生什麼樣的影響，則要看MAO-A基因是否變異。這種情況可以說就是典型的案例三。

另一方面，不僅是MAO-A基因，5HTT基因的變異也以類似的方式發揮作用。5HTT基因會生產一種蛋白質，可以重新吸收突觸之間的血清素。眾所周知，5HTT基因的變異與憂鬱症有很大的關係，尤其是對長期暴露在壓力下的人來說影響力非常大。不過即使攜帶了5HTT變異基因，也必須在承受大量壓力的情況下，才會誘發憂鬱症，所以也是典型的案例三情況。

持續有研究報告指出，MAO-A基因的變異只限於兒時受虐或經歷過心理創傷的人，長大以後才會誘發攻擊性和反社會行為。針對27項將MAO-A基因（正確地說，是MAO-A基因啟動子）變異效應與童年受虐及心理創傷經驗相關聯的研究進行統合分析的結果顯示，這種傾向在男性身上特別明顯，有可能是因為MAO-A基因就存在於X染色體上。在女性方面，MAO-A基因的變異效應和童年受虐並沒有產生明顯的相互作用。但即使只是少許的受虐經驗，仍舊會成為誘發反社會行為的因素。也就是說，女性方面，比起MAO-A基因的變異與否，童年受虐的環境因素會成為誘發攻擊傾向和反社會行為的更主要原因。

基因影響人類傾向或行為的方式大致可以分為三種。我們先假定，小時

候經歷了愈多情緒或身體受虐等惡劣環境的人，長大以後出現焦慮症、憂鬱傾向、攻擊性等情緒障礙的機率就愈高。從下頁【圖3-1】所顯示的三種圖表都表明，環境愈惡劣，誘發情緒障礙的可能性就愈高。不過，根據基因效應，圖表的型態也會有所不同。

圖表①顯示，無論基因是否變異，環境愈惡劣，出現情緒障礙的可能性明顯愈高。當然，這種可能性在有變異基因的情況會比沒有的情況稍微高一點，但差異很小。這裡面最重要的因素是環境。

圖表②顯示，無論環境好壞，在存在特定基因變異的情況下，出現情緒障礙的可能性明顯較高。當然，環境愈惡劣，可能性也會稍微提高，但差異很小。在這種情況下，基因是否變異才是最重要的。

然而，現實中如圖表①或圖表②由環境或基因單方面行使主導權的情況少之又少。基因效應大多數如圖表③所示，也就是透過與環境的「相互作用」表現出來。這裡即使不存在基因變異的情況，環境愈惡劣，情緒障礙出現的可能性就高一些。但是，如果存在基因變異的情況，環境愈惡劣，情緒障礙就會更嚴重。一個有趣的現象是，當基因存在變異時，若環境良好，情緒障礙的可能性反而低於基因無變異的情況。然而，在環境惡劣的條件下，基因變異則會顯著增加情緒障礙的風險。換言之，環境完全改寫了基因的影響：在良好環境中，基因變異帶來的影響是正面的；而在惡劣環境中，則可能加劇問題。因此，該基因的變異雖然與情緒障礙的誘發有所關聯，但也有可能發揮好的影響，或發揮不好的影響。這也表示，不能將該基因變異一概斷定是「提高誘發情緒障礙可能性的壞事」。如果非要定義的話，應該說該基因的變異提高了對環境反應的「敏感性」。有該變異基因的存在時，會對環境產生更敏銳的反應，因此在愈好的環境下會出現愈好的效應；在愈壞的環境下會出現愈壞的效應。許多基因的變異都是以這樣的方式發揮作用的，代表性的案例就是我們前面探討的MAO-A基因變異和5HTT基因變異。

人類的傾向或行為並不是由特定基因單方面決定的，即使是受到特定基因強烈影響的特定傾向，也必然會受到環境因素的調節，改變該基因影響的意義。心理肌力訓練可以說是不斷為我們的身心提供健康的體驗條件和環境，從表觀遺傳學的角度來看，心理肌力訓練的目的，就是創造一個與基因表現相關的良好環境。

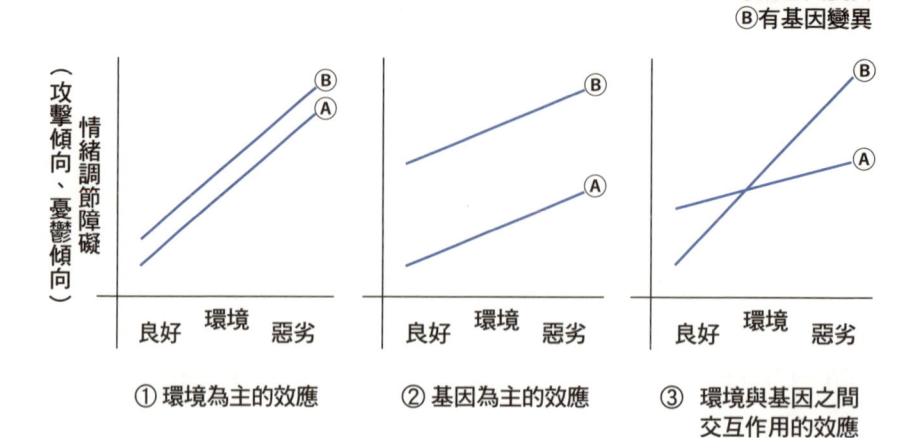

Ⓐ無基因變異
Ⓑ有基因變異

（攻擊傾向、憂鬱傾向）情緒調節障礙

① 環境為主的效應　② 基因為主的效應　③ 環境與基因之間交互作用的效應

良好　環境　惡劣

【圖 3-1】基因與環境交互作用的概念圖：第一張圖表顯示了以環境為主的效應，第二張圖表顯示了以基因為主的效應。然而，在許多情況下，基因變異的效應是像第三張圖表一樣，透過與環境的「交互作用」效應顯現的。基因變異的意義或效應方向是受環境調控的。

即使是同卵雙胞胎……

關於同卵雙胞胎的研究往往會誇大基因的力量，但很難說這些有關遺傳條件完全相同的同卵雙胞胎研究結果證明了基因的先天遺傳（heredity）效應。第一，單純比較同卵雙胞胎和異卵雙胞胎時的問題。同卵雙胞胎長相和性別相同，異卵雙胞胎長相（身高、體型、臉孔）不一樣，性別也可能不同。因此在成長過程中可能受到父母或家人等周圍人們不同方式的對待。換句話說，同卵雙胞胎和異卵雙胞胎不僅存在基因差異，而且在提供的環境上也會產生差別。

第二，注意力缺失症（Attention Deficit Disorder，ADD）的情況。被不同家庭收養的同卵雙胞胎中，當一個為ADD時，另一個也是ADD的可能性超過50%，這無法單純地當作是「遺傳效應」。因為如果想將此視為遺傳效應，

那麼基因完全相同的同卵雙胞胎，無論處於何種環境下都應該顯現出接近100%的一致性才對，但事實並非如此。此外，「收養」本身也有效應。與未被收養的其他普通孩子們相比，經歷「收養」過程的孩子童年時期會承受著極大的心理負擔。成為新的家庭成員這件事本身，對孩子來說本身就是莫大的壓力。

同卵雙胞胎即使被不同的家庭單獨收養，出生前和出生後這兩個關鍵時期也會經歷一模一樣的環境。收養再怎麼早，也是在出生後過了幾個月才會進行。換句話說，同卵雙胞胎不僅在母親子宮內有九個多月的時間共享相同的環境，出生後幾個月期間也處在幾乎相同的環境條件下。決定將孩子送養的產婦，通常都是因為自己無力撫養孩子，這些產婦有很大的可能在懷孕期間比其他孕婦承受了更高的壓力。如前所述，孕婦血液中的壓力荷爾蒙數值對胎兒頭腦和身體的發育會產生相當大的影響。出生前和出生後經歷的母親壓力程度，對於被不同家庭收養長大的同卵雙胞胎來說，也等於是處在條件完全相同的特定環境中。

一般來說，兄弟姊妹雖然比不上雙胞胎，但也共享相當程度的基因。然而，即使由同一對父母生下來撫養長大，按照出生順序ADD的發病率也有顯著的差別。通常ADD更常出現在第一個孩子身上，理由當然不是因為遺傳上的差異，而是環境的差別。

由同一對父母生下來、在同一個家庭裡長大的孩子們，住在同一個家、上附近同樣的學校、吃同樣的食物、生活在相似的環境裡。然而，根據馬泰博士的解釋，這些事情的重要性對孩子們的頭腦發育只是次要的。真正對孩子的頭腦發育和精神健康最重要的環境，是「父母的情緒狀態」。尤其是父母的心理健康狀態是引發子女ADD最普遍、也是最主要的原因。幼兒往往是透過父母來認識和體驗這個世界，所以父母即使不是有意為之，但父母的表情、嗓音、微妙的焦慮感或厭煩等情緒信號，卻是決定孩子們如何認識和體驗這個世界的重要因素。正因為如此，第一個孩子和第二個孩子所體驗到的父母情緒狀態，往往存在非常大的差別。

一般來說，作為老大出生的孩子在人生的第一個階段是以「獨生子女」的身分長大的。由於是夾在父母之間唯一的存在，所以基本上這些孩子對自己的存在感到十分不安。但是，老二就不一樣了，因為他們一出生就發現有

一個處境和自己差不多的「同僚」存在。而且，大部分的家庭在生下老二的時候，通常父母的收入會比生下老大當時要來得多，所以很有可能過著相對來說較為穩定的生活。生養老二的時候，父母在養育幼兒所承受的壓力比起生養老大當時要小得多，因為已經有了經驗。此外，父母通常會把期待集中在第一個孩子身上，所以他們希望老大必須凡事跑在前面，作個開路先鋒。譬如，老大必須第一個上小學盡到學生的本分，也必須第一個成為國中生、高中生，作弟弟妹妹們的榜樣。因此，老大通常都會承受莫大的壓力。

老大出生時的父母大部分都是從來沒有育兒經驗的新手，在經濟上也比較拮据，而且自己承受的壓力愈大，對孩子的期望就愈高。老二出生時父母已經有了育兒經驗，養育孩子較為從容，經濟上也更寬裕些，壓力也沒以前那麼大，對孩子的期待相對來說就會比較低。也就是說，老大和老二各自經驗的父母和家庭的環境是不一樣的。以馬泰博士為例，他在50歲之後被診斷出有成人ADD。他自己出生於第二次世界大戰前，是在納粹入侵匈牙利之前出生的，而他的弟弟妹妹們則是在戰爭結束、和平時代到來之後才出生。

改變環境如何塑造更強大的自我

現在，讓我們回到之前的問題——基因和環境哪個更重要？當然兩者都重要，因為這兩個因素共同影響著人類的傾向。就像正方形的橫邊和豎邊，「基因和環境哪個更重要？」這個問題，就像在問「求正方形面積時，橫邊和豎邊的長度哪個更重要？」一樣。

那麼，我們是否應該對基因和環境都重要的答案感到滿意呢？當然不是。我們想要的是加強心理肌力，提高成就力量。心理肌力取決於基因和環境兩種因素的相互作用。基因是與生俱來，所以我們很難改變基因。但是我們可以改變會影響基因運作方式和表現的環境。因此對我們來說，現實中更重要的往往是環境。

因為MAO-A基因的變異而出現高攻擊傾向和反社會行為的人，他們的心理肌力可以說都很薄弱。這種傾向很有可能與杏仁核的活化有關，因為杏

仁核的活化會減弱心理肌力關鍵的前額葉皮質功能。就如前面所探討的一樣，即使攜帶MAO-A變異基因，只要童年未曾受虐，在良好的環境下長大的話，就不會成長為一個攻擊性強、心理肌力薄弱的人。因此，為了不讓孩子成長為一個有強烈攻擊傾向的人，我們應該關注的不是基因，而是為他們創造值得期許的家庭環境。在家庭裡得到足夠關愛的孩子，會比沒有受到足夠關愛的孩子更有可能成長為前額葉皮質更加活躍、心理肌力更加結實的人。如果整個社會都能認識到良好家庭環境的重要性，從制度上和文化上加以努力的話，那麼一定能幫助更多的孩子成長為具有健康心理肌力的人。

影響基因運作方式的「環境」條件涵蓋的層次很廣，從構成我們身體的細胞內分子生物學層面算起，細胞、荷爾蒙與神經系統，情緒習慣、身體動作、個人、群體、組織、共同體到文化為止都算在內。從微觀到宏觀，所有層次的環境條件都會影響基因表現。尤其是本書所關注的「環境」，就是我們的身體和心理在日常生活中所經歷的各式各樣經驗。而能夠透過在日常生活中重複且有系統的訓練，為我們的身體和大腦所處環境帶來持續性改變的，就是心理肌力訓練。

訓練本身就是將身心反覆置於一個特定的環境中，我們雖然無法藉由這種做法來改變基因，但可以影響基因調控和表現方式。MAO-A基因變異本身是先天的，無法改變，但是只要我們創造一個孩子不會受虐或經歷心理創傷的良好環境，就等於是將MAO-A基因的運作調整到我們所希望的方向。

我們在生活中不斷為自己的身心提供各式各樣的環境，我們吃的食物、行為或運動、情緒的誘發、睡眠習慣、思考和說話方式、與他人的溝通方式和人際關係等等，都是各式各樣會影響基因表現和調控過程的環境條件。本書中介紹透過內在溝通來提升心理肌力的目標，是透過改變我們身心所處的環境，促使我們的身心朝著理想方向發展。本書中將探討各種訓練法，藉由改善「與自己身體的溝通」方式來穩定杏仁核，以及改變「與自己心靈的溝通」方式來活化前額葉皮質。心理肌力訓練也是一種培養自我與身體、自我與心靈之間理想溝通習慣的訓練。

神經可塑性：
心理肌力訓練帶來的變化

從視障者到職業運動員：神經可塑性的驚人潛力

反覆的心理肌力訓練不僅會影響基因表現，也會改變神經細胞之間的連結網路。神經細胞之間連結網路的變化被稱為「神經可塑性」（neuroplasticity），不僅在功能連結上，甚至可以透過結構連結上的變化對行為方式、情緒調節、成就力量等方面產生巨大的影響。得利於神經可塑性，系統化的反覆訓練才能在幾週或幾個月內削弱或加強大腦的特定神經網路。

透過訓練來加強心理肌力這件事，也是指根據「神經可塑性」為大腦的神經網路帶來特定變化的意思。表觀遺傳學研究和各種神經可塑性研究都顯示，透過心理肌力訓練可以實際改變我們的身體和心理。

正如我們在第一章和第二章中所探討的，發揮心理肌力的力量主要來自以前額葉皮質為中心的神經網路。特別是以mPFC（內側前額葉皮質）為中心的各種神經網路，負責與心理肌力有關的各種功能。例如處理有關自己和他人的訊息、掌握他人意圖、自我概念的投射、預測計劃和執行的意志力表現、耐性和專注力的發揮，以及毅力、判斷、決策、情緒調節、衝動控制等等，全都是以mPFC為中心的神經網路所負責的功能，而心理肌力訓練就是為了加強這些神經網路的妥善運作。

作為大腦神經細胞之間的連結網路，神經網路因為具有可改變性，即可塑性，所以只要通過反覆刺激，隨時可以加強或改變連結的性質。這就是稱得上是神經科學唯一法則的「赫布原則」（Hebbian principle）。1949年根據唐納・赫布（Donald Hebb）的提議而為人所知的一個命題──「一起發射訊號的神經細胞會連結在一起」（Neurons that fire together, wire together）。[4]

在神經科學尚未發展的20世紀初期，第一次世界大戰結束以後，心理學

家就開始研究人們如何辨識上下顛倒或左右相反的影像。尤其是一位名為埃里斯曼（Theodor Erismann）的瑞士心理學家以讓人戴上影像顛倒顯示的護目鏡實驗而聞名。從1939年起，埃里斯曼就開始進行研究，他讓弟子科勒（Ivo Kohler）整天戴著影像顛倒顯示的護目鏡。根據實驗，他發現戴上看東西上下顛倒或左右相反的護目鏡時，剛開始會感到頭暈目眩，但過了幾天之後就開始慢慢習慣。而戴上上下顛倒護目鏡的實驗參與者們，快的話十天之後就能騎腳踏車或滑雪，一個月之後就可以騎摩托車。而讓這種事情得以實現的功臣，就是神經可塑性。

所謂「可塑性」（plasticity）是指人類的大腦可以像鬆軟的黏土或橡膠一樣改變形狀。人類的大腦不像硬邦邦的電腦一樣是機器，雖然負責大腦特定區域的功能大致上是固定的，但隨時可以視情況改變。只要給予系統化的反覆刺激，就可以改變大腦各部位的功能或運作方式。當新的刺激反覆進入大腦時，為了處理這些新的訊息，神經細胞之間的連接結構會發生生物學上的變化，這就是「習慣」的本質，也是訓練的效果。

舉例來說，當一個人因為意外事故失明時，視覺訊息再也無法被傳送到位於枕葉的視覺中樞去，原本負責處理視覺訊息的大腦部位就變得無所事事。但是，我們的大腦是非常有效率的器官，不可能放著這樣無事可做的部位不管。因此，過了幾個月之後，大腦中原本負責處理視覺訊息的部位，就會逐漸開始處理聽覺訊息或空間訊息。後天失明的視障者，他們的視覺中樞神經會被改造為處理聽覺等等的訊息。原本負責觀看的大腦部分區域，因為沒有了透過眼睛傳入的視覺訊息，在無所事事的情況下便會自行改變以協助處理聽覺訊息。因此，視障者對聽覺訊息的反應更敏銳，也更細緻。

有關神經可塑性，諾曼・多吉（Norman Doidge）在《改變是大腦的天性》（The Brain That Changes Itself，中文版2008年由遠流出版社出版）一書中提出了很多案例。人類大腦的神經網路不會因為上了年紀就變得僵硬。突觸構成的神經細胞連結網路在人類一生中不斷改變。因此「學習有年齡限制」這種話完全違背事實。就算年齡再大也可以學習新的事物、可以訓練，可以養成新的習慣。除了母語之外，完全可以學習和掌握新的東西，大腦會根據用途而有所改變。即使上了年紀，只要進行心理肌力訓練，大腦就會發生變化。

事實上，如果持續反覆進行特定活動，大腦的運作方式就會有所改變，

例如，鋼琴家調節手指移動的大腦部位特別發達。職業高爾夫選手和業餘高爾夫新手使用大腦的方式也完全不同，有一項能明確證明這點的腦部影像研究，實驗人員讓139名受試者在腦中生動地想像高爾夫揮桿的場面，發現平均分數超過100的新手大腦中，包括邊緣系統在內，幾乎每個區域都活躍起來。另一方面，職業運動員的大腦中，卻僅輕微啟動了頂葉部位運動中樞相關部位（【圖3-2】）而已。而在想像高爾夫揮桿的場面時，職業選手的大腦中幾乎沒有誘發任何負面情緒，反而是新手的大腦中引發了各種負面情緒。

同樣是高爾夫揮桿的動作，職業選手的大腦運作方式與初學者完全不同。職業選手基本上保持沉著和冷靜，而初學者在揮桿之前就已經陷入了恐

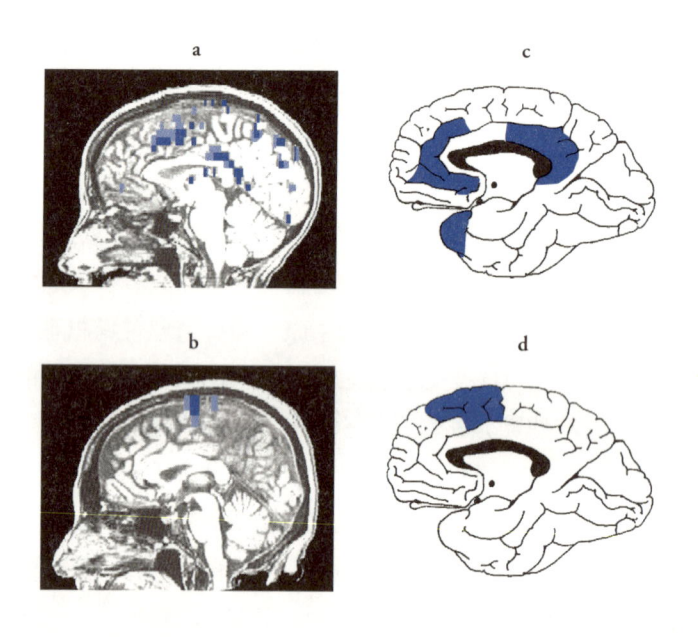

【圖3-2】**職業高爾夫球選手與業餘高爾夫球新手的大腦**：職業高爾夫球選手（LPGA巡迴賽職業選手）和新手（差點[handicap]在26到36以上）的大腦活化造影的差別。身歷其境般想像上場揮桿的場景時，職業選手的大腦只有與運動相關的部位活躍起來（圖b和d）。相反地，高爾夫球新手的大腦則主要以和情緒誘發有密切關係的邊緣系統為中心的許多區域都活躍起來（圖a和c）。

資料來源：Milton et al., 2007

懼、緊張、煩躁、挫折感等負面情緒中。面對同樣的數學試卷，學生們能不能專注解題，或是因考試焦慮症無法發揮實力的情況也與此類似。而心理肌力訓練就是透過改變大腦在日常生活中習慣性地像「職業選手」一樣沉著冷靜的反應來提高成就力量。

改變大腦習慣性的運作方式

心理肌力薄弱的人和強大的人即使做著同樣的行為，大腦的運作方式也不一樣。心理肌力薄弱的人很容易沮喪、害怕、憤怒和煩躁。因為杏仁核活化起來，削弱前額葉皮質的功能，因此無論做什麼事都很難發揮既有的能力。大腦這種習慣性的運作方式，不會因為一個人有一天突然改變心態就變得有所不同。高爾夫球新手即使下定決心以後打球要保持沉著冷靜，他的杏仁核也不會馬上就穩定下來。飽受考試焦慮症之苦的學生，即使拿到考卷後安慰自己不要緊張、不要出錯，他的專注力也不會因此突然提高。這就和一個勉強能舉起16公斤重量的人，即使他下定決心、鬥志高昂，也不可能突然就能舉起32公斤，都是一樣的道理。想要發揮更大的力量，就必須透過堅持不懈地訓練來強化自己的肌肉。同樣地，想要發揮更大的成就力量，就必須加強心理肌力。

加強心理肌力訓練就是要改變大腦習慣性運作方式。要改變由突觸連結所組成的神經網路結構，就必須不斷訓練大腦以新的方式運作。想加強心理肌力，就必須讓神經網路之間連結得更牢固，才能穩定杏仁核，促使前額葉皮質更加活躍。為了達到這個目的，我們必須反覆訓練大腦以那樣的方式來運作。而強化心理肌力其實就是利用神經可塑性，讓新的習慣在大腦神經網路鞏固下來的意思。

培養心理肌力並不是在學習某種知識或技巧。一個人不會因為學習了下半身肌肉和背部肌肉發達的方法，那些肌肉就會無中生有。只有透過系統化的反覆訓練，肌肉才會變得發達，身體也才會出現變化。強化心理肌力講求的是人的改變，心理肌力一旦強化，就會產生更強大的自我調節能力，能更順利地將自己的情緒或想法、行為往自己想要的方向調整。自我調節能力提

高之後，你就會擁有更高的道德水準或倫理觀念，懂得尊重和關懷他人，工作時能發揮毅力和專注力，情緒調節能力和衝動控制能力也會增強，成為一個更強大、更正直、更能幹的人。一言以蔽之，就是和過去「判若兩人」。

當然，人終究是會改變的。隨著歲月的流逝，人會變老，個性或身體也會改變。但是相較於這種不是出於個人意願或有計畫性的改變，強化心理肌力就是「有意為之的改變」。換句話說，就是一個人從根本上將自己朝著自己想要的方向改變。忙碌的現代人日復一日過著同樣的生活，我的明天和我的昨天沒什麼兩樣，重複上演著相同的場景。強大的慣性作用在日常生活上，每一天都過得毫無變化。

想在日常生活中從根本上改變自己是十分困難的，因為一個人即使按照過往的方式生活，也不會感到太大的問題。然而，這就是最大的問題，因為你現在的樣子很有可能不是你可以展現的最佳模樣。每一個人都可以有更好的發展、有更強的未來，你可以變得比現在更強大、更靈活，也可以發揮此時你完全想像不到的卓越能力。簡單地說，我們大多數人都擁有更具發展性的潛力，但卻在生活的慣性作用下，「沒有太大問題」地過著每一天。「別人都這麼過日子，我也不例外罷了！」這種想法和作為實在太令人惋惜了。

我想強調的一點是，即使你為了「加強」心理肌力，而下定決心或立定志向，也沒什麼用。如果你充滿鬥志，鼓勵自己要強化身體肌肉，卻只流於紙上談兵的話，那真的是一點用處都沒有，重要的是「訓練」、是「執行」。強化心理肌力的「訓練」，是我們必須下定決心、發揮強大意志去做的事情。如果真的想有所改變的話，就必須對如何在日常生活中進行心理肌力「訓練」有所決定和下定決心。

突破心理極限：為何挫折感是大腦改變的關鍵？

我們需要有具體的方法來改變自己，本書的目標不只是介紹心理肌力的相關理論，還提供強化心理肌力的具體訓練法。這本書中所介紹的心理肌力訓練法，大多數都是根據腦科學和心理科學的研究成果所研發出來的，不僅是在研究室或實驗室中，在國內外各地區的學生、上班族、業務人員、運動

選手、自營業者、企業主管、軍人等各個領域的人也早已實際體驗過加強心理肌力訓練的效果。就像每天堅持運動就能鍛鍊身體肌肉一樣，只要每天晚上睡覺前堅持心理肌力訓練，即使10分鐘也好，快的話1個月、慢的話3個月之後，就會開始出現你自己也可以感覺到的變化。

「強化」心理肌力不是抽象的說法，也不是隱喻性的表達，更不是為了要改變大家的想法或觀點。心理肌力訓練指的是改變大腦特定部位神經網路的慣性運作方式。透過訓練培養新習慣，則是利用不同於以往的方式，強化新的突觸連結，進而活化大腦各部位之間的神經網路。無論是哪種類型的訓練或學習，都是以這樣加強新型態突觸連結網路為目標。就如同諾貝爾獎得主艾力克・肯德爾（Eric Kandel）的研究成果所顯示的，突觸連結的生物學變化，是所有記憶的本質。記憶的產生存在著一個生物學的過程，那就是突觸之間新的蛋白質合成。也就是說，無論是作為學習或訓練結果所產生的所有記憶裡，都存在分子生物學的基礎。記憶不是儲存在神經細胞裡面，而是以神經細胞之間新的連結網路型態儲存起來的。換句話說，大腦保存的訊息不是存在於細胞內，而是以細胞與細胞的連結網路型態存在。加強心理肌力就是將新的記憶植入大腦中，因此是神經細胞之間形成新的連結網路的事情。

心理肌力訓練就是改變大腦的連結網路，即改變大腦的功能性連結和結構性連結。功能性連結是指大腦對特定刺激的反應，或完成某件事情時，各區域的神經細胞相互作用的一種固定模式。如果對特定課題進行訓練，在完成這件事情的過程中，相關神經細胞之間的連結網路會逐漸形成一個更高效的大網。而結構性連結則是指這種功能性連結反覆出現的話，即使大腦沒有受到特定刺激或沒有工作時，也仍會保持加強這種連結的狀態。這同樣可以用身體肌肉來比喻。當我們專注於訓練身體特定部位的肌力時，該部位就會形成「幫浦」作用，瞬間增大相關肌肉群的體積，這個例子就可以比喻成「功能性連結」。而只要這種肌力訓練持續地重複下去，肌肉纖維就會慢慢變得肥大，即使在不特別施力或運動的情況下，也能保持肌肉體積變大的狀態，這可以說就相當於「結構性連結」。

關於大腦功能需要注意的一點是，大腦特定部位幾乎沒有只負責一項特定功能的情況。特定功能和大腦的特定部位不是一對一的對應關係，因此如果有人問起大腦特定部位的功能是什麼，這就和問大拇指的功能是什麼是一

樣的。大拇指可以按壓、可以抓撓、可以戳刺物體。大拇指還可以敲擊電腦鍵盤、彈鋼琴、用筷子、投指叉球等等，有各式各樣的用途。但是，這麼多樣化的功能卻不是一根大拇指就可以做到的，必然還需要其他手指，或手腕、手臂關節、肩膀，甚至於全身各種肌肉的協調，才能發揮作用。

同樣的，大腦所完成的各種認知功能和運動功能，也是由大腦各個部位以各式各樣的神經網路相連之後，同時或依序運作才做到的。有時候是大腦中的好幾個部位為了一項功能而同時啟動，有時候是大腦的一個部位為了完成好幾項功能而動員各式各樣的神經網路。這就像我們敲擊鍵盤時，手和手臂的特定肌肉會形成一個網路同時運作；或者像彈鋼琴時，也會使用不同的肌肉所組成的網路一樣。同樣的肌肉可以用於敲擊鍵盤，也可以用於彈鋼琴；但同時也有些肌肉只固定在敲擊鍵盤或按壓琴鍵時才用得到。

鋼琴家練習彈琴，是為了加強大腦中特定的神經網路，這些神經網路用於掌控按壓鍵盤和踩踏板時所需要的肌肉。運動選手的訓練也一樣，練習和訓練會反覆刺激大腦，促使負責這項功能的神經網路運作得更有效率。反覆訓練會讓與該功能相關的神經細胞軸突被由脂肪質所形成的髓磷酯所包覆，或在突觸部位合成新的蛋白質，使該神經網路的連結「更加牢固」。神經細胞的軸突部分有電訊號流動，而電訊號被不通電的髓磷酯包覆，就像銅電線被橡膠之類的絕緣體包覆是一樣。藉著這樣的方式，電訊號不會流向其他地方，而是可以快速而有效地流向軸突末梢的突觸。大腦的神經網路就像這樣藉著反覆的刺激產生生物學上的變化。這是每一種訓練產生相應效果的原理，也是意義所在，而心理肌力訓練也是如此。

只要大腦在腎上腺素或乙醯膽鹼（acetylcholine）等神經傳導物質參與下活躍起來，就可以更有效率地加快神經可塑性的變化。換句話說，伴隨著某種壓力或挫折感的訓練，可以加速神經網路的變化。也就是說，即使在訓練中也會保持心理韌性的原則，愈是感到辛苦和挫折、愈是艱難的事情，就有可能愈快學會。在進行心理肌力訓練的時候沒有必要因為學不好就深感挫折，會感到挫折反而是一件值得感激的事情，因為這代表大腦已經做好準備要改變了。

神經可塑性的形成可好可壞

　　無論是運動、彈奏樂器、武術、解數學題、學習外語、騎腳踏車、玩線上遊戲或開車，只要通過反覆練習都能學會，這就表示與此相關的神經網路得到了加強，所以才能夠更有效率地完成這些事情。所有訓練的效果都是藉由大腦的神經可塑性才得以出現的。然而，根據研究結果證實，髓磷酯包覆軸突或突觸部分合成新的蛋白質這種生物學變化，主要是在睡眠中完成的。在不眠的情況下雖然會削弱神經可塑性，但只要不受打擾，重新進入深眠的話，就可以恢復。由此可見睡眠的重要，不管是學習樂器、解數學題、學習外語或心理肌力訓練，想讓訓練結果有效地銘刻在大腦中的話，認真地訓練或練習完當天，就要好好睡覺。

　　想培養心理肌力，最重要的是睡覺前要管理好大腦狀態。最好能維持不憤怒、不焦慮的平靜心情，讓杏仁核穩定下來，再透過自我參照過程訓練或處理對自己與對他人的正面訊息，於前額葉皮質活躍的狀態下入眠（這種穩定杏仁核與活化前額葉皮質的方法，是後文即將介紹的心理肌力訓練的核心重點）。相反地，睡覺之前，不是擔心明天的事情，就是埋怨某個人、充滿報復心理等造成杏仁核活躍的狀態下入睡，這種情況一再重複就會使得負面情緒神經網路變得愈來愈強。其結果會演變成習慣性焦慮或長期失眠。此外，大腦可能會變得昏昏欲睡或無法控制憤怒，這就是心理肌力逐漸減弱的過程。神經可塑性就像這樣，可以往好的方向發展，也可以往壞的方向發展，就像良好的運動會讓身體更健康，不良的姿勢久而久之會損害健康，是一樣的道理。

　　心理肌力訓練不是指學習新知識或新資訊之後，就據此行動或思考的意思，而是指像加強身體肌肉一樣，從生物學角度改變特定神經網路的連結狀態。就像身體的某塊肌肉變強以後，身體該部位可以發揮的力量也隨之增強一樣，心理肌力變強的話，前額葉皮質可以發揮的力量也會隨之提高。因此，如果能透過持續訓練來加強心理肌力的話，氣質和傾向也會隨之出現變化。這種通過訓練改變的氣質，就是丹尼爾・高曼和理查・戴維森（Richard Davidson）所說的「改變的特質」（altered traits），也就是「判若兩人」。

　　心理肌力所帶來的氣質變化，會有如下的表現。首先整個人變得更加沉著冷靜，心態一派安寧祥和，可以更專注在自己想做的事情上，發揮毅力和

韌性。其次，共情能力與掌握他人意圖的能力變強，並且會很自然地流露出尊重與關懷他人之心。對世間萬事也有了更多的關心和興趣，具備不懼失敗的積極挑戰性，也有更強的心理韌性，勇於克服逆境，東山再起。

就像天生體弱的人只要堅持運動就會成為健康的人，天生五音不全的人只要堅持訓練就能唱出美妙歌聲一樣，心理肌力也只要堅持努力就一定會變強。更何況，這種改變與年齡無關，每個人都有可能做到，所以加強心理肌力的訓練是男女老少誰都可以做的。

Think About

酒精如何削弱
你的心理肌力？

　　為了強化心理肌力，首先就要透過訓練來刺激前額葉皮質神經網路的活化，尤其要加強mPFC（內側前額葉皮質）和杏仁核之間的功能性連結。讀者們如果已經下定決心要開始進行心理肌力訓練，那麼有一件事是你必須牢記在心要避免的，就是「前額葉皮質功能抑制劑」。而我們在日常生活中經常會接觸到的前額葉皮質抑制劑，就是酒精。

　　酒尤其會抑制前額葉皮質的功能。前額葉皮質主要負責抑制動物本能、衝動或情緒及理性判斷等功能。而會「抑制（disinhibition）這種抑制功能」的，就是酒精。酒會抑制前額葉皮質抑制杏仁核的功能，使杏仁核處於失控狀態。簡單地說，就是所有的負面情緒都會不受控制地爆發出來。所以，酒會讓人心情惡劣、讓人生氣、讓人煩躁、讓人悲從中來。酒還會讓人感到無助或變得衝動，也會使人更加暴力和攻擊性更強。而且喝酒對休息一點幫助都沒有，酒精會干擾睡眠。酒也無法讓人放鬆，反而容易警醒，引發更多的焦慮、憤怒和煩躁。

　　酒會讓人心情愉快是一種錯誤的刻板觀念，這樣的錯覺，主要是因為大家一起喝酒才會出現。大多數的情況都是眾人相談甚歡就開始喝起酒來，因此有喝了酒就心情愉快的錯覺。若是坐在房間裡獨自飲酒的話，絕對不會讓人心情愉快。喝醉的話，反而覺得更鬱悶，所以醉酒的人到最後會發脾氣、跟人吵架，或表現出攻擊傾向來。到了酒快醒來的時候，會讓人感到心情更差，為了壓抑這種心情，又繼續喝酒，這就是逐漸走向酒精中毒的過程。如果還有人認為酒能讓人心情愉快的話，那就和酒精成癮者見見面吧。要是酒

真的能讓人心情愉快的話，那酒精成癮者都應該很快樂才對。你見過快樂的酒精成癮者嗎？他們大多數都因為憂鬱症、焦慮症、情緒調節障礙等症狀而苦不堪言。

當人類感受到正面情緒、快樂的時候，大腦中包括眼窩額葉皮質在內的前額葉皮質就會活躍起來。然而會壓抑前額葉皮質的，就是酒。因此，為了安慰遭遇不幸的朋友而請對方喝酒的人，稱不上好朋友。朋友已經因為失業或失戀，前額葉皮質消沉下來，杏仁核活躍起來，這時候請他喝酒，是非常不明智的選擇。這種時候，應該泡一杯溫熱的蜜茶給他喝，在燦爛的陽光下陪他一起散步，才是更值得期許的行為。最糟糕的是「安慰酒」，就是心情不好的時候，以安慰自己為藉口一個人自斟自酌的悶酒。獨自喝悶酒成了習慣的話，就很容易淪為酒精成癮，必須特別注意。無論如何，用酒來慰勞什麼，或安慰什麼人是非常荒謬的事情，這點必須牢記在心。

那麼，酒在什麼時候才需要呢？在前額葉皮質瘋狂活躍起來的時候，也就是太過快樂的時候。酒是心情高興時喝的東西，不是心情不好時才喝。當發生令人非常高興的事情，想慶祝一下的時候，基於不要讓快樂的心情過於激動，稍微緩和下來的立場，請對方喝一杯「祝賀酒」的人，才是真正的好朋友。千萬別忘記，酒不會讓人感到幸福，只會讓人感到不幸。安慰酒這種東西太離譜了，酒只能當成祝賀的意思適量飲用。

尤其是對於從現在開始想要穩定杏仁核、強化前額葉皮質的讀者們來說，至少在訓練心理肌力期間，最好完全戒酒。如果不能做到滴酒不沾的話，少喝一點，不要喝醉。想要透過心理肌力訓練，強化大腦新神經網路的話，就必須在產生神經可塑性的兩到三個月期間，每天都要堅持做好穩定杏仁核、活化前額葉皮質狀態的準備。如果在此期間喝酒喝得爛醉的話，會大大阻礙心理肌力訓練的效果。因此，為了讓由神經可塑性養成的新習慣完全在大腦扎根，至少在進行心理肌力訓練的兩到三個月期間飲酒要節制。

第四章

自己改變自己

- 為什麼自己能改變自己
- 把「我」當成單一固定實體的幻覺
- 背景自我與內在溝通
- 意識是一種持續性的內在溝通
- 從量子力學的角度來看意識
- 意識的特性和大腦製造的幻覺:單一性、同步性、連續性、體化性、被動性

為什麼自己能改變自己

「我」如何改變「自己」？探索意識與內在溝通的奧祕

　　強化心理肌力，其實就是自己改變自己。然而，這是怎麼做到的呢？當我說「我改變了自己」時，這句話裡作為主詞的「我」和作為受詞的「自己」是同一個存在，還是不同的存在？只有回答了這個問題，才能理解為什麼提高心理肌力會需要「內在溝通」訓練。而為了回答這個問題，現在我們必須探討意識與自我意識是什麼，大腦是因為什麼、又如何製造出意識和自我意識的。

　　某種存在自己改變了自己，其實是邏輯上的矛盾，因為自我同一（identique à soi）者是無法改變自己的。A在沒有外界的幫助下，不可能只靠自己的力量變成A以外的任何物體。當然，人隨著歲月的流逝會有所改變，會長大、會變老，但是這種改變是按照既定程序進行，早就設定好會那樣長大，變得和以前不一樣。因此，無論A是長大了，還是變老了，他還是A，不會變成A以外的其他物體。例如，種子萌芽生長，或是成蟲破蛹而出都不能說是改變，只不過是按照既定程序，隨著時間的過去顯露出真容罷了。種黃豆得黃豆也不是一種改變，真正說得上改變的，是種黃豆得紅豆，或者從蛾蛹中冒出蝴蝶來。然而，一粒黃豆有可能靠自己的力量變成紅豆嗎？蛾蛹有可能自己變成蝴蝶嗎？在沒有基因操弄等外力介入的情況下，似乎是不可能的。從邏輯上來講，A是不可能單靠自己的力量變成A以外的任何物體。

　　人不也是一樣嗎？既然如此，我還有可能自己改變自己嗎？這難道不是一件不可能的任務嗎？當然不是！人明明就是可以自己改變自己的個體，我完全有可能改變自己，因為「我」並非自我同一者。換句話說，「我」的存在不是一個實體，而是由各種基本元素所組成的複合體。我們總認為「自我」是單一的實體，但現代腦科學研究已經明確證實這是一種錯覺，也是一

種幻覺。「我」不是單一的實體，而是好幾種實體的複合物。而且「我」是這些各式各樣的實體不斷相互作用之下的活生生的存在。

名為「我」的自我意識，與其說是一種實體，不如說是一種功能，或說是一種現象。以汽車來比喻的話，「我」與其說是「汽車」這個物體，不如說是相當於汽車的「行駛功能」。因此「我」的概念，應該是動詞，而不是名詞。「自我」在處理有關自己和他人訊息的過程中，也不斷在進行溝通。更明確地說，「自我」就是一個持續內在溝通的過程。

「我」只是個故事？解析自我意識的敘事本質

「自我」不是什麼實體或物體，許多學者都把自我或所謂「我」的自我意識看成是「持續的敘事」。也就是說，名為「我」的這個自我意識，就是對自己的經驗賦予意義，不斷編造故事的存在。所謂「我的生活」基本上就帶有敘事（narrative）的性質，生活的本質其實就是由故事所組成的情節記憶（Episodic memory）。所謂的自我（self）是我透過故事自行架構出來的自己。「自我」這個概念本身就是由故事所構成的，這一點對理解情緒也有很大的幫助。在引發激烈情緒的背後，通常都有一個戲劇性的故事。

意識會將各式各樣的經驗化為情節，再編排為具有意義的事件，意識的本質就在於這種「編寫情節」（emplotment）。馬丁‧康威（Martin Conway）提出的「自我記憶系統」（Self-Memory System，SMS），就是將以敘事性情節記憶為基礎來架構自我的系統概念化。SMS是自我意識產生和運作的重要基礎，當心理肌力減弱時，與自我意識相關的敘事就會變得消極或毫無意義，這是因為內在溝通出現了問題。

我們會先感覺到有一個名為「我」的存在，然後才可能進行思考、溝通。但事實上，這一切不過是一種幻覺罷了。我的思想和意識本身已經是一種溝通，也就是說，「我」就是自己在進行的溝通。與其說是自己在進行溝通，不如說「我」其實是自己溝通後所產生出來的結果。

所謂「我」的觀念，也就是「自我意識」，是把自己身體所感知的一切經驗當成故事敘述的結果。然而，要把我的經驗當成故事敘述或賦予某種意

義，必須靠著與他人共享來完成。當我覺得很美的晚霞，你也覺得很美時；當我覺得好吃的食物，你也覺得好吃時，才算共享了我的經驗。透過這種經驗的共享，無論是晚霞，還是食物才能成為客觀的實體。而提供給你和我相同（但是否真的相同，我們永遠無從得知）經驗的某種東西，必然會給我們一種這東西已經超越自己的主觀經驗，成為客觀實體的感覺。

　　名為「我」的這個實體也一樣，因為你承認我是「我」，也如此對待我，所以我才擁有了名為「我」的實體。這就是米德（George Mead）所說的作為概括化他人（Generalized Others）的「我」。換句話說，透過與你的溝通，「我」的這個概念才得以形成和增強為一個固定的實體。由於名為「我」的實體，實際上就是作為主體的我（I）和作為客體的我（me, self）之間不斷溝通的過程，所以我完全可以透過改變與自己的內在溝通方式和內容來改變「我」，也就是作為主體的我（I）可以改變作為客體的「我」（self）。

把「我」當成
單一固定實體的幻覺

「我」不只一個：探索內在溝通與多重自我

　　如前所述，我的內在有好幾個「自我」（self），這些自我為了浮出我的意識表面，彼此展開激烈的競爭。我們一直以為「我」是作為一個實體掌握自己所經驗的一切，以及決定自己每一瞬間的行為。然而，這不過是一種幻覺罷了。根據認知科學家馬文‧明斯基（Marvin Minsky）的說法，我們的意識是「各種思維的集合」，而不是「單一的思維」。「我」不是只帶有「單一思維」的實體，而是「各種思維」集合在一起相互競爭的思維共同體。「名為『我』的單一實體就位於大腦中，了解我的經驗，控制我的行動」，這種直觀的感覺其實是一種假象，也是一種錯覺。史蒂芬‧平克（Steven Pinker）認為，意識不是一個固定的實體，而是遍布整個大腦的許多事件互相競爭的一股混亂漩渦。大腦在事後對其中聲音最響亮的事件做出最合理的解釋，但如此一來就會營造出「我」是由單一自我管轄和控制一切的感覺。著名的腦科學家麗塔‧卡特（Rita Carter）和克里斯‧弗里思（Chris Frith）認為，我們的大腦中存在另一個具有獨立人格、欲望和自我意識的人格，這個人格很可能和我們在日常生活中所經驗的「我」完全不同。

　　我不僅不是一個單一的實體，我的內在還有好幾個自我的要素在相互作用，這個概念與本書的核心主題「內在溝通」的概念有直接的關係。內在溝通是我與自己的溝通，但是溝通只有在兩個以上的實體之間才做得到，我可以對自己說些什麼、我心中有某個聆聽我說話的存在，這就暗示「我」不是單一的實體，而是由複數的實體所組成。被自己認為是「我」的自我意識，其實是兩個以上的存在。正如許多腦科學家所強調的，我們覺得自己的想法

和行為是由名為「我」的存在所操控，其實這只不過是一種幻覺罷了。

我們能夠利用作為一種社會規約的語言來進行內在溝通，這本身就表示我們的內心中存在兩個以上的實體。在內在溝通發生的那一瞬間，很顯然就存在一個說話的「我」和聆聽這些話的「我」，在內在溝通的過程中同時進行「說」和「聽」。在我內心有很多個我，這就表示不存在「作為單一實體的我」之意。我所認為的「我」不是唯一的存在，也不是不變的固定實體。我所認為的「我」，是一個不存在的幻覺。我們必須幡然醒悟這一點，才能強化心理肌力。我們唯有深刻地體認到這一點，才能真正訓練自己提升自我調節能力。

我們隱約知道，名為「我」的這個存在已經超越了我們自己所能想像和感受的範圍，是一種複數的實體。就像我們提到朋友時，會說「我的朋友」，而不會說「我們的朋友」；或者提到另一半，會說「我的丈夫」或「我的妻子」，而不會說「我們的丈夫」或「我們的妻子」。但是，對於自己的父母，我們不說「我的母親」或「我的父親」，而總是說「我們的母親」或「我們的父親」。這又是為什麼呢？

這是因為，我們對父母親的認識就是「身體髮膚受之父母」。在父母面前，「我」不是單數，而是複數。我就是「我們」，父母生下來的不只是我以為是「我」的我，還包括所有我不知道、感覺不到、看不到，有時甚至遺忘掉——超越了我以為是「我」的實體——的我。所以，與其說是「我的父母」，還是應該說「我們的父母」。在父母親面前，我本能地感覺到自己不是單一的實體，而是複數的實體。在與朋友的關係裡，主要牽涉在內的只有自己有意為之的我，所以可以很自然地稱其為「我的朋友」。但父母親生下了不只是我有意為之的「我」，還包括超越這個「我」的實體，所以就成了「我們的父母」。

意識不是單一實體？從「電話症候群」看大腦的多層系統

有許多腦科學證據顯示，一個人體內存在複數的自我（或說是自我意識模塊）。以下就讓我們看看在汽車事故中大腦特定部位受損的病患傑森的情

況。傑森是一個意識尚存的植物人，眼睛雖然睜著，卻完全認不出自己的家人和朋友。他不會說話，也聽不懂，完全不能行走，只能睜著眼茫然地躺在床上。然而，令人驚訝的是，當他的父親從隔壁房間打電話過來的時候，傑森像突然變了一個人一樣恢復意識，可以通過電話和父親正常地交談。但如果他的父親在這樣自然通話的過程中，突然掛掉電話走進房間裡來，傑森馬上又會回復到不能言語的殭屍狀態。在傑森的身上，彷彿有兩個完全不同的人共存似的，一個是意識清醒、可以通過電話交談的傑森，另一個是幾乎沒有意識、像殭屍一樣躺著的傑森。神經科學家拉瑪錢德朗（Vilayanur Ramachandran）將傑森的症狀命名為「電話症候群」。

我們的大腦中各自存在處理視覺訊息的視覺中樞系統，以及處理聽覺訊息的聽覺中樞系統，還有綜合處理視覺訊息與聽覺訊息的上層系統ACC（前扣帶迴皮質）。傑森處於視覺中樞與ACC連接部位嚴重受損的狀態，所以在接收視覺訊息的一瞬間，他的意識會全面癱瘓。但是因為他的聽覺中樞系統及該系統連接ACC的部位並未受損，所以以電話通話接收聽覺訊息時，他的意識就可以正常運作。當他的父親在隔壁房間打電話給他時，即沒有視覺訊息、只接收聽覺訊息時，他的意識就恢復過來，可以用電話交談。但是，當他的父親中途掛斷電話出現在他眼前的那一瞬間，視覺和聽覺訊息同時接收的情況下，他的大腦又會停止正常運作。

傑森的案例顯示出人類意識不是單一的個體，而是一個在幾個初級系統上運作的二級上層系統。我們的大腦中仍然存有各種推測是進化初期創造出來的初級系統，這些初級系統會根據光線、聲音和氣味等外界刺激產生簡單的表現和初級感覺。我們的大腦在逐漸進化的過程中創造了一個二級系統，可以綜合初級系統所提供的訊息，並對此賦予各種意義和故事敘述，這就是意識。而追根究柢，我們的意識可以說是各種下層系統彼此競爭，被選擇性地統合之後浮上來的現象。

接著，我們再看看一位由於視覺中樞初級部位受損以至於成為視障者的病患。1970年代魏斯克倫茲（Lawrence Weiskrantz）發現一名患者GY的左側視覺中樞嚴重受損，完全看不到右側區域，即使把光線投射到牆壁上，GY也看不到光線。如果叫他用手指出光線的位置，他會很生氣地反駁什麼都看不到還指什麼指。然而，當研究人員要求他就算用猜的也好，先指出光線位置

再說的時候，他卻能正確地指出光線所在處。GY說自己是隨便亂指的，但他卻正確地指出了大部分光線的位置。

　　GY的情況，是初級系統的視覺中樞與上層系統的意識中樞連結的網路受損，他其實什麼都看不到。但是因為從眼睛的視神經直接和頂葉相連的初級連結網路（應該是進化初期形成的原始視神經網路）依然還在發揮作用，所以才有可能出現上述的現象。這些視障者也很擅長「猜測」色彩的顏色或線的方向等等，他們雖然無法處理意識領域中的訊息，卻可以繼續處理無意識領域裡的視覺訊息。由GY的案例可以發現，正常人的大腦不僅可以在通過視覺中樞的意識領域裡，也可以在無意識領域裡同時處理視覺訊息。我們的意識看不見的東西，通常我們的無意識看得到，因為在我們平時感受到的單一的「我」之外，還有其他很多的「我」存在於我們的內在。

背景自我與
內在溝通

姓名影響人生？潛意識如何塑造職業、愛情與選擇

　　我可以意識到並能控制的思維或行為只是我的極小一部分，現在「我所以為的我」並不是我的全部。當你認為「我正在讀一本書」的時候，「作為主詞的我」只是浮出自我意識表層的「我」罷了。沒有浮出自我意識表層的「另一個我」就躲藏在意識的背後或下層的某個地方。現在，舉起你的右手，放在左邊胸口上，你應該會感覺到心臟正在跳動。那麼是誰讓我的心臟跳動的呢？就是我自己，而不是這世界上的其他任何人。但是，你卻從來沒有過「現在我必須讓我的心臟跳動」的想法。

　　即使你並沒有刻意要求或意識到「必須讓我的心臟跳動」，但你現在就在這麼做。然而，你卻完全沒有「我正在參與」心臟跳動一事的想法或感覺。其實不只是心臟，在你體內各個器官或細胞裡發生的許多事情，甚至到情緒的觸發，全都是你自己做出來的，但是你卻無從得知也感覺不到「這都是我做的」這個事實。由此可知，我的自我意識只和名為「我」的實體有極小部分的關聯而已。

　　我們模糊地知道自我意識無法完全掌控名為「我」的所有實體。在我的意識中不常露臉的「另一個我」，也稱為「潛意識」。潛意識雖然隨時會影響我們的想法和行為，但我們通常不會意識到這一點。代表性的例子就是名字和職業之間的關係。在名為勞倫斯（Lawrence）的人當中，律師（lawyer）特別多；而名為丹尼斯「Denise、Dennis」的人裡面，牙醫師（dentist）特別多，這種現象科學家們稱之為「姓名相似效應」（Name similarity effect）。除了職業之外，姓名相似效應也會影響到人們對結婚對象或搬家地點的選擇。根據研究結果發現，當我們在決定職業、配偶、居住城市或地區時，往往會

在不知不覺中選擇和自己姓名相似的地點。所以，給孩子取名字的時候，千萬不要亂取！

當然，如果是一個理性的人，絕對不會以「我叫丹尼斯，所以我要成為牙醫」這樣的方式來決定自己的未來。但是，這說的不是「意識」層面，而是在「潛意識」裡被與自己從小喊到大的名字相似的職業或異性給吸引的緣故。在潛意識裡已經將「我是丹尼斯」的想法自然而然地固定下來，這對這個人生活的各個層面都產生了強烈的影響。「姓名相似效應」正好證實了在潛意識的另一端存在著另一個不同的自我。

日常生活中，我們不斷對外界刺激做出反應。而在我們的感覺上，會做出這些反應的存在，就是「自我意識」，或日常意義上的「我」。這個「我」是自己意識中，也是「暴露」在他人面前的自我，是會有飢餓感、會吃飯、會感到疲倦、會睡覺的「我」。當我們投入某種行為或用心做某件事情的時候，只會感覺到「我正在做著什麼」。而同時，我們會帶著「我要吃飯、我得在什麼時候到哪個地方去、我有這樣那樣的話要跟他說、我有這樣那樣的事情要處理」的想法行動。我們在日常生活中所認為的「我」，是暴露在這個世界的存在，是行動和思考的存在，也是感覺和反應的存在。

像這樣暴露在意識層面的「我」，就是自我。自我是記憶團塊，所以也是故事團塊。構成自我的所有記憶，都以故事的型態被儲存下來。當我懷著某種意圖行動時，決定並執行這種行為的實體，就是我們平常所認為的「我」。這個「我」，是以名為「我」的實體顯露在自己及他人面前的。在「顯露的我」或「他人面前的我」的背後，始終有「另一個我」在注視和旁觀這個我。而這「另一個我」隨時都在後面觀望著體驗日常生活的我——即「經驗自我」（figure self）。在這個「顯露的我」後面，還有一個更根本的自我，始終以背景方式存在，注視著「我」，那就是「背景自我」（background self）。由此可知，出現在自己意識、他人和世界面前，不斷行動和體驗生活的我，就是「前面的我」，也是「經驗的我」。而還有一個我在後面默默地看著前面的我，那就是「後面的我」，也是「觀望的我」。

從經驗自我到背景自我：學會觀看自己，掌握內在自由

我們明明可以感覺到背景自我的存在，卻不能將它視為或認知為一個客體來看待。因為背景自我是「認知的主體」，而不是客體。也因為它不是認知客體，所以沒有浮上意識表層。在我們的思維和言語中，「我」雖然自稱「自我意識」，但實際上，「我」是包括了自我意識的同時，又遠遠超越自我意識的存在。而處於自我意識之外，又持續觀望著自我意識的存在，則是「背景自我」。

背景自我作為在我「背後的我」，總是與我同在。然而，我們在生活中卻往往遺忘了「背景自我」。因為我們專注於外界各種感覺訊息和行為，只作為「經驗自我」生活。但是，當我們覺察到背景自我的那一瞬間，我們才算是真正地活在「當下」。當有一天我們只將注意力集中在自己內心時，我們就可以覺察到默默藏在「經驗自我」忙碌行動背後的「背景自我」。為了加強心理肌力，我們必須培養的能力就是要有意識地覺察背景自我的存在，並且退後一步觀察經驗自我習慣性敘事方式。唯有如此，我們才不會被動地捲入經驗自我習慣性製造出來的「故事」裡，反而能夠主動地將故事朝著健全的方向改變。

現在，就試著發現你的背景自我吧！事實上，由於背景自我不是認知的客體，所以與其說「發現」，不如簡單地說「覺察」，才是更正確的表達。現在，你正在讀這本書，進行所謂閱讀的行為。如果你在閱讀這本書的時候，注意力只集中在作者——我所講述的內容上，那麼你只是在閱讀一本書而已，所以你也只是做為「經驗自我」的存在。好，暫時停下來，深呼吸，沉澱心情之後，繼續閱讀，也試著把注意力集中在「我現在正閱讀一本書」這件事情上。這一刻，你正在讀一本書，也就是讀到這裡的這句話，而同時你也在觀望讀著這段話的自己。這種自覺就是「覺察」（awareness）。

在覺察的瞬間，你就有了兩個自我——「讀著書的自我」和「覺察『正在讀書的我』的自我」。這個「覺察某件事的我」就是背景自我。「覺察的我」不是在進行某種行為或經驗的自我，而是冷眼旁觀「存在於當下不斷感受各式各樣經驗的我」的自我。只有同時感受背景自我和經驗自我的存在，我們才能開始進行由自己來訓練自己、由自己來改變自己、由自己來加強自

己的心理肌力訓練。察覺背景自我的存在不僅是內在溝通的起點，也是心理肌力訓練的第一步。

大部分的負面情緒都源於「我」是一個固定不變實體的概念。但是，當我們深刻領悟到這個固定實體的「我」只是一種假象、一種妄想、一種泡沫、一種幻覺時，這一刻的恐懼或憤怒就會立即消失。我們之所以會和他人起衝突、感到痛苦的根本原因，就在於我們有一種幻覺，深信「自己」是一個硬邦邦的實體，會持續到永遠。但是，「我」並不是一個硬梆梆的實體，而只是如一陣春風掠過似的存在，像泡沫、像露珠一般短暫停留之後就消失，而且還不是單一的實體，而是有好多個。只有領悟了「根本不存在作為不變實體的『我』」，我們才能以平常心來看待一切。唯有如此，杏仁核才會慢慢穩定下來，前額葉皮質也才會逐漸活躍起來。唯有如此，我們才能進行深層的內在溝通，享受真正的自由和幸福感。唯有如此，心理肌力才會強大起來。

背景自我與真正的「我」

背景自我與經驗自我的關係可以比喻成電影院的銀幕和投射在銀幕上的影像。背景自我就像銀幕，銀幕始終存在，本身沒有任何影像，也沒有任何色彩或形狀，因此可以如實呈現透過投影機投射上來的各種影像。而映照在銀幕上的電影內容就是「經驗自我」。銀幕上時時刻刻出現的影像就是不斷出現在我們意識中的經驗。觀看電影時，我們雖然盯著銀幕看，但因為專注在電影上，所以感覺不到銀幕的存在，但我們隨時都能察覺到銀幕就在那裡。

背景自我和經驗自我的關係也可以比喻成大海和海浪的關係。大海恆久不變地存在著，時刻會改變的是在海面上短暫出現後就消失的海浪。當海浪起起伏伏時，我們看得到也可以經驗得到那海浪，甚至可以區分這朵海浪和那朵海浪。但是，這種單獨存在的海浪很快就會消失，海浪與海浪之間雖然有區別，但這種區別也只是短暫的，而不是根本上的區分。大海與海浪實際上是同一種存在，海浪只是海面上的一種起伏而已，海面下靜靜地存在著遼

闊的大海，深海裡一片安寧祥和。就像銀幕本身沒有任何影像一樣，背景自我本身也是安寧祥和的存在。

對某些人來說，背景自我的聲音聽起來就像是「神的聲音」；對另一些人來說，則像是發自心底深處的「內在的聲音」，或者像是默默注視著我的一道「視線」。當我觀照我的心所（梵語：caitta, caitasika）*和情感時，觀照的主體就是「背景自我」。

當我們調整呼吸，退後一步默默注視自己的心靈、思維和感覺的流動時，我們就可以感受到「在自己的背後有另一個不同的存在」。腦科學裡將這種把注意力集中在自己身上，而不是外界物體或事件的情況（或者是思考自身或回顧自身的情況），統稱為「自我參照過程」。專注於自我參照過程是心理肌力訓練的一個要素，我們將會在後面第十章中仔細介紹。

有一首詩深刻吟詠出真正的「我」是作為背景存在於自我意識背後某個地方的「背景自我」，那就是諾貝爾文學獎得主胡安‧拉蒙‧希梅內斯（Juan Ramó Jimáez）所寫的〈我不是我〉（Yo no soy yo）這首詩。他在這首詩中把在我身後真正的我形容為「在我還沒察覺時已經在我身旁／有時我看得見／有時我會遺忘的，那個存在」。在我「死時也仍在我身邊」的那個存在才是真正的「我」，那就是背景自我。

你對自己說的話，決定了你是誰

名為「我」的實體不是只有一個、而是有兩個以上的這個事實，成為了「我可以改變自己」的證據。改變自己需要兩個要素，一個是成為改變對象的自我，另一個是強烈想改變那個自我的自我。成為改變對象的自我，是受

---

* 佛教心理學中描述心識活動的一個核心概念，指依附於「心王」（主要心識）而運作的心理作用或狀態。心所與心王共同構成完整的認知與情感活動。根據大乘唯識學，心所分為五大類，共51種，包括：1.遍行心所（例如受、想、思等，與所有心識相應）；2.別境心所（例如欲、慧等，針對特定對象而生起）；3.善心所（例如信、無貪等，促進善行）；4.煩惱心所（例如貪、瞋、癡等，導致煩惱）；5.隨煩惱心所（例如忿、嫉等，次要的煩惱）。心所的作用在於解釋心理活動的運作機制，如認知、情感與道德判斷。這一概念不僅被用於哲學討論，也應用於修行實踐中，以幫助修行者認識並調伏內心的煩惱。

到既有習慣支配的自我，而這個習慣本身是一種對自我的故事敘述，但卻是被外界定型的自我。這個自我也是不假思索地根據慣性，習慣地按照固定觀念生活的自我。想改變這個「既有自我」的自我，是具有改變意志的自我，也是嘗試敘述新的故事情節的自我，是對既有自我宣布要改變的新的自我，是拋棄既有自言自語習慣、培養新的自言自語習慣的自我。如果想實現這種本質上的自我改變，就必須從客觀的角度審視成為改變對象的既有自我。

自我是故事的集合體，自我是情節記憶的累積物。我之所以能透過內在溝通來改變自己，是因為「自我」是一個故事集合體；自我是「我對自己說過的話」的累積物。因此，透過內在溝通，也就是藉由改變我對自己說話的方式，我可以從根本上改變自己。

我們對於經驗，與其說是溝通，不如說是透過溝通重組經驗。意識一刻不停地將經驗編輯重組之後，創造出一個故事。所有的記憶都是用這樣的故事形成的，而這些記憶集合在一起，就製造出一個自我，所以自我是被記住的故事集合體。也因此，自我會隨著這些故事的排列組合而有所不同。名為「我」的實體不是僅靠生物學來決定的，也不是靠社會關係來決定。意識是透過組合各種因素之後賦予其意義、再創造成故事的方式，來形成所謂的「我」。這種賦予意義和敘述的過程，就是內在溝通。

「我要改變自己」就表示我要改變已經成為習慣和自動化的說話方式，也代表要學習和習慣新的內在溝通方式。當我與自己的溝通方式和內容有所不同的時候，名為「我」的這個人也會變得不一樣。再強調一次，我是自己記憶的集合體，而那些記憶是情節記憶的累積物。而情節記憶的本質就是我對經驗的故事敘述。更準確地說，我們只會將能轉換成「故事」儲存的東西，當成是自己的「經驗」記憶下來。從這個意義上來看，構成「我」的所有經驗和記憶，本質上都是故事。因此，如果我改變在自己內在不斷編造出來的故事方式和內容，那麼我就可以隨心所欲地改變自己。

我，發自真心，對自己講述，有關自己的故事，至少對我自己來說，這種敘事具有絕對的力量。如果我在心底真心告訴自己「我是一個坦率的人」，也就是說，如果我真的這麼想的話（這種「想」是內在溝通的一種典型型態），我就絕對不會成為一個滿口謊言的偽善者。如果我真心告訴自己「這點痛苦我還能忍受」，那麼我就一定會克服那種痛苦。如果我誠懇地對自己

說「我覺得這是一件很有價值的事情，做這件事情我感到很快樂」，那麼實際上就會是那樣。如果我真心地想著「這藥是新開發的止痛藥，一定很有效果」，那麼不管是喝鹽水還是吃麵粉都會出現強烈的止痛效果。

相反地，如果我誠懇地對自己說「我只能做到這麼多」，那麼實際上也真的只能做到這麼多。如果我一直想著「這件工作超出我的能力範圍」，那麼這件工作就真的會成為我能力做不到的事情。如果我一直告訴自己「我很羸弱，沒有力氣」，那麼實際上就真的會變成全身無力。

就像這樣，我不斷告訴自己「我就是這樣」，那麼就會在那件事情上產生絕對且即刻的力量。只要我真誠地對自己那樣說，那麼那件事情就會成真。因此，我對自己而言，就如同神一般的存在，因為在我對自己說的話裡面，有一股強大的力量會讓話語成真。

然而，「真誠地」對自己說話當然不是那麼容易的事情。想擁有更優秀能力的人通常在某種程度上都會有「我的能力還不夠」的想法。然而，如果我對自己說「我的能力超凡脫俗」，那就成了我在欺騙自己。如果我想真誠地告訴自己「我是個擁有優秀能力的人」，那我就必須向自己證明我的能力。如此一來，這句話的意思便成為：唯有已具備優秀能力的人，才能真誠地對自己說「我有能力」，這實際上是一種恆真句的矛盾。那麼，認為自己缺乏能力的人，是不是就沒辦法透過內在溝通來提升自己呢？那倒不是。這樣的人可以透過自我肯定（self-affirmation）來實現，這是一種間接進行對核心價值的階段性內在溝通方法。

我和自己溝通所傳遞的言語力量，已經透過各種概念框架得到了科學上的驗證，其中最具代表性的就是「自我肯定」，這是以言語或書寫的方式來表達對自己核心價值的真實想法和信念的一種效應。人們傾向於相信自己正按照自己的核心價值生活，本能地抗拒相反的矛盾訊息。因此，當我們用言語說出或用文字寫下自己的核心價值時，就會內化這份核心價值，並改變自己的行為模式以配合這個價值，進一步也會對自己抱持肯定的態度。

在自我肯定研究中，受試者通常會被要求簡短地寫下自己在各種領域中的核心價值。譬如在個人幸福、健康、家人、事業、文化藝術、人際關係、學問或知識的追求、宗教或道德、政治或社會議題等方面，受試者可以寫下自己認為最重要的價值是什麼，然後再寫下這種價值對自己有什麼樣的意

義。還有，為了實現這個價值，自己付出了什麼樣的努力，以及未來要怎麼做等等。當一個人為自己寫下對自己的肯定時，就是強大的內在溝通。以這種方式，美國心理學家傑佛瑞・寇恩（Geoffrey Cohen）證明，黑人學生的各項指標和學業成績可以透過撰寫自我肯定的短文得到顯著提升，而且這種效果可以持續兩年以上。

由此可見，自我肯定算是一種自言自語方式，也可以說是一種有效的心理肌力訓練。有不少研究結果證實，自我肯定還可以增加心理韌性，提高自我調節能力，並且減少負面的內在溝通，緩解病態的自我批判或自虐。另外，研究還發現，在飽受壓力的情況下，自我肯定還具有抑制壓力荷爾蒙增加的作用。

我唯一可以從根本上改變的人，就是我自己。在我想改變他人之前，首先得改變自己。假設我正在暗地裡打算向一個我又討厭又憎恨的人報仇，這麼一來，就等於我將自己存在的一部分定義為某個人的敵人。唯一能夠瞬間將我改變成這副德性的人，就是我自己。如果我從心底恢復冷靜原諒某個人的話、如果我抱持惻隱之心和慈悲之心原諒某個人的話，我便會在這一刻變成了「另一個人」。因為隨著我的存在中曾經被定義為「某人之敵」的那一部分消失，我也變成了另一個人。當然，對方不見得會因為我的原諒而突然改變，但至少「我」是真的不一樣了，這就是內在溝通的力量。只有我，才擁有可以如此瞬間改變「自己」的力量。能夠從根本上改變「我」的人，也只有我自己。

我是一個不斷跟自己說話的存在，我的意識是一個不斷溝通的存在。我的想法、意圖、意志、計畫、心意等等，全都是各種類型的內在溝通。本書中所介紹的各種心理肌力訓練，在本質上都具有所謂「內在溝通」的共同點。我的自我調節能力、社交能力、自我激勵能力就取決於我對自己、對周圍的人及對自己做的事情所說的話。

意識是一種持續性的
內在溝通

探索大腦中的多重自我

現代腦科學家如安東尼奧・達馬西奧、邁克爾・葛詹尼加（Michael Gazzaniga）、拉瑪錢德朗、大衛・伊格曼（David Eagleman）等探索意識本質的人都認為，意識的本質在於一種「故事敘述」（storytelling）。尤其是達馬西奧提出了「心智」（mind）和「意識」（consciousness）的區別，心智較為基本，意識則為其附加功能。換句話說，意識會旁觀和覺察心智的所作所為。心智可以在沒有意識的情況下運作，但想觀望心智的所作所為，唯一的通道就是意識，我們只能透過意識窺探自己心智的運作。意識「旁觀」心智運作的意思，就是指將心智的運作敘述出來。旁觀和覺察就是將心智的所作所為賦予意義，編織成故事。由此可知，我所想、所感受、所經驗的事物本身，全都是一種故事敘述。

美國心理學家朱利安・傑恩斯（Julian Jaynes）在1976年首次出版的著作《意識起源》（The Origin of Consciousness）*一書中提出了獨到的見解，即人類意識最初是透過左腦和右腦之間的內在溝通發展起來的。根據傑恩斯的看法，古代人沒有像我們今天這樣的「意識」，只有基於左腦和右腦的「二分心智」（bicameral mind）。隨著二分心智的崩潰，才產生了現代人具有理性、邏輯性、順序性的「意識」。而順序性的意識是受到文字書寫和閱讀的影響。之所以會有作為單線式、因果式、邏輯式故事思維的產生，是因為人類的說話方式受到書寫和閱讀的影響。

---

*　譯註：書名全文應該是《意識起源於二分心智的崩潰》（The Origin of Consciousness in the Breakdown of the Bicameral Mind）。

傑恩斯認為，人類意識的出現源自於語言的使用。與其說我們的意識使用了語言，不如說語言的使用產生出意識。在文字出現之前，人類用以思考的本質是聲音。聲音沒有特定的方向性，無論在哪個地方都聽得到。聲音會360度地擴散出去，不具因果性，也沒有邏輯性。因果性和邏輯性是書面語的本質，而不是口語的本質。聲音也不會有隨著時間單線式流動的感覺。各種聲音在人類的腦海裡互相迴響交流，左腦和右腦彼此對話也互相傾聽，甚至連以前聽過的其他人聲音偶爾也會再次浮現在自己腦海中。這才是典型的內在溝通，也是傑恩斯所說的二分心智。原始時代的人類意識裡，就像這樣混雜著各種聲音。

文字的發明為人類思考方式帶來了巨大的變化，隨著愈來愈多的人開始寫字和閱讀，人類逐漸具備了順序性和單線式的思維結構。字母具有明確的方向性，或從左到右、或從右到左、或從上到下。文字的方向性使得文字必須按照順序書寫或閱讀，這種方向性也自然而然產生因果式和邏輯性的思維結構。隨著人類的溝通方式從口述轉向書寫，因果式和邏輯性的思維就自然而然又理所當然地擴散開來。沃爾特・翁（Walter Ong）所說的從口述（orality）到書寫（literacy）的轉換核心，就是朝著這種具有順序和因果的思維方式轉換。

對於現代人來說，純粹的口述文化已經不復存在。在這方面，我強烈推薦大家閱讀阿爾巴尼亞詩人伊斯梅爾・卡達萊（Ismail Kadare）的小說《H檔案》（The File on H），該書內容是在尋找一位保留了數千年荷馬口述文化傳統的吟遊詩人。文字發明以前的「口述」與現代的「口述」，在結構和功能上有相當大的差別。現今這個時代，就連用口說出來的話，聽起來和感覺起來也全像是書面化的文本，這是因為說者和聽者都是以文字為前提來構思口語的。也因此，不以具有方向性和因果性的文本為基礎，單純「用嘴巴說」的文化已不存在。如今，無論我們用嘴說再多的話，那也只是將書面語用嘴說出來而已。

傑恩斯理論的核心概念是「二分心智」（bicameral consciousness）。以口述為基礎的古代人沒有單一的「意識」，而是有兩個各自獨立存在於名為左腦和右腦兩個（bi-）腔室（camera）裡的意識。他們將發自右腦的聲音視為神諭，然後交由左腦處理。換句話說，就是根據每個重要時刻腦子裡所聽到的

聲音作出決策,並據此行動。換句話說,沒有單一「自我意識」的古代人,會聽從自己內在發出的命令(或說神諭)行事。現代人的單一「意識」不是原本就沒有,而是二分心智崩潰後才產生的。隨著二分心智的崩潰,左腦變成了一個獨立的「我」,獨自決定一切的事情;而右腦則變成一個永遠「沉默的囚徒」,再也發不出任何聲音。

現代人有時也會聽到右腦的聲音,現代人稱之為「幻聽」,這是思覺失調症的典型症狀。實際上,科學家對幻聽病患的大腦進行造影研究結果顯示,當病患出現幻聽時,與聽覺相關的大腦皮質呈活躍狀態。如果按照現代人的觀點來看的話,就等於說古代人全都是思覺失調症患者。根據葛詹尼加針對左腦和右腦的連結網路被切斷的患者為對象所進行的研究結果顯示,當左腦和右腦完全分離時,左腦無法發揮對右腦的控制權,右腦也同樣有獨立意識的運作和故事敘述的能力。

按照傑恩斯的說法,二分心智的崩潰是從西元前18世紀緩慢開始的,持續了大約10個世紀才完成。隨著社會組織的發展,尤其是書面文明的擴散,二分心智逐漸轉變為單一的自我意識。大約在西元前7世紀時,才終於完成了兩腔狀態到以左腦為中心的主觀意識的轉變。傑恩斯解釋,現代社會宗教的出現,都是為了尋找存在於二分心智時代的神諭而努力的結果。他更進一步以各種歷史、神話證據為基礎,主張二分心智文化仍然殘存在人類文明的各個角落裡。

再來看看《伊里亞德》這本書,這是荷馬在約西元前8世紀將自古流傳下來的神話以文字記錄而成的作品。在這首敘事詩中出現的人物彼此之間不做任何討論,也不做任何決定,更不會獨自思考或煩惱。在做出重要決策時,他們總會聽到一個聲音告訴他們該怎麼做,然後人們就會馬上服從這個聲音的命令,傑恩斯將這個事實作為二分心智存在的證據提了出來。

就算如傑恩斯所主張的,人類過去曾經擁有二分心智,但這種情況有可能在短短的幾千年裡就崩潰了嗎?他的主張很難說是得到了客觀證據的證實。而基於荷馬的描述在《伊里亞德》中出現的人物不具備主體人格的說法,也很難讓人立即接受。在我看來,反而覺得那些人物和今天的我們極為相似。當然,他們不會展現自己內在思考或自主決定的模樣,但這種所謂「個人」的人物形象,不正是近代小說的產物嗎?與其說人類從根本上發生

意識是一種持續性的內在溝通

了改變，不如說荷馬與現代小說之間存在著對人類觀點的變化。[5]

我們很難認同傑恩斯所謂「成功以科學角度證實自己的主張」的說法，但即使如此，傑恩斯的主張還是具有相當的洞察力和重要啟發。也許這就是為什麼許多人仍然對傑恩斯的主張深感興趣，甚至還有學者提出報告，強調傑恩斯的假設已經獲得了現代腦科學的證實。

傑恩斯所解釋的「意識」概念是一種「元意識」（meta consciousness），也就是說，有某個東西可以覺察到我正在辨識、體驗、感覺、思考某些事情，而那個東西就是所謂的「意識」。而這種意識因為是奠基在語言的基礎上，所以與其他動物的注意力或意圖有明顯的區別。傑恩斯理論的核心概念是「模擬自我」（analogue I），模擬自我是實際存在的「身體自我」的模擬體，或說是一種隱喻。對傑恩斯來說，真正存在的我是一個有著活生生的身體，可以行動、可以說話、可以思考的我，也就是身體自我（bodily I）。只有「身體自我」才能行動、說話、思考和煩惱，「模擬自我」只是在一旁觀看而已。

作為身體自我的模擬體，模擬自我的核心功能同樣是「敘事」（narratization）。模擬自我是對身體自我的行為自動且即時地賦予意義，並據此編造成故事的存在。換句話說，模擬自我只是旁觀和覺察我的行為、說話、思考、煩惱而已。模擬自我就是意識的本質，模擬自我是認知其（身體自我）所認知、經驗其所經驗的元意識。這種對意識的理解，與包括達馬西奧和史坦尼斯勒斯・狄漢（Stanislas Dehaene）在內的最新腦科學家的見解，只是在術語上有所不同罷了，其內容基本上是一致的。

傑恩斯的模擬自我與前面所探討的背景自我是非常相似的概念，也和康德的「超驗自我」（transcendental ego）是類似的概念。對康德來說，所謂自我的概念就是超驗自我，這個自我是統合各種範疇訊息的主體。超驗自我不是認知的對象，而是使認知成立的先決條件。因此，認知本身是無法說明，也無可描述的，因為它既不是對象，也不是客體。這點也很類似埃德蒙德・胡塞爾（Edmund Husserl）的「純粹意識」（pure consciousness）概念。胡塞爾的純粹意識同樣是將一切當成對象的絕對主體，是所有意義的基礎和賦予意義者。因此，純粹意識是認知的主體，而不是認知的對象。

當故事塑造現實：從康德的時空到量子敘事

康德、胡塞爾、海德格和沙特都認為意識是一種透明純粹的東西。根據沙特的說法，意識只存在於和某種對象的關係中，其本身其實是「虛無」（Néant）。意識本身沒有內容，是透明的，總是朝著外界的某個對象。海德格和康德也同樣假設意識是一個固定的實體，也就是先驗的某個實體。

對歐洲現代哲學家來說，一個人擁有兩種以上的「意識」是不可思議的。因為他們將意識當成一個體驗事物的客觀存在，以它是單一及不可改變的主體為前提。這些哲學家嚴格地區分認知的主體和客體，而且認為認知主體體驗客體的先驗條件就是客觀時空。

康德將時間和空間視為在經驗之前就已經給出的絕對條件，人類的經驗只有在時間和空間中才可能成立，空間和時間只是這種經驗的條件，而不是經驗的對象。我們可以體驗時鐘指針的移動，但我們無法體驗時間本身。我們可以體驗移動的物體，但無法體驗空間本身。根據康德的世界觀，我們無法體驗時間或空間本身，而只能體驗在時間和空間中發生的一系列事件。而我們將康德式的時空概念視為理所當然的常識，因為自康德以來現代哲學和現代科學所架構的世界觀，是作為大前提鋪墊在我們所接受的所有義務教育底下。

康德堅信時間和空間是先驗的，這可能會很嚇人，但包括量子物理學在內的現代科學各種發現，都強烈地暗示時間和空間實際上是根據人類的生物學條件產生的。我們所經歷的現實，包括時間和空間，實際上是由我們大腦中的故事敘述系統產生的，而這個敘事系統本身就是自我意識，上述看法已經被越來越多的物理學家和腦科學家所接受。與其說人類在特定時空裡敘述故事，不如說意識的敘事創造出因果關係，然後因果關係又創造出時間和空間的概念。換句話說，如果沒有人類的意識，宇宙中就不會有時間和空間。人類的意識創造了故事，人類的故事創造了因果關係，而因果關係創造了時間和空間，時間和空間創造了宇宙。意識和故事，也就是「邏各斯」（logos），從太古之初就已經存在。

從量子力學的角度
來看意識

你正在創造宇宙？從量子塌縮到意識的神祕力量

對人類意識感興趣的不只有哲學家或腦科學家，物理學家也從很早以前就提出了有關人類意識的理論。人類意識與物理世界有密切的關係，1963年諾貝爾物理獎得主尤金・維格納（Eugene Wigner）主張：「唯有人類觀察者的意識才能導致波函數塌縮」。自從維爾納・海森堡（Werner Heisenberg）和尼爾斯・波耳（Niels Bohr）提出哥本哈根詮釋——「人類意識會給物質存在方式帶來根本上的變化」，這個看法在現代物理學家之間已經成為100多年前的古老常識。然而，對於尚未擺脫牛頓（Isaac Newton）古典力學框架的我們一般人來說，這種「常識」令人難以接受。我的意識怎麼可能給物理世界帶來變化！這種說法對於一般接受以笛卡兒為基礎、將精神世界與物質世界根本區分的教育的人來說，幾乎顛覆了傳統觀念。

在量子力學中，物質的狀態只有在擁有意識者的觀察下才能確定。當有兩條狹縫（slit）時，電子（electron）經過了哪條縫要由觀察來決定。如果沒有被有意識的存在觀察到，電子就會處於類似兩條狹縫都穿過去的疊加狀態（superposition），呈現波浪狀，直到人類進行觀察時，波函數就會坍縮，電子會表現得像粒子一樣。也就是說，人類意識從根本上改變了構成宇宙的基本粒子狀態。

物質的狀態僅由有意識的觀察者來決定，這是沉浸在笛卡兒或康德世界觀的我們，在常識上難以接受的事實。粒子在一個地方消失，又會在另一個地方突然冒出來；時間可以回溯，由後面的事物來決定先前事物的狀態；同一個粒子可以同時存在於兩個地方——這就是量子力學告訴我們的世界。

這個世界也不存在另一個有別於宏觀世界的微觀粒子世界，我們的身

體、地球,乃至整個宇宙都是由微粒子所組成。我們之所以從直觀上微妙地感覺量子力學的理論,但常識上卻難以接受的原因,與其說是量子力學的問題,不如說是因為我們的直觀或常識是奠基在與事實不同的世界景象。比起量子力學一點一點展現出來的宇宙真容與「事實」,我們更熟悉過去習以為常的所謂直觀和常識的「幻覺」罷了。

量子力學所涵蓋的粒子世界充滿了矛盾和悖論,感覺就像一個與我們日常生活無關的光怪陸離故事。但是,量子力學卻大大地改變了我們的日常生活。首先,作為情報通訊技術核心的半導體,就無法用古典力學來說明,只有用量子力學才能解釋。半導體的特性是由電子的狀態來決定,其本身就是量子力學的現象。除了半導體之外,網際網路、Wi-Fi、具備導航系統的雷射光束等技術,全都是得利於量子力學才可能實現。如果沒有這些基於量子力學的技術,我們每天使用的智慧型手機就會少掉許多功能。幸好有了被視為「非常識性」的量子力學,我們才能做一些譬如用智慧型手機透過無線網路上網,以及利用導航系統找路等常識性的事情。

我們一刻不停地呼吸,然而通過呼吸將氧氣供應給每一個細胞的現象,卻只能透過量子力學來解釋。氧氣通過被稱為血紅蛋白的蛋白質輸送到細胞的每個角落,氧氣和血紅蛋白的結合、氧氣的新陳代謝過程等等,都只有透過量子力學才能得到合理的解釋。DNA也可以透過量子力學來解釋,用於檢測基因的DNA電泳(electrophoresis)也是利用量子力學的技術。換句話說,量子力學所展現的世界更接近宇宙的真實面貌。如果我們對量子力學所展現的世界感到奇怪,那是因為我們的常識和直觀與宇宙實際面貌不一致。

物理學和生物學是兩個獨立的學科,研究的對象也各不相同。但是自20世紀以來,這兩個學科已經被統合成一門學科,研究一種可以用相同的世界觀和接近方式來解釋的現象。透過物理學的基本定律來解釋所有生命現象的嘗試,如今已經被視為理所當然。基因的分子生物學接近法或光合作用過程的量子力學解釋,就是其中的例子。

最早實現將物理學和生物學合而為一的人,是薛丁格(Erwin Schrödinger)。打造量子力學基礎的薛丁格在1944年出版的《生命是什麼》(What is Life?)一書中,提出了一項根本質疑——「物理學或化學會如何解釋在生命體範圍(boundary)內的時空裡發生的事件?」,並且主張生命現象也應該從

分子或原子的層面來理解。薛丁格認為，在原子或微粒子單位中，一定存在實現生命現象的物理定律，並相信其原理就是量子力學原理。這本書帶給科學家們許多啟發，讓他們可以通過相同的理論來解釋生命現象和物理現象。事實上，據說後來發現DNA雙螺旋結構的華生（James Watson）和弗朗西斯·克里克（Francis Crick）也是在讀了薛丁格的書之後，受到了很大的影響。如今，現代生命科學已經完全接受了薛丁格的看法，可以將單一的物理學觀點適用在所有生命現象上，而不必堅持諸如生命是超越物理定律的神祕現象之類的概念。

根據量子力學的說法，宇宙的一切都可以用宇宙波函數來表達，此函數會根據量子力學定律改變，並且決定各種事件發生的機率。當某個事件發生時，就代表宇宙波函數的一部分塌縮。人類意識為什麼能夠直接影響物質狀態，或許就是因為人類的意識活動本身就是量子神經活動的結果。

維格納的朋友悖論：如果每個人都活在自己的宇宙？

2020年諾貝爾物理學獎得主羅傑·潘洛斯（Roger Penrose）等物理學家從很早以前就一直主張，人類意識為什麼能夠直接影響微粒子，就是因為意識活動本身就是一種根據量子重力所產生的現象。根據潘洛斯和哈默洛夫（Stuart Hameroff）的說法，宇宙波函數部分塌縮的過程也在我們的大腦中不斷出現，同時在構成神經細胞微管的微管蛋白裡也會發生波函數坍縮。在微管蛋白裡會發生量子自行塌縮的客觀還原（objective reduction，OR），如果過程中偶然產生一種所謂「量子相干性」（coherence）的協調（Orchestrated）現象，就會出現量子重力。量子重力會透過引力（attraction）現象將神經細胞中位於其他地方的量子集中在一起。如果這一連串的過程基於協調作用在微粒子世界連續發生的話，最後甚至會影響到細胞之間的突觸連結，進而產生意識流。

當一位獲得包括諾貝爾獎在內無數獎項及騎士爵位的知名物理學家，使用數學上的巧妙論證，以深具說服力的方式長期主張人類大腦也如「量子電腦」一樣會通過計算過程產生意識時，許多人都感到驚慌失措。儘管這個理

論存在爭議，但目前似乎不可能透過實驗證明這些有關微粒子如何在活體神經細胞中發揮作用的主張。要證明這個主張很困難，然而要反過來證明這個主張是錯的，同樣也很困難。即使如此，數學物理學家潘洛斯的理論在數學方面還是具有相當的說服力。

當然，像泰格馬克（Max Tegmark）這類物理學家就強烈抨擊潘洛斯和哈默洛夫的主張。他們批判的重點是，即使在人類大腦中會發生量子相干性，但這種現象持續的時間過短（10^{-13}次方到10^{-20}次方秒），不可能和神經細胞的運作（相對來說，需要1/1000秒到1/10較長的時間）有所關聯。簡單地說就是，人類的大腦絕不可能成為量子電腦。針對這種批評，潘洛斯和哈默洛夫不僅重新整理自己的理論再次反駁，並且提出過去所累積的許多間接證據來證明量子神經作用確實會發生。

另外，也有物理學家主張，應該從宏觀的角度出發，以量子力學為基礎建立理論架構。斯塔普（Henry Stapp）認為，從古典物理學的角度無法解釋大腦的運作方式和意識活動，必須由量子力學的角度才行，這點與潘洛斯等人的立場不謀而合。雖然海森堡和波耳「哥本哈根詮釋」的傳統，在解釋意識本質上被認為非常有用，但是斯塔普認為，以微粒子層次的量子相干性等等是無法完全解釋意識的運作方式。他反而主張，應該將意識視為大腦整體的量子事件，加以理論化才對。

另一方面，卡法托斯（Menas Kafatos）也和斯塔普一樣，在繼承了哥本哈根詮釋傳統的同時，也提出了更為特殊的見解。他認為人類意識全都連結在一起，且只是一種宇宙意識的表現罷了。也就是說，不是我和你的個別意識互相連接，而是單一的宇宙意識透過我和你表現出來而已。[6]卡法托斯的「宇宙意識」（cosmic consciousness）概念似乎是透過量子力學重新詮釋印度哲學的核心概念——既普遍又純粹的意識概念。與其說是像潘洛斯和哈默洛夫一樣從量子力學的觀點來解釋意識，不如說他的立場是從意識的觀點來詮釋量子現象。對卡法托斯來說，宇宙是一個有意識的宇宙（conscious universe），也是一個人類宇宙（human universe）。根據卡法托斯的主張，宇宙意識的基本運作模式如下：

互補性（complementarity）
一個總是與某種相反事物配對的存在，有物質就有反物質，有正就有負。

創意互動性（creative interactivity）
具有自行組織的自發性，可以透過與其他存在的相互作用重生為新的事物。能夠認知他人並因應他人而改變自己的意識，並不只限於人類才有，所有宇宙生物都擁有這種意識能力。

進化性（evolution）
自行進化成新事物的能力不是只出現在地球這個小行星的生物身上，也出現在整個宇宙。

隱藏的非局域性（veiled nonlocality）
在某一處發生的事件與遠方發生的事件，因未知力量而出現根本上的關聯。宇宙中不存在只發生在一處地方的個別事件。

宇宙管制性（cosmic censorship）
無論我們如何理解宇宙，無論我們從物理學角度還是從生物學角度出發，無論我們談論多少理論和論述，宇宙意識始終保持一個綜合性觀點，以免互相矛盾。

遞迴性（recursion）
宇宙的任何部分在結構上都是相似的，關注微觀世界的人和關注宏觀世界的人之所以能夠互相理解，是因為宇宙的每個次元都反覆出現結構上的相似性。

宇宙的這種運作方式和我們身體裡的每一個細胞運作方式完全相同，每一個細胞都具有互補性和互動性，而且不斷進化。任何一處細胞都具備能正確感知全體情況的隱藏非局域性，並遵循生物學的基本原則。同時，身體裡

的每一個細胞也都具有「遞迴性」。也就是說，我們的身體不是宇宙的縮影，而是宇宙本身。卡法托斯的宇宙觀和我們在第五章、第六章中要探討的弗里斯頓的主動推理理論與玻姆的隱秩序和內捲主張，可說一脈相通。

如果按照卡法托斯的看法，意識是宇宙存在的基礎，而且人類意識是宇宙意識一部分的話，由於人類經驗所產生的「感質」（qualia）其實就是感覺的問題，因此可以說，身體是比意識更基本的某種東西。如果考慮到人類意識是為了身體動作而存在的話，那麼人類的身體就是使宇宙意識得以運作的某種基本存在。宇宙是通過與人類身體的互動，作為感質和預設用途（affordance）生產出來的，所以這個宇宙當然是人類的宇宙。如果將魏克斯庫爾（Jakob von Uexküll）和吉布森（James Gibson）的概念擴大來說的話，對我們而言，唯一有意義的宇宙就是以我們的身體為基礎所產生的宇宙。

隨著越來越多的物理學家試圖在量子力學的基礎上對「意識」進行理論化，未來很有可能會出現一種對於意識與物質之間關係的更普遍理論。物理學家維格納從量子力學的角度提出了另一個關於人類意識的基本問題。他提出了以下的思想實驗（thought experiment）——如果人類的意識直接影響物質世界的話，那麼每個人是否會根據自己的意識生活在不同的宇宙中？或者說，如果宇宙是一體的，那麼是不是應該將所有人的意識也視為一體？

維格納的思想實驗以「維格納的朋友」問題而為人所知，算是「薛丁格的貓」實驗的延伸版。在貓實驗中，在觀察者打開箱子之前，貓是既不死也不活的疊加狀態。在這種情況下，維格納把自己的「朋友」拉了進來。假設維格納的朋友正在實驗室透過觀察薛丁格的貓箱進行實驗，但維格納就在朋友實驗室的門外面。維格納的朋友在實驗室裡打開貓箱確認貓的狀態，因此波函數坍縮，貓的生死被決定下來。但是，實驗室外面的維格納還沒有打開門，因此便出現了一個奇怪的情況，貓的生死雖然已經由維格納的朋友決定了，但對維格納來說，卻還未定。當然，如果調整一下，換成是維格納在實驗室裡，他的朋友在外面，情況也是一樣。而換個角度來看，也可能有第三者（例如媒體記者）在大樓外看著這一切情況（參見【圖4-1】）。

「維格納的朋友」不僅提出了「觀察是什麼」的問題，也指出了「觀察的意識是什麼」的基本問題。從「唯我論」（solipsism）的角度來看，每個人都是獨立的個體，擁有獨立的意識。因此，宇宙的狀態對於觀察者或個別意

媒體記者　　　　　維格納　　　　　維格納的朋友

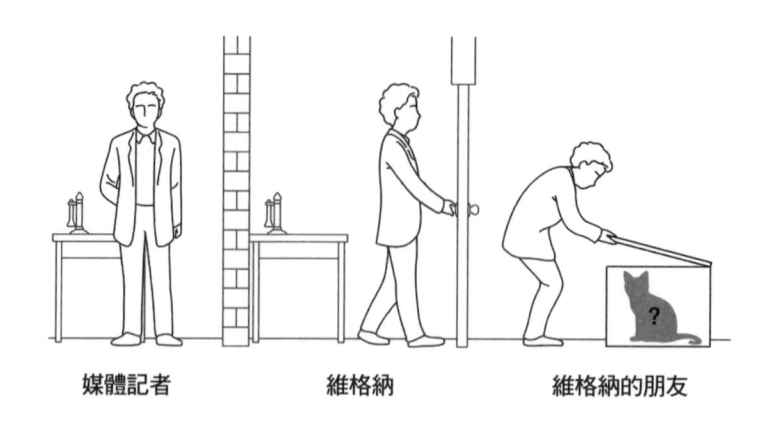

【圖4-1】「維格納的朋友」問題　維格納的朋友在實驗室裡進行「薛丁格的貓」實驗，正打開箱子確認貓的狀態。但是，實驗室門外的維格納卻處在尚未確認這隻貓狀態的情況下。就算維格納打開了實驗室的門，確認箱子裡貓的狀態，對於在大樓外觀看這兩人的記者來說，貓的狀態仍然保留在疊加狀態。

識來說都是單獨存在的。貓的狀態雖然已經由維格納的朋友決定了，但對維格納而言，卻還是尚未定論的狀態。換句話說，也就成了維格納和他的朋友分別生活在不同的宇宙中。

相反地，也有觀點認為意識是一個整體相連的存在。意識的本質是一種超越個體的統一能量，這種能量會透過個人的身體表現出來。這種看法可以說是把意識看成是一種能量，就像流動在電線裡的電流一樣。假設在那條電線上就像裝飾聖誕樹一樣掛了許多燈泡，各自閃閃發光。每一個燈泡都可以像一個一個的人一樣被區分開來，各自擁有自己的特色、顏色和壽命。但這些存在卻都是彼此相連，靠單一的能量流才得以表現，發生在單一燈泡上的事件，有可能馬上會影響到其他所有的燈泡。從這個角度來看，維格納的朋友觀察到的結果與維格納在房門外直接觀察到的結果是相同的。不僅如此，對大樓外的記者和全人類來說，結果也是相同的。大家雖然沒有親眼看到貓，卻共享維格納朋友的觀察結果。

卡法托斯的宇宙意識可以說是這種觀點的極致，但卡法托斯的論點給人的感覺，似乎已經脫離了科學，遠遠地走向了神祕主義的世界。而與維格納

和卡法托斯具有相同問題意識，但透過更嚴謹精妙的概念，展開宇宙與意識的「關聯性」或「整合性」論述的人，就是20世紀最重要的理論物理學者之一的戴維‧玻姆。玻姆的基本概念與內在溝通有密切的關係，因此將在第六章詳細介紹。

而前面提到過的背景自我，是觀察擁有日常意識和情感的自我（ego），等同於上述維格納實驗中的朋友。在背景自我的後面，可能有第二個背景自我，同時還可能有第三、第四甚至更多個背景自我在看著它。當我現在審視自己的行為和想法的這一刻，我可以覺察到背景自我在審視現在我的行為和想法。然而，為了覺察後面的我正看著前面的我，就需要有同時看著這兩個「我」的另一個第三視角。擁有這第三視角的「我」存在於我的內心深處，是與後面的背景自我和前面的我一起被束縛在名為「單一的我」的框架裡，同時還分別看著這兩者的我。這就是第三個我，讓我領悟到「我」不是只有一個，而是有兩個以上。

從數學層面來看的話，有1才有2，有2才有3。但是從關係層面來看的話，三方關係會先於雙邊關係。先有三方，才可能有其中兩方締結關係，這是邏輯論證的基本原則。沙特說：「在雙邊關係的外面，首先要有使得這兩者連結在一起的第三個存在，然後這兩者才有可能存在。」例如有兩個人想結為夫妻，那就一定要有第三者擔任主婚人（或者是賓客，或承認兩人結為夫妻的其他人）。沙特在《辯證理性批判》（Critique of Dialectical Reason）一書中提出了非常透澈的主張，他認為三方關係無論就邏輯層面，或就存在論層面來看，通常都先於雙邊關係。兩個單獨的個體想進入某種特定關係形成一個統一體時，就需要有讓這兩者攜手的第三個存在。儘管沙特稱意識的本質是透明的云云，顯然是有很大的誤解，但至少對意識與事物關係中所具有的辯證關係，指出了核心所在。在辯證關係中，先有三才有二，先有二才有一。當我們察覺到第三個自我的那一刻，就會明白我們需要其他第四個自我來審視第三個自我。而這個過程可能會無限反覆，這種反覆的過程會引導我們深入內在溝通。

透過這種方式，現代科學大幅打破了過去哲學家們對於意識所理解的概念。尤其腦科學證實，人類意識與其說是一個獨立的實體，不如說是在大腦中眾多互相競爭的意識候補者中每時每刻被選中的一個罷了。正如康德或胡

塞爾所說的，意識不是透明或純粹的，意識的核心是一個充滿先驗和成見的「內在模型」（internal model）。在解釋各種感覺器官接收感覺訊息的意義時，內在模型是必不可少的「解釋框架」，這點會在第五章中做詳細的說明。此外，由先驗或知識組成的內在模型也是主動推理的核心概念。

　　正如沙特所說的，意識不是「虛無」。相反地，它其實就是「一切」，是主動地、有選擇性地扭曲人類所經驗的一切，並且接受這個結果，再透過主動推理編成故事。意識並非總是朝向外界的事物，它朝向自身內在的部分更多。對意識活動產生很大的影響不只是從外界流入的感覺訊息，還有從內部引發的內感受訊息。所以，與其說意識是毫無保留地接受外在事物和客體的存在，不如說它是一個將內在模型投射到外界，並主動「推理」以儘量減少誤差的系統。

意識的特性和大腦製造的幻覺：
單一性、同步性、連續性、
體化性、被動性

有關意識的信念和幻覺

我們在生活中總是會有諸如「我是怎樣怎樣的人」、「我會這麼做」、「我有這樣的感覺」等等的想法。這時，占據「我……」這個主詞位置的，就是名為「我」的意識。我相信，名為「我」的意識具有自己獨特的個性，別人無法窺探也無法干涉。腦科學研究結果發現，我們視為理所當然的所謂「我」的意識中，具有單一（unity）、同步（synchronicity）、連續（continuity）、體化（embodiment）、被動（passivity）等各種特性。

我們一直相信，名為「我」的存在是單一的實體（單一性），不可能有很多個。我們也相信「我」可以藉由整合透過五感所接收到的各種感覺訊息來觀看一個事件或一個世界（同步性）。同時我們相信，從童年時期的過去到現在，「我」一直存在於時間長河中（連續性）；也相信「我」可以掌控自己的想法和行為，並且透過我的身體與這個世界互動（體化性）。而且，我們還相信「我」可以如實看見和聽見外界的事件或物體（被動性）。

這種對「我」存在的信念是堅定的，然而，這種信念其實是大腦製造出來的幻覺。然而，我們很難向自己解釋或說服自己所謂「我」的存在只是幻覺。因為如果要證明這種堅定的長期信念只不過是一種幻覺，我們就必須展示另一個可以完全取代那種信念的現象，但是我們一旦脫離自我意識，就根本無法進行其他任何的想法或體驗。不過，還是有許多合理的理由足以懷疑這種信念是否真的立足於確鑿的事實上。尤其是近來許多腦科學研究成果強烈暗示，名為「我」的意識與其說是固定的實體，不如說是大腦製造出來的

「幻覺」。

　　名為「我」的意識所具有的特徵，全都是透過大腦特定區域出現異常的患者們發現的。被我們非常自然、而且理所當然接受的「我」，其核心特徵其實是大腦特定功能所製造出來的一種假象、幻覺和夢境。意識是大腦為了有效處理各種感覺訊息和運動訊息而發揮特別作用的成果，這是人類為了讓自己與特定環境進行有效互動以提高生存機率才製造出來的功能。當然，根據情況的不同，有時這些功能反而會產生反效果。

　　意識的特徵與其說是渾然天成的生物學物質，不如說是大腦長期以來的習慣。當我們說「我要改變『自己』」時，這句話裡面的「我」就是立足於意識的「我」。換句話說，「我」就是「我的意識」。因此，唯有了解意識具有哪些特徵，我們才能正確地掌握和改變「我」。至少，理解我的大腦給了我的意識哪些奇妙幻覺，有助於透過心理肌力訓練來改變自己。

單一性：「我是單一實體」的幻覺

　　我們的意識給我們一種「我」是一個綜合實體的感覺。我們的身體透過各種感覺器官接收光、聲、嗅、味、觸等各種感覺訊息，眼睛將刺激視網膜的光子能量轉換為電訊號發送給視覺中樞，耳朵將鼓膜感知到的聲波能量轉換為電訊號發送給聽覺中樞。就像這樣，我們大腦所得到的只是由不同感覺器官提供的不同性質感覺訊息罷了。然而，我們的大腦卻讓我們以為只有一個名為「我」的主角正在體驗單一的世界。這種感覺如此自然，以至於我們很難輕易接受「名為『我』的『單一實體』生活在我經歷的『單一世界』」其實是大腦創造出來的一種幻覺。

　　沒有所謂獨立於意識之外的「單一事件」，只不過是我們的大腦隨時都在接收各種型態、不同性質的訊息罷了。以這樣的訊息為基礎經歷一件事這個認知本身，就是大腦製造出來的一種幻覺，而我們將這種製造幻覺的功能稱為「意識」。現在，試著拍拍你的手！手掌相擊的模樣映在你的眼中，拍手的聲音傳到你的耳裡，手心碰手心的觸感也傳了過來。視覺訊息、聽覺訊息、觸覺訊息等完全不同性質的訊息，各自通過不同的管道傳到大腦不同的

區域。拍手的那一瞬間，大腦就會從心臟或內臟接收到各式各樣的訊息。而除了「拍手」這件事之外，還有和許許多多事件相關的訊息在大腦的各個部位處理中。大腦在無時無刻接收到的眾多訊息中，只挑選和拍手有關的訊息集合在一起，貼上「拍手」的標籤成為單一事件。而負責這種「整合為一」功能的主體，就是意識。

根據認知科學家丹尼特（Daniel Dennett）的看法，我們在經歷一件事時，即使大腦接受了各式各樣的訊息，在處理的同時，也會對內容有所取捨，然後製造出「對單一事件的經驗」這樣的幻覺。丹尼特認為，我們的大腦與其說是重新「整合」各種訊息，不如說是只「取捨」了其中一部分。

相反地，認知心理學家伯納德・巴爾斯（Bernard Baars）認為，大腦中存在著可以將各種訊息集中在一處的「全局工作平台」（Global Workplace），這就是意識的本質。就像廣播電台的發射塔將電波傳送到各個地區一樣，進入全局工作平台的訊息會被擴散到大腦的各個區域，營造出一種「一致性單一經驗」的感覺。

認知心理學家，也是腦科學家的斯坦尼斯・德阿納（Stanislas Dehaene）繼承了巴爾斯的概念，並將之發揚光大。德阿納認為「意識」與清醒狀態或專注狀態必須區別看待，他主張意識的本質面貌是「意識取用」（conscious access）。也就是說，意識會綜合及掌握我們的各種經驗，並改編成「足以向他人表達的內容」（something reportable to others）。換句話說，意識的本質就是將個人內在經驗透過可以即時在社會上溝通的言語表現出來。意識就是不斷將自己的經驗轉換成可以向他人敘述的過程。意識本身就是一個以他人存在為前提的敘事過程。

那麼，意識為什麼要這麼做呢？為什麼要將自己的內在經驗用社會公認的語言不斷做好和他人溝通的準備呢？為什麼在獨自思考的時候也使用與其他人類溝通時所使用的工具──語言呢？對此，我會在第五章透過馬可夫覆蓋模型來詳細說明。簡言之，意識存在的基本理由，是因為在主動預測模型的層級秩序裡，位於最上層的生成秩序為了最大限度降低預測誤差，不得不竭力與他人溝通。這就是意識不斷進行內在溝通的原因。

根據德阿納的說法，我們的身體和大腦不斷在處理大量感覺訊息，正如我們在電話症候群的傑森或視覺中樞受損患者GY的案例中所看到的，我們

的大腦裡有許多系統在彼此競爭，其中只有一部份呈現可以「意識取用」的狀態，這就構成了意識。意識將感覺訊息廣泛地傳播（broadcasting）到大腦的各個區域，以便加以處理（也就是可供意識取用）。換句話說，透過這種方式，讓我們處於一種可以記憶、可以解釋、可以改編、可以適應、可以制定計畫和與他人溝通的狀態。基於這種意義，德阿納將意識稱為「全腦工作平台」（Global neuronal workspace）。

另一方面，從葛詹尼加長期研究裂腦（左右腦分離）患者的研究結果來看，巴爾斯和德阿納所說的「全局工作平台」或「敘事主體」似乎都在我們的左腦。根據葛詹尼加的說法，左腦中有一種「解釋器」（interpreter），可以整合各種訊息改編成「煞有介事」的故事，我們所謂的「自我」也就在左腦裡。另外，不經常顯露在意識表層的「從屬自我」就存在於右腦中。正常人的左腦和右腦透過胼胝體（corpus callosum）或前連合（anterior commissure）等緊密相連，因此左腦的「解釋器」製造了一個統一的「意識」；而在右腦無法浮出意識表層的從屬自我，就像「沉默囚徒」一般被無聲地禁錮起來。

一般正常人很難確認被禁錮在右腦中的「沉默」自我的存在，但裂腦患者的情況，則是左腦的控制無法延伸到右腦。嚴重癲癇患者通常會接受裂腦手術，以防止不正常放電情形波及另一個半腦，而葛詹尼加透過這類患者發現了單獨存在於右腦中的從屬自我。如果給一個裂腦患者的左腦展示雞腳、右腦展示雪景，然後問他看到了什麼，患者會很自然地回答看到雞腳。當實驗人員給裂腦患者的左腦和右腦分別展示不同物品時，患者通常只會回答左腦看到的東西，因為語言中樞和「解釋器」都在左腦。雖然右腦看著雪景，但這景象只停留在右腦中，右腦無法接近語言中樞，也無法接近左腦控制的意識，因此在患者的意識裡看不到雪景，只看得到雞腳。

當要求這名患者用右手指出和看到的影像相關的圖片時，他一定會指著雞，因為右手是由左腦控制的。但是如果要求患者用接受右腦控制的左手來指的話，令人驚訝的是，他會指向一張雪鏟的圖片。這時，如果問病患為什麼指雪鏟的話，他會若無其事地回答「清理雞舍的雞糞需要鏟子」，一下子就編出一個看似合理的答案（故事）。（【參照圖4-2】）

這名患者並沒有說謊，而是真的這麼想，這就是左腦的敘事功能。聽懂問題、回答問題的工作，是由語言中樞所在的左腦負責。但對這名患者來

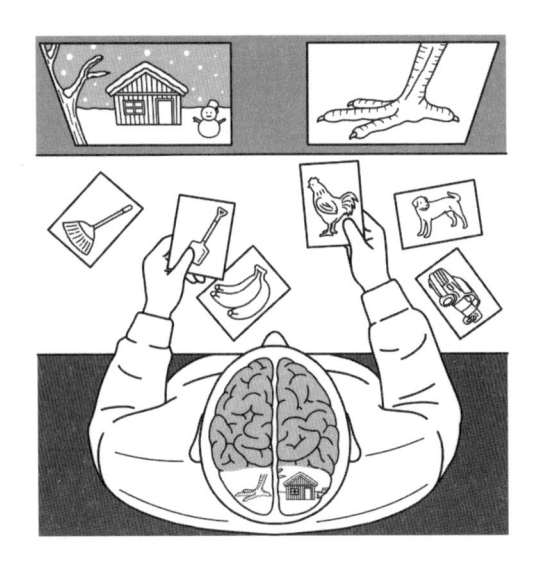

【圖4-2】裂腦患者實驗　接受過裂腦手術的患者左腦和右腦存在各自獨立的意識。如果給患者的左腦看雞腳、右腦看雪景的影像，他會回答只看到雞腳。但是如果要求他選出相關圖片時，受到左腦控制的右手會挑選雞的圖片，但受到右腦控制的左手則會選擇鏟子。

說，由於左腦和右腦之間的連結被切斷，所以左腦無法得知右腦中發生的事情。患者其實不知道自己為什麼會指著除雪的鏟子，但左腦的敘事功能一瞬間就對自己的行為編造出看似合理的故事。就像這樣，左腦的「解釋器」是一個專家，會對各種情況和自己的行為很自然地編造出具有連貫性的故事。幸好有這個編故事專家，我們才能在生活中保持著自己的行為想法是由「單一的我」決定和掌控的幻覺，而這種幻覺就是名為「我」的意識。

　　左右腦相連的正常人在生活中無法覺察被禁錮在右腦中的另一個「我」的想法或意識，但對裂腦症患者來說，則顯出左、右腦各自存在完全不同意識的傾向，或具有互不相同的信念系統。例如有人左腦非常進步、右腦非常保守，還有人左腦是無神論者、右腦是虔誠的信徒，如果有天堂，只有右腦可以去。因為「我」不是單一的，所以我的「靈魂」應該也不只一個，如果有死後的世界，說不定「我」的靈魂們會分散在各個地方。

同步性：大腦會編輯訊息發生的時差

我們的大腦在接受和處理各種感覺訊息時不是出於被動，而是主動地為各種輸入訊息賦予意義，再加以編輯。大腦的「同步性」就是一個典型的例子，我們可以透過簡單的實驗來了解大腦的編輯過程。

現在，先放下書，舉起雙手拍拍手。你可以看到手掌對著手掌的樣子（視覺訊息）、聽到手拍著手的聲音（聽覺訊息）、感受到手掌碰到手掌的觸感（觸覺訊息）。我們能在同一時間感受到這三種完全不同的感覺，而且將之視為理所當然的事情。也就是說，「拍手」這單一事件同時給了我們與之相關的三種完全不同的訊息，而我們也把這種情況視為理所當然。然而，這並不是理所當然的事情，因為三種感覺訊息送達腦部的時間有顯著的差別，觸覺訊息和聽覺訊息會比視覺訊息更快抵達大腦。

根據一項研究結果顯示，相較於聽覺的反應速度為0.28秒，視覺的反應速度只有0.33秒，然而實際測試卻發現差異似乎更大。實際測試後發現，兩者之間至少有0.1秒以上的差距。還有一項研究結果顯示，當短跑選手收到用閃光燈作為起跑訊號時的反應速度為190毫秒，但如果收到用槍聲作為起跑訊號時的反應速度則為160毫秒。

造成這種差距的原因是，聽覺訊息到達意識所在的大腦皮質只需要8~10毫秒，但視覺訊息到達大腦皮質則要花20~40毫秒。此外，處理視覺訊息也需要花費更長的時間。因此，拍手時，拍手的聲音先抵達大腦，稍後手掌對著手掌的情景才抵達。觸覺訊息的處理速度又比聽覺訊息要快，大腦首先感覺到手碰手的觸感，然後聽到手拍手的聲音，最後才看到手掌對著手掌的模樣。如果大腦的存在是被動處理接收到的訊息的話，那麼每次拍手的時候就會先聽到聲音，然後才看到手掌對著手掌的樣子，就彷彿在看一部影像和聲音無法同步的電影一般。

不過，我們的意識消除了這種「時差」，因為大腦不是「被動感應的存在」，而是「主動編輯的存在」，它知道拍手是一個單一事件，所以將因時差陸續送達的各種訊息集中在一起，當成是同步發生的。於是，就在我們手掌相碰的那一瞬間，也聽到了拍手的聲音。為什麼拍手聲和手掌相碰的情景會被同時認知，不是因為大腦知道這是單一事件，而是它預先知道這是單一

事件,所以將因時差而陸續抵達的聽覺訊息和視覺訊息集合成單一的事件。

讓我們再嘗試另一個簡單的實驗,用你的食指觸摸鼻樑,你會同時感覺到手指碰觸鼻樑和鼻子接觸指尖的觸感。但實際上,從鼻樑傳到大腦的觸覺訊息會比從指尖經由手臂傳到大腦的觸覺訊息先抵達。我們的大腦先接收到鼻樑的觸感,然後才接收到從指尖傳來的觸感。然而,意識會消除這種時差,讓我們以為「用手指摸鼻樑」是單一的同步事件。意識就是製造和體驗這種同步的主體,我們所經歷的「現實」,就是像這樣由大腦製造出來,再傳遞給意識的。我們的意識絕非被動地反映所接收到的感覺訊息,而總是先編輯得「合情合理」之後,再形成單一的故事,同時賦予其意義。這種「編輯」,或說是「敘事」的功能本身,就是意識的本質。包括大衛·伊格曼在內的許多腦科學家都斷言,我們所經歷的現實,其實是由大腦製造出來的。

我想起了元曉大師*用骷髏頭喝水悟道後所說的話:「三界唯心、萬法唯識」(世上的一切事物都由心生,所有實體取決於我們的意識);「心外無法、胡用別求」(除了心以外沒有任何實體,還能求什麼呢?)。這和《華嚴經》〈四句偈〉所說的「應觀法界性、一切唯心造」(我們理應知道世上萬物的本性都是由心製造出來的)是一樣的。「一切唯心造」絕不是「世上萬事端視決心而定」這種程度的意思,而是具有更深刻、更基本的涵義。無論是物質對象或精神對象、具體事物或抽象概念,我們所經驗的一切實體(objects of mind＝dhamma＝法)都可以說是知覺與認知作用的產物。這絕非隱喻或誇張的說法,也不是宗教上的主張,而是已經獲得腦科學證明的事實。

負責將我們大腦不斷接收到的各種類型(模式)訊息(有時是矛盾的、有時差的、雜亂無章的訊息)整合成一個有意義團塊(或是一個實體、經驗、意義等)的主體,是意識;而負責將各種外在的感覺訊息和內在的記憶訊息合而為一,並在這個基礎上經過主動推理過程,改編成一個「故事」的主體,也是意識。在這過程中,名為「我」的意識就自然而然地成為了不證自明(self-evidencing)的行動主體(agent)。

---

*　韓國歷史上三國時代的佛教高僧

連續性：時間的流動是相對的

名為「我」的意識會讓人感覺自己的種種經驗是隨著連貫的時間軸發生的。也就是說，我們會覺得時間就像長河一般汨流不息，而我們就是沿著這條時間長河過了一天又一天。然而，時間真的是流動的嗎？還是說，這只是我們的感覺？「流動的時間」有可能作為客觀的實體存在嗎？或者，這一切都只是大腦製造出來的幻覺？

在我們大腦架構的空間重現中，運動神經是其中非常重要的元素。空間是透過身體動作和對動作的反饋來感知的，如果沒有身體的動作，我們就不會有空間的概念。伊格曼發現在大腦感知時間流動的概念中，運動神經扮演著非常重要的角色。我們的大腦中不存在能夠識別時間流動的獨立、客觀的內在時鐘，而是存在著數個獨立、動態的個別時鐘系統來預測和處理時間的流動。在這個辨識和感覺時間流動的過程中，與動作或運動相關的神經系統就發揮著重要的作用。由此可知，因為時間流動的認知是大腦根據行為主動製造出來的感覺，所以就像視覺上的「視錯覺」一樣，大腦也製造出各種對時間流動的「錯覺」。

康德或笛卡兒所說的先驗概念的絕對時間或空間，其實是一種假象，時間和空間都是大腦為了身體高效活動而布局生產的。想要適應特定環境，就需要身體高效活動。為了達到這個目的，意識應運而生，而時間和空間的概念就是由這個意識所創造出來的。羅伯特・蘭薩（Robert Lanza）或加來道雄（Michio Kaku）等物理學家從這個角度更向前一步，將「時間的流動」視為物理學無法解釋的現象。時間的流動與其說是物理現象，不如說是生物學現象，基本上就是我們的意識所創造出來的產物。意識和記憶讓我們感覺名為「我」的存在隨著時間在活動和改變，所以沒有意識的話，就不會有所謂「時間的流動」這種被視為客觀和物理的現象存在。

時間的流動是「相對」的，不是主觀的感覺，而是客觀上確實如此。速度變快的話，時間的流動就會變慢。假設我們在一艘以接近光速的速度高速飛行的太空船裡，太空船內的時間流動速度非常緩慢，我在太空船裡的一小時，就有可能是我在太空船外的一百萬年。當速度無限接近光速時，時間就會變得無限緩慢。以接近光速飛行的話，我可以瞬間抵達宇宙任何一個角

落。假設我們以接近光速航向離地球250萬光年的仙女座星系,從我的太空船外看的話,我的太空船似乎已經航行了250萬年,但是在太空船內時鐘才過了1秒而已。如果速度再提高一些,我甚至可以在1秒以內抵達131億光年之外的宇宙盡頭。

因此,空間也變成了相對的,對於瞬間可以移動到任何地點的我來說,所謂的空間已經沒有任何意義。只要能以接近光速移動,我幾乎可以同時存在於宇宙任何一個角落。定位我的位置是沒有用的,因此空間本身對我而言也變得毫無意義。如果宇宙中神無所不在,那神必然是以光速移動的存在。

我們之所以感覺自己存在於由過去通往未來、時刻在改變的現在,也就是自己存在於時刻流動中的時間長河盡頭的這種感覺,其實不過是意識製造出來的一種幻覺罷了。我們是如何在流過了數百億年的時間長河裡,「偶然地」剛好來到時間長河的盡頭呢?這是根本不可能解釋的。

體化性:大腦塑造的身體形象

我的意識讓我以為自己是透過身體活在這個世界上,也讓我以為我是全權掌控「我的身體」的控制塔。然而,所謂「我的身體」形象,只不過是大腦製造出來的幻覺而已。對於我身體的認知,與其說是一個以作為物理實體的身體為基礎的物質,不如說是大腦為了方便行事製造出來的東西。我所意識到的身體,不過是大腦的特定功能生成的任意一種形象罷了。

我們看別人的時候,會看到那個人的身體。別人看到的我的身體是物理性身體(physical body),但我對自己身體的感覺則是「活體」(somatic body)。我的身體對他人來說只是一個物理性身體,對我來說卻是活生生的身體。別人想知道我「有」手這件事時,必須靠眼睛看或用手摸。也就是必須實際體驗,就和辨識其他物理性物質的存在時一樣。但是,我想知道我「有」手這件事時,不需要靠眼睛看或用手摸就可以知道我有手。這就是活生生的身體,活體也可以說是大腦所形成的「我的身體」形象。

來自身體各部位的感覺訊號主要集中在頂葉,先描繪出「身體形象地圖」之後,再由頂上小葉(superior parietal lobule,SPL)來處理這些訊號。由耳

蝸傳來的身體平衡訊息、視覺皮質傳來的視覺訊息、手腳等身體各部位傳來的本體感覺（proprioception）等全部在SPL融為一體，即時製造出所謂「我的身體」的身體形象。

當製造身體形象的大腦功能出現異常時，身體接受到的感覺訊息和大腦製造的身體形象之間便會出現不一致的情況，那麼大腦就會覺得某特定身體部位不是「我的身體」。這種感覺非常礙事且彆扭，截肢癖（apotemnophilia）就是因為有這種彆扭感而一直有截肢衝動的疾病。大部分出現這種症狀的患者最後會切掉自己的手或腳，是一種非常可怕的疾病。

在腦科學發展以前，截肢癖一直被認為是一種心理疾病。佛洛伊德（Sigmund Freud）的精神分析學中，將截肢癖視為身體臆形症（Body dysmorphic disorder）的一種型態，其根本原因來自於童年時期的特殊經驗或扭曲的性慾。但根據拉瑪錢德朗的看法，這種疾病是由大腦中與身體形象相關的SPL區域功能異常引起的。出現這種症狀的患者不是只有「想切掉右手臂」的模糊衝動，而是有「想沿著手肘上方兩公分高的指定線切下去」這般非常具體的衝動。而這條非常具體且歪歪扭扭的線內側，是大腦維護的身體形象。當他人觸摸線外側，即想截掉的部分時，患者會突然被嚇到，出現極端不適感，而且實際上作為壓力反應指標的皮膚導電度也急遽上升。指定線外側想截掉的身體部位在患者大腦的身體形象中已經是不被視為「我的身體」的體外部位，但卻從這部位突然接收到感覺訊息，所以患者才會被突然嚇到，感覺很不舒服。然而，如果他人觸摸的是線內側的話，患者就不會出現任何不適感。截肢癖也明確地證明了我們所認為的「我的身體」，其實不是什麼實體，而是大腦製造出來的一種形象。

身體妄想症（somatoparaphrenia）也同樣是大腦製造身體形象的功能異常時出現的症狀，通常會發生在因右腦中風導致左半身麻痺的患者身上。如前所述，左腦主導和掌控名為「我」的意識，所以當作為意識基礎的左腦中風時，患者不會出現這種症狀。但是，如果是因為右腦中風而導致左半身麻痺的患者，就會出現不願意承認自己半身不遂的情況。這是因為作為意識基礎的左腦完好無損，所以患者們不是明知道卻故意否認，而是根本沒意識到這個事實。對於這種患者，如果問他受右腦掌控的左臂能不能動的話，他會回答當然能動。事實上，如果真的要他動動左臂，那是一點也動不了。即使患

者用自己的右臂勉強托起左臂,他也意識不到左臂已經無法動彈的狀態。這種左半身不遂的患者中,尤其是處理感覺訊號的部位出現異常的情況,有的患者也會把自己的手臂說成是別人的手臂。這是因為完全沒有任何感覺訊號通過手臂輸入,所以他感覺不到這是自己的手臂。

也有一項與此相關的實驗,那就是在一般受試者的一隻手臂上注射麻醉劑來麻痺感覺,然後讓其他人站在受試者前面慢慢地觸摸自己的手臂。這時,即使受試者只是看著面前的人觸摸他自己的手臂,也會感覺像是受試者自己手臂被哪個人摸了似的。由於受試者的手臂已經麻痺,所以接收不到任何感覺訊息。平時的話,他或許能感覺到空氣的細微流動、肌肉的動作或手臂的重量,但現在這些感覺訊息完全無法傳遞給大腦。在這種情況下,看到他人觸摸自己的手臂,受試者會在「鏡像神經」(mirror neuron)的作用下,使手臂被觸摸時的感覺神經活躍起來。在正常的情況下,這種鏡像神經作用的感覺會被實際從自己手臂傳來的感覺訊息(「沒人在摸我的手臂」)抵消掉。順便一提,這種「抵消」是預測誤差的校正過程,會在第五章詳細介紹。然而在手臂麻痺的情況下,不會再有任何透過手臂傳遞過來的感覺訊息抵消這種鏡像作用造成的感覺,於是就會產生有人在摸我手臂的感覺。

就像這樣,我們身體的形象與其說是由根據身體的物理特徵被動賦予,不如說是大腦主動製造出來的。另外像是自己身體明顯不同於他人的感覺,或者我身體的經驗唯我獨有的個體性等等也是意識的產物,而自己的情緒或想法是獨一無二的這種個體性也是如此。還有,認為我的情緒或思想是證實「我」存在的關鍵,這種想法也是一種幻覺。就算我們無法完全擺脫這種幻覺,但至少只要認識到這是幻覺,就能幫助我們擺脫內心的痛苦和折磨。

被動性:大腦會主動推理

意識給我們它像鏡子一樣如實反映外在物體或事件的感覺,讓我們誤以為意識所看到的、聽到的、經驗過的事情都是存在於世上的「實體」。然而,大腦透過積極將內在模型套用在從外界輸入的各種感覺訊息上,不斷做出大膽而主動的「預測」,而且為了減少預測誤差,也持續校正內在模型。

但是這些工作很少會浮上意識層面，也不是大腦自己有意為之。只不過由於大腦的功能特性，這些預測和校正會在意識的最底層持續運作，因此就會給人意識像鏡子一樣映照出外界事物的感覺。

假設我們正在和某個人對話，大腦會主動掌握對話時的脈絡，事先「預測」接下來可能出現的單詞。大腦不會只被動地看著事物或聽著對方說的話，反而會在每一瞬間主動預測可能會看到或聽到的事物。好幾項腦科學研究結果也顯示，大腦會視情況主動預測特定事件的發生。

大腦之所以主動將可能會經歷到的事情建立模型和加以預測，是為了提高效率。就以走樓梯下樓的情況為例，我們不會每一次都先確認和計算每一個台階的高度才踏出一步吧。因為如果每踏出一步都要這麼做的話，大腦每次都必須處理大量的訊息。這種時候，大腦會在下了一兩個台階之後，預測台階高度會保持固定，再據此打造出一個內在模型，然後將模型投射到外界環境上。如此一來，我們就可以根據台階構造和高度的推測，不用一一確認每一階就可以有效而快速地走下樓去。透過這種「預測」，大腦就可以大幅減少必須處理的訊息量。當然，如果有一階台階的高度稍微不一樣，我們也有可能會扭傷或摔倒，但這種可能性很小。如果只是為了對應這種幾乎不可能發生的情況，就一一計算每一個台階的高度，是非常沒有效率的事情。反而是對台階的結構和高度事先製作出一個通用的內在模型，再據此行動才更有效率。我們的行為和經驗全都是基於內在模式的預測，我們的大腦不會光聽光看，而不做任何的預測或建模的。

在處理視覺訊息的時候也一樣，比起透過眼睛傳進來的光線，我們的視覺經驗更依賴在腦中打造的內在模型。請看【圖4-3】的圖①所示，如果看得見中間的三角形，這是根據你的意識所提供的視覺訊息推理的結果，而三角形就是大腦將內在模型投射到外在環境的結果。這個視覺細胞無法捕捉的不存在物體之所以看起來像三角形，是因為大腦製造出這樣的圖像。義大利心理學家卡尼薩（Gaetano Kanizsa）在1976年發表的一篇論文中就出示幾個展現這種「幻覺」的圖形。不僅是三角形或四方形等定型型態，還有如圖②所示，非定型的各種型態也會製造出這種「幻覺」。

圖③中有一個看起來像立方體的圖形，可以看到頂點A前面的立方體，或者可以看到頂點B前面的立方體，這些全都取決於大腦如何推理和解釋這

些視覺訊息。由此可知,我們看到的所有物體都是大腦主動投射的圖像。

　　從視神經的結構來看,可以更明確地證實這一點(參照【圖4-4】)。視覺訊息從眼睛視網膜開始,經過丘腦傳到枕葉的視覺皮質(①)。然而,遍布枕葉的視覺中樞裡已經存有內在模型,以此為基礎的預測訊息也會被傳送

① 三角形雖然不存在,但在我們的眼裡看起來就是一個三角形。
② 不僅是定型的型態,大腦也製造出好幾個非定型的圖像。
③ 大腦也會製造立體圖形,可以看到A左前方的立方體,也可以看到B上方的立方體。

【圖 4-3】意識主動創造的圖像

到丘腦去，丘腦是意識的門戶。從枕葉到丘腦的神經束，是從眼睛進入丘腦的神經束的十倍之多，透過眼睛傳入的訊息和儲存在視覺皮質中的預測訊息會被整合在一起，再經由丘腦上傳到意識所在的大腦皮質。不僅如此，儲存在大腦各區域裡的視覺記憶也會作為內在模型被送到視覺皮質去（②）。只有將這所有的東西綜合在一起之後，我們才能看見一些物體。所以，我們是用大腦，而不是像一般所說的用眼睛在看東西。

　　丘腦的作用是，將視覺皮質製造後逆向輸入的預測訊息，與透過眼睛視神經輸入的訊息進行比較。如果預測訊息與實際視覺訊息之間沒有太大差別，就不會有任何訊息被傳送到視覺皮質去。換句話說，視覺皮質接收到的訊息，只是與內在模型所產生的預測訊息稍微有一點「不同」罷了。就像這樣，在感覺訊息透過包括眼睛在內的身體各器官傳送到大腦之前，大腦就已經透過內在模型組建了我們正在體驗的世界和實體。

　　對話時「聽」的體驗也一樣。大腦中同時存在聆聽對方的話語並加以解釋的系統，以及主動預測自己覺得會聽到的話語的系統。當然，這裡面基於內在模型的預測訊息量更多，而脫離這種內在預測模型的內容則會引起我們

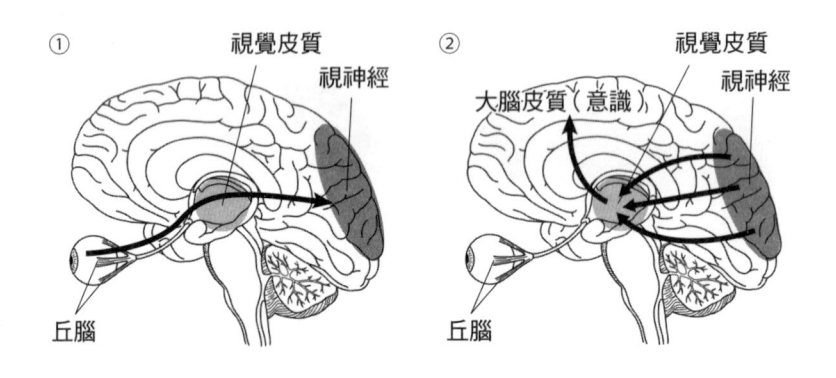

【圖4-4】製造視覺的大腦　從視覺中樞流向丘腦的訊息量遠多於透過眼睛經由丘腦流入視覺中樞的訊息量。丘腦是通往意識的門戶，當我們看東西的時候，會更依賴已經儲存在視覺皮層中的內在模型，而不是透過眼睛傳進來的新訊息。

的注意。在聆聽他人說話的同時，我們也在不知不覺間聽了更多發自自己內在的聲音。也就是說，我們在聆聽他人說話時，事實上聽了更多自己內在產生的話語。在聽別人說話之際，大腦也時時刻刻主動預測自己會聽到的話，過程中如果出現預測誤差的時候，就會特別集中注意力。大腦這麼做，也是為了講求效率。只集中處理與預測不同的訊息，是大腦的基本功能。預測誤差最小化就等於自由能的最小化，這個過程既是主動推理，也是大腦的基本運作方式。有關這點，將在第五章詳細探討。

　　簡單整理以上論點如下：意識的本質是持續的內在溝通過程，而進行這種內在溝通的主體就是「我」。在「我」之中有經驗自我和背景自我，經驗自我體驗日常生活中的外在事件和事物，背景自我覺察經驗自我經歷的經驗。所謂心理肌力訓練，就是將「我」的習慣性和持續性內在溝通內容和方式朝著健全方向轉變的意思。為了做到這一點，就有必要深入探究大腦的基本運作方式。因此，我們將透過卡爾・弗里斯頓的主動推理理論來研究大腦的基本運作方式。而對於內在溝通的「內在」意義，也會在第六章透過戴維・玻姆的「隱秩序」和「內捲」概念來理解。

第五章

大腦是
如何運作的

- 推理:大腦的基本運作方式
- 溯因推理:推理的邏輯結構
- 預測誤差和自由能原理
- 馬可夫覆蓋:主動推理過程的模型
- 馬可夫覆蓋與內在溝通
- 對精神疾病和酬賞系統的新理解
- 馬可夫覆蓋的巢狀結構與內在溝通訓練

推理：
大腦的基本運作方式

大腦透過推理感覺資料來產生感覺訊息

到目前為止，我們探討了意識製造的單一、同步、連續、體化和被動的特性，而其結果，造就出意識這個穩定而具有一貫性的敘事主體。那麼，大腦是如何做到這一點的呢？答案就在於大腦的「推理」（inference）能力。

眼睛、耳朵和皮膚等各種感覺器官傳遞到大腦的感覺訊息，性質各不相同。大腦整合這些各具特性的不同感覺訊息後產生知覺碎片（percepts），並以此為基礎架構眼前展開的事件和物體，更進一步打造出富有意義的「我當前所處環境」的故事敘述。這裡的「富有意義」是指「在我所處的特定環境中可以高效生存」的意思。我們的大腦如何將不同感覺系統各自處理的訊息，整合為一個具有意義的經驗呢？這就是「整合的問題」（binding problem），也是長期存在於腦科學領域的難題。很明顯的，這種「整合」就是意識的實質性功能。

大腦從各種訊息中創造出單一意義的過程，首先要整合隨時都在發生的各種感覺訊息，再賦予它們意義和解釋，然後創造出一個故事，而每一個故事就成了記憶的單位。這就是為什麼對過去經驗的所有情節記憶都是由故事組成的原因。意識是它自己創造出來的即時記憶集合體，而且意識也一直自動地在敘述故事。

我們所擁有的經驗都是感覺資料疊加意識的敘事而來，痛苦、悲傷、恐懼、快樂等情緒反應取決於在特定體驗上添加了什麼樣的敘事。為了提升心理肌力而進行的內在溝通訓練，其出發點就是直接獲取意識添加敘事之前的原始感覺訊息。從現象學上來說，這是一種存而不論（epoché），從性理學

上來說,這是一種未發體認*。也就是說,我們將會如實看到自身的體驗。

但是,因為我們既有的習慣,讓我們很難直接看到這些提供日常體驗的對象和事件的原始面目,所以只能採用間接的方法,那就是去覺察背景自我。如果說經驗自我是為了感受和體驗由敘事所提供的經驗而存在的自我,那麼背景自我就是為了傾聽、觀看、覺察那些經驗自我的敘事而存在的更基本、更本質的自我。雖然經驗自我會有喜怒哀樂的情緒感受,但背景自我卻沒有,它只是靜靜地覺察正在經歷各種體驗的經驗自我罷了。

透過背景自我,我們就可以認識作為經驗自我的意識平時發揮的功能。如果我們可以退後一步觀看意識自動完成的敘事過程,就不會再被這種敘事所左右,而是可以進入一種極致寧靜安詳的心境——這就是內在溝通。內在溝通不是大聲的交談,而是一種靜默。有關於覺察背景自我的內在溝通訓練法,會在第十章詳細介紹,這裡就只言及覺察背景自我是一種強大的自我參照過程的訓練。

意識為了敘事,就需要賦予意義;為了賦予意義,就需要主動推理。無論是視覺還是聽覺,在從特定感覺資料獲取某些知覺碎片的過程中,主動推理就成了不可或缺的步驟。感覺資料無法自動將我們所感知的對象具象化,我們所能獲得的感覺資料,不過是視覺細胞受光線刺激的活化,以及聽覺細胞受聲音刺激的活化而已。這些感覺資料通常透過我們的身體被引發,而我們的意識便會將各種傳進來的感覺資料,以既有的內在模型為基礎加以推理。我們的大腦所感知的全部訊息,都是意識以所謂「感覺資料」的原料為基礎加工製成的。

錯視現象是主動推理的結果

讓我們先來看看【圖5-1】。乍看之下很難立即辨識出是什麼東西,當我們觀看這種難以辨識的圖形時,大腦會比平時更快速地運轉,努力進行

---

* 譯註:朱熹論《中庸》「喜怒哀樂之未發」

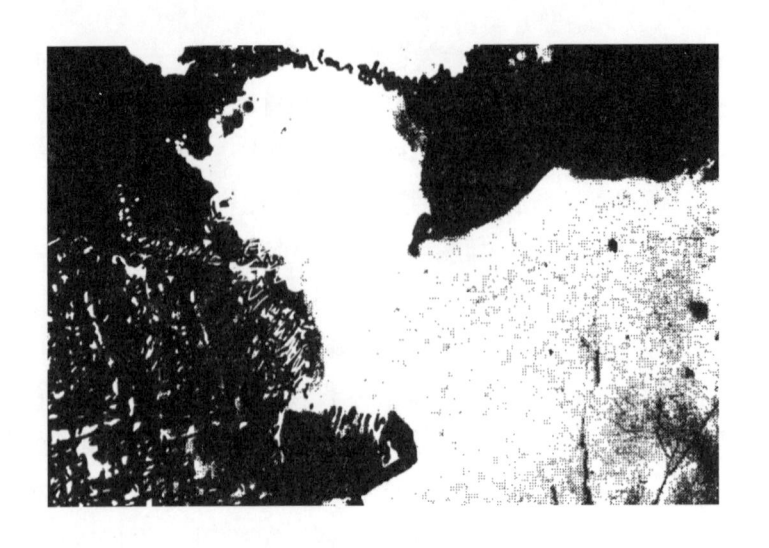

【圖5-1】視覺推理過程中內在模型的運作一

當你看到這張圖片時，一開始可能很難辨識出裡面的圖像是什麼。在你無法即時辨識圖像的時候，視覺皮質正努力執行主動推理的工作。但是由於過去從未見過類似圖像，視覺中樞裡找不到適當的內在模型來解釋該圖像的意義，所以無法馬上識別出來。

資料來源：Dallenbach, K. M., 1951

「推理」。大腦這麼勤快地工作，是為了決定該對這個受限的視覺訊息賦予什麼樣的意義，所以正努力尋找適當的內在模型。但是因為大腦從未見識過類似的圖像，所以視覺中樞陷入了混亂。

那麼現在再來看看位於本節末尾的【圖5-2】，很明顯地可以看出來是一頭牛。再回過頭來看【圖5-1】，現在【圖5-1】看起來也像一頭牛。在沒看到【圖5-2】時不明所以的圖像，現在再看就已經無法回到稍早前的「原始狀態」。我們的眼睛從【圖5-1】所接收的視覺資料沒有任何改變，只是讀者們的大腦已經根據【圖5-2】創建了一個內在模型。現在，我們的意識在觀看【圖5-1】時，就會自動套用最有幫助的內在模型來推理【圖5-1】所提供的感覺訊息。

不僅是對形狀的視知覺，對顏色的視知覺也強烈依賴大腦的推理能力。

我們並不是因為顏色的存在而看到顏色，而是根據該物體應該是那種顏色的推理來識別顏色的。來看看書末圖片資料的【圖5-3】，看起來是一張學生們各自穿著不同顏色運動衫的彩色照片。但這張照片其實是一張黑白照，孩子們的衣服全都是黑色，只不過在孩子們的衣服上交叉畫上各種顏色的線條而已。但我們的大腦卻把「線條」的顏色推理成是學生身上的衣服顏色，並且進一步推測單件衣服應該是沒有特殊紋樣的相同顏色。當然，推理的根據來自於到目前為止生活中所經驗的各式各樣錯視訊息，也就是對色彩認知的內在模型。大腦根據色彩認知相關的內在模型，推理出學生們身上穿的所有衣服應該是黃色或淺綠色。而結果，就是讓孩子們看起來像是穿上了各種顏色的衣服。由此可知，無論是形狀或顏色，當我們看到某件物體時，其實是「透過眼睛用大腦看到的物體」，聽覺或觸覺等其他感覺系統也是如此。

　　再來看看另一個視覺推理的例子。在圖片資料【圖5-4】中，上方物體看起來是深灰色，下方物體看起來是接近白色的淺灰色，但其實上方和下方物體是同樣的顏色。如前所述，我們的視知覺系統對於透過眼睛傳入的視覺資料，會根據既有的內在模型為基礎來進行推理。根據到目前為止的經驗，我們知道光線大部分是由上往下照射的。無論是陽光還是電燈照明，全都是由上往下照射。因此，上面的部分通常會接收到更多的光線，顯得更明亮。相反地，下面的部分會被陰影遮蔽顯得更黑暗。

　　在這張圖中透過眼睛傳入的上下方物體實際的顏色是亮度相同的灰色，因此我們會基於既有的內在模型主動推理，修改透過眼睛傳入的視覺資料。如果上下方物體看起來是相同的顏色，那麼大腦會做出上方物體顏色應該更深、下方物體顏色應該更淺的「推理」，並且讓我們「看見」這樣的結果，這就是亥姆霍茲所說的無意識推理機制正在自動發揮作用。

　　現在，試著遮蓋這張圖上下方物體之間的分界線，上下方物體馬上會呈現相同的顏色。當我們用手指頭遮住中間部分時，大腦會判斷這兩個物體是同一個區塊，因此「推理」出上下應該同色。這張圖也清楚地告訴我們，我們不是用眼睛在看東西，而是用大腦在看東西。這種推理是在無意識的層面上自動進行的，而不是我們有意識地對顏色進行邏輯性推理。因此，即使我們確認上下方同色之後，如果又將手指頭移開的話，我們還是會如之前一樣看到上下方物體呈現不同的顏色。

推理：大腦的基本運作方式　　169

溯因推理：
推理的邏輯結構

演繹法、歸納法和溯因法

大腦基於內在模型進行「推理」一事，說明大腦不是像鏡子一樣被動地接收外在刺激的存在，反而是主動介入外在刺激，不僅賦予其意義，並加以改編重新打造。在這個賦予意義的過程中所具有的基本邏輯結構，就是查爾斯・桑德斯・皮爾斯所說的「假設性推理」（hypothetical inference）或「溯因推理」（abduction）。

當我們看見有著紅色柔軟花瓣的一朵花時，在識別這是「玫瑰花」的過程中就需要溯因推理。在識別花是「花」或紅的顏色是「紅色」的過程中也需要溯因推理。溯因推理是根據既有的知識（由過去經驗給出的原則）和特定刺激，主動推理出「啊，這東西是紅色的！」。從機率上來說，這是一種「貝氏推論」（Bayesian inference）。貝氏推論是在欲推論事件的先驗機率基礎上，納入事件的新訊息來更新先驗機率，以此計算出該事件發生的後驗機率分布。

我們的所見所聞都是大腦不斷主動預測和推理的結果。神探福爾摩斯通過符號掌握犯罪現場的「線索」，並解釋其涵義推理出犯人的過程，是溯因推理；有人看到玫瑰花的型態和顏色，識別出這東西叫做玫瑰花的過程，也是溯因推理，或者更進一步解釋玫瑰花代表「熱烈的愛情」，這也是溯因推理。正如莫里斯・梅洛-龐蒂（Maurice Merleau-Ponty）所強調的，「知覺」是一種主動積極的行為，而非被動的接受。

現在，讓我們透過皮爾斯的論點來了解溯因推理的意義。皮爾斯繼承了亞里斯多德所主張的各種形式三段論法，並且在比較了演繹法、歸納法、溯因法三種典型論證型態之後，全力強調溯因法的重要性。[7]演繹法是一種依

照「規則→案例→結果」順序進行的邏輯結構，下面是我們熟悉的例子。假設有一個規則規定「所有人都會死」，與此同時有一個案例是「以諾是人」，那麼導出來的結果就是「以諾會死」。後來，皮爾斯又透過著名的一袋豆子為例，比較了演繹法、歸納法和溯因法三種論證型態。

演繹（Deduction）

規則：這袋子裡所有的豆子都是白色的。
案例：這豆子來自這個袋子。
結果：這豆子是白色的。

歸納（Induction）

案例：這豆子來自這個袋子。
結果：這豆子是白色的。
規則：這袋子裡所有的豆子都是白色的。

假設（Hypothesis）

規則：這袋子裡所有的豆子都是白色的。
結果：這豆子是白色的。
案例：這豆子來自這個袋子。

在介紹一袋豆子的例子時，皮爾斯還沒有提出表示「溯因推理」之意的「abduction」這個單詞，而是稱之為「假設」（Hypothesis）。從皮爾斯的著述中可見，除了假設之外，他還使用了推理（inference）、假設性推理（hypothetical inference）、假定（presumption）等各種術語來表達溯因法。最後，他才終於提出以「abduction」來指稱這個第三種論證法。皮爾斯指出，「我認為這第三種論證形式與亞里斯多德在《分析學全書》第二卷第二十五章中以「apagōgē」之名有過不完整描述的論證形式相同」。事實上，亞里斯多德所謂「apagōgē」的論證法，早已經消失在人類數千年歷史的長河中。根據皮爾斯的說法，這完全是「愚蠢的阿帕利肯」造成的。

亞里斯多德死後，他的遺稿有200多年不見天日，而花費巨資買下亞里

斯多德遺稿的人，正是提奧斯出身的富豪，也是書籍收藏家阿帕利肯（Apellicon）。他對這批備受蹂躪的文稿加以整補，是最早編輯亞里斯多德龐大著作的人。根據皮爾斯的說法，「愚蠢的阿帕利肯看到自己無法辨識的單字，就隨便用毫不相干的單字填補進去，以至於他人根本看不懂亞里斯多德關於apagögé的說明在講什麼」。

後來，亞里斯多德的著作被送到羅馬，交給了著名的逍遙派學者泰蘭尼（Tyrannion）。身為優秀文法家的泰蘭尼也批評「阿帕利肯的編輯太過荒謬」。總之，皮爾斯說：「或許我的猜測是錯誤的，但至少亞里斯多德顯然是用了『apagögé』這個名稱來說明『假設性推理』，我將這個詞翻譯成英文的『abduction』（溯因）」。

亞里斯多德的三段論法中最具代表性的就是演繹法、歸納法和溯因法，其中溯因法在世上並不為人所知，是皮爾斯將其重新挖掘出來，為亞里斯多德沉睡了兩千多年的第三種論證法命名為「溯因法」，重新闡明了其意義。

> **Note** 我將「abduction」翻譯成「假設性推理」的過程*
>
> 我在翻譯安伯托·艾可（Umberto Eco）和托馬斯·西比奧克（Thomas Sebeok）的《三的徵兆》（The Sign of Three）這本書時，曾經在「譯者導讀」中對假設性推理（溯因推理）有詳細的介紹（本書韓譯版於1994年出版，書名是《邏輯與推理的符號學》，現已絕版；2015年重新翻譯改版上市，書名為《與符號學家的相遇──夏洛克·福爾摩斯》）。
>
> 我考慮了很久才決定將皮爾斯哲學和符號學中的核心概念「abduction」翻譯成「假設性推理」或簡稱「假推法」。1994年當我第一次翻譯這本書時，皮爾斯哲學在韓國學界還不怎麼為人所知，也沒有通用的譯詞。我是在1991年以義大利政府獎學金到波隆那大學留學，上了安伯托·艾可的符號學課程時才初次接觸皮爾斯的符號學。「de-

---

* 譯者說明：雖然作者將「abduction」譯為「假設性推理（가설적 추론）」，簡稱「假推法（가추법）」，但譯者還是遵循國內哲學界譯名，譯為「溯因法」或「溯因推理」。

duction」是演繹法,「induction」是歸納法,這兩個英文單詞都有明確的譯詞,但「abduction」該怎麼翻譯才好,我真的摸不著頭緒。那時不像現在網路檢索引擎這麼發達,要找資料非常困難。好不容易找到的幾本翻譯書籍,譯者們對「abduction」各有不同的翻譯。譬如在尤根・哈伯瑪斯(Jürgen Habermas)的《哈伯瑪斯:認識與旨趣》(Knowledge and Human Interests)這本書中翻譯成「發想法」;在安伯托・艾可的《符號學理論》和《符號學與語言哲學》中翻譯成「推理法」。然而,為什麼會這麼翻譯,譯者卻沒有多做說明。我也到圖書館查詢了厚重的英韓辭典,又想著不知道日文是怎麼翻譯的,又查閱了英日、法日辭典,還是一樣沒有找到合適的翻譯詞。為了翻譯一個「abduction」,我所傾注的時間和精力簡直相當於翻譯一本書。當時查到的幾個代表性說法如下:

- 形成假設:從結論出發形成足以說明難解想法的假設;這是由皮爾斯命名,與歸納、演繹並列的論證三分法之一。(Random House English Japanese Dictionary, 2nd edition, Shogakukan : New York, 1994)
- 用皮爾斯的術語來說,這是一種推理上的操作,可以提前減少說明某種現象的假設數量。(Dictionnaire Francais-Japanais Royal, Obunsha: Tokyo, 1985)
- apagōgē:在三段論法中,大前提為真,但小前提可能(probable)為真。(《英韓大辭典》,時事英語社 / Random House,1991)
- 一、apagoge:間接還原法;亞里斯多德對大前提為真、小前提可能為真的三段論法的命名。二、假設設定(發想):皮爾斯的命名,因為他認為這是與演繹、歸納並列,同為科學探究的三個發展階段之一。(《英韓大辭典》,金星出版社,1992)

然而,我覺得包括「假設設定」或「推理上的操作」等在內,沒有任何一個詞彙可以貼切地說明「abduction」的概念。而皮爾斯在介紹「abduction」時最強調的兩個概念就是假設(hypothesis)和推理(inference),也使用過假設性推理(hypothetical inference)這樣的術語。我

認為「假設性推理」實在是最精準表達皮爾斯「abduction」概念的術語。而且，由於皮爾斯自己也是用演繹法和歸納法做為比對來說明「abduction」的，所以我認為將「假設性推理」縮減為三個字，稱之為「假推法」也是妥當的。自從我在1994年第一個將「abduction」翻譯成「假推」或「假推法」（假設性推理）以來，「假推法」一詞在韓國已經廣泛應用在各種書籍和學術論文中。

福爾摩斯的推理與溯因法的結構

現在，讓我們透過福爾摩斯的推理過程，更仔細地探討溯因法。有一天，福爾摩斯一看到上門來找自己的一位女士，馬上就猜到說：「妳是打字員（typist）吧！」。女士承認自己是打字員的同時，也讚嘆福爾摩斯如傳聞一般非常厲害。柯南‧道爾（Arthur Conan Doyle）雖然在書中將福爾摩斯高超的推理能力歸功於他的「觀察力」，但實際上，與其說是觀察力，不如說該歸功於他卓越的溯因推理能力。

福爾摩斯已經知道「打字打多了袖子會磨得發亮」這個規則（Rule），而且觀察到「女士的衣袖磨得發亮」的「結果」（Result）。從這樣的規則和結果，福爾摩斯推理出「這位女士打字打得很多，她是打字員」的案例（Case）。以公式說明的話，如下：

溯因法

規則：打字打多了袖子會磨得發亮。
結果：這位女士的袖子磨得發亮。
案例：這位女士打字打得很多（所以她是打字員）。

就像這樣，由規則和結果導出案例，就是假設性推理（溯因推理），我簡稱假推法。將上述情況應用在演繹法上的話，公式如下：

演繹法

規則：打字打多了袖子會磨得發亮。
案例：這位女士打字打得很多（她是打字員）。
結果：所以這位女士的袖子磨得發亮。

演繹法的特徵是結果（女士的袖子磨得發亮）必然是由兩個前提（規則和案例）所導出的。演繹法是不可能出錯的邏輯，只要我們接受「規則」為真，再觀察其「案例」，我們就能100％確定，充滿自信地說出其結果。也就是說，只要承認打字打多了袖子會磨得發亮這個普遍性規則，再得知某個人經常在打字的具體案例後，很自然地就可以導出這個人袖子磨得發亮的結果。演繹法就是像這樣完全不可能導出錯誤結果的邏輯結構。然而，也因為如此，演繹法並不能為我們提供任何新的訊息或知識。

歸納法

案例：這位女士打字打得很多。
結果：這位女士的袖子磨得發亮。
規則：所以打字打多了（如果是打字員），袖子會磨得發亮。

歸納法是近代科學的基本邏輯結構，力求透過客觀的觀察找出案例和結果，歸納成不變的法則。從這一點來看，歸納法可以在某種程度上產生新的知識。但是，即使有再多的案例和結果，也無法100％保證可以制定出規則。例如，A打字打得很多袖子磨得發亮，B也是打字打得很多袖子磨得發亮，C也一樣，D也一樣……到N都一樣。即使如此，從這裡導出的結果卻隨時有可能被推翻。用波普（Karl Popper）的話來說，這就是「可否證性」（falsifiability）。因此，雖然歸納法比演繹法更有可能產生新的知識，但結果的確定性卻相對較低。

另外，從結果的確定性層面來看，溯因法是最糟糕也最不確定的論證法。即使接受「打字打多了袖子會磨得發亮」這個規則，也觀察到「這位女士的袖子磨得發亮」的結果，但我們卻無法肯定「這位女士打字打得很多（所以是打字員）」的結論，只能「猜測」是這麼回事而已。因為袖子磨得發

亮的案例有可能不是因為這個人打字打得很多,而是因為有強迫症,習慣在哪裡磨袖子,也說不定是剛好借了打字員朋友的衣服穿。

因此,溯因法的正確性遠不如歸納法,更不用說和演繹法比較了。溯因法是最不確定也最危險的論證法。但是,溯因法有個非常大的優點,那就是具有可以馬上誕下新知識的「生產性」。根據皮爾斯的說法,所有科學發現的起點都是溯因法,所有新的科學知識都始於溯因法。因為我們在進行任何觀察或研究之前,都是先建立假設,而要建立這樣的假設所不可或缺的,就是溯因法,所以皮爾斯才會稱之為「假設性推理」。

就如安伯托・艾可所指出的,約翰尼斯・克卜勒(Johannes Kepler)發現行星沿著橢圓形軌道運行也是先建立「行星被觀察到的幾個位置可以連成圓滑漂亮的橢圓形狀」的假設,才推理出來的結果。實際上,行星被觀察到的點可以連成的圖形數量多到難以計數,就像造成袖子被磨得發亮的原因多到難以計數一樣。而令人驚訝的是,克卜勒是利用溯因法推測出行星沿著「橢圓形軌道」運行的。「橢圓」這個結論不是根據觀察所得到的必然結果,而是想像力的產物,科學發現往往來自於基於想像力的溯因法。

溯因法和演繹法、歸納法不同,不是只有邏輯學家或科學家會用得到。在日常生活中,我們很少會用到演繹法或歸納法,但是我們每天都會用到溯因法。譬如,我們看到某家餐廳前面大排長龍,就會猜測那家餐廳的食物很美味,這是因為我們將餐廳前大排長龍視為食物美味的象徵。還有,早上起來看到地面濕濕的,我們會想到昨晚大概下過雨。這是我們從「下雨地面會濕」的規則和「地面濕濕的」的觀察結果,回溯到「應該下過雨」的案例。

我們在日常生活中不會基於「下雨地面會濕」的規則,來演繹實際上下雨天地面是否真的會濕。也很少人會在每次下雨時一一確認地面會濕,以此歸納出「下雨地面會濕」的規則。但是,當我們看到餐廳前大排長龍,我們會很自然地反向推理出「啊,那家餐廳的食物很美味吧!」。根據皮爾斯的說法,溯因法是唯一可以讓我們以理性對待未來的途徑。當我們一看到陰沉沉的天空會很自然地想到要下雨了,這就是溯因,而不是演繹或歸納。如果靠演繹或歸納,是連那麼簡單的猜測也做不到的。

皮爾斯舉了一個自己的實際經驗為例,他說:「有一天我在土耳其地方上的港口城市正走路要去參觀一個地方,碰巧遇上一個騎著馬的人,旁邊有

四名各自騎在馬上的護衛，在他的頭頂上撐起一頂華蓋。我推測，有資格受到如此貴族待遇的人，除了管轄當地的地方首長之外就沒有了，這就是溯因法。」皮爾斯又舉出另一個化石的例子。當魚類化石在遠離大海的內陸地方被發現時，我們會推測那片土地過去應該是沉在海底，這也是一種溯因法。

當然，溯因法有可能經常出錯，這是溯因法的缺點，也是它的魅力。某家餐廳門口之所以大排長龍，有可能不是因為這家餐廳是網紅名店，而是因為當天作活動，或者是因為要雇用兼職人員，應徵者大排長龍。地面潮濕有可能不是因為下雨，而是因為天氣太乾燥，灑水車經過時灑了水，或者是因為上水道水管破裂，水溢了出來。不過，大多數的情況我們都能導出正確的結論。

皮爾斯說，我們都有一種與生俱來的正確溯因能力，這就像小雞剛破殼而出就會啄食或雛鳥自己就能在天空飛翔一樣，是一種類似天生的本能。福爾摩斯「令人驚訝」的推理能力，其實沒那麼驚人，因為那就像鳥會在天空飛翔一樣，是非常自然的事。我們每一個人在日常生活中都像福爾摩斯一樣經常在溯因推理。

根據皮爾斯的說法，在我們看到一朵玫瑰花，識別出這是玫瑰花的過程中，也會用到溯因法。我們透過累積下來的經驗，已經知道了「玫瑰花長這種模樣」（規則），所以當我們看到「長這種模樣的物體」（結果）時，就會溯因推理出「這是玫瑰花」（事例）。某兩個人之所以在看到同樣的事物或現象時會有不同的感受或不同的理解，是因為他們根據不同的經驗，將相異的「規則」套用在特定的結果上。如果我們仔細探究自己經歷過的所有誤會根源，就會發現，這其實源於彼此根據不同的經驗制定出不同的溯因「規則」。

皮爾斯對於人類在所有知覺過程中一定會做出「溯因推理」的見解，為現代腦科學，尤其是人工智慧設計者提供了許多靈感。當我們透過感覺資料「識別」某個對象時，無可避免地會經歷一個「溯因推理」的過程。大腦中存在著某種假設模型（內在模型），這個模型會投射在透過知覺傳入的感覺資料上。內在模型就是「規則」，傳入的感覺資料就是「結果」，以此為基礎推理出來的內容就成為我們看到和聽到的「案例」。

意識不斷將我們所經歷的事情改編成敘事，其出發點向來是溯因推理的

「規則」。換句話說，這個規則在貝氏推論中就成了事前機率。當我們試圖透過心理肌力訓練來改變習慣性的敘事方式和內容時，最需要注意的事情就是改變這個「規則」。這個「規則」會成為內在狀態的生成模型（generative model），這個生成模型會對來自各個感覺系統的各種感覺訊息，賦予它們意義。因此，改變「規則」其實就是改變「生成模型」。[8]換句話說，我們為什麼要透過內在溝通訓練來強化心理肌力，目的就是為了改變這個生成模型。與此相關的具體方法會在穩定杏仁核的內在溝通冥想內容中詳細介紹。

無意識推理與深度學習模型的開端

來瞧瞧16世紀義大利畫家阿爾欽博托（Giuseppe Arcimboldo）的畫作（圖片資料【圖5-5】），首先會看到的是一籃蔬菜水果（上圖），但如果把圖片旋轉180度，就會突然看到一張人臉（下圖）。兩張圖片所提供的視覺資料完全相同，為什麼下圖中會看到人臉呢？這是因為我們的大腦中有一個總是想從某個對象上捕捉到人臉或表情的強大內在模型。為什麼我們會在顛倒的蔬菜水果籃中看到「人臉」呢？這=與其說是圖片本身造成的，不如說是我們內在的某種解釋框架所導致的。當然，這時的推理邏輯結構就是皮爾斯所說的溯因法。

物理學家兼生理學家亥姆霍茲（Hermann von Helmholtz）是第一個提出當大腦在識別物體時一定會經過一個推理過程的想法，他的創想比皮爾斯早了約150年。亥姆霍茲不僅對熱力學，也對與視知覺相關的大腦活動非常感興趣，甚至對此建立了一套理論。他將眼睛視物時無意識且自動形成的機制概論化，稱之為「無意識推論」（Unconscious Inference）。無意識推論往往會在我們看著或聽著什麼的時候發揮作用，前面我們提到過的各種錯視現象，都是無意識推論的代表性例子。

根據亥姆霍茲的看法，視知覺只遵循其自身的規律，不受意識的控制。譬如，我們的眼中，太陽看似從東邊升起、從西邊落下。即使我們明白這是地球自轉造成的，但這個知識卻對視知覺作用產生不了任何影響。我們的意識清楚地知道日出日落是地球自轉造成的現象，但也不會因此使得西邊落下

的太陽突然像是靜止不動，變成看起來是地球在移動。

亥姆霍茲認為，在視知覺作用的過程中自動形成無意識推論一事，證明了感覺資料的處理不是由意識或心靈，而是由更下層的感覺神經系統負責的。我們所認知的「真實」，是由感覺系統提交給意識的，而在這個知覺過程中，意識無從介入，也發揮不了影響力。這種無意識推論也會作用在人際關係上，當我們與他人溝通時，我們會無意識地自動解讀對方的非語言線索，藉以掌握對方的意圖或情緒。

亥姆霍茲認為，這種無意識推論是立足於歸納法邏輯上。但皮爾斯卻反駁亥姆霍茲的觀點，強調知覺過程中的推理具有明顯不同的邏輯結構，並且質疑「知覺真的是無意識推論嗎？」。也就是說，皮爾斯承認知覺過程中存在「推理」，但強調這種推理的邏輯結構不是歸納法，而是溯因法。皮爾斯更進一步表示，他相信不僅是所有的知覺過程，甚至是對歷史事實的認識與個人的記憶都是按照溯因法運作的。譬如，他認為我們會記得「我昨天做了怎樣怎樣的事情」，這是從自己現在擁有的記憶碎片和感覺推理而來的。而對於經驗的記憶和對真實的認識，是透過生成模型自上而下（top-down）的處理方式完成的。這個觀點和接下來我們要探討的弗里斯頓的主動推理理論可謂一脈相通。

顯而易見的是，亥姆霍茲是第一個建立「大腦基本運作方式的核心為『無意識推論』系統」理論的人。然而這個理論出現得太早了，受到哲學家和心理學家認定「推理只有意識做得到」的刻板觀念橫加阻撓，他的創想被忽視了100多年，長期不見天日。但是亥姆霍茲將大腦的本質理解為「推理機器」的想法，1995年經由彼得・達揚（Peter Dayan）和傑佛瑞・辛頓（Geoffrey Hinton）所發表的〈亥姆霍茲機器〉論文，重新復活成為機器學習（machine learning）的基本演算法之一，對人工智慧的發展有很大的幫助。有趣的是，深度學習演算法的創造者傑佛瑞・辛頓也和亥姆霍茲一樣，是精通生理學、物理學和心理學的學者。

「亥姆霍茲機器」將人類知覺系統建模為統計推理引擎，由認知（cognitive）模型和生成（generative）模型組合而成。認知模型會根據來自外在的感覺資料，推理出觸發特定感覺的可能因素的機率分布；生成模型——這也是由學習而來的——則用來訓練這樣的認知模型。透過這個模型，亥姆霍茲機

器顯示出,即使沒有一位為這些從外界輸入的感覺資料「貼上標籤的指導教授」,也可以推理出感覺資料發生原因的機率分布。

亥姆霍茲機器的非監督式學習演算法,是假設進行推理的神經系統是由多層(multilayer)機率神經網路所組成的。認知網路會形成一個對傳入的感覺訊息有所反應的網路,而這個連結網路的形態資訊會上傳到隱藏的上層神經網路。相反地,生成連結網路則根據來自高階的形態資訊,重新組成連結形態的訊息,再發送到低階神經網路去。

這種不斷將與感覺訊息相關的連結網路資訊上傳的自下而上(bottom-up)過程,辛頓稱之為「喚醒相位」(wake phase)。此時,主要是透過以人工連結網路為中心的人工神經元在運作,將提高生成連結網路的預測機率作為目的,進行重組和改變。另一方面,根據內在模型持續影響低階神經網路的自上而下過程,則稱為「睡眠相位」(sleep phase)。此時,主要透過以生成連結網路為中心的神經在運作,把提高認知連結網路的預測機率作為目的,進行重組和改變。喚醒相位是一種自下而上的適應過程(從感覺訊息建立內在模型後重組的過程),睡眠相位則是一種自上而下的適應過程(根據內在模型建立處理感覺訊息的模型後重組的過程)。亥姆霍茲是第一個提出上層生成模型會自上而下影響外來感覺訊息的想法,所以這種演算法才被稱為「亥姆霍茲機器」。

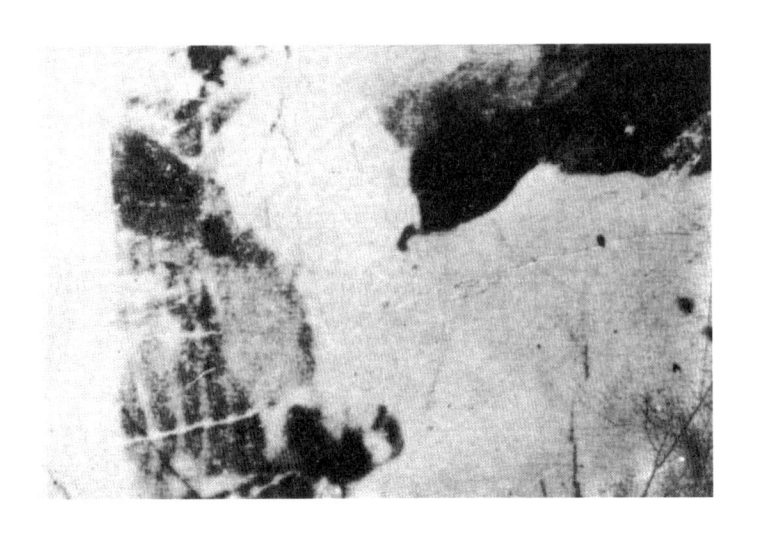

【圖 5-2】視覺推理過程中內在模型的運作二

從這張圖中很容易就看出來是一頭「牛」，現在再回頭看看【圖5-1】（頁214），【圖5-1】看起來也應該會像一頭牛。這是因為我們的大腦透過上面這張圖，建立了解釋【圖5-1】的內在模型。現在，我們很難再回到第一次看到【圖5-1】時辨識不出裡面圖形的狀態。【圖5-1】裡的圖形完全沒有改變，但現在看起來卻不一樣了，因為大腦透過主動推理改變了內在模型。

資料來源：Dallenbach, K. M., 1951

預測誤差和
自由能原理

自由能最小化原理

　　卡爾・弗里斯頓是英國倫敦大學學院（UCL）神經科學教授，被認為是當今腦科學領域最具影響力的學者之一。每年諾貝爾醫學或生理學獎公布候選人名單時，弗里斯頓是唯一一位多次列入入圍名單的腦科學家。

　　弗里斯頓以開發SPM（Statistical Parametric Mappin，統計參數映射）而聞名於世，這是一套全世界大多數腦科學家都採用的統計套裝軟體。[9]令人驚訝的是，這套了不起的軟體竟然是開源軟體（open source），提供免費下載。僅僅是SPM的開發與普及，弗里斯頓在腦科學的發展上就算是功德無量。但是他真正的成就，在於將「自由能原理」（free energy principle）引進腦科學領域。

　　弗里斯頓的自由能原理對現代腦科學的許多領域，例如計算神經科學、人工智慧、精神醫學、行為科學等都產生了實質性且意義重大的影響。對於心理肌力的意義和為了提升心理肌力而進行的內在溝通訓練方面，從自由能原理的角度也提供了許多見解，接下來就讓我們更深入地探討此原理。

　　弗里斯頓自由能原理的基本前提是將大腦視為一種「亥姆霍茲機器」，也就是說，將大腦理解為一個多層、分層的網路，可以透過自下而上和自上而下的過程進行主動推理和預測調整（predictive regulation）。這是結合了兩種理論的傳統，一種是亥姆霍茲基於分層預測模型的「知覺心理學」，另一種是基於統計機率論的「貝氏推論」。

　　基於感覺資料產生知覺碎片的過程是「亥姆霍茲機器」的認知模型，而基於此類知覺碎片的先驗知識產生所謂「知覺」經驗（＝預測誤差最小化）的過程，則是生成模型。正如前面我們透過牛的圖像（【圖5-1】、【圖5-2】）所體驗到的知覺學習和推理，這些在引出與當下輸入的感覺資料相關的過去預

測時是不可或缺的。

以視知覺為例，我們的大腦並不是從零開始分析所有的感覺資料來形成視知覺的。相反地，大腦是根據既有的內在模型為基礎，集中處理「預測誤差」（prediction error）。這類內在模型就是溯因法中所說的既定「規則」，也是貝氏推論中所說的「先驗機率」，因為這在處理數量龐大的知覺碎片時會更有效率。我們的大腦具有像這樣將「預測誤差」最小化的基本傾向。

大腦試圖根據透過各種感覺系統接收到的感覺資料，盡可能正確地推理出促使這些感覺資料發生的原因。被禁錮在黑暗頭蓋骨中的大腦，自然是無法直接接觸和確認外在的「原因」，只能透過視覺、聽覺等感覺系統輸入的一連串感覺資料來確認。因此，大腦不得不根據這些感覺資料最大限度地推理出這個世界的「正確」模樣。這裡所謂的「正確」，不是指客觀的正確性，而是在特定環境中有助於高效生存和繁殖的意思。譬如，現在傳來的聲音是不是危險的猛獸發出的咆哮聲，或者眼前的紅色果實是不是可以吃的蘋果等等，大腦都必須盡可能地對這些情況做出最正確的推理。

根據自由能原理，所有生命系統都有一個區分內部和外部的邊界，從邊界外接收到的特定外界訊息與邊界內的內在模型之間的差距，就是「驚奇」（surprise），也是預測誤差。譬如，魚躍出水面的狀態就是一種驚奇狀態，為了減少這種「驚奇」，所有生命體都會不斷地修正自己的內在模型。而藉由修正內在模型將預測誤差降到最低，減少驚奇發生的過程，被稱為「自由能最小化原理」。

所謂「生命體推理自己行為的結果」，是指大腦根據過去適合的資料來預測未來的意思。根據意圖進行行為的主動推理時，必須具備對過去和未來的概念，即「時間厚度」（temporal thickness）。主動推理是基於貝氏定理的機率推論進行的，針對當下接收到的感覺資料進行意義解讀。換言之，大腦在解釋促使感覺資料產生的外在原因時，會受到由過去類似經驗形成的「先驗知識」影響。

大腦會基於來自各種感覺器官的訊息和先前已經得到的訊息來進行推理，進而產生知覺碎片。我們所見、所聞和所感覺到的一切，都是大腦推理的結果。當然，正如皮爾斯所說的，這種推理的邏輯結構是溯因法。而弗里斯頓稱之為主動推理（active inference）[10]，這表示個人的行為結果會影響感覺

訊息的意思。

亥姆霍茲似乎已經對行為會干涉預測誤差的修正有了一些概念，他在有關知覺的相關論文中說：「我們在行動的同時也在感受，當我們隨著身體的動作持續觀察某件事物時，雖然我們看的是相同的對象，但傳入的視覺訊息卻一點一點地在改變，這也可以說是一種驗證。換句話說，我們在特定的空間關係中不斷檢驗我們最初理解的內容是否正確。」

因此，雖然亥姆霍茲並沒有使用「預測誤差」這個術語，但從他認為大腦在感知過程中透過行為驗證自己的假設這一點來看，可說與弗里斯頓的主動（或行為）推理是十分類似的想法。亥姆霍茲認為大腦藉由行為獲得各種不同訊息持續更新既有信念，從這裡可以看出他已經在某種程度上具有主動推理的概念。當然，在視知覺的處理過程中，行為是絕對必要的，這點在今天已經不是一個單純的假設，而是獲得科學驗證的事實。

最小化自由能的行動主體──自我意識

弗里斯頓的自由能原理指出，感覺訊息的處理過程和行為訊息的處理過程具有本質上相同的結構。在實際分析看著動態物體的眼球運動時，發現眼球會「預測」物體的動作而移動，而移動中的眼球也會不斷輸入新的視覺訊息來更新生成模型。

根據感覺訊息作出的行為，以及對這些行為結果產生的感覺訊息進行預測推理（或預測誤差）的反饋，這個過程會不斷循環。在這個感覺和行為如漩渦般循環的中心，就自然而然會出現某個「行動主體」（agent）來做出行為和接收對自己行為的反饋，這就是自我意識。自我意識的產生也等於是主動推理的必然結果。

為了說明大腦如何根據自由能原理運作，主管內在狀態、最小化自由能的某種主體，即「行動主體」的存在至關重要，而這個行動主體就會成為名為「我」的自我意識。當有特定感覺發生時，大腦就會建立對這感覺發生原因的最佳機率模型，而根據這個模型從眾多感覺資料中選擇有用且有意義資料的存在，就是「我」。這個過程也表示知覺和行為透過環境相互作用，而

主動推理就是為了將驚奇（預測誤差）降到最低。

總而言之，主動推理是透過對感覺資料的貝氏推論，將自由能最小化。為了解釋目前接收到的感覺資料，大腦會在既有的訊息中主動選擇所需要的訊息，再根據這些訊息朝著將驚奇最小化的方向做出預測。換句話說，主動推理的目標，就是透過行為（動作、知覺、解釋等）將預期的驚奇（熵或不確定性）最小化。在這個過程中會涉及「意圖」，譬如不想忍飢受餓或受到傷害等，這就會成為意識的基礎。從這個觀點來看的話，也可以將意識解釋為是一種為了預測個人的意圖或行為會帶來什麼樣的後果所進行的推理。

傳輸到大腦的感覺訊息中，除了有關外在環境的訊息之外，也會持續接收有關個人身體動作或位置的本體感覺（proprioception）資料，以及從體內臟器所傳來的內感受（interoception）資料。對於這些來自內在的感覺資料，大腦也同樣不斷進行主動推理。同時，大腦會專門根據對內感受的推理，構成疼痛或情緒。

尤其是大腦可以正確區分特定感覺訊息來自個人內部還是外部的哪個地方，這點對動作來說非常重要。在這個過程中，我們會全面感覺到「我」就是接受並處理本體感覺和內感受的主體。自我意識很明顯也是大腦根據貝氏定理對各種感覺訊息進行主動推理的結果，只不過在推理的過程中，如果發生問題的話，也可能會造成自我意識混亂，或在情緒調節上出現嚴重障礙。

總而言之，根據「自由能最小化原理」，所有生命體的大腦都試圖將自己的內在模型與從外界接收的感覺訊息之間的差距最小化，並隨之建立一個減少預測誤差的內在系統。而在這個系統的頂端，就會出現推理的行動主體，也就是自我意識。換句話說，自我意識是預測誤差最小化過程的一個合乎邏輯且必然的結論。

與此相關的一個重要概念，就是「不證自明」（self-evidencing）。所謂「不證自明」，就是某種假設的證據只有某一特定事件，同時該事件本身的意義又完全取決於這個假設。在不證自明中，存在著「解釋-證明的循環」（explanatory-evidentiary circle），也就是假設解釋事件，而事件又同時成為假設的證據。在預測誤差最小化的過程中，最後的結果就會達到不證自明的狀態。所謂的「事件」，就是透過感覺訊息的輸入和主動推理的預測誤差最小化，而這個事件本身又證明了行動主體存在的這個「假設」，於是一個「解

釋-證明」的循環關係就此建立。從這個意義上來看，我們的大腦基本上是「不證自明」的。凡是存在根據主動推理而來的敘事之處，必然會有不證自明的行動主體出現，而這個行動主體就是自我意識。

由於大腦的存在是為了將自由能最小化，因此我們所有的行動、知覺、學習、決策等都不得不遵循自由能最小化原理。自由能最小化原理可說是一種雄心勃勃的理論，試圖透過數學模型來解釋人類諸如知覺、認知、運動、感情、決策等廣範圍的大腦運作機制。大腦修改內在模型以減少驚奇的情況，這也代表大腦會與環境相互作用，不斷對個人行動賦予意義和加以預測的意思。在我們的意識中，自由能最小化的過程會以敘事的方式表現出來。意識的本質是持續性的敘事，而這種故事敘述就是內在溝通。

馬可夫覆蓋：
主動推理過程的模型

馬可夫鏈和馬可夫覆蓋

　　自由能原理除了是解釋大腦功能的理論之外，也是在解釋除了生命體以外的人類社會組織或人工智慧系統等類生命現象時，非常有用的理論架構。若要討論生命現象，就必須先討論區分生與死的邊界（boundary）。只有活著的生命體才有內在和外在環境的區分，否則就不可能擁有所謂的生命現象。但是，生命體的邊界不是將內外完全隔絕開來，而是在區分內在和外在（環境）的同時，還必須能夠不斷接收與釋放能源和物質。邊界是生命現象的核心，從統計意義上區分內部和外部，其機率函數會隨著時間的過去具有「隨機最佳化」（probabilistic stochastic）屬性。邊界的存在讓我們無法從外部直接窺視內部，只能觀察到內在環境外圍的邊界而已。內在狀態與邊界可以透過貝氏推論維持恆定性（homoeostasis），進而達到自我生成（autopoiesis）。如何將這種有機體的「邊界」加以概念化和理論化，是自由能原理中非常重要的課題。弗里斯頓主張，可以將有機體的邊界化為「馬可夫覆蓋」（Markov blanket）的概念。生命體的邊界就是「馬可夫覆蓋」的意思，這是指內在狀態的運作是為了將自身邊界的自由能最小化。

　　馬可夫覆蓋是朱迪亞・珀爾（Judea Pearl）擴大「馬可夫鏈」（Markov chains）的概念進一步發展而來，因此我們先簡單了解一下何謂「馬卡夫鏈」。數學家安德烈・馬可夫（Andrey Markov）在討論單一事件影響其他事件的機率分布時，提出了「馬可夫鏈」的概念。當單一事件發生的機率受到之前事件的影響時，兩個事件就被定義為被馬可夫鏈連結在一起。假設我們連續不斷地擲硬幣，在第N次出現正面朝上的機率是一個獨立事件，完全不會受其之前或之後拋擲硬幣時硬幣是正面朝上還是背面朝上的影響。無論之

前硬幣是哪一面朝上，每次拋擲硬幣時，正面朝上的機率永遠是1/2。

但是我們對於像拋擲硬幣這種完全不受之前發生任何事情影響的獨立事件之間的關係，卻一點也不在意。譬如我今天晚上吃什麼不會影響明天下雨的機率，因此兩個事件是獨立的，我們也不會特別在意這兩個事件之間的關係。當然，乍看之下毫不相干的事件之間，也可能有著千絲萬縷的關係。但是，這裡我們要注意的一點是，兩個就機率上來說互不相干的獨立事件，基本上我們不會放在一起考量。在日常生活或科學上，會讓我們對發生機率感到在意的事件，大多數都具有相互影響的關係。

譬如，在一個行政區中這次選舉是哪個黨的候選人當選，對下次選舉結果會有不小的影響。因此，兩個事件便被馬可夫鏈連結在一起。今天我會穿什麼顏色的衣服，很有可能也會受到昨天穿了什麼顏色衣服的影響。今天中午吃了什麼，大概也會影響到晚上菜單上的選擇。這些事件都算是被馬可夫鏈連在了一起。

特別用得到馬可夫鏈概念的領域，就是溝通（Communication）。一個音節或一個單字的意思會受到其之前或之後出現的音節或單字的明顯影響。譬如當一個人說：「ㄞ am a boy. ㄞ……」的時候，第二個出現的「ㄞ」，很有可能就是英文「I（我）」的意思。因為前面的句子是英文，所以後面的句子有很大的機率也是英文。相反地，「ㄞ是永不止息。ㄞ……」這句話中，第二個出現的「ㄞ」的意思，很有可能就是中文的「愛」。因為前面的句子是中文，所以後面跟著的句子也是中文的可能性很大。就像這樣，在對話中前面說了什麼話會對後面同音字的釋義（推測）有很大的影響。句子的含意會根據上下文（context）而有所不同，或者說話的意思會隨著情況而有所不同。由此可知，馬可夫鏈就是所有語用學（Pragmatics）現象的基礎。基於這些特點，馬可夫鏈早已成為人工智慧中自然語言處理（NLP）技術提供基本演算法的理論基礎。當人工智慧音箱理解並回應人類所說的自然語言時，其背後就有基於馬可夫鏈的演算法在運作。

馬可夫覆蓋是有關以馬可夫鏈連結在一起的事件網。珀爾在論及以圖形方式描述各事件（變數）間機率關係的圖模型時，對馬可夫覆蓋作了以下定義。假設幾個事件之間的發生機率複雜交織，形成相互影響的網絡，此時，在預測特定事件或節點（node）A的狀態時，所需的其他節點最小集合，即

為該特定節點A的馬可夫覆蓋。換句話說，當相關節點狀態訊息給定之後，除了這些節點之外的其他節點狀態都不會因此受到任何影響，節點A的馬可夫覆蓋只會機率性地限制節點A的狀態。馬可夫覆蓋的英文名稱為什麼會用「Blanket」（毯子）一詞，是因為這種圖模型給人的感覺，就像用毯子把作為目標的特定節點A包裹起來保護的模樣。總而言之，馬可夫覆蓋是指作為邊界的節點，其用處是為了區分特定節點（內）與其他節點（外）。

假設我們將某個有機體的內部稱為節點X，這時，馬可夫覆蓋就是包圍著節點X的「邊界」。如果把會影響X的父母和受到X影響的子女，以及其他會影響他的子女的配偶節點全部集合在一起，就成了一張毯子。而這裡所說的父母和子女，是指在機率意義上牽涉到「影響」的關係。也就是說，產生影響的是父母，受到影響的是子女，而對特定子女共同產生影響的則是配偶。馬可夫覆蓋的意思，是當覆蓋節點的所有訊息都給定的情況下，即使額外給定外部其他節點Y的訊息，也不會添加在X節點上。

【圖5-6】圖中央以藍色圓圈標示的「5」是內部（節點X），2、3、4、6、7是圍繞節點5的邊界，也就是以5為內部的5的覆蓋。形成覆蓋的節點中，有對內部（5）產生影響的父母（2、3）和受到影響的子女（6、7），以及對子女共同產生影響的配偶（4）。在這個狀態中，2、3、4、6、7是5的覆蓋，只有這幾個節點的訊息全部給定的情況下，才能充分預測出5的狀態。即使額外給定覆蓋之外的外部節點1的訊息，也不會添加到5上。這張圖中灰色標示的部分是生命體，節點5是內部，節點1是環境，作為馬可夫覆蓋的節點2、3、4、6、7則是統計意義上的邊界。

從空間角度來看，馬可夫覆蓋是內部和外部的「邊界」，但從時間角度來看的話，則是基於過去預測未來的「現在」，這也表示預測未來所需要的過去經驗訊息就存在於當下。馬可夫覆蓋是一個從統計角度同時區分和連結內與外、我與他人、過去與現在的存在。

透過馬可夫覆蓋看生命體的四種狀態

根據自由能原理，生命體具有外在、內在、感覺、行為四種狀態

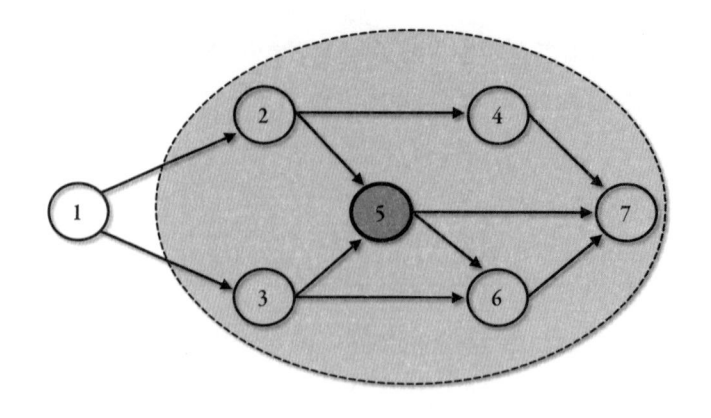

【圖5-6】馬可夫覆蓋模型的概念圖 　包圍內部 5 號節點的 2、3、4、6、7 號節點就是 5 號節點的馬可夫覆蓋。

資料來源：Kirchhoff et al., 2018

（states）。（參照【圖5-7】）

　　感覺狀態和行為狀態的運作方式非常相似，兩者都會產生預測誤差，同時也根據預測誤差更新狀態。例如，當某些視覺訊息傳入時，大腦會選擇最適合的過去訊息來解釋這些視覺訊息，並且推理出這些視覺訊息發生的原因。而在將推理結果套用在持續傳入的視覺訊息時，一定會出現差異，這些差異就是預測誤差。大腦為了減少預測誤差，會不斷更新和修正推理結果。

　　外界傳入的感覺訊息與內在模型所生成的預測，兩者之間的差異就是預測誤差。而以這些預測誤差為基礎來改變感覺訊息的方式，就是行為（譬如張大眼睛再看一次或上前靠近看）。而基於預測誤差來改變預測內容的主體，就是知覺。

　　大腦的推理系統會在預測誤差的基礎上，透過行為獲得新的感覺訊息，同時也改變對感覺訊息的預測來更新知覺內容。這種對「推理」和「預測誤差」的解釋可以說是一種隱喻，但這並不表示大腦在每次即時處理大量感覺訊息時，都是帶有「啊！我預測錯了，得趕緊修正」的具體意圖。實際上，感覺系統是由多層組成，「從感覺訊息自下而上」的預測誤差與「從生成模型自上而下」的預測誤差，會即時反饋到各個層級，這個過程本身是在我們

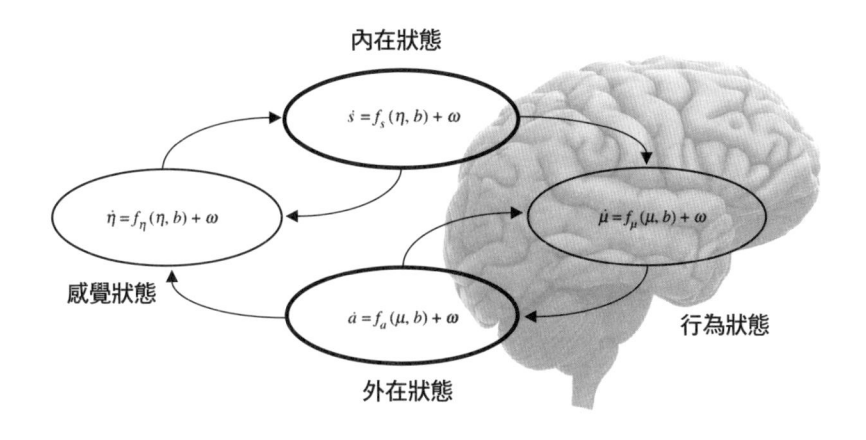

【圖 5-7】**生命體的四種狀態**　生命體有四種狀態——外在狀態、內在狀態、感覺狀態、行為狀態。其中，感覺狀態和行為狀態是內在狀態的馬可夫覆蓋。如果將大腦視為一種內在狀態，那麼身體就是由感覺狀態和行為狀態構成的馬可夫覆蓋。

資料來源：Ramstead et al., 2021

的意識底層（無意識）自動完成的。換句話說，預測誤差的最小化過程，是在各層的神經系統上自動進行的，而存在於最高層級系統中的行動主體，就是「意識」。由此可知，大腦的基本任務就是根據來自視覺、聽覺、觸覺等感覺訊息不斷進行主動推理，將來自感覺器官的不明確聲音轉化為具體的知覺碎片（percepts）。

馬可夫覆蓋的行為狀態不僅可以影響環境，還可以減少內在狀態和馬可夫覆蓋本身的熵。行為可以維持「結構-功能」的完整，從行為會自動組織和再創行為的意義上來看，可以說是一個「自我生成」（Autopoiesis）的過程。內在狀態會根據貝氏推論，推理出引發感覺狀態的外在環境因素。因為大腦可以通過行為影響自己推理的對象，所以弗里斯頓才會將這個過程稱為「主動」（active）推理。

透過馬可夫覆蓋，我們可以更具體地觀察生命體的外在狀態、內在狀態、行為狀態、感覺狀態的相互作用方式，這對後文要討論的內在溝通的概念化有很大的幫助。

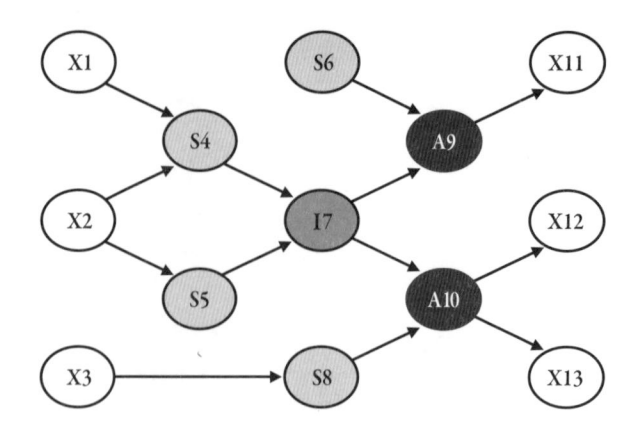

【圖5-9】透過馬可夫覆蓋看到的四種狀態 　在此模型中，感覺狀態（S4、S5、S6、S8）和行為狀態（A9、A10）是圍繞內在狀態（I7）的馬可夫覆蓋。其餘節點（X1、X2、X3、X11、X12、X13）為外在狀態。

資料來源：Kim et al., 2022

從【圖5-9】中我們可以具體地看到，「外在狀態」是指馬卡夫覆蓋以外的事物（X1、X2、X3、X11、X12、X13），也就是生命體置身的環境或世界。這裡所謂的外在狀態，不是指客觀的外在環境本身，而是指隨機投射在馬可夫覆蓋系統的感覺狀態或行為狀態的情況。所以不說是「外界」，而說是「外在狀態」。正如前面第四章所提到過的，我們所經驗的一切實體，都是知覺和認知作用的產物。馬可夫覆蓋的外在狀態，就是此種概念中的實體（objects of mind＝dhamma＝法）。

「內在狀態」是指在裡面的事物（I7），也可以說是存在於主動推理過程頂端的意識。

「行為狀態」是指受到內在狀態影響，再影響外在狀態的事物（A9、A10），例如帶動肌肉來產生動作。

「感覺狀態」分為兩種，一種是會影響內在狀態的事物（S4、S5），另一種是不經由內在狀態，直接影響行為狀態的事物（S6、S8）。會影響內在狀態的是直接上傳到意識的感覺或知覺；而不會影響內在狀態，而是直接影

響行為狀態的感覺狀態，是在無意識中處理掉的感覺訊息。例如有一些內感受或本體感覺，雖然不會出現在意識中，但仍然對疼痛或情緒產生影響。再強調一次，這個模型中的「箭號」代表馬可夫鏈的意思；而所謂的「影響」，與其說是「決定性」的，不如說是「隨機性」的。

在大腦的內部（意識、判斷和預測的部分，I7）和外在環境之間，有一個充當馬可夫覆蓋角色的身體，專門負責感覺狀態（S4、S5、S6、S8）和行為狀態（A9、A10）。我們的大腦從感覺狀態中對有用的訊息進行抽樣，再根據內在模型主動推理，然後在此推理基礎上進行預測，使身體做出各種動作，以達成恆定性和動態平衡（allostasis）。

意識藉由整合「動作本身提供的」感覺訊息和「透過動作改變外在環境所得到的」感覺訊息，產生有關這個世界的單一圖像。這裡所謂「動作本身提供的訊息」，代表性的例子就是分布到關節、筋膜、肌肉上，並覺察四肢的動作或位置的本體感覺訊息，在【圖5-9】中，這可以用從A9或A10到S6或S4影響所及的箭號來表示。而所謂「透過動作改變外在環境所得到的感覺訊息」，是指我可以用眼睛看到自己的動作或用耳朵聽到自己動作時的聲音，或者當我用手做什麼動作時，我的手可以感覺到那個動作，這可以用從X11或X12指向S4的箭號來表示。對於這類訊息，意識（I7）會不斷地進行抽樣和再抽樣，並且基於主動推理調整預測，而最後就會產生出如第四章中所提到的單一性、同步性、連續性、體化性和被動性。

再看一次【圖5-9】中X1和S4的關係。X1是外在事物或環境提供的狀態訊息，S4是屬於身體一部分的感覺器官。但是，S4並非只是被動接受X1，S4也有一個可以在知覺過程中主動推理的神經系統。S4會根據自己的內在模型進行最適當的推理，朝著預測誤差最小化的方向產生與X1相關的知覺碎片。透過外在狀態X1與S4的交互作用，產生知覺碎片X1'後，再傳送到I7去。I7接收到的外在事物或環境，通常是由我們充當馬可夫覆蓋角色的身體賦予意義後產生的知覺碎片。[11]

另外，在I7通過S4接收知覺碎片X1'的過程中，也會進行主動推理，然後以知覺碎片X1'為基礎，改編成有意義的符號或敘事，將X1'又重新製作成X1''。這就代表意識的本質就是故事敘述的意思。當意識I7以X1'為基礎產生X1''時，就會考慮到A9或A10。在這裡，A9會對X1產生影響。假設X1

是蘋果，想像當我們看到蘋果（X1）後，伸出手（A9）去摘蘋果的情景。這時，行為狀態（A9）的各種可能性必然會影響到意識（I7）將X1'（作為知覺碎片的蘋果）改編成X1"（被賦予意義的蘋果，即故事）的過程，這就表示作用於特定對象的可能性會影響對該對象的知覺。弗朗西斯科・瓦瑞拉（Francisco Varela）將其轉化為「引動認知」（enactive cognition）或「體化認知」（Embodied cognition）的概念。

I7透過S4認識X1的過程中，當大腦針對作為知覺對象的外在狀態推測身體可能做出的各種行為時，I7會利用A9強烈影響這個過程。也就是按照I7→A9→X1→S4→I7的順序，產生從意識出發再回到意識的「怪圈」（strange loop），這就是意識的基本特性，同時也是作為內在溝通基本型態的自我參照過程的運作方式。而稱其為「怪圈」的理由，是因為認識對象這件事，最後其實是認識自我。之所以能認識自我，是透過了對象，而我可能做出的行為又會同時反映在認識對象這件事情上。

意識從行為與知覺、對象與認知之間永無止息的漩渦中浮現。意識是主動推理的行動主體，同時也是主動推理的產物。雖然這樣的意識主要作用是編造故事和意圖，但並不會一一干預感覺狀態或行為狀態的馬可夫覆蓋所處理的所有訊息。譬如，我只會有「要舉起杯子喝咖啡」的想法（意圖），卻不會也無法感受到實現這個動作時所需要的一切行為狀態訊息和感覺狀態訊息，意識沒必要也不可能對舉起杯子時要用到的所有肌肉和神經一一下令。

大部分與「感覺-行為」相關的訊息都會由馬可夫覆蓋本身的主動推理系統來處理。個人的意識不可能知道自己身體感受到的所有感覺或行為上需要的所有訊息。只不過在這一切的漩渦中心，有一個像颱風眼一樣寧靜的存在，那就是「我」。這也是腦科學家魯道夫・里納斯（Rodolfo Llinás）所稱的「漩渦中的我」（I of the Vortex）之意。

馬可夫覆蓋與
內在溝通

馬可夫覆蓋視角下的溝通

從I7的立場來看，他必須確定S4產生的知覺碎片X1'或自己產生的X1"的準確度（即自己的主動推理結果的正確度），如果存在預測誤差的話，就繼續修正。而判斷預測誤差的方法大致可分為四種：

一、

對於X1的感覺訊息，S4會不斷地再抽樣，繼續蒐集訊息。也就是說，會一再檢驗對蘋果的認知是否正確。

二、

從處理其他感覺訊息的S5獲取有關X1的感覺訊息。假設S4是處理視覺訊息的視知覺系統，那麼就可以將S4對於X1所生產的視知覺結果，與S5所得到的觸覺訊息或嗅覺訊息進行比較。也就是說，不只用眼睛來看面前的東西是否真的是蘋果，還要摸摸看、聞聞看。當然，如果為了獲取這種觸覺或嗅覺訊息，必須做出伸長手或把鼻子湊上去的「行為」，那麼就需要行為狀態A9或A10的協助。

三、

透過A9對X1做出特定的行為，並獲得反饋。也就是說，吃吃看是否真的是蘋果。

四、

透過他人（其他馬可夫覆蓋的內在狀態）來驗證I7產生的最後釋義結果，即「這東西是蘋果」的說法是否正確。例如，問旁邊的人「這東西是蘋果沒錯吧？」，這就是一種經驗共享的溝通。

名為「意識」的敘事者存在的根本理由，是因為在主動推理過程的層級結構頂端，生成秩序（generative order）為了將預測誤差最小化，不得不盡可能與他人溝通。基於這個原因，意識才會不斷將自己的經驗改編成「足以向他人表達的內容」。內在溝通也是主動推理過程，需要不斷與他人面對面溝通來完成。而同時，所有面對面的溝通，都是以內在溝通為前提。

這四種方法中，前面三種方法會因為「幻覺」使得主動推理過程發生嚴重的預測誤差，後面一種方法則會因為「妄想」而造成那種問題的發生。然而，從I7的立場來看，他本身沒有任何依據可以判斷自己接收到的知覺或自己編造的故事是不是幻覺或妄想。為了做出正確的判斷，他就需要和其他人溝通。因此，如果這個地球上只有一個人的話，幻覺或妄想的概念本身就不存在。

如果I7的敘事與其他人的馬可夫覆蓋中存在的內在狀態有明顯差異，那就表示I7具有幻覺或妄想。而區分主動推理過程是否正常的標準，不是任何外在的客觀事實，也不是數學或邏輯，這個標準只能透過與他人的溝通來決定。換句話說，這個標準是由與其他人平均推理結果的偏離度來決定的。如果所有人都陷於幻覺或妄想中的話，那就等於沒有人陷於幻覺或妄想中。[12]

與其他人溝通是指I7-1和I7-2透過各自的馬可夫覆蓋交換訊息。對於他人的意識或意圖，我們通常只能透過那個人的身體，也就是他的馬可夫覆蓋來進行主動推理。換句話說，就是透過那人的聲音、表情、身體動作等等，以溯因法的方式來推理他的意圖或情緒。因此，溝通首先是身體的問題，其次才是心理的問題。這就是世界知名的現象學泰斗鄭和烈教授為什麼強調「我們經常對他人使用肢體語言，因此身體就是人際關係中的社交平台（social placement）」的原因。[13]

我在故我思

作為內在狀態的意識（I7）必須對來自感覺狀態的訊息進行重要的推理。也就是說，意識必須推理「現在『我』所感受到的這種感覺從何而來？」。造成這種感覺的人，是我還是你？現在我的手臂感受到的這種觸感，是我的身體碰觸我的手臂引起的，還是有人碰觸了我的手臂？現在我手裡的東西感覺在動，是我讓這東西動所造成的，還是這東西自己在動？現在我的腳正往上升，是因為我的整條腿在動所造成的，還是我的腳正踩著的地板隆起所造成的？

「現在我感受到的感覺，來自我的內在，還是外在？」，這個問題對於我在規劃行為和預測結果非常重要。當我擺動手腳行走的時候，按照我的意圖行動所帶來的感覺，會和由外在作用造成的感覺混合在一起傳進來。這時，在無數的感覺訊息中持續不斷判斷哪些來自我的行為、哪些來自外在環境，是我在特定環境中活動時非常重要的問題。當生成這類行為或感覺的根源是我的內在狀態時，大腦會將促成因素假定為一個行動主體（Agent），正如前面提過的，這就是自我意識的根源。這就是為什麼名為「我」的自我意識是對動作進行主動推理的必然結果，也是為什麼自我意識最後會出現在內在狀態I7的原因。

識別自己與他人的不同是自我意識的基本要素。然而，目前尚不清楚有關自我識別的訊息在大腦中是如何處理的。儘管如此，自由能原理對於創造自我認知過程的理論架構有很大的幫助。大腦透過貝氏推論處理身體接收到的訊息，從而創造出所謂「我」的認知。對於感覺訊息的機率表現自下而上層層傳遞，在上層進行對各類訊息的整合。

感覺系統向上傳遞的感覺訊息具有「驚奇」訊號的特徵。上層神經系統會通過各種途徑對這些「驚奇」訊息進行自上而下的調整，務求將整個大腦中的預測誤差降至最低。

在這個過程中，對於動作來說，必然會出現對內感受和外感受的區別（包括對外在因素引起的感覺，和因自己行為發生的感覺的區別），然後就形成了充當多層「邊界」的馬可夫覆蓋。於是大腦就設想出一個被「邊界」包圍的中軸或「內部」，這就是自我意識發生的核心過程。這所有過程指向的目標，

與其說是為了維持「恆定性」而不斷恢復原狀，不如說是為了實現動態平衡（Allostasis）以利成長發展。

自我意識是自信的成果，代表一個人可以按照自己的意圖創造出與實際經驗不同的現實。透過「我的行為結果會為我創造另一片天」的推理過程，也構成了「時間厚度」。換句話說，對所謂時間流動的認知，其實是從對意圖與行為相互關係的認知中演繹出來的。從這個角度來看，所謂的意識，可以說是一種對「我的未來」的推理，或是一種對「我的行為結果」的敘事，這個行為結果雖然尚未實現但會按照「我的意圖」實現。

時間厚度的最基本型態，可以在行為中找到。假設對「我伸出手就能摘下那棵樹上的蘋果」的推理是生成自我意識的基本單位，這個推理中包含了對行為的意圖以及根據意圖推理行動的結果，於是就產生了因果關係，這種因果關係也給人時間流動的感覺。人類基本的知覺過程、因果思維、故事敘述、言語表達等全都始於行為推理，為了整合及調整這個過程，才有了意識的產生。而自我意識就是為了成為這種經驗和行動主體才浮現出來的。

總而言之，如果將我們的身體當成是生物學上存在的馬可夫覆蓋，那麼作為認知主體出現的自我意識，就是身體的感覺作用和行為作用產生的結果。也就是說，先有了我的身體，才有了所謂「我」的自我意識誕生。所以弗里斯頓才主張笛卡兒的金句「我思故我在」是錯的，應該說「我在故我思」才對。因為先要有身體和大腦，才會有馬可夫覆蓋，然後內在的敘事（Storytelling），即意識的內在溝通才有可能存在。[14]

我們的自我意識是由一連串對外界的認知、知覺和行為所組成的。感覺和行為發生當下的我，是經驗自我，因此經驗自我的本質可說是馬可夫覆蓋的感覺狀態和行為狀態。而馬可夫覆蓋所包圍的「內在」，就是作為意識的背景自我所在地。這個位置不會直接受到外界的影響，卻可以觀察感覺狀態和行為狀態。

馬可夫覆蓋使得我和他人、我和環境之間有了區別，那道邊界就成為了架構所謂「我」的自我意識基石。在這道邊界上我們有了對世界的知覺，也產生了面對世界的行為，這就是「意識同時向他人和自我開放」的意思。

痛苦和煩惱也同樣存在於那道邊界，站在邊界上看著外面成了日常生活的一部分，所以人生皆苦。而冥想就是一種內在溝通訓練，讓我們尋求認識

邊界的存在，同時也審視被邊界包圍的內在。當我們望向內在的那一瞬間，邊界也得以擴大。在邊界看著邊界，停留在邊界的那一刻，我們就成為自由的存在，不會被拘束在內部、外部等任何地方。

有意識之處就有自我意識嗎？這看似理所當然的事情，其實要證明或舉證這點不是那麼容易。[15]不過，前面我們已經探討過，在人類所有經驗中既存在作為經驗主體的經驗自我，也存在覺察經驗自我的背景自我。許多哲學家和腦科學家都提出了在有意識的經驗背後，另有一個基本的自我意識作為背景存在的想法。但是扎哈維（Dan Zahavi）在論及胡塞爾的自我概念時卻主張「前反思的自我意識」（pre-reflective self consciousness）概念，這是比日常的經驗自我更基本、更接近背景自我的概念。胡塞爾將自我分為三種，即原始的純我（pure I）、暴露在他人面前的存在我（personal I）和作為這一切最終基礎的原我（primal I = Ur-Ich），而原我就是存而不論的自我。胡塞爾的純我和存在我相當於扎哈維所說的日常的經驗自我，而原我是「回顧自己之前就已經存在的自我」，也就是認識到「我是我所是」（I am that I am）的主體。這是作為內在溝通主體的背景自我，也是自我意識的根源。

有意識就表示處於清醒狀態，也就是「警覺」狀態。根據湯瑪斯・梅辛革（Thomas Metzinger）的主張，警覺的意識有兩種狀態，一種是「突發性警覺」（phasic alertness），這種警覺通常是受到外界顯著的刺激自下而上（bottom-up）觸發的，只會維持很短的時間。突發性警覺是對外界偶爾發生、難以預測的不規律刺激的反應。這類意識通常是在注意力轉移到新的對象，或自己突然間改變意圖方向的情況下才會出現。

另一種是「持續性警覺」（tonic alertness），這類意識狀態會使得不是受到外界刺激，而是自上而下由內部觸發的警覺狀態維持幾分鐘到幾個小時的時間。持續性警覺會把注意力放在同一刺激上，並讓內在意識在一段時間裡維持相同的狀態。[16]

背景自我和不二論（non-dualism）[17]中所提到的「純粹意識」有密切的關係，這其實可以說是持續性警覺的貝氏表達或預測模型的內容。「不二論」認為主觀和客觀從根本上來說沒有什麼差別。雖然這麼說，但它也不是「一元論」。不二論的意思不是指兩者是一體，而是兩個就是兩個，但彼此沒有什麼不同。觀察主體和觀察客體沒有什麼不同，我和宇宙從根本上來說也沒

有什麼不同。

梅洛龐蒂的具身（embodiment）哲學也不把人體視為單純的血肉塊（可觀實體），而是主觀與客觀結合的經驗領域。從這個角度來看，具身哲學與不二論可說一脈相通。戴維·玻姆將觀察主體與客體合而為一的全像（wholeness）宇宙觀，也可以說是不二論的物理表現。

立足於不二論的修行傳統是「非二分性覺知」（non-dual awareness：NDA），其核心已經超越了作為日常經驗基礎的主觀、客觀二分法，而是一種透過清空意識內容，力求達到純粹意識狀態的修行法。非二分性覺知也可以說是以「背景自我的覺知」為目標的修行法。從實際以非二分性覺知修行者為對象進行的大腦研究結果來看，可以發現他們和以普通覺知為中心的冥想修行者一樣，大腦中與自我參照過程相關的神經網路（主要是楔前葉和dlPFC）的功能性連結大幅增加。在第十章中會提到的自我參照過程訓練最後一個階段的「觀隔冥想」，其內容就是為了讓大家都能輕易地接近這種非二分性覺知。

馬可夫覆蓋視角下的身心運動

梅辛格認為，「自我」（self）不是存在於這個世界上的實體，沒有人「擁有」自我，也沒有人「曾經是」自我。自我只不過是大腦架構出來的「內在圖像」。然而，自我意識無法體驗到其本身只不過是圖像的假象。我們所謂的「存在」，只是自我意識作為假象出現在我們的意識經驗罷了。那與其說是一個固定的實體，不如說只是一個持續過程，或是一個透明的自我模型的內容。正如前面所探討的一樣，自我意識其本身就是持續性敘事。

就像梅辛格所主張的，或許我們所有的經驗都是由虛擬現實中的虛擬自我所造成的。那麼，為什麼人類的大腦會朝著製造自我意識的方向進化呢？雖然梅辛格對於根據大腦功能產生的虛擬現實提出非常具有說服力的論證，但他卻沒有對大腦為什麼會朝著這個方向進化提供正確的答案。對此，我相信應該在「運動」中尋找答案。自我是所有感覺狀態和行為狀態的覺知主體，而其本質就是內在狀態I7。心理肌力訓練的核心，包括內在溝通冥想、

自我參照過程等各種傳統冥想修行，可以說都是以I7為重點的訓練。韓國傳統禪修方式「話頭禪」的代表性話頭——「是什麼？」（이뭣고），也是對I7的直接提問，問的就是驅動這個軀體（馬可夫覆蓋）的內在狀態I7究竟是什麼？

內感受是來自自身身體，作為馬可夫覆蓋一部分所傳遞的感覺訊息。如果說視覺、聽覺、觸覺是關於外在環境的訊息，那麼內感受就是關於自己身體狀態的訊息。這些訊息與情緒認知或情緒調節有直接的關係，這就是為什麼專注於內感受的「身心運動」（somatic exercises）在情緒調節訓練上非常有效的原因，這點我們會在後面第八章詳細地介紹。

身心運動注重的是身體發出的本體感覺，而不是外在環境所提供的感覺。一般的身體運動會把焦點放在譬如該怎麼投球才能把球投向自己想要的方向、該怎麼做才能好好舉起沉重的槓鈴等等。但是身心運動注重的則是球握在手裡的感覺，或雙腿站立在地上所傳來的感覺變化。本體感覺訓練與身心運動中代表性的例子包括太極拳、氣功、費登奎斯療法（Feldenkrais Method，一種身心整合重建的教育系統）、亞歷山大技巧（Alexander Technique）等等。其中，太極拳重視「運氣」（掌控氣的流動），無論是否相信有「氣」的存在，這種感受「氣」的訓練就是一種發展內感受的訓練。「氣」不是像視覺或觸覺之類可以看得見或摸得著的感覺，而是像一種可以在體內感受到某種能量流動的感覺。太極拳的整套動作就是集合了調整和運轉「氣」的運氣方法，是一種隨著身體的緩慢動作，注意力不得不集中在身體給予自己的感覺上的運動。從這點來看，太極拳與一般物理性的身體運動有極大的差別，在第九章中會有對此詳細的介紹。

感知自己的狀態和動作，並對此做出反應，這就是邊界與內在之間的溝通。換句話說，就是修行。為了保持靜坐或站立的狀態，邊界和內在就必須不斷地溝通。即使是進行呼吸冥想或步行冥想時，我們都必須更專注於與自己內在的互動，而不是與外在的互動。基於這一點，所有的修行都是一種內在溝通。

在有限的空間裡，外在刺激沒有變化的情況下，獨自重複特定的動作，全神貫注在內感受上（太極拳、昆達里尼瑜伽、氣功等），這是非常有效率的內在溝通訓練。基於本體感覺，使用錘鈴（Macebell）或波斯棒鈴（Persian

Meels）等特定重量器具的古代擺盪運動，也是一種強大的內在溝通訓練。相反地，與他人一起進行的桌球、足球、籃球等運動的焦點是放在與不斷變化的外在環境相互作用上，而不是放在個人內在溝通上。雖然這類活動不是完全沒有內在溝通訓練的成分，但相對來說還是比較少。透過運動的內在溝通訓練，目的是為了將因預測誤差造成的「驚奇」降到最低，這也是以自由能最小化或預測誤差最小化為導向的動態冥想。

對精神疾病和酬賞系統的
新理解

主動推理的觀點與精準精神醫學

在預測過程中被視為大腦核心操作方式的主動推理模型，不僅是大腦的一般運作方式，對於包括思覺失調症在內的各種精神疾病的肇因，也提供了非常重要的啟示。醫學界嘗試以主動推理模型為基礎來解釋精神疾病肇因和治療法，在某種程度上來看，也是理所當然的事情。精神醫學的傳統觀點是立足於「三明治模型」，也就是按照人類大腦依序處理知覺、認知、行為三種訊息的過程。現在，這個「陳舊」的模型已經快速地被新的預測模型取代，新的預測模型更具有結構主義和行為主義性質，並且考慮到遞歸（Recursion）的相互作用和動態的因果關係。

自從醫學界首次嘗試以弗里斯頓的主動推理模型為基礎，來解釋思覺失調症的幻覺和妄想以來，各種將精神疾病視為大腦推理功能障礙的觀點迅速傳播開來。一種認為精神疾病源於平衡先驗信念與新感覺訊息的系統出錯的看法，正廣泛傳播開來。健康的大腦在各種感覺訊息中會忽略掉無用或錯誤的訊息，只根據預測誤差修正先驗信念，將重點放在有用和重要的訊息上，以進行推理。根據主動推理模型來看的話，當這個系統出現異常時，表現出來的就是各種精神疾病。

預測誤差來自自下而上的外界感覺訊息，與自上而下的預測模型之間的「差異」。這種差異的相關資料，即預測誤差會傳到系統最上層，更新初始假設的先驗信念。作為推理機器的大腦透過自下而上的預測誤差與自上而下的預測相互作用，嘗試作出對環境和這個世界的最佳解釋。這時，預測誤差還談不上是具有解釋價值的訊息。而各種來自感覺器官傳送上來的各類型感覺訊息蜂擁而至，此時就會發生各種類型的預測誤差，大腦就必須決定要著

重在那些訊息上，這裡面最重要的是「正確性」（precision）。就執行貝氏推論的大腦立場來看，預測誤差是高品質的訊息，比先驗信念更正確，也更值得信賴。因此，預測誤差會得到大腦更多重視，對知覺也產生更多影響。

從生理學的觀點來看，大腦會選擇合乎標準類型的預測誤差，這可以說是由與「注意力增益控制」（attentional gain control）相關的突觸增益控制機制所媒介的。「增益控制」的概念讓各種層面的觀點得以成立，不僅可以從最簡單的「古典突觸機制」的角度來看待，或者稍微複雜一點，也可以解釋為是基於同步增益控制功能的「活性-抑制的均衡模型」。換句話說，大腦的選擇可以看作是由抑制性中間神經元（interneuron）控制的快速同步神經細胞對預測誤差系統的動態選擇。這種看法將計算神經學的邏輯必要性與神經生物學的機制連結起來。這是一種結合心理病理學和病理生理學的看法。

從這個角度來看，自閉症是一種對無意義雜訊的感覺訊息降低權重值的系統出現異常的狀態。這種異常使得自閉症患者無法「增益控制」無意義且不必要的感覺訊息，因而出現過度敏感的反應。同樣地，無法正確處理與情緒相關的預測誤差時，就會引發憂鬱症或焦慮症。

弗里斯頓的主動推理和預測模型不只在腦科學家，也在精神醫學家之間愈來愈受到矚目，也讓各種從新的角度對精神疾病提出的清晰見解得以成立，而且在診斷和治療上開闢了新的途徑，弗里斯頓本人稱其為「精準精神醫學」（precision psychiatry）。[18]不過，這個詞具有雙重的意義。所謂精準醫學原本是指在診斷與治療上利用基因、環境、生活習慣等與個人特徵相關的大數據，因人而異地進行精準診斷和提供客製化治療的一種新型醫療系統。自2015年美國政府宣布啟動精準醫療計畫（precision medicine initiative）之後，人們對精準醫療的興趣日益濃厚。因此，精神醫學界呼籲引進精準精神醫學的聲音也越來越高。

弗里斯頓說，他「有一種想玩文字遊戲（wordplay）的衝動」，便稍微扭曲了「精準」的涵義。「精準醫療」原本意思是根據個人的各種訊息進行量身訂製的診斷和處方。但是弗里斯頓所說的「精準」精神醫學，則是將大腦對訊息處理的正確度與精準度問題視為精神疾病的核心關鍵。弗里斯頓強調，他所說的精準精神醫學與原本意思的精準醫療之間有密不可分的關係。

每個病人各自擁有不同的先驗信念和預測模式，弗里斯頓強調，唯有找

出每個病人的這種預測模式，也就是說，唯有正確推測和診斷患者大腦是以何種錯誤的方式進行推理，才能成就真正意義上的「精準精神醫學」。不只要觀察基因或生活習慣的個別差異，還必須掌握在主動推理過程中個人的具體特徵，才能實現真正的「精準精神醫學」。

幻覺與妄想的新理解

作為原本專門治療思覺失調症的精神科醫生，弗里斯頓認為思覺失調症的主因在於主動推理過程的問題。從自由能原理的角度來看，焦慮症或憂鬱症等情緒障礙，以及自閉症、思覺失調症等精神疾病的根本原因，也在於主動推理過程的紊亂。這就是精神醫學界至今無法闡明包括思覺失調症在內的各種精神疾病的明確生物學機制的原因。

實證研究結果顯示，思覺失調症患者確實存在推理過程的障礙，也就是在感覺訊息和內在模型之間存在週期性推理障礙。自下而上的推理過程中，週期性障礙的發生與陽性症狀密切相關；而自上而下的推理過程中，週期性障礙的發生則與陰性症狀密切相關。

思覺失調症的症狀通常分為陰性症狀和陽性症狀兩種類型。陰性症狀存在於一般人身上，但思覺失調症患者身上沒有或明顯下降，表現出來的例子包括言語障礙、動機缺乏症、失樂症、先天性無痛症等。陽性症狀不會出現在一般人身上，只會存在於患者身上，典型的例子就是幻覺和妄想。

幻覺是患者看到或聽到實際上並不存在的事物，如果經常說自己聽到有人跟自己說話或說耳朵裡有竊聽器聽到了聲音，這是「幻聽」；而如果經常說自己看到別人看不見的東西，這是「幻視」。根據馬可夫覆蓋模型，在感覺狀態的主動推理過程中發生異常，無法修正預測誤差時，就會出現這種障礙。如果是一般人，感覺狀態會有一個對傳入的感覺訊息透過主動推理產生知覺碎片，再將這些知覺碎片對照新傳入的感覺資料，持續不斷修正預測誤差的過程。當這個「誤差-修正」的推理過程發生異常時，就會產生實際上不存在或被扭曲的知覺碎片，表現出來就是幻覺。換句話說，基於既有的先驗信念生成某種內容的生成模型，原本應該根據新傳入的感覺訊息不斷修正

和更新，但這個修正預測誤差的推理系統卻呈現無法正常運作的狀態。

不是只有思覺失調症患者才會出現幻視或幻聽的情況，一般健康的人也會有幻覺的經驗，那就是作夢的時候。當一般人的大腦切換到快速動眼期睡眠時的運作方式，竟然與思覺失調症患者的大腦運作方式驚人地類似。我們在夢裡經歷的事情之所以不合邏輯、荒誕無稽，是因為睡覺時不同於清醒時，能夠控制主動推理誤差的感覺訊息無法傳達到大腦的緣故。作夢的時候，雙腿裹在棉被裡的感覺，就像被巨怪抓住了雙腿。當我們清醒的時候，棉被透過雙腿持續傳入的感覺會立即修正「被怪物攻擊」的預測誤差。但是睡覺的時候，感覺訊息的傳入被切斷，就無法修正預測誤差，因此大腦的推理系統就會延續荒誕的故事敘述。也就是說，因為無法啟動修正主動推理誤差的機制，所以作夢期間就會像知覺失調患者一樣經歷不合邏輯的幻覺。

閉眼冥想時也一樣，清醒時新的視覺訊息會透過眼睛不斷傳進來，大腦可以根據這些訊息修正預測誤差，正確「看到」什麼事物。但是在清醒狀態長時間閉著眼睛時，大腦的生成模型仍舊生成各種圖像，卻因為處於新視覺訊息的傳輸被切斷的情況下，因而無法修正這些圖像。也就是說，自上而下生成的圖像原本應該透過自下而上輸入的視覺訊息即時修正預測誤差，但由於閉著眼睛，新的視覺訊息無法輸入，導致大腦的生成模型隨意（這簡直就是充滿自由能的情況）生成的各式各樣圖像全都生動地「呈現」在眼前。

我們可以做個實驗，在閉眼的狀態下，不要打瞌睡，集中精神注視眼前會出現什麼東西。閉眼狀態下支撐30分鐘左右不要睡著，專注看著眼前的話，感覺狀態的生成模型就會活躍地運作，通常眼前會清楚地呈現人臉或動物的模樣，或者是明亮的光線或繽紛的色彩。即使我們睜著眼睛一直注視同一個地方，物體的型態也會慢慢地扭曲起來。當我們一直看著地板或窗框時，慢慢地地板和窗框會看起來就像在動似的，或者上面的圖案看起來不再是平面，而是立體呈現。這時，最重要的是不要轉動眼球，因為眼球一動，新類型的視覺訊息就會傳輸進來，預測誤差立刻會被修正。所以不要讓眼球轉來轉去，集中看著一個地方，看了一陣子之後你就會體驗到眼前物體變形的視覺經驗。

進行傳統冥想修行時，有時候我們眼前也會呈現一些物體，叫做「相」（nimitta），這被視為修行上升到一個更高境界的指標。對於「相」會在後

面關於修行的部分再詳細介紹,這裡先要澄清的是,有什麼東西呈現在我們眼前的現象,與冥想修行的效果沒有太大的關係。只要閉上眼睛或長時間處在完全黑暗的地方,任何人都會看到各式各樣不同的圖像或光線。因此,冥想時即使眼前出現什麼,那也和冥想本身沒有任何關聯。這只是證明大腦與視覺中樞相關的主動推理系統和自上而下的生成模型在正常運作。

從上述現象是基於機率推理的生成模型結果這點來看,不僅是幻覺或相、想像、夢,甚至是一般的知覺,都具有相同的本質。夢和正常知覺之間唯一的區別就是,夢無法接收來自感覺訊息關於預測誤差的更新而已。閉眼冥想時出現的「相」也同樣因為傳入的視覺訊息受限才會出現,而思覺失調症患者的幻覺則是因為預測誤差更新過程中發生異常才出現的。大腦所看到或聽到的東西,無論是一般的知覺、幻覺或夢境,都屬於主動推理的結果,本質上是一樣的。《心經》用「色即是空,空即是色」和「受想行識,亦復如是」,對此作了另一番描述。

如果說幻覺是看見或聽見實際不存在的東西,那麼妄想就是相信虛幻的東西。堅持相信虛無縹緲事物的狀態,就是妄想,這種信念通常在正常人眼裡看來是無稽而荒誕的。即使有人舉出理性論證或無可反駁的證據,妄想症患者也絕對不會改變自己的信念。這類妄想和來自假消息、錯誤訊息、編造的故事、教條、錯覺、幻想的錯誤信念是不一樣的。

即使不是思覺失調症患者,也會出現幻覺或妄想。擁有荒誕「信念」的人,不代表他就是思覺失調症患者,譬如有人堅持自己被外星人綁架後放回來,或者有人堅信自己可以和逝者對話等等。雖然有假設認為,這類幻想性質的信念是由於睡眠和清醒之間的過渡出現問題引起的,但無論如何,他們並不是「病患」。擁有這種荒誕信念的人雖然乍看之下很像思覺失調症陽性症狀患者,但二者至少在兩方面有顯著的不同。

第一,這種信念不會讓他們感到不幸或痛苦,很多人反而會對這種「經驗」感到自豪或愉悅。他們會很驕傲且快樂地告訴周圍的人自己被外星人綁架的事情,或者炫耀自己可以和逝者對話的能力。

第二,這種信念不會對社會生活造成妨礙,擁有這種信念的人彼此會互相支持鼓勵,反而創造出更活躍的人際關係。通常思覺失調症患者會因為妄想而感到痛苦,在社會生活方面也會經歷嚴重的挫折,人際關係的斷絕或嚴

重的衝突是妄想患者的典型特徵。但是，我認為第一個特徵應該說是第二個特徵的結果，因為有了支持和鼓勵，才會對自己的經驗感到自豪和樂此不疲。因此，特徵不是有兩種，應該說只有一種才對。

出現思覺失調症陽性症狀的患者和單純擁有妄想的普通人之間決定性的差別（即區分是否為精神疾病患者的決定性標準），不在於妄想症狀本身，而在於那種妄想會帶來什麼樣的結果。如果這種妄想不會使本人感到痛苦，在人際關係上也沒有什麼大問題，擁有類似妄想的人之間更因此組成同好會，甚至還得到了社會上的支持，那麼即使擁有再奇怪的妄想，也不是需要接受治療的病患。換句話說，周圍人的接受與否至關重要。

如果一個人的內在狀態所創造的敘事明顯脫離他人的一般性敘事時，這就是妄想。但是，決定敘事是不是妄想的標準，不在於那個敘事是否「荒誕」，而在於能否與他人「溝通」。換句話說，如果有人對我的故事深感共鳴，也大為支持的話，我就不再是奇怪的「病患」。只要有周圍人的支持，也就是能夠與他人溝通的話，即使是妄想也會化身為寶貴的經驗，本人會為此感到自豪，他人也會給予正面的肯定。

有一個代表性的例子可以顯示一個人的推理（敘事）對他人會產生多大的影響。有兩個人都陷入相同的妄想，這種現象稱為「共生性妄想症」（Folie à deux）。這是指一個心理健康的人將妄想症患者的妄想當成是自己的，兩人共享同一個妄想的現象，這種症狀通常會出現在與精神疾病患者近距離接觸的人身上。一旦患者的妄想得到治療或兩個人分開，共生性妄想症狀馬上就會消失。這可以說是顯示一個人的推理強烈影響其他人的代表性例子，而且妄想的共生性也有可能超越兩個人的關係，擴及到群體的層面上。

如果我們將妄想定義為不符合現實的信念或基於不實證據的堅定信念，那麼我們每個人大概都有不同程度的「妄想」。就像人類幾千年來一直對「太陽從東邊升起，從西邊落下」深信不疑，這種信念到底是不是妄想呢？人類長期以來透過一緊張或害怕心臟就會怦怦跳的經驗，深信心靈就在心臟，這種信念是不是妄想呢？相信人有靈魂或有來生的信念，又該怎麼評價？還有手相、紫微斗數或合八字，以及主要流行在韓國和日本的血型決定個性的荒誕信念呢？原子核和電子之間存在真空，原子內部除了很小的核和更小的電子之外，都是空的。但是人們深信由這樣的原子所組成的物體是堅

硬不會改變的「實體」，這是不是一種妄想呢？根據日常生活中的經驗所作的「直覺判斷」，有多少可信度呢？還有基於「地球是平的」的「觀察結果」而來的信念呢？當我們張開雙腳站在地上向四面八方觀望時，根本無法感受地球是圓球形的經驗。站在遼闊草原上，地球看起來就是一望無際的平坦地面。如果把所有不符合實際的信念都當成妄想的話，那麼我們就必須說，整個人類數千年來一直處於妄想中。還有一個令人驚訝的消息，聽說有愈來愈多的人仍然頑固地相信地球不是圓形的，而是平的。

實際上，我們眼睛看到的東西與科學事實相符的情況非常罕見。地球看起來是平的，實際上是球形；太陽看起來在移動，實際上是地球在移動。遺傳上我們似乎公平繼承父母各一半的基因，但實際上我們從母親那裡繼承的基因更多。[19]我們的身體看似固定不變的實體，實際上當下的我像河水一樣流動的存在，隨著我的每一次呼吸許多細胞死去，然後又有新細胞誕生。我看似獨一無二的實體，其實我擁有好幾個自我。我們以為自己看到的外界事物都是真實原貌，其實我們看到的圖像是透過投影內在模型預測的結果。

人類的感覺器官在理解宇宙祕密或實體方面效率非常低，我們透過感覺器官所獲得的知覺訊息，通常和客觀的、科學的實體有一段距離，因為這樣才有利於生存。無論是狩獵或農耕，想在地球上生存下去，日出日落的認知會比地球自轉的認知更有效率。只是，當人類為了提升效率而進化的知覺和推理過程中，預測誤差最小化的機制發生異常情況時，人類就會出現非正常知覺（幻覺）或非正常信念（妄想）。

歷史上一直存在、至今仍然存在的所有政治意識形態和宗教信仰，與妄想有什麼不同嗎？沒有什麼不同。人類有客觀區分妄想和幻覺的標準或方法嗎？完全沒有。從普遍真理的標準來看，人類的大腦只不過是為了生存而產生妄想和幻覺的精巧系統罷了。當許多人共同擁有相同的妄想和幻覺時，這些多數人都會被視為正常人。

政治或宗教信仰又是如何呢？回顧人類歷史，對科學真理的信念在過去和現在，都與政治信念和宗教信仰直接結合在一起。無論是政治信念或科學信念，無法加以區分的人都以為自己的妄想或幻覺是「真理」，這是大腦所執行的基本任務。當這種信念受到衝擊時，大腦會將對方視為具有威脅性的存在，並且認為對方是「瘋子」或「惡魔」，為了自身安全必須消滅對方。

因此，對自己真理的堅定信念經常會引發暴力，這就是人類的歷史。

妄想總是以「真理」之名出現在我們面前，因此我們必須反省各自的堅定信念，並認清它們的本質都是妄想。我們也必須意識到，出現在我們生活中的所有實體和真理的本來面貌，其實是一個顛倒的虛幻夢境，這就是《心經》裡所說的「顛倒夢想」。

而且，我們必須警惕那些堅持主張某種事物是「真理」的人，這些準備為真理和正義犧牲自己的人，實際上也等於是在準備對他人施加暴力。民主的反面與其說是獨裁，不如說是暴力。民主化的真正意義是掃除所有政治過程中的暴力，為了實現這一點，我們每個人都必須了解並且虛心接受自己所執著的信念本質其實是一種妄想。

在安伯托·艾可的小說《玫瑰的名字》結尾，威廉修士交代弟子阿德索說：「要警惕那些準備為真理而死的人，因為他們照例會拉著其他許多人和他們一起死，通常會死在他們之前，有時還代替他們死。（……）那些深愛人類的人所背負的任務，就是促使人們嘲笑真理，讓真理變成一件可笑的事情。因為讓我們從對真理的狂熱中解脫，才是實現真正真理的唯一途徑。」

多巴胺和酬賞系統的新視角

自由能原理不僅在腦科學和精神健康醫學領域，而且在行為科學領域也帶來了重大的視角轉變，代表性的例子就是對酬賞和強化學習的新視野。傳統上，在心理學和教育學方面，一般認為應該適當地使用酬賞和懲罰來改變人或動物的行為，或對新事物的學習。所謂「增強理論」（reinforcement theory）的核心，就是如果對特定行為承諾獎勵或迴避懲罰的話，就會出現對該行為意願的「動機」，然後再透過重複相同的行為，使得學習或記憶得到進一步的加強。長期以來，腦科學和神經生物學的研究人員認為，多巴胺會在這個過程中對價值（酬賞）的預測進行編碼（encoding），基於這種信念也產生了大量的研究成果。

自由能原理提供了一個綜合性的理論觀點，認為知覺過程（輸入）和行動過程（輸出）是按照「自由能最小化」的同一原則運作的。因此，研究人

員發現，長期以來被認為是大腦基本運作方式的「酬賞」或「價值（好的或有用的東西）」，實際上是不必要的概念。同時，作為酬賞反應而為人所知的多巴胺作用，也在重新評估中。

到目前為止，在傳統的酬賞反應實驗中，人們理所當然地認為多巴胺的分泌是因為大腦將特定刺激判斷為「酬賞」。但是，弗里斯頓主張，並非「因為特定刺激是一種酬賞」，大腦才啟動多巴胺迴路，而是因為大腦將特定刺激視為一種「嶄新而顯著」的經驗，並且對這種經驗的「主動推理是正確的」，所以才分泌多巴胺。換句話說，在過去許多酬賞反應實驗中，受試者所得到的刺激並不是「酬賞」，而是「嶄新而顯著的刺激」。多巴胺系統不應被視為「對酬賞的反應」系統，而應被視為「對新刺激推理結果的反應」系統。如果這種看法屬實，那麼我們在過去一百多年來一直對人類有著莫大的誤解，而且不僅在心理學方面，尤其在教育學或管理學方面的許多基本概念和理論都有必要大幅修正。

傳統的酬賞一定是以已知的價值和存在為前提，譬如我必須知道那塊餅乾很好吃，且我有可能吃到那塊餅乾，「餅乾」對我來說才足以發揮酬賞的作用。然而，如此一來，餅乾就無法成為「預測」的對象，不能給予大腦太多的刺激。那麼，到目前為止無數有關使用餅乾（或與之類似的「甜蜜」酬賞）效果的實驗結果是怎麼產生的呢？

大多數關於酬賞與懲罰的實驗研究主要是針對一個行動主體向另一個行動主體作出酬賞承諾的情況。在實驗條件下，只存在以酬賞的方式要求對方完成任務，或用在教師教導學生的情況。在這種情況下，由於酬賞的承諾是不確定的，因此需要活躍的主動推理，當這種推理結果正確時，多巴胺系統才會被啟動。相反地，受試者已知的確定酬賞不會引起任何推測，所以無法作為酬賞刺激大腦啟動多巴胺系統。對於被視為理所當然的刺激，大腦不會分泌多巴胺，因為已經預期自己一定會收到的禮物，再怎麼昂貴，也無法作為酬賞啟動多巴胺系統。唯有在預測之外，有可能引發預測誤差，或是意料之外的事情帶來新的刺激時，才能啟動多巴胺當成酬賞。多巴胺系統只有根據有驚奇可能性的新刺激才會分泌。驚喜派對不是因為「派對」，而是因為「驚喜」，才會讓多巴胺系統活躍起來，給人帶來愉快的感覺。

多巴胺對於感覺狀態和行為狀態的預測誤差，也只是在對準確性進行編

碼罷了。多巴胺系統並不像目前所知道的那樣參與獎勵系統，還參與看似與它無關的肌肉運動。多巴胺只有一項基本功能，就是只限於「對預測誤差的準確性進行編碼」。因此當多巴胺系統對於感覺狀態或行為狀態的預測誤差出現異常時，就有可能引發像帕金森氏症之類的動作障礙，而且也有可能在加強學習上出現問題。

特定刺激會引發多巴胺反應，這就表示預測是正確的。這是關於本體感覺的預測，會透過主動推理使大腦做出行為反應。無論是酬賞、感覺或刺激，只要預測是正確的，就會觸發多巴胺訊號。這就是為什麼引人注目的顯著刺激即使不是酬賞刺激，也會引發多巴胺反應的原因。因此，不管是在人際關係或行為實驗情況下，想要改變一個人的行為，只要讓他身處新的環境，或給予新的先驗刺激即可。

從自由能原理的角度來看，酬賞和懲罰沒有任何差別，兩者都是驚奇。從神經生物學的角度來看，多巴胺不會編碼有價值的預測誤差（是好還是壞、是紅蘿蔔還是鞭子），只會針對「預測誤差值」（預測誤差本身的好壞，即預測的對錯）進行編碼，並相應調整感覺和行為狀態，使預測誤差更準確。

多巴胺不會因為你覺得自己會得到美味的零食或稱讚而分泌，換句話說，多巴胺系統的運作不是取決於預測值（好或壞），而是取決於大腦當下的預測（無論是關於感覺還是行為）是否準確。多巴胺的基本功能是對預測誤差進行編碼，並朝著最小化誤差的方向持續更新神經網路，觸發多巴胺反應的刺激只是在告訴我們預測是否準確而已。這就是為什麼只要是新穎的、引人注目的或顯著的刺激，無論是否有酬賞，都會觸發多巴胺反應的原因。

如果多巴胺迴路的功能的確不是對酬賞做出反應，而是對預測誤差的準確性進行編碼，那麼傳統對強化學習的解釋，或對任何基於酬賞的動機理論，都應該重新檢討。提供新的或未知的刺激，會比承諾甜蜜的酬賞或預告嚴厲的懲罰帶來更大的學習效果和徹底的行為改變。學校教育的獎懲制度和企業獎賞制度（獎金或獎懲制度等）也需要進行徹底的思維轉變。

自從弗里斯頓動搖了傳統對大腦酬賞系統的觀點以來，腦科學領域最近的幾項實證研究開始支持弗里斯頓的主張。一連串的研究結果顯示，將多巴胺的作用視為對一般預測誤差的編碼，而不是酬賞系統核心的看法，更為妥當。事實上，已經有研究結果指出，多巴胺迴路不是因為酬賞本身，而是在

受到新的陌生刺激才會活躍起來，尤其會針對預測誤差進行編碼。研究也進一步證實，多巴胺迴路不僅會因為傳統的酬賞刺激而被活化，也會在無關酬賞的情況下因為一般感覺的預測誤差而活躍起來。

也有研究結果指出，被稱為多巴胺迴路的大腦酬賞系統，不僅對酬賞有反應，在探索未知新事物過程中也會活躍起來。對未知環境的反應會強化學習，而在更新對環境的信念和學習上，多巴胺發揮著重要的作用。換句話說，在調整預測和最小化預測誤差的過程中，多巴胺起到了關鍵作用。

這對於心理學、教育學、管理學等各個學術領域來說，是非常重要且意義深遠的發現。這表示多巴胺迴路的功能不只是一個對酬賞做出反應的酬賞系統，也是與更廣泛的預測誤差相關的系統。根據強化理論，多巴胺的作用被視為能加強學習、改變行為，但實際上多巴胺的分泌不是出於「酬賞」（刺激的價值），而是出於「預測誤差」（無關酬賞的一般性預測誤差）。

綜合這些研究結果可以證實，即使與酬賞無關的一般學習過程中，多巴胺迴路也扮演著非常重要的角色。尤其是多巴胺系統功能異常引起的精神疾病，其根本原因很有可能是推理過程中的紊亂所導致的內部模型扭曲和改變。因此，更深入探索多巴胺在預測誤差和推理過程中的作用，不僅在心理學、教育學和管理學領域，也會在精神健康醫學方面帶來巨大的進步。

從心理肌力訓練的角度來看，意識清楚的覺知狀態，就是把此刻發生的一切事情都當成生平初次遇見一般對待。當我們把某件事視為理所當然時，大腦就會忽略它的大部分訊息而不去處理。強化心理肌力是指透過加強特定的神經網路來養成新的習慣，為了有效率地完成這個過程，我們的大腦必須始終像初次遇到某些事情一樣地運作。唯有如此，多巴胺迴路才會被活化、新的心理習慣才會形成，而我們也才會感到快樂。

對多巴胺迴路的運作方式和對酬賞的新見解，在更深入地理解冥想效果上也具有重要意義。而維持把所有事物當成全新、顯著刺激的內在狀態，就是一種清醒的意識狀態[20]。從自由能原理的角度來看，「覺知冥想」可以說是所有感覺狀態和內在狀態都積極沉浸在主動推理和預測調整中的狀態，所有接收到的刺激都被當成新的刺激，多巴胺迴路因此呈現持續運作的狀態。這就是為什麼覺知冥想和「數息觀」（Ānāpānasati）之類的呼吸冥想會帶給極致愉悅感和幸福感的原因。

馬可夫覆蓋的
巢狀結構與內在溝通訓練

媒體是馬可夫覆蓋的延伸

自由能原理不僅適用於人腦的運作，還可以應用在從單一細胞到生命體，甚至是一個群體的各種層面上。對一個人來說，他的身體就是一個馬可夫覆蓋。現實中各種組織或國家之間也明顯存在著「邊界」，例如一家企業的邊界，不僅將組織與外界環境區隔開來，也是接收人力、物資，以及輸出產品或服務的各種制度或系統。「微觀世界的結構也會重複出現在宏觀世界」的「尺度不變性」（scale invariance）原則，也完全適用於馬可夫覆蓋（參見圖片資料【圖5-10】）。

馬可夫覆蓋的概念不僅可以從「規模」（scale）的角度，還可以擴展到「功能」的角度，代表性的例子是各種「媒體」。馬歇爾‧麥克魯漢（Marshall McLuhan）認為，媒體的本質是「身體的延伸」（extension of the body），也就是說，攝影機是眼睛的延伸、麥克風是聲音的延伸。人會因為身體而受到空間和時間的限制，如果現在身在這個地方，就無法同時身在其他地方。但是，借助作為「身體延伸」的媒體，我們就可以超越時間和空間進行溝通。

得利於數位媒體的發展，人們可以即時透過文字、語音和影像隨時隨地與世界各地的人們交流。媒體作為身體的延伸，也負擔起感覺狀態和行為狀態的功能。從自由能原理的角度來看，媒體是一個擴大的馬可夫覆蓋，負責處理有關人類感覺狀態和行為狀態的訊息。

媒體與外在環境中的其他事物不同，扮演著將視覺、聽覺、觸覺等訊息傳達給感覺狀態的角色。當我們在智慧型手機螢幕上觀看影片或在電腦顯示器上玩遊戲時，我們的感覺狀態所接收到的訊息，並不是智慧型手機螢幕或電腦顯示器這兩種物體，而是透過它們看到和聽到的各種感覺訊息。與其說

我們把螢幕或顯示器這兩種物體當成外在環境，不如說是將他們所傳遞的視覺或聽覺訊息當作外在環境。換句話說，螢幕或顯示器是透明地存在於我們的身體和外在環境之間，它們的功能就像感覺狀態的一部分，而不是感覺狀態的對象。用弗里斯頓的話來說，媒體就是「感覺狀態的延伸」（extended sensory states）。隨著穿戴式電腦、VR設備、元宇宙等相關技術的日新月異和普及，數位媒體變得越來越「貼身」，也呈現出延伸的馬可夫覆蓋性質。

安迪・克拉克（Andy Clark）認為，媒體不僅帶來「感覺的延伸」，也帶來了「認知的延伸」（extended cognizing）。智慧型手機和筆記型電腦就不用說了，即使是紙或鉛筆等書寫工具也應該被視為馬可夫覆蓋的一部分，在處理、保管和轉換訊息過程中發揮重要的作用。換句話說，各種類型的媒體技術與其說是用於感覺或認知的外在工具，不如說其本身就構成了主動推理過程的一部分。當我們用紙筆完成特定計算和思考操作時，紙筆就成為了認知過程的一部分。從這點來看，意識或精神的作用沒有理由一定要侷限於生物體，而應該延伸到該生物體所置身的環境。人類是非常獨特的生物體，可以自行製造和擴展自己的馬可夫覆蓋。

另一方面，如果媒體可以被視為身體的延伸，那麼身體也可以被概念化為媒體的一個類型。這種看法就類似於起初人們透過模仿人腦的運作方式架構出電腦系統，而現在卻有愈來愈多人嘗試透過電腦系統來了解人腦的運作方式。如果我們把焦點對準身體承載感覺訊息和行為訊息符號的「符號載體」（sign-vehicle）功能，那麼就可以把作為馬可夫覆蓋的身體當成一種媒體。這也表示可以透過各種符號學和媒體理論，將作為馬可夫覆蓋的身體化為更有深度的理論。

馬可夫覆蓋模型的巢狀結構和尺度不變性

內在溝通是指發生在自己內在各個層面的所有溝通，內在溝通也可以透過馬可夫覆蓋模型來解釋。正如前面所敘述的，馬可夫覆蓋是一個有效率的模型，不僅可以用單一的理論框架來解釋人類的大腦和意識作用，而且可以解釋所有的生命現象。它也是一個可以回答薛丁格所提出的基本問題——

「生命是什麼？」的模型。

　　前文中，我們已經用馬可夫覆蓋模型探討過基本的辨識和知覺的一般過程。在活著的生命體中，這種馬可夫覆蓋不僅存在於大腦單元，也存在於各個層級。細胞為了作為單一生命體存活，就需要有細胞膜作為邊界來區分周圍環境和細胞本身。每一個細胞就是一個馬可夫覆蓋，而集合了這些細胞的心臟、腸胃、腎臟等臟器，也各自擁有自身作為馬可夫覆蓋的邊界。例如心臟作為單一器官，被心膜裹在中間，不僅與包括大腦在內的身體其他部位持續交換訊息，也具備獨立判斷與記憶的功能。腎臟和胃腸等其他器官也是一樣，每個臟器都有區別內外的邊界存在。

　　人體是各種器官的集合體，從整體上來看，也是一個馬可夫覆蓋。另外，由幾個人組成的組織或社會，也可以說是一個巨大的馬可夫覆蓋。每個國家都維持著一條分隔國內和國外的邊界，各種資源和訊息跨越邊界進出，因此一個國家也是一個馬可夫覆蓋。由此可知，一個馬可夫覆蓋就像其上面較高層級的大馬可夫覆蓋的一個節點，而同時它的內部也有由幾個較低層級馬可夫覆蓋所組成的網路，這種特性被稱為馬可夫覆蓋的「巢狀結構」（nested structure）。圖片資料【圖5-11】中，橘色和黃色圓圈是馬可夫覆蓋的感覺狀態和行為狀態，裡面的紅色圓圈是內在狀態，外面的灰色圓圈是外在狀態。再仔細觀察各個圓圈，又可以發現其內部的馬可夫覆蓋結構。

　　正如包括大腦在內的整個身體就是一個馬可夫覆蓋一樣，我們也同樣可以將身體神經系統組成要素之一的視覺中樞系統視為一個馬可夫覆蓋。視覺中樞的外部除了意識，還有眼球和視神經。包括眼球和視神經的外在狀態透過視覺中樞的馬可夫覆蓋傳達特定訊息，這些訊息在視覺中樞內部處理之後再經由丘腦傳回意識。這種結構就和個人意識會透過行為狀態傳到外部是一樣的。在心臟、肝臟、腸胃等各種臟器和身體組織中，都可以發現相同的巢狀結構。

　　這種「網路中的網路」不僅存在於結構性網路，也存在於功能性網路的各個層級中。根據下頁QRcode內容第5頁的圖，A是顯示神經束結構外觀的DTI（diffusion tensor imaging：擴散張量造影）影像；B是基於這種DTI影像，顯示大腦主要部位之間的結構性連結；C是休息狀態下的fMRI影像。[21]當然，即使我們處於休息狀態，大腦也絕對不會休息。休息狀態和工作狀態來回交替

時，會出現幾種特有的「內在連接網路」（intrinsic connectivity networks：ICNs），代表性的例子有預設模式網路、注意力網路、中央執行網路、警覺網路等。

D顯示休息狀態下出現的網路，觀察其中的PCC（後扣帶迴皮質）-ACC（前扣帶迴皮質），會發現每個模塊都存在ACC-mPFC（內側前額葉皮質）、PCC-Precuneus（楔前葉）等低階模塊。仔細觀察這些低階模塊組成要素的內部，又會發現裡面存在著以神經細胞束或塊狀體素作為組成要素的網路。由此可知，構成神經網路的每一個節點本身也是一個馬可夫覆蓋，而其下一階的組成要素同樣是由更小的幾個馬可夫覆蓋所組成，整體屬於一種巢狀結構。上述分析也顯示了功能性連結和構造性連結之間有著密切的關係。[22]

一個被稱為「大腦」的團塊，由幾個相互作用的子部位（節點）之間的網路組成，每個部位再由更低一階的較小節點相互作用的網路組成。在這裡，節點既是一個事件，也是大腦中一個特定的區域。

從概念上來說，在馬可夫覆蓋模型中，節點是具有各自機率分布的事件。當具有分層系統的神經網路處理特定刺激並進行推理時，該推理會遵循作為先驗知識或內部模型存在的機率分布。因此，節點就是一個事件、一個機率分布、一個神經細胞、一個神經網路，同時也是一個大腦的區域。

當然，如果我們進一步從宏觀的角度來看，大腦各區域之間組成一個相互作用的網路，進而創造出一個組織，構成一個社會。此外，如果再往下一層級觀察組成大腦一個區域的子元素的話，那麼就可以進一步分析神經細胞束、神經細胞、神經細胞內的蛋白質。各層級中組成網路的各節點都可以形成一個巢狀馬可夫覆蓋。這是因為如果節點要做為一個單元存在，也就是與其他節點各自獨立，而彼此之間又要相互作用的話，就需要有「邊界」，這種邊界便具有馬可夫覆蓋的屬性。這所有的節點各自都有一個遵循自由能最小化原理、試圖將預測誤差降到最低的系統。

在圖片資料【圖5-13】中，A部分取材自韓國延世大學醫學院朴海政教授論文中的一張圖片。此圖顯示巢狀馬可夫覆蓋具有層級結構，可以將預測誤差最小化。紅色三角形表示自下而上的感覺訊息產生的預測誤差，黑色三角形表示從生成模型自上而下的後驗預測（由預測誤差更新的預

網路中的網路

測）。自下而上和自上而下的過程都經過幾個層級的上下更迭，這就是「深度主動推理」（deep active inference）的過程。這種分層主動推理過程也存在於大腦區域之間、大腦區域內較小的節點之間，甚至存在於其下的神經細胞層級中。就像這樣，不僅馬可夫覆蓋的結構是巢狀的，主動推理過程也是巢狀的。換句話說，結構和功能層面都形成了巢狀的結構。

根據馬可夫覆蓋模型的三種內在溝通訓練

內在溝通是各個層級馬可夫覆蓋之間的相互作用。內在溝通是神經細胞間的相互作用，也是大腦各區域的相互作用，以及大腦與身體其他組織之間的相互作用。大部分的內在溝通是在我們的意識底層進行的，它是發生在我們體內生命現象的核心，我們無法知道也感覺不到，因此也無法控制。而我們可以感覺到，甚至可以刻意加以控制的內在溝通，則是在這種無意識過程的基礎上發生的高層級現象。

帶有強化心理肌力意圖的內在溝通訓練，僅限於我們能意識到的高層級內在溝通。後文中將探討的各種內在溝通訓練也屬於這種高層級內在溝通。不過，高層級內在溝通對低層級的無意識內在溝通也有很大的影響。表觀遺傳學、神經可塑性、安慰劑等生命現象，都是顯示意識層面的內在溝通也會影響無意識層面內在溝通的例子。

如果按照弗里斯頓的馬可夫覆蓋模型來分類，內在溝通訓練大致可以分為感覺狀態、行為狀態和內在狀態三種。第一種是「感覺狀態」領域的內在溝通訓練。這與五感、本體感覺、內感受等各種感覺器官傳遞的感覺訊息處理過程有關。感覺狀態的內在溝通訓練首先從認識自己的身體開始。也就是將注意力集中在呼吸的感覺，或者集中在視覺、聽覺後，進行冥想。各種型態的呼吸訓練、聲音冥想、光之冥想和身體掃描冥想都包括在這個範圍內。這種注意力集中在感覺上的訓練，可以大幅活化處理視覺、聽覺、嗅覺等感覺訊息的大腦皮質，進而穩定以杏仁核為中心的情緒中樞。

感覺狀態的內在溝通訓練分為兩個階段，第一階段是將注意力集中在外界事物傳達給自己身體的感覺訊息，第二階段則是將注意力集中在那些感覺

訊息如何提升為內在狀態。第一階段是不要對感覺訊息賦予任何意義或改編成故事敘述（或心理評論），而是要如實感受那些感覺。第二階段是對於那些感覺訊息，自己如何理解、習慣賦予它們什麼樣的意義，同時也藉此覺察這些感覺訊息會自動為自己的情緒和想法帶來何種變化。23

　　第二種是「行為狀態」領域的內在溝通訓練，它與有意識或無意識做出各種動作的過程有關。將注意力放在行為狀態是透過對動作的預測誤差來不斷更新預測控制系統的訓練，而透過運動進行的內在溝通訓練就屬於這類訓練。代表例子是身心運動，這是將注意力集中在個人意圖和動作之間關係的訓練。其中費登奎斯療法和亞歷山大技巧的訓練，都是為了清楚覺察自己根據特定習慣無意識作出的動作。意圖和動作之間總是存在著差距，自己對自己身體姿勢或動作的印象，通常都與實際動作之間有著大大小小的差別，而且這種差別在每個人身上會以不同形式表現出來。作為一種本體感覺訓練的身心運動，是透過動搖與自己意圖和動作相關的現有習慣，來覺察其變化和差別，重新塑造習慣的過程。古印度瑜伽士的錘鈴運動或波斯戰士的波斯棒鈴運動，都是藉由將雙手放到肩膀後面，在背部作出鐘擺動作，以集中提升本體感覺的傳統動態冥想。

　　還有其他專注於內感受的練習，最具代表性的訓練法就是太極拳和氣功，這兩種運動主要著重於專注感受來自身體各部位或體內臟器的各種感覺。除了本體感覺訓練之外，還可以透過哈達瑜伽或昆達里尼瑜伽，以及費登奎斯療法或亞歷山大技巧進行內感受訓練。行為狀態領域的覺知訓練具有強化情緒辨識和情緒調節能力的效果，因此越來越廣泛應用在心理創傷壓力、焦慮症和憂鬱症等的治療上，後面第九章會對此做詳細的介紹。

　　第三種是「內在狀態」領域的內在溝通訓練。這種訓練是為了識別從感覺狀態上傳的各種知覺、感受和情緒，並促使個人作出特定動作的過程。關於內在狀態的內在溝通訓練中，首先是自我參照過程訓練，這是為了覺察發生在自己內心各種情緒或想法的訓練。能夠如實識別和觀望自己內心發生的各種經驗的主體，就是背景自我，自我參照過程就是覺察這個背景自我的最佳訓練。另外，如果能夠覺察內在狀態中自動生成的敘事習慣，並且將這個習慣往我們所期望的方向改變，這也算是專注內在狀態領域的內在溝通訓練方法。在後面第十章中有與此相關的詳細介紹。

主動推理和馬可夫覆蓋模型顯示，存在於內在狀態上層的生成模型對行為、知覺和認知有很大影響。這個生成模型的最高層級是作為敘事者的意識，而敘事者的行動主體就是自我意識。自動進行的敘事會為我們所經歷和期待的一切賦予意義，並附上心理評論。強化心理肌力的內在溝通訓練核心之一，就是積極改變這種自動敘事的內容和方法。尤其重要的是，要養成對自己與對他人的正向敘事習慣。因為一般出現焦慮和憂鬱症狀等心理肌力較為薄弱的人，都共同具有對自己與對他人的負面及強迫性敘事習慣。雖然也有可能是先出現焦慮症或憂鬱症，才產生負面的敘事習慣，但與此同時，負面的敘事習慣又會造成焦慮症或憂鬱症的惡化。負面敘事既是焦慮症或憂鬱症的肇因，同時也是其結果。

由此可知，將注意力放在內在狀態領域的內在溝通訓練，可說著重於對背景自我的認知及對自己與他人訊息的處理。這些都和以mPFC（內側前額葉皮質）為中心的前額葉皮質神經網路的活化有密切的關聯。為了方便起見，我將內在溝通訓練分為以感覺狀態為中心、以行為狀態為中心和以內在狀態為中心的訓練，但其實無論是哪種訓練，它們的共同點都是為了活化以mPFC為中心的前額葉皮質神經網路及穩定杏仁核。所有內在溝通訓練都與這三個領域有關，差別只在於以哪個領域為中心罷了。例如呼吸冥想，這是隨著呼吸而動的結果（行為狀態），也是呼吸給予的感覺（感覺狀態），以及對自我本質和意識的重塑（內在狀態）。古代擺盪運動或太極拳也是一樣，還有為了將自我參照過程效果極大化而進行的鐘聲冥想也是如此。只不過呼吸訓練以感覺狀態，運動冥想以行為狀態，自我參照過程訓練以內在狀態為主，各有各的著重點。

後面將探討的各種內在溝通訓練法都包含了覺知訓練的元素，全神貫注在身體感受的感覺、貫注在自己的動作、貫注在自己的思維或情緒上，都算是覺知訓練。在日常生活中，我們通常只把注意力（attention）放在外界事物上，譬如該處理的事情、該見面的人等等。我們對外在狀態的注意力主要牽涉到「行為」模式，如果關注的焦點是過去我做了什麼、這個世界是如何對待我等等的話，這種負面情緒狀態就是憤怒；如果關注的焦點是未來我要做什麼、這個世界會怎樣對待我等等的話，這種負面情緒狀態就是焦慮。如果一個人總是生活在行為模式裡，必然會耗盡心理肌力，成為心理脆弱的人。

而提升心理肌力的內在溝通冥想，就是為了讓注意力，哪怕只是一下子也好，能夠從「行為」模式切換到「存在」模式，以此來消除憤怒和焦慮。為了達到這個目的，我們關注的方向就必須從外在狀態轉向自己內心的感覺狀態、行為狀態和內在狀態。

第六章

隱秩序與內在溝通

- 擺脫機械論世界觀才能進行內在溝通
- 一個整體的宇宙和隱秩序
- 唯氣論世界觀與整體動態
- 隱秩序與物心二元論問題
- 物質、意義、能量的三者關係與自我的三種範疇
- 玻姆與弗里斯頓：主動式資訊與主動推理
- 生成秩序與內在溝通

擺脫機械論世界觀才能進行內在溝通

機械論世界觀和宇宙基本秩序

內在溝通不是如人與人之間對話或交流之類「外在溝通」的相反概念，而是包含外在溝通、同時也是外在溝通基礎的概念。換句話說，外在溝通只是內在溝通的一種特殊形態罷了。內在溝通絕非各種溝通方式之一，而是強調所有溝通的基本特徵都是「內在」的概念。

所謂的「內在」是指意識的實質面貌，也是和宇宙基本運作原理有直接關係的概念。把內在溝通和「宇宙運作原理」掛勾的主張，乍看之下，或許會讓人覺得是傳播學家過度強調溝通重要性的狂妄言論。但是，等我們仔細研究物理學家戴維・玻姆的基本概念之後，就會明白這個說法絕不誇張。

對於內在溝通來說，「內在」（inner）這個單詞雖然包括了幾種涵義，但其中最核心的意義就是戴維・玻姆重點強調的「隱秩序」（implicate order）和「內捲」（enfolding）。「內捲」這個詞乍看之下似乎有點矛盾，其實是因為我們習慣了機械論世界觀，才會有這種感覺。

在機械論世界觀中，宇宙的所有現象都被視為「外展」（unfolding），而不是「內捲」。假設我們正在觀望一個物體，它可以是一個銀河系或一個太陽系，一粒原子或一個人，一個國家或任何其他物體。機械論世界觀的核心主張，認為這所有的物體都是由更小的單元所組成，而這些元件通過外在的相互作用產生更大的組織或實體，因此宇宙中所有現象都是更小的顆粒外展而成的。

外展是機械論世界觀的基本觀點。機械論世界觀認為，一切真實的或實質的物體都是由更小的元素組成，而這樣的一部分、一部分集合起來就形成了一個整體。因此，最重要的是部分，也就是元素。「整體」通常是透過

「部分」來解釋的，所以發現和分析元素之間的關係便成為了科學研究的重點。這種觀點認為，「部分」才是真實的，「整體」只不過是人類任意創造出來的抽象概念架構。例如太陽、地球、金星等都是真實存在的，而太陽系則是人類創造出來的抽象概念。最重要的永遠是部分和元素，以及部分之間的因果關係和元素之間的相互作用。因此，所有科學研究的任務，就是透過各部分的因果關係來解釋整體現象。

戴維‧玻姆試圖從根本上推翻這種機械論觀點，因為機械論的世界觀無法解釋量子力學和其他現代物理學所展現的宇宙外觀和運作原理。玻姆認為，具體的實體永遠是「一個整體的宇宙」，而不是一個一個部分的集合體。反而「部分」才是人類任意分割開來的抽象概念。也就是說，實際存在的是太陽系，而不是太陽和行星。太陽和行星的區別本身，只不過是反映人類恣意妄為的概念框架罷了。最重要的，是要了解宇宙是一個整體。宇宙本來就是一個整體，而不是一個一個部分組合起來形成的整體。宇宙不能被分割成一個個部分，也不能被還原為一個個元素。

宇宙的基本秩序不應被視為隨著各部分的外在相互作用而向外展開，而應該將宇宙視為一個整體，而其基本秩序是「內捲」。作為一個整體，宇宙並不是「外展」，而是向內折捲的「內捲」。量子力學和全像宇宙論等現代物理學所展現的各種宇宙樣貌，都強烈暗示宇宙的基本秩序是內捲的。此外，玻姆也將人類意識視為內捲的典型例子。而內在溝通理論中也同樣將所有類型的溝通，理解為在人類意識中向內折捲的秩序（捲秩序）。

為什麼古典物理學的世界觀很容易理解

內在溝通的概念源自戴維‧玻姆。為了理解他的觀點，必須先了解古典物理學基礎所依循的機械論世界觀的侷限性。因為玻姆指出機械論世界觀的侷限之後，也提出了替代方案，那就是基於隱秩序和整體性的新世界觀。

一般咸認，俗稱「牛頓物理學」的古典物理學所展現的世界很容易理解，相反地，包括量子力學在內的現代物理學理論所揭示的宇宙面貌則很難。許多人都對現代物理學持有誤解，認為理論本身很難，做為其基礎的數

學也很難,所以才會那麼難理解。但是,相對論或量子力學為什麼會讓人感到艱澀,並不是因為解釋這些東西的數學很難,其實牛頓的物理學或萬有引力定律從數學的角度理解起來也鬥沒那麼容易。人們會感到古典物理學相對來說較「易懂」,不是因為他們已經從數學的角度完全理解那些複雜的基礎方程式,也不是因為他們已經從數學的角度確實理解牛頓解釋可視光線特性的光學理論,明白了光是什麼。

　　古典物理學之所以讓人覺得容易理解,是因為古典物理學所描繪的宇宙面貌和運動定律在直觀上非常符合我們日常生活中所經驗的一切。例如每當公車緊急剎車,我們的身體猛烈地前撲後仰時,我們都在不知不覺地體驗慣性定律。另外,當我們看到高高拋起的球飛到最高點之後急速落下的情景時,也等於實際感受了重力加速度。

　　人們覺得量子力學或相對論很難,並不是因為它們的數學證明很難懂,而是因為它們解釋宇宙和萬物的運作方式從直觀上不符合我們日常生活經驗的一切。無論是一個粒子可以同時存在於兩個地方、一個小顆粒既是粒子也是波、距離遙遠的粒子之間可以在沒有交流的情況下相互影響,或者粒子的狀態會隨人類的觀察而出現變化等等,都和我們在日常生活中所理解的萬物特徵相去甚遠。另外,空間會因為重力的作用而扭曲、質量會因為速度而變大、時間會因為速度的加快而變慢、質量就是能量等等,也和我們的日常經驗有相當大的不同,所以人們才會覺得「很難」。但是,這些讓人感到奇怪又難懂的現代物理學,卻比古典物理學更準確地呈現出宇宙的運作方式。

　　古典物理學和量子力學就像天動說和地動說一樣互不相容。如果你想要一個更正確解釋事實的世界觀,那麼就只能接受量子力學的解釋。當然,這不是說相對論或量子力學是完美的理論,它們依然漏洞百出,存在著許多無解的問題。即使如此,至少它們是比古典物理學解釋得更透澈的理論。這裡所謂解釋得更透澈,不是指它們更合理地告訴我們現實世界的面貌和人類的經驗。反倒是因為這透澈的解釋,使得量子力學所呈現出來的世界更怪異、更奇妙、更不合理、更超乎尋常,以及更難理解。我們為什麼會覺得古典物理學所展現的世界自然合理,不是因為那個世界和現實更吻合,而是因為它更符合我們稱之為「常識」的不合理、被扭曲的世界觀。

　　當然,僅憑古典物理學就可以充分計算諸如足球如何飛出去、飛機或飛

彈如何飛行、大砲或飛彈應該以什麼角度和力道發射等問題。不過，這些都是在某種程度上「粗略」計算就可以得知的問題。如果要細緻地考慮到足球或飛彈的結構粒子是如何運作的話，用古典物理學是根本不可能做到。如果想更準確地解釋當我們用腳把足球踢出去的那一瞬間，這個宇宙會發生什麼樣的變化，光靠古典物理學遠遠不夠。這裡不是說量子力學至臻完美，但它顯然是比古典物理學更準確、也更合理的理論，不僅包括古典物理學可以解釋的事物，甚至對許多古典物理學無法解釋的現象也能解釋得更清楚。我們熟悉的古典物理學世界，是一個相當「扭曲」的現實。正如亥姆霍茲所說的，在日常生活中，太陽看似從東邊升起、從西邊落下，這是我們非常熟悉的日常「現實」，但卻是一個扭曲的現實，與地球自轉的「事實」相去甚遠。

我們需要思考的重要問題是：為什麼錯誤的古典物理學符合我們的日常經驗，而更準確解釋世界的量子力學卻讓人感到不自然呢？為什麼比起科學事實，人類的感覺和體驗方式會更方便、更自然地接受被扭曲的幻象呢？這是因為我們的大腦具體呈現的日常世界的面貌，與真實世界的面貌不同。透過感覺系統傳遞到我們意識中的世界外觀，是與實際完全不同的虛擬形象，是《心經》所說的「顛倒夢想」。既然日常經驗所提供的世界形象是虛構的，那麼基於這種虛構形象所創造出來的古典物理學也必然是虛構的。然而也因為如此，它非常符合我們的常識和直觀。

機械論世界觀的基本前提

我們的大腦呈現出來的世界是一個扭曲的虛擬形象，但卻不是隨機虛構的。我們的大腦不會任意扭曲事物，而是以有益於我們生存和繁殖的方式扭曲現實。我們的大腦已經進化到，當我們看到眼前一棵樹上結的果實可以為我們的身體提供熱量時，會很快地識別這一點，讓我們伸手摘下來，然後聞一聞果實的味道以確認它沒有腐敗，在感覺果實會很好吃的同時吃掉它。

我們大腦的辨識系統經過最佳化，懂得避開可能威脅我們身體的猛獸，也懂得投擲石斧來捕捉獵物，而造就出這個世界觀的完整版本就是古典物理

學。量子力學則更準確地向我們展示了宇宙的真實本質，然而，了解宇宙的「真實面貌」對打野兔其實沒有任何幫助；對於製造雷射光束、半導體和電腦，以及架構Wi-Fi和網際網路方面，量子力學卻是不可或缺的。

傳統古典物理學的機械論世界觀仍然是我們的普遍常識，無論是人文社會科學或自然科學幾乎所有學術領域都默認接受的機械論世界觀，具有以下幾項基本前提：

無可分割的獨立粒子對外會相互影響

一般認為，粒子會透過這種外在相互作用產生各種現象。所謂外在相互作用是指物體在保持自身實體性和不變性的情況下，進行相互作用的意思。這世間所有物體都被視為粒子之間相互作用的結果，就像彼此碰撞移動的撞球一樣。無論是生命現象或物理現象，甚至是政治、社會、經濟、文化的任何現象，其基礎上都有固定不變的獨立元素。這樣的世界觀也適用於理解社會現象，譬如個人是無可分割、孤立且獨立的單位，彼此相互作用形成一個社會。根據學科和分析單位的不同，其粒子可以是微粒子、分子或細胞，也可以是個人、組織或國家，甚至可以是宇宙的行星。

獨立粒子的相互作用可以用因果關係來解釋

一個粒子可以隨著時間軸影響另一個粒子，這就是因果關係的基本結構。人類的語言結構本身就已經是對因果關係最佳的解釋，無論是自然科學還是人文社會科學，研究問題的最基本模式就是「什麼對什麼產生什麼樣的影響？」。康德認為，作為因果關係基礎的時間和空間，是人類意識或經驗之前的先驗概念。透過人類意識和記憶對事物相互作用的經驗，事後才產生了所謂「時間」的概念。但機械論世界觀將時間視為一個客觀的、先驗的概念，先於人類所有經驗並獨立於人類經驗之外。

整體是部分的集合

人們相信，事物的本質在於構成它的基本元素。當作為基本要素的獨立粒子特性和粒子之間的相互作用方式可以被完整描述出來時，就不需要對整體進行單獨的概念化。「整體大於部分的總和」這句話，只有在尚未完全掌握粒子特性及其相互作用方式時才成立。

具有這些基本前提的機械論世界觀核心，在於它將獨立粒子的本質看成是構成整體的「部分」。整體只不過是小元素的集合，所以只要能理解構成整體的小粒子特性和它們之間相互作用的方式（主要是因果關係），就能理解整體。換句話說，機械論世界觀認為無論是實體或本質，關鍵都在於元素。而元素集合在一起所形成的整體，是人類認知作用創造出來的抽象性、概念性的存在。

然而，量子力學明確地讓我們看到，這種機械論世界觀從根本上就是錯誤的。在量子力學的狀態下不存在獨立粒子，這只是乍看之下如此而已。即使空間上相距遙遠的微粒子之間，也呈現相互糾纏重疊的狀態，基本上很難用因果關係來解釋這種狀態。粒子不會保持自己固定的位置或特性，而且現在的狀態也會影響過去的狀態，呈現出一種時間回溯的因果關係（？）。

根據戴維·玻姆的說法，這一切在在顯示，宇宙不是由許多獨立粒子集合在一起所組成的物體，而是整體有機結合的一個巨大團塊。玻姆認為，比起稱得上是機械論世界觀核心的客觀不變物質導向思維，有機的過程導向思維才是更準確認識世界的方式，所以我們必須擺脫「世界的基本秩序是有某種永恆不變的實體，而且這些實體會對外相互作用」的觀點。不幸的是，就連量子「力學」（mechanics）這個名稱也反映出機械論世界觀。玻姆主張，比起量子力學這個名稱，「量子有機學」（organics）會更符合實際情況。

為了將這個世界視為一種隱秩序來看待，思維的基本單位應該是「事件」或「過程」，而不是「粒子」或「實體」。作為整體的過程本身才是最基本的，而不是先存在客觀不變的實體，然後它們之間相互作用才產生一連串的過程。即使宇宙的實際面貌是作為整體的一個過程，但卻因為人類的抽象化、概念化、語言化而製造出所謂構成元素的「部分」和不變「實體」的

概念。人類任意分割整體過程中的某些部分加以抽象化、概念化之後，再分類成各式各樣的物體，想藉此理解物體之間的關係，這種機械論世界觀是我們必須要擺脫的。

既有的腦科學也被侷限在機械論世界觀中

機械論世界觀從直角坐標（Cartesian coordinates）的觀點來看待世界上發生的許多事情，17世紀笛卡兒發明的二次元直角坐標平面，對機械論世界觀產生了決定性的影響。我們從小學習以x軸和y軸組成的平面圖，就是代表性的直角坐標平面。這個「平面圖」深深根植在我們的生活和意識中。各種統計數據和趨勢訊息，譬如股市行情、病毒確診病例趨勢、特定政黨或政治人物的支持率變化、氣候變遷以及企業銷售或營業績效等，都是透過直角坐標平面表達的。GPS導航系統也是一樣，無論我們身在何處，GPS都會即時定位我們的位置。

假設再加上一軸的三次元直角坐標系為宇宙的客觀空間。三次元直角坐標系也是弗里斯頓的大腦造影統計參數圖譜SPM（Statistical Parametric Mapping）的基本世界觀。這種對於在三次元直角坐標系標示的大腦空間裡，以立體像素為單位的小粒子是如何被活化或失去活性（氧氣濃度的暫時性變化）的分析方式，就稱為fMR（功能性磁振造影）分析。如果活化的立體像素位置對應大腦的特定解剖部位，那麼就可以得出該部位在特定條件下會被活化的結論。

機械論世界觀直觀上很容易理解，但我們必須記住的是，fMRI造影中被設定為長、寬、高各為2公釐的立體像素（Voxel＝Volume＋Pixel），是人類恣意分割作為一個整體的大腦。因為當MRI機器每兩秒鐘快速掃描一次整個大腦時，可以區分的最小單位約為2公釐，所以設定了這個大小的立體像素，而不是因為什麼理論或實質上的根據。大腦不是由所謂立體像素的單位所組成的，相反地，是我們將作為一體的大腦任意分割成2×2×2公釐的小立方體，加以抽象化，分割成所謂立體像素的概念。

作為整體的大腦是具體的實體，而作為部分的立體像素只是抽象的概

念。然而，我們過於在意立體像素的相關性或功能性連結，致使在不知不覺間誤以為立體像素（或大腦的特定部分或神經網路的節點）才是固定不變的實體，是先驗的存在。

現代神經科學研究將大腦各部位的連結性（互動性）視為重要的分析對象，這明顯是從機械論世界觀的角度來看待大腦，試圖從中發現存在於人類任意分割的「部分」之間的相關關係或因果關係。

如果想克服腦科學中的機械論世界觀，首先就要如戴維・玻姆所說的，將作為功能實體的大腦視為帶有「整體性」（wholeness）的「大海」，而將立體像素視為「海浪」才恰當。無論是自然科學，還是社會科學都應該如此。機械論世界觀任意分割作為一個整體的人類和社會，再將如此分割之後的部分視同天生如此的實體看待。大部分社會科學研究者喜歡將單一的整體任意分割為部分，加以概念化之後，試圖找出這些部分之間的相互關係和因果關係。這樣尋覓多時之後，就把人類任意分割的部分誤以為是先驗且自然存在的元素，也是本來就是如此的實體。

創造了直角坐標系和解析幾何的笛卡兒，也是機械論世界觀的創始人。從他著名的命題「我思（認知）故我在」就能得知，他將人類的本性視為「認知的主體」。而笛卡兒在17世紀釋出的這一命題，使得宇宙從此被以二分法區分為認知的客體——「物」，和認知的主體——「心靈」。

當主觀和客觀開始明確區分時，只有人類成為了認知主體，其他所有的宇宙和自然都成為人類認知的對象（客體）。從此以後，隨著科學主義的誕生，人們普遍相信所有的對象都是可以客觀地觀察和記述的。

科學主義認為，除了人類之外，沒有任何生物有思想或意識。然而，幾千年來無論是哪個文化圈，人類普遍認為世上萬物皆有「靈」。不管是日、月、山、石、樹木，還是老虎，都被認為是有靈魂的。但是，在笛卡兒之後，有「靈」的世界（animated world）突然消失，靈魂變成人類的專屬物。所有的自然物（natural object）都失去了靈魂，淪為單純的物體。動物也只是會移動的機器而已，本身沒有靈魂的存在，將自然物視為征服對象的暴力性人類中心主義於焉誕生。

人類的身體也已淪為物體的一部分。人類的本質在於心靈而非身體的觀念也是笛卡兒哲學的必然結果。根據笛卡兒的說法，這個世界上有兩種存

在，一種是占據一定空間的物體，即存在世界（res extensa），另一種是人類的心靈和認知的主體，即認知世界（res cogitans）。身體作為存在世界的一部分，已經成為人類所擁有的某種物體。只有人類的心靈才是人類的本質，而身體只不過是一個物體，因此為了「高尚」的理念或價值，犧牲自己的身體或摧毀他人的身體是理所當然的事情，普世都是這種本末倒置的價值觀。然而，任何意識形態、包含國家在內的任何組織，都應該為人類的身體奉獻，而不該反其道而行，人類的身體應該被視為最優先的價值。身體才是人性的基礎，而心靈只是身體的某種機能，沒有比犧牲人類的身體而獲得的價值更寶貴的了。

笛卡兒建立的機械論世界觀並不是一種普遍的、理所當然的世界觀，而是出現在17世紀並隨著20世紀科學的快速發展、迅速消失在歷史長河中被世人遺忘的世界觀。機械論世界觀因現代物理學的崛起而被棄置，直角坐標系被愛因斯坦新的空間概念所取代。在量子力學中，直角坐標系一點用處都沒有。身體和心靈的二元論正被瓦瑞拉等生物學家、梅洛龐蒂等哲學家，以及達馬西奧或弗里斯頓等腦科學家報廢。即使如此，在世界各國本應培養「一般水準的民主公民」的義務教育中，年輕學子們仍然被灌輸著康德或笛卡兒的機械論世界觀，所以我們的「常識」依然停留在機械論世界觀中，這是一件令人感到惋惜的事情。我們將來要研究的內在溝通理論，將揚棄機械論世界觀和身心二分法的觀點，盡可能強調人與身體的內在溝通重要性。

一個整體的
宇宙和隱秩序

克服相對論的整體性

相對論對於解釋浩瀚的宇宙很有用，但不適合解釋微觀世界的粒子。這是因為在機械論世界觀的影響下，相對論也預設了嚴格的連續性、嚴格的決定論（Determinism）和嚴格的局域性。然而，量子力學則預設了如下的不連續性、非決定性和非局域性。

非連續性

圍繞原子核運行的電子沿著特定軌道移動，因此電子不能存在於兩條軌道之間。然而，當電子改變軌道時，它會立即從一條軌道「跳躍」到另一條軌道去。也就是說，「不用跨越」軌道和軌道的間隙就直接換了一條軌道。這種非連續性是無法用機械論世界觀來解釋的。

非決定性

所有物質和能量同時具有這兩種屬性，根據周圍環境（無論是實驗還是觀察）的脈絡，它們有時表現得像粒子，有時又像波，這也推翻了機械論的世界觀。因為在機械論世界觀中，特定的粒子或物體不會隨著周圍環境而改變其本質。然而，量子力學中的粒子會像生物一樣，根據環境改變自身的外觀。換句話說，粒子處於疊加狀態（superposition），其中兩種狀態都是機率性的，而且它們的性質是非決定性的。

非局域性

在量子力學中，粒子具有非局域連結性。所謂「局域性」（locality）是

指特定的物體位於特定的空間位置，但很難將此特性套用在微粒子上。因為一個粒子可以同時存在於兩個地方，相隔遙遠距離的兩個粒子之間也會強烈糾纏。在機械論世界觀中，這是不可能的，因為只有彼此接近的事物才會相互影響。

機械論世界觀完全無法解釋這些粒子的特性，這表示這個世界觀存在著根本上的問題。。這些粒子清楚地顯示出「所有東西都是透過無形的連結糾纏（woven together）成一整塊」。

戴維‧玻姆思考過該如何克服微觀世界的量子力學和宏觀世界的相對論之間的這種差距，以及如何整合這兩個理論架構。他認為，與其著眼於兩個理論系統的差異，不如先從兩個理論系統的共同點著手，而這個共同點就是宇宙萬物是一個「不可分割的整體」（unbroken wholeness）。

根據玻姆的看法，既有的量子力學和相對論都深受機械論世界觀的影響。從基本上將粒子或部分視為實體、將整體視為「剩餘」概念的這個層面來看，也是如此。玻姆主張，我們必須從根本上改變機械論世界觀的觀點，這個世界觀認為「整體的概念不需要存在，那是為了方便思考，抽象地創造出來的」。人類任意創造的抽象概念不是「整體」，而是「部分」。量子力學一貫顯示，所有事物都有機地形成「一個整體」，而玻姆提出的宇宙外觀則是一個「有機的整體」（organic whole）。

宇宙原本是一個整體，但在人類任意地區別、分割、概念化之下，創造出了許多「部分」。構成機械論世界觀基礎的元素是透過人類認知作用所分割的抽象化、概念化的存在。而玻姆的立場是，人類任意地將原本是一個整體的宇宙分成各個部分，並將其概念化，試圖透過因果關係來解釋它們，但這種方法無法正確解釋宇宙的真實面貌。

玻姆認為，宇宙從一開始就是「作為整體的單一」或「作為單一的整體」，人類所認識的個別物體是那些在單一整體中發生某種局域性能量流動或凝聚而成的物體（就像風一吹平靜的水面上掀起波浪一樣），只不過每一個這樣的凝聚（拔地而起或形成的波浪）被抽象化（概念化）成為一個個的個體。換句話說，從大物體（銀河系）到小物體（微粒子），無非就像由一個形成大海的質量體中所冒出來的大大小小波浪一樣。

人類任意地將作為大海一部分的「波浪」分離出來成為獨立的實體，並

試圖解釋波浪之間的相互作用和因果關係，這就是到目前為止的機械論世界觀。個別的獨立波浪之間看似相互影響和相互作用的真正原因，是因為這些波浪都是大海的一部份。機械論世界觀試圖將大海理解為單個波浪的集合，這根本就是主客顛倒。想理解波浪的本質，就必須觀察整個大海。先理解作為整體的大海，才能理解作為部分的波浪。部分只有透過整體才能理解，就像我們不可能透過波浪來理解大海，而是透過觀察作為整體的大海來理解波浪。古典物理學妄圖透過部分之間的相互作用或因果關係來理解整體的世界觀，根本就是本末倒置。

隱秩序和顯秩序

玻姆將從機械論觀點解釋個別事物關係的基本框架，稱為「顯秩序」（explicate order）。在顯秩序中，作為「部分」的物體向外展開及延伸。另一方面，從整體性的角度來看，宇宙被視為一個巨大的整體，個別物體被理解為具有向內折捲及延伸的「隱秩序」，而不是具有外在的關聯。

如果說「顯秩序」是指這些物體像撞球的球一樣，在保持獨立而獨特的個別性之際，也形成一個整體，進行外在相互作用的話，那麼「隱秩序」就是指物體像生生不息的波浪，作為大海的一部份進行內在相互作用。撞球的球會在撞球檯上進行「向外展開」，而波浪則會重新回歸大海，進行「向內折捲」。

玻姆認為，宇宙的運作原理可以在某種程度上用顯秩序來解釋（譬如用古典物理學來預測撞球或火箭的動向等），但這種情況僅限於宇宙的某些特殊情況而已，因為宇宙在本質上是屬於隱秩序的。顯秩序並不是與隱秩序對立的概念，而只是隱秩序的一種特殊形式罷了。

所有看似互不相干的獨立物體都如同漣漪或波浪一樣只是表面如此，其實宇宙是「單一的整體」。隱秩序是隱藏在表面之下的整體秩序，而顯秩序則是暴露在表面之上的一部分隱秩序。機械論世界觀就是將顯秩序誤以為是世界的本質狀態，其實顯秩序只不過是隱秩序極小的一部分，比較特殊的一種型態罷了。就比如屬於顯秩序的水面上波浪，只是屬於隱秩序的整個大海

中極小的一部分一樣。顯秩序中，物體之間的相互作用是外展，而這同樣也是隱秩序運作方式──內捲的一個特殊形態而已。

無止境向內折捲的隱秩序，是宇宙的普遍樣貌和實際本質，顯秩序或外展只不過是抽象化視角的描述。也就是說，薛丁格的波動函數是隱秩序的描述，而對粒子因果互動的議論則可以說是顯秩序層面的解釋。

愛因斯坦的「統一場論」（unified field theory）可以說是在某種程度上接受了隱秩序和整體觀點的理論。這是因為粒子和成為其背景的空間及能量都被視為一個連續分佈在整個宇宙中的「場」（field）。如果把重力也包括在其中的話，它其實就成了「萬有理論」（theory of everything）。將空間這個背景和能量或粒子等實體視為同一個整體，就像將一朵朵波浪看成是大海這個背景（場）的一部分，而非獨立的粒子一樣。因此，背景和「場」在本質上沒有差別的這種看法，其實就是一種整體（wholeness）的觀點。

前面提到過的背景自我和經驗自我的概念，本質上也是同一個整體，而不是被分割成兩個實體。背景自我就像大海，經驗自我就像在特定情況下短暫出現的波浪。提高心理肌力的內在溝通訓練，可以說是超越我們在日常生活中經常能感覺到的經驗自我，覺察其背後如背景般存在的背景自我，並與之融為一體的修行過程。

唯氣論世界觀
與整體動態

內捲：泰勒-庫埃特實驗

戴維・玻姆將內捲（enfoldment）和外展（unfoldment）的總和概念化為「整體動態」（holomovement）理論，強調向內捲入之後，再向外展開的動態總和，就是宇宙的「原初實體」（primary reality）。人類所認知的物體、對象、型態、粒子等都只是根據整體動態結果產生的次要物質。一切以物質實體或獨立粒子的形式出現的物體，其本質都是不斷流動的整體動態。當這種「流動」相對穩定時，它就會以微粒子或物質等固定實體的型態呈現在我們眼前。它就像漩渦（vortex），看似一個固定的「實體」，實際上其本質是整體動態的一種「流體」形式。

關於這一點，魯道夫・里納斯提到的概念——「漩渦中的我」（I of the Vortex）具有重要的意義。我們之前探討的意識也像是一種漩渦，雖然看起來像是一個獨立的實體，但漩渦的本質其實是不斷內捲的隱秩序。我們每個人都覺得自己是一個固定的實體，但實際上，我們是不斷內捲和流動的隱秩序。一顆星如此，你如此，我如此，甚至微粒子也是如此，這個世界上的所有存在都是如此。

宇宙的基本秩序是內捲，玻姆稱之為「隱秩序」。這裡的「隱」（implicate）是一個拉丁文詞根，意思是「向內折捲」。世上萬物都是向著其他萬物的內部折捲的，作為一體的宇宙被內捲成一個部分，而一個部分在被內捲的同時又展開成一體的宇宙。世界看似由各種物體外在相互作用所組成，其實是根據這種深層的隱秩序所誕生的。另一方面，由相互具有外在關係的獨立事物所組成的世界是一個向外展開的世界，這可以稱為「顯秩序」（explicate order）。很明顯地，顯秩序在本質上只不過是隱秩序整體動態一種暫

時的、特殊的型態罷了。

　　舉例來說，電子在特定位置透過外展從能量團，即背景短暫地出現之後，又透過內捲重新進入背景，然後又出現在附近另一個位置，隨即再次進入背景，不斷重複這個過程。如果我們只專注於此時暴露在外的存在，而將微粒子視為獨立實體的話，那麼它看起來就像一個電子繞著一個軌道旋轉，然後在不見位移的情況下，像變魔術一樣一下子跳躍到另一個軌道去，這就是電子的「非連續性」。電子不是生命體，只是微粒子，因此我們必須將這種情況視為電子也是透過「內捲-外展」的重複過程，不斷進行「繁殖」或「自我複製」。這種觀點就是和機械論世界觀形成對比的唯氣論世界觀。

　　唯氣論世界觀將宇宙理解為一個巨大的整體，這個物體中包含人類感官無法辨識的暗物質或暗能量。無論是在夜空中出現的無數星星，還是我們看得到、摸得到的物質，都只是宇宙這個巨大能量體中隨處出現的異常孔洞而已。我們所能認識的一切物體都只是「輪廓」（figure），有一個作為整體的「背景」讓它們存在。譬如我們看到的只有水面上的波浪，但其中其實存在一片汪洋大海。宇宙萬物不是各自獨立存在的實體總和，人類所認知的作為「部分」的實體，都是人類任意分類後加以概念化、抽象化的物質。而且，這些作為部分的實體，雖然看起來像是各自獨立存在、對外相互影響，其實是因為它們都是整體的一部分，才會看似彼此存在相互關係或因果關係。

　　一個名為太陽的獨立實體，看起來像是透過重力吸引另一個名為地球的實體，進行相互作用。但事實上，無論是太陽還是地球，都只是浩瀚一體的宇宙之海表面上的小波浪而已。一朵波浪的掀起，會影響到旁邊另一朵波浪隨之掀起。之所以看似是波浪與波浪相互作用造成白浪滔滔，其實只是因為這些波浪都是整體大海的一部分。

　　玻姆提出的整體性和隱秩序的概念，對沉迷於機械論世界觀的人來說很難快速理解。玻姆透過流體力學的泰勒-庫埃特（Taylor-Couette）實驗，隱喻地解釋了隱秩序的概念。如【圖6-1】所示，將小圓筒放入透明大圓筒內，然後讓小圓筒在大圓筒內旋轉。再將高黏度透明液體注滿小圓筒和大圓筒之間的空隙，可以使用透明甘油或玉米糖漿，這就是泰勒-庫埃特裝置。

　　現在，用長滴管吸取一滴墨水滴入透明液體中，墨水會像單一顆粒一樣浮起來，而不會混進透明液體裡。接著，慢慢地將小圓筒向左旋轉，那麼靠

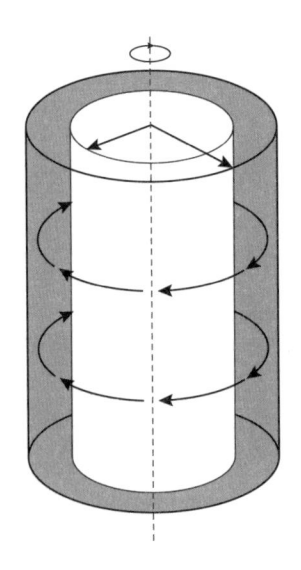

【圖 6-1】泰勒－庫埃特實驗裝置 將一個小圓筒放在一個透明的大圓筒內，然後讓小圓筒在大圓筒內旋轉。再將高黏度的透明液體注滿小圓筒和大圓筒之間的空隙，當小圓筒旋轉時，高黏度液體也會跟著旋轉，並且愈接近小圓筒表面，旋轉速度會變得愈快。

近小旋轉圓筒表面的液體會隨著圓筒大量移動，而更靠近外側固定的大圓筒的液體則少量移動。如果繼續轉動小圓筒的話，墨水會逐漸往旁邊擴散。轉動五、六次之後，墨水就會完全散開來，肉眼看不到了，原本看起來像一顆顆微粒子的墨水消失了。然而，如果換個方向改成向右緩慢轉動圓筒的話，墨滴就會像之前一樣開始出現，看起來就像粒子突然出現在透明液體中一樣。在流體力學中，這種現象稱為「泰勒-庫埃特流（flow）」。在共用一個中心的兩個圓筒之間的空隙裡注滿高黏度液體，再轉動內側圓筒時，就會出現這種現象。

現在，我們按照【圖6-2】（頁580）中的①所示，各加入一滴紅色、綠色和藍色的墨水，再轉動小圓筒看看。這麼一來，如②所示，看似獨立粒子的三個墨滴會完全混合在一起，粒子像能量一樣擴散在空隙裡。接著，再如③所示以相反的方向轉動小圓筒，則會如④所示，又會重新出

影片資料p300:
joohankim.com/data

唯氣論世界觀與整體動態　　**239**

現各自獨立的墨滴。

那麼，如果在一個巨大的圓筒中注滿高黏度透明液體，再滴入無數墨滴，然後轉動小圓筒的話，會發生什麼事呢？所有的墨滴會擴散到液體中再也看不見了。如果液體量夠多的話，會變得完全透明，墨滴似乎全都消失了。接著，再往反方向轉動小圓筒，墨滴又會突然出現在透明液體中。

如果先放幾滴墨水，轉了一圈之後，再放幾滴進去，再轉一圈。重複幾次下來，會發生什麼樣的事情呢？這樣旋轉n次之後，有的墨水第n次、有的墨水第n+1次或者第n+2次⋯⋯按照滴入順序呈現各自不同的「擴散狀態」。接下來，如果往反方向轉動，中途又改變方向轉動的話呢？那麼無數墨滴就會出現了又消失不見。

機械論世界觀把這些墨滴視為單一實體或粒子。如果我們把墨滴粒子看成是獨立實體，然後分析它們之間的關聯性，一定會找到某種相關關係。譬如一號粒子出現後，間隔一定時間，二號粒子跟著出現；或者是每次三號粒子出現時，四號和五號粒子就會消失；或者六號和七號粒子即使相距甚遠也總是同時出現等等，一定會觀測到粒子之間各式各樣的關係，就好像粒子們正在相互作用、互相影響似的。無論我們把這些現象稱為疊加、糾纏、非連續性，或其他什麼，反正一定會找到粒子之間的各式各樣關係。但事實上，所有這些粒子都是由「透明液體」這個巨大的「場」連接在一起的。此時，我們的眼睛只看得到墨滴，卻沒注意到作為一個整體的透明液體，彷彿我們觀察的對象只有粒子或電子似的。

從隱喻的角度來說，墨滴在透明液體中擴散開來的現象，可以說就是內捲的隱秩序。我們眼前看得到的所有粒子或物體，就像是滴入一體宇宙這個巨大圓筒裡的墨滴，也像不時會在浩瀚大海水面上掀起的波浪。無論是墨滴或波浪都被當成了單一的獨立實體，它們之間的顯秩序（墨滴或波浪的誕生和消失、因果關係、相互作用模式）可以靠計算得知，也可以建立模型。當然，我們不能說這麼做是錯的，相反地，在日常生活的一定範圍內，像這樣從機械論的角度來看待宇宙，或許更有效率，也更合理，但這卻不是宇宙的真實面貌。玻姆認為，這種顯秩序只是將隱秩序的部分現象以特殊方式抽象化之後，再從因果論的角度予以概念化。

這個實驗的意義打個比方來解釋的話，宇宙是一整塊的巨大透明果凍，

粒子或物體就像沾在果凍上的灰塵或小瑕疵，灰塵的運動或相互作用只不過是在反映果凍的運動而已。因此，並不是物體在獨立存在的同時，還展開外在的相互作用，而是作為一個整體的宇宙朝著自己向內折捲。而古典物理學家們一直以來在做的事情，就是從機械論的角度來觀察和解釋在這種內捲過程中顯露出來的極小部分現象。

我想再次強調，顯秩序不是隱秩序的相反概念。隱秩序是那些看似顯秩序事物的本質面貌，也是涵蓋了顯秩序的概念。同樣地，內在溝通不是外在溝通的相反概念。內在溝通是所有外在溝通的本質面貌，也是涵蓋了各類型溝通的概念。關於內在溝通的概念，將在第七章中詳細介紹。

魚缸裡的魚和全像術

將宇宙視為透明果凍或高黏度液體，其意義超出了單純的比喻，而是結合了狹義相對論和量子力學所誕生的量子場論（quantum field theory），把宇宙看成是一個相互作用的場（field）。從這個觀點來看的話，宇宙是一個「被真空塞滿」的空間，而不是宇宙的真空中有粒子在飄浮。由宇宙的一部分能量凝聚而成的「受激態」（excited modes），看起來就像光子或電子之類的粒子。相反地，能量分散的薄弱部分，看起來就像「真空態」（vacuum modes）。

粒子並不是獨立存在的，而是作為整個場的一部分存在。就好像一個巨大的透明果凍裡，顏色稍微深的部分是粒子、顏色稍微淺的部分是真空一樣。因為隸屬於同一個場的一部分，所以具有相同能量狀態的粒子，外觀看起來就是一模一樣。例如，剛誕生的渺子（μ：Muon）和過了一年的渺子是一模一樣，無法區分的，它們剩餘的平均壽命也完全相同。粒子不受時間的影響，因為它們完全相同，所以「渺子」這種粒子不具有時間性。它類似數位資訊，具有完全的可複製性，原件與複製品一模一樣。而且，數位資訊也同樣不具有時間性。因此渺子和數位資訊不會隨著時間的流逝而變舊，因為它們是完全一樣的。

空間根據粒子糾纏的程度來決定，糾纏愈強烈，距離愈近。距離或空間

是由量子糾纏所導出的，無論是三次元還是五次元的空間，都可以根據糾纏來定義空間。能量也可以用同樣的方式定義，因此空間和能量有一定的關係。這自然是與愛因斯坦的相對論有關，重力對時空的扭曲可以從波函數中很自然地導出來，所以相對論和量子力學也可以結合在一起。[24]如果我們進一步擴大這個觀點，不僅可以從純量子概念出發解釋波函數和量子糾纏，還可以導出相對論，乃至古典力學理論。

機械論世界觀是從顯秩序的角度來看待世界，這句話的意思是指人類任意分割宇宙這個整體，並將分割的各個部分視為獨立的實體，進而研究它們之間的相互關係，但是玻姆則透過另一個比喻來解釋這種情況。如【圖6-3】所示，假設在一個巨大的長方體魚缸裡有一條魚，我們可以透過從側面拍攝的攝影機A和從正面拍攝的攝影機B，來觀察這個魚缸中的魚。隔壁房間放了兩台顯示器，可以即時顯示來自攝影機A和攝影機B各自傳輸的影像。人類被困在一個名為大腦的房間裡，必須透過映照在意識中的感覺訊息（顯示器上顯示的影像）來推斷宇宙的真實面貌（隔壁房間的魚缸）。

機械論世界觀是將出現在兩台顯示器上的魚視為互不相同的獨立實體，實際上看起來也是有點不太一樣。因為顯示器A上面看到的是側面，顯示器B上看到的是正面。這時，顯示器A和B上映照的兩條魚的動作之間，就存在一定的關聯。大家一定會「發現」，B影片中魚頭的動作是由A影片中魚擺尾的方式來決定的。於是，與此相關的因果論就此成立。

一條魚在兩個螢幕上以完全不同的面貌出現的情況，是三次元的二次元表現，兩個影像之間必然會存在著關聯。同樣地，我們在三次元世界中觀察和測量的所有物體或粒子，其實很有可能是存在於更高次元物體的三次元投影。這表示我們所熟悉的三次元世界中的個別物體，有可能只是存在於更高次元的同一物體的幾種影子。各個實體之間為什麼會看似具有關聯性，是因為從較低的三次元世界觀看較高次元實體時，該實體的各種影像會顯得像是各自獨立的存在，這就是「全像宇宙論」的核心想法。

丹尼斯・蓋博（Dennis Gabor）發明的「全像術」（Holography）是將整體以一體方式來記錄，而不是將其分割成部分來記錄的代表性技術。「Holo」在希臘文中是「整體」（whole）的意思，而「graph」則是「記錄」或「記述」的意思。換句話說，全像術就是「記錄整體的工具」之意。

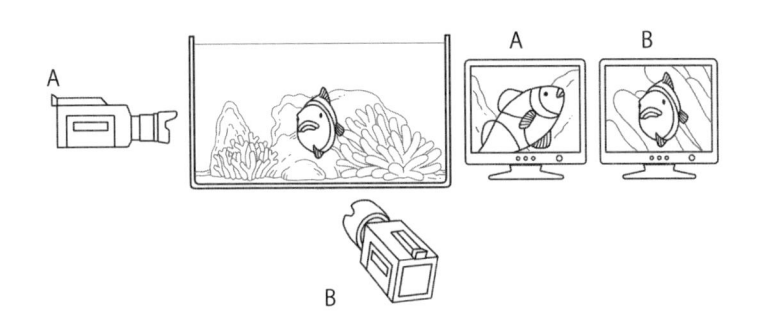

【圖6-3】魚缸裡的魚和次元的縮小　使用兩台和攝影機相連的顯示器來觀看魚缸中的魚，這就像透過兩個二次元的影像來表達一個三次元的實體一樣。這時，在兩台顯示器上出現的兩幅魚的影像之間，通常會顯出某種特定的關聯。如果按順序查看顯示器的話，就會覺得兩幅影像之間似乎存在因果關係。

　　蓋博發明的全像術原理如下：全像術中會使用雷射，一般的光線是無序的，而雷射光線則是秩序井然的光線。當雷射光束射向半透明鏡子時，一半被反射，另一半在碰觸到半透明鏡背後的物體時會分散開來，然後與原本反射在半透明鏡上的光束合併，進而造成互相干擾。這樣合併的影像可以被保存下來，但外觀看起來不是與物體的原始影像完全不同，就是成為難以辨識的影像。然而，若再次以與最初照射影像相似的雷射光束照射，便會產生如同物體反射光線般的波動，這正是我們眼中所見的三次元立體影像。

　　這裡重要的是，全像術的每個部分都包含整個物體的影像。在一般的拍攝照片中，物體的每個部分都和照片的每個部分存在一對一的對應關係。換句話說，照片中的一個像素就對應物體的一個部分。然而，全像術是即使只擷取一個部分來看，裡面也包含了整個物體的影像，只不過看起來有點模糊，可以看到的視角有限。而所有這些模糊的訊息匯集在一起，就會形成一個更清晰的影像。

　　在全像術中，每個部分都包含有關整體的訊息，這就類似於一個人的每一個細胞裡都包含這個人所有的遺傳訊息一樣。全像術的特徵是整體包含在部分中的「部分的整體性」，以及整體透過部分顯示的「整體偏向性」，全

像術中的整體相關訊息會向每一個部分進行內捲。

「整體」模糊地包含在「部分」中的情況，無法用機械論世界觀來解釋。但宇宙就像全像術，在單一細胞中包含有組成個體的所有訊息，在一滴水中包含有整個海洋，在一個人的意識裡包含他所屬共同體的語言和文化的所有訊息。而我們身體的每一個原子裡，也原封不動地包含了構成宇宙的原子結構比例。這就是宇宙的真實面貌，整體向著部分進行內捲。

全像世界在我們的日常生活中比比皆是，譬如當我們在一個房間裡，整個房間每個部分反射的光線從我們的眼睛裡傳到視網膜，再透過視神經內捲進入大腦，最後就成為我們對整個房間的知覺和認識，然後再外展出去。又或者像一朵波浪內捲進入大海，又成為另一朵波浪外展出去。在電視上，光和聲音的訊息以電波形式的訊號內捲進來，再透過電視螢幕和揚聲器外展出去，形成影像和聲音。當我們透過望遠鏡觀察宇宙時也是如此，宇宙整體的時空訊息透過內捲被以光的形式傳遞給我們。還有當我們觀察粒子時也會出現同樣的現象，整個宇宙的運動被投影到一個稱為粒子的部分上，並透過內捲傳遞給我們。

全像術的這些特徵在「聲音」中表現得尤為明顯。聲音通常被比喻為「波」，但是聲學（physics of sound）研究者約翰・斯圖爾特・里德（John Stuart Reid）解釋說，把聲音比喻為像肥皂泡或氣球那樣的大「氣泡」（bubble）會比「波」更正確。因為充滿在一個巨大球狀空間裡的全部訊息，與形成這個空間邊界的某特定部分所發現的訊息相同。換句話說，橡皮氣球的任何一個部分都包含整個氣球所擁有的全部訊息，這就是「全像原理」。

向四方擴散的聲音，就像無止境膨脹的氣球一樣，其邊界的每一個分子震動中就包含有整體震動訊息。當聲音擴散開來時，整個音響空間（氣泡）中的每一個震動裡都有著完全相同的訊息。舉例來說，舞台上有一位演奏者在演奏樂器。這時，樂器聲音就像巨大的氣球一樣呈現球形膨脹，擴散到音樂廳的整個空間。因此，無論我們面對樂器的哪個方向都可以聽到相同的演奏。可以確定的是，這樣擴散出去的樂器演奏聲音，無論我們是以聲波、電磁波或任何一個地點測量，都包含相同的訊息。這就像我們可以在膨脹的氣球內部和表面任何一處地方得到完全相同的訊息，是一樣的道理。這種現象也無法用機械論世界觀來解釋。

我們的內耳有一圈圈捲起來的耳蝸，裡面填滿了淋巴液，分布著感知液體動態的纖毛狀聽覺神經。耳朵是聽覺的重要器官，耳蝸整個拉開的長度只有3公分，但是耳蝸能聽到的聲波長度卻遠遠大於此。鋼琴的最低音（27.5赫茲）波長（wavelength）約為12.4公尺，而僅有3公分長的耳蝸是如何辨識超過10公尺的波長中所包含的音訊呢？這是從機械論世界觀或古典物理學的角度所無法解釋的現象。

　　音訊固然是以波的形式傳遞的，但並不是波的各部位包含著各不相同的訊息。如果是這種情況的話，耳蝸就無法分辨鋼琴的各式各樣音符。整體音訊其實是平均地分布在一道波的所有部位，只不過數據的密度不同而已。這也表示整體訊息是以略為模糊的方式全部包含在各個部分裡的意思。

　　鋼琴的特定聲音會透過空氣分子的運動震動鼓膜，這種震動又會使得耳蝸裡的淋巴液晃動。透過淋巴液傳遞的顫動訊息震動聽覺細胞的纖毛時，淋巴液分子的每一個動作都包含波的所有訊息。換句話說，每一個承載音訊的空氣和淋巴液分子的動作中，都模糊地包含了有關那個聲音整體震動的訊息。每一次模糊的震動匯聚起來，就形成了更密集、更清晰的音訊。就像這樣，從聲音將本身訊息整體平均分布在空氣或液體分子中傳遞的這點來看，就具有了典型的全像特性。透過演出者的演奏所發出的音訊整體會向內折捲進每一個空氣分子的震動中，這就是內捲的典型例子。

　　不僅是聲音，音樂也有具有隱秩序。戴維・玻姆在主張音樂也具有全像特性的同時，也把音樂當成隱秩序的一個範例。我們在聽演奏時，聽到的不只是當下這一刻演奏的樂音，還一起聽到先前或更早前演奏過的樂音。以鋼琴演奏為例，我們會聽到的不只是演出者按下鍵盤這一瞬間的樂音，還會聽到剛才彈奏過的各種樂音的餘音。也就是說，除了演奏這一瞬間的樂音之外，還同時存在著先前彈奏過的各個樂音的早期反射音（early reflection）和聲音的殘響。這是從外界傳遞給我們感覺器官的聽覺訊息，這種聽覺訊息透過基於自由能原理的主動推理與內在模型結合，產生所謂「聽覺」的知覺碎片。這些碎片再與情緒或記憶的生成模型相互作用，向我們的意識伸展，這與無數的波朝著一個全像投影伸展的結構非常相似。

隱秩序與
物心二元論問題

物與心本質上是一種隱秩序

　　一個整體的宇宙是一種內捲的隱秩序，而隱秩序最典型的例子就是人類意識。意識和宇宙中其他所有能量一樣，也是一種「流」（in flux）。當然，意識也可以具有隱秩序的型態，譬如具體的想法、情緒或記憶就屬於這類例子。然而，在想法或情緒的背後，總有一個覺察它們的背景自我。就像物體的存在，必須有空間作為背景；聲音的存在，必須有寧靜作為的背景；波浪的存在，必須有浩瀚的海洋作為背景，想法、情緒、記憶的存在，也必須有一個背景自我。這個背景自我是一種作為整體將思想或情緒包含在內（imply）的隱（implicate）秩序。

　　根據戴維・玻姆的理論，意識的本質是作為整體的隱秩序。事實上，思維的結構、功能、運作、內容都是在隱秩序中完成的。思維的「顯-隱秩序」的關係，就類似物體的顯-隱秩序的關係。顯秩序只是隱秩序一種特殊的、局部的存在。想法、情緒和記憶可以說是一部分的背景自我處於凝聚或受激的狀態，這就好比波浪是整個大海的極小部分暫時處於受激狀態一樣。背景自我作為覺知主體，可以說是想法、情緒和記憶等心理作用的場（field）。

　　玻姆認為，心靈和物質在都是隱秩序這點上有共同點，相對來說，獨立且個別的物質是來自心靈的隱秩序外展而來的。由於心靈與物質同根同源，緊密相連，所以可以說它們並沒有本質上的差別，兩者就像緯紗和經紗一樣「交織」（interweave）在一起。唯有領會心靈和物質都是基於隱秩序時，我們才不至於陷入物心二元論，而能正確地理解兩者之間的差別。

　　建立機械論世界觀的代表哲學家笛卡兒，將物質與心靈徹底區分開來。

然而笛卡兒面臨的問題，是心靈（認知世界）到底該如何認識本質上完全不同的物質（存在世界）。為了解決這個問題，笛卡兒不得不引進上帝（God），因為認知世界和存在世界都是上帝創造的，所以只有上帝才能建立兩者之間的關聯。換句話說，歸屬「心靈」的人類能夠認識到「物質」，完全是因為神的存在，而人類能夠認識這個世界，本身就是證明神存在的有利證據。

物心二元論不可避免地會延伸到觀察者與觀察對象的二元論，這又會導致另一個嚴重的問題。即使我們討論宇宙的整體性，也就是說，即使我們將宇宙視為「一個整體」，只要我們區分觀察者和觀察對象，觀察者就別無選擇只能從那個整體中剝離出來。將宇宙視為「一個整體」的觀察者，無法成為觀測對象──宇宙的一部分。於是又有新問題出現，因為觀察者必然有多個，那麼每個觀察者對其他觀察者來說都成為了觀察對象。再者，如果我們按照笛卡兒的邏輯，就必須認識神的存在、理解神的旨意、相信神的存在。無論以何種方式，都必須將神作為「認知」的客體（對象）。但是，當神成為人類認知對象的那一刻，神就不可能再成為整合認知主體和客體的基礎。

玻姆認為，物心二元論問題可以從隱秩序的觀點簡單地解決。按照隱秩序的觀點，物質和心靈原本就是一體（one reality）兩面，只有意識領域可以直接體驗隱秩序。人類的意識是作為整體的存在內捲的結果。也就是說，作為隱秩序的一部分，每個人都與整個宇宙和所有其他人類有著內在的聯繫。

Soma-Significance：物心一體的表現*

為了展開物質與心靈同根同源的論點，玻姆引進了所謂「Soma-Significance」（身-義）的新概念，Soma是希臘語「身體」的意思，指的是物質，「Soma-Significance」是從最普遍的意義上表現「物心一體」的詞彙。玻姆

---

* 譯者注：因作者會在後文Note中解釋這兩個新概念使用韓文外來語音譯的原因，為了對應後文譯者也不使用中文譯名。「Soma-Significance」在《西藏生死書》中譯為「身-義」，而「Signa-Somatic」在四川師範大學張桂權教授發表的〈論玻姆哲學的後現代精神〉一文中譯為「意-體」，也可以按照《西藏生死書》的方式，譯為「義-身」）

之所以費心引進這樣一個新術語，是因為「物質」和「心靈」這兩個詞已經成為對比和二分法的概念深入人心，因此很難用這兩個單詞來發展一體兩面觀點的討論。事實也是如此，自笛卡兒以來的數百年期間，許多人堅信物質和心靈是完全不同的個別事物，因此玻姆不得不引進全新的概念來取代「物質」和「心靈」這兩個詞。最後，「Soma-Significance」可以說是一個概念框架，用於發展物心一體的綜合觀點。

「Soma-Significance」的概念涵蓋了「身」（物質）及其意義（心靈）是一個實體（reality）的兩面，而不是兩個獨立存在的意思。換言之，這就是作為整體的一個實體所呈現（外展）的兩種型態。透過人類身體感官所感知的東西是物質，而從人類意識裡所呈現出來的則是意義，兩者互相包容。所有的物質都具有意義，所有的意義其實都是有關特定物質或對象。同根同源的物質和意義，是被人類的身體和意識一分為二的。

從【圖6-5】可以看出，「Soma-Significance」的關係運作在幾個層級上。這與我們之前所探討的弗里斯頓的深度（deep）主動推理系統中自下而

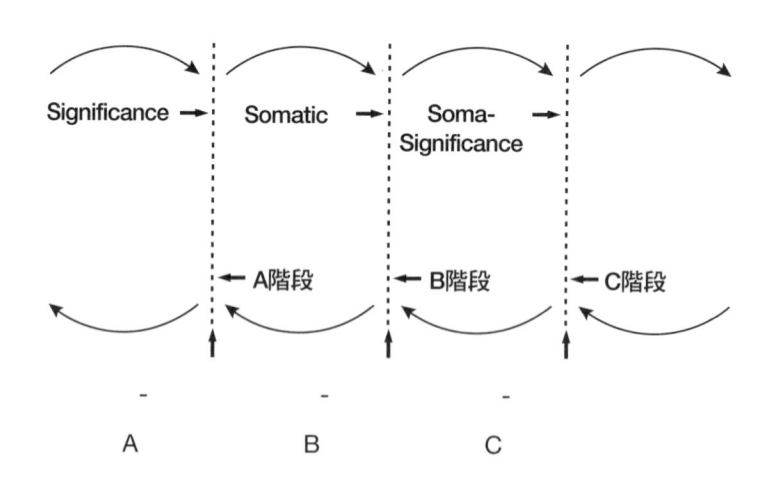

【圖6-5】Soma-Significance 的層級結構　「身-義」的關係類似弗里斯頓主動推理系統的深層結構。在層級結構中，自下而上的的感覺訊息可以說是與「身」相關（somatic），而自上而下的預測誤差系統則是與「義」相關（significant）。

第六章　隱秩序與內在溝通

上的感覺訊息和自上而下的預測誤差系統的層級結構非常相似。

另一方面，玻姆認為「Soma-Significance」關係雖然重要，但與之相反的「Signa-Somatic」（符號-身）的關係也很重要。[25]身體接收到的感覺訊息自下而上（bottom-up）的過程，可以說是「Soma-Significance」，而來自生成模型的預測誤差自上而下（top-down）的過程，則可謂之為「Signa-Somatic」的過程。這種概念上的相似性也暗示，弗里斯頓的自由能原理和主動推理模型，可以透過玻姆的內捲和隱秩序概念重新加以詮釋。目前，無論是弗里斯頓的主動推理模式，還是馬可夫覆蓋等概念，在玻姆眼中仍舊是基於機械論世界觀。為了克服這種侷限，就需要有一個重新將預測誤差更新過程或生成模型的運作以內捲來解釋的過程。在建立這種契合點的過程中，內在溝通的觀點可以提供非常重要的理論框架。

Note　Soma-Significance以音譯標示的原因

我為什麼不把「Soma-Significance」翻譯成純韓語，而用外來語音譯的方式標示呢？因為如果翻譯成「身-義」的話，搞不好會招致誤解。「soma」一詞，指的是主觀和客觀合而為一的身體，而不是既是物質也是肉身的身體。因此，為了玻姆所強調的物質與心靈一體兩面的立場，我認為「soma」是比「body」更正確的選擇。但是，不管是「body」還是「soma」，在韓文都只能翻譯成「몸」（身體），為了消除不必要的誤會，我只好寫為「soma」。

「Significance」也一樣，真的要翻譯的話，應該是「意義」的意思。但是玻姆接著就透過比較「Soma-Significance」的關係和「Matter-Meaning」的關係，展開了討論。如果把「significance」翻譯成「意義」，「meaning」也翻譯成「意義」的話，讀者諸君就很難理解玻姆在說什麼。

「significance」的語源是「sign」，作為符號運作的結果所產生的「意義」就是「significance」，所以符號是物質與意義的結合體。就像「soma」一詞已經帶有主觀和客觀結合的語感一樣，「significance」這個詞也帶有物質與意義結合的語感。玻姆認為，如果「Soma-Significance」是指從物質向著心靈的內捲,那麼與之相反的從心靈朝向物質的外展,我就稱之為「符號-Soma」(signa-somatic)。「signa」是「sign」的拉丁文,從這裡也可以看出,「Soma-Significance」中的「significance」是指和符號相關的某種東西,或是「作為符號運作產生的意義」。因此,雖然「Soma-Significance」也可以翻譯成「Soma-符號」或「Soma-符號意義」,但這卻說不上是令人滿意的翻譯。所以,即使會讓讀者諸君感到有點陌生,我還是認為用「Soma-Significance」的外來語標記,會更準確地傳達玻姆的論點。

物質、意義、能量的三位一體關係與自我的三種範疇

充滿符號的宇宙

玻姆的「Soma-Significance」與符號學中的「符號」（sign）概念非常相似。符號被定義為物質和意義的結合，符號是承載意義的物質，也是物化（materialization）的意義。譬如印刷在紙張上的墨跡向讀者傳達意義的情況，或者當組成電視螢幕的像素向觀眾傳達意義的情況等，都算是玻姆「Soma-Significance」關係的例子，而這些就是「意指過程」（semeiosis）。雖然玻姆沒有使用「符號」這個詞，但從他對「Soma-Significance」關係的解釋，可以發現他其實將宇宙中的一切都視為一種符號現象。

戴維·玻姆的這種觀點與查爾斯·桑德斯·皮爾斯非常相似。皮爾斯也認為，宇宙不只是由物質組成，還是由物質和意義組成，所以說「這個宇宙充滿了符號」。我們直接看看皮爾斯怎麼說。

「任何現象的解釋，最後都取決於我們如何理解這個宇宙。然而，宇宙是一個整體，不僅包含作為物質存在集合的宇宙，也包含物質存在的宇宙本身，甚至還包含了我們稱之為『真理』的所有非物質存在。作為這樣一個整體，就算我們不知道宇宙是否由符號構成，至少知道這個宇宙充滿符號。」

玻姆的Soma（物質）和Significance（意義）的關係，與斐迪南·德·索緒爾（Ferdinand de Saussure）的「能指」與「所指」的關係非常類似。「所指」（signified）是承載了意義的符號物質的一面，「能指」（signifier）是透過名為「所指」的物質呈現出的意義。乍看之下，「Soma-Significance」的關係和索緒爾的「能指-所指」概念一樣，看起來都是二元（dyadic）關係。但是，玻姆強調，Soma和Significance建立關係時，需要能量。也就是說，Soma、符號、能量這三種要素形成了三位一體（Triad）關係。

Soma和符號的關係，可以適用物質與意義的關係。物質與意義相互內捲進去之後，又外展出來，這時就牽涉到能量。為了理解物質與能量系出同源，而居中連接兩者的是意義，我們有必要先探討一下時間和空間的物理學意義。

　　在將物質視為固定實體的機械論世界觀中，時間與空間是絕對的、不變的，而且無論哪一種物質，都是先驗給定的，這就是「絕對時空」（Absolute time and space），自17世紀以來，經由笛卡兒、康德、牛頓成為了我們的常識。絕對時空已經是數百年前的老舊概念，也是100多年前愛因斯坦發明相對論之後遭到廢棄處理的概念。然而對於許多活在21世紀的現代人來說，時間和空間是永恆不變的機械論世界觀仍舊是一種根深柢固的傳統觀念。

　　時空不是絕對的，也不是先驗的存在，而是由能量和物質所產生、會改變的存在。時間與空間不是物質的先決條件，反而能量與物質才是時間與空間的先決條件，這是物理學上的事實。相對論的核心是廢除空間和時間的絕對性，機械論世界觀在牛頓物理學和愛因斯坦物理學的決定性差異，就在於時間和空間的絕對性。根據相對論的看法，時空是由重力等能量所產生和轉化的一種能量場（field），因此不能成為絕對的標準。宇宙中絕對不會改變的只有光速，而不是時間和空間。

　　宇宙中有些物體以接近光速移動，而且數量很多，譬如構成物質的電子或中子等微粒子。電子不像光那樣沿著一個方向直線移動，而是被反射後前後移動。這樣的左衝右突造就了時間和空間，也將能量轉化為物質狀態。物質是能量的凝聚，這種物質凝聚就是「受激態」。當左衝右突的狀態停止時，物質又會恢復成能量。宇宙中一切物質的基本狀態是能量，當電子的衝突狀態形成一定模式時，就會產生物質。就像這樣，物質和能量在本質上是相同的，能量凝聚成為物質，造就時間和空間。因此，純能量中既沒有時間，也沒有空間。

　　人體是由物質構成的，人類也是由能量所構成的存在。構成身體的物質部分也是能量，生命現象本身就是能量的作用。意識也是如此，不是物質，而是純能量。因此，意識中既沒有時間，也沒有空間。意識造就了時間和空間，而不是被時間和空間所束縛。因此，人類的意識超越時間和空間，這就是意識的基本特徵。意識可以遍及整個宇宙，因為純粹意識就是純能量。意

識以能量流的型態表現出來,就是「意義」。意義與敘事生成過程的內在溝通,都是能量流。玻姆將物質、能量和意義視為三位一體關係。而在中間將物質轉化為能量,再將能量轉化為物質的媒介,就是「意義」。

皮爾斯認為宇宙幾乎所有一切都是由符號構成,他也將意指過程視為三位一體的關係。這三位一體關係是由意指過程的三個基本元素組成,這三個元素無法壓縮或還原成二元關係。根據皮爾斯的看法,意指過程不是客體與主體,或是兩種物件、兩個人等兩個個體之間的二元關係,這裡我們先簡單了解一下所謂「意指過程」。

被認為是現代符號學創始者的皮爾斯,將符號定義為「在人類心靈中可以取代任何對象的一切物件」,這句話就已經涵蓋了意指過程的三要素,即人類心靈(意義)、特定對象,以及指稱該對象的符號。舉例來說,所謂「狗」這個字,本身就是一種符號,可以用墨水印刷在紙上,也可以用水彩顏料畫在畫布上,或是在電視螢幕上處理成字幕。無論具有什麼樣的物質基底,全都只是一種符號而已。用墨水印在紙上的「狗」這個符號,是以印刷媒體為基底;出現在電視螢幕上以字幕處理的「狗」這個符號,是以名為電視的電子影像媒體為基底。像這樣,同一個符號「狗」可以存在於各種媒介物,也就是各種物質基底上。

符號一定要有物質基底,因為符號必須被辨識,沒有物質基底,就無法被我們的身體辨識;無法被辨識,就成不了符號。單純的一個想法或意義本身,如果不能表現在足以讓它被辨識的物件上,就無法成為符號。

就像這樣,意指過程永遠都是由三項要素的相互作用所組成的。對象(object或referent)、代表項(sign vehicle或representamen),以及解釋項(interpretant或sense)。這裡的「解釋項」可以是人,也可以是那個人對符號的想法,或是符號的意義。(一)對象:符號所指示的物件,(二)指示特定對象的符號,(三)將對象與符號結合在一起的意義。這三項要素互相依存產生意指過程。在這三位一體關係中,每個要素的存在都必須依賴其餘兩個要素。例如,(一)實際存在於這個世界上的一種動物「狗」是對象,(二)指示該對象的「狗」字或詞彙是代表項,(三)帶有是四足忠心寵物「意義」的抽象的「狗」是解釋項。從這裡很容易就能看出,這種三方關係與玻姆的物質、意義、能量三方關係,具有非常相似的結構。

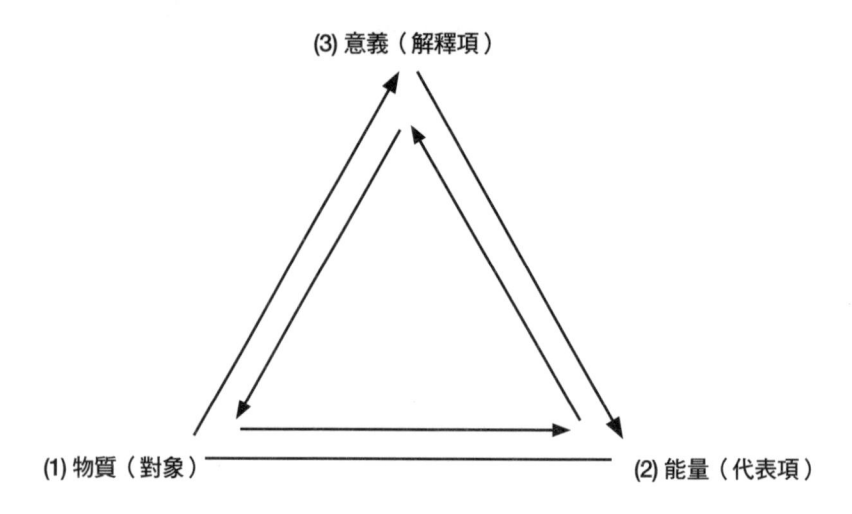

```
                    (3) 意義（解釋項）
                         ▲
                        ╱ ╲
                       ╱   ╲
                      ╱     ╲
                     ╱       ╲
                    ╱         ╲
                   ╱           ╲
                  ╱             ╲
                 ╱               ╲
(1) 物質（對象）─────────────────▶ (2) 能量（代表項）
```

【圖6-6】物質－能量－意義三方關係與意指過程的三方關係　玻姆的物質－意義－能量（matter-meaning-energy）的關係，完全對應了皮爾斯意指過程中對象－解釋項－代表項（referent-interpretant-representamen）的關係。對象是依據所指的具體對象，也是物質；解釋項是代表項的意義。作為能量的代表項將對象和意義結合在一起，形成動態的三位一體關係。

　　根據玻姆的Soma-Significance的觀點，物質-意義-能量（matter-meaning-energy）的關係準確地呼應了皮爾斯在「意指」過程中的對象-解釋項-代表項（referent-interpretant-representamen）的關係（參照【圖6-6】）。而這種三位一體的關係也對應著皮爾斯的第一元（firstness）、第二元（secondness）、第三元（thirdness）的三種基本範疇。

自我的三種範疇

　　從內在溝通的角度來看，具體而物質化的存在可以說是記憶自我，作為背景的純粹意識是背景自我，而連結兩者的則是經驗自我。從玻姆和皮爾斯的三位一體關係的觀點來看的話，我們可以知道自我（self）分為三種範疇。

記憶自我（remebering self）

這就是我們日常生活中所說的「我」。記憶自我的另一個名字是「自我」（ego），這是唯有透過與他人的區分和比較才存在的「我」。它是具有特定傾向、個性的存在，也是擁有特定履歷和個人歷史的存在。因此，它也被稱為個別自我（separate self）。為了將自己與他人區分開來，我們就會不斷地想「擁有」各種東西。記憶自我擁有的就是自我意識，它不斷對周圍的環境和人們作出「反應」和「抵抗」。我們透過抵抗來進行區分和反應，也透過不斷與他人比較來感受優越以尋求存在的意義。記憶自我是將想法和情緒的能量凝聚激發，累積成記憶團塊的存在。因為記憶自我總是與過去糾纏在一起，並將過去投射到未來，使我們對未來感到焦慮。我們的身體為了在特定環境中「生存」而發展出各種動作，記憶自我就是加強各種嘗試以協調這些動作的結果。

經驗自我（experiencing self）

這是體驗當前正在發生的事情時才會啟動的自我。康納曼透過包括直腸內視鏡實驗在內的各種研究，發現了「正在經驗中的自我」，這個存在就是體驗當下痛苦或快樂的經驗自我。經驗自我向來存在於當下，當我們感到身體的疼痛或感到心情平靜，或因幸事感到快樂時，經驗自我就會全面顯露出來。幸福是唯有通過當下發生的事情才能感覺到的，米哈里・契克森米哈伊（Mihaly Csikszentmihalyi）所提到的「心流」（flow）經驗就是代表性的例子。我們可以透過激烈運動、表演藝術、令人讚嘆的大自然、深度對話、真正的愛情得到亞伯拉罕・馬斯洛（Abraham Maslow）所說的「巔峰經驗」（peak experience），而這種經驗的主體，就是經驗自我。

背景自我（background self）

這是覺知記憶自我或經驗自我的存在。背景自我就像一股純能量流，看不見、摸不著。作為純粹意識，背景自我只是覺知的主體，而不是客體。正如每個物體的背後都有一個它所占據的空蕩蕩空間、每一個聲音的背後都有它所占領的靜默一樣，每一個記憶自我或經驗自我的背後都有一個背景自

我。有了背景自我,才使得記憶自我或經驗自我得以存在,也使得這兩種自我的存在得以覺察。背景自我讓我們認識到記憶自我只是我所擁有的某些事物的總合,而不是我自己。背景自我是在我經歷某件事的那一刻,覺察到「啊,我目前正在進行這樣的經驗」的存在。如果記憶自我是作為實體的自我,那麼背景自我就是作為純能量的自我。

以純能量形態充滿我們內在的透明存在,就是純粹意識,也可以說是背景自我。正如部分能量凝聚受激成為粒子一樣,部分意識透過凝聚受激變得像粒子一樣暴露出來,那就是想法和情緒,這些思維流和情感流構成了經驗自我。這些想法變成了故事,累積成情節記憶,就是「自我意識」,而其堆疊體就是「記憶自我」(ego)。

正如意義將能量和物質連結起來一樣,經驗自我也將背景自我和記憶自我連結在一起。就像物質出自能量,如同能量的另一種型態一樣,記憶自我也出自背景自我,是背景自我的另一種特別型態。物質-意義-能量三位一體創造出宇宙的各種現象,對象-解釋項-代表項三位一體創造出各種意指過程。同樣地,記憶自我-經驗自我-背景自我三位一體創造出來的,就是內在溝通現象。

內在溝通訓練的目標,不是否認或消除記憶自我,而是更深入地理解。三種範疇的自我不過是同一股能量的三個層面罷了,本質上相同,而問題在於,我們只相信記憶自我的存在,或誤以為記憶自我就是自己的本質。當我們深信記憶自我(ego)就是我自己的時候,各種痛苦、煩惱、磨難於焉開始。然而,我們不能因此就全盤否認記憶自我,也沒有那個必要。記憶自我是我們為了在特定環境中求生存而進化的結果,是非常有用的機制。只不過我們必須明白,記憶自我是背景自我的一種特殊形態,也是能量凝聚受激的暫時狀態,是名為「我」的存在不斷變化的一個層面而已。在最初的意義上,我是作為純粹意識的背景自我。將記憶自我和背景自我連結在一起的,是經驗自我。背景自我透過經驗自我,作為覺知主體出現在當下;而透過經驗自我,我們才能意識到背景自我的存在。內在溝通訓練的目標是讓我們領悟記憶自我、經驗自我、背景自我都是同一股能量流的三個層面,讓自我的這三個層面能在日常生活中和諧地融合在一起。以下簡單整理上述三位一體

關係的各種型態。

　　　物質　　：意義　　：能量（matter：meaning：energy）
　＝對象　　：解釋項　：代表項（referent：interpretant：representamen）
　＝一元性　：二元性　：三元性（firstness：secondness：thirdness）
　＝個別自我：經驗自我：背景自我（separate self：experiencing self：background self）

玻姆與弗里斯頓：
主動式資訊與主動推理

主動式資訊與資訊行為

關於內在溝通，特別值得注意的是玻姆的「資訊」（information）概念。玻姆所說的「information」包含一般意義上的「資訊」，但也具有更深的意義。玻姆關於資訊概念的獨創性想法出現在1952年發表的有關〈隱變量〉（hidden variables）的論文中。[26]

玻姆認為，雖然電子是具有實體的粒子，但卻是透過量子位能（quantum potential）這個新種類的力量來進行「引導」（guide）。在物理學中，位能（potential）的效果通常由力量的強度或大小來決定，而量子位能不是由力量的大小決定，而是「形態」（form）。

玻姆對雙狹縫實驗（Double-slit Experiment）也使用了量子位能的主動式資訊（active information）概念提出新的解釋，來取代波函數塌縮的傳統哥本哈根詮釋。粒子具有可以通過雙狹縫之一的位能，實際上電子只選擇了一個狹縫。但是量子位能擁有兩個狹縫的資訊，作為一種位能，這些資訊都是呈活躍狀態的。然而一旦電子選擇了單一通道，在通過這個特定通道的那一瞬間，另一個通道的資訊就會變得遲鈍（inactive）起來。這只是看起來像是根據「人類意識的觀察者效應」所造成的情況而已，其實是與實驗條件相關的資訊直接作用在電子之間。玻姆的假設在數十年後透過實驗得到了證實，事實證明，電子可以被視為由「主動式資訊」引導的粒子，而不是先以波的形式，再以粒子的形式改變狀態進行。薛丁格的波函數是包含在粒子運動中的主動式資訊。

玻姆將作為物理實體的電子視為「過程」，而不是固定的粒子。電子就存在於這個不斷朝內部特定方向塌縮的同時也向外展開的過程中，而這個過

程是由量子位能所引導的。為了量子粒子或量子事件的存在，就需要有量子位能或「資訊行為」（activity of information）。資訊作出「行為」這句話不是單純的隱喻，事實上，資訊作為物理實體執行特定「行為」，也算是一個做了某些事情的主動實體。[27]

玻姆本人也承認，「資訊行為」這個概念聽起來一定會感到很陌生。在機械論世界觀中，「行為」是一個只適用於物理實體的概念，因此很難想像非物理實體的「資訊」會作出任何「行為」來。然而，正如我們透過「Soma-Significance」（身-義）概念所了解的，從這個物理學觀點來看的話，物質和心靈都是能量，本質上是同一個實體。因此，「主動式資訊」（active information）的概念也可以說在理論上提供了物質與心靈銜接的紐帶。

在「資訊行為」的概念中，「資訊」的運作方式與我們日常生活中經常接觸的資訊非常相似。在克勞德・夏農（Claude Shannon）的資訊理論中所介紹的「資訊」，是為人類準備的主觀（subjective）資訊。也就是說，這是指對人類有意義且會產生影響的資訊。而物理學觀點的資訊，是為了粒子，而不是為人類準備的客觀（objective）資訊，這可以說是非常特殊的概念。然而，玻姆的長期共同研究者巴西爾・海利（Basil Hiley）卻主張，即使有夏農資訊理論中提到的「主觀」資訊，也需要有從物理學觀點出發的「客觀」資訊概念。他認為，夏農的資訊理論需要透過物理學觀點的「主動式資訊」概念來完善。

玻姆將量子位能或主動式資訊的運作方式，比喻成一艘大船使用雷達訊號尋找方向。雷達訊號明顯會影響船隻的行進和方向，所以其實船從來都不是靠「力量」拉動，而是靠引擎動力和周圍環境如海浪和風力，只不過船要接收到雷達訊號的「引導」才隨之移動。也就是說，船是被所謂雷達的「資訊」移動的。此時，雷達訊號雖然是一個物理實體，但另一方面，它也是一個處在不斷「形成」（in form）船隻行進方向過程中的位能。這種位能就是資訊的本質，換句話說，資訊（information）是一個「形成過程」（in-formation）。

量子位能將電子視為粒子和場（field）不可分割的結合。場不僅作為隱秩序，也作為主動式資訊引導粒子的行為，場的概念可說是是區分量子物理學和牛頓古典物理學的關鍵。主動式資訊的概念是「宇宙作為一個不可分割

的整體」和量子物理學「非局域性」的基礎。此外，主動式資訊的概念很自然地便與不區分物質和心靈的新理論連結在一起，其核心概念不是獨立實體之間的外在相互作用，而是作為整體之一各種要素的「內捲」和「參與」。

玻姆認為，在「Soma-Significance」關係中，正如意識引導身體一樣，主動式資訊會引導物質的形成與運作。[28]玻姆的主動式資訊概念，使人類意識思維本身的力量得以透過資訊的量子力學概念轉化為理論。而且，對各種認知現象和心理學現象、集體意識和行為，以及生物體中身體和心理現象的結合，都得以用數學來解釋。到目前為止，腦科學和認知神經科學領域從未正視量子效應對神經細胞運作方式的影響。只有極少數如潘洛斯等物理學家，從量子物理學觀點提出了對神經認知過程的假設。為了解釋認知和意識的基本運作方式，科學家們有必要從量子物理學的角度來研究神經細胞之間的相互作用。

玻姆的主動式資訊概念，為從量子物理學角度解釋神經細胞的突觸連結和運作方式奠定了基礎。一般認為，由大腦運作產生的自我（self），可以透過對自己的回顧、思考、敘事來影響作為自我基礎的大腦運作方式。然而，這種見解違反了古典物理學的「能量守恆定律」。但是，量子穿隧效應（quantum tunnelling）顯示電子波可以穿透比自身位階更高的位能障壁，這為在不違反能量守恆定律的情況下得以更具體地解釋細胞在突觸中的連結作用。古典物理學很難解釋神經細胞之間的相互作用產生意識和認知功能的過程。然而，玻姆的主動式資訊和量子位能概念，卻可以在不違反能量守恆定律的情況下解釋大腦的運作方式。

弗里斯頓遇見玻姆：
主動推理與主動式資訊概念整合的可能性

玻姆問，我們真的「可以發現意識的隱秩序嗎？」[29]意識是思維流，每個想法都包含了意義。「包含」是指一個想法（單詞、句子）有其自身的意義，但又超越這個範圍，延伸到更廣、更深的涵義。「包含」（implicit）一詞與「內含」（implicate）一詞有相同的字源。意義通常被包含在想法或言語

表達中,因此,意義的本質是一種內捲的隱秩序。

　　一個符號可以超越本身的意義,藉由編入隱秩序來包容不同的意義,這是加法意義上的推理。玻姆的Soma-Significance結構與皮爾斯的符號產生模型有相似之處並非巧合,正如玻姆所說的「從邏輯的角度來看的話,『包含』其實是一種推理」。藉著前面舉過的例子來解釋的話,「袖子磨得發亮」是一種符號,「包含」穿著這件衣服的人是打字員這個事實,而找出這個符號「含意」(所包含的意義)的過程就是推理。

　　正如我們前面所介紹過的,「推理」是弗里斯頓自由能原理和主動推理模型中的關鍵概念。大腦基本上是執行主動推理的系統,而「意識」就位於這個推理系統的最上層。意識是主動推理過程的結果,也是大腦為了有效整合推理過程而產生的功能。符號學家皮爾斯、腦科學家弗里斯頓和物理學家玻姆一致認為,人類意識運作的核心就在「推理」。推理和預測誤差都具有「形成過程」(in-formation)的特性,雖然這種特性不具有引擎移動船隻的動力,但它可以將引擎的動力引導到特定方向去,從這點來看,這就是「主動性」。在玻姆的核心概念——「主動式資訊」和弗里斯頓的核心概念——「主動推理」中,都共同使用的「主動」(active)一詞,這裡面包含了以下兩種意思:

　　一、是「主動」而不是被動。在自由能原理中,大腦的推理過程對特定刺激不會被動地作出反應,而是會不斷進行主動預測,並根據自己的模型調整,以達到動態平衡的狀態。因此,即使對於相同的刺激,大腦也會根據情況和條件不斷地顯示出不同的反應。玻姆的主動式資訊也是作為量子位能,主動地形成(formation)和引導粒子的。

　　二、與「行為」有關。生命在於運動,神經系統本身就是為了運動而存在的,而且運動也會影響感覺狀態。(此處的「運動」不是指體育活動,而是指動態行為。)我們以運動為前提來感知,並根據感知的結果來運動。在馬可夫覆蓋模型中,感覺狀態透過推理產生知覺(perception),同樣地,內在狀態透過推理產生概念(conception),這是意識的基礎。而弗里斯頓的主動推理是生物體在特定環境中透過運動生存的系統,這就是大腦存在的理由。

　　玻姆的主動式資訊也是如此。玻姆強調「資訊行為」的概念,資訊本身沒有質量,但它可以作出改變能量以形成具有質量的粒子的「行為」。尤其

是，資訊在人類的溝通中清楚呈現出它作為「形成過程」的特徵。一個人的內在狀態，即意識形成的意義和想法，會以能量流的方式伸展開來，進入他人的意識中，這就是溝通。玻姆認為，人類的溝通是隱秩序和內捲的典型例子，「宇宙作為一個整體」的運作方式原封不動地投影在人類的溝通過程中。

根據場（field）論，真空填塞了宇宙每一個角落，也就是說，宇宙中充滿了能量，因為我們感覺不到，所以一直稱之為暗物質或暗能量。在這個背景下的真空宇宙，是一個完整的整體，而裡面出現的輕微瑕疵或孔洞，就是物質。或者說，部分能量以「受激態」震動、凝聚而成的東西，就是物質。物質的原貌是暗物質，也是純能量。人類的意識也是一種純能量，作為能量，意識流的一部分受激凝聚成思維、情感、概念和故事。因此，思維、情感和概念在本質上與純粹意識是相同的，就如所有物質實體在本質上和能量是相同的一樣。

古典物理學觀點認為，獨立實體存在的元素透過外在相互作用構成一個作為集合體的整體，這個看法也保留在弗里斯頓的自由能原理中。作為最小化預測誤差系統的主動推理模型，從根本上來說也是以機械論世界觀為基礎。

透過感覺器官傳入的感覺資料，被視為固定實體。評價感覺資料的生成模型，或從資料「計算」出的「預測誤差」，也被視為具有特定數值的個別實體。神經細胞也一樣，就如波浪之於作為整體的大海一樣，與其說是有神經細胞的存在，不如說是名為神經細胞的固定實體的粒子聚集在一起，形成名為大腦的整體結構。內在狀態也是一個獨立實體，外在環境也是如此，兩者之間作為邊界的馬可夫覆蓋也一樣，全都是固定實體。神經細胞與神經細胞之間的「訊息」，也被視為粒子般的存在。訊息既不是內在狀態的一部分，也不是感覺狀態的一部分，只是從感覺狀態傳遞到內在狀態的某種實體罷了。而主動推理系統的任務，就是以此為基礎產生正確的「知覺」。雖然行為在其中扮演著重要角色，但真正發揮作用的是這些角色之間的關係，訊息本身並不是主動推理系統的一部分。

但是，以機械論世界觀來解釋宇宙或生命現象始終存在侷限，最後就導致矛盾叢生。譬如機械論世界觀認為意識的產生來自主動推理模型中的推理

結果，然而，主動推理的概念本身以「意圖」最小化預測誤差的先驗行動主體為前提，在邏輯上陷入矛盾。雖然自由能原理可以有效解釋意識如何運作及其特徵，但無法解釋它如何產生。有些馬可夫覆蓋和主動推理系統甚至可以有效地套用在新生兒身上，其中卻少了自我意識。僅憑自由能原理或馬可夫覆蓋模型很難解釋孩子從一歲到四歲之間究竟發生了什麼樣的變化使得孩子產生了自我意識。

意識和自我意識的問題，只有克服機械論世界觀才能得到合理的解釋。我們需要的是從根本上改變既有的看法，不再侷限於「意識是透過既是獨立、又是部分的實體之間外在相互作用所形成的現象」的看法。[30]玻姆的主動式資訊和隱秩序的概念，不僅為宇宙，也為意識提供了新的觀點。如果弗里斯頓的自由能原理和主動推理模型可以積極接納玻姆的隱秩序、整體和內捲等概念，那麼在理論性的解釋力道上必然會出現如量子跳躍程度的進展。

幸好自由能原理也借用了有關能量的物理學概念，主動推理在概念上也近似玻姆的主動式資訊。我們似乎可以透過隱秩序和內捲概念，將主動推理的意識作用或生成模型的運作方式概念化。尤其是，如果可以將弗里斯頓的主動推理模型結合玻姆的主動式資訊概念，就可以整合大腦宏觀運作方式與微觀運作方式，建立一個新的模型。玻姆的隱秩序和弗里斯頓的自由能原理，兩者理論結合的起點也許可以在生成秩序或生成模型的概念中找到線索。

生成秩序與內在溝通

生成秩序與因果關係

　　機械論世界觀的核心是因果關係，因果關係是對事物之間的關係以原因和結果來理解。因果論的核心思想可以在萊布尼茲（Gottfried Leibniz）的時空理論中找到，萊布尼茲認為時間和空間不是先驗具備的絕對物件，而是由經驗事件決定的相對物件。時間來自「事件連續的順序，即序列順序（the order of sequences）」，空間來自「事物同時存在的順序，即共存順序（the order of coexistence）」。時間或空間不是我們可以直接經驗的東西，而是由我們可以經驗的事件和事物在概念上所構成的秩序。

　　萊布尼茲的時間和空間概念反映了基於徹底顯秩序的機論械世界觀，事件的所謂「序列」概念本身已經以個別和獨立的事件為前提；而分散著同時存在於空間中的「共存」概念，也以個別、獨立的物體為前提。就像放置在撞球檯上的許多顆球一樣，當數個物體共存時就形成了「空間」；而就像撞擊一顆球導致其他球移動一樣，根據一連串發生的事件產生因果關係，也相應地產生所謂「時間」的概念。

　　在日常生活中，我們不會對這種以機械論觀點的生活覺察出任何問題。在諸如打桌球、打乒乓球、打高爾夫球、開車等等日常生活中，我們可以透過事物之間的顯秩序和因果關係毫無困難地生活。然而，當我們試圖理解更深層的現實或宇宙的基本運作原理時，機械論世界觀就會暴露出其侷限性。

　　尤其像人類的意識作用和溝通等現象，僅僅用顯秩序很難解釋清楚。為了理解宇宙的根本秩序或量子世界，或是理解人類內在與意識的問題，我們需要有包含顯秩序在內的隱秩序概念。對於透過內在溝通訓練來培養心理肌力一事，也絕對需要隱秩序的觀點，因為大腦的運作方式或意識和情緒的問題，是無法用固定實體的因果順序來正確解釋的。

機械論世界觀以因果關係來理解人類身體和心靈的運作方式。例如，生病是由於外界細菌或病毒的入侵所引起、靠著良好溝通而被說服是由於他人所傳達的某種訊息導致等等。在這種世界觀中，「病毒」或「訊息」被理解為作為固定實體的存在，而這些實體又會影響人類的身體或心靈等另一些固定實體。換句話說，病毒或訊息是原因，疾病或說服是結果。當撞球檯上的白球與紅球碰撞時，先移動的白球是因，受白球影響而移動的紅球是果。然而，僅憑這種因果論很難完全解釋內在溝通是如何運作的。

　　感染病毒與劇毒物的毒性質不同，被某種訊息說服也和滴一滴顏料改變水色的性質不同。為了取代機械論世界觀的因果關係，玻姆提出了「生成秩序」（generative order）的概念。生成秩序與其說是由於事物受到外在的相互影響，不如說是受到主動式資訊的影響所產生的反應，才「衍生」出新的秩序來。因感染病毒而患上肺炎，或因溝通被說服而改變想法，這些與其從因果關係的角度，還不如從生成秩序的角度來解釋，才能更正確地理解。

　　因果思維方式在遇上某些問題或現象時，會試圖找出產生該問題或現象的「原因」。如果一個城市的污染達到十分嚴重的地步，我們會問工廠是何時開始建造的；如果有人罹患癌症，我們會問是什麼基因造成的；如果有人患有創傷後壓力症候群或焦慮症，我們會問是什麼樣的衝擊或事件造成了這種精神問題等等。戴維·玻姆提出一個概念框架，超越了這些連續事件的顯秩序和因果思維方式的侷限性，這就是「生成秩序」。

　　一座城市的第一家工廠一旦建成，固然會成為污染的契機，但很難說這是決定一切的「原因」。一家工廠建成之後，又有幾家工廠相繼建成，而這些工廠一直運轉至今的整體事件造成了污染。這也表示，當下還在繼續衍生的秩序，而不是過去的某些特定契機，才是我們應該賦予更大意義的對象。以癌症來說，與其說癌症是基因出了問題，應該說是這個人擁有這樣的基因，卻一直保持著某些不利於健康的特定生活習慣，才是更根本的問題。因為特定基因不是在任何條件下都會導致癌症的發生，無論是在基因、致癌物、環境、生活方式或其他方面，我們至今都還沒有找到誘發癌症的真正「原因」。

　　過去的不幸事件顯然有可能成為創傷後壓力症候群或精神障礙的契機，但比起過去的不幸事件本身，現在的習慣——也就是持續執行切斷和壓抑不

幸事件帶來的痛苦或負面情緒的機制，才會造成更大的問題。發生不幸事件之後諸如沉浸在不幸中、不斷挑起並加深負面情緒、強迫性思維等等的習慣行為、思維和認知模式，才使得問題變得更加嚴重。因此，不是所有經歷過創傷的人都會罹患創傷後壓力症候群（PTSD），反而有更多的人雖然經歷了創傷，卻沒有患上PTSD。污染、癌症、PTSD等的共同點是，顯然有一個誘使它們發生的「觸發關鍵」，但將這個觸發關鍵當成事態發展的「原因」，就可能會妨礙人們對整體事態的理解。生成秩序不僅是一種「契機」，也提示我們，應將從觸發契機至當下這一瞬間持續的過程視為整體來探討。生成秩序是奠基於玻姆一向強調的一體宇宙，即「整體性」的概念。

　　生成秩序的代表例子是病毒感染，導致人類大恐慌的新冠疫情，應該從生成秩序，而非因果關係的角度來看才是正確的。感染病毒並不表示病毒是作為獨立的外在實體對我們的身體產生某種影響的意思。病毒只不過是一種DNA碎片[31]，它會干擾我們身體細胞中的基因，誘使細胞繁殖病毒。病毒利用我們身體細胞的複製系統，來自外界的病毒是「主動式資訊」，在它的「引導」下，我們的身體提供自己的能量和蛋白質，並透過化學作用和代謝作用來繁殖病毒。病毒感染本身並不是疾病，而是病毒引導我們的身體製造包括發炎在內的各種疾病。從這點來看，感染病毒可以說是生成秩序的代表例子。從我們的身體自行為病毒製造可以增殖的環境這點來看，作為主動式資訊的病毒可以說得上是「形成過程」（in-formation）。

　　病毒的作用就像是指引船隻方向的無線電訊號，移動船隻的動力本身並非來自無線電訊號，無線電訊號的作用只是作為主動式資訊而已，實際移動船隻的動力來自於船隻本身的引擎。病毒也算是一種主動式資訊，就像影響粒子狀態的量子位能一樣，病毒內捲進入我們的身體內部。

　　病毒感染性疾病是作為宿主的人體與病毒「合作」產生生成秩序的代表性例子。從宿主的立場來看，除了抵抗病毒之外別無選擇，因為病毒利用的是我們細胞本身的複製程序等蛋白質運作方式。當然，如果個人本身有免疫力的話，那情況就不同了。大多數的人都戰勝了新冠病毒，但是少數人卻到了病危的程度。導致病危或包括肺部和血管在內的各種器官遭到破壞的主要殺手，不是病毒本身，而是我們身體的免疫系統。換句話說，由於病毒干擾了免疫系統，身體才會自我破壞。病毒作為主動式資訊，並不會直接破壞我

們的身體，只會指引方向讓我們的身體自行走上毀滅的道路。因此，病毒感染現象無法用機械論因果關係來解釋，病毒只是根據生成秩序運作的主動式資訊而已。

想像一下一粒種子長成一棵樹的過程。每一粒種子裡只含有DNA訊息和些微的營養成分，種子想要成長為大樹，必須得到空氣、水、養分、陽光等各種元素和能量，種子裡的DNA只是一種主動式資訊而已。種子長成大樹這件事，與其理解為因果關係，不如說是主動式資訊的內捲還更恰當。無論是病毒在體內繁殖、種子長成為大樹、受精卵長大為成體（adult），都是生成秩序，而非因果關係。

前面提過的弗里斯頓主動推理過程，本質上也是生成秩序。根據亥姆霍茲或弗里斯頓的感覺經驗預測模型，人類的感覺系統作為馬可夫覆蓋，不是只接受外在刺激的被動系統，而是基於內在生成模型進行推理的主動系統。感覺資料不是人類大腦產生知覺碎片的外在「原因」，大腦對世上萬物的感知不是因果過程，而是根據預測誤差不斷更新生成模型。換句話說，視覺、聽覺、觸覺等感覺經驗是透過外在感覺資料與內在生成模型之間不斷交流回饋的過程而產生的，這個過程很難用機械論世界觀的因果關係模型來解釋。為了完善這一點，弗里斯頓也提出了「動態因果模型」（dynamic causal modelling，DCM）。動態因果模型是在進行fMRI分析時不僅考慮外在刺激對大腦的線性因果影響，還考慮大腦內在生成模型（馬可夫覆蓋內在狀態之間的相互關係等）的貝氏推論過程的模型。玻姆的生成秩序和弗里斯頓的動態因果模型有相當多的共同點，因為它們都不是會隨著時間改變的連續性和線性順序模型。

意識作為一種生成秩序

除了感知和認識環境的過程之外，作為內在狀態核心的生成模型也是生成秩序。我們在日常生活中往往會覺得是因為特定外在事件（原因）才產生了某些想法（結果）。而且，當某些想法接連出現時，我們會越來越傾向相信這些想法出自一個特定的外在「原因」。但是，想法並不是以特定外在事

件為原因才產生的結果,想法是由意識不斷「生成」的。外在事件就像病毒一樣,是主動式資訊,只會向我們的意識提示特定的契機和方向,而製造出一個想法,並持續這種想法的,是名為「意識」的內在狀態。正如造成病毒持續繁殖的執行者是我們的身體一樣,我們的意識也讓想法衍生想法。因此,想法會強迫性地重複、強化或擴大。在意識中,各種想法可以同時共存。不只是想法,記憶、情緒都具有萊布尼茲所說的「序列順序」(the order of sequences)和「共存順序」(the order of coexistence)的特徵,而其本質就是生成秩序。事實上,一切生成秩序都具體展現了連續性和共存性,同時也超越了這些性質。

玻姆也將憤怒之類的情緒視為一種生成秩序,因為不愉快的事件或侮辱性言詞而產生憤怒一事,就類似於感染病毒,所以外在因素誘發情緒的情況,絕不能只用因果關係來解釋。雖然引發憤怒的事件就像病毒一樣來自於外界,但是從這種刺激中製造和助長憤怒情緒的,卻是內在狀態的意識。當一個人反覆回想傷心事,不斷合理化自己的憤怒,不斷放大歸咎對方的想法時,憤怒這種情緒就一定會持續下去,或逐漸增強。

不僅是憤怒,同樣的道理也適用於持續和放大諸如焦躁或憂鬱等其他負面情緒的過程。所有的情緒本質上都是生成秩序,某些負面事件會像病毒一樣影響我們的心靈,作為生成秩序的特定負面想法會在我們的腦中放大。而為這些負面想法提供能量和營養,助長他們滋生的,就是我們自己。

另一方面,正如免疫系統戰勝病毒感染一樣,心靈免疫力,或者說是心理肌力強大的人,可以自行阻止負面事件以心靈為宿主擴散開來。所以,心理肌力就是「情緒免疫力」。對於情緒免疫力低弱的人來說,即使是小小的負面事件或創傷也會留下嚴重的後遺症。

提高身體免疫力是為了在體內創造新的生成秩序,以應對外來病毒。而加強心理肌力則是為了在心靈中創造朝著健康方向發展的新的生成秩序,以應對外在負面事件。尤其是妥善應對負面事件、失敗、逆境或挫折,創造出「心理抗體」這件事,就可以說是一種加強心理韌性的訓練。而加強各種包括心理韌性在內的心理肌力,就等於在創造新的生成秩序。外在刺激會改變意識中內捲的模式,而想改變生成秩序的自動反應方式,只有透過系統化的重複訓練才有可能做到。

創傷後壓力症候群也是一樣。將過去經歷的負面事件視為觸發創傷性壓力的誘因，這本身無助於解決問題，反而是到現在還不斷重現負面情緒的生成秩序，才是更大的問題。過去的惡劣經驗本身並不是當前身心痛苦的「原因」，過去的事件不過是提供了一個契機。唯有脫離明確區別原因和結果的單純因果框架，從生成秩序的角度來看待負面情緒或創傷，才能找到妥善的解決方案。如果過去的經驗是決定性的原因，我們無法改變過去，那麼就無法從根本上進行原因治療，只能完全依賴對症療法。因此，與其像傳統的精神分析學那樣，把重點放在過去的特定經驗上，不如好好研究現在的身體和心靈是如何自己助長病情且延續至今，才是更重要的。疾病的維持與助長是生成秩序，即使在此時此刻也發揮著作用。因此，了解過去的負面事件只有在防止未來重蹈覆轍的預防層面上才有意義。與其沉迷於過去的「原因」，改變當前的生成秩序才是一種更有效、更正確的方法。

> **NOTE** **隱秩序語言：流動模式**

　　我們為什麼無法擺脫以「物體」為中心的機械論世界觀，原因之一就是語言。大多數的現代語言是根據機械論世界觀以「名詞」為中心發展而來的，所以大多數的敘述句中一定有主詞和受詞。通常這種敘述句的順序裡就包含了因果關係的順序，所以玻姆提出了一種語言使用的新模式，那就是「流動模式」（Rheomode）。「Rheo」是希臘語「流動」（flow）的意思，語言的流動模式著重於以「過程」為中心的思維方式，基本功能放在動詞，而不是名詞上。事實上，和歐語相比，韓語並不強調使用主詞，也沒有明顯的時態、性別、數量的區分，相對來說，更接近於強調過程的流動模式語言。

　　玻姆舉出「It is raining.」這個句子為例。這個句子中的主詞自然是「it」，於是玻姆問，為什麼我們必須設定「讓雨下來的人（rainer）」作為執行「下雨」這個動作的主詞呢？句中的主詞就是誘發「下雨」事件的原因。為了擺脫這種機械論世界觀，如實描述事件情況，句子應該是這樣的——「rain is going on.」。從玻姆的觀點來看

的話，韓語是一種比英語或其他歐洲語言更能準確表達情況的語言。相同的例子，韓語會說「비가 오고 있다.」（雨正在下）準確地吻合玻姆所提議的模式。

　　同樣地，比起說「個別粒子們相互作用」，不如說「在作為整體的所謂『宇宙』這個場（field）中，將相對具有特定運動型態的物體抽象化，那就是粒子」還更準確。此外，與其說「觀察者觀察一個對象」，不如說「在被稱為人類和對象的兩個抽象存在之間，正在進行作為不可分割動作的觀察行為」。內在溝通的語言本質上屬於流動模式，但要說明這點超出本書的範圍，就留著當作未來的課題吧。

第七章

內在溝通與冥想

- 所有溝通都來自於內在溝通
- 內在溝通的腦科學基礎：語言處理的雙重流程
- 內在溝通對大腦發育的重要性
- 內在溝通的類型和樣式
- 內在溝通力量的具體實例：安慰劑、催眠、禪問
- 訓練心理肌力的內在溝通冥想

所有溝通都來自於
內在溝通

何謂內在溝通？

內在溝通的「內在」，並不是單純地指與「外在」對比的一種概念，這是包括了戴維·玻姆的隱秩序和內捲的概念，也是生成秩序與主動式資訊形成的場（field）的「內在」。它同時還包括了根據弗里斯頓的主動推理所展開的馬可夫覆蓋的內在狀態概念，以及生成模型核心的行動主體概念。

內在溝通是所有溝通的普遍樣貌和原初實體，所有型態的外在溝通中，都有內在溝通在裡面發揮作用。以顯秩序表現的各種溝通現象，都可以說是內在溝通的特殊型態。

無論是被定義為兩個獨立實體的人彼此交換訊息、互相影響的人際溝通，還是被定義為藉由一種媒體影響許多人的大眾傳播現象，都是透過顯秩序表現的溝通。但是，外在溝通也如同所有的顯秩序一樣，只是作為隱秩序的內在溝通的一種特殊現象而已。

我們通常所說的「溝通」，一般是指我與他人之間的溝通。無論是透過社交媒體或大眾傳播媒體，或者使用智慧型手機通話、面對面說話等等，都是指「人與人之間的溝通」。然而，最重要的溝通其實發生在人的內心中，這就是現象（phenomenon）意義上的內在溝通。

內心溝通本質上是一種對自己的「Speech Act」。語言學家通常將「Speech Act」翻譯為「言語行為」，表示這是「被視為行為的言語」。換句話說，言語行為不是簡單地描述或解釋一個對象（譬如小狗很可愛、花很漂亮等），而是言語本身成為某種表達特定意圖的行為（譬如婚禮上，司儀宣布「禮成」等）。從這些言語為我們生活的這個世界帶來一定變化的這一點來看，它們算是一種「行為」，因此言語行為是「被視為行為的言語」。

內在溝通不是向自己解釋特定事情或傳遞訊息的行為，我不需要這種向自己解釋或描述什麼事情的溝通，也不必向自己傳遞什麼訊息。因此，內在溝通在本質上具有言語行為的特徵，是我對自己做出的某種「行為」。無論我是批評自己、原諒自己、鼓勵自己，還是讚美自己，都是進行特定作用的言語行為。而且，這行為的力量異常強大，我對自己說的話會對自己產生直接而強烈的影響。所以內在溝通非常重要，因為內在溝通會決定我的特性。我們在生活中總是不斷與自己進行內在溝通，無論自己願意與否，我們不斷在重新定義自己、改變自己。因此，我們可以透過內在溝通讓自己朝著任何方向改變。[32]

　　內在溝通的概念可以透過與人際溝通的比較，更清楚地顯現出來。首先，我們來看看共同點，兩者都使用語言。當然，根據情況，可以使用肢體語言（人際溝通），也可以不用具體的言語表達，短暫地嘗試模糊的思考（內在溝通），但幾乎所有的人際溝通和內在溝通都有一個共同點，那就是使用譬如母語等特定的語言。因此，兩者都可以用特定語言「文本化」。當然，有些溝通是無法文本化的，譬如音樂、舞蹈等表演藝術。當無數的觀眾同時沉浸在管弦樂團的演奏時，就會出現不受任何言語表達限制的共鳴。這一瞬間，觀眾們的內心就產生了「溝通」，譬如像「哇，旋律真美！」、「好感人喔！」、「果然還是這位演奏者最棒！」等等言語性質的「心理評論」（mental commentaries）很自然地就會出現在心中。心理評論是對所經歷的事情自動進行定義、解釋、評價或判斷的總稱，也就是說，對於特定經驗，人們不是僅僅單純接受這個經驗本身，還要立即根據自己的價值觀、文化、意識形態、品味等加以解釋，並賦予意義的意思。這種心理評論雖然沒有寫成文字，但很明顯是一種內在溝通，也可以說是意識的重要功能。

　　人際溝通與內在溝通最大的差別在於，人際溝通是將話語從口裡說出去，也就是發言（utterrance）；相反地，內在溝通則是在自己的腦海中創造特定的句子或訊息。內在溝通的代表型態是「獨自思考」，有可能是自己給自己講故事，也可能是莫名的後悔與擔心，或者是對自己的鼓勵或辯白，這裡面可能包含推測、懷疑、確定、解釋、賦予意義等各式各樣的內容。當然，在內在溝通時也可能會「發言」，譬如自言自語或像獨白一樣抒發心意。但因為這不是對著特定他人的行為，所以在這點上和人際（interpersonal）溝通有著本質上的不同。因為內在溝通不是以他人理解為前提來發言的他人導向行為。

　　內在溝通和人際溝通並非各自單獨存在，相反地，內在溝通是人際溝通不可或缺的要素，也是前提條件。先有內在溝通，才可能有人際溝通，人際溝通是內在溝通的特殊型態。正如外展和顯秩序是內捲和隱秩序的特殊形態一樣，人際溝通也是內在溝通的特殊形態。沒有人際溝通的內在溝通是有可能存在的，但沒有內在溝通的人際溝通卻是無法想像的。還有，既是內在溝通的因，也是果的人類意識活動，就是一個明確顯示隱秩序特性的例子。

　　內在溝通理論是改變的理論。人際溝通的主要作用是動搖他人心志、說服他人，而內在溝通的主要作用則是改變自我。人際溝通是為了改變對方，而內在溝通則是為了改變自己。在人際溝通中，訊息的傳遞或改變他人意見是主要著重點，但在內在溝通中，自我概念、自我意識、自我審察等自我改變才是最重要的課題。訊息的傳遞或說服他人改變意見，都具有內捲和生成秩序的性質，因此其本身就已經是一種內在溝通。

> **Note　為什麼稱為內在（inner）溝通？**
>
> 　　大眾傳播學者傳統上一直用「Intrapersonal Communication」來指稱「內在」溝通。因為人與人之間的溝通稱為「Interpersonal Communication」（人際溝通），對比於此，發生在人或人格「內」（intra-）的溝通，學者們就使用了「Intrapersonal Communication」來表達。但是我認為，內在溝通中的「內在」，以「inner」來表達會比「intrapersonal」更恰當。
>
> 　　因為內在溝通的概念除了包含自己的思維流、情感的出現、想像對話等稱得上「Intrapersonal」的東西之外，同時也超越了這個範圍，連同覺知更根本的背景自我都包括在內。背景自我是更深層、更本質的存在（fundamental presence），超越了作為獨立個體被稱為「人」（person）的各種概念（記憶自我或經驗自我等）或現象。
>
> 　　背景自我是作為獨立個體被稱為「人」之前的問題，因此將其概念化為「intrapersonal」並不恰當。而且，從玻姆的隱秩序或內捲、弗

里斯頓的主動推理和馬可夫覆蓋的角度來看，以「intrapersonal」這個單詞來定義內在溝通也不合適。因此，作為一個更全面的概念，我想將「內在溝通」稱為「Inner Communication」，其中不僅涵蓋了「intrapersonal」的要素，還包含超越它的本質存在和隱秩序。

內在溝通的腦科學基礎：
語言處理的雙重流程

　　假設A和B兩個人正在對話。當A想對B說話時，即使時間短暫，A也必須在腦海中將特定訊息或內容事先排練一遍。當然，在基於即時和即興的對話中，一般人不會預先將要說的話完全轉化成句子，然後像朗讀一樣說出來，因為我們在溝通時具有即興創作特定句子的驚人能力。然而，就在實際說話之前，大腦控制說出句子時使用的舌頭或聲帶動作的區域已經被活化。也就是說，我們會在不知不覺中下意識地提前練習自己想說的話。

　　語言中樞有主要負責聽和理解語言功能的部位，以及和說話相關的部位。主要負責語言運動功能（如移動舌頭和嘴唇等功能）的部位是語言運動區──布洛卡區（Broca's area），以及理解有關語言的語言理解區──韋尼克區（Wernicke's area）。然而，在實際說話之前，理解和解釋語言的韋尼克區會先活化。也就是說，在我把想說的話說出來之前，我會先在腦海中經歷一個試聽和解釋我的話語的過程。這種現象也會出現在聽到特定句子的時候，當我們聽到特定的單字或句子時，與說出該句子相關的語言運動神經部位也會被啟動。腦科學家也發現，當我們「說話」時大腦中持續監聽自己聲音的部位，和當我們「聽到」他人說話時啟動的大腦部位，在功能上會重疊。正如這些研究結果所顯示的，從大腦的角度來看，「聽」就等同於「說」。

　　當我們聽到某種聲音時，第一線的聽覺領域會首先被啟動，不過如果是像人聲之類的語言，韋尼克區就會緊接著啟動。當我們與他人進行對話時，大腦中用於收聽和理解語言的聽覺部位，以及用於說出語言所需要的語言運動神經部位，就會同時活躍起來。換句話說，當我們在聽對方講話時，不僅大腦中與聽覺相關的部位被啟動，同時大腦中與自己說話時（移動舌頭和嘴唇時）相關的部位也會被啟動。譬如當我們聽到某個特定單詞時，不只大腦中與聽到這個單詞相關的部位被啟動，而且與說出這個單詞相關的部位也同

時被啟動。當然，差別只在於我們「聽」的時候被活化的語言運動神經網路模式，與「說」的時候被活化的語言運動神經網路模式略有不同罷了。對另一個人說話的這種行為，其實是透過聲音說出自己內在溝通的內容。

這方面的研究結果顯示，即使在與他人對話的過程中，我們的腦海裡仍舊不斷進行內在溝通。表面上，我們在和他人對話，與此同時，內心裡也在與自己對話。所以，人際溝通也是基於內在溝通進行的，這就是溝通的本質。溝通確實是玻姆所說的生成秩序的典型現象。一切內在溝通是人際溝通的基礎，一切人際溝通都是內在溝通的倒影。

我說話的同時，也聽到自己說的話，我傾聽的同時，自己也在說一樣的話。當我聽到他人說話的那一瞬間，我的腦海中不只聽覺區域，連同說話區域也一起被啟動。我們的大腦不會區分說和聽，這兩種功能在本質上是相同的，這也說明內在溝通與人際溝通在本質上屬於相同的現象。[33]

對於收聽區域和說話區域之間的密切互動現象，過去幾十年來有許多研究從「鏡像神經」理論到「排練」理論，以各種方式進行分析。其中最具說服力的新理論是希科克（Gregory Hickok）的「分層狀態反饋控制模型」（hierarchical state feedback control model）。這個模型顯示出我們的大腦中有一個獨立的「語言意識」。

根據希科克和大衛・波佩爾（David Poeppel）的「語言處理雙流模型」（dual-stream model of speech processing）理論，聽覺神經和言語運動神經網路之間存在密切的互動，並且在更高層次上，還有一個前額葉皮質的神經網路監控這兩個過程，這應當就是「語言自我」或「語言意識」的基礎。這些研究結果顯示，我們的大腦中不僅有負責說和聽功能的部位，還有負責內在溝通功能、時時觀察這兩個區域互動的部位，而這種語言「意識」就負責同時觀察我們內在的聽和說。對人類的動作或行為賦予意義和意圖的敘事功能，在本質上也由這種語言意識負責。這種意識的存在不僅是為了動作，也是為了全面整合和調整說與聽。

讀寫也是內在溝通

所有類型的人際溝通（對話、演講、討論、會議、協商、訊息傳遞等）都一定包含內在溝通。更準確地說，人際溝通是兩個人以上的內在溝通進行相互作用。參與對話的兩個人透過各自的內在溝通來執行所謂對話的共同行為。然而，為了不讓兩個人的內在溝通變成各說各話，而是走向彼此影響的相互作用，B需要有一個傾聽（聽、理解、分析）A發言的過程。傾聽對方的發言內容，並加以「分析」或「理解」的過程，也是內在溝通。

我現在正在寫這本書，然而，我現在寫的這些文字其實是將出現在我內心中的想法和主張化為文字寫下來的，因此所有寫作都是內在溝通的典型型態。換句話說，我內心的想法可以像這些文字一樣如實用語言來表達。沒有語言，就很難進行思考。然而，這種所謂「寫作」的內在溝通是針對讀者的。當我在寫這本書時，我一面不斷想像讀者將如何閱讀我的作品，一面繼續造句寫下去。我在用文字表達我的內在溝通，同時站在讀者的角度閱讀這些文字。正如「說」就是「聽」一樣，「寫」也等同於「讀」，寫作這個行為中同樣包含了內在溝通和對話的要素，透過寫作，我聽到自己的聲音，也聽到讀者閱讀我的作品時的想法。

對於正在閱讀本書的讀者們也是一樣，閱讀本書的讀者腦海中也一定會出現各種內在溝通。正如寫作是內在溝通一樣，閱讀也是一種內在溝通，讀者會被要求必須主動扮演獨立於文本之外的角色，這也表示「閱讀」在本質上是一種內在溝通。[34]

內在溝通的公眾化特性

使用語言作為社會規則來進行溝通，或許是一件很自然的事情。因為人們如果各自堅持自己的規則，彼此就無法互相溝通。只有接受超越你我的社會規則，大家才能彼此溝通。

根據安東尼・紀登斯（Anthony Giddens）的「結構化理論」（theory of structuration），人類的社會互動（溝通）需要資源（詞彙）和規則（語法）。從每個

行為者的立場來看，資源和規則暫且被設定為行為的條件。因此，當我們想使用某特定語言時，就必須先獲得這些資源和規則。然而，這些資源和規則並不是哪個人可以刻意創造出來的。語法這種規則不是由特定群體有意制定的，也就是說，語法不是像立法委員們集體立法一樣由哪個人制定的規則，而是透過語言使用者使用語言的行為自然而然產生的。

語言使用者在受到既有的詞彙和語法限制的同時，又透過語言使用行為本身不斷修正語言資源和規則。語法是透過無數語言使用者的語言使用行為，經過漫長歲月自然產生的。語法學家只是「發現」語法而已，產生「語法」這種規則的，是受限於語法的語言使用者自己。對行為者來說，語法和詞彙是必須遵循的規範，但同時，它們也是透過自己的行為不斷改變、重新定義的怪異存在。語言的詞彙和語法在強烈影響語言使用的同時，又受到語言使用的影響。從這點來說，「語言」這種現象也是難以用因果論解釋的典型生成秩序。

當我們與他人溝通時必須依賴語法和詞彙，這是一件很自然的事情，然而，在不與他人互動的情況下獨自在心中進行的內在溝通，大多數也必須依賴語言的詞彙和語法，這是令人感到驚訝又奇妙的事情。我們一直認為一個人在腦中獨自思索是極端個人化的事情。在無人知曉的情況下，我們有時會後悔自己的行為，有時會自我反省，或是獨自思考一些事情。但是，即使是在執行這種私人的內在行為時，我們也會使用「語言」這類社會規則，這個事實也顯示出我們的「內在」是多麼公眾化的存在。「我腦中的想法唯我獨有」是非常嚴重的錯覺，個人的想法和意識其實是極為公眾化的產物。

只要使用了語言，即使是在腦海中的獨自思索，也不是「唯我獨有」，而是一種社會溝通。即使是在反省、後悔、下定某種決心或深思熟慮時，我們也會使用特定「語言」。一旦我們展開唯我獨有的個人思維，就只能依賴作為公眾化產物的語言，這就表示作為「和群體有所區別、在群體出現之前、構成群體的先驗個體」的所謂「個人」的概念，是多麼不切實際。這是因為個人思維和信念體系等作為證明個體存在的基礎，本質上就是一種公眾化產物，這也表示內在溝通並不像其字面上那麼「內在」。只要內在溝通使用語言，它就是公眾化活動。語言作為一種生成秩序，是透過溝通內捲進入意識中的。

考量到內在溝通是構成自我（self）的過程，而自我意識本身就是內在溝通的結果，那麼我們就會領悟到自我或意識也是社會化產物。機械論世界觀讓我們誤以為個人是作為先驗存在的「部分」聚集在一起，形成了作為一個「整體」的社會或共同體。事實上，我們的共同體和我的意識之間的關係也具有全像特徵，而包括文化、語言、價值觀等的整個共同體，儘管是「模糊地」，也都進入了我的意識中。

　　現代化（或更準確地說，是「歐洲化」）最重要的成就之一，就是「個體的發現」，但這句話中，存在著語病。「個體的發現」不是最重要的成就，而是最大的幻覺之一。將本質具有公眾化以及生成秩序的結構體──「自我」當成了「獨有的個別實體」的幻覺，就是玻姆所批評的機械論世界觀的典型產物。「個體作為先驗存在的實體，聚集在一起形成一個群體」的觀念本身，是近代哲學與意識形態的產物。過去幾千年期間，無論東方或西方，人類從來沒有以「個體」為基本單位的概念。內在溝通中的「內在」具有非常社會化和公眾化特徵的這個事實，是理解人性的一個新起點。

內在溝通
對大腦發育的重要性

我們在生活中為什麼要常懷感恩之心

在孩子的大腦中，出生之後神經細胞之間的突觸連結數量就開始急速增加。到了出生滿兩年的時候，突觸連結數量就達到最高水準，幾乎所有神經細胞都在整個大腦裡密密麻麻地連結起來。從這個時候開始，經常使用的連接網路會更強化，而不使用的突觸連結則會被斷開清理，這就是所謂的「剪枝」。就像人們常走的路會變成主幹道，不常走的路會消失在森林裡一樣。當我們成年以後，在出生滿兩年時形成的突觸連結當中，大約只會剩下一半左右。當然，剩下來的網路會更加強大。在適當的環境中，常用的神經細胞和神經網路才能正常發育，不常用的連結網路就會永久消失或變得不那麼發達。譬如在出生後的五年期間，如果沒有給予任何視覺刺激的話，孩子將出現永久性視覺障礙。這種障礙不是因為眼睛出了問題，而是因為處理透過眼睛接收到的視覺訊息的神經網路不全。大腦的其他許多功能也是一樣，所以在這個剪枝過程中，與他人的溝通對哪個方面突觸的存活有著巨大的影響。

與其他哺乳動物相比，人類的出生可以說大約早了一年。小馬一生下來就可以站起來走動，但是人類在一歲生日之後才勉強可以站起來行走。根據神經進化論（NeuroEvolution）的說法，人類母體懷孕期間胎兒的大腦已經變得太大了，所以無法像其他哺乳動物一樣具備了某種程度的生存能力之後才出生。人類的大腦雖然變大了，但當人類開始直立行走之後，產道反而變窄了，無法分娩一個有著大腦袋的孩子，無奈之下只得在孩子的大腦充分成長之前就生下來。沒有一種哺乳動物像人類一樣出生時有一個尚未成熟的大腦，人類的大腦中，整個神經網路的5/6是在出生後形成的，其中也包括諸如情緒調節、注意力集中和行為控制等基於前額葉皮質為中心的能力。類人

猿中與人類最接近的黑猩猩，出生時和成長後的大腦體積相差只有兩倍，而人類的大腦前後差異則達到四倍。35

人類在出生後至少一兩年內絕對無法獨自生存，必須有人24小時細心照顧才能活下來。我們所有人都是因為有了撫養者的周全照顧和無私的愛才得以存活下來，這就是我們生活中必須時時刻刻心懷感激的根本原因。我們並不是靠自己能力出眾才能夠自食其力地生活，而是因為得到了無盡的關愛才活了下來，並且能夠像現在這樣繼續生活下去。

根據許多大腦研究結果顯示，孩子和撫養者之間的互動對大腦結構的發育有決定性的影響。撫養者和幼兒之間的溝通，對孩子的大腦發育至關重要。哈里・哈洛（Harry Harlow）的《恆河猴實驗》清楚顯示，如果幼猴一出生就與母猴隔離撫養的話，牠們的大腦會無法正常發育。雖然在營養充足的情況下，牠們身體的其他部位都成長良好，但只有大腦沒能正常發育。在沒有與母猴充分接觸的情況下長大的恆河猴，牠們的大腦不僅腦容量絕對性地縮小，也無法促進類固醇荷爾蒙受體（SHR）充分發育，這也使得恆河猴無法妥善地適應壓力情況。

如果撫養者經常透過擁抱和撫摸孩子進行身體接觸，並用滿含愛意的聲音說話，對孩子的情緒發育會有很大的幫助。此外，撫養者也可以透過放大瞳孔來訓練孩子辨識情緒。當幼兒看到撫養者或其他人的臉部照片中瞳孔放大時，他們的瞳孔也會一起放大。瞳孔放大是情緒激動的反映，當我們看到對方表現出負面或正面情緒時，我們的瞳孔會放大。這就和杏仁核的活化是一樣的，當有強烈引起注意的刺激出現時，瞳孔就會放大。

事實上，撫養者和還沒有完全具備語言能力的幼兒之間的溝通，與其說是兩個人之間的溝通，不如說更接近於撫養者的自言自語。這是因為對於滿三歲半之前的孩子來說，他們的心智理論尚未成形，難以進行正常的溝通。通常，撫養者在詢問嬰兒後會自行回答，這種行為既是獨白（monologue），也是對話（dialogue），算是撫養者的「自我對話」（self-talk），也是藉由聲音表達的一種內在溝通。透過這個過程，孩子學會了句法結構，得以造句，也構成了記憶自我和經驗自我。撫養者的獨白和對話會在孩子的腦海中留下迴響，啟發孩子的內在溝通能力。

烙印在心底的聲音

　　孩子在滿三歲半到四歲左右，才具有理解他人觀點或心理狀態的心智化（mentalizing）能力。這時，孩子才懂得區分自己的立場和他人的立場，產生懂得揣摩他人立場的「換位思考」能力，也唯有在可以理解他人立場時，孩子才會產生自我意識。自我意識是指以自己為主角的敘事能力，從這個時候開始，孩子就能對自己的經驗自行賦予意義，並將所經歷的事件儲存為情節記憶。也是從這個時候開始，孩子懂得向他人說一些與自己所知事實內容不相符的謊言。換句話說，這年紀的孩子開始具備獨自進行內在溝通的能力。

　　由於孩子在此前還沒有形成自我意識，所以此時的經驗不會以情節記憶的型態保留下來。換句話說，由於孩子還處在尚未具備內在溝通能力的狀態，無法形成故事性質的情節記憶。因此，孩子們通常不記得三歲半以前的事情。這個時期，孩子對所謂的「我」缺乏認同，所以「我」還沒有出現。雖然我們出生的時間點是文件上記載的出生年月日，但要作為一個存在於這個世界上的人，「我」卻是從出生後過了三年半的時間點才開始的。也就是說，要過了三歲半，人類才算可以作為獨立的「自我」，「存在」於世界上。實際上，我們的人生也是從那個時候開始的。「我的人生」不是始於出生年月日那一天，而應該是從那之後至少過了三年半算起。

　　當撫養者對著孩子進行內在溝通時，孩子也獲得了自己進行內在溝通的契機。只有當撫養者和嬰兒都可以進行內在溝通時，撫養者和嬰兒才能開始對話。內在溝通在時間上、邏輯上或功能上都先於人際溝通。孩子的自我是透過撫養者和孩子之間的相互溝通來形成的，大多數孩子最早經歷的「他人」（與他人的內在溝通）通常是他們的撫養者。撫養者的看法和本人的內在溝通，對孩子的自我形成（敘事方式或習慣）有很大的影響。我們的自我深深烙印著童年時期撫養者本人的內在溝通，因此即使長大成人，當我們在思考自己時的反應，也和思考撫養者時的反應非常相似。我們的自我是透過童年時期與撫養者的溝通形成的，因此我們的大腦會將撫養者和自己一視同仁。

　　我們的大腦深處有一種機制，會將撫養者與自己同等看待。尤其在我們想到撫養者和想到自己時，大腦中以mPFC（內側前額葉皮質）為中心的部位會活躍起來。相關研究結果顯示，這種「撫養者-自我同等看待」現象，雖

然在東、西方都存在，但在亞洲人中尤其明顯。感謝撫養者，其效果就等於在自己心底深深烙印下對自己的肯定和對自己的感謝。尤其是記住小時候撫養者的模樣和聲音，並對當時的撫養者心懷感激所具有的強大效果，就類似於同時學會肯定自我和肯定他人。

這些研究結果也表示，撫養者和孩子之間的關係並不是由兩個固定實體透過外在相互作用、彼此影響的方式形成的。撫養者的聲音烙印在孩子心底，這句話並不是指這就像銘刻在石頭上的字一樣，是作為實體存在的意思，而是說撫養者的聲音延伸進入孩子心中的意思。這種狀態是撫養者的意識在孩子的意識中內捲而入，同時也是生成秩序持續運行的過程。童年時期撫養者的聲音會做為生成秩序不斷為孩子製造和繁衍自我價值感。

在童年時期自我（self）逐漸成形的過程中，撫養者不斷傳來的關愛聲音會成為孩子自我價值感的來源。關愛和照顧的聲音會以隱秩序的方式進入孩子的自我意識，交織（interwoven）在一起。孩子會習慣於「有人這麼照顧我、關愛我，所以我是很有價值的存在」這樣的敘事，而這也會成為孩子「自我價值感」（sense of self-worth）的基礎。當「我很寶貴」的感覺深植在自我意識時，孩子就等於擁有了奠定強大心理肌力的基礎，因為他會覺得「我是寶貴的，所以即使我失敗或面對逆境，我也不認為自己是毫無價值的存在」。堅持「我很寶貴」信念的人不會隨便放棄或受挫，因此是擁有心理韌性的人。這就是為什麼心理韌性強的人都有一個共同點，那就是從小在關愛中長大。相反地，如果一個人從小就被遺棄或被虐待，就很難保持自我價值感，也很難培養適應社會的能力。從「撫養者-自我同等看待」現象中可以看出，童年時期我們聽到的關愛聲音會成為自我的一部分，而且一直保留在我們的大腦中。因此，如果能夠讓我們一直聽到這個聲音，就可以加強我們的心理肌力。大腦將童年撫養者的聲音視為我們自己的一部分，因此，我用充滿溫暖和關愛的聲音和自己進行的內在溝通，就會成為心理肌力訓練的強大要素。即使在長大成人之後，回想起撫養者的照顧和關愛的聲音，並用自己的聲音將那些話語說給自己聽，也是非常有效的內在溝通訓練。這種正向的自我對話，尤其是與感恩訓練或自我肯定相結合時，對活化前額葉皮質神經網路效果顯著，這點也已經透過腦部造影研究得到了證實。有關促進前額葉皮質活化的「肯定自我-肯定他人」訓練，將在第十章中詳細探討。

內在溝通的
類型和樣式

內在溝通的類型：自我對話和想像溝通

內在溝通根據對象可以分為「自我對話」與「想像溝通」（imagined interaction）。自我對話就是自己跟自己說話，又可以分為內在自我對話和外在自我對話。內在自我對話是在內心裡悄悄跟自己說話，外在自我對話是從嘴裡發出聲音的自言自語。內心自我對話的型態有很多種，譬如各種想法、決心、祈禱等，而在書寫和閱讀的行為中也包含內在自我對話的要素。不斷出現在自己腦海中的想法，也是一種內在自我對話，這些通常都不是自己預先計畫好的，或者可以預料到的，例如我不知道五分鐘後我在想些什麼，也很難打算好或計畫好十分鐘後要想些什麼。事實上，一個人的想法，與其說是自己「會做」的事情，不如說更接近於對自己來說「會發生」的事情。外在自我對話包括發出聲音的口令、禱告、咒語、口頭禪和自我暗示等。不知不覺間發出聲音的嘀咕或吐出的話語，也都屬於外在自我對話。

另外，想像溝通是在腦海裡想像自己要說的話，或已經說過的話。想像溝通與自我對話的不同之處，就在於有具體的聽眾或面對的人。可以分為針對以後可能發生的溝通（例如上台發表或面試）預先想好的「預期」想像溝通，以及再度回想起過去對話內容的「回顧」想像溝通。

回顧想像溝通經常發生在人際關係的衝突情況下。「我當時應該這麼說才對，為什麼我就沒想到要這麼說呢？」、「我應該更強烈地追究或批判才對！」等等的想法一個接一個出現，讓本人陷入執著於這種負面想法的「負面反芻」狀態。這種情況也會使一個人預先想好在未來可能發生的衝突中要說的話，及早做好準備。事實上，人際關係中的衝突核心並不在實際發生爭吵的那一刻，而是不斷重複地在腦海中回顧和預期負面想像溝通的內容。憤

怒和憎恨就這樣不斷增長，痛苦和不幸就此不受控制地放大。人際關係中的衝突其實存在於每個人的腦海中，而不是人與人之間的「關係」。因此，解決人際衝突的關鍵不在於兩個人之間的「關係」，而在於改變每個人內在溝通的內容。

　　這就是為什麼當兩個人之間有了矛盾或某些問題時，無論他們面對面如何想努力解決兩人「之間」的問題也解決不了，因為與他人關係中發生衝突的根源在於個人的內在溝通，而當事人並沒有改變自己想法的打算。也就是說，在他們腦海中形成的負面內在溝通習慣，是人際關係衝突的根本原因。如果想擺脫這種衝突，就必須先改變自己內心不斷衍生的負面內在溝通習慣。我們必須拋棄負面想像溝通的習慣，譬如對於與他人的衝突情況不斷回想、預見和繁衍等。為了做到這一點，我們必須培養覺知能力，時時識別自己在不知不覺中自然形成的內在溝通內容。事實上，許多研究結果發現，正向的想像溝通具有自我理解、維持人際關係、解決衝突和紓壓等作用。

　　預期想像溝通也有可能造成焦慮症狀，一個人愈焦慮，就愈傾向朝負面方向胡思亂想（預期想像溝通），最典型的例子就是社交恐懼症或溝通焦慮症（communication apprehension）。溝通焦慮症是指一個人事先想像以後必須面對的溝通情境，因而對此感到恐懼的症狀。許多人在必須進行諸如發表、面試、對話、演講、討論、會議和協商等各種類型的溝通時，會變得過度緊張或焦躁。有些人會對只有兩個人的對話情況感到焦慮，而有些人則對站在公眾前面感到不安，還有人最不喜歡四、五個人聚在一起交談，也有人最怕與初次見面的陌生人交談。自從行動媒體普及之後，有愈來愈多人對電話交談感到很不自在。無論哪種型態的溝通焦慮症都有一個共同點，那就是他們在實際溝通發生之前就預先在腦海中描繪那種情況，自己進行負面的想像溝通。患有嚴重溝通焦慮症的人習慣對特定類型的溝通情況進行負面的想像溝通。

　　由於習慣性負面內在溝通是造成溝通焦慮症的最大原因，因此有效的應對方法就是一再訓練自己面對會讓自己感到害怕的溝通情況，直到自己能很自然地做到正面的內在溝通。事實上，許多溝通學者都指出，正向的想像溝通可以成為減少應對溝通焦慮的有效方法。更具體地說，愈想得到他人正面的評價，以及對自己獲得正面評價愈沒有信心的人，溝通焦慮症就會變得愈

嚴重。因此，放棄想要給他人留下良好印象的習慣性欲望，培養不受他人評價的自信或自尊感（self-respect），對降低溝通焦慮是非常有幫助的。

內在溝通也可以按照「有意」或「無意」的標準來區分。如果說外在自我對話中有一種是不自覺脫口而出的自言自語，那麼也有一種是有計畫、有意圖的自我對話（類似運動選手經常使用的「我做得到！」之類的口號等）。大多數內在自我對話都是在不知不覺的情況下自然浮現的各種想法，這些都是自己內心中不斷編造出來的故事敘述，也是經常出現在自己內心中的內在聲音。

要控制內在自我對話，並按照自己意願行事非常困難，尤其是自己的想法，與其說是出自自己有意識地這麼想，不如說是自然而然出現的。內在溝通訓練的核心，就是要最大限度地管控內在自我對話。這不是說我們可以按照自己的意願思考，這是不可能的。「想法」作為內在自我對話，也是一種溝通，不可能靠自己隨心所欲掌控。我的想法雖然是我在想，卻不是只屬於我自己的。內在溝通訓練的第一步，就是要認識這一點。

自己的想法不是可以任由自己喚起或壓抑的，也就是說，特定想法不可能按照個人意願浮現或消失。想法是發生在自己身上的一個事件，與個人意圖無關。你有可能先計劃好五分鐘後要想什麼事情，然後付諸實行嗎？不可能！你可以預測自己五分鐘後會想什麼嗎？不可能！正在閱讀本書的讀者此刻腦海中浮現的想法，也不是按照讀者的意圖或計劃出現的，而是發生在讀者生活中的一個事件而已。

我的想法不屬於我，我的情感也不屬於我，既不是我創造的，也不是我的計劃之物，更不是我有意為之。但是，因為它們只浮現在我的腦海中，其他人對此一無所知，所以我們會以為「我的想法或情感是屬於我的」，更進一步陷入「那些想法或情感就代表我」的錯覺中。

我的想法或情感就和我的心臟或腸道運動是一樣的，從它們不是我有意或計劃為之這點來看，確實是如此。我的心臟跳動是發生在我身上的持續性事件，而不是我計劃或執行的事情。我的心臟跳動不是按照我的意願發生的，儘管它明明就發生在我的身體裡，但這事情「與我無關」，我的想法和情感也是如此。內在溝通訓練的核心重點便是培養個人將自己的想法和情感視為一個事件，並隔著一段距離觀察它們的能力。後文中要探討的背景自

我，就具有這樣的能力。

> **Note** **克服溝通焦慮症：尊重與感恩的溝通訓練**

　　許多人因溝通焦慮而感到極大的不便，尤其是必須在眾人面前說「幾句話」的時候，大多數人都會感到恐懼。有些人為了要故意表現出自己不怕站在公眾面前而露出誇張的笑容或態度，或者說話的語氣也有不同。如果一個人在其他人面前講話時的表情或語氣與平時有任何一絲不同，就可以說這個人患有公開演講的溝通焦慮症。

　　還有一件事也如同公開演講一樣令許多人畏懼，那就是口試。在試圖評價自己的面試官面前介紹自己，是一件非常令人恐懼和困難的事情。如果此時過於緊張或焦慮，就很難給人留下好印象。

　　無論是公開演講還是面試，有兩種方法可以減少溝通焦慮症。一個是放棄想給面前的人留下好印象的想法，另一個是對現在的自己充滿信心。如果我要面試的公司是我真正想工作的職場，那麼想留下好印象的渴望自然會增加。但另一方面，如果覺得許多應徵者的條件都比自己好，在這種想法下就會失去自信。於是愈想通過面試卻愈沒有自信心，焦慮就會愈大。

　　打開這種局面的最好方法，就是無論如何放棄「欲求之心」。我們必須有意識地想著「這家不成還有別家」，還要保有「我這種人算得上是優秀人才」的自信，這時最重要的是促使前額葉皮質維持活躍狀態的正面情緒。正面情緒來自於「肯定自我」和「肯定他人」，我面前的面試官都是我想任職公司的資深員工，那就試著對他們心存感激和尊重。同時，不要只把自己當成是被動評價的對象，而應該把自己視為主動付出尊重和感激的主體。如果能對面試官心懷尊重和感激，焦慮就會消失，前額葉皮質會活躍起來誘發正面情緒，讓我們得以給人留下好印象和信賴感。

　　公開演說時也是如此。當我們站在眾人面前講話時，必須先放棄要給聽眾留下深刻印象的想法，也不要主動把自己當成是大眾評價的

對象。相反地，我們應該把自己當成是一個懷著關愛和尊重、感恩之心，向聽眾傳遞訊息的主體。當我們成為抱著尊重和感恩之心主動傳遞訊息的主體，而不是被動受到評價的對象時，焦慮就會消失，讓人產生好感和信賴的說服力就會增加。尊重和感恩的溝通訓練是許多人實際體驗過的方法，希望大家可以嘗試看看。

正面內在溝通為什麼重要

內在溝通也可以根據風格分類。內在溝通的另一個重要特徵是每個人都有特定的「敘事風格」，敘事風格是一種解釋方式，我們會自動為自己經歷的事件賦予意義，並經常提供因果關係的解釋。馬丁・塞利格曼（Martin Seligman）將這種風格稱為「解釋風格」（explanatory style），而其他學者傳統上則稱之為「歸因風格」（attribution style）。「解釋風格」指的是一種敘事方式，當特定事件發生時，人們會在不知不覺中自然而然地推斷出「一定是某個人出於這種或那種原因做出來的」。

內在溝通也有這種「敘事風格」，最基本的風格分類法是分為負面和正面。無論出於什麼原因，一個有著貶低、指責、批判、憎恨、厭惡自我的內在溝通習慣的人，就是一個具有「負面」內在溝通風格的人。由於這些人習慣於活化杏仁核、提高壓力荷爾蒙分泌，所以他們的前額葉皮質功能自然會降低，心理肌力也相對薄弱。

為了強化心理肌力，我們必須活化前額葉皮質神經網路，因此就必須讓正面的內在溝通風格成為一種習慣。無論出於什麼原因，一個有著尊重、激勵、相信、關愛、顧惜、珍視自我的內在溝通習慣的人，就是一個具有「正面」內在溝通風格的人。這些人的前額葉皮質神經網路得以強化，也幾乎不會因杏仁核過度活躍而產生負面情緒，理所當然就會成為強大心理肌力的擁有者。透過內在溝通訓練不斷發現和覺察自己以何種模式和風格進行內在溝通，是非常重要的。因為我對自己的敘事風格決定了自身的想法、行為和性格，也對心理肌力有很大的影響。

我對自己進行的內在溝通，一般來說正反映了我對「其他人對我的評

價」的想法。換句話說，別人普遍對我的看法，就是作為所謂「Ego」的自我。我，就是我所想像的他人對我所有看法的總合。我們在生活中會認識和遇到許多人，在與這些人的關係中養成的內在溝通習慣，會決定所謂「我」的概念。

我對自己的看法，會因為我如何看待他人而有所不同。也就是說，我如何看待他人，會決定我如何看待自己。當我認為自己的生活被一群危害我的人所包圍時，我就會塑造出一個戒備心強、封閉又充滿恐懼的自我。如果我認為周圍的人和我關係和睦時，我就會製造出一個和平、幸福、健康的自我。以負面眼光看待他人的人，其實也是以負面眼光看待自己的人，這種惡性循環會無止境地削弱一個人的心理肌力。如果你經常與周圍的人發生人際衝突的話，這就明確地證明了你的心理肌力很薄弱。

我與他人的關係會反映在我的內在溝通上。對周圍人不屑一顧的人，往往會有明顯的貶低自己、指責自己的傾向。一個對他人懷有敵意的人，也會是一個憎恨自己的人。不懂得原諒他人的人，也會嚴苛地對待自己。不懂得尊重他人的人，也不會尊重自己。不懂得關愛他人的人，也不會關愛自己。把他人當成謀利工具的人，也只會把自己當成實現特定目的的工具。

溝通的能力就是一種建立健全「關係」的能力，而健全關係的核心，就是「尊重」。尊重他人的能力是溝通能力的核心，尊重他人就意味著尊重自己。一個能為自己感到驕傲又懂得尊重自己的人，才有可能尊重他人。

尊重中包含著敬畏之心，也就是感覺到有某種事物超越了自己，敬畏之心是承認和接受有某種比自己更了不起的事物。尊重之心是一種試圖超越肉眼可見的外表，發現某種更了不起事物的心態，所以尊重（respect）才會是「再」（re-）多「看看」（spect）。深刻地感受和覺察到自己內心中有某個比自己更了不起、更偉大的存在，這就是自尊之心。人要先學會尊重自己，才會尊重他人；先學會珍視自己，才會關愛他人；先學會原諒自己，才會原諒別人；先學會照顧自己的人，才會照顧他人。

內在溝通力量的具體實例：
安慰劑、催眠、禪問

內在溝通及溝通效果

所有溝通其實都是透過內在溝通完成。聽完他人的話和理解這些話的過程也是。因此，即使聽的是同一句話，每個人必然都有不同的理解。為什麼所有的溝通本質上都是溝通不良（miscommunication），其原因就在於內在溝通。這是因為溝通是往內朝著意識內捲的隱秩序，也是因為訊息本身是一種生成秩序，而不是來自外在的固定實體。

為了理解溝通的本質，我們必須擺脫機械論世界觀。所有形式的溝通中給出的訊息都是帶有生成秩序的主動式資訊，所有訊息就像撒在地上的種子或寄生宿主體內的病毒一般，根據土壤或宿主的狀況，種子和病毒的生長也完全不同。

當我們聆聽某些解釋或閱讀書籍時也一樣，訊息並不是作為客觀、固定的實體進入我們的腦子裡，而是作為生成秩序展開，就像種子發芽、病毒擴散一樣。透過人際溝通傳播開來的消息和資訊，具備了生成秩序，透過內在溝通朝著我們的意識內捲而入。

傳統上在傳播學和社會心理學中，各種研究先假設人腦是一種運作方式未知的黑盒子，然後只考慮投放進溝通裡的訊息內容、情境條件和計算結果（框架效應等）之間的關係，來展開理論。如果將整個溝通過程架構在主動推理理論和馬可夫覆蓋模型的基礎上進行理論化，並將溝通的本質化為一種透過意識內捲的生成秩序概念，那麼就可以創造出一個與溝通「效果」相關，且具有強大說服力的全新理論框架。

對於廣告和宣傳的效果、輿論形成的過程等，有必要從隱秩序和生成秩序的角度來切入。大眾傳播和社交媒體的見效，追根究柢也全是透過內在溝

通實現。輿論同樣是反映內在溝通的成果，對談、討論或活動等各種溝通型態之所以具有說服效果，其實也得益於內在溝通。對所有型態的溝通來說，內在溝通是起點，也是終點。內在溝通的各種型態中，相當於自我對話的計畫、決心、反省、後悔、祈禱、判斷等都具有內在溝通的特徵。內在溝通是「改變自我」的力量，因此也是「改變世界的力量」。

傳播效果的代表性理論之一是「二級傳播」（two-step flow of communication）。該理論認為，大眾媒體的影響不僅取決於媒體直接傳遞給受眾的內容，還依賴受眾透過與他人對話，間接傳遞並補充訊息內容。如果說從媒體直接傳遞給聽眾或讀者的過程是第一級，那麼從消費媒體的受眾間接傳遞給其他周圍的人，就是第二級。這兩個階段必須全部觀察後，才能真正掌握媒體效果。

我認為應該在這個基礎上再增加一級，也就是必須考慮當一個人傳遞訊息給另一個人時，自行在心中解釋和再三衡量這些訊息的內在溝通階段，這樣才能檢視真正意義上的整個媒體效果。也就是連同媒體消費者或對話參與者的內在溝通都必須納入考量範圍。在這些人內心中，有可能存在著各式各樣自我對話和故事敘述。即使是同一個人聽到同樣的訊息，也可能因為他當下內在情緒狀態或敘事風格，對訊息有不同的處理。因此，我們或許可以考慮「三級傳播」理論的可能性。未來的傳播學將脫胎換骨，成為涵蓋第一級「從媒體到人」、第二級「從人到人」，以及第三級「從人到內在（大腦和神經系統）」的學問。三級傳播理論可以利用將媒體理解為一個擴大的馬可夫覆蓋模型，也就是將大眾媒體、人際媒體和內在溝通作為一個模型來綜合解釋。在這個全新的理論架構基礎上，媒體就有可能建立新的傳播策略，有效影響人們的想法、態度、輿論和行為。

我對自己說話的力量：安慰劑

對我們每個人來說，名為「我」的存在是一個明確的實體。當然，患有大腦功能受損、自我意識無法正常運作時發生的科塔爾症候群（Cotard's syndrome）等罕見精神疾病的人，會認定自己不存在或是已經死亡。否則的

話，我們都相信每個人一定有一個名為「我」的存在。當然，「我存在」的這種感覺是人類意識帶來的功能之一。然而，這個名為「我」的自我意識實體，是透過不斷敘事製造出來的。如前面所探討，為了綜合辨識由感覺狀態處理上傳的各式各樣感覺訊息，以及根據特定環境中各種意圖相應執行的行為，大腦需要對這些感覺訊息持續賦予意義和敘述故事。而自我意識可說是內在溝通本身的持續過程，因此，有什麼類型的內在溝通就會形成什麼樣的自我。

心理肌力訓練是為了穩步形成自己所期望的自我而反覆進行相應的內在溝通，此時這種有意圖的內在溝通，就是內在的自我對話。我們可以根據日常生活中如何看待自己，也就是自己一次又一次對自己說了什麼話，來實際改變「自己」。換句話說，這也表示我們可以改變行動主體（agent），也就是作為馬可夫覆蓋模型中內在狀態的生成模型，習慣性的故事敘述和賦予意義的方式。日常生活中我們如何看待自我、習慣對自我進行何種內在溝通，會決定自己成為什麼樣的人。由於自我意識包攬了我對世上所有的經驗，所以改變自我意識，就等於改變我所置身的這個世界。而心理肌力訓練就是透過改變自我，來改變世界。

名為「我」的存在，本身就是故事敘述，因此，如果我改變了對自己的內在溝通，也等於改變了我自己。我對自己發自內心說的話，會產生即刻且絕對的影響。當一個人衷心對自己說一句「哇，我好強！」，這個人就會真的變強。相反地，當一個人對自己說「唉，我現在真的很不舒服！」，這個人就會真的感到不舒服。

我的內在溝通——我對自己說的話或想法——對我自己產生強大影響的現象，就是眾所周知的「安慰劑效應」（placebo effect）。當我們把麵粉或生理食鹽水溶液誤以為是新開發的藥劑吃下去時會相信這藥能治好自己的病，這種「信念」的本質，就是我與自己的內在溝通。這麼一來，藥效就顯現出來了，但這並非單純只是心理層面的問題。這種情況並不表示身體其實沒有痊癒，只不過是感覺好多了或單純這麼認為而已，安慰劑效應是指藥物實際發揮作用的意思。在許多情況下，當我們「相信」安慰劑是真的藥而服用下去之後，身上確實會出現生物性和生理性的變化。這不僅僅是感覺上身體變好，而是實際上身體真的變好了。

安慰劑效應最早發現之處是戰場上，當時面臨傷兵必須盡快手術的緊急情況，但是在沒有嗎啡的戰地裡，不得已只好把生理食鹽水說是麻醉藥注射之後，就開始進行手術。令人驚訝的是，注射了生理食鹽水的傷兵們都相信「我現在打了麻醉藥」，沒過多久就像真的打了麻醉藥一樣，一點也感覺不到疼痛。包括疼痛在內的所有感覺訊息都是大腦透過身體主動推理的結果，因此如果大腦告訴自己「我現在被麻醉了」，那麼實際上就感覺不到疼痛。

從那之後，有關安慰劑效應的科學研究大量湧現，研究人員也發現安慰劑效應具有各式各樣的功效，從緩解疼痛到治療癌症都很有效。安慰劑如今已成為所有新藥開發的穩固標準，新藥的藥效不能只靠比較服用新藥和未服用新藥的人來確定，因為我們無法得知服用新藥痊癒的人是因藥效還是因安慰劑效應才痊癒的。因此，所有新藥的藥效想獲得認可，都必須在統計上實質證明其效果顯著高於安慰劑。可惜要做到這點並不容易，因為研究人員雖然告知患有特定慢性病的患者這是新藥，卻隨機給予真藥和假藥（安慰劑）的處方，然後比較其效果時經常會發現，兩者病情好轉的程度不相上下，安慰劑甚至更常見效。對於任何新藥來說，克服安慰劑都是一個巨大的課題，「人類開發的藥品中，安慰劑是最有效、最無副作用、最安全的靈丹妙藥！」這句話可不是簡單的一句玩笑話。

就像這樣，研究藥效或治療效果的實驗大多數採取雙盲（double-blinded）的方式進行。病患和醫護人員全都不知道將投入的藥物是真藥還是假藥，只有設計和進行實驗的研究人員才知道哪個是真藥、哪個是假藥。因為如果醫護人員知道是安慰劑，在交給病患的過程中很可能會不知不覺地發出意想不到的信號。因此，在安慰劑效應測試時，會在無論是給病患開藥的醫護人員或領到藥品的病患都不知情的狀況下進行。

在這種雙盲實驗中，即使是沒有任何藥效的生理食鹽水也會顯現出比嗎啡更強的效果。在一項實驗中，將接受拔牙治療的患者隨機分為五組，分別為他們注射4毫克、6毫克、8毫克和12毫克嗎啡，以及生理食鹽水（安慰劑）。如預期的一般，嗎啡的劑量愈高，緩解疼痛的效果愈強。但是，生理食鹽水也出現了嗎啡4毫克以上的效果。嗎啡4毫克有36%、6毫克有50%的緩解疼痛效果，而安慰劑生理食鹽水卻出現高達39%的緩解效果。

安慰劑的效果是基於對「我現在服用的藥物會有效」的信念而來。也就

是說，患者對自己進行的內在溝通為患者的身體帶來了改變。與其說安慰劑本身有任何藥效，不如說病人的想法和信念等內在溝通本身產生了效果。因此，進行什麼樣的內在溝通，即「內在溝通的內容」，也會對效果產生影響。

　　著名的經濟學家丹‧艾瑞利（Dan Ariely）和他的研究小組一起進行了一項安慰劑實驗，測試標價本身對該藥物疼痛緩解效果的影響。研究人員讓所有受試者服用安慰劑，先向一組受試者出示一份最新止痛藥的說明書，以及一顆藥標價2.5美元的價格標籤。而對另一組受試者，所有條件都相同，但出示的價格標籤是一顆藥0.1美元的折扣價。所有受試者在服藥前和服藥後各自在手腕上用電擊器進行疼痛刺激，並要求他們要報告服藥後比服藥前疼痛減輕的程度。看到2.5美元正常價格標籤的小組中，有84.5%的人表示疼痛得到了緩解；但看到0.1美元折扣價標籤的小組中，只有61%的人表示疼痛得到了緩解，這也反映了「藥愈貴，效果愈好」的普遍信念。這個結果也指出，安慰劑效應的本質，其實就是人與自己進行的內在溝通內容。

　　安慰劑效應的意義在於我出自真心與自己進行的內在溝通，不僅對我內心，也對我身體發揮了強大作用。而且安慰劑被證明不僅在藥物治療時有效，甚至在關節等外科手術時也很有效。在一項針對180名因膝關節損傷而無法行走的關節炎患者進行的實驗中，病患被隨機分為三組，第一組接受實際切除膝關節內壞死組織的手術，第二組接受只透過膝關節鏡清洗組織的門診手術，第三組則假裝動了手術，實際只是用繃帶包住的假手術。經過兩年的追蹤觀察，出現了令人驚訝的結果，三組病患的關節復原程度都差不多。不僅是疼痛緩解的程度類似，就連行走或爬樓梯等膝蓋實際的功能也都有相似程度的改善。這是患者「因為動了手術，所以膝蓋會變好」的信念，使得膝關節實際上真的有了改善。

　　如果你仍然對安慰劑效應有所懷疑的話，那就表示你深陷身心二元論的想法中，可以說你還未能擺脫笛卡兒的機械論世界觀。唯有擺脫這種狀態，才能理解內在溝通的力量，也才有可能進行真正的心理肌力訓練。

　　有關安慰劑效應的大量研究顯示，不只是新藥，我們一般服用的所有藥物（消化劑、退燒藥、消炎藥等）中除了藥物本身的藥效之外，還添加了安慰劑效應。安慰劑效應不僅包括口服藥物，還包括維他命等營養補充劑。運動及

各種手術、門診手術、處理和療法中也包含了安慰劑效應。因此，無論做什麼，重要的是我與自己進行什麼樣的內在溝通。

　　認為自己正在服用的藥物會產生副作用或傷害的負面信念，也具有強大的影響。當醫護人員交給病患假藥，並告知他們「這是一種新開發的藥，但有可能造成頭痛或腹痛等副作用」的注意事項後，實際上真的有很多人抱怨他們頭痛或腹痛。當醫護人員給病患喝新鮮牛奶之後，如果告訴病人「剛才不小心拿了壞掉的牛奶給您喝，真對不起！如果出現食物中毒的症狀，我會賠償您」的話，便真的有許多人突然出現腹瀉或嘔吐等食物中毒的症狀。在許多案例中發現，即使醫師對症開藥，如果患者不相信其藥效，藥也發揮不了作用，這就是「反安慰劑效應」（nocebo effect）。反安慰劑和安慰劑的作用都是一樣的，差別只在於透過正面內在溝通身體變好，那就是安慰劑；透過負面內在溝通身體變更糟，那就是反安慰劑。

　　如果有人深信「我好像得了癌症！」，那麼這個人實際罹患癌症的風險就有可能增加。當一個人認為「我快死了！」，那麼實際死亡的機率就會增加。實證研究中也發現，愈是認為「我老了，一身病痛快死了」的人，壽命會變得愈短。根據俄亥俄州針對老年和退休人群的縱向研究（OLSAR）結果顯示，對「上了年紀」這件事抱持負面想法的人，平均壽命會比沒有這種負面想法的人短7.5年；嚴重的話，甚至會提前23年開始老化。而認為「上了年紀又怎樣，身體也沒特別變壞」或「我今年跟去年一樣健康」的人，實際上會衰老得慢一點。反之，總是告訴自己「我現在年紀大了，老囉老囉！」的人，往往更快出現老化的現象。

　　安慰劑不是只有當我們服用任何藥物或接受任何治療時才會生效，即使在承受重大壓力時，只要有「我隨時可以掌控情況」的信念，身體上的各種症狀都會獲得實質上的改善。有一項實驗是利用不規律的擾人噪音來加大受試者的精神壓力，當受試者處在必須發揮解題能力來解開謎題的情況下時，突然從哪裡傳來相當大的不規律噪音，聽起來就像是附近哪裡在施工。這時，大多數受試者會因此出現如心跳加快等各種壓力引起的身體症狀。比起規律傳來的噪音，不規律的噪音會讓身體引發更明顯的壓力反應。因此，除了解決問題能力顯著下降之外，有些人甚至會中途放棄解題。

　　相對地，有另一組受試者也處於相同的情況，但實驗方提供了一個隨時

可以暫停噪音的「假」按鈕。實驗人員向受試者解釋，如果他們覺得噪音過於擾人的話，可以按下按鈕，停止噪音。也就是說，讓受試者相信他們握有噪音的掌控權，而受試者也真的相信「只要我願意，隨時可以停止噪音」。結果，即使同樣處於不規律噪音的環境下，他們的壓力反應顯著降低，解題能力反而提高。雖然沒有任何一個受試者實際按下按鈕，但當受試者們都帶著「我隨時可以掌控情況」的信念時，他們的壓力程度大幅下降，也因此更能發揮解題的能力。透過卡蘿・德威克對能力成長信念的研究結果得知，對自己可以提升能力的「信念」，或自己可以掌控環境的「信念」，全都具有強大的作用。內在溝通也是如此。

自我意識的暫時懸置：催眠與禪問

為了進行心理肌力訓練而要更新內在溝通的內容，不是一件容易的事。安慰劑效應中最重要的一點，就是要相信安慰劑是實際有效的真藥。甚至有研究指出，有些患者即使明知服用的是安慰劑，也真的發揮了作用。也就是說，對於那些就算知道自己吃的藥是安慰劑，也認為這藥應該有效的人來說，實際上真的發揮了作用。所以關鍵就在於，要「發自真心地」告訴自己。

正如之前說過的，我們內心會不斷自動進行習慣性的故事敘述，而進行這種敘事的主體，我們稱之為「自我意識」。自我意識要自行改變敘事的內容並不容易，譬如當一個人認為「這藥是安慰劑，一定沒有什麼藥效」時，即使他下定決心要改變自己的想法或信念，也很難拋棄過去的想法，形成「雖然這藥是安慰劑，但還是會有效果」的新信念。

經常被譯為「暗示」的「suggestion」這個單詞，也有「建議」的意思。「建議」將現有自動進行的習慣性內在溝通變更為新的敘事內容，就是一種「暗示」，而「催眠」會讓這種暗示出現強大的效果。催眠的效果可以透過前面提到的馬可夫覆蓋模型和主動推理理論來解釋。

自我意識作為在馬可夫覆蓋模型的內在狀態下運作的「敘事者」，會對自己所見、所聽、所感覺到的一切經驗不斷提供心理評論。自我意識也是一

種生成模型，可以為自己想執行的任何行為提前創造出意圖。為了更有效地自動形成具有連續性的流暢敘事，我們的自我意識會依賴各種習慣性運作的生成模型，這些生成模型的集合體就是作為自我的所謂「我」的觀念。

進入催眠狀態是指一個人原封不動接受來自外界傳來的他人暗示（說話），以此作為自己的內在溝通內容。為了提高原封不動接受外界灌輸的敘事作為自己的「生成模型」可能性，就必須將被催眠者內在運作中的生成模型的敘事暫時懸置或削弱，這就是催眠中的「誘導」（induction）。那些「容易受到暗示」（suggestible）的人平時自我意識的敘事就不太固定，也可以說是生成模型的敘事更有彈性的人。進入催眠狀態也就是指他人從外界灌輸的敘事原封不動地取代了被催眠者內在生成模型的敘事，並且正在運作中的狀態。因此，催眠可以定義為作為內在狀態主動推理模型的行動主體被取代了的狀態。

那麼，就讓我們從主動推理理論的角度來看看這種催眠的過程吧。催眠技巧中最為人所知的就是假裝握手，卻瞬間誘導對方進入催眠狀態。首先，催眠師會和受試者進行舒適而自在的對話。接著，催眠師泰然自若地靠近受試者，微笑地要求握手。受試者很明白握手代表什麼意思，所以也很清楚接下來會發生什麼事情，他的內在狀態中正自動進行以下的敘事——「那個人伸出手向我走過來，很明顯地就是想跟我握手。我馬上就要跟他握手了！我現在也要抬起我的手，輕輕握住他的手，上下晃動幾下，彼此看著對方的眼睛，面帶笑容互相寒暄。」這一刻，受試者內在的敘事會自動決定接下來要發生什麼事情。不只是在意識層面，甚至是在感覺狀態和行為狀態的各層面也同時一絲不苟地自動進行主動推理過程。「握手」是我們非常熟悉且時常在做的動作，所以可說處於根本沒有防範預測誤差的狀態。

當受試者也面帶笑容伸出手的那一瞬間，催眠師假裝要與受試者握手，就在雙方的手正要接觸之前，他輕輕地飛快握住受試者的手腕，抬高到受試者面前，讓受試者看著自己的手掌。對受試者來說，這是他完全想像不到、也從未經歷過的事情，竟然就這麼發生了，受試者的內在狀態瞬間陷入混亂。「我怎麼會看著自己的手掌，這到底是怎麼回事？」因為意識無法立刻解釋這種情況，感覺狀態和行為狀態也同時陷入混亂，心理評論和故事敘述功能也停了下來。雖然發生了嚴重的預測誤差和驚奇，但由此產生的修正機

制或自由能最小化功能卻沒有即刻隨之啟動。儘管既有的生成模型馬上變得毫無用處，不得不報廢，但取代它的新生成模型卻沒有立即出現，既有的自我意識只好暫停敘事。如此一來，既有的生成模型雖然報廢，但在新的生成模型出現之前的這一瞬間，自我意識最容易原封不動地接受外界灌輸的敘事內容。

這時候，只要催眠師給予暗示，受試者就會將這種暗示當成自己的敘事處理，並傳送下來。當受試者聽到催眠師說「睡覺」（sleep）這句話時，就會直接進入催眠狀態。受試者告訴自己「我正在睡覺」的內在溝通情況，就是一種催眠。睡眠時，大腦會最大限度地減少對來自感覺狀態自下而上傳來的感覺訊息的解釋，取而代之的是自上而下發送任意的解釋和敘事，也就是進入做夢的狀態。在做夢期間，對於感覺狀態傳送上來的感覺訊息所產生的預測誤差，內在狀態便不會主動執行修正工作。

現在，受試者會看到如催眠師所說的世界，對於感覺狀態上傳的各種感覺訊息加以解釋的敘事內容，會按照催眠師的暗示進行。如果催眠師說太熱了，那麼受試者就真的有熱到流汗的感覺；如果催眠師說太冷了，那麼受試者就會全身冷得發抖。如果催眠師拋過去一條皮帶說這是蛇，那麼受試者就會把皮帶真的當成蛇。通常情況下，即使我們看到皮帶會遲疑地想著「這是蛇嗎？」，不斷上傳的視覺訊息會告訴我們這個解釋錯誤（不會動、樣子也不像蛇等等），於是預測誤差的修正機制就會立即自行啟動。但是進入催眠狀態時，根據不斷上傳的感覺訊息所進行的預測誤差修正就不會啟動，反而會按照催眠師的敘事來解釋感覺訊息。

這種情況不僅適用於感覺狀態，也適用於行為狀態。如果催眠師告訴受試者「你現在在跑步！」，那麼受試者就會猛然起身開始跑步。如果催眠師說「你現在睡著了！」，那麼受試者就會躺下來開始睡覺。也就是說，控制感覺狀態和行為狀態的內在狀態生成模型，讓位給催眠師從外部傳進來的故事敘述。催眠清楚地顯示出，我們的想法、行為和經歷都是由我們自己的內在狀態所編造的故事產生的。

削弱作為內在狀態敘事者的生成模型，或改變感覺狀態和行為狀態的行動主體（agent），就代表暫時停下一直運作中的自我意識。當我們突然做出意料之外的行為，或聽到意想不到的話語時，正在運作中的既有生成模型就

會暫時停下來。這一瞬間由於內在狀態的敘事暫時消失，所以很容易毫無防備地接受對方的暗示。而且，這種狀態也是一直運作中的自我意識暫停的時刻，因此也可以成為一個反省現有的「我」，重塑自我意識的機會。

英國著名催眠師達倫・布朗（Derren Brown）講述的一則軼事，告訴我們如何避免與陌生人發生衝突或爭鬥的特殊方法。有一天，他參加了一場魔術大會，表演結束後他穿著華麗的舞台裝走在大街上，凌晨三點才回到酒店。就在這時，一個醉漢走了過來向他露骨地挑釁。當對方以「看什麼看？」這句話挑起衝突時，最好不要相應地頂一句「你幹什麼？」，或採取迴避的態度，這麼做一點用都沒有。因為對於那些準備採取暴力應對的人來說，這是一種他已經預料到的反應，這種普遍的應對方式只會提高暴力衝突的可能性。於是達倫・布朗利用催眠原理，突然開始胡說八道。

他回答醉漢：「我家外面的圍牆高度連四英尺都不到。」結果，對方一瞬間不知道他在說什麼問了一句「你說什麼？」之後，就變得很驚慌。達倫・布朗接著說：「我說我家圍牆高度只有四英尺。我在西班牙住了很久，那一帶的圍牆都很高。相較之下，我家那裡的圍牆實在太矮了，簡直矮得離譜。」然後他就這樣一直胡說八道。一頭霧水聽他說話的醉漢頓時失去了攻擊性坐了下來，彷彿全身一下子放鬆似地。達倫・布朗也坐在他旁邊，問他：「今天發生了什麼事嗎？」醉漢這才說：「我和女朋友吵架了！」接著開始感嘆自己的處境。他們兩人聊了很多事情，然後就各走各的路。達倫・布朗藉由「突然脫離語境脈絡」（abruptly out-of-context）的敘事方式，瓦解了正於醉漢內在狀態中運作的暴力行為生成模型，避免了危機局面的發生。

內在溝通訓練中最重要的要素之一，是自我覺察自己內心中不斷產生的心理評論。我們在日常生活中不斷地在敘述故事，這個世界給我們的無數暗示，深深影響了我們的想法、行為和經驗。透過文化、理念、教育，以及各種媒體和形式，給了我們許多暗示和故事敘述，使我們的生活就像被催眠了一樣。這就是一種陷於顛倒夢想的情況，而「覺知」可以讓我們從這種催眠和暗示中清醒過來。

我們的想法和經驗，給了我們一種像是不斷從自己內心中泉湧而出的感覺，其實這些想法和經驗是從外部灌輸進來的各種敘事的結果。內在溝通訓練的基本目標，就是要清楚地認識這個事實。而內在溝通的目的，則是要擺

脫這些主宰我的想法、自動流動的、從外面灌輸進來的故事和心理評論。從外面灌輸進來的許多故事會讓人感覺像是自己的想法，負面的敘事會活化杏仁核，引發焦躁或憤怒等負面情緒，即使面對無關緊要的事情，也會執著不放，無法脫離痛苦和不幸的泥沼。在我們的日常生活中許許多多的敘事製造出自動湧入我們腦海裡的各種想法和行為，而從頭到尾看著這些敘事的那股力量，就是覺知能力，也是心理肌力的基礎。

透過「突然脫離語意脈絡」的對話來動搖僵化的自我意識或習慣性敘述，並非催眠師專用的技法。禪宗傳統核心的師徒禪問，也喜歡採用「突然完全脫離日常對話脈絡」的方法。例如，洞山守初禪師對學僧請示「如何是佛？」的回答，是「麻三斤」；臨濟禪師對「如何是無位真人？」的回答，是「乾屎橛」*。像這樣，將完全脫離語境脈絡的質問或答辯，壓縮成一句話或一個單詞，這就是「話頭」，而參悟這種話頭的訓練就是「看話禪」，後面的第十一章對此會有詳細的介紹。

看話禪的傳統核心，是弟子透過禪問突然開悟。當禪師與弟子們進行禪問時，禪師會透過突然高喊或打人等非語言溝通來「突然脫離語境脈絡」。這些乍看之下有點荒謬的言行，會讓弟子們瞬間開悟。正是因為這些「荒謬」言行本身的「離譜」，瞬間動搖了弟子內在狀態中一直運行的生成秩序，便出現了作為既有生成秩序的「自我意識」暫時讓位的空檔。此時，弟子看著自我的空位，也同時覺察到背景自我的存在，突然遇見了作為「空」的「真我」，得以擺脫原有的固定敘事模式。

無論是內在溝通訓練或安慰劑、催眠、禪問，儘管其目的和方式有所不同，但它們的共同點都是透過暫時懸置以內在狀態的生成秩序所形成的故事敘述，為既有的自我帶來強大的變化。尤其是催眠或禪問創造了一個機會，透過暫時懸置既有的生成秩序，在意識中植入新的生成秩序。即使在提高心理肌力的內在溝通訓練中，暫時打破既有的生成秩序也不失為一種建立新的生成秩序的好方法。

---

* 清除糞便的木片

訓練心理肌力的
內在溝通冥想

何謂內在溝通冥想

　　為了訓練心理肌力,我們必須穩定杏仁核及活化前額葉皮質。為了穩定杏仁核,我們必須與自己的身體進行內在溝通。為了活化前額葉皮質,我們必須與自己的心靈進行內在溝通。內在溝通冥想並不是為了達到某種神祕境界而進行的特殊努力,更不是與世隔絕追求獨屬自己的虛幻世界。內在溝通冥想就像運動一樣,堅持運動有助於身體健康,同樣地,日常生活中堅持冥想也有助於心靈健康,而且還是提高心理肌力的良好訓練。

　　腦科學家們近來對冥想的效果高度關注,並且進行了大量的研究,這是因為傳統的冥想修行法已經有系統地開發了穩定杏仁核和活化前額葉皮質的訓練要素。從宗教的觀點來看,各種冥想修行都是為了實踐特定宗教體驗或教義。然而,從腦科學的層面來看,冥想修行是具有腦科學基礎、非常有效的強化心理肌力訓練法。

　　如果我們透過馬可夫覆蓋模型來看的話,內在溝通可以分為三種。第一種是內在狀態和感覺狀態之間的溝通,這是透過主動推理,識別由感覺器官上傳至意識的各種感覺訊息所產生的感覺與感受。感覺的類型中,除了視覺、聽覺、觸覺、味覺和嗅覺之外,還包括本體感覺和內感受。

　　第二種是內在狀態和行為狀態之間的溝通。這是識別動作和情緒會產生什麼樣的行為,可以說是著重在意圖與行為關係的溝通。

　　第三種是內在狀態和內在狀態之間的溝通。換句話說,這是著重於內在狀態中存在的各個行動主體關係的溝通,其中就包括了自行回顧自我意識或覺知背景自我的存在。這種嘗試即時觀察內在狀態中不斷產生與運作的自我意識,在許多冥想傳統中十分常見。

然而，這種嘗試也可以透過對話來實現，我們可以稱之為「透過人際關係的冥想」（social meditation）或「透過對話的冥想」。隱秩序（implicate order）在這裡也是一個有用的概念，因為在對話中，彼此之間的影響不斷流進和流出。即使在對話時，我們也可以發揮覺知的能力。在對話過程中，我們不僅可以觀察到自己和他人之間的溝通，還可以覺察到我和自己之間每時每刻都在進行的對話。因此，冥想可以在任何溝通情況下進行。比起獨自坐在安靜的房間裡進行的冥想，對話冥想要求更深入、更強大的專注力和注意力。當我在說話的同時，也在頭腦清楚的情況下聽到、看到自己在說什麼、是怎麼說的，這就是戴維·玻姆所說的「冥想式對話」。[36]

內在溝通冥想就是著重於這三種類型的內在溝通，因此內在溝通冥想的主要類型可以分為下列三種。第一類是感覺冥想，第二類是運動冥想，第三類是背景自我冥想。這些冥想雖然都具有穩定杏仁核、活化前額葉皮質的作用，但第一、二類聚焦在穩定杏仁核與情緒調節上，第三類則對活化前額葉皮質的作用較大。

這三類內在溝通都具有「內捲」的性質。單一神經細胞的震顫，其影響也是會向內波及其他神經細胞的內捲。但這裡面不存在任何訊息作為「被傳遞的訊息」，只有作為「形成過程」（in-formation）的訊息，這就是作為隱秩序的主動推理本質。儘管自下而上和自上而下的過程似乎是循序漸進的，但實際上這就類似於海面上的波浪捲起後消失。在作為一個整體，被稱為能量場（field）的神經細胞汪洋中，部分能量凝聚受激（被活化）後，內捲進入整個系統中，然後又外展擴散出去。

作為心理肌力訓練的內在溝通冥想，不是外在的介入，也不是想通過因果關係提供某種原因，更不想灌輸任何概念或訊息。相反地，心理肌力訓練是建立「自生性秩序」（self-generative order）的過程。自生性秩序不是指「自己必須視情況處理」的事情，而是指「發生在自己身上」的事情。我絕對不可以把自己當成客觀處置或外在訓練的對象，在我意識到自己，並且不斷朝內在狀態內捲而入的過程中，就會感受到「自由」。內在溝通將這個過程視為一種隱秩序，這種隱秩序就是修行，也是內在溝通冥想。[37]

傳統冥想修行的核心在於覺知自己當下的想法、情緒、感覺和動作等，而冥想修行本身就是持續而具體的自我參照過程。換句話說，這就是背景自

我覺察經驗自我的各個層面。由於對背景自我的認知是自我參照過程的核心，因此覺知訓練會活化以mPFC（內側前額葉皮質）為中心的神經網路，以及穩定杏仁核。相反地，當杏仁核被活化、mPFC神經網路功能降低時，就很難進行覺知訓練。因此，如果是心理肌力訓練的新手，最好先練習將注意力集中在身體提供的各種感覺訊息上，放鬆肌肉，尤其要專注在呼吸上，讓杏仁核穩定下來。

如果我們仔細研究傳統的冥想修行法，就會發現雖然術語和概念不同，但其核心都共同包含了內在溝通訓練的要素。本書介紹的內在溝通冥想，就是有系統地整理其中的各種冥想法，而這些冥想法全都透過腦科學研究證實對穩定杏仁核及活化前額葉皮質十分有效。有關內在溝通冥想的具體內容，將在第八章仔細探討，這裡先簡單了解一下在現代社會中是如何接受與內在溝通相關的各種冥想傳統。

現代社會的各種冥想傳統

以情商理論聞名於世的丹尼爾・高曼，是美國第一代冥想導師的代表性人物。在哈佛大學攻讀心理學博士課程期間，他沉迷於冥想和瑜伽，甚至前往印度修行，即使在獲得博士學位之後，也持續關注和研究冥想。後來，他放棄了成為大學教授之路，轉而擔任科學記者，在《紐約時報》上撰寫有關科學的文章，最後成為一名世界級的科學新聞工作者。他也以一本關於情商（EQ）的著作成為國際暢銷書作家。他在情商理論中介紹的所有核心概念，都是透過自己長期的冥想修行經驗獲得的。

年輕時就沉迷於冥想的高曼，於1977年出版了他的第一本著作，書名是《各種類別的冥想體驗》（The Varieties of Meditative Experience）。這本書於1988年以新書名《冥想心靈》（The Meditative Mind）重新出版，書並不厚，但內容十分豐富。書中簡略整理了有關冥想的一切，似乎想一口氣全都教給讀者似地，讓人從中可以感受到作者的年輕活力。高曼在書中的開頭，以通俗易懂的方式整理了堪稱南傳佛教冥想基本教科書《清淨道論》（Visuddhimagga）的複雜內容。接著是對印度教奉愛瑜伽（Bhakti Yoga）、猶太教卡巴拉冥想

（kabbalah）、基督教靜修（Hesychasm）、伊斯蘭教蘇菲冥想（Sufi Meditations）、超覺靜坐（Transcendental Meditation）、波顛闍利（Patañjali）瑜伽、印度傳統昆達里尼（kundalini）瑜伽、藏傳佛教冥想、日本坐禪等各種冥想傳統的主要內容和方法都做了系統化的整理和介紹。透過這本書，我們可以清楚了解，冥想並不是印度教或佛教等特定宗教的專屬物。從各個文明圈幾乎所有宗教都強調冥想修行這點來看，我們很難斷言冥想本身具有某種特定的宗教性質。相反地，認為各個宗教都以各自不同的方式變換使用冥想修行的看法，才是最恰當的。

譬如印度教的奉愛瑜伽，它與大乘佛教的慈悲冥想非常類似；而猶太教的卡巴拉冥想又與韓國的看話禪有許多共通之處。卡巴拉的「生命樹」（The Tree of Life）系統圖也讓人聯想起《清淨道論》中所解釋的「禪定階段」。卡巴拉冥想的核心是將所有的注意力都集中在祈禱文或生命樹系統的單一要素上，最常見的修行法是從祈禱文中選擇一個單詞或主題作為心靈的方向（kavvanah），忘我地投入全身心。就像在看話禪中禪修者全心全意只專注於一個話頭一樣，在卡巴拉冥想中修行者也是只選擇一個單詞或概念，再將所有注意力灌注其上。如果這種專注持續下去，最後修行者的心靈狀態將透過那個單詞達到超越此單詞的境界。一個普通的單詞竟然發揮了工具的作用，將修行者的心靈提升到超越這個詞的狀態。從這點來看，和看話禪的作用有異曲同工之處。為了進行這種專注修行，卡巴拉修行者首先必須能夠覺知自己的日常活動（yesod）。此外，修行者必須達到可以明確意識到自我（ego）的觀察者（tiferet）狀態。這種概念與薩提（sati）冥想修行的概念十分相似，所以這種修行的目的其實就是為了成為「開悟者」（zaddik）。換句話說，是擺脫個體性自我的束縛，成為自由、平和、只與神同在的聖人，這和佛教中成為「阿羅漢」是相同的概念。一個人一旦達到這種開悟的狀態，就沒必要再學習《妥拉》（Torah）＊，因為他自己就是妥拉。開悟的概念也與佛教的「涅槃」十分相似。

《清淨道論》是西元5世紀左右斯里蘭卡的覺音（Buddhaghosa）對南傳佛

＊ 妥拉：為引導、教導的意思，指（猶太教的）律法書、摩西五經，或《舊約》的首五經。

教修行法的整理，是近代東南亞一帶南傳佛教修行的基本經典。《清淨道論》也是在喬達摩‧悉達多死後1000年才出版的，所以它總結了後世添加的新解釋，以及整理了修行的複雜、系統化、周密的各個階段和方法。《清淨道論》強調以五戒為修行的起點，即戒殺生（抑制暴力）、戒不與取（抑制占有欲）、戒淫行（抑制感官快感）、戒妄語（抑制不道德）和戒酒（抑制成癮物質）。戒律所禁止的是人類易犯的不道德行為，因為不道德的行為會讓人倍感壓力，造成杏仁核活化，因此以「遵守戒律、抑制不道德行為」作為修行的起點，可以說是非常合理的。

這五項戒律其實可以說是為修行而製造的穩定杏仁核、活化前額葉皮質的基本條件，禁止不道德行為也幾乎是共同出現在所有宗教的現象。心理肌力訓練作為一種強化前額葉皮質神經網路的訓練，也最好不要從事會造成壓力的不道德行為。嚴格的紀律之中存在著平靜的自由，這不僅僅是佛教，也是古代斯多葛哲學追求真正幸福的基本立場。

深植於我們日常生活中的「瑜伽」，也是代表性的冥想修行法。隨著瑜伽在西方社會的普及，它剝離了許多宗教意義，變成通俗的運動項目。但從傳統的層面來看，瑜伽仍然是擺脫焦慮、尋求內心平靜、獲得開悟的冥想修行。巴坦加里（Patanjali）於2000年前所著的《瑜伽經》（Yoga sutra）中包括了八種基本瑜伽，其中之一是透過特定體位（asana）修行的「哈達瑜伽」（Hatha Yoga）。我們現在常見的瑜伽，大多是傳統哈達瑜伽的一部分動作變形而成的一種伸展運動。

除了哈達瑜伽之外，大部分的瑜伽都像參禪時一樣，是盤腿坐著的冥想修行。例如，奉愛瑜伽（BhaktiYoga）是強調以奉獻、服務、憐憫作為修行的方法，這點很接近慈悲冥想（Loving-Kindness Meditation）；勝王瑜伽（Rāja yoga）是著重於讓自己成長為更美好自我的修行；業力瑜伽（KarmaYoga）是關注自己行為的修行。被稱為最佳瑜伽的克里亞瑜伽（Kriya Yoga）可說是涵蓋上述瑜伽修行法之外的一切。簡而言之，它是以尋求純粹意識中真正自我為目的的冥想修行。雖然這些不同類型的瑜伽都強調某些特殊體位和動作，但這只是輔助方式罷了。當然，修行者也可以綜合運用像昆達里尼瑜伽等各種冥想技巧和各式各樣的動作，朝著克里亞瑜伽的方向努力。

即使到了現在，仍舊有許多人把瑜伽修行當成宗教活動的一部分。然

而，隨著瑜伽傳到美國，瑜伽的一部分變成了強身健體的伸展運動。在擺脫了宗教意義，變身為運動項目之後，瑜伽才得以廣泛傳播開來。當然，全世界學習瑜伽的人並非全都是印度教徒。有些人將哈達瑜伽傳統中流傳下來的幾個動作和體位以適用於現代人的方式重新改造後，就成為了我們可以輕鬆學習的「瑜伽」。然而，深入探究的話，可以發現這類瑜伽的某些動作或呼吸法只是擷取自特定宗教傳統而已，其本身並不具有任何宗教意義。儘管印度教將「呼吸」用於宗教意義上，日本佛教將「行走」用在宗教冥想上，但我們不能因此藉著宗教理由否定或排斥「呼吸」或「行走」的行為。呼吸或行走本身並沒有任何宗教意義，只不過是某些宗教傳統中對呼吸或行走賦予了特殊的意義，給它們鍍上了宗教色彩而已。

冥想也是一樣。冥想本身也不具有任何宗教意義，只是如佛教等宗教傳統中借用冥想時賦予了宗教意義罷了。一些具有相似效果的冥想技巧，根據宗教的不同被理解為不同的概念，賦予了不同的名稱。但是冥想就只是冥想而已，喜歡宗教的人可以給冥想加上宗教意義，在意身心健康的人可以專注於冥想的強身健體效果。內在溝通冥想不是將宗教性質的冥想用在心理肌力訓練上，而是將數千年以來各種宗教以各種方式使用的內在溝通訓練法，汰除掉宗教意義，從腦科學的角度驗證其效果，才提議將其作為提升心理肌力訓練法使用的。

> **Note** **薩提（Sati）——是覺知，還是正念？**
>
> 各式各樣冥想法之一的「Sati」，常被翻譯成「正念」或「念」（mindfulness），但Sati翻譯成「覺知」（awareness）更準確。Sati原本的意思是「將注意力集中在某個對象、持續觀察它、清楚地記憶這個經驗」。而現在，Sati則是指清楚覺知當下發生在自己身上的經驗、想法、感受或情緒，並加以仔細觀察的意思。
>
> 然而到了19世紀末，因為英國巴利語學者理斯・戴維斯（Thomas W. R. Davids）將巴利語「sati」翻譯成英語「mindfulness」，從此以後「mindfulness」成為全世界通用的翻譯。英語「mindfulness」給人一種心裡塞滿了什麼東西（-full）的緊張狀態。Sati不是心裡（mind）塞滿

了東西的狀態，而是內心空無的狀態。由此可知，「mindfulness」的語意與Sati的原意正好相反，因此很難說是一個令人滿意的翻譯。

按照英語「mindfulness」翻譯而來的韓語「마음챙김」（正念），也帶有把心裡塞得滿滿的緊繃狀態之意，因此並不適合作為Sati的譯語。韓語的「챙기다」是「管理好、保管好、收好不要弄丟」的意思。而從「保管好隨身物品」（소지품을 잘 챙겨라.）、「外出時要穿戴整齊」（옷을 잘 챙겨입고 다녀라.）、「這次一定要分到一杯羹」（이번에 한몫 챙기겠군.）等例句中可以看出，「챙기다」一詞用英語來表達的話，具有「get」、「hold」、「keep」等意思。但是，Sati並不是占有或管理發生在自己身上的事情，反而是帶有眼睜睜看著的「放任不管」（letting go）的意思。因此，韓語的「마음챙김」可以翻譯成英語的「mindfulness」，但這個詞並不適合當成巴利語「Sati」的翻譯。

儘管如此，在過去的一百多年，「Mindfulness」一詞在全世界廣泛當成指稱「冥想」的名詞，甚至也廣泛使用在包括腦科學在內的各種學術領域裡。在美國和歐洲，「Mindfulness」甚至被當成冥想的同義詞使用。但是隨著愈來愈多的人開始理解「Sati」的原意，「覺知」一詞的使用率也逐漸增加。我也曾經想過，如果當初卡巴金博士創辦對全世界宣傳冥想的治癒效果上貢獻良多的MBSR（Mindfulness-Based Stress Reduction，正念減壓）課程時，將之命名為ABSR（Awareness-based stress reduction，覺知減壓），是不是可以減少概念上的混亂呢？

精神科醫師兼冥想專家丹尼爾‧席格（Daniel Sigel）使用「Mindful Awareness」（正念覺知）這個詞來表達Sati，因為很難突然廢棄已經廣泛使用的「mindfulness」一詞，所以在後面加上了更準確的「awareness」這個概念。席格透過「Mindful Awareness」一詞解釋，對覺知的覺知（覺知到我在覺知自己當下正經驗著某件事情的這個事實）和對注意的注意（注意到我現在正在注意某處的這個事實），都是Sati的核心。席格所說的「Mindful Awareness」可以說準確地捕捉到了Sati的核心概念。

在這本書中，只有提及相關研究等必要的情況時才會使用已經廣為人知的「正念」（mindfulness）一詞，而對「sati」的翻譯，則盡量使用「覺知」（awareness）一詞。

冥想的科學化與普遍化

　　歐美人明顯知道冥想修行是源自亞洲印度教和佛教的傳統，他們為了學習傳統的冥想法和理論，從很早以前就到印度、東南亞、西藏等亞洲國家，長年居住在當地修行研究。他們汰除掉傳統冥想法的宗教性和神祕主義，以任何人都可以輕鬆照著做的內容開發冥想課程，給予了一般人和病患很大的幫助。其中最廣為人知的就是喬・卡巴金（Jon Kabat Zinn）於1970年代開發的正念減壓（Mindfulness-Based Stress Reduction，MBSR）課程。正念減壓是在覺知的基礎上以減輕壓力為目標的冥想課程。在正念減壓大獲成功之後，結合認知療法和冥想的正念認知療法（mindfulness-based cognitive therapy：MBCT）也被開發了出來。除了約翰・蒂斯岱（John Teasdale）、辛德・西格爾（Zindel Segal）和馬克・威廉斯（Mark Williams）開發的正念認知療法之外，還有許多冥想課程也以各種方式被開發出來，並且在精神健康醫學領域上廣泛用於治療。正念減壓和正念認知療法等課程也已經進入韓國，並翻譯成韓文使用。

　　開發正念減壓的卡巴金博士不僅對以薩提修行為主的南傳佛教，也對韓日大乘佛教傳統的冥想深感興趣，還直接向曾於1970年代在美國居住的韓國崇山禪師學習過參禪。卡巴金師從韓國崇山禪師，而韓國卻逆向引進他開發的正念減壓，這種現象總覺得令人感到十分遺憾。卡巴金不僅精通延續南傳佛教傳統的薩提（覺知）訓練，對於韓國傳統的參禪也有頗深的造詣。

　　對早期冥想科學化做出巨大貢獻的學者，除了高曼和卡巴金，還有理查・戴維森教授。1970年代與高曼一起在哈佛大學攻讀心理學博士課程的戴維森也沉迷於冥想，當時心理學的主流仍然是對「行為」研究，大腦被視為無法窺探內裡的黑盒子，因此心理學的基本研究法就是觀察在特定刺激或特定條件下，受試者會出現什麼樣的行為反應。時至今日，心理學的學術傳統依然將「行為」，而不是「心理」，當成主要研究對象。事實上，過去一百多年來，心理學只稱得上是一門「行為科學」，幾乎從來沒有正面研究過人類心理或將其理論化，而是只針對「行為」提出理論，並將其作為研究對象。

　　對冥想深感興趣的戴維森決定將情緒和大腦作為研究主題，開始進行實驗觀察腦波與人類情緒狀態之間的關係。包括他的指導教授在內，周圍所有

人都試圖勸阻他，因為當時在心理學領域中人類的情緒和大腦不被認為是值得研究的主題。儘管如此，戴維森仍繼續進行利用腦波的情緒相關研究，最後他發現了當正面情緒被誘發時，左額葉會特別活躍。然而，由於戴維森的研究主題是當時在主流心理學中被漠視的「情緒」問題，因此即使他在哈佛大學取得心理學博士學位，也無法在名校擔任教職，最後他只好在紐約州立大學的一個小分校開始他的教授生涯。然而，由於他一心一意只研究一個主題，如今他成為了腦科學領域的權威人士。尤其是隨著他與達賴喇嘛長期以來的交流，他在1990年代早期功能性磁振造影研究中，因為對西藏喇嘛大腦的造影研究而更加聲名大噪。憑藉著數十年來孜孜不倦地利用腦科學闡明冥想效果的研究，戴維森如今已經成為威斯康辛大學麥迪遜分校的著名腦科學家，管理著一個擁有100多名研究人員的大型腦科學研究所。

1970年代，喬‧卡巴金比戴維森和高曼稍早開始修行瑜伽和冥想，並在麻省理工學院（MIT）獲得分子生物學博士學位。當時，崇山禪師在哈佛大學和麻省理工學院所在的劍橋經營一家冥想中心，卡巴金在這裡向崇山禪師學習。住在離崇山禪師的冥想中心不遠的戴維森，也向卡巴金學習冥想。

另一位傑出的科學家且冥想造詣高超的人，是弗朗西斯科‧瓦瑞拉（Francisco Varela）。他出生於智利，主要活躍於法國的瓦瑞拉，是一位天才科學家，他透過自組織（self-organization）、體現認知（embodied cognition）和生成知覺（enactive perception）等概念提出了生物學的新觀點。他從生物學的觀點對生命與人類存在提出了新視角，由這點來看，他算得上是一位透過生物學思考哲學的人。瓦瑞拉憑藉著身體是人類認知作用基礎的這個發現，掀開了認知科學的新篇章，尤其是透過對知覺過程本身預設動作可能性的「生成知覺」，為人工智慧的發展方向提供了獨到的見解。

瓦瑞拉精通佛教和禪修，尤其以龍樹的「中論」為基礎，對生命現象和認知提出了建設性的看法。瓦瑞拉認為單一生命體與其說是固定的實體，不如說是自組織的實體，是與各種環境因素相互作用的結果。這個看法認為，生命及該生命所在的環境原本並沒有特定的固定實體，都是「依因待緣」才形成了被稱為生物體的實體。龍樹的空性概念奠定了瓦瑞拉對生命現象的基本理解，瓦瑞拉的認知生成主義（Enactivism）稱得上是中論的空性思想與十二源起論的生物學版本。

> **Note** **蓋瑞森學院的SRI課程**

2001年，達賴喇嘛訪問戴維森所在的威斯康辛大學麥迪遜分校，參加由瓦瑞拉籌備的會議，目的是討論冥想的科學研究成果。然而，瓦瑞拉本人當時因為正與肝癌末期抗爭中未能出席。臥病在巴黎家中的瓦瑞拉透過視訊與達賴喇嘛對談，幾天後，瓦瑞拉便去世了。

從紐約沿著哈德遜河開車向北行駛大約一個小時，就會在美麗的河邊看到一座舊式的修道院建築。原本是天主教神學院的這座建築物，2003年改建為現代化的冥想修行中心「蓋瑞森學院」（Garrison Institute），但仍保留了原始外觀（【圖7-2】，頁582）。2004年夏天，包括理查‧戴維森和喬‧卡巴金在內的100多名研究冥想的科學家和研究生聚集在這裡，召開了一次具有里程碑意義的會議，在此進行了六天五夜的密集冥想修行和學術報告，這就是SRI（Summer Research Institute）的開始。每年夏天來自世界各地以冥想作為科學研究主題的學者們都會聚集在這裡，進行交流和冥想修行。而且每年SRI都會選拔有為的年輕學者，贊助他們一筆以瓦瑞拉名字命名的研究基金，用於冥想方面的科學研究。

SRI是由MLI（The Mind and Life Institute）贊助的活動。一位名叫亞當‧恩格爾（Adam Engel）的企業家於1987年邀請了弗朗西斯科‧瓦瑞拉、達賴喇嘛、理查‧戴維森和丹尼爾‧高曼齊聚一堂，共同成立MLI。MLI的宗旨，是希望透過冥想和科學的結合來減輕所有人的痛苦，並幫助他們成長。除了SRI，MLI還會舉辦各種活動以推廣冥想科學化，例如每兩年召開一次有數千人參加的國際冥想學術會議等。

我於2018年以教授研究員的身分參加過SRI，我們和來自全球39個國家的40名學者和80名研究生一起，在古修道院氛圍猶存的蓋瑞森學院住了六天五夜，每天凌晨修練氣功和冥想，白天舉行學術討論和研討會；晚上則參加瑜伽課程和冥想等，修行課程和學術活動安排得十分緊湊，有時候一整天都在進行冥想和默言修行。與會學者們都是秉持著各自不同的學術背景積極研究冥想，並且長期堅持冥想修行的人，因此讓我感受到跨越國界和學術領域的強烈同僚友誼。尤其是長期堅持冥想修行的西方冥想專家們，對於和常見的薩提或正念冥想大

不相同的韓國參禪傳統，表現出強烈的好奇，並對相關訊息的獲取不易而表示遺憾。

韓國的冥想普遍化課題

佛教在過去2,500年期間發展出各式各樣的冥想技巧，自從19世紀英國、德國等西方學者發現了巴利文佛經以來，歐美國家便大力發展佛教研究。1960年代以後，南傳佛教傳統的冥想和印度的瑜伽冥想開始在美國廣泛流行起來。達賴喇嘛流亡海外之後，藏傳佛教也被廣泛傳播開來。美國和歐洲的幾個國家從幾十年前開始積極接受所謂「正念冥想」（mindfulness meditation）的亞洲傳統冥想修行，不僅用在精神疾病患者的治療上，還開發了適合一般大眾的減壓課程。

自1970年代以來，只有少數學者對冥想感興趣，開始研究冥想。但從2000年代中期以後，冥想已經成為廣泛受到關注的研究主題，世界各地有關冥想的學術論文數量暴增。如果在Google學術搜尋網站上輸入檢索關鍵詞「mindfulness」的話，就會檢索到多達553,000篇的相關論文或學術資料。2010年，甚至還有權威學術期刊《正念》的問世。儘管冥想在全世界的盛況如此，但韓國對冥想的普遍興趣和學術研究仍然停留在微不足道的水準。從Google搜尋趨勢來看，自2010年以來，全世界對冥想的興趣持續暴增，但在韓國，不僅乏人問津，而且還似乎顯出略為下降的趨勢。

相較於冥想已普及日常生活的歐美國家，韓國對冥想依然存在著諸多誤解和偏見，尤其是將冥想結合特定宗教來看待，強烈地認為冥想帶有神祕主義和非科學色彩。因此，無論是普及化，還是研究或各種課程的開發，冥想都遠遠落後於其他國家。對冥想不帶任何宗教偏見，就像運動有益身體健康一樣，將冥想視為有益心靈健康的文化，早已經普及全世界，但在韓國，冥想文化似乎才正要開始。目前冥想還不像瑜伽或皮拉提斯一樣隨處可學，所以要將冥想納入日常生活中似乎還需要更多的努力。[38]

在世界許多國家，都廣泛接受冥想是為一般人開設的心靈健康訓練課程。全世界休閒勝地的大多數五星級飯店或度假村，都提供各種瑜伽或冥想

課程。在西方，只要提到自己在進行冥想鍛鍊，就會給人高學歷、高收入的強烈印象。矽谷幾乎所有科技公司都以公司立場積極向所有員工推廣冥想訓練，並提供冥想室之類的設施或教育課程。

冥想的生活化和急速普及，也可以和慢跑文化做一個比較。即使是在4、50年前，也還不存在普通人為了保持健康在日常生活中規律運動的文化，一般人普遍認為只有專門的運動選手才會穿著運動鞋在街上跑步。全世界普遍認為規律運動才能保持健康的看法，也才出現不到幾十年。Nike等運動鞋製造廠商為了推廣慢跑文化積極舉辦各種活動，這也對跑步的生活化產生巨大影響。如果製造冥想服、冥想墊、頌缽、APP等冥想用品的廠商能夠積極進行市場行銷的話，冥想的普及和傳播一定可以像慢跑文化一樣大幅提前。事實上，在西方國家由於利用行動APP進行的冥想課程或冥想用品的生產和行銷逐漸活躍起來，在日常生活中的冥想訓練也隨之更快速地普及。

如今在美國和歐洲迅速擴展開來的冥想，包括有東南亞南傳佛教的薩提冥想、印度基於吠檀多哲學的冥想、藏傳佛教的冥想，以及日本曹洞宗的坐禪等。中國或韓國佛教傳統的參禪或看話禪則幾乎不為人知。南傳佛教和藏傳佛教傳統在世界上比東北亞佛教更廣為人知的理由，原因之一是出身自這些地區的偉大冥想領導者們因為政治原因離開自己的國家，分散到世界各國去。相較之下，東北亞的佛教似乎就像井底之蛙，在自己的圈子裡安於現狀，不要說積極走向國際化，就連走向現代化、科學化、大眾化的腳步也很消極，實在令人感到遺憾。

我期待從現在開始，大家能夠擺脫宗教權威和神祕主義的束縛，從科學的角度研究具有悠久傳統的韓國冥想文化，廣泛將其發展為提高心理健康的課程。對延續了數千年以上的韓國冥想修行傳統置之不理，是非常可惜的事情。尤其是如果能將各種傳統冥想修行法結合IT技術，以各種數位器材和訊息為基礎，開發提高心理肌力的行銷服務，那麼不只對韓國，也會對全世界人的心理健康都有很大的助益。

第八章

用於穩定杏仁核的內在溝通冥想

- 恐懼和憤怒在本質上是相同的
- 情緒的問題不在於心理，而在於身體
- 情緒與疼痛本質上是相同的
- 擺脫情緒調節障礙和慢性疼痛
- 用於穩定杏仁核的腦神經系統放鬆訓練
- 訓練內感受的內在溝通冥想

恐懼和憤怒
在本質上是相同的

前面，我們分析了心理肌力的意義，研究了在強化心理肌力方面，穩定杏仁核及活化前額葉皮質的重要性。同時也透過自由能原則和主動推理理論探討了作為心靈基礎的意識，以及透過馬可夫覆蓋模型和生成秩序的概念探討了作為意識基本內容的內在溝通。並且也了解了傳統冥想修行法的核心中，存在著強化心理肌力的內在溝通訓練要素。

接下來，我們要探討具體需要哪方面的努力，才能達到穩定杏仁核的目的。強化心理肌力的先決條件是擺脫負面情緒，換句話說，就是不再深陷恐懼和憤怒之中，讓杏仁核穩定下來。穩定杏仁核其實就是管理好自己的情緒，這也是作為心理肌力核心的自我調節能力基礎。與杏仁核相關的情緒主要是負面的，當然，當有強烈吸引我們注意力的對象出現時，或非常高興的時候，杏仁核也會活躍起來。但是，大部分都是在危機情況下，杏仁核才會被啟動，促使身體做好應對危機的準備。大腦會把在此過程中發生的各種身體上的變化，視為恐懼或焦慮等「情緒」。在大腦做出危機情況的判斷下，神經系統自動製造出來的身體狀態便會被解釋為是「恐懼」的情緒（emotion）。當這種恐懼無法立刻消除時，便有可能以憤怒或攻擊性的情緒表露出來。

我要再次強調，「杏仁核活化」是對身體所表現出來各種負面情緒的另一種表達方式，而不是指負面情緒只和大腦中所謂「杏仁核」的這個部位有關。那麼，正面情緒呢？這裡有一點要注意的是，「負面情緒」是很容易引起誤會的概念，因為有了「負面」這個形容詞，「情緒」就可以被解釋為彷彿是有實體的存在，而其中又有著負面情緒和正面情緒似的。[39]

我們通常會用正面「情緒」來表達幸福感、生活滿意度或內在動機等等。但是這時的「情緒」和指稱憤怒或恐懼等負面情緒中的「情緒」，是完

全不同的概念。這並不是指有同樣的一個名為「情緒」的實體，其中存在正面和負面兩種類型的意思。原本「情緒」（emotion）是一個僅指負面情感的概念，並不存在涵蓋了所有概念如幸福感、生活滿意度或喜悅、愛、憤怒、恐懼的更高階概念。原本情感或情緒在本質上都是負面的，嚴格來說，所謂正面情緒的「情緒」，並不是情感或情緒。也就是說，負面「情緒」中的「情緒」與正面「情緒」中的「情緒」，其概念並不相同，並不是相同的概念前面加上正面或負面形容詞的意思。

既不是正面也不是負面，單純只是一個概括意義上的「情緒」並不存在。英文中相當於情緒或情感之意的單詞是「emotion」，這是一個統稱憤怒、煩躁、害怕、擔心、恐怖、反感等的詞彙。通常被稱為正面情緒的幸福感，主要和前額葉皮質的活化有關，其基本運作機制不同於與杏仁核活化有關的負面情緒。正面情緒中的「情緒」，與其說是一種「情感」，不如說更接近於一種「想法」。而另一方面，諸如喜悅、快樂、自信心、我他肯定、寬恕、感恩和生活整體滿意度等正面情緒，主要是受到心理的影響，而不是身體的影響。

相反地，負面情緒則完全是基於身體的作用。即使是在想起某些回憶或想法而觸發負面情緒的情況下，正如透過達馬西奧的軀體標記假說可以了解的一樣，特定的記憶或想法會造成身體的變化，大腦會將這種身體變化解釋為情緒，於是便產生了情緒認知。

對壞事的記憶或對未來的擔憂會造成杏仁核的活化，杏仁核就像警報系統，會對全身發出「危機情況」出現的警告。當杏仁核被活化時，身體的各個部位就會緊張起來，呈現出心跳加速，血液集中到肌肉以發揮能量克服危機的狀態。大腦會感應到身體上的變化，透過主動推理感受到所謂「焦慮」或「恐懼」的情緒。所以，負面情緒其實可以說是解讀身體狀態的結果。

當然，並非每一次的杏仁核活化都會誘發負面情緒。當感覺到強烈快感或興趣時，杏仁核也會被啟動。但是，杏仁核的持續活化大多數與習慣性誘發負面情緒有關。杏仁核的持續活化狀態會抑制前額葉皮質神經網路的作用，削弱心理肌力。為了加強心理肌力，首先就必須透過穩定杏仁核的訓練，壓制誘發負面情緒的習慣，培養情緒認知和情緒控制能力。

當我們說透過穩定杏仁核來平息負面情緒的時候，究竟說的是哪種負面

情緒呢？通常我們知道的負面情緒有憤怒、煩躁、焦慮、恐懼、厭惡、沮喪或憂鬱等各種類型。但是從腦科學的角度來看，負面情緒只有一種，各種負面情緒都是由這一種實體衍生的。各種負面情緒只不過是被冠上不同的名稱，通用在社會文化上，其本質都是同一種實體。

就像毛毛雨、細雨、陣雨、梅雨等各種類型的雨，差別只在於名稱，本質上都是「雨」，並沒有嚴格規定一小時下多少數量的雨是毛毛雨或是陣雨。冰雹、鵝毛大雪、冰霰、雨雪也是名稱不同罷了，其實都是「雪」。甚至剛開始下的時候也分不清是雪還是雨，往往在高海拔處還是冰粒，到了接近地表時就變成了雨滴。在雪將融未融，又稍微結冰的時候，就成了雨雪。就「天上掉下來的水」這點來看，雪和雨的本質是相同的。風也一樣，雖然有春風、微風、強風、颱風、旋風等各種叫法，但本質上都是「空氣的流動」。對各種型態雨、雪、風的各種名稱，通常都是社會文化的產物，而非科學實體。

情緒也一樣，情緒沒有正面或負面的區別（因為所謂正面「情緒」，嚴格來說，並不是情緒），而且負面情緒中也沒有各種不同的實體，情緒的實體只有一種──「負面情緒」，它的本質也只有一種──「恐懼（焦慮或害怕）」。恐懼會帶來沮喪和憂鬱，表現在外的就是憤怒和攻擊傾向。焦慮是所有以不同形態表現出來的負面情緒根源，將恐懼和憤怒視為不同實體加以概念化和研究的這種事情，就像把細雨和陣雨視為個別實體來研究一樣。對於情緒的理解，最重要的就是要釐清無論是細雨還是陣雨都是「雨」的這一點。也就是說，最重要的是要理解無論是憤怒、煩躁、神經質或焦慮感，都是「恐懼」的各種表現型態這一點。

情緒可說是相當於「降雨量」的概念，儘管應該深入研究降雨量的原因和結果，但傳統心理學卻直接引用通俗心理學（Folk psychology）中的憤怒、悲傷、恐懼、厭惡等情緒概念，彷彿這些情緒是科學實體一般長期研究至今。正如麗莎・費德曼・巴瑞特（Lisa Feldman Barrett）教授所主張的，現在情緒研究應該基於對大腦基本運作方式的研究成果，以歸納法來進行研究。巴瑞特教授認為，諸如憤怒、悲傷、恐懼、厭惡等傳統情緒的種類或概念化，都來自於日常生活的言語或文化，缺乏科學方面的實質證據。如果憤怒是指因為無法解決的恐懼而陷入沮喪，導致出現攻擊性反應的話，那麼恐懼和憤

怒在本質上並不是不同的情緒。而厭惡也同樣是表達憤怒的一種方式罷了。

許多腦科學研究也開始堅持這樣的立場，認為傳統意義上的憤怒、恐懼、厭惡等情緒不是具有科學證據的實體。長期以來在心理學中被視為「基本情緒」的憤怒、悲傷、恐懼、厭惡和快樂等各種情緒，一直被假定為各自與大腦中的特定部位相關聯，甚至連動物也存在這些普遍而基本的情緒。但是無數大腦造影研究結果明確指出，大腦中並不存在對應某種個別情緒的特定部位或特定網路。[40]

所有情緒的本質都是恐懼，因此無論是情緒調節障礙的問題，或習慣性誘發負面情緒的問題，全都必須擺脫恐懼才有可能解決。心理肌力的強化就是接近於脫離所有恐懼，不再有任何焦慮的狀態。尤其是隨著對失敗的恐懼消失，作為心理肌力中重要一環的心理韌性也會變強。

> **Note** **《笛卡兒的錯誤》與軀體標記假說**
>
> 將「情緒由身體各種狀態決定，甚至影響理性決策等認知過程」這一事實，系統化為理論的人，正是腦科學家安東尼奧·達馬西奧。他通過軀體標記假說（somatic marker hypothesis），提出了藉由特徵性的身體變化來辨識人類情緒的理論。由於杏仁核的活化發生在邊緣系統（Limbic system），因此人類的意識無法直接辨識。杏仁核的活化會促使身體分泌荷爾蒙，造成心跳加速、呼吸紊亂、肌肉緊繃等特徵性的身體變化。此時，大腦才能檢測到身體的變化及識別被誘發的情緒。而且，達馬西奧也發現身體的這些變化會直接影響決策過程等理性認知活動。他還發現，由vmPFC（內側前額葉皮質）或杏仁核造成的身體變化會對人類自認是合乎邏輯和理性判斷的思維過程產生直接而強烈的影響。
>
> 心理學家們也發現，只有在身體出現變化的訊息傳遞到大腦皮質之後，大腦才會自行辨識出發生在邊緣系統的情緒變化。生氣或恐懼等情緒，必須透過在邊緣系統被觸發的訊號帶來特徵性的身體變化，大腦感應到這些以軀體標記形式出現的變化之後，才有可能誘發。因此，我們的意識要在邊緣系統進入特定的激動狀態並發生身體變化

後，即大約過了0.5秒以後，才能自行辨識出特定的情緒狀態。情緒是特定的無意識行動的狀態，本質上屬於身體的問題，而不是意識或思想的問題。

自笛卡兒以來，人類的理性一直被認為是類似於靈魂的存在，與身體毫無關係。但由於研究證實了人類的理性完全是建立在身體的基礎上，因此達馬西奧為自己的書取名為《笛卡兒的錯誤》（Descartes' error）。他認為不應該說「我思，故我在」（cogito, ergo sum），而應該說「我感覺且行動，故我在」。

此外，透過後續研究，達馬西奧回答了人類意識的必要性及它是如何產生、如何運作的基本問題。他說：「自我意識是大腦和身體之間有效溝通的系統。」在身體和大腦的關係中，身體提供了大量廣泛的訊息，數量多到意識無法完全處理的程度。相反地，意識只提供給身體像是意圖和行動等非常有限的訊息。其實，達馬西奧也與里納斯和丹尼爾・沃伯特（Daniel Wolpert）一樣，將意識視為手段，為的是身體的高效運作。有關意識和情緒的各種腦科學研究都強烈暗示，為了強化心理肌力，必須讓我們的身體學會新的「固定行為模式」（fixed action pattern，FAP）。基於這種認識所開發的課程就是作為本體感覺訓練的動態冥想，我將在第九章詳加介紹。

情緒的問題不在於心理，
而在於身體

動態平衡與情緒

　　為了對情緒被誘發的基本過程有更深入的理解，這裡先探討一下「動態平衡」（allostasis）的概念。在希臘語中，「allos」是「不同」或「變化」的意思，而「stasis」是「維持現狀」的意思。「allostasis」結合了兩個相反的概念，是「變中求穩」（stability through change）的悖論概念。從數十年前開始就主張「動態平衡」概念的彼得・斯特林（Peter Sterling）批評，「恆定性」（homeostasis）的概念不合乎生命現象。他認為，身體調節作用的根本目的，並不是為了維持身體內在環境的恆定狀態，而是為了促使身體內在環境不斷地變化，以利更好的生存和繁殖。而恆定狀態就代表透過反饋以減少脫離原狀的差別之意。但是僅靠這種「恢復原狀」的調節作用，不足以維持生命體的生存。維持生命現象的調節作用，應該說是一種基於主動的「預測」，而不是被動反應外在刺激的一種反饋，這就是動態平衡概念的核心。

　　動態平衡的概念預設了一個「中央控制塔」的存在，它監督著有關生命現象的一切事物，並進行主動推理和預測。

　　在恆定狀態系統中，不需要大腦來擔任中央控制塔的角色。舉例來說，保持室內恆溫的自動溫度調節裝置只會偵測現在的溫度，只有在溫度超過預設溫度的情況下，才會自動啟動冷氣或暖氣功能，僅靠這種裝置在維持室內恆溫方面一點問題都沒有。恆定狀態系統中不需要一個作為中央控制塔的「大腦」來整合與溫度相關的各種訊息，進行預測和判斷，再下達命令給各個下級器官。

　　在恆定狀態的概念中，通常固定以某個理想值為前提，譬如正常體溫為幾度、血壓和心跳應該是多少等等相關數值都必須先預設好，只有在身體偏

離這些數值的情況下，才會給予某種反饋，再加以修正就行。但是，我們的身體並不是固定的機器，反而經常在改變、成長和活動。體溫、血壓、心跳，以及包括壓力荷爾蒙在內的各種荷爾蒙血液濃度、免疫系統運作狀態等等的最佳條件，必然會根據身體年齡、有無運動、代謝狀態、有無慢性疾病、有無發炎、壓力敏感度、物理狀況、社會狀況、季節的變化、外在溫度和濕度、日照量、緯度和高度，以及文化等無數內在和外在環境條件而有所不同。譬如當我在睡覺、吃飯、工作或運動時，最佳體溫各有不同。最佳體溫也會根據是否為成長期青少年、是否為活動量顯著減少的老年人，以及現在室內溫度和濕度狀況等條件，而有不同的標準。

動態平衡強調的是作為中央控制塔的大腦透過感覺器官接收有關這一切訊息的作用，尤其是對於接收來自各器官的內在和外在感覺訊息，大腦透過基於貝式推論的預測模型，積極主動地進行「預測調整」，以便讓這些訊息能被處理成某種特定狀態。從觀察會「蛻變」的昆蟲或兩棲類的情況，就能更清楚地看出動態平衡觀點的必要性。地球上所有動物中約有40%會進行蛻變，僅憑恆定性的概念很難解釋毛毛蟲變成蛹，再變成蝴蝶的過程。如果我們一味以恆定狀態為導向，就根本不可能出現蛻變的情況。蛻變不僅僅表示型態上的改變，甚至連行為模式也發生根本上的變化。毛毛蟲靠著爬行移動，吃樹葉維生，沒有交尾的行為；相反地，蝴蝶靠飛行移動，吃花蜜維生，還會進行交尾。隨著這樣的變化過程，最佳平衡狀態也不斷在改變。這種情況下的調節作用，就已經超越了恆定性的概念。

對於恆定性與動態平衡的差別，羅伯特・薩波斯基教授以比喻的方式簡單地解釋。當體內水分不足的時候，按照恆定性的觀點，解決方案就是腎臟偵測到這一點後會減少排尿量。相反地，按照動態平衡的觀點，解決方案就是大腦偵測到這一點後會指示腎臟減少排尿量，同時向大量排出水分的身體部位（皮膚或嘴等）發出減少水分排出量的信號，也向意識發出信號，產生口渴的感覺。換句話說，大腦必須預測到只要感覺口渴喝了水的話，就可以在某種程度上補充不夠的水分，同時還要根據目前的運動量來預測排汗量，以此決定之後該排出的尿量。

動態平衡就如上述所言，可以說是比恆定性更全面、更積極，甚至連時間流都考慮到的一種概念。如果恆定性是指透過對外在刺激的負向（negative）回饋或正向（positive）反饋來恢復平衡的狹義概念的話，那麼動態平衡則牽涉到整個身體的新陳代謝和免疫系統，是指一個整體的、動態的「預期調整」過程，在不斷成長和變化的情況下創造出新的平衡。此外，如果說恆定狀態是注重局部需求，以便確保身體特定部位或功能穩定的概念，那麼動態平衡就可說是注重大腦整合功能，以便在考慮到整個身體功能，甚至是考慮到意識和行為變化的動態過程中達到平衡的概念。僅憑不斷恢復原狀的恆定性概念，不足以解釋我們的身體透過與環境相互作用的動態變化來維持平衡和穩定的過程。按照弗里斯頓的方式來說的話，動態平衡就是在同時考慮外在刺激和內在感受的情況下，透過主動推理不斷將驚奇降至最低的整個過程。在這個過程中，最核心的概念就是對內感受的主動推理。

　　如果我們能脫離恆定狀態的觀點，從動態平衡的角度來理解我們身體和大腦的作用，那麼治療疾病的觀點也會有所不同。如果從恆定狀態的角度來看待疾病，我們會把焦點放在身體特定器官或功能的異常上，為了讓它恢復原狀而進行干預。但如果從動態平衡的角度來看疾病的話，我們就會追求透過身體整體的變化來獲取穩定的方式。斯特林批評醫界對精神病患者的藥物治療是建立在「恢復到正常狀態」的錯誤前提上。如果只看大多數精神病患的神經網路運作機制，通常本身並沒有什麼異常，反而應該從大腦根據感覺訊息對環境的解釋進行預測誤差控制中來尋找問題的癥結。因此，動態平衡的觀點強調應該從較為綜合性的角度進行廣泛的分析。譬如在治療成癮症狀時，可以提供患者從各種不同的刺激中感受愉悅的機會；或者在治療憂鬱症時，先掌握缺乏血清素的各種原因，除了服用選擇性血清素回收抑制劑（SSRI）之外，還可以透過新的身體運動或飲食清單給予大腦新的刺激等等。

　　大腦是控制和調節身體所有功能的中樞。當然，這並不表示我們是有意識或故意要大腦這麼做的。大腦作為中樞神經系統，與身體的各個部位不斷交換訊息，但我們的意識並不會一一干涉這些身體所有的功能。就大腦的立場來看，如果連身體的零碎功能都要一一干涉會造成負擔過重，並不合乎效率。所以大腦只能依賴情緒、感覺、心情來感受身體功能的各種失衡狀態。換句話說，當整個身體的運作過程中無法達到動態平衡時，一部分預測誤差就會以不適感、不快感或痛苦感浮出我們的意識。這就是身體在向意識叫

苦，表現在外的就是情緒或疼痛。

我們的意識將預測誤差的狀態視為「一種不舒服和不愉快的感覺」，這樣我們才會迅速修正這個狀態，而不會置之不理。正常情況下，不快感，也就是負面情緒會短暫出現後隨即消失，因為我們的身體具有自行保持平衡的強大能力。但是，如果由於各種原因，使得預測誤差一直存在，而沒有迅速被修正的話，那麼就有可能會出現恐懼或憤怒等負面情緒不時突然湧現的情況，或者長期持續慢性疼痛的狀態，這就是情緒調節障礙的本質。所以當情緒不適時，通常都會伴隨著疼痛，兩者本質上是相同的。

對內感受主動推理的結果

大腦中有負責各種功能的網路，其中最重要的是以下三個全域網路。41 第一個是預設模式網路（DMN），處於休息無作業狀態，主要以mPFC（內側前額葉皮質）和PCC（後扣帶迴皮質）為中心；第二個為中央執行網路（Central executive network，CEN），用於以特定目標為導向的行為，主要以dlPFC（背外側前額葉皮質）和PCC為中心；第三個是警覺網路（Salience network，SN），當感受到明顯刺激時會被啟動，主要以AI（前島葉）和dACC（背側前扣帶迴皮質）為中心。

根據三個全域網路模型，當處於休息無作業狀態的DMN想專注某個課題執行作業時，就必須啟動CEN。在這個過程中，必須先經歷SN被啟動的狀態（【圖8-1】）。換句話說，不是從DMN狀態直接轉換到CEN模式，而是先透過SN的活化，對DMN進行去活化之後，才開始啟動CEN。

這三個基本網路也是針對我們的身體在現實生活中的內在模型進行計算和預測的系統。大腦的運作是根據內在和外在提供的各種感覺訊息來維持動態平衡狀態的，在此過程中，三個全域網路系統會積極運作。DMN主要偵測內感受，CEN主要涉及針對外在環境的行為，而SN則扮演中介角色，以便這兩個系統能順利互換。尤其是SN，不僅在感覺到身體疼痛時會被活化，而且在感覺到自己被社會孤立或人際關係發生衝突時也會被啟動。

三個全域網路也深度參與了體驗和調節情緒的過程。巴瑞特認為，體驗

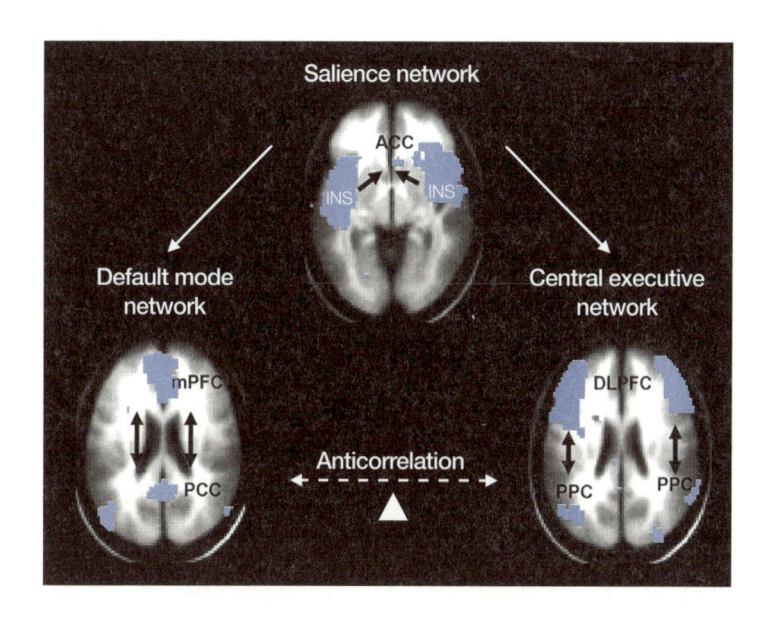

【圖 8-1】三個全域網路模型 根據全域網路模型，大腦中存在三個基本網路。當圖左側處於休息無作業狀態的預設模式網路（DMN）要執行某個特定目標導向行為時，就必須切換到圖右側的中央執行網路（CEN）。在這個過程中，必須先經歷圖中央的警覺網路（SN）狀態，這個狀態在感受到明顯刺激時會被啟動。

資料來源：Nekovarova et al, 2014.

情緒主要牽涉到大腦進行預測的區域（DMN和SN），而調節情緒則牽涉到修正預測誤差的區域（CEN和SN）。[42]

　　神經系統的核心功能就是透過主動推理和預測來調節內在環境（動態平衡），並將這種內在環境（內感受）表現出來，這個過程中一定會發生預測誤差，所以也不斷對預測誤差的進行修正。當處於這種預測誤差狀態時，就會出現各種不適感，這就成為疼痛和情緒的基礎。情緒與疼痛只是動態平衡過程中，為了進行預測與修正預測誤差而必然產生的現象。其實，負面情緒的本質就是無論出於什麼原因而無法迅速達到動態平衡，以至於造成預測誤差不斷出現的狀態。當然，根據情況和狀態的不同，那種「不適感」也會以各種不同感受表現出來，而意識就會將這種種感受識別為各種情緒。

　　在這個過程中扮演重要角色的，就是島葉（insula）。透過主動推理過

程，這些主要經由迷走神經，來自心臟、腸道、呼吸器官上傳的內感受訊號，會透過島葉傳遞到大腦的各個部位。在意識底層運作的內感受會在島葉中進行處理，其中一部分會被傳輸到前額葉皮質，浮出意識。同時，從dlPFC（背外側前額葉皮質）等下達的穩定化訊號會穿過島葉，經由副交感神經下傳到心臟或腸道。島葉透過層級結構，與杏仁核、運動感覺皮質、酬賞系統和前額葉皮質等大腦各部位密切相互作用，並全面協調針對各種內感受的主動推理過程。由此可知，島葉是連結內感受（無意識）和意識一個非常重要的部分，在動態平衡或情緒認知與調節方面，也發揮著關鍵的作用。

巴瑞特認為，情緒是我們為了生存而「建構現實的方式」，而不是對現實的單純反應。根據巴瑞特帶有綜合及建構主義性質的情緒概念，情緒來自於調節身體新陳代謝和能量的整體動態平衡過程中所發生的內感受。情緒是我們的身體在特定環境中為求生存而苦心積慮的過程中自然產生的結果。

我們身體的各個器官不斷向大腦上傳各種內感受資料，大腦透過對這些資料的主動推理持續判斷當前的身體狀態是否符合動態平衡，並即時發送反饋。人體會隨著內在或外在的變化不斷陷入失衡狀態，因此大腦透過動態過程尋求可以及時改善失衡狀態的動態平衡。此時，無可避免產生的暫時性失衡狀態會誘發不快或恐懼的感覺。而當我們感到不快或恐懼時，就會想盡快擺脫這種失衡狀態。也就是說，不快感或恐懼感之所以被誘發，是因為擺脫那種失衡狀態才有利於生存。這聽起來似乎有點矛盾，但不快的情緒本身就是我們的身體正在尋求動態平衡的良好徵兆。但問題就在於，即使沒有特別的失衡，也可能因為錯誤的主動推理而對內感受訊號作出錯誤的解釋。

我們身體的各個器官不斷將各種內感受訊息上傳到大腦，大部分都是一些接近無意義噪音的感覺訊息。大腦的主動推理系統負責的工作之一，就是過濾掉這些無意義的感覺訊息，置之不理。在我們身體的感覺器官和神經系統中存在著「增益控制」（gain control）系統，可以在無數感覺訊息中只突出重要的訊息，對不重要或純屬噪音的訊息則忽略過去。當這個系統出現異常時，一些不重要、純屬噪音卻又屬於正常狀態的內感受訊號的音量就會被放大，而這些就像發生了什麼大事一般的內感受訊號，就會被上傳到意識去。正常情況下會被忽視的普通內感受訊息，此時就會化身為「異常訊號」，隨著意識因為這些異常訊號亮起的緊急警報燈，病患會產生強烈的恐懼、不快

或疼痛的感覺。

巴瑞特認為，患有焦慮症或憂鬱症等情緒調節障礙的患者，會不斷將身體特定部位傳送上來近乎生活噪音的無意義感覺訊息，解釋為焦躁或不快之類的情緒。無數內感受訊號不斷重複被解釋為負面情緒，而且還添油加醋，放大這種情緒的過程中，患者便會被困在這樣的漩渦裡。正常的情況下，大腦會基於不斷從身體傳送過來的其他感覺訊息，即時修正預測誤差。但是在患有焦慮症或憂鬱症的情況下，這種修正預測誤差的過程就無法順利完成。最後，當患者處於無法修正預測誤差的狀態時，就必然會被嚴重的焦慮、憤怒或難以忍受的憂鬱感所籠罩。

對於預測誤差系統為什麼會出現這種異常的原因，可能是新陳代謝或免疫系統的問題，或者是荷爾蒙或神經傳導物質失衡等各種生理問題。過去的不好回憶或心理創傷經驗，也可能會造成主動推理系統出現異常。

認知療法之所以有助於調節情緒，就是因為這種療法對修正預測誤差很有幫助。譬如，針對憂鬱症患者的認知療法著重於讓患者重新解釋自己感覺到的情緒，賦予它們新的意義。一旦患者對自己情緒的解釋產生新的概念框架，就可以修正原有的預測誤差系統。認知療法特別有助於患者透過大腦中的SN（警覺網路）來修正預測誤差。MBSR之類的冥想課程療效顯著的原因，就在於這些課程也是透過各式各樣的方法來幫助人們修正預測誤差的習慣。

愈是善於區別和認知自己當下情緒的人，調節自己情緒的能力就愈優秀。認知情緒的能力，其實取決於一個人對來自內感受的特定訊息如何準確而有效地進行主動推理。因此，為了培養情緒調節能力，內感受認知訓練是非常重要的。

如果一個人的負面情緒習慣性地被誘發的話，那麼這個人就應該被視為處於心理肌力薄弱的狀態。當我們無緣無故地感到恐懼、持續感到焦慮或經常怒氣沖天時，那就很有可能是處理來自身體內感受訊號的主動推理系統發生了問題。接下來，我們將更仔細地探討如何透過內在溝通冥想來解決這些問題。加強心理肌力的內在溝通冥想會為你提供永遠擺脫恐懼和憤怒等負面情緒的契機。因此，我們就必須先了解情緒和疼痛是透過主動推理過程產生的這個事實。

情緒與疼痛本質上是相同的

情緒調節障礙與慢性疼痛的共同點

傳統上，心理學一直將情緒看作是執行特定目標導向行為的準備階段。然而，從魯道夫·里納斯到卡爾·弗里斯頓等現代腦科學家和心理學家，卻將情緒視為行為其本身。對於情緒，里納斯認為是一種固定行為模式（fixed action pattern，FAP）；弗里斯頓認為是一種基於內感受主動推理的行為狀態；而巴瑞特則認為是身體為了實現動態平衡的一種整合性適應行為。

巴瑞特甚至批評了傳統的「情感本質主義」，因為「情感本質主義」主張恐懼或憤怒等通常的「單個」情緒都各自具有其獨特的實體。根據巴瑞特的「建構情緒理論」（theory of constructed emotion），情緒產生自大腦對身體各種感覺訊息的整體主動預測過程，而「單個情緒」只是社會文化定義和建構出來的，因此嘗試控制負面情緒的努力本身沒什麼意義。對患有焦慮症、憂鬱症、憤怒調節障礙症或心理創傷等各種情緒調節障礙的患者來說，誘導他們控制「單個情緒」的努力，到最後很可能徒勞無功。與其如此，還不如按照貝瑞特教授說的，好好地吃、好好地睡、好好地休息，也就是讓身體處於舒適的狀態以利於動態平衡的過程，才是調節情緒最有效的方法。

站在預測模型的角度來說，必須讓馬可夫覆蓋可以放鬆且舒適地休息。管理好身體資源並讓身體有適當的運動，有助於降低內感受或本體感覺的推理誤差。為了人為「控制」因身體資源枯竭或失衡所導致的持續性負面情緒，而讓病患回憶愉快經歷或美好片段的治療方法，並不能成為有效對策。情緒是身體的問題，不是用想法就可以調節的。我再強調一次，情緒是身體的問題，是一種身體現象。情緒是基於身體提供的各種感覺訊息所形成的，所以情緒只有透過身體才有可能調整。

和情緒調節障礙本質上相同的病症是慢性疼痛，兩者的共同點就是對內感受訊息的主動推理系統出現異常。[43]因此，兩者治療的基本方向也一樣，必須在神經系統重新建立對內感受訊息的解釋習慣和推理方式。

疼痛分為急性和慢性，兩者的作用方式大不相同。急性疼痛主要出現在因受傷或發炎導致身體的一部分受損時，例如頸椎椎間盤突出導致疼痛的最大原因，來自於保護椎間盤髓核的薄膜受損或神經根發炎，這種急性疼痛只要消炎或傷處癒合就會消失。相反地，慢性疼痛則是在身體沒有具體受損或發炎的情況下，主要因為神經系統的功能障礙而出現的疼痛現象。慢性疼痛可能發生在腰部、頭部、頸部、肩膀、腹部、胸部和關節等身體各個部位，會讓身體無緣無故長期感到疼痛。但更大的問題卻在於，我們一直在毫不相干的地方試圖找出這些「無緣無故疼痛」的原因。大多數的人似乎從來沒想到，腰部隨時有可能無故疼痛，頭部也有可能在沒有異常的情況下疼痛欲裂，心臟即使沒有任何問題也有可能持續出現嚴重的胸痛。這是因為大家都無條件認為，大多數慢性疼痛是名為身體的這具「機械」發生故障的信號。所以我們必須了解，大多數的慢性疼痛其實和情緒調節障礙一樣，是源於對內感受的推理系統出現異常所引起的。了解真正的原因之後，才有可能盡快擺脫疼痛。

情緒和疼痛都是大腦主動推理的結果

那麼，疼痛是什麼呢？生病到底是什麼樣的體驗？可以確定的是，疼痛並非馬可夫覆蓋模型所指的對外在狀態中某種實體的體驗。譬如我們走著走著不小心重重撞到了桌角，這時身體會疼痛瘀血。桌角給我帶來了巨大的疼痛，但是疼痛的原因卻不是因為桌角。

疼痛和對外在事物的實際體驗基本上是不同的。刺眼的光線和過大的噪音對我們來說是不愉快的體驗，但這種體驗和疼痛是非常不同的現象。疼痛來自於身體的內感受，僅存在於我的內部，疼痛基本上不可能和他人一起分擔。我們可以一起看電影、一起吃飯，共享一些特定對象的經驗，這種經驗共享可以說是所有溝通的基本前提。但是我現在所感受到的疼痛，卻不可能

讓對方也有相同的體驗。因為疼痛完全存在於個人的內部。因此，對疼痛的描述不僅非常主觀，而且根據文化圈的不同也有很大的差別。韓語中描述疼痛的形容詞有욱신거린다、쑤신다、뻐근하다、저릿하다、결린다（約等於中文的抽痛、刺痛、痠痛、痛到發麻、脹痛）等，很難用其他國家的語言精準翻譯。

我們在生活中經常會感覺到身體上大大小小的疼痛，而且不僅身體會痛，有時候內心也會。正如艾森伯格等人透過研究觀察到的結果那樣，當身體感到疼痛時，和內心因為失去人際關係而感到疼痛時，大腦中被活化的部位（dACC、AI等）都是相同的。[44]

疼痛是大腦接收到身體發出生理不適的信號，進行解釋的結果。因此，如果藉由藥物或其他處方治療身體受損的部分，疼痛或症狀也會跟著消失。當然，在某些情況下，這可以從機械論觀點得到充分的解釋，但也有很多情況並非如此。對疼痛的傳統機械論觀點無法解釋以下兩個事實：第一，即使身體功能沒有任何異常也會感覺到疼痛；第二，即使接受安慰劑或偽治療，疼痛也會消失。

可以解釋這種現象的方法，就是將疼痛的發生視為大腦主動推理的結果。我們之所以會感覺到疼痛，是因為大腦推理後判斷出身體現在處於痛苦中。而這個推論結果的基礎，是由身體傳入的感覺訊息、過去的先驗訊息、情境提示（contextual cue）等合併而成。換句話說，疼痛是由既有的內在生成模型，和新傳入的刺激訊息之間相互作用產生。因此，主觀的身體症狀經驗和客觀的身體異常之間的關係，必然會因為個人或情況因素而有所不同，而且也會因為個人與環境之間的相互作用而產生變化。

從主動推理的角度來看，疼痛不是存在於非物質心靈或精神中的神祕心理現象，也不是存在於肌肉組織、血管或大腦等活體組織中的生理症狀。疼痛發生在活體的「意義建構」（Sense-Making）過程中，疼痛也透露出我們與這具軀體置身的世界或環境有著密不可分的關係。

從弗里斯頓主動推理模型和精準精神醫學的角度來看，慢性疼痛是神經系統對感覺訊息的增益控制失敗而導致的。包括慢性疼痛在內的大多數「持續性身體症狀」（persistent physical symptoms，PPS）的出現，是因為患者無法正確處理與內感受相關的預測誤差，甚至對無意義的刺激也會陷入過敏的狀態。尤其慢性疼痛可說是大腦在功能上對「傷害感受」（nociception）成癮的

一種狀態。傷害感受是感覺神經系統之一，主要作用是偵測可能危害身體的傷害性外在刺激。因此，當它偵測到壓力、熱力、化學物質和毒素等危害身體的刺激時，就會以疼痛的形式向大腦發出強烈警告。傷害感受主要存在於皮膚，但也分布在骨膜、關節表面或內臟器官上。由傷害感受引起的疼痛，與神經壓迫、椎間盤突出、帶狀皰疹等神經病態性疼痛（neuropathic pain）或心因性疼痛有所不同。

當大腦對疼痛的預測和內感受之間存在差異時，慢性疼痛就會出現。也就是說，慢性疼痛是由於大腦對疼痛刺激的連續和反覆預測誤差所引起。因此，慢性疼痛的關鍵原因，是大腦放大身體內部上傳的各種感覺，並將這些感覺誇大解讀為疼痛。追根究柢，疼痛其實是由大腦對內感受訊號的預測系統所產生，這與焦慮、恐懼、憤怒、憂鬱等負面情緒的產生方式非常類似。如果用貝氏推論來描述的話，那就是「當只有一種特定的內感受時，對其源自疼痛的推測」【=p（pain | sensation）】與「當只有一種特定疼痛時，隨之產生特定感受的可能性」【=p（sensation | pain）】之間出現相當大的差異時，就會發生慢性疼痛等身體上的持續性症狀。在這種情況下，患者的神經系統會將無害或無意義的刺激也用疼痛的結果來解釋。也就是說，神經系統處在功能喪失的狀態，無法過濾掉純屬無意義噪音的內感受訊號。換言之，慢性疼痛的原因，就是喪失了增益控制能力，無法調降（attenuate）無意義的內感受噪音訊號音量，或者說是喪失了「注意力重新分配」（redeployment of attention）的能力。因此，慢性疼痛或情緒調節障礙等身體症狀，應該從「行為與注意力的選擇機制」誤謬的角度來研究。

無論是身體或心理上的不適，疼痛的症狀確實與「個體作為整體的全面功能」相關。因此，慢性疼痛唯有透過全面觀察病患的身心運作方式，才能準確找出其根本原因。如果由前文探討過的玻姆的觀點來看，慢性疼痛是一種朝向人類身體和意識內捲的隱秩序，也是一種Soma-Significance和符號-Soma的代表性現象。由於慢性疼痛是處理內感受訊號過程中的誤差，因此後面將介紹的內感受自覺訓練對緩解疼痛和安定情緒會十分有效。

> **Note** **醫學上無法解釋的疼痛（MUS）**

我們周圍有很多人無緣無故地這裡痛那裡痛，這種慢性疼痛通常被稱為「醫學上無法解釋的症狀」（Medically Unexplained Symptoms，MUS）。即使經過精密檢查也沒能在病患身上發現任何異常，但患者卻一直抱怨身體極度疼痛或感覺異常。「述情障礙」（Alexithymia）也是一種無明顯原因導致慢性疼痛的MUS。

我們會根據各種身體狀態上傳的內感受訊號來辨識情緒。然而，述情障礙患者的主動推理系統，舉例來說，會將心臟的跳動解讀為身體異常，而不是情緒變化。因此，當心臟發出的訊號和平常略有不同時，患者就會感到疼痛。當然，這種「解讀」不是有意識的判斷，而是自動發生的無意識過程，系統會將內臟傳遞的內感受微妙變化錯誤地解釋為內臟的疼痛，而不是情緒的變化，甚至連普通的日常感覺訊息也被過度放大解釋為疼痛，因而使得患者有極度的疼痛感。

述情障礙無法感受或辨識主觀情緒，因此也無法區別情緒所造成的身體感覺。也就是說，患者對於自己的情緒，不僅無法正確辨識，也無法正確表達。情緒的認知能力和表達能力之間有非常密切的關係，就像硬幣的正反兩面一樣。根據傳統對身體與情緒關係的看法，情緒先被誘發，身體隨後才被喚醒。也就是譬如說，先出現焦慮的情緒，隨後才出現心臟劇烈跳動。但是這種說法根本顛倒了因果關係。人不是因為感到焦慮才心跳加速，而是因為心跳加速才感到焦慮。因此，如果使用藥物讓心跳減緩下來，那麼焦慮也會跟著大幅減輕。這就是為什麼最基本使用於治療包括恐慌症在內的各種焦慮症藥物，是採用乙型交感神經阻斷劑（β-Blocker）之類的「心臟用藥」。換言之，心跳突然加快會引發焦慮感，而非焦慮導致心跳加快。所以情緒的誘發是透過心跳、腸道運動或特定肌肉收縮等「軀體標記」而產生的。情緒是被這種軀體標記產生的內感受所觸發和被認知的。

述情障礙是主動推理模型異常的典型表現，影響個體將來自身體的內感受與情緒誘發聯繫起來。主動推理的觀點需要在包括述情障礙等的各類情緒調節障礙的診斷和治療上，全程採用新的方法。換句話說，我們必須把焦點放在提高對內感受或本體感覺等身體感覺的認知

上。透過內感受訓練或本體感覺訓練,培養「覺知身體」的能力,才是應對慢性疼痛或MUS的有效方法。45特別是透過對觸覺提供各種解釋框架的「語言溝通引導」(guidance through verbal communication)療法,有助於患者重新分配注意力和培養覺知能力,或許可以成為治療各種情緒調節障礙和慢性疼痛的有效方法。

擺脫情緒調節障礙和慢性疼痛

注意力重新分配：主動推理系統的改善

　　為什麼說疼痛是主動推理系統出現異常所引起，這是因為大腦的運作已經養成了將不重要的感覺訊息自動解釋為疼痛的習慣。也就是說，大腦處在預測誤差機制的狀態下，會將健康的人置之不理或乾脆忽略的內感受訊號習慣性地解釋為疼痛。這種「預測誤差」不是發生在被稱為意識的上層系統中，而是發生在下層的神經系統。因此，即使推理系統出現異常，也不表示就可以透過「有意識」的努力做出正確的推理。所謂預測誤差的習慣，源自神經系統的內在機制，因此無法單憑特定意圖或有意識的努力加以改變。但這也不表示不可以嘗試干預或改變它，只不過預測誤差並不是透過直接且有意識的努力就可以解決的問題而已。想改變體內神經系統中自動運作的推理系統，只能透過間接的方式來實現。

　　無論原因為何，情緒調節障礙或慢性疼痛皆源於患者神經系統內現行推理系統的異常運作，這是前面我們探討過生成順序的一種型態。這類疾病一定有原因或觸發因素，但過去的那些原因或觸發因素並不能解釋當前所有的現象。正確找出過去的原因或觸發因素，或許在解決當前問題上多多少少可以成為有用的訊息，但這些訊息並不能提供關鍵的解決方案。當下發生的問題，就必須在當下找出解決方案才對。

　　即使是因為病毒造成的感染，疾病的本質也不在於病毒本身，感染症狀是因為體內目前的免疫系統攻擊各種臟器才出現，也就是說，導致患者生病或死亡的主要原因不在於病毒感染，而在於他自身的免疫系統在應對病毒感染的過程中攻擊了自己的身體。同樣地，如果情緒調節障礙或慢性疼痛呈現在當下，那麼無論觸發因素是什麼，最重要的是當下要盡快擺脫那種情緒或

疼痛。既然現在患者的神經系統對無意義的感覺訊息反應過度，以至於誘發負面情緒或疼痛，那麼正確的治療方法就是糾正現在這種造成病患痛苦的現象，而不是聚焦在成為觸發因素的過去不好的回憶上。

當下最重要的，是要改變神經系統過度重視無意義內感受訊號的習慣，也就是說，要降低感覺訊息的音量，讓它們平息下來，弗里斯頓稱之為「注意力重新分配」（redeployment of attention）。這是撤回原本集中在對噪音雜訊的特定內感受訊號的注意力，將之分散到其他感覺訊號上。

對於長期飽受身心之苦的慢性疼痛患者來說，最需要的就是神經系統注意力的重新分配。我再強調一次，這裡所說的「注意力」（attention）不是意識層面的「專注力」，也不是一種可以依個人意志改變的注意力，只是一個比意識或意圖更低層次的問題而已。也就是說，需要改變的是無關個人意志、在我們的大腦和身體的神經系統中自動運作的主動推理方式。弗里斯頓所說的「注意力重新分配」無法透過堅定的決心和意圖來實現，但可以透過間接的訓練來達成。

注意力重新分配訓練的代表性例子是傳統的薩提冥想。通常被稱為「覺知訓練」的薩提冥想，是一種專注於當下，將所有注意力即時集中在自身所感受到的內外在訊息的訓練。在即時感受自身感覺訊息方面最有效的引導，就是呼吸，因為呼吸就是當下發生在自己身上的事件。而專注呼吸其實就代表以心靈之眼密切觀察呼吸這個行為會給自己的身體帶什麼樣的感覺和變化。有關呼吸冥想會在後面第十一章詳細介紹。

對慢性疼痛患者來說，做出某些他們堅信會讓自己有所好轉的動作，對緩解疼痛有很大幫助。當患者相信服了某種藥有效，或進行自己認為會有效果的治療「儀式」（ritual）時，主動推理系統對於這種內感受的微小變化也會將之解釋為「緩解疼痛的訊號」，因而大大地減輕疼痛。患者的這種「信念」就相當於解讀內感受資料的內在生成模式，可以說是透過某些意識、治療行為或服用藥物的方式，在大腦中植下新的預測模型，不再將內感受訊息解讀為疼痛。但是，對於創傷後的壓力或焦慮症等情況來說，治療行為本身所誘發的少許與疼痛相關的感覺，反而有可能更進一步觸發與過去痛苦相關的既有先驗信念。為了避免這樣的風險，最好多嘗試幾種新的生成模型以找出各種可能發生的情況。譬如由於恐懼或恐怖造成筋肉緊繃所產生的感覺訊

息，就有很大的可能會觸發大腦將之解釋為疼痛。因此，緩解肌肉緊張的的動作會很有效。追根究柢，問題在於該怎麼做才能在大腦中有效植入新的預測模型。最有用的方法，是在提供感覺訊息的同時，也提供新的解釋框架（interpretive guidelines）或語境訊息（contextual information），以便將這些感覺訊息朝著健康的方向解釋和預測。

情緒上或身體上的健康，代表能夠適當將加權值分配給包括內感受或本體感覺在內的各種情感訊息，以及由此引起的各種預測誤差訊息，並對重要的訊息進行「選擇性關注」。不健康的病態狀態，是指喪失了在無數感覺訊息中區分有意義的重要訊息，和無意義噪音雜訊的能力。

為了擺脫情緒調節障礙或慢性疼痛，就必須改變自動推理過程。首先要改變的就是行動主體（agent）的活動方式和解釋模式，因為行動主體負責預測誤差自上而下的反饋。[46]為了做到這一點，就必須使既有的行動主體失效，引進新的行動主體，即使只是一時之間也無妨。此外，還需要一個反省自我的過程，也就是自我參照的過程。

綜上所述，我們了解到情緒調節障礙和慢性疼痛，基本上是由於對內感受訊號的推理過程中出現誤差所造成。不只是飽受焦慮症、憂鬱症、創傷後壓力症候群和慢性疼痛之苦的患者，還有在日常生活中長期承受壓力、憤怒、無助及各種類型疼痛的人，雖然可能有程度上的差別，但也可以將他們看成是有著內感受推理過程的問題。

我要再次指出，不只是慢性疼痛，情緒問題也是與「身體」相關的症狀。憤怒、煩躁、攻擊性、焦慮、害怕、憂鬱、沮喪、無助和厭惡等「情緒」，是身體根據透過內感受上傳到大腦的各種感覺訊號產生的內在模型。因此，疼痛和情緒的基本機制是相同的，可以說情緒調節障礙的根源就在身體。身體不適導致心理不適的情況，遠多於心理不適導致身體不適的情況。

一般人腰痛的時候，會按摩腰部或伸展身體來緩解疼痛。但是，當一般人飽受焦慮或憂鬱的折磨時，卻不知道身體是造成那種情緒的原因，因而沒想到要管理好身體。他們犯的錯誤是以為只要坐在那裡，用想法或意圖就可以駕馭自己的情緒。這是因為他們誤以為情緒也是一種想法，也是因為他們仍然無法擺脫笛卡兒的心身二元論。就像改變一個人的想法不會讓他的背痛消失一樣，改變一個人的想法也不會讓他的焦慮或憂鬱消失。僅憑想法或意

圖是很難控制情緒的。

當然，對患有焦慮症或憂鬱症的人來說，即使是稍微動一下也可能覺得很麻煩。但還是要動，至少要從簡單的伸展運動開始動起。患者必須透過對內感受和本體感覺的大腦意識訓練，讓自己體內的主動推理系統可以採取新的方式來處理各種感覺訊號。也就是說，當心理不適時，就應該透過身體來尋找解決方案。這是心理肌力訓練的基本原則，也是基本方向。改變想法無法解決情緒的問題，必須從處理身體內感受的系統本身尋求變化。這就是為什麼提高心理肌力的內在溝通訓練著重於動態冥想的原因。

穩定杏仁核的方法

為了培養心理肌力，就必須進行穩定杏仁核及活化前額葉皮質的訓練。杏仁核活化時出現的身體變化，會導致動態平衡紊亂，使得大腦的預測模型和身體上傳的內感受訊息之間產生差異。對於情緒調節能力正常的人來說，他們的大腦只會對這種失衡感到稍微不適，或者將這種內感受訊號視為噪音而忽略過去。因此，即使在緊張的情況下，他們的情緒也不會有太大的波動，而能沉下心來從容地應對。這就是我們嚮往的情緒調節能力卓越、心理肌力強大的狀態。

相反地，情緒調節能力不足的人，他們的大腦會連內感受所上傳稍有差異的訊號，也放大解讀為不愉快的情緒或疼痛感。所以，大多數的焦慮症或憂鬱症通常會伴隨各種疼痛或身體功能障礙的所謂「身體症狀」。

那麼該怎麼做才能穩定杏仁核呢？杏仁核不會因為我們抱著努力「穩定杏仁核」的意圖而受到控制。杏仁核雖然是我們身體的一部分，但我們卻無法隨心所欲地掌控。身體中的許多功能都會自行按照特定的程序運作，無須接受我們意圖的掌控，杏仁核就是這種自律神經系統的一部分。穩定杏仁核——也就是平息負面情緒，並不是透過有意識的思考或決定就能直接做到的事情。因為包括杏仁核在內的邊緣系統是一個無關個人意志，在意識底層獨立運作的自動系統。

想穩定杏仁核，只能靠間接的方法，就是必須讓身體處於和杏仁核活化

時相反的狀態，向大腦發出現在不需要緊張或害怕的訊號。杏仁核一旦活化，身體各處肌肉會開始收縮，尤其是咬緊牙關時使用到的咬肌、顏面肌肉、頸部和肩膀肌肉、腹部肌肉等會出現緊繃的情況，呼吸也會變得紊亂。咬緊牙關、肩膀緊縮、呼吸紊亂，就是身體在杏仁核活化時的典型狀態。這時，大腦中被活化的部位主要與腦神經系統有關，交感神經系統的活化造成呼吸急促，心跳也變得不規律。雖然我們無法憑個人意志直接讓杏仁核穩定下來，但可以有意識地在某種程度上緩解下顎或肩膀肌肉的緊張。也可以藉由放鬆顏面肌肉的緊張讓表情柔和下來。雖然我們沒法直接讓心跳減緩，但可以透過呼吸上間接調整心跳。譬如用力吸氣再慢慢吐氣的話，心跳就會減緩下來。照這樣慢慢緩解身體緊張之後，杏仁核也會在某種程度上穩定下來。換言之，只要我們有意識地緩解與腦神經系統相關的身體部位，就可以調節情緒，這也算是我們透過刻意的方法來調節情緒的唯一途徑。

當憤怒或恐懼等情緒出現時，心跳不僅會加速，還會開始非常不規律地跳動，也就是說心率變異度（heart rate variability，HRV）會異常升高。一旦心率發生變化，我們就會感到恐懼。相反地，當我們感到恐懼時，心跳也會出現變化。焦慮感和心跳是一體兩面的現象，就像硬幣的正反面一樣。長期處於焦慮狀態時，心跳也會出現變化，這就是焦慮症的典型症狀。屬於焦慮症狀之一的恐慌發作時，即使坐著不動，心率也會像全速奔跑時一樣加速到最高點。也因此恐慌症患者大多數深信自己的心臟出現異常，很容易陷入或許心臟快要停止跳動的恐懼感中。通常為焦慮症患者開出的基本處方是乙型交感神經阻斷劑系列的心臟用藥，這種藥可以放慢心跳，減緩心率速度，藉由控制心率來緩解焦慮症狀。

心跳不是我們可以隨心所欲干涉的，我們無法憑一己之力讓自己的心臟緩緩跳動或有規律地跳動，因為心跳是由自律神經系統所管轄。腸道運動也一樣，即使在你閱讀此文的當下，你的腸道也在不斷地蠕動。別說干預了，我們連腸道當下如何蠕動都很難感覺到，因為腸道也屬於自律神經系統的一部分。然而，為了穩定杏仁核，無論如何我們都必須干預自律神經系統。

我們的身體中只有一種功能是受自律神經系統控制的同時，也允許人為的干預，那就是「呼吸」。呼吸就像心跳或腸道運動一樣是自律神經功能，在我們沒有意識到的情況下，無論是睡覺還是清醒都會自動進行。而且呼吸

也如同心跳一樣，可以根據需要自動加快或減緩。但是，呼吸又和心跳不同，可以接受有意識的干預。我們可以故意暫時停止呼吸，也可以大口呼氣或大口吸氣。在我們身體的功能中，呼吸是唯一完全受自律神經系統掌控，但同時也可以憑藉我們的意志加以控制的功能，是我們可以自主干預自律神經系統最有效的方式，也是我們下到心靈深處、下到無意識深淵的唯一途徑。

現在深吸一口氣，再慢慢吐氣。即使只靠這樣的一次呼吸，你就可以干預自己的情緒狀態。事實上，只要一次深呼吸就會引起杏仁核的變化。在人類漫長的歷史中，大多數涉及心靈管理的宗教、體育或身心鍛鍊中，一定包括了呼吸。只要隨著緩慢而規律的呼吸，緩解下顎、臉部、頸部、肩膀和腹部等肌肉的緊張，就可以穩定杏仁核。像這樣透過身體來調節負面情緒是最有效的方法。

穩定杏仁核訓練從覺察自己的身體狀況和傾聽身體的聲音開始做起。我們的意識通常一直以外在物體和事件為導向，而內在溝通的出發點就是要將意識的方向180度轉向，導回自己的內在。為了穩定杏仁核，當務之急就是讓自己的意識和意圖掉頭指向自己的身體。用心感受身體帶給自己的各種感覺，覺察身體哪裡緊繃、哪裡放鬆，同時不斷關注呼吸給身體帶來的變化和感受，這就是我和身體的內在溝通。

而活化前額葉皮質則可以透過有意識的特定思考等直接的努力來實現。因此，首先只要進行觀察和認知自己想法和情緒的自我參照過程，以mPFC（內側前額葉皮質）為中心的預設模式網路（DMN）就會被啟動。此外，只要對自己和對他人保持正面的想法，也會促使以前額葉皮質為中心的各種神經網路活躍起來，這就是我和自己心靈的內在溝通。為了達到這個目的，我們必須以積極的敘事習慣來取代對自己與對他人的消極和強迫性的想法。心理肌力薄弱的人會不自覺地在心裡指責對方或貶低對方，甚至進一步會強迫性地不斷進行責備自己、貶低自己和厭惡自己的內在敘事。而心理肌力訓練的重點，就是要將這些行為轉化為寬恕、憐憫、愛、接納、感恩、尊重等正面的敘事習慣，在後面的第十章中會有對此的詳細介紹。

用於穩定杏仁核的
腦神經系統放鬆訓練

放鬆神經系統的內在溝通冥想基本姿勢

以下簡單總結到目前為止我們所探討的核心重點。心理肌力訓練的基本條件是活化前額葉皮質，而在活化前額葉皮質之前，首先必須穩定杏仁核。要穩定杏仁核必須修正將內感受訊號過度解讀為負面情緒或疼痛的主動推理系統的誤差。為了實現這個目標，我們要做的就是內在溝通冥想。

我們可以從各種具有悠久傳統的冥想法中，找到憑藉有意識關注內感受訊號來穩定杏仁核的有效訓練法。根據各宗教、文化、歷史傳統的差別，冥想的種類多到數不清。冥想可以比喻成運動，有像跑步之類的田徑項目，有像游泳或跳水之類的水上項目，也有像足球或棒球之類的球技項目，還有像舉重或拳擊之類的武術，瑜伽之類的拉伸運動等。

對於冥想是什麼、該怎麼進行的詢問，就和運動是什麼、該怎麼進行的詢問是一樣的。冥想的種類多到難以用一句話來回答，不僅有坐式冥想，也有臥式、站式冥想，甚至有步行冥想、跑步冥想和游泳冥想。還有像太極拳、氣功、昆達里尼瑜伽、蘇菲旋轉舞的動態冥想。就像運動有益身心健康一樣，冥想也有助於身心的健康。

冥想的種類很多，但幾乎所有的冥想都共同強調一點，那就是採取挺直腰部，讓頭部好好安放在第一頸椎上的姿勢。重點就是要坐直或站直。第一頸椎是我們身體中唯一一處和頭骨直接連接的部位，其作用就只有承擔頭部重量，所以第一頸椎又被稱為「阿特拉斯」（Atlas，取自希臘神話中用雙肩背負地球的泰坦巨神名字）。第一頸椎和頭骨連接的部位非常狹窄，頭部真的是令人提心吊膽地被置放在第一頸椎上，所以連接頭骨和頸部、肩膀等軀幹的許多肌肉，通常都是處於緊張狀態。尤其是透過腦神經系統直接連結大腦的斜

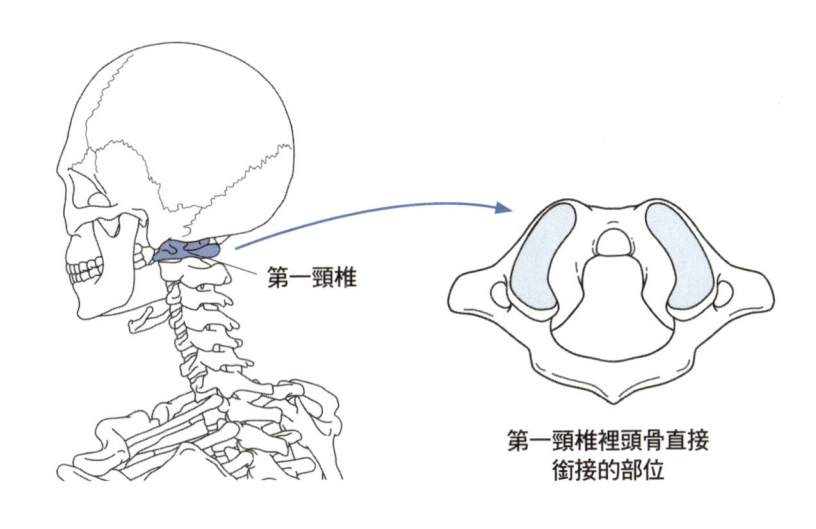

【圖 8-2】 第一頸椎—頭部與軀幹的連接部位　第一頸椎是唯一一處軀幹和頭骨直接連接的部位。由於頭骨岌岌可危地安放在第一頸椎的頂部，因此需要大量的肌肉來連接頭骨和軀幹。這個部位的各塊肌肉受腦神經系統控制，與情緒的誘發有直接或間接的關係。因此，將頭骨平穩地安放在第一頸椎頂部，會對緩解杏仁核有很大的幫助，因此就需要個人挺直腰部，端正坐姿。

方肌、胸鎖乳突肌、咬肌等的緊張狀態，會立即被大腦解讀為負面情緒。所以眾所皆知，負面情緒或壓力狀態下，會使得頸部和肩膀部位的肌肉全面緊繃，引發疼痛感。

　　為了穩定杏仁核，緩解這些部位的緊張是非常重要的。因此，首先頭部要端正地擱放在第一頸椎上。唯有如此，與腦神經系統相關部位的緊張才能得到全面緩解，進而有助於平息負面情緒。幾乎所有冥想的基本姿勢都是「坐直，肩膀下垂，放鬆頭部、臉部、頸部、肩膀的緊張之後，再慢慢將注意力放在呼吸上」，所以這也可以說是穩定杏仁核的最基本方法。那麼，在正式開始放鬆腦神經系統的內在溝通冥想之前，首先讓我們了解一下冥想的基本姿勢。

影像資料p.431：
joohankim.com/data

用於穩定杏仁核的腦神經系統放鬆訓練　　341

（X）　　　　　　　　　　　　（O）

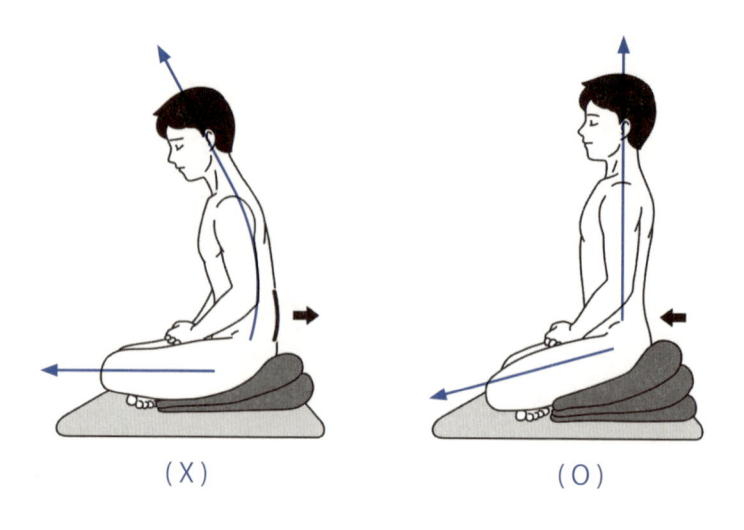

【圖 8-3】坐墊上的正確坐姿　冥想時正確坐姿的關鍵，是要能久坐。最重要的就是保持從尾骨到頭頂呈一直線，讓頭骨能穩穩地安放在第一頸椎上。腿部採半盤膝或其他方式都可以，在髖骨下放一塊厚墊子，使臀部位置略高於膝蓋，這樣就能挺直腰部，可以稍微舒服地坐久一點，坐的時間更長。如果坐到雙腿發麻、膝蓋痠痛也非要堅持下去的話，這就不是冥想，而是近乎極限訓練了。

坐墊上的正確坐姿

　　傳統的冥想主要是坐著或站著進行的，當然，覺察自己身體傳遞各種感覺訊號的「身體掃描冥想」也可以躺著做。諸如步行、跑步、游泳、太極拳、氣功、古代擺盪運動和瑜伽等各種以運動為主的冥想，則是使用各式各樣的動作。無論哪種冥想，基本姿勢都是保持脊椎從頭頂到尾骨呈一直線伸展的感覺，這種冥想的基本姿勢與腦神經系統的放鬆有密切關係。

　　坐在墊子上的時候，可以盤膝或半盤膝，甚至雙腳側邊著地也可以，選擇最舒適的坐姿即可。冥想的目的是為自己的身心提供舒適和寧靜。如果從一開始的坐姿就感到痛苦，那就無法正常地進行冥想。我們期待的是透過冥想感受深刻的喜悅和快樂，而不是為了鍛鍊忍受痛苦的耐力。如果有強烈意願想藉由忍耐痛苦和煎熬來獲取什麼的話，那就不適合練習冥想。那種「冥想」與其說是冥想，不如說更接近耐力訓練。

在坐骨（坐在地板上時會感覺到的兩塊髖骨）下面放上一塊厚厚的坐墊，儘量讓臀部位置稍微高於兩膝蓋，就可以長時間保持舒適的坐姿（【圖8-3】）。坐下時，兩膝蓋和小腿外側要盡可能碰觸地板，銜接兩膝蓋和尾骨的假想線形成等邊三角形，頭部要位於這個等邊三角形的中心點上方。然後頭部前後左右稍微動一動，尋找最能舒服讓自己頭部放鬆的位置。根據每個人的腿部粗細、腰部、骨盆、髖關節和膝關節的靈活度及可活動範圍，舒服的坐姿會稍有不同，最好能自己試著自行找出可以久坐的最舒適坐姿。

　　挺直腰部，保持尾骨到頭頂呈一直線，在這種狀態下，儘量讓整個身體放鬆，但不能因為身體放鬆，姿勢就變得東倒西歪。最重要的是，在保持尾骨到頭頂呈一直線的狀態下，慢慢地放鬆肩膀、頸部、胸部和腹部。

　　雙手輕鬆地放在大腿上，掌心朝上，慢慢向內轉，試著感受從肩膀和手臂傳來的感覺，找到一個最能緩解緊張的舒適位置。通常掌心朝上的姿勢感覺最舒適，但根據肩膀和頸部的緊繃程度讓掌緣碰觸大腿，感覺會更輕鬆，不過也有少數人會覺得手背朝上更舒服。雙手以最能放鬆肩膀和手臂的方式放在兩側大腿上，根據冥想持續時間的長短，可以稍微改變手的位置，以保持舒適感。

　　另一種方法是張開左手，把右手背疊放在左手掌上。兩手的掌緣輕輕碰觸下腹或稍微保持一點距離。這時，將右手四指的第一截指節儘量靠在左手四指最下面一截指節的內側，兩根大拇指指尖相接，從前面看呈一個橢圓形的樣子。冥想期間雙手儘量維持這種橢圓形手勢，也可以把左手放到右手上。或者也可以將左手抬起輕輕放在胸口上，右手放在下腹上。

　　下巴稍微抬起來，保持和地面平行。眼睛可以張開，也可以閉上，等有睏意時再張開眼睛。眼睛張開的時候，靜靜凝視前方約兩公尺處地板的一個位置，視線固定不動，不要四下張望或眼珠亂轉。只要不覺得睏，就可以閉上眼睛，等到睏意來襲再張開。冥想期間要注意身體重心，維持姿勢端正，同時也要持續放鬆頸部、肩膀、下背部、胸部和腹部的肌肉。也就是說，在保持意識清醒和覺知的情況下，讓身體放鬆。

椅子上的正確坐姿

　　冥想不一定要坐在地板的厚墊上，也可以坐在椅子上。只是坐在椅子上

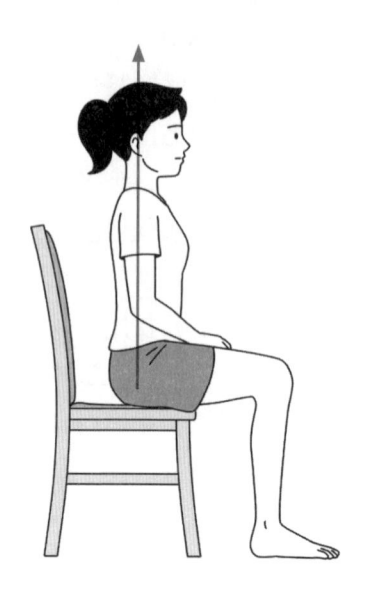

【圖8-4】椅子上的正確坐姿 坐在椅子上時要挺直腰部，使尾骨到頭頂呈一直線。因此要往前坐在椅面的前端，腰背才不至於靠到椅背上。雙腳併攏，腳踝置於膝蓋正下方，專注體會兩隻腳掌接觸地板的感覺。手掌就和坐在坐墊上時一樣，輕鬆地放在大腿上。

的時候，最重要的也是要挺直身體，保持尾骨到頭頂呈一直線的姿勢。因此，儘量不要靠著椅背，最好往前坐在椅子邊緣。如果靠著椅背坐，脊椎很容易失去平衡，自然會導致頸部和肩部肌肉緊繃。坐在椅子上時，就像坐在坐墊上一樣，要感覺到左右兩塊坐骨碰觸到椅面。雙腳併攏，腳踝放在膝蓋正下方，專注體會兩隻腳掌接觸地板的感覺。手掌就和坐在坐墊上時一樣，輕鬆放在大腿上，手的姿勢或此外的其他所有注意事項都和坐在坐墊上時相同。（【圖8-4】）

正確的站姿

站立冥想可以更加集中注意力，比坐著的效果更好。只要掌握好身體平衡，習慣了站立方式之後，就可以舒適地站立冥想30分鐘以上。站立冥想的關鍵同樣是保持從尾骨連接到頭頂的假想垂直線呈一直線。首先，雙腳分

【圖 8-5】 **正確的站姿**　站立呼吸冥想可以讓我們感受到身體更細微的變化，比坐式冥想更能集中注意力。站式冥想的關鍵也是腰部挺直，使尾骨到頭頂呈一直線。因此，身體重心要垂直落在腳跟上，而且膝蓋儘量不要超出腳趾尖。

開與肩同寬站立。逐漸習慣之後，可以把雙腳分得更開一點。如果膝蓋有不適感，腳尖可以稍微向外打開，儘量讓第二腳趾的方向與膝蓋的方向保持一致，以避免對膝蓋造成壓力。

站立時要感覺身體重量均勻分布在整個腳掌上，因此一開始先將更多的重量放在腳跟上，然後慢慢將重量轉移到腳趾上，再將重心移回腳跟，不斷重複這個過程。保持上半身和下半身幾乎靜止不動的狀態，只將體重慢慢在腳的前和後之間移動。透過這個過程，可以逐漸找到一個讓體重平均分散在腳掌上的平衡點。這個過程本身就是在訓練將注意力集中在身體給自己的各種感覺訊息上，也是培養個人傾聽身體「聲音」能力的訓練。

當體重平均分散在腳掌上之後，膝蓋可以稍微彎曲讓雙腿放鬆。這時，要保持腳踝和膝蓋在一條垂直線上的感覺。實際上，膝蓋位置往往會比腳踝位置稍微突出來，但還是要保持膝蓋在腳踝正上方的感覺，微微彎曲膝蓋。

然後臀部稍微後傾，感覺像是坐在一張隱形的椅子前緣上，只要有尾骨垂直對著比腳跟稍微後面一點的地面，而沿著這條垂直線向上可以直達頭頂的感覺就行。這時最重要的，是放鬆包括腹部、胸部、臀部在內的整個身體。

　　站姿正確的話，應該會呈現臀部稍微後傾的姿勢，體重則更多地壓在腳跟上。這時，慢慢地抬起雙手，保持身體平衡。肩膀放鬆自然下垂，慢慢地把手抬起來。由於手臂力氣也必須放鬆，因此手肘會自然下垂，略低於雙手的位置。手臂也不是完全伸直，而是像畫一個大橢圓形一樣舉起雙手，可以說是一種類似擁抱大樹幹的姿勢。

　　慢慢把注意力集中在呼吸上，逐漸放鬆下半身力量，但要找到一股穩穩站立彷彿自己從地板向著土地深處往下扎根的感覺。加強大腿肌力的力量，忘記自己正站著不動。即使雙腿力量全部放鬆，也要使身體骨骼保持基本結構的平衡，找到不受肌肉幫助，僅憑骨骼本身也能自行站立的感覺。身形要穩，一旦全身放鬆開始有了舒適的感覺時，就代表站姿正確。剛開始的時候，因為全身用力，各處肌肉難免會很緊繃。但只要每天反覆練習一下，腹部肌肉很快就能完全放鬆，能感覺到整個內臟的重量透過骨盆直接轉移到腳掌。這一瞬間，與腦神經系統相關的許多身體部位也跟著放鬆，杏仁核就會穩定下來。在隨之到來的祥和寧靜中，你就可以慢慢地享受身體所釋放的各種感覺。

正確的臥姿

　　臥式冥想，尤其是在睡前進行的話，對於改善睡眠品質非常有幫助。但躺在柔軟的床上或沙發上不容易感覺到身體接觸地板的觸感，所以初學者最好躺在稍硬的表面上。當你多少習慣了臥式冥想之後，就可以躺在柔軟的床上練習。

　　仰躺在木地板、地毯或薄瑜伽墊上，可以不用枕頭，或使用約兩公分厚度的低枕頭（毛巾折疊兩三次使用最恰當）。將雙手輕鬆放在距離身體約一拃（手掌張開，從大拇指到中指或小指尖的長度）的距離，雙腳分開約兩拃的距離。首先，將手掌朝上再慢慢地轉動，尋找最能放鬆肩膀和手臂的舒適位置。有些時候，雙手放在身體旁邊可能會感到不舒服。在這種情況下，可以像大喊萬歲一樣舉起雙臂，將雙手輕鬆放在頭頂上。不過，這種萬歲姿勢只有在放

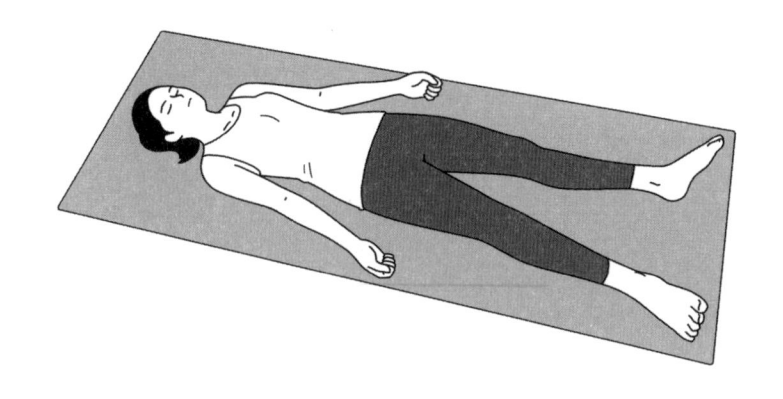

【圖 8-6】正確的臥姿 仰躺在木地板、地毯或薄瑜伽墊等堅硬的表面上，不用枕頭，或枕在用毛巾折疊兩三次做成的大約兩公分的低枕頭上。將雙手舒服地放在距離身體約一拃的位置，雙腳分開約兩拃的距離或與肩同寬，兩隻腳趾尖可以稍微向外張開。如果平躺不舒服，可以採取雙手高舉過頭的萬歲姿勢。

下雙手覺得不舒服的時候才使用。如果覺得膝蓋伸直躺平的姿勢不舒服，可以在小腿下面腳後跟處墊一個大約一拃高度的枕頭。

現在全身放鬆，慢慢用你的心靈之眼觀察自己的身體如何躺著，尤其要一寸寸觀察身體如何與地板接觸。然後根據心情選擇一個顏色，藍色、黃色，或是黑色都好，想像把選好的顏色塗抹在全身上下，自己則躺在一張大大的白紙上，塗滿顏色的身體會在白紙上留下什麼樣的痕跡。再慢慢感受自己的腳跟、小腿背、大腿的一部分、臀部、背部、後腦勺、雙臂、手肘和手背是如何接觸地板的，再觀察自己身體的右側和左側有什麼不同。緩緩放慢呼吸，讓全身更放鬆，想像自己身體因為重力往地板方向更舒服地下沉。

仔細觀察身體正在對自己發出什麼樣的訊號，看看有沒有引起不適或疼痛的地方，聽聽身體現在正在告訴自己什麼。我們身體的每一處都隱藏著自己在成長過程中經歷的強烈情感記憶。一旦全身放鬆下來，凝聚在身體各部位的某種感覺或情感就會開始慢慢釋放出來，試著感受隱藏在身體各處某種感覺或情感的微妙律動。通過反覆的放鬆訓練，我們才能更清楚認知那些沒有清晰進入我們的意識中，只能以微妙而細膩的感覺傳達的內感受訊號。

何謂腦神經系統

為了探討冥想訓練穩定杏仁核的方法，我們首先必須對腦神經系統有一番認識。腦神經系統與杏仁核的活化引起的身體變化有密切的關係。我們體內的運動神經或感覺神經大部分是透過從大腦經由脊椎分散到全身的脊椎神經系統來連結的。相反地，頭部、頸部和內臟器官等特定身體部位，則不經由脊椎，直接與大腦的下部相連，這就是腦神經系統（cranial nerve system）。

腦神經始自大腦和脊椎相連的腦幹，這個區域主要管轄自律神經系統或基本的生命功能，可以說是我們意識不到的無意識領域。人類的意識功能主要基於大腦皮質來執行，對於事物的認知、思考、判斷、行動和記憶，全都是由位於最上層（第三層）的大腦皮質負責的。其下的第二層則由負責情緒和酬賞系統等功能的邊緣系統所占據，邊緣系統的核心部位之一就是杏仁核。位於邊緣系統下方構成大腦基底（第一層）的，就是腦幹（brain stem），也可以說是末梢神經和中樞神經交會的區域。腦幹又分為間腦（diencephalon）、中腦（midbrain）、橋腦（pons）、延腦（medulla）（【圖8-7】）。所有的腦神經都是由腦幹出發，和身體的特定部位相連。而「放鬆腦神經系統訓練」的目的，就是試圖藉由放鬆這些受到腦神經系統控制的「特定部位」，來穩定杏仁核。

位於腦幹最下方的延腦，也稱為末腦，負責管轄呼吸、心跳、血壓和消化等維持基本生命所需的核心功能，始於延腦的腦神經有第九、十、十一、十二對。位於延腦上方的橋腦，主要提供有關小腦運動的訊息，以及控制睡眠和呼吸節奏，始於橋腦的腦神經有第五、六、七、八對。橋腦上方是中腦，始於中腦的腦神經有第一、二、三、四對。

中腦不僅管轄聽覺和視覺，還會控制有意圖的行為。聽覺和視覺都與自主運動有密切的關係，這也使得我們能夠按照自己的意願行動。有意圖的行為需要有動機，而激發這種動機的來源就是多巴胺。多巴胺通常被視為酬賞系統中的核心神經傳導物質，而四個多巴胺神經迴路中有三個就位於中腦，多巴胺就是在中腦的黑質（Substantianigra）內分泌的。正如前面探討過，多巴胺雖然會對酬賞或新的刺激作出反應，製造出「動機」，但最重要的是，它是調節肌肉運動的神經傳導物質。事實上，「動機」就是導致特定行為或動

【圖 8-7】十二對腦神經系統與腦幹

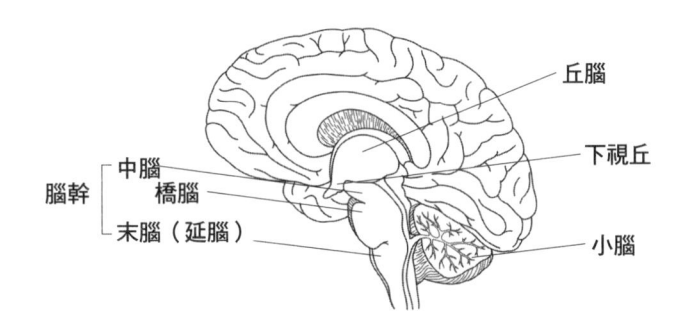

腦幹
- 中腦
- 橋腦
- 末腦（延腦）

丘腦
下視丘
小腦

1）十二對腦神經系統始自位於大腦下方的腦幹。腦幹分為中腦、橋腦和延腦，腦神經第一、二、三、四對始於中腦，第五、六、七、八對始於橋腦，第九、十、十一、十二對始於延腦。

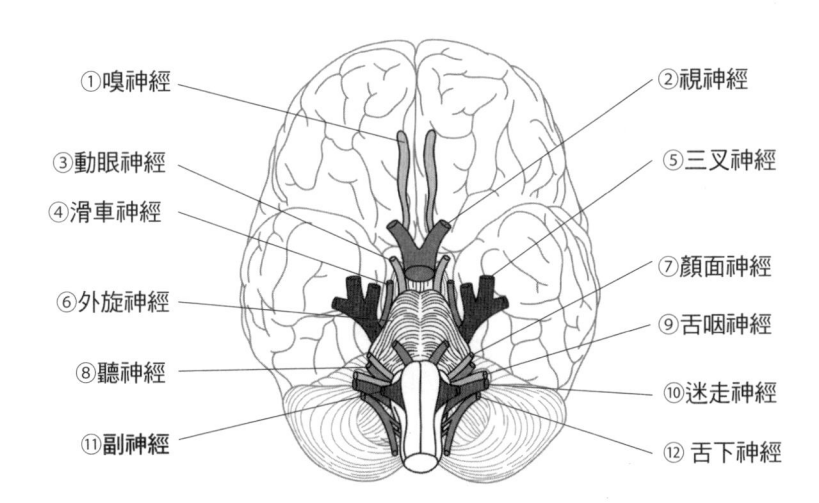

①嗅神經
②視神經
③動眼神經
④滑車神經
⑤三叉神經
⑥外旋神經
⑦顏面神經
⑧聽神經
⑨舌咽神經
⑩迷走神經
⑪副神經
⑫舌下神經

2) 這是大腦從底部往上看的圖形，顯示出十二對腦神經起始的位置。

用於穩定杏仁核的腦神經系統放鬆訓練

3) 十二對腦神經系統列表

順序	名稱	性質	神經核位置	順序	名稱	性質	神經和位置
第一對	嗅神經	感覺	腦幹	第七對	顏面神經	混合	橋腦
第二對	視神經	感覺	腦幹	第八對	聽神經	感覺	橋腦
第三對	動眼神經	運動	中腦	第九對	舌咽神經	混合	延腦
第四對	滑車神經	運動	中腦	第十對	迷走神經	混合	延腦
第五對	三叉神經	混合	橋腦	第十一對	副神經	運動	延腦
第六對	外旋神經	運動	橋腦	第十二對	舌下神經	運動	延腦

資料來源：韓語醫學用語辭典（https://medicalterms.tistory.com/455）

作發生的原因。[47]

　　中腦上方有間腦，由丘腦（thalamus）和下視丘組成。丘腦可以說是通往意識的門戶，除了嗅覺之外的各種感覺訊息都是經由丘腦傳遞到大腦皮層，再浮現在我們的意識中，只有嗅覺不經過丘腦直接傳遞到大腦。[48]丘腦正下方的部位是下視丘（hypothalamus），可以說是自律神經系統的中樞，也是壓力反應中心。自律神經系統包含「交感神經系統」和「副交感神經系統」。交感神經系統的作用是放大瞳孔、減少唾液分泌、使呼吸急促、使心跳加速、降低消化功能、收縮膀胱；而副交感神經的作用則正好相反，負責收縮瞳孔、使唾液分泌正常、穩定呼吸、穩定心跳、促進消化功能和放鬆膀胱等。這兩個作用相反的神經系統交替作用，以維持我們身體的平衡。而下視丘的主要功能則在於調節體溫、分泌與食慾相關的荷爾蒙來控制食慾、以誘發口渴來調節體內水分、調節睡眠和清醒狀態、透過分泌和抑制各種荷爾蒙來調節體內平衡等。下視丘對於內臟交感神經系統的活化，可以透過神經網路直接影響，也可以透過刺激內分泌腺分泌荷爾蒙間接控制。

　　在以上我們所探討的延腦、橋腦、中腦、丘腦和下視丘中發生的事情，並不是按照個人意願或浮現在意識層面上的功能。位於大腦皮質下面的這個

地方所發生的事情,無法被意識直接感知,因此也無法憑藉個人意願有意識地控制。情緒的誘發就是從這種無意識的領域開始。

當杏仁核被活化時,其訊號會透過與腦幹各部位相連的腦神經系統傳遞到身體各處去,並且經由下視丘和內分泌腺利用荷爾蒙間接影響身體各部位。重要的是,大部分會對身體造成各種變化的訊號,都必須經過腦神經系統,而堪稱自律神經系統核心的迷走神經,也是腦神經之一。大多數的腦神經從腦幹的各個部位出發,連結到身體的特定部位。

冒著單純化可能產生誤謬的風險,簡單來說,杏仁核活化產生的訊號會經由腦神經系統傳遞到我們的身體,讓身體產生變化。而因此改變之後的身體狀態相關訊號,又會透過腦神經系統,經由丘腦傳遞給大腦。腦神經系統就像通道,透過誘發情緒的功能將意識和身體連結起來。身體經由腦神經系統上傳的各種內感受訊號,會按照大腦皮質的內在模型,透過主動推理被「解釋」為特定情緒。而慢性疼痛也與此相同,是透過對內感受資料的推理所解釋出來的結果。

腦神經系統共有12對,分別從左右腦延伸出來,連接身體的特定部位。在編號為第一對到第十二對的腦神經系統中,與嗅覺(第一對)、視覺(第二對)和聽覺(第八對)相關的腦神經系統屬於「感覺」神經,我們很難有意識地控制或訓練。除了這三種腦神經系統之外,其他腦神經系統都屬於運動神經或混合神經,相對來說較容易認知和控制。(【圖8-8】)

第三對(動眼肌)、第四對(動眼肌中的上斜肌)和第六對(動眼肌中的外直肌),是和眼球運動相關的肌肉連結的運動神經。第十一對也是運動神經,連接橫跨頸部和肩膀的胸鎖乳突肌和斜方肌。當杏仁核被活化時,頸部會變得很僵硬,肩膀會因為斜方肌收縮而上揚,這是帶有負面情緒的人的典型姿勢。第十二對也是運動神經,與舌下肌相連,這也是為什麼當我們感到焦慮或生氣時舌頭會變得僵硬的原因。

其餘的腦神經都屬於混合性質,由感覺神經和運動神經混合而成。如果主要從運動神經的層面來看的話,第五對和也被稱為咀嚼肌的咬肌有關,這也是為什麼我們一緊張或焦慮時就會咬緊牙關。第七對和負責面部表情的顏面表情肌有關,這就是為什麼情緒會直接表現在臉上的原因。第九對主要和口腔內的肌肉有關;第十對是迷走神經,主要和包括腸道、心臟、呼吸器官

嗅覺（第1對）

視神經（第2對）

眼外肌（第3對、第4對、第6對）

顏面表情肌（第7對）

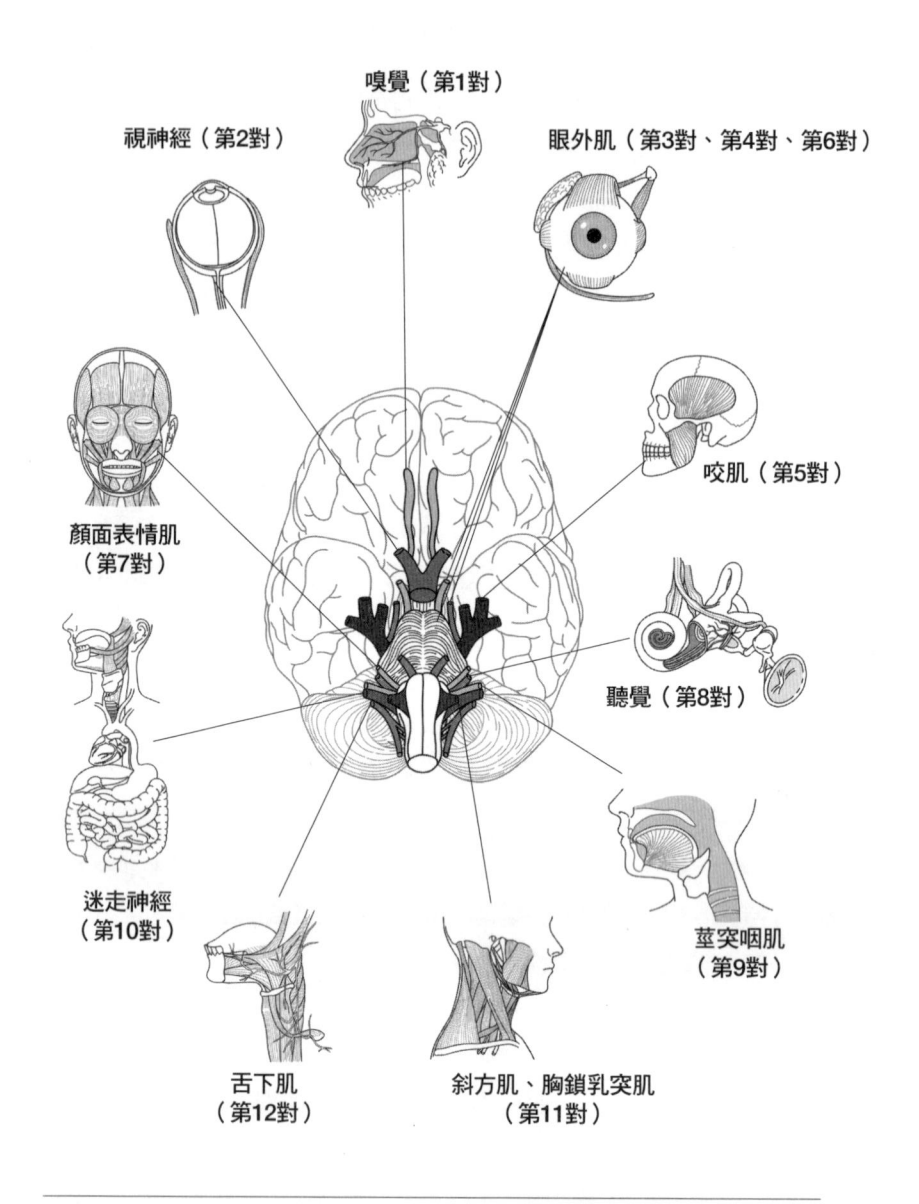

咬肌（第5對）

聽覺（第8對）

迷走神經（第10對）

莖突咽肌（第9對）

舌下肌（第12對）

斜方肌、胸鎖乳突肌（第11對）

【圖8-8】腦神經系統中運動神經和混合神經所連結的身體部位　十二對腦神經系統中，第一、二、八對屬於感覺神經，所以很難靠刻意訓練來控制。其餘的腦神經則屬於運動神經（第三、四、六、十一、十二對）和混合神經（第五、七、九、十對），與它們相連的身體各部位都與情緒誘發有直接的關係。腦神經系統放鬆訓練就是為了緩解與運動神經或混合神經相關的身體部位。

第八章　用於穩定杏仁核的內在溝通冥想

等在內的許多內臟器官相連。

當杏仁核活化時，這些與腦神經系統相連的部位就會變得緊張起來，這種緊張會被傳遞到大腦，進一步誘發情緒。從大腦的立場來看，這些連接腦神經系統部位的緊張，可以說本身就是一種負面情緒。因此，為了透過提高情緒調節能力來加強心理肌力，最重要的就是要養成放鬆與運動神經及混合神經相關部位的習慣。內在溝通冥想中的腦神經系統冥想，可以透過舒緩這些部位的緊張及發送舒適的訊號來有效減少負面情緒。

提升內感受自覺能力的腦神經系統放鬆訓練

內感受認知訓練是藉由放鬆與腦神經系統相關部位，以穩定杏仁核的冥想。如果你是內感受認知訓練的新手，最好先採取坐式或站式進行，因為躺著做很容易睡著。最好在熟練了坐式或站式冥想訓練之後，再嘗試臥式冥想。或者是為了有個深度睡眠，也可以在睡前額外進行此訓練。

首先，按照前述的方法坐好或站好。在所有冥想姿勢中都必須挺直腰部，保持尾骨到頭頂呈一直線的原因，是為了讓頭部好好安放在第一頸椎上，藉此放鬆如頸部、肩膀、下巴、面部和腹部等與腦神經系統相關的部位。然後進行呼吸冥想，慢慢將注意力集中在自己的呼吸上。

影像資料p.445：
joohankim.com/data

放鬆咬肌（第五對腦神經）

第五對腦神經系統稱為三叉神經，與顏面的各部位有關。在身體的各種肌肉中，能產生最強力量的肌肉便是用於咬合的咬肌。當我們的身心透過呼吸訓練平靜下來後，每次吐氣時都應該繼續放鬆下顎肌的力量。一般整天咬緊牙關工作的現代人，下顎的肌肉會變得過度緊張，即使想放鬆也很難做到，也有的是不知道該怎麼做才能緩解下顎的緊張。因為這個部位經常處於緊張狀態，因此許多人都沒有意識到自己的咬肌非常強壯且十分僵硬。通常壓力大，經常用力在咬肌上的人，因為咬肌發達，有可能變成國字臉。此

外，睡覺時嚴重磨牙或咬牙切齒經常會造成牙齒損傷的人，可以視為在生活中杏仁核一直處於活躍的狀態。

只要讓咬肌放鬆，對穩定杏仁核就有很大的幫助。慢慢吐氣，放鬆下巴和整個臉部，即使閉著嘴唇，口腔中的上、下臼齒也不要咬合。繼續放鬆下巴和整個臉部，直到有下顎因重力下墜的感覺出現。咬肌的緊張，與頸部、肩部、背部、腹部和胸部的緊張也有著密切關係。試著以咬肌為中心，感受所有這些部位的緊張都得到了緩解。由於咬肌也與包括舌肌在內的口腔中各個肌肉相連，因此隨著咬肌的放鬆，舌頭和口腔也會跟著放鬆下來。

現在，慢慢地舉起右手，用大拇指按摩右耳孔正前方的肌肉，沿著顴骨逐漸向臉部正面移動，同時把注意力集中在呼吸上。咬肌從顴骨開始，延伸到下顎（【圖8-9】），所以要從顴骨順著肌理一路按摩到下顎的肌肉。持續按摩大約五分鐘，尤其是出現疼痛感的部位要集中多按摩幾次。藉由這種方式在每次呼氣時，試著以咬肌為中心，體會緩解全身緊張的感覺。持續按摩五分鐘放鬆右側咬肌之後，放下右手坐好，慢慢地重新將注意力集中在呼吸上，比較右半邊的下顎、頸部、肩膀等部位和左半邊的感覺有何不同。右邊的下顎已經放鬆，自然會感覺右下顎比較柔軟。然而，右邊的肩膀也同樣變得更柔軟，但卻有種比左肩更下垂的感覺。這是因為咬肌放鬆，斜方肌也跟著放鬆，連帶肩膀肌肉也放鬆了下來。由此可知，按摩咬肌所帶來的效果，不僅能放鬆右邊咬肌，還能緩解斜方肌和胸鎖乳突肌的緊繃。牢牢記住左右兩邊的不同感受，現在也以相同方法放鬆左側咬肌，再重新比較左右兩邊的下顎、頸部、肩膀的感覺。

放鬆胸鎖乳突肌和斜方肌（第十一對腦神經）

與第十一對腦神經系統相連的胸鎖乳突肌（sternocleidomastoid，SCM）和斜方肌（trapezius），是將頭骨連接到鎖骨和肩膀的肌肉。這些肌肉都與咬肌緊密相連，是比顏面表情肌更真實暴露情緒的肌肉。如果胸鎖乳突肌和斜方肌緊繃的話，咬肌也會跟著繃緊，導致肩膀向上聳起。即使在日常生活中，保持肩膀鬆弛下垂的感覺很重要。

現在讓我們試著放鬆斜方肌和胸鎖乳突肌。首先，慢慢吐氣，將注意力集中在放鬆咬肌。慢慢吸氣時抬起下巴，吐氣時緩緩低頭，頭部很自然地做

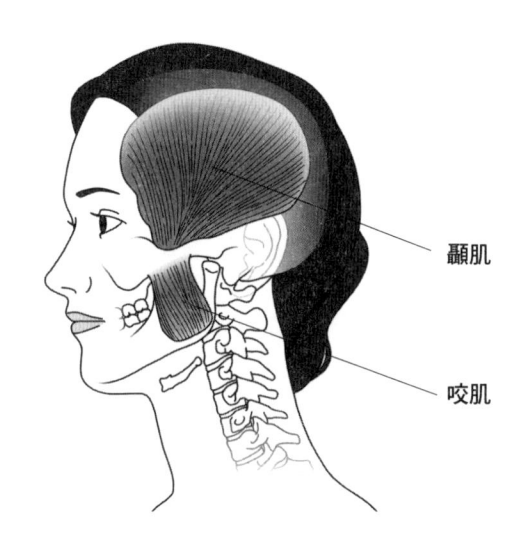

【圖 8-9】咬肌（咀嚼肌）放鬆：從顴骨出發連結到下顎的咬肌和顳肌，是咬緊牙關時會變得緊繃的肌肉。當杏仁核被活化時，咬肌就會緊繃。而咬肌一繃緊，就很容易引發焦慮或憤怒等負面情緒。咬肌的放鬆還具有可以連帶放鬆連接頭部和軀幹的其他肌肉。

出點頭動作，此時的重心要放在第一頸椎上，第一頸椎負責頭部的上下移動。當後腦勺側變重、下巴抬起時，保持咬肌完全放鬆的感覺。當下巴再次往前垂落時吐氣，感覺頭部重量轉移到鼻尖方向。當我們慢慢地、安靜地重複這個前後點頭像蹺蹺板一樣移動重心的過程時，會感覺到咬肌的緊繃感在逐漸緩解。接著，慢慢縮小頭部移動的幅度，試著找出頭部可以落在前後重心之間、不再移動的支點。當你有達到完美平衡的感覺時，就表示自己頭部的頭骨已經找到了正確的平衡點，穩穩地安放在第一頸椎上。這時，頭頂與尾骨應呈一直線。

接著，非常緩慢地將頭輕輕轉向左側，用力吸氣。吸飽氣之後，一面緩緩吐氣，一面開始慢慢地將頭轉向右側。吐完氣時，頭要完全轉向右側。然後再次吸氣，把頭轉向左側。照這樣，吸氣時頭轉向左側，吐氣時頭轉向右側，重複十次左右。左右轉動頭部的動作是由第二頸椎控制，而上下移動下顎再左右轉動頭部的動作，則可以緩解咬肌和胸鎖乳突肌的緊繃。上下點頭

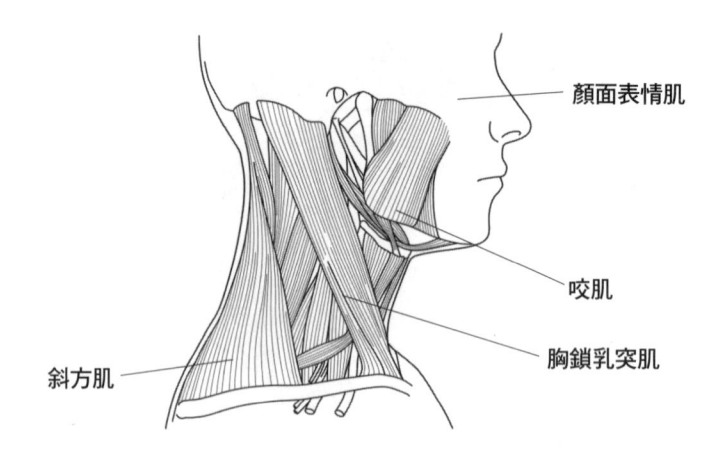

【圖 8-10】**胸鎖乳突肌和斜方肌** 胸鎖乳突肌和斜方肌的作用在於連接頭骨和軀幹，和咬肌及顏面表情肌也有很密切的關係，放鬆胸鎖乳突肌和斜方肌對於緩解負面情緒有很大幫助。為了放鬆這些肌肉，最重要的就是保持正確姿勢，這樣頭骨才能保持良好均衡，穩定地安放在第一頸椎上。

的時候，試著感受包容一切的寬容心態；左右轉頭的時候，試著感受洞察世間所有層面的另一種意義上的寬大胸懷。

現在，直視前方，將注意力集中在雙肩上，感受著頭部和頸部柔軟地連接在一起，正逐漸慢慢放鬆。首先，注意力集中在左肩末端，即肩膀和手臂相接的部位，慢慢地、緩緩地抬高肩膀，感受身體的變化。再突然放鬆力氣，讓肩膀垂下來。同樣的方式，將注意力集中在右肩末端，抬起肩膀再放下來。左右交替，重複這個動作三次。現在，吸氣時，同時抬起兩邊肩膀，吐氣時，讓兩邊肩膀放鬆垂下來。

慢慢地在專注呼吸的同時，也將注意力放在兩側肩膀上。每次吐氣時，想像你的肩膀正一點一點融化滴落到地板上，讓肩膀繼續往下垂落，直到出現肩膀離兩側耳朵愈來愈遠的感覺。與此同時，也確認一下咬肌和整個臉部及頸部肌肉是否也逐漸在放鬆。深呼吸，再慢慢吐氣，這次將兩側肩膀向前移動。身體其他所有部位維持輕鬆的狀態，只有兩側肩膀末端向前動。接

著，慢慢吸氣，這次兩側肩膀末端向後移動，直到有胸部擴張、背後肩胛骨靠攏的感覺。再次吐氣，肩膀向前，吸氣，肩膀向後，重複這個過程約十次。全部過程配合自己的呼吸節奏，自然地反覆動作即可。胸鎖乳突肌或斜方肌很難靠個人意志直接放鬆，所以最重要的關鍵是像這樣，以轉轉頭或動動肩膀等間接方式來緩解緊張。

眼外肌（第三、四、六對腦神經）的放鬆和EMDR

負責眼球運動的肌肉有許多與腦神經系統有關（【圖8-11】）。第三對腦神經不僅與轉動眼球的動眼神經有關，也與調節內感受和情緒的自律神經系統有關。動眼神經也與提眼瞼肌相連，當緊張或受到驚嚇時，就會使眼睛睜大。第四對腦神經稱為滑車神經，和眼球上斜肌的運動神經有關，負責控制眼球往內或往下方的轉動，主要與認知態度或集中注意力有關。第六對腦神經稱外旋神經，與眼球外直肌的運動神經有關，負責控制眼球的橫向移動，主要與對周圍環境的態度和動靜有關。

控制眼外肌的腦神經系統，與觀看某種物體和集中注意力的功能有密切關係。人類的意識在各種感官功能中特別依賴視覺，因為意識的最基本功能在於「動」，而我們在活動時有相當多地方必須依賴視覺。當我們確定外在環境威脅到自身安全時，就會睜大眼睛，集中注意力以獲取更多與威脅我們安危的事物相關的訊息。當我們具有強烈意圖時，眼外肌就會繃緊。由於威脅自身安危的因素經常是存在於身外，因此當我們受到壓力感到緊張的時候，就會四下張望。

冥想時閉上眼睛或凝視同一個地方的動作，並不是單純只有限制視覺訊息的效果，還可以藉由限制整個眼球運動來緩解腦神經緊張，目的是為了透過限制眼球運動來穩定杏仁核。放鬆和穩定眼外肌最有效的方法，就是將目光轉向自己內在。也就是說，我們不再注視周遭的外在事物，而是將目光180度轉回自己的內在。當我們將注意力（attention）轉向內在時，眼外肌就會迅速放鬆和穩定下來。這是因為威脅因素往往來自於外界，而我們的內在本質上是安詳寧靜的。

將注意力轉向自己內在最有效的方法，就是將注意力集中在來自體內的感覺。如果將注意力放在腸道的感覺或心跳上，這就是內感受訓練。而如果

①根據眼球轉動方向的不同，相關的腦神經系統也各有不同。

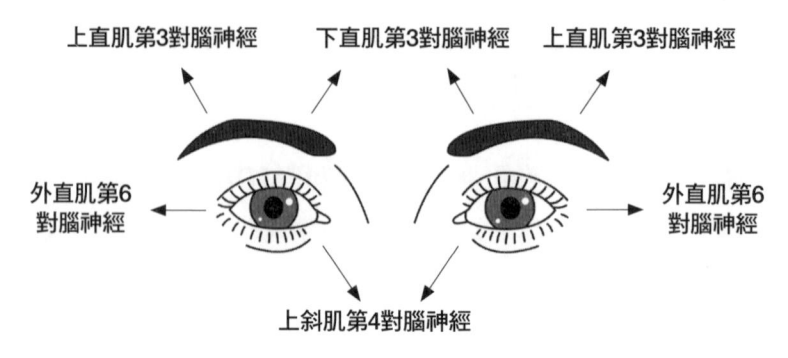

上直肌第3對腦神經　下直肌第3對腦神經　上直肌第3對腦神經

外直肌第6對腦神經　　　　　　　　　　　外直肌第6對腦神經

上斜肌第4對腦神經

②眼球肌肉的位置

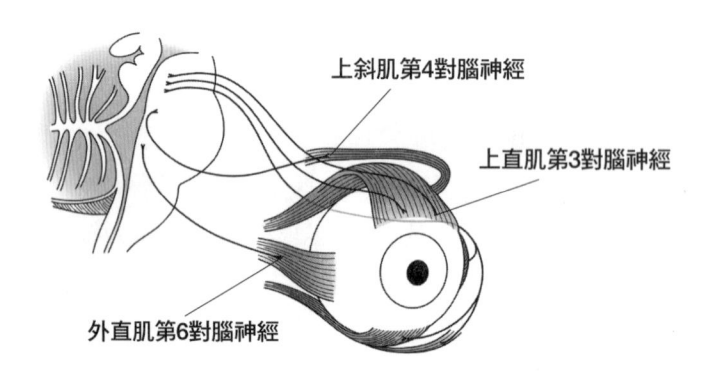

上斜肌第4對腦神經

上直肌第3對腦神經

外直肌第6對腦神經

【圖 8-11】負責眼外肌的腦神經系統　負責眼球運動的肌肉有許多與腦神經系有關。第三對腦神經與眼珠上翻有關，並控制緊張或驚嚇時會用到的肌肉。第四對腦神經主要控制眼球向下移動的肌肉，與集中注意力有密切關係。第六對腦神經則負責眼球的橫向移動。由於眼外肌是與大腦神經系統連結最緊密的部分，因此雖然閉上眼睛、舒服地放鬆眼外肌很重要，但有節奏地上下左右轉動眼球對於緩解負面情緒也很有幫助，代表性的例子就是 EMDR 訓練。

將注意力放在如下顎、頸部、肩膀、背部等身體肌肉或關節所傳來的感覺，這就是本體感覺訓練。還有同時集中注意力在內感受和本體感覺上的訓練，這就是呼吸訓練。而集中注意力在自己的情緒或思考流動的自我參照過程，也是將注意力轉向自我內心的一個非常有效的方法。

放鬆眼外肌的另一個有效方法，就是規律地、有節奏地左右移動眼睛。藉由規律地左右移動眼睛來穩定杏仁核，可以瞬間緩解焦慮。方法很簡單，頭部固定不動，只移動眼球即可。首先，舉起一根手指頭放在眼睛前方，注意看著指尖，指尖規律地向左右移動，眼球也跟著指尖移動。或者透過電腦或電視螢幕，查看一些眼球可以在左端到右端之間規律性左右移動的圖像。

從很久以前人們就知道，當嚴重的焦慮感或恐慌症來襲時，動一動眼球就可以馬上讓情緒穩定下來。動眼訓練尤其廣泛地運用在治療PTSD（創傷後壓力症候群）上。PTSD不同於憂鬱症或其他精神疾病，沒有任何藥物證明對治療PTSD有效。而眾所周知，動眼訓練不只有助於各類型焦慮症的治療，也對慢性疼痛和睡眠障礙的治療及提高注意力等方面都大有幫助。

弗朗辛・夏皮羅（Francine Shapiro）將這種眼球運動系統化，安上一個相當「古怪」的名字，叫做「眼動減敏與歷程更新治療法」（Eye Movement Desensitization Reprocessing，EMDR）之後，公開發表。當EMDR作為治療方法時，以左右移動眼球為重點，讓患者保持移動眼球的訓練，每天進行60~90分鐘，反覆進行一週或數週的時間。當然，也可以添加聲音或手部的動作，但重點還是眼球運動。然而令人驚訝的是，夏皮羅及在她之後的大多數EMDR相關文獻裡，竟然沒有提到與眼球運動有關的肌肉或與之有直接關聯的腦神經系統。這裡面就牽涉到他們所設定的基本前提，即眼外肌和腦神經是「身體」的問題，而心理創傷和焦慮是「心靈」或大腦「訊息處理網路」的問題，因此他們認為彼此之間沒有任何關聯。

然而，各種身心運動處方之所以對PTSD和焦慮症有非常卓越的效果，是因為情緒是身體的問題。EMDR也一樣，移動眼球這個動作本身一定會影響特定眼外肌和腦神經，繼而直接改變引發負面情緒的身體反應。正如與腦神經系統相關的身體部位，如咬肌、顏面表情肌、舌下肌、胸鎖乳突肌、斜方肌、腹肌、橫膈膜等的緊張得到緩解時，會對安定情緒有立竿見影的效果一樣，放鬆與第三、第四、第六對腦神經系統有直接關聯的眼外肌，對緩解

焦慮症也有很大的效果。但是，有意圖地直接緩解眼外肌不是那麼容易的事情，因此EMDR的核心就是藉由規律地大幅度左右移動眼球來舒緩僵硬的眼外肌。

EMDR是集中於舒緩眼外肌的一種身心訓練（somatic training），因此結合EMDR和其他身體部位動作的身心訓練，可以預期將會有更大的效果。實際上，有研究結果顯示，將EMDR和某些身體動作相結合的聚焦感覺動作（sensorimotor-focused）是非常有效的。也有研究人員試圖將EMDR治療概念化，作為身心運動處方。如果能透過EMDR，在放鬆與第三、第四、第六對腦神經系統有直接關聯的眼外肌的同時，也一起放鬆與其他腦神經系統相關的身體部位，一定能得到更大的療效。

今後我將研究的主題之一，就是證明結合規律的左右移動和EMDR元素的動作能穩定杏仁核及緩解各種焦慮症狀。在有數千年傳統的古代運動中，令人驚訝的是許多運動竟都包含了EMDR訓練元素，代表性的例子就是印度瑜伽修行者使用的錘鈴（Gada）和波斯戰士們使用的波斯棒鈴。古代擺盪運動的一個共同特徵是，它們結合了規律的左右眼球運動和隨之產生的全身運動，同時透過本體感覺而不是視覺來感受背後發生的規律和有節奏的擺盪運動。這種運動基本上不僅提高了本體感覺，同時也具有EMDR的元素，在加強心理肌力方面可以說是非常有效的運動。透過鍛鍊身體來修練心靈的傳統運動法，對於提高心理肌力的課程提供了許多啟發，這點將在第九章中詳細探討。

無論是眼睛的動作，還是身體的動作，EMDR的重要元素之一就是使用反覆的節奏。簡單的擊鼓或舞蹈等利用節奏的動作，不僅能有效緩解焦慮或心理創傷，對於治療帕金森氏症或失語症也有很大的幫助。節奏的作用在於活化大腦基底核（basal ganglia）中的多巴胺迴路，藉以快速穩定杏仁核。尤其是與其他人一起隨著節拍有節奏地擺動身體時，會刺激多巴胺迴路及活化酬賞系統，給人帶來莫大的快樂，提升歸屬感，觸發正面情緒。而且，這樣的動作還可以使身心感受到活力，對緩解負面情緒大有助益。特別是作為身

心整合動態冥想的「巴馬悟」（바마움，Bamaum）*課程中的動作，就是配合擺盪運動的節奏，左右反覆移動身體重心和視線。由於這種運動包含了多人一起隨著節拍強勁的音樂重複相同的動作，因此可以說是一種非常全面且強效的EMDR身心訓練。[49]

顏面表情肌（第七對）、莖突咽肌（第九對）和舌下肌（第十二對）的放鬆

第七對腦神經系統與舌頭前方的味覺神經、淚腺、舌下腺相連，但主要還是與顯露表情的顏面表情肌相連。顏面表情肌也和其他與腦神經系統連結的肌肉（咬肌、胸鎖乳突肌、斜方肌、舌下肌、眼外肌等）一樣，是與情緒誘發和情緒認知直接相關的身體部位，這就是為什麼情緒是透過臉部表情來表達的。與其說因為自己生氣而皺起眉頭，不如說是因為發現自己皺起眉頭所以才知道自己在生氣。因此，可以透過有意識改變顏面表情肌來誘發某種特定的情緒，譬如皺眉頭會強化負面情緒，相反地，露出開朗的表情會讓心情變好。從很早以前人們就知道，抬起嘴角可以活化與笑容相關的肌肉，誘發正面情緒。抿緊嘴唇使得與笑容相關的肌肉收縮的話，則會誘發負面情緒。

事實上，情緒並非只能透過臉部表情來表達，咬肌、胸鎖乳突肌、斜方肌、舌下肌、眼外肌，以及許多與情緒相關的肌肉，都可以說是一種誘發或流露情緒的表情肌。人類情感的表達是透過整個身體來表現的，而不是單單只透過臉部。所以除了一個人的態度和姿勢之外，還有他的腳步等動作模式，也可以被視為一種「表情」。

第九對腦神經系統與舌後的味覺神經、咽喉的感覺神經相連，也與莖突咽肌相連。第十二對腦神經則是與舌下肌相連的運動神經，負責舌根的運動，這就是為什麼人緊張的時候舌頭會變得僵硬的原因。與顏面表情肌一起放鬆莖突咽肌和舌下肌，對控制情緒有很大的幫助。

---

* 譯者註：這是由作者邀集韓國國內精神科醫師與身心運動專家聯合開發的課程，第九章末尾有詳細介紹。另外，該組織按照韓文全名「바른 마음을 위한 움직임」，直譯其實就是「正念運動」，但正念運動名稱過於濫用，無法顯現作者推廣「腦科學與身心運動結合」的用心，故而譯者採用音譯名稱以強調其獨特性。

迷走神經（第十對腦神經）的活化

　　第十對腦神經系統迷走神經是十二對腦神經系統中最長、分布最廣的神經網路。迷走神經起始於腦幹下方的延腦，與頸部、肺、心臟、胃、腸等多個內臟器官相連，主要與副交感神經系統有關，負責降低血壓、減緩心跳、穩定呼吸、活化消化功能。從身體上傳到大腦的所有與身體變化相關的感覺訊息中，有多達90%是透過迷走神經處理的。迷走神經作為基於動態平衡的內感受傳遞者，在情緒的誘發和認知過程中有著關鍵性的作用。眾所周知，透過迷走神經傳遞的內感受不僅對情緒，也對整個認知過程都有廣泛的影響。迷走神經甚至和認知他人情緒狀態的過程也有關聯，他人的憤怒或恐懼等與負面情緒相關的訊號，會引起我們身體上特定的反應，這些反應會透過迷走神經作為內感受資料上傳到我們的大腦。

　　迷走神經藉由將內臟和心臟等各種身體器官的內感受訊號傳遞給大腦，對整體情緒的認知和反應產生很大的影響，這就是為什麼在內在溝通訓練上迷走神經受到關注的原因。尤其是透過迷走神經從腸道發出的內感受，對於抑制或避免特定目標導向的行為具有決定性的影響。大家一定都有這樣的經驗，當我們要做什麼事情的時候，卻莫名其妙有種怪怪的、不情願的感覺。或者是和哪個人見面之後，莫名其妙感到彆扭和麻煩。即使我們再三思考為什麼會這樣，也想不出具體原因。通常我們會把這種「莫名其妙」的反感說成是一種「直覺」，但其實這很有可能是腸道透過迷走神經傳遞的一種警告訊號。迷走神經是對情緒狀態影響最深的腦神經，因此迷走神經的活化可以說是內感受自覺訓練的核心，下面我們會有更深入的探討。

訓練內感受的
內在溝通冥想

迷走神經與內感受訓練的重要性

　　培養對內感受自覺能力就表示能更清楚地理解我的身體在告訴我什麼，也就是說，提高了我與身體的內在溝通能力。在這裡，我們先稍微更詳細地了解一下內感受。我們的身體有視覺、聽覺、觸覺、嗅覺、味覺等接收五種感覺的獨立感覺器官，這些器官全都是接收外在環境訊息的外在感覺器官。

　　還有另外兩個傳遞我們身體內在訊息，不是外在環境訊息的感覺系統，那就是內感受和本體感覺。內感受主要由內臟器官的運動所引起，本體感覺主要與四肢等肢體運動有關。在正常情況下，大部分由內感受或本體感覺傳遞的感覺訊息是在無意識層面被自動處理的。然而，在緊急或異常情況下，這些訊息會透過大腦的主動推理加以定義之後浮上意識層面，表現出來的就是飢餓、口渴、發癢、想排便等感覺，或是不快、焦慮、憤怒等負面情緒，以及各種型態的疼痛。

　　雖然在內感受中也有一些像心臟跳動或胃部翻騰等我們可以意識到的感覺，但還有更多的內感受訊號不會浮現在我們的意識層面，甚至根本感覺不到。中樞神經系統會在無數內感受訊號中加以選擇，忽略較不重要的訊號，自動處理部分必須反應的訊號，過程中無需意識干預。在這些反應中，只有一部分內感受訊號會浮上意識，例如不適感或疼痛等。情緒可以說是在對內感受的反應中進入意識層面的特殊形態。因此，為了更正確認知和調節情緒，透過內感受訓練來培養對內感受訊號的自覺能力尤為重要。[50]

　　1960年代，保羅・麥克林（Paul MacLean）提出「三腦」（triune brain）理論，主張從進化的角度來看，大腦由三層結構所組成。根據他的理論，大腦的第二層——邊緣系統，又名「哺乳腦」，這個部位與情緒調節或社會行為

有緊密的關聯，迷走神經和人際關係壓力之間存在強烈的關係。

三腦理論到1990年代一直被廣泛地接受，但隨著基於fMRI的腦部造影研究變得越來越活躍，三腦理論開始受到了很多批評。然而，三腦理論在理解大腦皮質、邊緣系統和腦幹等大腦的基本結構上，仍然提供了有用的見解。尤其是三腦理論在關注邊緣系統-迷走神經-腸道神經系統之間的密切關係上，依然深具意義。

史蒂芬・波吉斯（Stephen Porges）擴充及發展三腦的觀點，於1994年提出了「多層迷走神經理論」（polyvagal theory），強調透過臉部表情和聲音所表現出來的情緒，與心跳或腸道運動有直接的關係。由於迷走神經直接關聯到情緒認知或情緒表達，因此也被認為和人際溝通或人際行為有密切的關係。特別是多重迷走神經理論強調，從腸道向上延伸到大腦的迷走神經，對大腦功能、情緒誘發和行為有強烈的影響。也就是說，內臟的狀態直接影響與人際關係相關的行為，而來自人際關係的壓力或舒適感也會影響迷走神經的基因表現。

有趣的是，社會神經科學研究結果顯示，人際關係可以直接觸發內感受訊號，代表性的例子就是約翰・卡喬波（John Cacioppo）等人提出的「情緒的軀體內臟傳入模型」（somatovisceral afference model of emotion，SAME），這個模型的理論認為情緒是基於由腸道上傳到大腦的訊息所構成的。親密關係中的愛撫是透過C-觸覺神經（C-tactile，CTs）傳遞的，來自外界的這些感覺訊號就像由自己內臟上傳的內感受訊號一樣直接連結到後島葉，因而對情感經驗產生強烈的影響，這就是基於人際關係的「社交內感受」（social interoception）。內感受不僅來自自己的身體內部，還可以透過他人的親密撫觸產生。

根據多層迷走神經理論，迷走神經系統大致分為背側迷走神經系統和腹側迷走神經系統。背側迷走神經系統是植物迷走神經系統（vegetativenervous system），也是與爬蟲類和兩棲類在危急時嚇得全身僵硬的原始壓力反應相關的系統。當然，哺乳類動物也會表現出嚇得全身僵硬的壓力反應，譬如對老鼠施加極其嚴重的壓力時，老鼠會逃走或攻擊，但也可能全身僵硬。背側迷走神經系統主要掌管橫膈膜以下的臟器，在緊急情況時主要負責消化功能，而且是無髓鞘的神經。[51]相反地，腹側迷走神經系統是有髓鞘的，也是

一個更有智慧的神經系統,主要掌控決定戰鬥或逃跑的交感神經系統,因此與情緒調節能力有很深的關係,也對社交能力有很大的影響。

由於情緒是根據對內感受的主動推理所形成的,因此培養對內感受的自覺能力對於提升情緒調節能力來說至關重要。近來,有越來越多的腦科學家和精神科醫師為了改善心理健康和治療精神疾病,開始大量關注對內感受自覺能力的培養。內感受甚至對時間的認知能力也有很大的影響。曾公開表明自己患有ADD（注意力缺失症）,並對成人ADD有深入研究而備受矚目的加博爾・馬泰醫師也指出,時間感錯亂是ADD的重要症狀之一。換句話說,這類患者在做一件事情時,他們無法估算需要多長的時間才能完成這件事情,也缺乏覺察時間過了多久的自覺能力,因此往往無法配合上班或約定的時間,經常遲到。即使是正常人,在承受嚴重壓力時也會暫時出現時間感錯亂的情況。然而,這些症狀的根本原因便是缺乏對內感受的自覺能力。如果你是約會習慣遲到的人,內感受訓練會對你有很大的幫助。

為了妥善管理壓力,提升情緒調節能力、社交能力和強化心理肌力,培養對包括迷走神經系統在內所有內感受訊號的自覺能力非常重要。如前所述,我們對情緒的感受是透過大腦對身體內感受訊號的解讀。然而,如果我們從小就持續感受焦慮、擔憂、恐懼、憤怒、煩躁、報復心、挫折感、無助、憂鬱等痛苦的負面情緒,我們的意識就會養成自動隔絕來自身體的各種感覺訊息的習慣,藉此逃避負面情緒的痛苦。這種情況長期持續下來的話,情緒認知能力和調節能力會嚴重受損。自動隔絕來自身體的情緒相關訊息的現象,常見於童年受虐的創傷後壓力症候群患者中。

焦慮症、恐慌症、心理創傷、憂鬱症和失眠的共同特徵,就是「與自己脫節」（disconnection from the self）,PTSD就是無法理解自己的身體在訴說什麼的狀態。包括PTSD在內的情緒調節障礙的關鍵原因,不是對過去某些不幸事件的不好記憶,而是無法正常處理當前來自身體的訊號,而其結果,就是長期飽受負面情緒或身體疼痛的折磨。因此,治療的方向也應該著重於恢復身體辨識內感受訊號的能力,而不是對惡劣記憶賦予新的意義或重新處理。

內感受訓練是一種可以提高對身體內感受自覺能力的訓練,這些內感受與負面情緒有直接的關係,提升內感受自覺能力就可以更清楚地理解身體的

訴求。對於因習慣性反覆觸發負面情緒導致心理肌力受損的現代人來說，這是不可或缺的訓練。不要忘了，當我們長期飽受壓力之苦時，大腦為了保護自己會製造出一個系統來隔絕由身體上傳到大腦的各種訊號。因此，當大腦無法正常地對內感受進行主動推理，患上焦慮症或憂鬱症等情緒調節障礙的可能性就會大增。現代腦科學研究已經證明，內感受自覺訓練在治療情緒調節障礙、焦慮症、憂鬱症、心理創傷、強迫症、注意力缺失症等方面有很大的效果，而在實際療程中，內感受自覺訓練的使用也越來越廣泛。

透過呼吸的內感受訓練

通常當我們呼氣時，肩膀會跟著下沉，有種什麼東西順勢而下的感覺。事實上，呼氣時軀幹中央的橫膈膜會上升，而當軀幹中央的隔膜被往上推時，身體為了保持平衡，會使得軀幹周邊或肩膀下沉。相反地，吸氣時，肩膀就會微微抬起，胸腔擴大，感覺有什麼東西順勢而上。但實際上，吸氣時，橫膈膜會下降，為了保持身體平衡，軀幹周邊會稍微上揚。

當我們張開雙臂慢慢舉過頭頂時，會感覺自己吸氣順暢。這是因為當手臂和上半身往上抬起時，橫膈膜就會自然而然地下降以保持身體平衡，擴大胸腔的空間。而當我們慢慢地放下手臂時，整個上半身下沉，橫膈膜被往上推，胸腔跟著變窄，迫使空氣排出。

吸氣時，試著同時感受身體中央的下沉感和軀幹周邊的上升感；呼氣時，試著同時感受身體中央的上升感和軀幹周邊的下沉感。透過呼吸進行的內感受自覺訓練，是為了清楚認知以身體中央胸部和腹部之間的邊界為中心，同一時間有什麼東西下沉和上升的感覺。當然，剛開始的時候可能不是很順利，所以先把注意力集中在吸氣時橫膈膜下降的感覺，熟練後再同時感受橫膈膜下降時身體其他部位上升的感覺。這部分完全熟練之後，再練習覺察呼氣時所給予我們的下沉感和上升感。僅僅憑藉這種訓練，對於穩定杏仁核及情緒調節就有很大的幫助。

影像資料p.461-466：
joohankim.com/data

> **Note　實際練習透過呼吸的內感受自覺訓練**
> - 如呼吸練習時一樣，從尾骨到頭頂筆直呈一直線坐著或站著。
> - 靜下心情，慢慢地將注意力集中在呼吸上。
> - 全身放鬆，注意力放在來自於身體內部的所有感覺上。
> - 慢慢吸氣，注意力放在擴張開來的肺部。
> - 呼氣時也要覺察隨著肺部動作產生的細微感覺。
> - 吸氣時，水平懸掛在胸部和腹部之間的大塊橫膈膜會下降。隨著胸腔的擴張，空氣進入其中。
> - 慢慢吸氣，想像把身體中央的某個東西往下腹方向推下去的畫面。
> - 慢慢呼氣，想像橫膈膜往胸部方向上升，空氣被排出去的畫面。
> - 繼續注意吸氣下沉、呼氣上升的感覺（可隨個人意願重複多次）。
> - 再次緩慢深吸一口氣，感覺肺部從內部膨脹起來，將肋骨往外推。
> - 慢慢吐氣，然後再深吸一口氣，注意肺部在背後膨脹的感覺（可隨個人意願重複多次）。
> - 每次緩慢吸氣時，注意體內出現的各種感覺。
> - 隨著訓練的次數增加，每天都會出現略有不同的感覺。專注觀察今天和昨天相比，多出了哪些新的感覺。
> - 覺察每一次呼吸所帶來的不同感受（可隨個人意願重複多次）。

透過心跳的內感受訓練

當杏仁核穩定下來，心靈變得越發平靜時，就會感覺心跳變得更加清晰。事實上，憂鬱症患者或飽受負面情緒困擾的人，其內感受認知能力也跟著下降。然而對於患有恐慌症等焦慮症的患者來說，反倒會因為清晰感受到心跳過於加速而對心率的認知變得更準確。在這種情況下，患者不是因為內感受認知能力的提升而對心率的認知變得更準確，而是因為心跳異常加速和強烈地跳動，才使得患者對心率的認知變得更準確。因此，不只是情緒穩定且內感受認知能力超強的人能準確地辨識心率，即使是患有焦慮症或恐慌症發作的人，在極度焦躁的狀態下，對心率的認知能力也會變得更準確。另一

方面，也有報告指出，憂鬱症患者對心率的認知能力遠低於一般人。

現在，輕輕地、緩慢地呼吸，將注意力集中到心臟。不熟悉內感受訓練的人，即使坐著不動，努力將注意力集中在心臟，也可能無法從一開始就清楚地感覺到心臟跳動。但是，請帶著要感受心臟跳動的想法，嘗試將注意力集中在胸口處。

一旦到了可以計算心跳的程度，請使用手機上的計時器功能透過內感受計算30秒內的心率。接下來，找到手腕上脈搏跳動的地方，測量30秒內的實際心率。然後再次透過內感受計算心率，接著測量實際心率。靜坐時身體感受到的脈搏頻率與實際脈搏頻率愈一致，表示內感受愈準確。如果你的智慧型手錶或智慧型手機上安裝了心率測量應用程式的話，也可以藉此測量自己一分鐘的心率，同時閉上眼睛，透過內感受計算心率之後，比較兩者的差別，以此測量自己的內感受對心跳認知的準確度。

> **Note 實際練習透過心跳的內感受訓練**
>
> - 心臟的跳動，比起左胸的心臟部位，通過整個胸部或腹部、頸部周圍、臉部周圍等整個身體更能感受到。
> - 身體和心靈愈平靜，心跳的感覺就愈清晰。
> - 身體能感覺到心跳的部位有可能慢慢出現變化，仔細感受，不要錯過這些變化。
> - 安靜集中注意力，以免分心錯過心跳（可隨個人意願重複多次）。
> - 再次緩慢呼吸，這次要感受的是身體的整個內部，而不要將注意力集中在呼吸或心跳等特定部位。
> - 注意力集中在流動於體內的能量流或活力感。
> - 在捕捉到具體又明確的各種感覺時，就放開注意力任其流過。
> - 感受在整個身體中流動的能量。
> - 體會自己活在當下的感覺。
> - 這種活著的感覺來自身體。
> - 繼續用你的心靈之眼仔細觀察是什麼感覺讓你感到自己活著。

影像資料p.461-466：
joohankim.com/data

透過腸神經系統的內感受訓練

前扣帶迴皮質（ACC）是邊緣系統的一部分，也與認知功能有關，而且還負責處理來自腸道自律神經系統的訊號。來自腸道的訊號通常被稱為「gut feeling」，按照字面的意思就是「腸道的感覺」。如果將「gut feeling」翻譯成韓語的話，那就是「直覺」（직감）。然而，韓語中的「直覺」一詞帶有「沒有明確的理由，我覺得就是那樣」、「不知道為什麼我就是不喜歡」、「我莫名有種不祥的感覺」等涵義。換句話說，「直覺」帶有毫無根據的推論或是一種大腦運作結果的語感。然而，人體的腸道中分布著數不清的感覺細胞，從腸道向上傳送到大腦的訊息量遠遠大於從大腦向下發送到腸道的訊息量。腸道不僅是消化器官，也是感覺器官。腸道會對我們周圍的人或環境做出獨立的反應，並向我們的大腦發送某些訊號，這些訊號就是「gut feeling」，而主要處理這些訊息的部位則是ACC（前扣帶迴皮質）-mPFC（內側前額葉皮質）神經網路。這個神經網路被稱為情緒調節的基本軸，由此可知腸道會影響情緒，而情緒狀態又會嚴重影響腸道。

儘管腸道受到自律神經系統的嚴格控制，但它們仍然具有自己的神經系統來執行獨立的功能，這就是腸神經系統（enteric nervous system）。腸神經系統由超過五億個神經細胞所組成，比起由一億個神經細胞組成的脊髓（spinal cord）足足有五倍之多。腸神經系統中99.9%以上的神經細胞彼此相連，只有不到0.1%的神經細胞與大腦相連，其中大多數是從腸道向大腦發送訊號的神經細胞。由此可知，腸神經系統獨立於大腦或脊髓之外，可以單獨執行記憶和判斷等功能，因此也被稱為第二大腦。

腸神經系統也使用大腦中發現的重要神經傳導物質，我們體內的血清素有90%存在於腸神經系統中，就是一個代表性的例子。大腦中的神經細胞數量約為900億到1,000億個，雖然是腸道神經細胞數量的200倍左右，但腸道中的血清素含量卻是大腦的九倍之多。肌肉運動和酬賞系統中的關鍵神經傳導物質——多巴胺，約50%也存在於腸道中。

腸道內存在大量微生物，而人體內的微生物總體基因體——即指棲息於體內的微生物群系（microbiome）所產生的所有基因訊息——已知對腸道與大

大腦

內感受訊號（情緒）
神經傳導物質

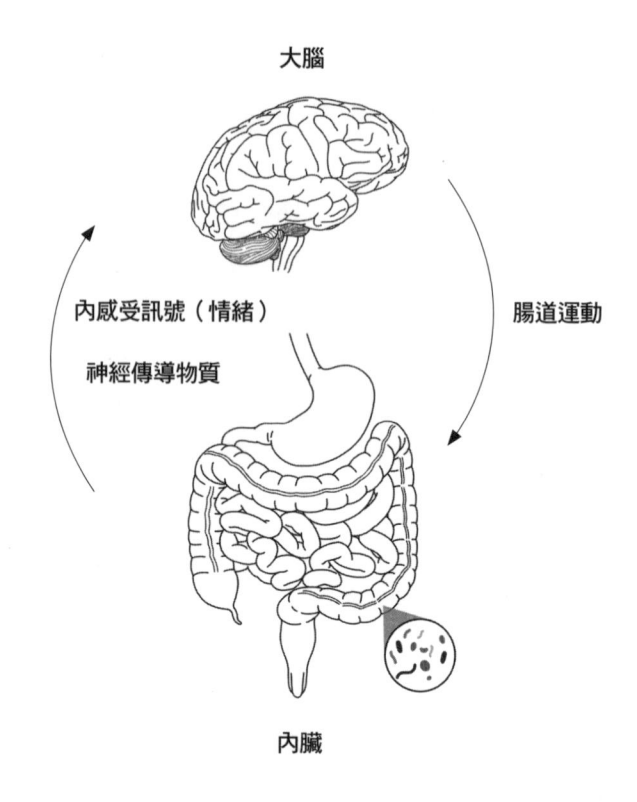

腸道運動

內臟

【圖 8-12】腦神經系統與腸神經系統的相互影響　腦神經系統和腸神經系統相互作用，大腦會向下發送與腸道運動相關的訊息，腸道會向上傳送各種內感受訊號。大腦基於腸道上傳的內感受訊號構成情緒，腸道製造血清素或多巴胺等神經傳導物質提供給大腦。

腦的連結影響深遠。腸道內的微生物群系環境會嚴重影響情緒或心情狀態，因此當微生物群系出現異常時，就會引發焦慮症或憂鬱症。研究結果持續證明，情緒調節問題與腸神經系統有密切的關係。

自古以來，形容一個不怎麼會恐懼焦躁的人，韓語會說「배짱이 두둑하다」（膽子很大），英語會說「get the guts」，這種形容也透露了不少訊息。負責第一線管轄「人際關係所造成的情緒問題」的部位，同樣是處理「gut feeling」訊息的腸神經系統。當我們和某個人見面或對話的時候，有時候會無緣無故感到不舒服或反感，這種感覺就可以說是「gut feeling」。

當某件事情讓我們感到焦慮或不快時，腸道會第一個發出訊號。然而，

如前所述，如果對來自腸神經系統的內感受訊號主動推理出現誤差時，對情緒的認知和調節就會發生嚴重問題。腸道會持續不斷地發送各種訊號，這些訊號大多數不過是沒有特殊意義的雜訊。然而，心理創傷等強烈負面情緒的經驗，會放大這些無意義訊號的音量，使大腦給予過度的關注，導致主動推理過程運作失常。其結果就是引發無故的長期疼痛或強烈的負面情緒。

我們體內的免疫系統大多數也是以腸道為中心運作，如果在處理來自腸神經系統的內感受訊號過程中持續出現誤差的話，也會造成免疫系統紊亂。一旦免疫系統功能下降，便無法正常控制傳染病或腫瘤，但也有可能因為免疫系統過度活躍而發生自體免疫疾病。

平時經常保持腸道舒適，就不會有焦慮和恐懼感。負面情緒會損害腸道健康，反過來，焦躁的腸神經系統也會引發負面情緒。內感受訓練之一的腸神經系統冥想的目標，就是透過向另類感覺器官的腸道發送好的訊號，使腸道舒適，進而放鬆身心、穩定心神。

> **Note** **實際練習透過腸神經系統的內感受訓練**
> - 如呼吸練習時一樣，從尾骨到頭頂筆直呈一直線坐著或站著。
> - 首先，慢慢地將注意力集中在呼吸上。
> - 感受吸氣時腹部稍微鼓起，吐氣時腹部稍微凹陷。
> - 慢慢吐氣時，放鬆腹部肌肉，緩解腹部緊張。
> - 當你感到壓力或緊張時，整個腹部肌肉都會變得僵硬，而且會在不知不覺中一直在腹部用力或向內拉扯。
> - 每次吸氣時，都能感覺到腹部擴張，讓整個腹部的緊張感釋放出來。這時，不要故意做出在腹部施力讓腹部鼓起之類的動作。
> - 想像腹中形成了一個寬廣空曠的空間，每次吐氣時繼續放鬆腹部。緩解腹部緊張的有效方法，就是先對腹部肌肉施加全力，繃緊之後再一下子放鬆。在整個腹部施力的同時，閉住氣，再一下子把氣全都吐出來放鬆腹部，重複這個過程五到六次。
> - 將右手輕輕放在腹部右下部位，再將左手放在右手背上。注意力集中在右手手掌接觸的區域，盡可能地收縮，用力，再一下子放鬆。

- 手的位置逐漸向上移動，以手掌接觸的區域為中心重複收縮和放鬆的動作。雖然很難做到只限於手掌覆蓋的腹部部位繃緊，但還是盡可能將注意力集中在手掌下的部位。
- 繼續移動手的位置，慢慢地向左移動到肋骨和腹部相接的地方。
- 在左側肋骨與腹部交接處，再次慢慢向下移動到下腹部，然後再慢慢往右移動，回到原來的位置。
- 像這樣隨著手掌的移動，重複手掌接觸的腹部周圍區域繃緊再放鬆的動作。
- 當你感覺腹部肌肉完全放鬆時，將右手放在腹部右下部位，左手放在右手背上，用雙手輕輕按壓腸道，以手掌感受腸道發出的訊號。
- 將放在腹部的右手慢慢上移至肋骨處，再按照左→下→腹部下方的移動順序慢慢將右手移回右側，盡可能感受腸道所傳遞的感覺。
- 手掌的移動速度維持每秒二到三公分左右。
- 在整個過程中，盡可能將注意力一直放在來自腹部和腸道的感覺。
- 每次重複這個過程時，試著辨識感覺上的細微差別（可隨個人意願重複多次）。

- **以下練習，只有進行呼吸訓練一個月以上並對呼吸訓練有一定了解的人才可以嘗試。**

- 再次慢慢將注意力集中在呼吸上。
- 這次，吸氣時，腹部收縮，使腹部向內凹陷；呼氣時，放鬆腹部，使腹內擴張。一開始可能有點不熟練，但只要好好地跟隨呼吸的節奏，慢慢地就會變得很自然。
- 吸氣時將腹部向內拉扯，但不要故意用力，而是像氣息很自然地進入下腹部一樣吸氣。
- 呼氣時也一樣，不要故意讓下腹部鼓脹起來，而是保持讓腸道舒適休息的想法，有種氣息四散到整個小腹周圍的感覺，把氣吐出來（可隨個人意願重複多次）。

Think About

發現者自己也曾誤解的 EMDR

眾所周知，夏皮羅在1980年代後期引進的EMDR療法具有顯著效果。實際上，在韓國的幾家著名醫院精神健康醫學科中也設有EMDR治療室，已經是很普遍的治療法。儘管如此，仍然有許多精神科醫生認為EMDR是缺乏科學證據的治療法，不足為信，也有很多醫生批評其療效有待商榷。事實上，雖然EMDR療效顯著，也廣泛應用在臨床治療上，但未獲認可為可信賴治療法的最大原因，與其說是EMDR本身的問題，不如說是對焦慮症或PTSD等情緒調節障礙的根本原因和機制存在本質上的誤解。事實上，即使是「發現」EMDR療法的夏皮羅本人，也無法正確解釋為什麼EMDR有效。

正如前面所探討的，我相信基於預測模型的主動推理這個觀點，可以提供一個避免對情緒調節障礙有所誤解的契機。從預測模型的角度來審視EMDR何以有效，這需要改變一些基本看法，我將在下面對此做稍微詳細的介紹。

首先，正如夏皮羅本人所承認的那樣，EMDR（Eye Movement Desensitization Reprocessing）這個名稱本身就令人有些困惑。直譯成韓語的話，那就是「眼動減敏與歷程更新治療法」。既然是在訓練眼球規律運動，所以「眼動」是正確的。然而，「減敏」這個概念就有點費解。EMDR主要用於治療PTSD、恐慌症和焦慮症等症狀，這些症狀與過度的「敏感」一點關係也沒有。當然，焦慮症的發生也可能是由於對特定訊息或刺激過於敏感而導致，但要從「敏感性」中尋找焦慮症的常見原因，這就有點為難了。而且，目前尚不清楚為什麼可以透過眼球運動來降低敏感性。

更大的問題在於「歷程更新」的概念。這個術語的使用讓我們可以猜測包括夏皮羅在內的大多數精神科醫生傳統上是如何看待焦慮症的。首先，值得注意的是使用了「更新」一詞。「更新」是與資訊相關的術語，「歷程更新」帶有透過眼球運動導入新的訊息處理方式的意思，這裡的「訊息」代表不好的記憶。無論是PTSD、恐慌症或其他任何類型的焦慮症，其根本原因都在於不好的記憶。而「記憶」的本質是「訊息」，所以可以透過協助將「不好的記憶」這種訊息以其他方式「更新」來治療焦慮症。換句話說，由於問題出在處理的訊息以不好的記憶為主，因此要改變這種訊息處理方式，而EMDR其實就是透過眼球運動將負面記憶「更新」為一般記憶的。

夏皮羅和當時的大多數精神科醫師一樣，認為PTSD和焦慮症是大腦在處理所謂「記憶」的訊息過程中發生異常所引起的。夏皮羅認為，問題出在患者對外在刺激反應過於敏感和注意力過度集中在不好的記憶上，以至於引發負面情緒。因此夏皮羅主張，EMDR是基於「調適訊息處理」（adaptive information processing）理論來幫助患者獲得新的訊息處理方式的有效方法。也就是說，她將PTSD和焦慮症的問題放在大腦如何處理所謂「記憶」的訊息上。因此，夏皮羅遵循傳統觀點，認為包括PTSD、恐慌症、焦慮症在內的各種情緒調節障礙的根本原因，都在於「不好的記憶」。因為她相信儲存在大腦中的不好記憶會引起負面的情緒反應，所以她覺得眼球運動之所以能快速緩解焦慮症，也是因為以不同的方式更新了不好的記憶。這種觀點就像是缺乏科學根據的通俗心理學（folk psychology）。

前面探討過的弗里斯頓主動推理理論、巴瑞特情緒建構理論、達馬西奧軀體標記假說等，都是基於現代腦科學研究的成果，透過這些理論我們了解到負面情緒是根據大腦對來自身體各個器官不斷上傳的內感受訊息所作的解釋和推理的結果產生的。在這個解釋和推理的過程中出現的異常，就是包括焦慮症在內的各種情緒調節障礙的原因。換句話說，負面情緒是意識在達到動態平衡過程中對失衡狀態的內感受訊息進行解釋的結果。

情緒源於身體，即使負面情緒是透過回想不好的記憶而引發的，這些記憶也會以特定的模式給身體帶來過度的變化，而負面情緒的引發，就是這種

身體反應的結果。因此,身體記住的負面情緒會喚起與之相關的不好記憶,這種說法才最恰當。與其說焦慮是由某種「想法或記憶」所引發,不如說已經引發的焦慮會喚起某種特定的記憶或想法。當一個人突然感到焦慮時,作為敘事者的意識會試圖找到焦慮的原因,而最容易找到的就是過去的記憶。因此,不好記憶的浮現是負面情緒的結果,而不是原因。

情緒誘發的原因不在於「想法或記憶」,而在於「身體」。想法或記憶並不是誘發情緒的直接原因,而是由身體反應和內感受引發的負面情緒清晰地重現相關記憶或想法。當然,回想起不好的記憶後,也可能會產生負面情緒。然而,即使在這種情況下,也只有在身體先發生了變化之後才會觸發負面情緒。

EMDR之所以有效,是因為它透過規律性的眼外肌運動來放鬆與腦神經相關的肌肉。眼外肌緊繃是引發負面情緒的原因,因此緩解眼外肌的緊張就能減少焦慮。根據這點,如果在練習EMDR的同時加上放鬆諸如下顎肌、胸鎖乳突肌、斜方肌和顏面表情肌等與大腦神經系統相關的其他肌肉的動作,效果會更大。

夏皮羅初次「發現」EMDR的效果,是在1980年代,當時正值MRI技術剛引進沒多久,fMRI等腦部造影研究還沒開始。那時候,從理論上解釋大腦基本運作方式的主動推理或預測誤差的概念尚未站穩腳跟,因此夏皮羅無法提供足夠的理論基礎來解釋為什麼水平的眼球運動可以更新所謂「不好記憶」的訊息,這就是EMDR在過去造成許多誤解的原因。這種治療法明明效果顯著,但對於為什麼有效,連發現者自己也有所誤解。

第九章

本體感覺訓練和動態冥想

- 何謂本體感覺訓練
- 意識為運動而存在：情緒是一種固定行為模式（FAP）
- 清醒：運動的準備狀態
- 通過動態冥想調節情緒
- 本體感覺訓練的各種型態

何謂本體感覺訓練

行動和意圖

意識有兩種基本作用——意圖（intention）和注意力（attention）。前面我們探討過的內感受訓練，就是透過集中「注意力」來穩定杏仁核。而穩定杏仁核還有另一種有效的方法，那就是專注在「意圖」上。

意識所具有的意圖大多與行動有關，每一個有意識的行動（行為或動作）通常都有意圖在先。唯有時刻覺察自己的意圖，才能發揮自我調節能力。當我們專注在自己的意圖，發現自己的意圖，並基於特定的意圖做出特定的行動時，不僅杏仁核會穩定下來，而且以mPFC（內側前額葉皮質）為主的前額葉皮質和頂葉的各種網路就會活躍起來，這些網路都與心理肌力相關。專注意圖的訓練重點在於將注意力集中在自己的動作上，尤其是基於本體感覺的運動訓練，是可以同時提高意圖能力和注意力的強效方法。這是因為意識的實質內容，就是對於和動作相關的意圖。

如果說內感受訓練是以注意力為主、附帶特定意圖的訓練，那麼本體感覺訓練則可說是以意圖為主、附帶注意力的訓練。雖然內感受訓練最初是以「專注呼吸、感受心跳」等意圖開始，但它主要是將注意力集中在對感覺和覺知上。相反地，本體感覺訓練則是凸顯動作的意圖，透過傳遞到身體的本體感覺來調整動作。例如我們稍後會介紹的錘鈴和波斯棒鈴，都不是利用視覺或觸覺，而是透過手和手臂傳遞的本體感覺來實現特定動作意圖的訓練。

為了恢復情緒調節能力或擺脫慢性疼痛，必須改變神經系統的主動推理系統，而這點只有透過運動才有可能實現。本體感覺訓練的目的，是促使大腦以新的方式來解釋運動帶給神經系統的各種感覺訊息。因此，專注在運動無時無刻帶給我們身體各種本體感覺訊息，並自我覺察這些感覺的訓練，就是本體感覺訓練，也是動態冥想。

為了理解運動的重要性，有必要了解身體動作對大腦功能或意識的影響。意識的產生是為了有效將基於自由能原理，即內在模型的主動推理誤差最小化。此外，正如我們透過馬可夫覆蓋模型所了解的那樣，意識之所以必要的根本原因，就在於行動。為了行動的效率性，各種感覺訊息必須基於一個統一的環境加以整合，而且需要主動推理來預測自己的行動會對環境或對象所產生的影響。

為了運動，首先要有促使動作發生的「意圖」，而為了執行這個「意圖」，身體的各個部位必須相互協調。我們的身體系統已經不需要意識對每塊肌肉一一下達「命令」，而是發展到只需要執行一個深具意義的意圖，就能讓身體各部位據此相互協調，在「無意識」的情況下工作。例如，要執行「舉起手臂」的動作時，在「舉起手臂」的意圖和實際動作之間存在我們無法意識到的多層自動化神經網路模式。當我們舉起手臂時，動態的神經網路會向實際使用的眾多肌肉發送各自略有不同的訊號，並且接收即時反饋，再進行全面協調以產生特定的動作。當然，這個過程不會出現在我們的「意識」中。事實上，「舉起手臂」只不過是意識中的一個故事敘述，實際存在的是細微肌肉和神經網路之間複雜的相互作用。

為了有效率地執行動作，監測環境也很重要，因此必須將各種感覺訊息彙整在一起進行綜合分析，從中提取意義，這個功能也是由「意識」來負責。更準確地說，是需要「意識」來執行這個功能。大腦為了有效地控制動作，才創造出意識，再讓意識不斷產生意圖。

弗朗西斯科・瓦瑞拉提出了「主動知覺」（enactive perception）的概念，也就是說，知覺以行為為基礎，行為的能否決定了知覺。視覺、聽覺、觸覺，甚至嗅覺和味覺都是為了身體的各種動作而存在的。由於行動是知覺的根本目的，因此知覺無可避免地會受到行動能否的強烈影響。身體的感覺動作（sensory-motor）神經系統，以及基於此的認知和所謂「意識」的心理現象產生原因，其實就是為了收集有關環境的訊息，據此做出判斷後在該環境中行動。

意識對外在物件的認知，是透過將內在模型投射到外在物件上進行主動推理獲得的。我們的大腦創造出所謂「我」的自我意識，並不是像康德或沙特所認為，是為了原封不動地接受外在物件。意識是大腦為了行動所製造出

來的功能,意識的本質在於意圖,意圖的本質在於賦予意義,賦予意義的基礎則在於主動推理。意圖的目的是為了在特定環境中有效率地生活,為了用自己的身體與外在環境相互作用。換句話說,就是為了行動。

行動是生命的核心,為了行動就需要有對外在環境的知覺。為了有效協調大腦對世界的知覺與置身其中的行動,於是所謂「我」的自我意識就被製造出來。里納斯斷言,大腦存在的原因,就在於行動,意識只是為行動而生的工具罷了。意識或所謂的「想法」,其實就是內在運動(internalized movement)。大腦在實際行動之前就已經為此行動做了「前置作業」(premotor acts),而想法就是大腦為行動所做的前置作業。一切想法與思維的本質都是與意圖相關的敘事,而在所有意圖的根源中,都有行動。

美國哲學家約翰・瑟爾(John Searle)也認為意識的本質在於「意向性」(intentionality),如果根據意向性概念來看的話,同樣可以看出其核心是人類的行為和動作。意向性是指我們針對特定對象準備採取行動的狀態。哲學家和腦科學家等對人類意識有深入研究的學者們一致發現,人類的行動就隱藏在意識底層。

實際動作與動作自覺之間的差距

在進行本體感覺訓練,也就是對動作的自覺訓練時必須記住,「動作意圖」與「實際動作」,以及「動作自覺」之間往往存在著差距。我們本身並不知道自己是如何行動的,許多動作的完成不僅不是出於我們的意圖,甚至我們自己都沒有察覺到,我們必須了解這點。如此才能秉持毫無偏見的初衷,在內心做好準備,將清晰明確的注意力集中在自己的動作上。

從腦科學的觀點來看,「動作意圖」和「實際動作」是由不同的系統運作的。一項著名研究發現,動作意圖和實際動作之間存在差距。外科醫師對腦腫瘤患者進行腦部手術時,通常會在打開顱骨的狀態下將患者從麻醉中喚醒,一面觀察患者的反應一面繼續進行手術。這麼做的目的,是希望透過刺激大腦的各個部位,一一確認患者的反應,盡量將有可能導致語言等重要功能出現問題的部位保留下來,不要切除。由於每個人的大腦外觀略有不同,

各部位掌管的功能也稍有差別，因此醫師會在手術過程中不斷對實際大腦部位進行電刺激來確認是否可以切除。在著名學術期刊《科學》上發表的一篇針對七名腦部手術患者的研究中，探討了頂葉和前運動皮質區（premotor cortex）與動作的意圖或自覺之間的關聯。

當刺激受試者的右頂葉時，會強烈引發他們產生動動左邊的手、手臂、腳等的意圖。而刺激左頂葉時，則會誘發他們想動動嘴唇說話的意圖。如果提高頂葉區域的刺激強度，受試者會以為他們真的動了動自己的四肢或嘴唇等身體部位。當然，這些部位根本沒有動過，也沒有出現任何肌肉反應。另一方面，以相同方式刺激前運動皮質區時，受試者們的四肢或嘴唇出現了實際動作。但即使實際做了這些動作，受試者們不僅完全沒有感覺到自己有要動一動四肢或嘴唇的意圖，甚至也沒察覺到自己做出了這些動作。

這個實驗結果清楚地顯示出，動作的意圖或自覺是在頂葉處理的，而實際動作則是在前運動皮質區處理的。也就是說，雖然受試者實際上並沒有做出動作，但動作的意圖被觸發了，甚至讓受試者以為自己做了這些動作。而反過來，即使在受試者並沒有要做這些動作的意圖、也沒有感覺到自己在做的情況下，他們的四肢卻能夠實際動起來。

就像這樣，動作意圖和實際動作是由大腦中不同系統處理的不同功能，兩者之間隨時都有可能存在差距。然而，我們不可能透過日常生活的經驗來自行察覺到這種差距，因為我們的意識不承認這種差別。正因如此，我們其實生活在自以為可以按照自己意圖移動身體和掌控身體的幻覺中。事實上，這種幻覺才是自我意識的真面目，它使我們相信我們可以透過自己的動作來掌控環境。也因為如此，所謂「自我」的意識本身才得以存在。「我隨時可以根據自己的意圖舉起手或放下手」的這種感覺，就是所謂「我」的自我意識根源。現在，我們可以透過動態冥想，重新認識自己的行動，並以此為基礎，更進一步接近「真實的自我」。

意識為運動而存在：
情緒是一種固定行為模式（FAP）

行動與意識的關係

在了解內在溝通的動態冥想之前，有必要先探討運動對於我們的意識和大腦是多麼基本而實質的問題。對動物來說，大腦存在的理由是為了「行動」；植物因為固定不動，所以不需要大腦，里納斯以附著性海洋動物海鞘類為例說明了這一點。海鞘類中最具代表性的例子就是海鳳梨（Sea Pineapple），海鳳梨是一種動物，但牠們卻像植物一樣一輩子附著在岩石上生活，因此牠們沒有大腦。但是海鳳梨明明就是動物，破卵而出的幼體時期就像蝌蚪一樣在水中自由自在地游動。蝌蚪時期的海鳳梨不僅有認知周圍環境的感覺神經，也有感應光線的神經系統，還有原始的脊椎，當然也有大腦，因為牠們要移動。長大之後找到了合適岩石的海鳳梨就會將頭部固定在岩石上不動，然後嵌在這個位置一直活下去。因此牠再也不需要移動，也就再也不需要大腦了。附著在岩石上的海鳳梨隨即消化吸收掉自己的大腦和脊索，也就是自己吃掉自己的大腦。由此可證，海鳳梨是為了要「移動」才有動物的大腦和神經系統的存在。

神經科學家丹尼爾・沃伯特（Daniel Wolpert）也認為意識是為了運動而存在的。沃伯特進行了一項實驗，他讓受試者在伸手不見五指的黑暗房間裡動動自己的手，並猜測手的位置。透過這項實驗，他證實了內在模型的存在。他發現我們的大腦中存有一種內在模型，可以計算與動作相關的預測。

在做出特定動作之前，內在模型會事先規劃好動作，並在腦海中模擬，以預測動作的結果（例如手的位置和速度等）。基於這種內在模型，我們的身體在某些情況下可以更快地做出反應。如果沒有內在模型的存在，僅根據外在刺激的反饋來調整自己動作的話，則需要相當長的時間才能做出反應。內

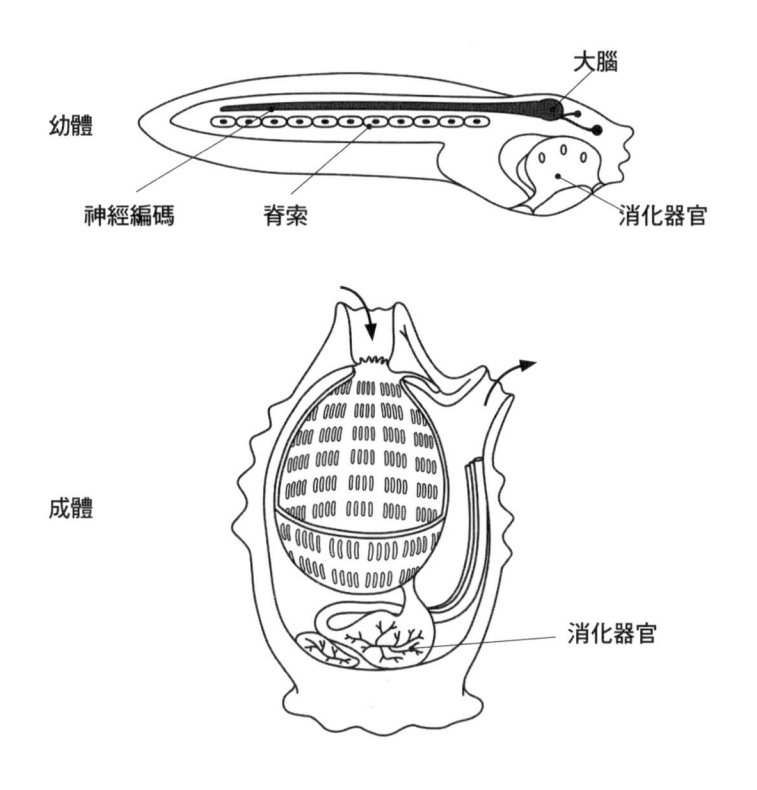

【圖 9-1】吃掉自己大腦的海鞘　海鳳梨悠遊在水中的幼體時期有大腦和神經系統，因為牠們必須移動。然而，當海鳳梨將頭部固定在岩石上不動之後，牠就會吃掉自己的大腦，因為不用再移動了，也就不需要大腦。

在模型還會反饋「預測與結果之間的誤差」，透過修正這些預測誤差的過程，人類才獲得了持續學習動作的機會。

內在模型的存在，透過搔癢實驗也得到了證實。當我們搔搔自己的手掌時，手掌不怎麼發癢，但是當其他人給予相同的刺激時，就會覺得很癢，其原因也在於與感覺動作神經系統相關的預測模型。當我們給予自己手掌某種刺激時，因為是動用了自己的手指頭，大腦可以準確預測到手指頭會做什麼動作，因此不會覺得癢。相反地，當他人給予同樣的刺激時，因為大腦無法預測到這樣的動作，才會有發癢的感覺。為了證明這一點，沃伯特的研究小組進行了一系列實驗，利用機械手臂刺激受試者的手掌。

當受試者自己控制機械手臂刺激自己的手掌時，當下受試者並不會有發癢的感覺，但如果隔著時間差距給予刺激的話，受試者就會覺得癢。雖然是自己給自己的手掌搔癢，但這種刺激透過機械手臂延遲0.1秒後傳遞時，就會比受刺激的當下要稍微發癢。如果延遲0.2秒後傳遞時就會更癢一些，延遲0.3秒才傳遞的刺激就會癢得像是被他人搔癢一樣。這是因為當刺激傳遞的時間出現延遲時，大腦就會推理出這個刺激不是來自於自己，而是由他人給予，因此要有發癢的感覺。換句話說，即使我們的意識很清楚知道是我正在透過機械手臂刺激自己的手掌心，但無論如何，無意識層面的主動推理系統都會將刺激訊息解讀為是從他人那裡傳遞過來的。

不只是在時間延遲的實驗，在改變刺激方向的實驗中也得到了類似的結果。在沒有時間延遲、即時傳遞的刺激情況下，只是將刺激的方向扭轉30度或60度來傳遞時，感覺會更癢。如果扭轉90度傳遞的話，發癢的程度就相當於被別人搔癢的感覺。

從這個實驗中我們可以了解到，決定發癢程度的不在於是否是自己給自己搔癢，而在於主動推理系統如何解釋這個特定刺激。即使在自己搔自己手掌的情況下，如果這個刺激是隔著時間的差距或從不同的方向來傳遞，因為這個刺激傳遞的感覺訊息與大腦預測的不同，所以就會覺得很癢。透過手掌搔癢實驗，沃伯特教授明確地證實了大腦中存在著負責對動作與刺激進行推理的內在模型。

包括里納斯和沃伯特在內的許多腦科學家們認為，動物大腦存在的終極理由是為了預測動作。因為只有先預測動作的結果，才能做出有效動作。當然，為了儘量減少預測誤差，這樣的預測是透過主動推理的功能完成的。為了有效處理動作的意圖和對動作的主動推理，大腦開發出一項獨特的功能，那就是意識（consciousness）。

我們活動在特定的環境中，大腦整合各個感覺器官所提供的各種訊息，將我們活動的環境視為單一的世界。在這樣的環境下，一個控制協調動作、預測動作結果的主體就出現了，那就是自我意識或自我（self）。里納斯認為，「集中預測」（centralized prediction）就是自我的本質。也就是說，「我」就是一個預測和執行動作的存在。

動作與對時空的認知

現代哲學家除了在身體中尋找人性之外，還更進一步，將身體動作與自覺和認知整合在一起，視其為人性的基礎。這種對動作的探討，不僅在哲學，也在生物學及進化論的見解上提供了非常重要的分析框架，甚至在腦科學方面也給予了許多啟發。特別是認為時間在人類意識中是一種先驗經驗的康德式時間概念，也起源自動作。因此，與其說先有了空間才得以行動，不如說先有了行動的可行性，才創造出所謂空間的概念。而所謂時間的流逝，其實是動作的意圖和結果之間的因果關係給人時間在流動的感覺。

當然，行動是以空間為前提，但意識對空間的認知卻是透過行動，空間本身並不能被認知或體驗。空間不是認知的對象，我們可以體驗的只有占據空間的物體及該物體的行動，而這樣的行動也讓我們造就了對空間的感覺。動作的可行性創造了空間，意識則將動作的可行性推理成空間。如果在空蕩蕩的空間裡作出手掌貼牆的動作，彷彿前面有一道透明的牆擋住去路讓人動彈不得的樣子，別人看到這副光景就會以為那個空間被某種東西侷限住了，而這個結果是大腦推理出來的。我們會透過他人或物體的動作來判斷自己動作的可行性，並據此透過大腦的主動推理來成立空間的界限和結構。

與其說因為有空間所以可以行動，不如說空間是動作可行性抽象化的結果。換句話說，空間是由動作和動作的可行性創造出來的。沒有一個空間不是以動作為前提，正如沒有視覺中樞就沒有光、沒有聽覺中樞就沒有聲音一樣。而且，空間不是空蕩蕩地什麼都沒有，宇宙中沒有所謂無一物空間的存在。宇宙中充滿了能量，宇宙中充滿了物質、反物質（Antimatter）、能量和暗能量（dark energy），宇宙中不存在「無」。所謂無一物空間，只不過是由動作的可行性架構而成的、極端人為的概念。

用空間本身來理解空間很困難，就像我們已經身在無聲寧靜中便很難理解什麼是寧靜一樣，必須有過聲音的體驗，才能明白什麼是寧靜。當噪音突然停止下來時，我們才能感受到什麼是寧靜。唯有聲音的消失，才有寧靜的誕生。同樣地，唯有擁有過物體從有到無的經驗，才能體會什麼是空間。

寧靜和空間不只存在於宇宙中，也存在於我們心中。心中的寧靜和空間也唯有透過擾亂心神的噪音或繁雜紛亂的物體之類的經驗，才能體會到。在

體驗過心中強烈的噪音或物體之後，突然發現那些噪音和物體都消失時，才能感受內心的寧靜和空蕩蕩的空間感。內心的噪音或物體就是想法和情緒，當紛亂的想法和情緒突然消失，或者那強烈的漩渦像颱風眼一樣呈現平靜的狀態時，內在的寧靜和空間感就會浮上心頭。這才是真正的「我」，「我」就代表寧靜和空間。

有物體的存在，我們才能發現被物體遮蓋的空間；有噪音的存在，我們才能體會被噪音遮蓋的寧靜。同樣地，有想法和情緒的存在，我們才能覺察被想法和情緒遮蓋的背景自我。複雜的想法和激烈的情緒就像路標，引導我們走向寧靜和無一物的純粹背景自我。

動態冥想是透過覺察動作的寧靜和空間感的訓練來找到真正的「我」。對動作的自覺通常發生在「當下」，因此對於動態冥想，瑪克辛·希茲-瓊斯頓（Maxine Sheets-Johnstone）用一句話概括了其精髓，她說：「運動是持續無休止寧靜的當下存在」（Movement is the continuing presence of silence without stillness.），所以寧靜是動態的。動態的呼吸貫穿寧靜，身體作為一個生命整體，其動態貫穿了寧靜。動態代表生命力，是用身體感受的共鳴，由身體表現的共鳴，所以動態的寧靜充滿了強烈的力量。[52]

對動作的預測和對結果的定義，使意識產生了過去和未來的概念。與其說時間軸是先驗的存在，動作在其脈絡下進行，不如說是對動作的推理和敘事造就了過去和未來的概念。沒有意識就沒有時間，時間是敘事的產物。時間和空間既不是獨立於人類意識之外的，也不是文化上的普遍現象。[53]地球上有約一半的語言是沒有過去或未來時態的，例如亞馬遜地區或澳洲原住民部落就沒有獨立於事物或事件之外的時間概念。在他們的文化中只有事件或事物的順序和關係，沒有單獨的時間概念，所以應該將時間或空間的概念視為意識對人類經驗的獨特建模結果。正如物理學家羅伯特·蘭薩（Robert Lanza）簡要的概括一樣，時間和空間不是物理學上的客觀實體，而是人類意識創造出來的「生物學實體」。根據蘭薩的說法，我們所經歷的事物，甚至是這種事物或事件存在的時間或空間，都是根據我們的意識產生的框架。一個生命體，其本身就是這個宇宙的中心。更準確地說，每一個生命體都構成了自己存在的宇宙，因此他自己就是這個宇宙的中心。

人類對世界的認知通常是基於行為，動作在本質上總是先於知覺。知覺

的方式和知覺的範圍，取決於它能否成為知覺的客體或能否觸發動作的可行性，這就是雅各布・馮・魏克斯庫爾（Jakob von Uexküll）所說的「環境」（umwelt）的意義，也是詹姆斯・吉布森（James Gibson）所說的「示能性」（affordance）的意義。意識作為動作的基礎，透過示能性，產生了環境（umwelt），並認識了客體。一切的存在，只不過是知覺的主體與知覺客體之間相互作用的結果，也就是「知覺碎片」。

過去和未來也是人類意識為了行動而創造出來的概念框架，而不是實體。過去和未來都是虛幻的，唯一真實存在的，只有無限延伸的「當下」。生命始終只存在於當下，意圖或注意力也只存在於當下，我們所有的動作也只在當下進行。

情緒是動作：作為固定行為模式的情緒

我們的大腦為了提升行動效率，創造的不僅僅是意識，大腦還創造了在無意識情況下完成的「固定行為模式」（fixed action pattern，FAP），以便讓動作執行得更完善。固定行為模式可說是在無意識的努力或毫無意向的情況下，自發性完成的一系列小動作。

就以「走路」這個動作為例來解釋吧。為了執行走路這個動作，必須協調和動用許多肌肉與關節。然而，我們只會有要「走路」的意圖，卻沒有考慮或干預行走時會動用到的肌肉、關節的各種細微動作，而實際上也做不到這一點。因為這一系列的細微動作原本就很複雜，而且也不會一一浮現出我們的意識層面。如果為了執行「走路」這個動作，我們必須把注意力集中在身體上需要動員的所有部位，由意識一一掌控的話，意識必須處理的訊息量就會暴增，那麼走路就會成為一件非常缺乏效率的事情。

假設我們和朋友一起散步，兩人正在交談。我們之所以能夠一面走一面將意識集中在對話上，是因為我們可以把「走路」這個動作交給固定行為模式。固定行為模式是促使執行動作時必須動用到的一系列小動作自行協調，並且在完成這個動作的同時，還能做其他事情或處理其他訊息。由於固定行為模式發生在意識底層，所以我們「在無法意識到的情況下」就執行了這種

固定行為模式。某些固定行為模式也可以透過反覆練習或養成習慣來獲取，魯道夫・里納斯解釋說：「海飛茲（Jascha Heifetz）在演奏柴可夫斯基A小調小提琴協奏曲時，大部分的動作都屬於固定行為模式」。[54]

有趣的是，這些固定行為模式主要是在大腦的基底核（basal ganglia）中生成的。摩頓・克林格爾巴赫（Morten Kringelbach）教授團隊針對53件有關心理創傷的腦部造影研究，進行了詳細的統合分析。分析結果發現，經歷心理創傷的人和未經歷心理創傷的人在前額葉皮質與杏仁核等與情緒調節相關的大腦部位呈現出明顯的差別，這種差別也在沒有出現PTSD症狀的人身上看得到。換句話說，這個結果也暗示，即使表面上沒有出現特別症狀，心理創傷還是對大腦的情緒調節能力產生一定的影響。然而有趣的是，同樣是經歷了心理創傷，出現PTSD症狀的人和沒有PTSD症狀的人之間的差別，尤其在基底核部位更為明顯。也就是說，研究人員發現PTSD與大腦基底核有著非常密切的關係。基底核位於大腦的底部，與大腦皮質不同，主要負責處理無意識領域裡的訊息。這項研究結果也暗示，PTSD等精神疾病或情緒調節障礙在很大程度上與無意識動作或筋肉收縮有很密切的關係。

由此可見，心理創傷影響了現有的固定行為模式或創造出新的習慣行為（例如無意識的身體動作或特定部位的肌肉收縮），才引發PTSD症狀。[55]也就是說，不好的記憶實際上儲存在身體深處。因此，形成新的固定行為模式身心運動，很有可能會對PTSD患者有所幫助。廣泛用於治療心理創傷和焦慮症的EMDR療法，也很可能與固定行為模式或大腦基底核有關，因為移動眼球的肌肉可以透過腦神經系統與腦幹直接相連，這也是精神科醫師開始對這種結合了身體左右交替運動和眼球運動的身心運動產生濃厚興趣的原因。

里納斯認為，不只是身體動作，情緒也是一種固定行為模式（FAP）。特定的情緒狀態既是進行特定肌肉運動的預備動作，同時這種情緒其本身也是促使顏面肌肉或身體各種肌肉收縮的一種運動。[56]從這個觀點來看，與其說情緒的誘發改變了表情，不如說是臉部的顏面表情肌以特定型態收縮，這個動作本身就是情緒的關鍵要素。也就是說，如果我們完全放鬆包括顏面表情肌在內的身體各部位肌肉，情緒就不會被誘發。在保持平靜的表情和完全放鬆下顎、頸部、肩部肌肉的狀態下，幾乎不可能出現憤怒或恐懼的感覺。因此，情緒調節的問題可以說是身體特定肌肉和體內心臟或臟器調節的問

題。在不知不覺的情況下超越意識範圍觸發的固定行為模式，就等於在訴說自己當下的情緒。因此，若想提升情緒調節能力，就必須培養詳細覺察自己身體深層肌肉狀態的能力。正如在第八章所探討的那樣，放鬆與腦神經系統相關的身體各部位肌肉的訓練，也是透過運動來完成的。只有透過適當的運動，才能駕馭自己的身心，讓杏仁核穩定下來。雖說內在溝通訓練基本上應該以身體為基礎，其實就是指應該以動作為基礎的意思。

清醒：
運動的準備狀態

意識清醒狀態和網狀活化系統的伽瑪波振盪

大腦為了身體的運動將各種感覺訊息提供給內在狀態的意識，意識又將這些訊息整合（binding）在一起，創造出所謂單一環境的影像。換句話說，意識是大腦將各種感覺訊息進行時空映射，再賦予一致性和統一性的存在。而在前文中，我們也已經了解到這種整合就是意識的核心功能。意識不僅整合有關外在環境的訊息，也整合各種身體動作的感覺訊息和與肌肉相關的運動訊息，以便做出基於意圖的動作。[57]

里納斯尤其關注丘腦皮質系統（thalamocortical system）的40赫茲頻率振盪。意識的這種整合功能主要是透過以丘腦皮質為中心的40赫茲伽瑪波（γ波）來完成。人類的意識是以中樞神經系統的特定振盪為基礎，當從腦幹經由邊緣系統延伸到大腦皮質的網狀活化系統（Reticular activating system，RAS）以伽瑪波振盪時，我們的意識就會開始運作。網狀活化系統是連接後腦、中腦、前腦的神經網路，在維持大腦清醒狀態方面扮演非常重要的角色。

根據里納斯的說法，哺乳動物中樞神經系統的部分神經細胞具有自動進行有節奏的電子振盪特性。神經細胞會透過突觸連結網路來製造振盪網路，在這個振盪網路中，神經細胞也充當起搏器（pacemaker），製造特定節奏的振盪，並對特定振盪做出反應。這種振盪和共鳴與各種功能連結在一起，不僅會決定某些特定狀態（睡眠、清醒或對特定事物集中注意力），也負責調節運動，同時也與強化常用神經網路的神經可塑性有關。特別是在丘腦和大腦皮質間的迴路中發生的振盪紊亂，被認為可能與精神疾病有關。從這個觀點來看，大腦的功能與其說取決於哪些區域的活化或哪些部位的連結方式，不如說更取決於這些部位之間以哪種頻率相互振盪。即使大腦被活化的部位相

同，大腦也會按照這些部位振盪頻率的變化而發揮不同的功能。

人腦不僅會對外在刺激做出被動反應，還具有透過各種方法主動反應的能力，能夠創造出對外在環境進行主觀解釋的內在思路，而這種能力源於中樞神經系統可以自發性製造特定頻率的振盪。意識的形成不是為了要對外界提供的感覺訊息作出反應，而是一個由內在模型創建的自我完備系統。

傳統對意識的觀點，是將意識的本質當成處理來自外界各種感覺訊息的被動裝置。里納斯嚴厲批評這種傳統觀點，他主張意識從根本上來說是一個「閉環」（closed-loop），它可以在沒有外在刺激的情況下於內部建立各式各樣的功能，甚至具有進行時空映射的能力。而大腦，按照弗里斯頓的說法，是主動推理的器官；按照玻姆的說法，則是形成生成秩序的器官。

從馬可夫覆蓋模型的角度來看，意識清醒是指我們的大腦正在積極將內在模型投射到外在世界的意思，此時以丘腦為中心的網狀活化系統正以40赫茲的頻率振盪。即使在睡覺時，人類的大腦也能以40赫茲的頻率振盪，這就是做夢的狀態。根據里納斯的說法，無論是清醒狀態或做夢狀態，都同樣是「意識清醒狀態」。因此，從大腦運作方式的角度來看，夢境和現實是相同的狀態。而從意識的角度來看，人類一直在對所經歷的環境進行推理，因此不僅在清醒時，就算在做夢時也會有實際身歷其境的感受。

即使在夢中，自我意識的運作和主動推理的過程還是會如同清醒時一樣進行。唯一的差別就是，做夢時來自身體的各種感覺訊息會被隔絕，也就無法正常修正預測誤差。在沒有進入深眠的狀態下，周圍的聲音或部分身體的感覺會上傳到意識去，而這時，雖然意識也在進行積極的主動推理，但由於預測誤差無法正常修正，所以只能任由意識隨心所欲詮釋，譬如把裹著腿的棉被解釋成怪物扯著自己的腿，或者把路過的汽車聲響解釋為怪物的嚎叫等等。做夢時和清醒時的意識狀態本質上是相同的，這也表示我們的生活本身就像一場夢，腦科學就是這麼告訴我們的。或者說，究竟是莊周夢蝶，還是蝶夢莊周，誰也不知道。

我們的大腦會經歷三種狀態，即神志清明的清醒（wakefulness）狀態、深層的睡眠狀態（顯示δ波等慢腦波的深眠）和做夢狀態（快速動眼期）。這三種狀態是由網狀活化系統決定的。大多數麻醉劑會抑制網狀活化系統，使受試者很快陷入昏睡狀態。由腦幹等大腦底部，經由丘腦往大腦皮質方向延伸的上

行網狀活化系統，透過活化整個大腦皮質，讓受試者從睡夢中醒來。此時，主要運作的神經迴路是對腎上腺素或多巴胺做出反應的神經網路，而網狀活化系統則顯示出40赫茲左右的伽瑪波振盪。

已經有很多關於上行網狀活化系統透過伽瑪波振盪的「同步化」（synchronization）造成意識清醒的討論，但實際對大腦直接施加40赫茲電刺激讓受試者從麻醉狀態中醒來的第一次實驗結果，正好在我寫這本書的這一部分時出來了。利用電極以40赫茲頻率刺激被麻醉獼猴的中央外側丘腦（central lateral thalamus）部位時，獼猴立即恢復意識醒過來。中央外側（CL）丘腦就像一種類似通道的地方，負責接收網狀活化系統從腦幹上傳的訊息後，再傳遞到大腦皮質，而人類的丘腦也發揮著類似的功能。當實驗人員刺激麻醉狀態中的獼猴中央外側丘腦，製造類似網狀活化系統被活化的狀態時，令人驚訝的是，獼猴馬上就恢復意識醒了過來。但是當刺激停止時，獼猴又隨即失去意識。這個實驗結果明確顯示出，丘腦中伽瑪波振盪的同步化在維持意識清醒狀態上發揮著關鍵性的作用。

丘腦位於大腦中央最裡面，來自視覺、聽覺及身體的各種感覺訊息在這裡匯集，然後才傳遞到大腦皮質。意識主要是大腦皮質的作用，因此我們意識認知到的大部分感覺訊息都是透過丘腦傳遞。例如，當我們看到某個物體時，視網膜的視覺細胞辨識到的視覺訊息會先傳遞給枕葉的視覺皮層，經過處理後再通過丘腦傳遞到意識，這時我們才看得到這個物體。透過這些不同層級，視覺訊息經由大腦內在模型的主動推理過程，最終傳遞至意識。總而言之，丘腦可視為中繼站，負責將嗅覺以外的幾乎所有感覺訊息送往意識。

另外，PTSD或焦慮症患者會出現網狀活化系統過度活躍的傾向，當他們突然受到驚嚇或過度緊張的清醒狀態造成持續性刺激時，就會發生這種情況。正常運作的網狀活化系統也具有快速對重複刺激產生「習慣化」的功能，當侵入性噪音或強烈氣味長期持續的情況下，網狀活化系統會迅速使大腦習慣於透過降低意識對噪音或氣味的反應來適應這種情況。然而，PTSD或焦慮症的患者大腦中，這種習慣化功能顯著降低，以至於大腦會一直保持過度清醒狀態，造成睡眠狀態的調節功能受損，導致深層睡眠（慢腦波睡眠）減少，還會增加快速動眼睡眠狀態，使病患飽受噩夢和失眠之苦。

大多數的精神疾病都伴隨著睡眠障礙，這也與網狀活化系統的功能有密

切的關係。而包含內感受訓練要素的內在溝通冥想，對於網狀活化系統的正常運作有很大幫助。保持舒適而規律的睡眠，是心理肌力強大和身體健康的明確指標。只要睡得好，就能保持頭腦清楚。

伽瑪波振盪對大腦健康的影響

為了證實伽瑪波振盪對改善大腦健康和功能有決定性的幫助，麻省理工學院蔡立慧教授的團隊進行了一連串研究。蔡教授團隊透過光遺傳學（optogenetics）實驗，用光直接刺激基因轉殖鼠的海馬體神經細胞，引起了40赫茲的振盪。而結果顯示，已知與阿茲海默症有密切關係的β澱粉樣蛋白（amyloid-β）顯著減少。這項結果強烈暗示，如果神經細胞保持40赫茲的振盪，將可以預防阿茲海默症（已知阿茲海默症患者大腦中β澱粉樣蛋白的濃度很高，但β澱粉樣蛋白是造成阿茲海默症的原因，還是結果，目前尚不明確。以上僅提供參考）。不僅如此，在比較以40赫茲振盪刺激約一小時的情況和未進行刺激的情況時發現，形成小膠質細胞（microglia）的基因表現顯著提升。[58]總而言之，大腦變得更加健康。

蔡教授的研究團隊不僅進行了直接用光刺激大腦中的神經細胞，促使細胞活化的光遺傳學實驗，還進一步進行了一項用40赫茲頻率的閃爍光刺激眼睛的非侵入性實驗。結果發現，老鼠的視覺皮質中出現了40赫茲的振盪。在光線照射一小時之後，再過一小時測量視覺皮質中的β澱粉樣蛋白濃度時，發現其濃度下降了高達57.97%。而當照射20赫茲、80赫茲或隨機閃爍的光線時，就不會出現這種效果。

同時，蔡教授團隊也進行了一項實驗，透過聲音刺激在小鼠聽覺皮質和海馬體中引發40赫茲的伽瑪波振盪。一週期間持續接受聲音刺激的小鼠，在空間和認知記憶能力上有了提升，而且β澱粉樣蛋白的濃度下降，近來被視為失智症指標的磷酸化tau蛋白濃度也下降。

不止如此，這個了不起的研究團隊又進行了另一項實驗。同時施加聲音和光的刺激，使聽覺皮層和視覺皮層同時產生40赫茲的振盪。如前所述，大腦的重要功能之一是整合包括視覺和聽覺在內的各種感覺訊息，以形成對

環境的一個綜合影像（image）。這種整合（binding）功能是意識作用的核心，主要由前額葉皮質負責。

研究證實，透過光刺激引起視覺皮層的伽瑪波振盪可以改善視覺皮層狀態，透過聲音刺激引起聽覺皮層的伽瑪波振盪可以改善聽覺皮層狀態。那麼，同時施加光和聲音刺激會發生什麼變化呢？令人驚訝的是，就連整合各種刺激的前額葉皮質的核心區域——mPFC也出現了伽瑪波振盪，結果就是使mPFC區域的膠質細胞組織更加活躍，β澱粉樣蛋白濃度降低。這個結果顯示，透過同時刺激視覺和聽覺來引起伽瑪波振盪，不僅可以降低大腦中β澱粉樣蛋白濃度，還可以全面強化以mPFC為中心的前額葉皮質功能。

除了蔡教授的研究團隊之外，全世界還有許多學者都在關注伽瑪波振盪對治療阿茲海默症的影響。另外，在一項大規模研究中，利用大螢幕向高齡受試者放映可以誘導「伽瑪腦波」的影像，結果發現患有阿茲海默症症狀或認知障礙的老年人，其伽瑪腦波明顯低於健康組。這項結果證實，一旦大腦功能惡化，即使施加光刺激也難以誘發伽瑪腦波。這個結果也顯示了透過伽瑪波的誘發程度來診斷阿茲海默症的可能性。

眾所周知，當我們想理解或將注意力集中在某個物體或某種情況時，我們的大腦中就會出現伽瑪波振盪擴散開來的同步現象。透過網狀活化系統，特定的神經細胞會同時受到抑制或活化，這與注意力、工作記憶（working memory）的發揮等各種認知功能也有密切關係。另外，當認知能力下降、患有精神疾病或想打瞌睡時，伽瑪波振盪的同步性就會降低。那麼，我們要怎麼做才能意識清楚地保持清醒，才能在大腦深處引發伽瑪波同步呢？

我們不可能像在小鼠身上進行的實驗一樣，在活人身上直接施加40赫茲的電刺激或光刺激，也不敢想像在一個好端端的人頭上鑽一個洞，把光纖插進他的大腦深處去。

對神經細胞受體進行基因改造，以及直接施加光刺激的光遺傳學實驗，只能在小鼠或猴子等動物身上進行。幸好即使不用這種直接的方法，我們還有另一種方法可以加強人類大腦中伽瑪波振盪和同步化，那就是冥想。

安托萬・盧茨（Antoine Lutz）和他的同事發現，長期修行冥想的人能夠自行在大腦中引發伽瑪波振盪，並且進一步產生向大腦其他部位擴散的同步化現象。在一項針對有15~40年修行經驗，冥想時間達10,000~50,000小時的

藏傳佛教修行者的研究中發現，他們大腦中的額葉和顳葉的伽瑪波振盪更加強烈，而且相較於普通人，這種傾向在DMN（預設模式網路）中更為明顯。這也暗示，神經可塑性改變了大腦的基本運作方式，可說是用另一種方式證實了冥想訓練的確與認知能力的提升有著密切的關係。冥想能帶來清楚的意識這件事，並不只是一個隱喻表達或心境的問題，而是明確的神經科學事實。冥想不僅可以提高大腦的認知能力，還有助於改善大腦的整體健康。

　　大腦之所以透過網狀活化系統的伽瑪波同步化來製造意識的清醒狀態，可以說就是為了運動做好準備。當我們活動身體時，網狀活化系統會積極運作，這是清醒狀態。當一個人能夠執行有意圖的運動時，就是處於「意識清明的清醒狀態」。因此，睡前如果過度運動的話，就有可能干擾深眠，這是因為身體雖然很累，但大腦卻還處於清醒狀態之故。如果藉由馬可夫覆蓋模型來說的話，內在狀態可以生成運動的意圖，感覺狀態可以處理運動的環境訊息，再透過作為運動結果傳遞到內在狀態的反饋訊息，就可以修正預測誤差，這種狀態就是清醒狀態。大腦做好準備隨時可以運動的狀態，就是清醒狀態。我們接下來要探討的本體感覺訓練，可以說是兼具了上述運動元素和冥想元素的「動態冥想」。

> **Note** 何謂腦波？
>
> 　　腦波是大腦神經細胞活動時所產生的電訊號，通常稱為「腦電圖」（electroencephalogram，EEG）。人腦由大約1,000億個神經細胞所組成，當每個神經細胞傳遞訊息時，會透過軸突發送電流。當電訊號到達軸突末端時，各種由蛋白質組成的神經傳導物質會被釋放出來，神經細胞與神經傳導物質發生反應後，又會重新產生電訊號透過軸突發送出去。這個過程會一再反覆，這也表示神經細胞被「活化」。當一個神經細胞產生一次電訊號之後，到下一次產生電訊號時，就稱為一個週期，測量出來的這些週期性電訊號就是腦波。
>
> 　　為了準確測量神經細胞發出的電流，必須將電極直接連結在神經細胞上。艾瑞克・坎德爾（Eric Kandel）發現了如何透過將電極直接連結到海蝸牛的神經細胞來形成記憶的方法。之所以使用海蝸牛作為實

驗對象，是因為牠的神經細胞大到肉眼可見的程度（約一公釐大），因此可以把電極直接連結到單個神經細胞上。此外，由於海蝸牛的全部神經細胞總數只有2萬個，因此可以觀察到神經細胞之間的聯結網路如何根據學習發生變化，也就是如何形成記憶。

在最近一項精確測量小鼠腦波的實驗中，小鼠的頭骨被打開，在大腦皮質上覆蓋一片薄薄的電路板以測量電訊號。不過，這種實驗不能在人身上進行，因為人類的頭骨無法打開或鑽孔進行實驗，只能把電極黏貼在頭皮上測量。神經細胞發出的電流強度約為一到二毫伏，最多不到七毫伏，這些數據是透過將電極連結到頭骨外的頭皮上測量出來的。

腦波測量的典型外觀如【圖9-2】所示。受試者戴著一頂看起來像泳帽的帽子，帽子上開了好幾個小洞，電極就黏貼在小洞上。為了準確地捕捉到電訊號，電極尾端塗有鹹味的凝膠狀導電體，以便緊緊黏貼在頭皮上。如果受試者頭髮很多的話，那實驗時就很不方便，因為太多的頭髮會造成又粗又短的電極不容易碰觸到頭皮。而且，頭髮本身是蛋白質，會使得電流無法順暢地流動。

每個電極稱為「波段」，每個波段都會捕捉到如【圖9-3】所示的波形腦波訊號。波段通常用縮寫來命名，F開頭的是額葉，C開頭的是中央，T是顳葉，P是頂葉，O是枕葉。如【圖9-3】中所看到的，每個波段都會發出非常複雜的訊號。一個波段所顯示的訊號至少囊括了數千萬到數億個神經細胞所發射的電訊號。

這就像在擠滿1,000億個觀眾（神經細胞）的巨大室內體育館厚重牆壁（頭骨）外面設置麥克風（電極），藉以測量觀眾掌聲（電訊號節奏）一樣。雖然可以測量到大概是哪一邊的觀眾更熱情，但卻無法判斷每一位觀眾的掌聲節奏。在這種情況下，也很難根據觀眾的掌聲位置或速度來猜測比賽的內容。

而且，為了測量1,000億個觀眾的反應，在體育館外安裝的麥克風（電極）數量通常在20~30個左右，最多64~128個。因此，單一麥克風必須捕捉的觀眾掌聲，至少在數億以上，而數以億計的觀眾（神經細胞）很可能各自以略微不同的節奏鼓掌。不過，如果從遠處一次聽到

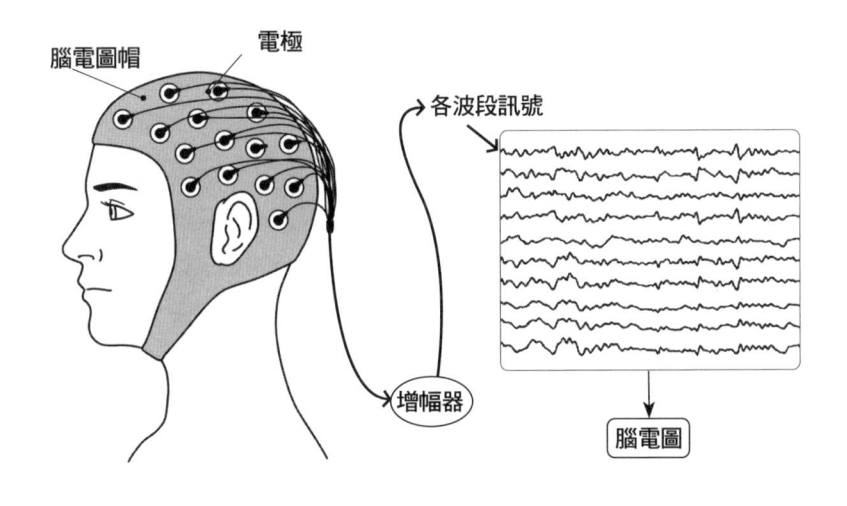

【圖 9-2】測量腦波的典型外觀　模樣像泳帽的腦電圖帽上面開了幾個小洞，電極穿過小洞黏貼在頭皮上。把從每個電極（波段）收集到的電訊號記錄下來，就形成了腦波或腦電圖（EEG）。

數億人的掌聲，也很可能會感覺像是單一的節拍，因此就可以把這種節拍用圖表顯示出來。

此外，觀眾也並非沿著體育館的內牆平均分布。大腦是一個滿是皺褶的立體結構，如果神經細胞均勻地分布在頭骨的內側表面，就可以準確地掌握它們的位置。但是，有些神經細胞位置靠近頭皮，有些則位於深處（事實上，位置愈深，愈有可能是重要的神經細胞），因此各神經細胞到頭皮的距離可說各不相同，位於大腦皮質深處的神經細胞訊號幾乎很少在腦波測量時被捕捉到。研究人員測量腦波時不會考慮到這麼多，只需要把電極貼在頭皮上就算完事。而且，每個人的頭骨形狀和大小不同，裡面的大腦形狀和大小也各有不同，所以腦波能提供的訊息也只能是大概而已。

然而，即使是這種大概的訊息有時也很有用處。例如癲癇患者的癲癇發作是大腦神經細胞過度活化的情況，而這種情況通常從大腦的一個部位開始，像共振現象一樣擴散到整個大腦。當無數神經細胞強烈且過度活化，癲癇就會發作。即使只是大略找出癲癇患者的大腦哪

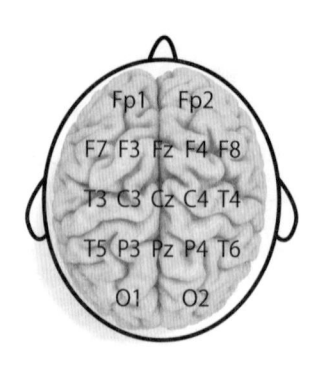

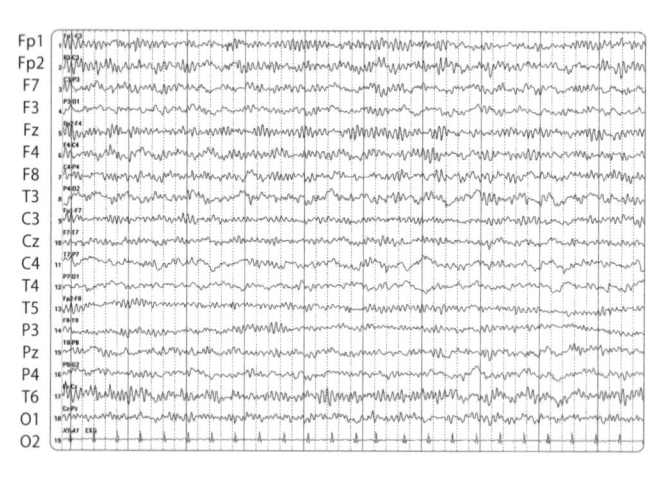

【圖 9-3】各波段所收集到的腦波訊號 各個波段依所在位置命名，F 開頭的為額葉（Frontal），C 開頭的為中央（Central），T 為顳葉（Temporal），P 為頂葉（Parietal），O 為枕葉（Occipital）。下方的圖為各波段所收集到的腦波紀錄。

一個部位是發作起始的震央，對於治療也非常有用。事實上，從100多年前就開始使用的腦電圖，主要也是為了診斷癲癇患者。

電訊號的波週期通常以赫茲（Hz）來表示，每秒振盪一次的波稱為一赫茲，如果神經細胞每秒發射10次電訊號，就表示其週期為10赫茲。為了方便起見，根據每個波段所顯示的頻率範圍或特定範圍內最常顯示的頻率，將腦波分為δ波（小於4赫茲）、θ波（4~7赫茲）、α波

（8~12赫茲）、β波（13~25赫茲）及γ波（30赫茲以上）五種。這種區分只是大概的，即使α波的特徵出現在特定波段中，也不一定就會一直保持在10赫茲左右振盪，有時會變得更快或更慢。但如果在一段時間內平均出現最多的是10赫茲左右的話，那麼在該波段捕捉到的訊號就會被視為α波。頻率的分類也有很多種，有人認為伽瑪波的頻率高於25赫茲，有人則認為伽瑪波的頻率高於30赫茲。總而言之，如果是40赫茲左右的話，那就一定可以稱為伽瑪波了。

正常人在日常生活中顯示的頻率是α波或β波，只有對某個對象感到緊張而全力集中精神，或正在專心處理事情時，才會出現大量的β波。一旦放鬆下來或心情變得平靜時，就會出現大量的α波。在冥想狀態下保持平常心時，也會出現大量的α波。需要注意的一點是，雖然心情沉靜下來時確實會出現相對較多的α波，但不能僅憑一個人的大腦中出現大量α波就認定這個人處於心情平靜的狀態。而比α波緩慢的θ波，會在心情更放鬆和入睡時出現。

另外，在沒有做夢的深眠狀態下出現的腦波，波動會變得更慢。此時，奇怪的是，頻率低於2~3赫茲的δ波會幾乎同時出現在大腦的所有區域。波動雖然變慢，但同時因為訊號的同步化，使得測量到的訊號振幅（amplitude）變大。打個比方來說，就像室內體育館的觀眾們同時開始緩慢地齊聲鼓掌，卻製造出巨大的掌聲一樣。實際上在體育館裡，觀眾們同時鼓掌並不是多奇怪的事情，因為大家可以跟隨啦啦隊隊長的手勢，或聽到別人的掌聲也跟著鼓掌。但是，頭骨中的神經細胞只聽得到與其相鄰的神經細胞的掌聲（活化訊息），那麼在這種情況下，沒有啦啦隊長或控制塔向所有神經細胞發出命令，數百億個神經細胞是如何完成同步（synchronicity）的呢？這確實是一個即使在數學上也難以解開的謎題。

腦科學研究中有兩種測量分析腦波的方法，一種是如上述的頻率分析（wave analysis），另一種是事件相關電位（event-related potential；ERP）分析。在腦科學中，原本並不重視頻率分析，因為不僅腦波本身只是粗略的測量，而且所謂α波、β波，也只是因人而異的任意分類。這就降低了科學的嚴謹性，也很難賦予這些電波具體的意義。

清醒：運動的準備狀態　　399

與fMRI訊號相比，腦波訊號的優點是，因為它們是電訊號，所以具有卓越的時間解析度，可以以1/1000秒為單位測量腦波對特定刺激發生反應所需要的時間。由於fMRI測量的是神經細胞周圍的血氧濃度變化，因此對特定刺激發生反應的時間大約需要4秒以上。與此相比，腦波訊號的時間解析度可說十分優秀。

利用這些特性進行的腦波訊號分析，就是事件相關電位分析。事件相關電位分析的核心，便是在給予大腦特定刺激時，觀察大腦特定部位大幅波動的訊號變化。例如，在出示彼此矛盾的刺激物時，腦波會對這種「矛盾」做出振盪反應。譬如說，給一個人看保守的報紙標題，並在其下顯示進步的批評時，當他看完過了0.5秒腦波就會作出特定模式的反應等等。或者，當一個人犯了錯誤時，他的腦波可能會在大約0.1秒後顯示出所謂錯誤相關負波（error related negativity，ERN）的特徵反應。這個方法是根據受試者受到特定刺激後幾毫秒出現的波長型態來推測大腦反應，例如在0.3秒反應的正訊號為P300，在0.2秒後反應的負訊號為N200。腦科學中使用的大多數腦波研究，都是基於這種事件相關電位分析，而不是測量α波或β波的頻率分析。

傳統上頻率分析在某種程度上脫離了腦科學的正式研究主題，但最近，以伽瑪波為主與頻率相關的研究再度在腦科學領域中變得活躍起來。隨著1980年代mPFC的出現，腦部影像研究正式展開，大腦的哪個部位何時變得活躍成了研究的焦點。因為研究人員相信，大腦的特定部位與特定功能有關。當研究逐漸有了進展，接下來大家關心的焦點便轉為不同部位之間的「功能-結構」連結的重要性。特定網路或神經迴路負責特定功能的觀點有了廣泛的共識，例如，研究人員認為，在交換多巴胺的過程中連結的迴路，主要負責賦予動機和行為的功能等等。事實上，本書中所涵蓋的觀點，也是將心理肌力視為具有以mPFC（內側前額葉皮質）為中心的神經網路功能。不過，最近的研究趨勢已經開始聚焦在大腦各部位之間的連結是透過何種類型的訊號上。特定部位的連結是以何種頻率的訊號來溝通，或者以伽瑪波等特定頻率連結的神經網路發揮著什麼樣的作用等等，這些問題在腦科學研究中又再度引發關注。

通過動態冥想
調節情緒

本體感覺訓練的效果

以上我們探討了大腦和意識是為「運動」（動態行為）而存在的事實，更進一步了解到我們的意圖從根本上來說是基於運動，而意識就是根據這種意圖來敘述故事。同時，也探討了所謂意識的清醒狀態，就是運動的準備狀態，以及所有情緒的本質都是作為固定行為模式的運動。運動不僅能喚醒我們的身體，也能喚醒我們的意識，因此在培養心理肌力的內在溝通訓練中，運動占有很重要的位置。而動態冥想就是不斷清楚地覺察自己想做出某種特定動作的意圖，以及這種意圖所造成的身體變化的過程。

我們身體的運動會透過各種途徑傳遞到大腦。例如，透過耳內的前庭系統傳遞有關平衡的訊息，透過視覺訊息傳達有關周圍事物與我們身體關係的訊息。大腦會整合各式各樣的訊息，對運動作出綜合性的主動推理。因此，當我們單腳站立保持平衡時，睜眼比閉眼更有利，因為透過眼睛不斷接收視覺訊息可以提供更多有關身體平衡狀態的資訊。

除了前庭系統和視覺訊息之外，還有一個與身體動作相關非常重要的感覺訊息系統，那就是本體感覺（proprioception），這是一種感應關於身體動作、位置、姿勢等訊息的感覺系統。我們的身體除了有視覺、聽覺、嗅覺、味覺、觸覺五種感覺器官之外，還有一個可以偵測身體位置、姿勢和動作的獨立感覺系統。只要閉上眼睛，舉起手來，緩緩地動一動手，我們就可以知道手的位置和動作。這要歸功的不是視覺或觸覺，而是本體感覺所傳遞的訊息。中風患者因為大腦中處理本體感覺訊息的區域受損，他們的動作也因此嚴重受限，即使肌肉骨骼或運動神經系統沒有任何問題，也無法正常行走。因為每走一步路，就必須不斷用眼睛來確認，才能知道自己腿和腳的位置。

本體感覺接受器分布在肌肉、肌腱、關節等處，用來偵測肢體動作、速度、負荷量及關節位置等。我們的大腦將本體感覺接受器接收到的感覺訊息，結合傳遞到前庭系統的平衡訊息和視覺訊息，全面掌握身體的位置、動作和速度。透過這個過程，我們就可以獲得關於四肢位置、動作方向、肌肉負荷量、速度等的訊息。總而言之，本體感覺是可以讓我們即時知道自己的身體在做什麼動作，也可以說是連結動作和意識的重要神經系統。幸好有本體感覺，我們才可以自然地行走、跑步和運動。

本體感覺訓練是為了培養對本體感覺的自覺能力，就像內感受訓練一樣，可以大大提高情緒調節能力。到目前為止各項研究顯示，培養對本體感覺的自覺能力可以提高情緒認知和情緒調節能力，並有助於改善PTSD或焦慮症、憂鬱症等。也有研究在提出所謂「情緒本體感覺」概念的同時，也證實情緒可以透過顏面肌肉來調節。研究結果也證實，以注射肉毒桿菌等特定方式來控制顏面肌肉，可以緩解憂鬱症狀。顏面肌肉在憂鬱症治療上為什麼很重要，是因為它乃是腦神經的一部分。不只是顏面肌肉，凡是採取系統化的方式律動及放鬆與腦神經系統有直接關聯的其他各種肌肉，都可以改善誘發負面情緒的習慣。

近幾十年來，雖然醫學界逐漸認識到降低本體感覺的活性度可以抑制負面情緒的誘發，但直到最近才開始正式透過本體感覺訓練來治療心理創傷或情緒調節障礙。而在這群先驅者中就包括了利用太極拳、氣功、瑜伽的動作，開發了「身體經驗」（Somatic Experiencing，SE）療法的彼得‧萊文（Peter Levine）和彼得‧佩恩（Peter Payne）。他們在強調對動作的內在覺知之際，也強調著重於肌肉和動作的本體感覺訓練，及專注於內臟感覺的內感受訓練的重要性。尤其是萊文長期以來一直強調，透過認知或情緒經驗來治療心理創傷很困難，應該把重點放在身體所提供的感覺和動作。特別是創傷後壓力症候群的狀態，就像是沸騰的水壺蓋上了蓋子一樣，應該一點一點地慢慢釋放內在能量，才是有效的治療方法。換句話說，封閉在心理創傷患者體內隨時可能爆炸的內在能量，必須像一點一點地打開水壺蓋子一樣，透過適當的身體運動來幫助他們慢慢地釋放情緒能量。

此外，許多研究結果也證實了具有本體感覺訓練性質的動態冥想在治療焦慮症方面的效果。根據一項統合分析研究，對動態冥想的效果進行隨機對

照試驗（randomized controlled trials，RCTs）的36項研究中，有25項試驗顯示出明確的效果，這也證明動態冥想比靜坐冥想更有效，而且團體冥想訓練比個人冥想訓練的效果更好，同時所有試驗都沒有關於副作用的報告。在另一項統合分析了67項隨機對照試驗結果的研究中，發現動態冥想對大部分的焦慮症和憂鬱症都具有療效。其中，在6項實驗中也包括了免疫和發炎反應的調查，所有實驗均顯示皮質醇（Cortisol）、細胞激素（Cytokine）、C反應蛋白（CRP）和免疫球蛋白G（IgG）的數據顯著下降。兼具本體感覺訓練和內感受訓練元素的太極拳和氣功，兩者均出現幾乎相同的效果。

在這些各式各樣的研究中，尤其是取得了實際研究成果的達特茅斯醫學院的佩恩教授研究團隊，將太極拳、氣功、哈達瑜伽、亞歷山大技巧、費登奎斯療法等五種身心運動化為「冥想型運動」（Meditative Movement，MM）概念運用在憂鬱症和焦慮症的治療上。他們針對心理創傷和慢性壓力患者，利用冥想型運動集中進行重複的本體感覺和內感受訓練，取得了顯著的效果。

此外，有關瑜伽、太極拳等各種冥想活動的科學研究暴增。1997~2006年期間發表的相關學術論文只有2,412篇，但2007~2016年期間，便增加到12,395篇。2000年度，臨床使用太極拳和瑜伽並驗證其效果的論文數量，平均每年約20篇左右，但在2014年度就增加到250篇。論文引用次數在2000年度不過才20次而已，但到了2014年度就暴增到7,112次。

嚴格來說，要證明本體感覺訓練或動態冥想的效果並不是那麼容易的事。光是證實動態冥想有助於緩解負面情緒還不夠，因為在提到本體感覺訓練或動態冥想有助於緩解負面情緒時，很難分辨其主要原因是出於規律呼吸的結果，還是集中在本體感覺上的覺知效果，或只是冥想在一定時間內放鬆身心的效果。還是平常不運動的人因為規律的運動促進血液循環，進而產生的運動效果。或者是因為和大家一起運動，相處融洽的情況下，不僅提高了正面情緒，也建立了友好的人際關係。再不然，就只是單純的安慰劑效果？唯有將這些可能性納入考量，才能準確檢驗實驗治療的效果。換言之，為了證明本體感覺訓練與動態冥想的效果，實驗設計必須控制所有可能緩解負面情緒的變數。

還有另一個方法可以證明動態冥想的效果，那就是透過腦部影像研究。如果動態冥想會對大腦中與緩解負面情緒相關的功能或結構帶來變化的話，

就可以在很大程度上證明其有效。針對許多有關動態冥想研究的統合分析也顯示，其中特別是身心訓練能夠有效穩定大腦中與負面反芻相關的部位。身心訓練尤其有助於改變患者的大腦活化模式，讓病能從負面反芻轉為關注「當下」的現在導向認知。焦慮症或憂鬱症等情緒調節障礙的最典型症狀之一，就是不斷強迫自己反芻對負面事件的回憶或惡劣的經驗，反芻可說是一種自我強迫的負面內在溝通習慣。然而，如果修行冥想，大腦中PCC（後扣帶迴皮層）和楔前葉等與自我強迫負面思考相關的部位會顯著地穩定下來；而同時，前額葉皮質的dlPFC和mPFC等與認知調節能力或注意力密切相關的部位就會活躍起來。

如前所述，這種加強大腦部位的神經網路，已經成為心理肌力訓練的基礎。尤其是著重於本體感覺或內感受等自我內在感覺的訓練，可以活化DMN，有助於提升注意力關注當下發生在自己身上的事情。當DMN活化時，大腦中不時反芻負面經驗的系統就會相對弱化。

> **Note** **證實冥想效果的隨機對照試驗**
> **(randomized controlled trials，RCTs)**
>
> 隨機對照試驗是檢驗藥物或處方（治療）效果的實驗方法。為了證明藥物或處方的療效，基本上必須將接受治療的群組與未接受治療的群組進行比較。然而，進行實驗的人通常都是一些強烈希望證明療效的人，因為大多數主持實驗的人都是為了證明自己開發的新藥或療程有效才進行實驗的。就算實驗者再有良心，在這種情況下也很有可能會不知不覺將看似有望恢復的患者放在接受治療的試驗組中，而將恢復情況不太好的患者放在未接受治療的對照組中。因此，分組方式必須隨機（例如，按照患者的出生年份或病歷號碼尾號，分為奇數組和偶數組）。這種隨機對照試驗因為包含了安慰劑研究，所以是任何想證明療效試驗的基本條件。然而實際上隨機對照試驗的設計還必須進一步考慮其他幾個條件，譬如我們可以設想一個讓焦慮症患者進行特定方式的冥想，以檢驗其效果的情況。假設到醫院精神科看診的患者被隨機分為兩組，一組除了服用藥物之外，還追加了「每天要靜坐冥想十

分鐘」的處方，而另一組則只服用相同的藥物。六個月之後比較兩組時，冥想組的狀況確實有了好轉，但這個結果真的可以當成是證實了冥想的效果嗎？並非如此！要做到「每天冥想十分鐘」，患者就必須每天靜坐十分鐘。在這種情況下，冥想組病情好轉的原因，究竟是出於「冥想」，還是出於「靜坐」，誰也不知道。所以，也應該對未進行冥想的對照組加上「每天靜坐十分鐘」的處方。如果每天冥想的試驗組，比不用冥想、只要閉上眼睛靜坐發呆的對照組，顯現好轉跡象的話，這時才可以說證實了「冥想」的療效。現實中的隨機對照試驗必須經過精心設計，盡量排除可能影響實驗結果的各種因素，以便單純地觀察「處方」本身的效果。

建立意圖與運動的新關係

一般運動旨在學習並重複特定動作，如伸展或肌力訓練，以強化相關肌肉。相反地，本體感覺訓練則著重於修正動作的「意圖」與其所引發的身體動作之間已自動化的「習慣」。

人類所有動作的底層，都有無意識的習慣（或固定行為模式）參與其中。但是，當這些無意識的習慣無法正確反映意圖時，問題就出現了。我原本的意圖是舉起手來，但有時動作之間可能參雜了一些不必要的動作，像是手肘抬得過高或肩膀聳起來。我想筆直站立，但實際上，我的脊椎或頭部通常會向一側或向前、向後傾斜。

尤其當一個人持續暴露在壓力、焦慮或憤怒等負面情緒中時，動作的意圖和結果之間的差距就會越來越大。負面的情緒經驗或壓力會在無形中造成身體過度緊繃和失衡，這種身體的失衡就會成為更嚴重的情緒調節障礙和疼痛的根源。本體感覺訓練不僅有助於縮小動作意圖與結果之間的差距，也有助於在基本動作上保持身體平衡和協調。正因如此，本體感覺訓練才會在調節憂鬱、焦慮、憤怒、創傷性壓力等負面情緒及緩解疼痛等方面顯現出超強效果。

本體感覺訓練是為了在意圖和動作之間建立新的無意識運動模式，以及

為與之相關的神經網路培養新的習慣。因此，訓練的核心是將注意力集中在本體感覺上，不斷感受身體的動作。為了讓身體如初始般有效率地運動，我們就必須放棄與壞習慣結合在一起的「意圖」。就像為了做到筆直站立這個動作，我們就必須放棄自己原先「隨便站著」的意圖，訓練自己在感受身體自然狀態的同時，筆直地站起來。

正如我們透過主動推理理論和馬可夫覆蓋模型所了解到的那樣，為了執行一個隨個人意圖而產生的動作，身體必須先做出許多無意識的動作。譬如為了實現「我要舉起手來」的這個意圖，首先必須在無意識的情況下完成許多肌肉和關節的協調動作。所有的動作中無意識元素的比例一定會更多、更重要。這些無意識的動作大部分都是由前運動皮質負責的。由前運動皮質執行的動作中，只有極少的一部分會傳遞到頂葉，讓我們意識到自己做了什麼動作。有時候，我們是在先做了無意識動作之後才察覺到自己做了這個動作。在不自覺的情況下很自然地做出某種行為，這是以運動皮質區為中心所發生的事件，與頂葉毫無關係。例如，運動選手在沒有刻意計畫的情況下也能馬上投入運動中做出反應，不自覺地完成一場精彩的比賽，這都要歸功於前運動皮質區的作用。

本體感覺訓練的一個代表性例子是身心運動（somatic exercise）。軀體（soma）是相對於肉體（physical body）的概念，簡而言之可以說是「主觀的身體」。我的身體在別人眼中是客觀的肉體，而我所認知和感受到的是主觀的身體，也就是軀體。客觀的身體是我投射在鏡中的模樣，主要由視覺訊息形成。相反地，作為主觀身體的軀體，則主要由透過內感受和本體感覺提供給意識的訊息所形成。如果我們站在鏡子前一面看著鏡中自己的身影，一面運動的話，主要鍛鍊的是自己的肉體（body）。相反地，如果我們運動時不看自己在鏡中的身影，只專注於本體感覺和內感受的話，鍛鍊的就是自己的「軀體」（soma）。

通常在一般運動中，注意力多半集中在如何完美執行特定意圖，也就是把注意力放在從意識傳遞到身體肌肉的訊息流。但是，身心運動則著重在從身體傳遞到意識的訊息流。身心運動是提升自覺能力的訓練，覺知的對象就是在執行前或執行特定運動時從身體傳遞到意識的本體感覺。當然，提升對感覺的自覺能力不是我們下定決心就做得到的。在感覺訊息傳遞到意識並被

賦予特定意義之前，還要經歷許多「主動推理」的階段，而在這樣的推理過程中，必然會出現各種扭曲。例如，我明明沒有「要抬起腳」的意圖，卻感覺自己的腳被抬了起來，這是因為意識做出了「地面聳起」或「有人抬起我的腳」之類的解釋。當然，也可能是真的發生了地震，地面隆起，或者在比賽中對手抬起了我的腳。但是，也有可能是我的腿部肌肉在我不自覺的情況下收縮所產生的現象。或者是我有「要抬起腳」的意圖，我的腿部肌肉做出了相應動作，但我自己卻沒有「意識到」這個意圖。由於大腦是由不同部位處理意圖的執行或對意圖的自覺，因此當大腦的某個特定部位無法正常運作時，就有可能發生這樣的事情。

　　當一個人的大腦中處理本體感覺訊息的主動推理系統無法正常運作時，即使他摔了一跤，他也意識不到自己摔了一跤，只會以為是「地面突然在眼前隆起打了我一巴掌」罷了。在我們的日常生活中雖然很少出現這種極端的情況，但稍微輕微一點的意圖與動作相悖的情況，卻普遍發生在每一個人身上。大部分的人都會想著「我現在要直直地向前走」或「我現在要直挺挺地站起來」，然後做出這個動作，而且也覺得自己是直線行走或挺直站立。但實際做出來的動作，卻是在身體不平衡的狀態下走得稍微歪歪扭扭或略微偏向一側地站起來。大腦以感覺訊息為基礎，在意識中透過主動推理對自己動作的「解釋」和實際動作之間往往存在著差距。發生這種差距的最大原因就在於大腦錯誤的推理習慣，才會對來自身體的本體感覺訊息總是做出錯誤的推理。由於這種推理是在無意識的情況下自動進行的，所以自己很難察覺到這一點。就算自己注意到「啊，我走得歪歪扭扭的」、「我走路沒有用到骨盆的肌肉」，或者「我縮著肩膀走路」、「我走路外八字」等等，而且也下定了決心要改，但是這種習慣卻不容易改掉。

　　為了完成「走」這一個動作，不僅需要協調身體的各個部位，在各個部位裡頭還會無意識地同時進行許多細微的動作，所以即使先設定了「我要直直地走」這個意圖，也未必真的能直直走。還有像放鬆肩膀、伸直腰、抬起頭等等動作也是一樣。為了解決這種問題，我們就必須學習重新設定意圖與動作之間的關係，並藉由反覆練習來養成新的習慣。這裡所謂新的「習慣」，與其說是新動作的習慣，不如說是與動作相關的新推理方式。更正確地說，就是當與動作相關的本體感覺訊息上傳到意識時，重新改變主動推理

對訊息自動解讀的方式，並透過神經可塑性烙印在大腦中。

本體感覺訓練的目的，是希望藉由關注意圖與動作的關係及動作與感覺訊息的關係，盡可能縮小意圖與動作之間的差距。並且期待能透過這種方式引導身體動作達到最自然的狀態，以擺脫錯誤姿勢或動作帶來的疼痛或消除情緒調節障礙。事實上，包含本體感覺訓練元素的傳統身心運動，在經常使用到身體的運動選手、舞蹈者、樂器演奏者、演員和配音員之間很受歡迎。

根據不同的傳統和歷史背景，有許多不同類型的身心運動，其基本概念或理論也稍微不同。但它們都具有一個共同點，那就是一概強調對本體感覺或內感受的自覺。當然，也有的身心運動完全不使用「本體感覺」或「內感受」的概念。事實上，東北亞的太極拳、氣功或印度的哈達瑜伽，雖然都具有強烈的本體感覺或內感受訓練元素，但卻有著與這些元素完全不同的悠久歷史和獨立的概念體系，就算是古代擺盪運動也同樣帶有強烈的身心運動性質。接下來，我們將探討對培養心理肌力有直接幫助的各種本體感覺訓練，其中也包含了現今所謂的「身心運動」。在進入正題之前，先介紹一個任何人都能夠輕鬆嘗試的動態冥想。

所有冥想本質上都是動態冥想

隨著冥想在全世界掀起一股熱潮，如今對冥想深感興趣的人愈來愈多。冥想可以促進身心健康和幸福感，也是一種任何人都可以愉快進行的、非常有益的愛好。正如運動有益身體健康一樣，冥想也有益心理健康。幾十年前很少有人認真運動，但現在「運動不可或缺」這句話已經成為了常識。類似的現象也發生在冥想界，過去只有宗教人士或特殊人群才會修行冥想，但現在世界各國正快速地普及生活冥想文化。

但也有人抱怨冥想後反而變得焦慮、難受。對於患有恐慌症等焦慮症狀或創傷性壓力症狀的人來說，很難做到平靜地坐下來，把注意力集中在呼吸上。能夠靜靜地長時間觀照自己的內在，就代表這個人的精神非常強健。當一個患有情緒調節障礙的人坐下來開始冥想時，最先浮現腦中的往往是負面想法，各種恐懼和負面情緒充斥在腦海中，慢慢地膨脹到難以掌控的程度，

最後反而得承受更大的痛苦。此外，有些人認為冥想應該會為他們帶來一些特殊的體驗，但這種偏見反而使得冥想變得更難、更辛苦。

冥想的目的不是要體驗特殊或神祕的狀態。閒暇時經常運動有益健康，冥想也一樣，只要每天抽點時間堅持冥想，對於提升心理肌力就有很大的幫助。冥想的核心不是「靜坐沉思」，相反地，是積極關注自己的身體和心靈。冥想是透過呼吸和放鬆身體來覺察自己存在於當下的訓練，冥想的核心是透過掌控自己的身體來駕馭自己的心靈。每一種修行都是經由身體通往心靈的旅程。

唯有透過身體，我們才能存在於當下。心靈會奔向過去或未來，然而，執著於過去會引發憤怒或創傷性壓力，而將記憶投射到未來則會導致焦慮或恐懼。當心靈停留在過去或未來時，就會出現壓力反應。唯有當身體和心靈都存在於當下，我們才能擁有幸福和正面情緒。冥想不分類型、方法和傳統，目的都是透過身體來感受自己活在當下，藉此消除負面情緒，所以我們必須積極地活用身體。

和其他所有類型的冥想一樣，在練習提升心理肌力的內在溝通冥想時，身心也必須隨時保持平靜。冥想時身心有不適感的話，那就不是正確的冥想。練習冥想的人不需要咬緊牙關，忍受痛苦，冥想只會給自己的身心帶來平靜、安詳和幸福的感覺。在冥想中進行呼吸訓練時，也要始終保持舒適，如果強行拉長或停止呼吸，反而有可能造成杏仁核活化，出現反效果。

冥想時，會有祥和、安寧、舒適、喜悅和快樂的感覺。否則你費盡心思練習的就不是冥想，而是其他的事情。屬於動態冥想之一的本體感覺或內感受訓練也一樣，訓練期間萬一身心出現不適感，就必須立即停下來。會有這種感覺是因為你哪裡做得不正確，或勉強做出不適合自己身體的動作。就如同強迫自己進行會對身體造成不適的運動，最後健康受損一樣，勉為其難地繼續練習不舒適的冥想，反而有礙健康。

堅持練習動態冥想一段時間之後，會發現自己的身心不知不覺平靜下來，並且從中湧出極度快樂的感覺，隱藏在記憶中的幸福和愉悅又重新出現。透過冥想不斷隨著自己的動作和呼吸練習下去的話，就會有一種不受任何事物束縛的自由感擴散到全身上下。你會在頸後、背部、腰部、肩膀、手臂、腿和腳尖實際感受到刺麻或酥麻的快感，內心中充滿別無所求的充實感

和滿足感，心靈富足得彷彿像擁有了一切似地。這真的是非常驚人的體驗。

我的心靈和身體重回正軌，一切都在完美運作的信心擴散全身。不只我的身心達到完美和諧，與周圍環境也形成了美好協調，這是無與倫比的幸福感。透過與身體進行內在溝通的動態冥想訓練，每個人都可以享有這種幸福感。以下是一些可以輕鬆入門的基礎本體感覺訓練。

> **Note 實際練習基礎動態冥想**
>
> **一、預備姿勢**
> - 以站立冥想的姿勢站直。
> - 確保整個人從尾骨到頭頂呈一直線。
> - 整個身體放鬆，注意力集中在呼吸上。
> - 尤其要一一確認咬肌、斜方肌、胸鎖乳突肌、顏面表情肌、舌下肌是否放鬆。
> - 閉上眼睛，或選擇一個點持續注視那一處。
> - 瞳孔不動，放鬆所有眼球肌肉。
> - 感覺體重全都落在腳底板。
> - 注意體重壓在腳底板上的力量。
>
> **二、用手掌掃描臉部、胸部和腹部**
> - 慢慢舉起雙手，掌心朝向腹部。
> - 就像用雙臂環抱一根粗柱一樣，以此姿勢將掌心掃過胸部、頸部和臉部前方。
> - 雙臂向上伸直，手張開，指尖直指天空，同時仰頭望著雙手。
> - 雙手慢慢放下，臉朝正前方，掌心朝著臉部，手臂慢慢放下。
> - 當手臂下降到臉部時，手掌距離臉部約一拃的寬度，放鬆肩膀和手臂，讓兩肘保持低於雙手的位置，雙手就像在掃描身體一樣，慢慢往下移動。
> - 手掌掃過臉部，再慢慢地向下移動到頸部、胸部、腹部和下腹部，

同時注意感受身體中手掌掃過部位的內感受。
- 當手掌經過腹部來到小腹時，稍停片刻，放鬆全身緊張。
- 放鬆腹部肌肉，注意力集中在體重瞬間直落腳底的感覺。
- 再次慢慢舉起手，重複以上的動作。

三、體重移轉
- 雙腳打開與肩同寬，身體站直後，膝蓋稍微彎曲。
- 保持膝蓋、腳踝與地面垂直的姿勢，不要讓膝蓋超過腳趾。
- 尾骨朝地面略為下沉，角度超過後跟，像微微往後沉坐一般。
- 肩膀放鬆自然垂落，手掌心朝向腹部。
- 放緩呼吸，將體重按照腳掌前、後、左、右順序輕輕地移轉。
- 將體重放在腳尖，再轉移到腳跟，然後再轉移到左、右兩側，集中注意力在整個過程中的感覺。（重複）
- 將體重從腳跟按照順時鐘方向畫圓，經過左側腳緣來到腳尖，再經過右側腳緣回到腳跟，動作重複四次。
- 這次按照逆時針方向移轉體重，以同樣的方式畫圓。（重複）
- 體重移轉過程中要隨時保持尾骨和頭頂呈一直線、與地面垂直的狀態，這點非常重要。
- 身體不要向左右或前後傾斜。
- 體重移轉的動作要非常細微安靜，從表面上幾乎看不出動靜來。
- 雖然自己可以感覺到體重在移轉，但動作要安靜，必須做到在他人眼中彷彿站著不動的樣子。
- 為了做到這一點，尾骨到頭頂的脊椎軸要保持一直線，以免晃動。
- 繼續集中精神，身體放鬆，專注身體給自己的感覺上。

四、單腳站立
- 將體重慢慢轉向右腳，這時也要保持身體的中軸不可晃動或歪斜。
- 體重完全移轉到右腳上，到左腳可以稍微抬離地面的程度。
- 把體重完全放在右腳上後，輕輕抬起左腳，腳踝放鬆。
- 如果很難抓住重心，可以讓左腳大腳趾輕輕觸地。

通過動態冥想調節情緒　　411

- 右膝稍微彎曲，但前緣不能突出腳尖，腳踝和膝蓋要呈一直線。
- 不能因為體重向右移動，上身就向右傾斜。
- 此時，從尾骨到頭頂的脊椎仍要保持與地面垂直的狀態。
- 試著感受頭部重量沿著脊椎、骨盆和腿直接傳達到腳底板。
- 在這種狀態下，就像體重經由右腳瞬間落地般，穩穩站在地上。
- 為了做到這一點，身體要保持完全放鬆。
- 盡可能將注意力集中在大腿的股肌、膝蓋周圍、腳踝、肩膀、腰部、腹部所傳遞的本體感覺。
- 慢慢地呼吸，探索身體是否還有哪個部位依然緊繃，慢慢地逐一緩解。
- 再次慢慢將重心轉向左腳，以同樣的方式將體重完全移到左腳來。
（左右重複）

五、慢慢走動

- 右手微微握拳，輕輕地放在腹部上。
- 左手用手掌溫柔蓋在握拳的右手手背上。
- 在肩膀完全放鬆的狀態下，將手從腹部稍微拉開一點距離。只要感覺到肩膀有稍微一點用力，就把手再輕輕地放在腹部。
- 雙手放在兩側手肘約呈直角的位置上。
- 肩膀完全放鬆，下巴與地面平行。
- 以單腳站立的姿勢，將體重放在左腳上，右腳從大腳趾輕觸地面的狀態開始動作。
- 微微抬起右腳，腳跟放在左腳大腳趾旁，用整個腳掌緩緩踩在地面上。
- 這時，自然而然地將體重從左腳移轉到右腳上。
- 慢慢吸氣，體重移轉到右腳的同時，左腳稍微抬起腳跟。
- 體重完全移轉到右腳後，稍微抬起左腳，向右腳方向移動。
- 這時，左腳掌離地面約二至三公分的程度，與地面保持平行狀態移動。
- 左腳跟放在右腳大腳趾旁邊。此時，體重仍然要放在右腳上。

- 用左腳輕輕按壓地面，開始移轉體重。
- 以同樣的方式將體重移轉到左腳上，右腳從腳跟開始慢慢抬起。
- 以這種方式，將一隻腳的腳跟放在另一隻腳的大腳趾旁邊，繼續走下去。（重複）
- 將注意力集中在例如抬腳、腳底與地面保持平行移動、腳落地等所有動作中所感受到的本體感覺。
- 當體重左右前後移轉時，嘗試感受身體的中軸是如何移動。

影像資料p.518：
joohankim.com/data

通過動態冥想調節情緒

本體感覺訓練的
各種型態

拉筋運動與肌力運動

　　本體感覺訓練的核心是謹慎觀察身體在每個動作中發出的各種訊號。代表例子便是瑜伽、皮拉提斯、伸展運動等拉筋運動。進行這種運動時要注意的是，如果只顧著在外型上模仿特定姿勢的話，只能提升身體的柔軟性，得不到本體感覺訓練的效果。本體感覺訓練的目標，不在於極力模仿某些特定姿勢，而在於採取特定姿勢移動身體的過程中，要明確感受到身體持續發出的各種訊號。最重要的是，要持續注意肌肉和關節所傳遞的本體感覺。

　　就拿我們周圍時常可以接觸到的瑜伽（哈達瑜伽）為例。瑜伽是一種具有悠久歷史的動態冥想，也是非常好的身心運動，可以同時提升對本體感覺和內感受的自覺能力。要做到真正的瑜伽，就不能把目標放在擺出特定姿勢上。當我們要擺出特定姿勢時，必須將注意力集中在身體所傳遞的本體感覺和內感受上，試著去傾聽身體發出的聲音，和自己的身體進行內在溝通。

　　為了做到這一點，就不能錯過每一次的呼吸。呼吸比姿勢更重要，所以不要錯過呼吸，要跟上呼吸的節拍。當我吸氣時，我必須意識到「我正在吸氣」；當我呼氣時，我必須意識到「我正在呼氣」。每一次呼吸都必須如此，還要注意每一個呼吸在自己身體的哪個部位會出現什麼樣的感覺。這才是瑜伽！記住，瑜伽的每一個動作都是為了覺知呼吸的工具。練習瑜伽時，一定要將「絕不錯過每一個吸氣和呼氣」作為首要目標，比起能否擺出某種特定姿勢，這一點更為重要。瑜伽是為了專注在呼吸上才採取各種姿勢，反其道而行就不是瑜伽了。

　　在瑜伽課程中，往往只強調要按照講師的動作去做，學員們也只顧著要擺出特定姿勢。他們並不在乎能否感受到自己身體所發出的本體感覺和內感

受,只會邊看著自己在鏡中的身影,邊擺出特定姿勢。就算他們擺出了高難度的動作,也只不過是類似瑜伽的伸展運動罷了。

以後,當你在練習瑜伽時,最好不要再一直看著自己在鏡中的身影,偶爾飛快瞥上一眼就夠了。相反地,你應該閉上眼睛,把注意力放在呼吸上,認真感受身體給出的感覺。衡量進步的標準不是身體變得有多柔軟,而應該是自己能否掌握每一次的呼吸,跟上呼吸的節拍。我們必須領悟到,重要的不是我在別人眼中的身體(body),也不是我映在鏡中的身影,而是我用內在之眼看到的自己軀體(soma)。

練習瑜伽受傷的事情時有所聞,這是因為學員強迫自己跟著擺出同樣的姿勢才會發生這種事情。無條件提高柔軟度無助於成就健康的身體,皮拉提斯或各種伸展運動也是一樣,練習的同時也要注意每一個動作給自己核心肌肉帶來什麼樣的感覺才對。唯有如此,才能同時培養身體和心理的肌力。

本體感覺訓練不只能透過瑜伽或伸展運動等拉筋運動來實現,也可以透過重量訓練之類的「肌力運動」來完成。重複進行同樣動作的肌力運動時,也要伴隨著呼吸的節奏,時時刻刻注意每一個動作中從肌肉和關節所傳遞出來的感覺。因為肌肉上分布了大量本體感覺接受器,所以無論進行什麼樣的肌力運動,只要練習時慢慢專注在身體各部位的感覺上,就可以達到本體感覺訓練的效果。如果只關心自己今天舉重舉了幾公斤,或者特定動作重複做了多少次的話,那就很難堪了。進行肌力運動時,動作要慢、要正確,同時也要時時刻刻關注身體給自己帶來的感覺。不只要把注意力放在肌肉的動作和負荷量上,也要注意肌肉收縮時和放鬆時都不能放鬆警惕,仍然必須集中精神來覺察每個動作所帶來的細微感覺。唯有如此,即使運動的時數相同,可以獲得的肌力運動效果會更大。

慢跑冥想:第二區(Zone 2)有氧訓練

本體感覺訓練也可以透過有氧運動來實現,就舉最簡單的有氧運動——慢跑為例。首先要注意呼吸,最重要的是保持從尾骨到頭頂呈一直線,身體放鬆。然後確定頸部、肩膀、手臂、腿部或身體各個部位都沒有緊繃的現象,再開始慢慢跑起來。尤其要保持腹部放鬆,肚子整個鬆弛下來的感覺。頭部舒服地立起來,感覺頭頂快要升天似地。另外,肩膀保持下垂,以免斜

方肌緊繃造成肩膀聳起,要感覺耳朵和肩膀距離逐漸加大。兩手肘要有前後移動,而不是對角線移動的感覺。雙手移動時不要來到胸口前方,而要在身體兩側前後移動,這樣才容易緩解肩膀的緊繃狀態。

開始跑步大約五分鐘之後,呼吸和心率就會慢慢穩定下來。從這時開始,就要集中注意力去覺察跑步時身體所傳達的所有感覺,譬如腳底觸及地面的感覺、手臂和腿部所感受的各種感覺、從臉上掠過的風及手臂的動作所帶來的感覺等等。

同時,還要盡可能辨識踏出每一步時,腳底所傳來的各自略為不同的感觸。這麼一來,呼吸會變得更舒暢、更有規律。步頻(Cadence)保持在每分鐘170到180步是最自然的,如果覺得這樣的步頻太慢,可以稍微縮小步幅,在不提高跑速的情況下加快步頻。

跑步時,如果腰部挺直,感覺自己正在寧靜地冥想,就會出現雙腿彷彿自動向前跑的感覺。腳底、腳踝、膝蓋、臀部、腰部、背部、頸部等主要關節變得柔軟、自在,就像在柔軟的雲端上奔跑似地,還有一種腳底踩在地面上的重量愈來愈輕的感覺。上半身從臀部到頭部保持靜坐似的平靜,只有下半身舒服地跑動著,就像靜靜地騎在馬上一樣。沒有任何要跑到哪裡、跑多久的意圖,只有在呼吸中感受自己存在於當下,極致的快樂充滿全身,這就是慢跑冥想,一種專注本體感覺的有氧運動。

比起靜坐冥想,慢跑冥想顯然更能集中注意力,冥想的效果也更好。除了在室外進行的慢跑運動之外,本體感覺訓練也可以透過如室內腳踏車或划船機等各種在室內進行的有氧運動來完成。因為是在心率較平時稍高的情況下維持一段時間的規律狀態,所以對緩解諸如焦慮症或憤怒等負面情緒有非常卓越的效果。專注本體感覺的有氧運動真可謂是最佳的心理肌力訓練。

練習有氧運動時有一點要注意的是,大多數的人運動過於劇烈,反而成為一大問題。很多人經常犯的錯誤就是,往往鍛鍊到氣喘吁吁、體力耗盡才肯停下來。因為他們誤以為這麼做有助於增強體力,達到最大的運動效果。有許多人只要一聽到慢跑是一種強化心理肌力的有氧運動,便誤以為一定要發揮意志力、咬緊牙關全力向前跑。像這樣耗盡所有體力運動的方式,不僅效果微乎其微,反過來還有可能造成身心衰弱的副作用,負傷的風險也更大。如果想讓訓練本體感覺的有氧運動發揮最大效果,那麼最好調整運動強

度，讓心率一直維持在第二區的程度，我強力推薦所謂中等強度有氧耐力（Zone 2）訓練。

如果說最低強度的運動為第一區（Zone 1）的話，那麼接近最大心率的最高強度運動就是第五區（Zone 5）。根據情況的不同，運動強度也可分為六區或七區。比起慢走程度的第一區運動，強度稍微劇烈一點的運動就是第二區（Zone 2）運動。Zone 2運動時，心率也最好保持在上端，也就是將將進入第三區之前的強度是最合適的。在這區段最能有效促進我們身體的新陳代謝作用，也是進入身體的氧氣量和肌肉消耗的氧氣量正好達到均衡的程度。如果運動的強度比第二區再劇烈一點的話，原本的有氧運動就會逐漸轉換為無氧運動，體內就會開始堆積乳酸。乳酸可以產生熱量，並防止肌肉的損傷和疼痛，本身是很好的東西。但是一旦乳酸開始堆積，就表示此時的運動狀態已經超越了有氧運動的極限範圍，於是身體便開始採取完全不同型態的能量產生方式。因此，第二區運動的關鍵，就是在不越過第三區運動的分界線情況下保持運動的強度。

如果能堅持練習第二區運動，保持吸入的氧氣和消耗的氧氣達到均衡狀態的話，就可以提高細胞的能量生產效率。更正確地說，第二區運動不只能強化粒線體（mitochondrion）功能，還能提高粒線體數量，對增強免疫力和防止老化也很有幫助。這種效果在第三區以上的運動中很少出現，這也表示無條件進行劇烈運動不一定就好的意思。

最有效的有氧運動是將總運動時間80~90%用於第二區運動，10~20%用於劇烈的第四區或第五區運動。例如，進行一小時的有氧運動時，可以用50分鐘左右的時間保持第二區心率，然後在最後10分鐘（或5分鐘）的時間裡進行接近最大心率的第五區運動。這麼做比起60分鐘的時間裡一直全力運動，直到體力完全耗盡為止的方式，在增強體力或提高運動能力方面效果更佳，而且也有助於改善心肺功能。事實證明，對於要求極限心肺功能的自行車選手們來說，在培養心肺持久力和最後衝刺時的強大肌力和爆發力方面，以第二區為主的訓練會比高強度間歇訓練更有效果。

當然，在進行第二區訓練期間，本體感覺訓練也會變得容易得多。第二區運動的困難點在於，無論是30分鐘還是50分鐘，要在這麼長的時間裡保持恆速慢慢地跑（慢慢地運動）才行。在這期間可能會感到無聊，也可能產生

想跑快一點的衝動，或者跑著跑著一分心，不知不覺心率就跳到第三區去了。因此在整個運動的過程中，必須一直注意自己的身體和心率。第二區有氧運動可以說是保持身心健康絕佳的運動冥想。

> **Note 如何計算第二區運動的心率**
>
> 如何才能知道自己的第二區心率呢？雖然心率因人而異，但一般來說大概是介於最大心率的65~75%的範圍內。如果想準確測量的話，可以在進行有氧運動時即時測量乳酸濃度，但這麼做對一般人來說有困難。不然，也可以透過心率求取近似值。第二區心率的閾值（Aerobic Threshold，AeT，進入第三區前的最大值）計算公式如下：
>
> 0.7×（最大心率-安靜心率*）＋安靜心率
>
> 按照這個公式的話，我的第二區心率閾值是141（0.7×（179-52）＋52＝141）。然而，在我看來，這個公式給出的數值似乎有點高，因為這個數值幾乎接近最大心率的80%。而最大心率的75%（179×0.75＝134）似乎才是計算第二區閾值更準確的方法。
>
> 無論如何，根據這個公式計算出自己的第二區閾值（有氧運動最大心率）後，接著在整個運動過程中也要持續即時監測自己的心率，維持這個數值的心率，這才是最重要的，可以使用智慧型手錶或運動手環輕鬆準確地測量出自己每分鐘心率。而安靜心率則可以在每天早上一醒來，就躺在床上測量。早上醒來之後躺著測得的心率，會比舒服地靜坐在椅子上測得的心率要來得低一些。我靜坐測得的每分鐘心率是58左右，早上醒來到起床之前的每分鐘心率則為52左右。
>
> 維持第二區心率運動的狀態，大概就是可以邊運動、邊和旁人簡單交談的程度。例如當我運動時接到來電，我的呼吸會有點喘到足以

---

* 安靜心率是指在清醒、不活動的安靜狀態下，每分鐘心跳的次數。

> 讓對方察覺我正在運動，但我還是可以毫無大礙地繼續說話，大約就是這種程度的運動強度。由於第二區有氧運動是讓心臟均衡規律跳動的訓練，因此對提高情緒調節能力有很大的幫助。萬一你氣喘吁吁到有礙交談程度的話，那你的心率很有可能已經超過了第二區，這點要多加留意。

游泳：水下冥想

　　透過有氧運動的本體感覺訓練中，最好的冥想法就是游泳。沉浮在水中的修行，從很早以前就被認為是效果卓越的動態冥想。從本體感覺訓練的角度來看，水下冥想在各方面都很有效率，尤其是我們在日常生活中感覺不到的嶄新感覺訊息更是潮湧而來。首先，在你進入水中時，會有水包裹了整個身體的感覺，而且在水中會明顯感覺到肌肉和關節傳來的重力感變輕，同時在水中的動作會比在空氣中的動作遇上的阻力更大，因此即使是在水深只達腹部或胸口的游泳池中走來走去，就可以進行足夠的本體感覺訓練，只要從泳池的一端慢慢以直線走到另一端即可。不過要保持身體重心，以端正的姿勢向前走不是那麼容易的事情。這時，將注意力放在四肢所傳來的感覺、水中移動體重時的感覺、腳底觸地的感覺等，同時也要跟上呼吸節拍，這樣就等於在進行絕佳的動態冥想，也是一種本體感覺訓練。

　　當然，也可以一面游泳，一面進行動態冥想。首先，必須要有在水中沉浮的感覺，因此必須抱著把一切交給水的心態下水。以輕鬆的心情放鬆全身，把整個身體都交給水，毫不抗拒水的擁抱，這樣才浮得起來，這就是「無為自然」的感覺。下水後，首先就要有這種「即使無所為也自然成事」的感覺才行。

　　在泳池裡看到的大多數人，都只想著要征服水，游泳時全身緊繃，一心只想分水前進。雖然不知道這算不算游泳，但這絕不是動態冥想。事實上，正確的游泳方式是不能與水相對抗的。不能為了不沉下水中就胡亂揮動四肢，或為了戰勝水而與水爭鬥，這種行為不是游泳。如果對水抱著抵制、抗拒的態度，一心只想用強勁的四肢力量分水向前游，包括肩膀、手臂、腿、

頸部等在內的整個身體必然會變得很緊繃。一旦抗拒水，反而會沉到水裡，這就和抗拒生活反而很難克服生活一樣。所以，首先要學會接受水。

接受水是要徹底臣服（total surrender）於水，把自己完全交給水。水下冥想的第一步，就是要把自己完全交給水，接受水。當我接受水的時候，水也會接受我，這個道理得用你的身體來體會。當你感覺自己浮在水面時，就可以滑進水中，享受水碰觸皮膚的快感，然後保持著彷彿水托著自己全身輕輕滑行似的感覺向前游。

以自由式為例，划水的手和手臂輕輕出水，再靜靜進入水中，此時不應該有拍水聲或水滴飛濺。臀部和腿部也同樣在水中輕輕擺動，雙足要保持在水下，不要浮出水面打水，弄得水花四濺，這樣才會有像在水中平穩穿行的感覺。同時，要感覺身體在不斷拉長。自由式不是身體不動只有手臂動的形式，所以在整個游泳過程中，最好避免以胸部朝著池底固定不動，只划動手臂的方式游泳。右手伸直的時候，從右邊腋下到肋下、臀部、大腿，整個身體的右側要對著池底，然後換左手伸直的時候，全身翻轉180度，讓身體整個左側朝向池底。像這樣透過身體側面的浮動，將水的阻力降到最低，才能輕柔滑順地向前游動。隨著這樣的動作，身體會很自然地翻轉，做出轉身動作，連帶地手臂也會隨之自然划動。比起划水的感覺，轉身的感覺更重要，划水應該只作為轉身所表現出來的結果才對。

呼吸也一樣，不要讓頭部高於水面，如果為了呼吸把頭部抬出水面的話，頸部和肩膀就會用力，頭一抬高，破壞了身體平衡，身體就會往下沉。為了呼吸整個頭部浮出水面的狀態下身體翻轉的時候，頭部跟著一起輕微轉動即可。重要的不是抬頭的動作，而是轉身時下巴也跟著一起微微轉動的感覺，光靠這個動作就足以讓嘴露出水面上呼吸。盡可能只讓半個臉露出水面，也就是說，必須有一側的眼睛保持在水裡。轉頭吸氣的那一瞬間，也要像枕著枕頭舒服地側躺著似的，讓頭部浮在水面上。

無論是右側還是左側，可以一直保持用單側呼吸，也可以每划動三次手臂，頭部跟著左右輪流轉動一次呼吸。當然，也可以每划動四次手臂就來一次深呼吸。初次練習水下冥想的人，最好從閉氣在水面下漂浮的練習做起。因為一開始時先閉氣，才能更真實地感受到身體漂浮在水裡的感覺。還有，頭頂要保持對著前進方向。

這時，與水外運動完全不同的水中運動本體感覺便會傳遞過來。在這種狀態下，集中精神體會各種感覺，譬如水接觸全身的感覺、滑入水中的感覺、放鬆漂浮的感覺等等。同時，注意力也會自然而然地放在呼吸上，這就成為深具效果的本體感覺訓練。在水中，即使只是輕微破壞平衡，身體漂浮的感覺也會整個不同。愈仔細關注這種變化，你的水下冥想就能成為愈好的本體感覺訓練。另外，練習水下冥想，也會讓你游得更輕鬆自在，59而且還能附帶讓你減少手臂划動的次數，前進的速度卻變得更快。

古代擺盪運動：波斯棒鈴、錘鈴、壺鈴

古代擺盪運動是最激烈的本體感覺訓練，波斯棒鈴（Persian Meels）、錘鈴（gada）、壺鈴（Kettlebell）等古代擺盪運動，基本上都是身體配合自然擺盪運動的動作所構成。因為擺盪運動是根據重力形成的，因此全身會按照固定的時間間隔有節奏地反覆左右或上下運動。俗稱波斯瑜伽的波斯棒鈴和改良印度瑜伽修行者使用的卡達而成的錘鈴，兩者的共同點就在於擺盪運動。所以，我想將這兩者放在一起稱之為「古代擺盪運動」。

壺鈴的歷史也很悠久，從數千年以前印度和中國等世界各國似乎就已經在使用石頭製成類似壺鈴的運動工具。最典型的壺鈴動作有將壺鈴舉到胸部高度的「上搏」、手臂伸直將壺鈴高舉過頭的「挺舉」、將壺鈴吊在雙腿之間再高舉過頭的「抓舉」等。其中稱得上壺鈴之花的抓舉或上搏等動作，也帶有擺盪運動的元素。因此，我們可以把壺鈴也包括在內，將波斯棒鈴、錘鈴和壺鈴這三種運動共同稱為古代擺盪運動。

波斯棒鈴通常指的是一種木製大棒槌，「Meel」就是棒槌的意思。波斯棒鈴的形狀從手柄愈往下愈粗，所以重心在棒槌的部分。我們雖然可以用波斯棒鈴做出各種動作，但最基本的動作就是先用兩手各握住一根棒鈴置於肩膀後方，在背部甩動後，再拉回原來的位置。左手握的棒鈴就象徵盾牌，右手握的棒鈴就象徵長刀，所以棒鈴姿勢就很類似一手舉盾防禦、另一手持刀劈下的模樣。先甩右手，再把右手上的棒鈴當成盾牌，換左手上的棒鈴甩到背後，像要舉刀下劈一樣舉起來。左右手交替，重複這兩個動作。

波斯棒鈴的核心在於背後做出擺盪運動的棒鈴。為了在背後做出自然擺盪的運動，手繞到頸後的同時，還要放鬆手腕和肩膀的力量，棒鈴的重心才能做出自由落體運動。然後以不至於讓棒鈴掉到地板上的力道輕輕握住棒鈴，手腕放鬆，同時一面移動體重，一面旋轉身體。當棒鈴的自由落體運動以頸後的手腕作為固定點開始進行擺盪時，利用身體旋轉和體重移動就可以讓扭力（torque）瞬間加速。將右手上的棒鈴甩過右肩落在背後，同時右手固定在頸後，讓棒鈴下方的重心部分開始擺盪。這時，如果將體重移動到右腳上，身軀轉過來讓身體正面朝左的話，擺盪到左背的棒鈴重心就會移轉到右背，以擺盪方式晃動起來。當棒鈴末端的重心上升到右背後方時，棒鈴的重量就幾乎消失，速度也會慢下來。在擺盪運動中，擺錘來到最低點時速度最快，會覺得最沉重，但是擺盪到最高點時，會感到擺錘的速度變慢，重量變輕。就在這一瞬間，如果將身體輕輕轉到左邊，頸後的右手往前拉的話，就可以用極小的力量拉回棒鈴。接下來，這次將左手上的棒鈴甩過左肩落在背後，左手固定在頸後，手腕放鬆，讓棒鈴的重心從右背往左背擺盪。同時，將體重移到左腳，旋轉身軀，讓身體正面朝右。然後以同樣的方式，當擺錘的重心來到左背時，從左肩後方輕輕拉回棒鈴，然後不斷重複這些動作。

　　錘鈴原名「卡達」（gada），本來是印度瑜伽修行者自數千年前開始就一直沿用至今的運動工具，最早是在竹子尾端綁上石頭，用兩手握著在背後甩動。卡達原本是印度教眾猴神哈奴曼隨身攜帶的一種武器，《西遊記》中孫悟空揮舞的如意金箍棒就是「卡達」。當卡達傳到西方以後，是以鐵管尾端裝上圓錘的型態推廣開來，被稱為「錘鈴」（Macebell）。模樣就像一根大棒棒糖一樣的錘鈴也像波斯棒鈴一樣是在背後轉動的。一手或雙手握住棒子尾端，把圓錘甩到背後，雙手固定在頸後引起擺盪運動。先將圓錘甩過左肩，從左背擺盪到右背之後，再從右肩拉回來。然後再換成甩過右肩，從右背擺盪到左背之後，再從左肩拉回來。然後不斷重複這些動作。此外，也可以豎起錘鈴將圓錘舉到臉前的高度，甩過肩背，再翻轉回到臉前。無論是哪種方法，都要讓錘鈴的圓錘在背後由左擺盪到右、由右擺盪到左。而當圓錘擺盪到最高點，也就是擺盪速度最慢、重量變得最輕的那瞬間，輕輕拉回來，這一點和波斯棒鈴是一樣的。

　　無論是古代波斯戰士們使用的波斯棒鈴，或印度瑜伽修行者使用的錘

影像資料p.530：joohankim.com/data

【圖9-4】波斯棒鈴 波斯棒鈴的動作主要是在背後產生的擺盪運動，因此它是透過本體感覺傳遞的，而不是透過視覺或觸覺。棒鈴的擺盪運動會傳遞到全身，因此必須藉由整個身體的旋轉和重心的移動來完成。

鈴，其運動方式都驚人地相似。雖然這兩種運動工具的外觀差別很大，但操控方法卻幾乎相同，使用波斯棒鈴的運動甚至被稱為波斯瑜伽，兩者全都算是作為動態冥想的瑜伽。

而其關鍵就是在背後製造出擺盪運動，要做到這一點，就必須讓身體動作配合擺盪運動的節奏，透過體重移動或身軀旋轉等整個身體帶有節奏的動作來製造擺盪運動。擺盪動作必須和整個身體的動作合而為一，這本身和普通的重量訓練中操作啞鈴或槓鈴的方式是完全不同的概念。

啞鈴運動多為單關節訓練。換言之，啞鈴運動雖然是由各種動作所組成，但是是在身體固定不動的情況下，只單獨訓練想要刺激的肌肉而已。一

般重量訓練是利用圓錘的重量給特定肌肉增加負荷的運動，但是古代擺盪運動卻是透過全身動作和擺錘動作合而為一的運動。因此它可以輕鬆在背後轉動擺錘，這是啞鈴作為單關節運動所無法舉起的沉重重量。而且，把重心放在長長的棒子末端使扭力大增的情況下重複擺盪數百次，這種動作只有充分利用整個身體的旋轉才做得到。

　　古代擺盪運動是必須動員全身的本體感覺才能做到的代表性本體感覺訓練。相較於一般的肌力運動，古代擺盪運動的最大特徵就是幾乎完全依賴本體感覺來完成，而不是靠視覺或其他感覺訊息。無論是波斯棒鈴或錘鈴，都不是直接用眼睛觀察來控制擺盪運動的。由於棒子主要的動作都是在背後進行，所以無法用眼睛觀察控制，全部都必須憑藉經由手和手腕傳來的感覺來獲得擺盪運動的所有訊息，再配合著調整整個身體的動作。也就是說，來自手臂、肩膀、背部、身軀、腿部和腳底的重量必須透過本體感覺才能獲悉。唯有如此，我們才能配合擺盪運動的節奏，和諧地做出移動體重和旋轉身軀的動作。

　　壺鈴的抓舉也是一種擺盪運動，波斯棒鈴和錘鈴的結構是重心位於長棒的尾端，但壺鈴因為只有重量錘，因此必須把自己的手臂和身體當成長棒使用。抓舉時，在垂下壺鈴的動作中必須放鬆手臂的力量，讓重量錘像做自由落體運動一樣。如果是用右手抓舉的話，便要將右肩當成固定點，挺直腰，手臂置於雙腿中間往後伸直，將壺鈴從雙腿之間往臀部後方擺盪。當壺鈴擺盪到臀部後方的最高點又穿過雙腿中間盪回到身體前面的那一瞬間，也就是用最快速度經過最低點的那一刻，挺腰站起來，把壺鈴舉到眼睛高度，也就是來到擺盪運動的頂點，這瞬間重量錘的重量幾乎完全消失。這時，身體稍微轉向左側，手伸直將壺鈴舉過頭頂，抓舉動作就算完成。接著再自然地將舉過頭頂的手臂放下來，低頭將手臂伸向臀部後方，繼續重複擺盪動作。當壺鈴的上下運動與體重的左右移動及身體的細微旋轉運動合而為一時，動作會變得更順暢。

　　擺盪運動的關鍵在於必須讓尾端重量錘的擺盪動作與身體動作達到和諧的連動。擺盪動作的末尾會有一個重量消失的落點，也就是重量錘的速度呈零的最高點。相反地，當重量錘來到最低點時速度最快，傳遞到身體的阻力也最強。那份阻力會透過體重移動由全身承受，重量錘又會漸漸慢下來，當

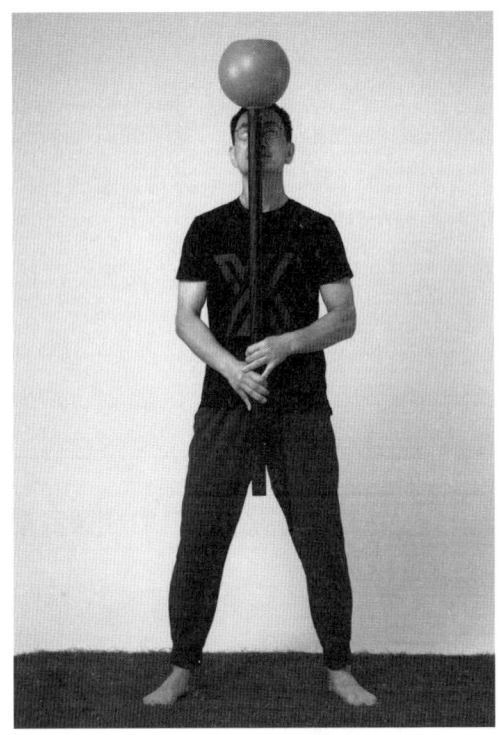

影像資料p.532：joohankim.com/data

【圖9-5】錘鈴（卡達）　錘鈴的動作與波斯棒鈴一樣，主要是在背後引起擺盪運動，所以必須利用傳遍全身的本體感覺來操作。

速度和重量全都消失的那一瞬間，輕輕一扯就能舉到肩膀或頭上。

古代擺盪運動的固有特徵可概括如下，身體按照一定的節奏反覆左右旋轉或左右交替，利用擺錘的重量（重力）來引發擺盪運動。但在這個過程中，身體不是用來控制擺盪運動，而是幫助和保護擺錘的自然移動，以便與擺錘的動作融為一體。因此，使用核心肌力比使用四肢更重要，必須時刻保持身體放鬆的狀態。進行擺盪運動時肌肉不要一下子用力，而是要做出順暢、反覆、有規律的動作。

波斯棒鈴和錘鈴運動乍看之下像是利用手和手臂的力量來甩動棒子，但實際嘗試過就會發現，棒子要靠全身有節奏的動作來甩動。由於身體必須在不妨礙自然擺盪運動的情況下移動，所以到最後會分不清究竟是我轉棒子，

還是棒子轉我。所以古代擺盪運動可說是必須達到物我合一境界才能完成的運動。因為這些動作必須透過全身感覺才做得出來，所以一定會使用到本體感覺，古代擺盪運動真可說是專為提升本體感覺所設計的最佳運動。使用波斯棒鈴的波斯瑜伽和印度瑜伽修行者使用的卡達為什麼會被作為駕馭心靈的運動流傳下來，很明顯是因為這兩種運動不僅都是強大的本體感覺訓練，而且從它們有節奏地引導身體和視線左右移動這點來看，也具有非常有效的EMDR訓練元素。所以說，古代擺盪運動稱得上是利用身體的本體感覺進行心理肌力訓練的精髓。

太極拳：本體感覺訓練與內感受訓練的綜合版

如果說上面我們探討的運動都是以本體感覺為主的運動，那麼接下來我們要探討的運動就可以說是不限於本體感覺，還包括了內感受在內的綜合性動態冥想。強調以腸道神經系統為中心的內感受訓練和透過身體感應本體感覺的傳統運動訓練，有太極拳、氣功、昆達里尼瑜伽等；而屬於現代訓練法的，則有費登奎斯療法和亞歷山大技巧等。這些訓練法全都著重於培養對內在能量的自覺能力，也就是透過四肢動作引導橫膈膜或腸道運動，並自發地覺察這種運動所帶來的內感受，藉此活化迷走神經系統。

太極拳的動作有許多是透過四肢的外在動作來與臟腑能量相互感應。實際上，太極拳的「套路」練習久了就會發現，全身會變得很輕鬆，能夠清楚感覺到內在能量的流動。太極拳的「套路」是「成套路數」的意思，本身是由一連串行雲流水般的基本動作所組成，便於反覆練習。為了更清楚地感覺氣的流動，一個套路中安排了一連串在陰陽和諧考量下依序進行的動作。

在太極拳一連貫的動作中，可以感受到腸道的運動，而且腸道的重量會透過骨盆和股關節直接傳遞到腳底。太極拳的動作雖然無聲輕柔，卻能產生強大力量，一瞬間將來自臟腑的能量很自然地釋放到手、腳、肩膀等處，這種行為就稱為「發勁」。這時，以尾骨為中心的身體基本軸是固定不動的，也就是站在無可撼動的中心點上發力。把腹部放在從尾骨到頭頂的一直線上，於腹部與尾骨呈一直線的姿勢中進入保持完美平衡的「立身中正」狀

影像資料p.536: joohankim.com/data

【圖 9-6】太極拳 太極拳的「套路」是「成套路數」的意思，其本身是由一連串如行雲流水般的基本動作所組成，便於反覆練習。太極拳把注意力集中在套路上，是一種可以同時體驗內感受訓練和本體感覺訓練的非常有效的動態冥想。照片是「單鞭」（左側）和「進步搬攔捶」的動作。

態，並同時有效放鬆與腦神經系統相關的所有肌肉部位。肩膀和手肘同時放鬆，做出「沉肩墜肘」的動作時，斜方肌和胸鎖乳突肌的緊張也會跟著緩解。若想獲知自己身體在這種平衡和放鬆中的動靜，就必須全神貫注在身體所發出的感覺訊號，所以太極拳是本體感覺訓練。而在太極拳中所強調的立身中正或沉肩墜肘，雖然名稱不同，但在古代擺盪運動或水下冥想的動作中也同樣強調這些元素。

太極拳的套路動作，雖然也偶爾有快如閃電的招式，但還是以動作非常緩慢的招式為主。這是因為要一面細細體察與動作相關的意圖訊息和動作結果的感覺訊息，一面要移動身體的緣故。一般的運動或動作的執行，大多是為了實現期待特定結果的「意圖」。譬如為了達成擊中球或打敗對方之類的「意圖」，我們才有所行動。但太極拳訓練中，卻是無時無刻在觀察自己的意圖透過身體以何種方式表現出來，以及這種動作會帶給自己什麼樣的感

本體感覺訓練的各種型態　　427

覺。和意圖同樣重要的，是來自自己身體內部的感覺，那種感覺有可能是「氣」，也有可能是其他的能量。太極拳套路中的招式，與其說是針對外界特定對象的動作，不如說是針對自己內在的動作。因此，透過這些動作，也可以說是通往自我意識的一次自我參照過程旅途，所以太極拳也是一項強大的心理肌力訓練。

太極拳的每一個動作都是悄然無聲的，因為太極拳的招式都是自我意識導向的動作，而自我意識中充滿了寧靜和真空。在這無聲中凝聚著爆發性的能量，太極拳不是空間中的運動，而是透過動作創造新空間的運動，也是在無聲與空間中將自己的意圖與感覺融為一體的運動。與此同時，還要持續關注自己的內在。更具體地說，就是將注意力放在自己的腸道與關節上。關節不是固定的實體，只是骨頭與骨頭締結關係的空間而已。腸道也一樣，其本質是空無一物的，在回歸「無」的動作中就會產生強大的能量。

另一方面，太極拳在保持立身中正的同時，也不斷將體重左右移動來連貫不同的動作。事實上，太極拳的強大能量可以說就源自體重的移動。太極拳中幾乎沒有體重以五對五的比例平均分配在兩隻腳上的動作，套路的所有招式都是以左右腳虛實交替、體重隨之移動的方式進行。與此同時，視線或身體的方向也會跟著左右交替移動。而且，藉由身體的旋轉就可以將東西南北八個方位和上下動作結合在一起。所以太極拳不僅是本體感覺和內感受訓練的權威版，也可以說是結合身心運動與EMDR的全面而立體的完結版。因此，過去數十年期間有無數的研究結果持續證實，太極拳對於焦慮症、壓力、心理創傷等具有顯著療效。[60]

氣功與昆達里尼瑜伽

太極拳和氣功的各種動作可以藉由集中注意力在本體感覺和腸道的運動，讓自己清楚地覺知內感受。吐納法等呼吸技巧，或是透過上下左右和對角線移動四肢的五禽戲等的動作，都能有效提高對內感受的自覺能力。道家傳統中的丹田呼吸和昆達里尼瑜伽中的「火呼吸」（breath of fire）也是著重於內感受的呼吸訓練。我不相信丹田的存在，但我相信丹田呼吸訓練的效

果。因為當一個人相信丹田的存在，然後一面呼吸，一面專注自己腸道感覺的話，最後對內感受的自覺能力一定會提高。所以，作為一種內感受訓練法，可以假定有「丹田」這種虛幻的存在，然後專注於此，這也是一種非常合理的方法。

昆達里尼瑜伽中提到的「脈輪」（Chakra）也是一樣。我不相信脈輪作為醫學實體存在於我們的身體中，脈輪與特定顏色相關的說法更加不可靠。因為顏色與事物的內在本質一點關係都沒有，顏色或光線只不過是當眼睛和大腦的視覺系統對特定頻率的電磁波做出反應時由大腦產生的東西而已。在我看來，海底輪或下丹田是特定顏色的說法毫無意義。事實上，給身體各部位、脈輪、丹田等添加色彩或意義的方式，只是根據各地文化或宗教派別的傳統而各說各話罷了。

不過，我雖然不相信脈輪的存在，但我相信昆達里尼瑜伽的各種克里亞（Kriya：一連串動作）瑜伽的效果。因為昆達里尼瑜伽的動作都包含了對內感受的強大自覺訓練。昆達里尼瑜伽假定骨盆底部有一個最原始的海底輪，也假定在丹田和腹部之間有各自的脈輪，如果將注意力集中在這裡，自然會活化腸道神經系統和迷走神經系統，就可以更清楚明確地覺察我們的身體所發出的感覺訊號。

昆達里尼瑜伽和哈達瑜伽不同，從它強調反覆而有節奏的動作這一點來看，具有更強烈的本體感覺訓練元素。昆達里尼瑜伽的動作為我們打開了一個新的內感受和本體感覺的世界，那是我們透過日常動作無法體驗到的。有趣的是，昆達里尼瑜伽、太極拳、五禽戲中有許多動作都相似到令人驚訝的程度。甚至有一種說法稱印度古武術卡拉里帕亞特（kalari payattu，又稱印度戰舞）與佛教文化一起傳到中國，並發展成中國武術。這些修行法雖然根據各自的文化或傳統，在概念或修行方法上略有不同，但都是可以提高內感受和本體感覺能力的訓練法，這一點是它們共同具有的基本特點。在過去的幾千年期間，各種宗教傳統中之所以會透過這些動態冥想來修行，便是因為它們具有本體感覺和內感受訓練的性質，也因此能讓人們感到身心舒適和強大。

費登奎斯的動中覺察（ATM）

根據費登奎斯方法（Feldenkrais Method）創辦人摩謝・費登奎斯（Moshé Feldenkrais）的說法，「要活就要動，所以生活就是運動」。他認為對意識、生活和自我的冥想和省察，全都來自於對自己行為的反思，藉此強調動態冥想的重要性。

費登奎斯是一位具有開創性洞察力的人，他從數十年前開始就已經根據個人直覺提出這個明確且具有說服力的主張，這是現代腦科學研究直到最近才勉強得到的結論。例如，他說：「大腦沒有運動功能就無法思考。」並認為所有的想法或情緒誘發都會造成身體的變化，而身體的變化來自於行動（out of motion），即所謂的情緒（e-motion）。[61]

1935年二戰爆發前夕，30多歲的費登奎斯在巴黎索邦大學攻讀物理學博士學位，並於因生產人造放射性物質而獲諾貝爾獎的居禮夫婦實驗室擔任研究員。此時的他已經是歐洲最厲害的柔道選手，他還創立了法國柔道協會，並且是歐洲最早取得柔道黑帶的人。

當時居禮實驗室正在研究核分裂，費登奎斯在那裡發明了一種向原子發射粒子的裝置。1939年，愛因斯坦寫信向美國總統羅斯福警告，居禮實驗室的研究有可能製造出新概念的炸彈，這項技術將會引來納粹的覬覦。1940年納粹入侵法國前夕，費登奎斯逃往英國，開始研究偵測潛水艇的超音波技術。

在英國作為科學家工作期間，他一有空就教英國士兵柔道。費登奎斯患有慢性膝蓋問題，每當他感受到壓力時，膝蓋就會腫脹，甚至連正常行走都很困難，尤其是在躲避納粹的逃難期間，情況變得更嚴重。精神上的痛苦會加劇膝蓋疼痛這個事實，對他來說是一個重要的發現，後來，他的膝蓋疼痛更加惡化，不得不臥床好幾個月，之後他勉強可以靠著一條不痛的腿下床稍微走幾步。然而很不湊巧的是，原本膝蓋正常的那條腿，卻受了其他的傷，完全不能再使用。突然兩條腿都無法使用，讓他連站都站不起來。但沒想到此時一側膝蓋的慢性疼痛卻開始逐漸消失，當正常膝蓋因為受傷完全無法動彈的時候，長期飽受慢性疼痛之苦的另一個膝蓋的疼痛卻消失了，他突然又能活動了。這次他靠著慢慢恢復正常的那條腿重新恢復走路能力。

費登奎斯在經歷了這種現象之後，開始研究自己的膝蓋疼痛。他整天躺在床上，把自己的四肢和身體動來動去，並不斷觀察會出現什麼樣的變化。也就是說，當時他集中進行了對身體動作的自覺訓練。

費登奎斯一面觀察疼痛與心靈的關係、身體各部位之間的關係，一面注意身體與心理的整體連貫性。他得出的結論是，當一個人在做某個動作時，需要身體各部位的協調一致，才能做出輕鬆、舒適和自然的動作。

例如握手或投球等單一動作，不是只靠手臂就做得出來的，還需要有身體和心理幾乎所有功能都協調參與，才能完成一個均衡的動作。還有解數學題、寫一行字或說一句話等等也一樣。當一個人心情緊張煞費苦心的時候，就很難做出優雅的動作，所以最重要的是均衡感和舒適感。唯有消除緊張，放鬆心情，身體才有可能做出有效率的動作。費登奎斯開發了各種身體動作的訓練，並加以概念化，稱之為「動中覺察」（Awareness Through Movement，ATM）訓練。目前已經有許多關於費登奎斯「動中覺察」訓練對情緒調節影響的研究結果出現，也證實了「動中覺察」訓練對緩解焦慮症狀有非常顯著的效果。

費登奎斯也注意到意圖和動作之間的差距，他發現即使是同樣一個動作，也會隨著人們各自的意圖而出現完全不同的結果。我們可以進行一個簡單的實驗，先放下書，臉朝前方坐好，把脖子往右轉到底看看。先記住脖子轉到了哪裡、感覺如何，然後再把脖子轉回來看著前方坐好。接下來，想像朋友在背後喊自己的名字，再想像你聽到有人高興地喊自己名字，自己很自然地把頭轉向右邊回頭看。這時，你的頭轉到了哪裡？感覺如何？

這兩個向右轉頭的動作其實是相同的動作，但結果卻截然不同，差別就在於不同的意圖。「頭往右轉」和「看向有人呼喊自己的方向」這兩個意圖是完全不同的，因為意圖不同，所以調動的細微肌肉系統也不一樣。

每個人在生活中一定有過許多次聽到有人喊自己名字而回頭看的經驗，那種經驗累積起來就成了一種習慣，也就產生當有人喊自己名字時會怎麼回頭看的特殊方式。舉例來說，有人從小聽到自己畏懼的大人在背後喊自己的名字時總是先嚇一跳才轉頭去看，有人聽到朋友在背後喊自己一起玩，總是高興地轉頭去看。這兩種類型的人在做出「聽到有人喊我才轉頭去看」的動作時，使用的必然是完全不同的肌肉組合。

同樣地,「脖子向右轉」這個動作經常出現在伸展訓練或特定運動中。在執行「脖子向右轉」這個意圖時,長期練習瑜伽的人與長期打太極拳的人使用肌肉組合的方式會不一樣。由此可知,同樣的一個「意圖」和「行為」之間的組合,每個人多多少少都有點不同。這是因為每個人都有不同的生活經驗及不同的體型或生活方式,於是就形成了個人獨特的走路姿態及各不相同的坐姿和站姿。

問題在於,無論出於什麼理由,幾乎每個人都有一些以低效或失衡方式執行動作意圖的壞習慣。立正站好,膝蓋伸直,彎腰,雙手著地時也一樣。當你帶著「彎腰」的意圖垂下雙手時;當你一面想像著地板往上升起,一面垂下雙手時;或者當你帶著頭頂朝下讓腹部貼緊大腿的意圖垂下雙手時,出現的結果會各不相同。

費登奎斯發現,即使是相同的動作,如果動作的意圖不同,牽涉到的神經系統也會不一樣。針對特定動作培養完全不同的「意圖習慣」固然重要,但問題是每個人的無意識習慣不同,體型和肌肉發育程度也各不相同,因此應該養成什麼樣的新習慣也因人而異。包括步行在內等任何特定行動都沒有獨一無二的正確方式,因此透過反覆嘗試各種動作的意圖來培養「自行領會」的自覺能力非常重要。費登奎斯方法對動態冥想訓練也提供了新的方法,因為它雖然是動作訓練,卻不是教人「教科書式的標準動作」(根本沒這回事),而是透過各種帶有意圖的動作,讓人自行覺察領會,繼而改變無意識的動作習慣。[62]

根據費登奎斯的說法,我們大多數人都有自己沒有意識到的壞習慣。例如,一般人站的時候習慣讓體重過度前傾,這種由來已久的壞習慣源自於錯誤的成見,不符合實際身體動作。這種對身體錯誤的使用方式,久而久之會造成各種疼痛。想消除這些疼痛,就要有效地使用身體,而且要按照「初始設定」方式來使用。也就是必須以其天然、原有的型態來使用。費登奎斯認為,為了做出正確的動作,就必須先拋棄一切既有的「意圖」。例如站起時,就要拋棄想要站起來的意圖,一邊感受身體的自然狀態一邊站起來。走路時,如果你帶著先把重心放在左腳上、再轉移到右腳上的意圖,走路的姿態就會變得很笨拙,所以必須先放棄這種意圖。費登奎斯方法也可以說是把莊子「無為自然」的哲學套用在動作中。如果按照主動推理理論來解釋這裡

的「拋棄意圖」，那可以說是廢除個人意識中已存在的既有生成模型，尋找新的生成模型之意。費登奎斯相信身體本身自有「智慧」（intelligence），他相信我們的身體在意識未及之處發揮著相當大的智慧。[63]因此，如果我們一邊專注在身體發出的各種感覺訊息，一邊以各種方式反覆做出基本動作，身體就能自行找到舒適而正確的活動方法。

在費登奎斯方法中，訓練通常只集中在身體的一側。只集中在一側進行，是因為訓練的目標是改變所有動作底層無意識的固定行為習慣。換句話說，就是把目標訂在改變與執行特定意圖的動作相關的神經網路運作方式。例如，假設有人右頸和肩膀緊繃僵硬，很難把頭轉向左側的情況。那麼相對來說，把頭轉向右側對他來講會感覺容易得多。在這種情況下，先讓受試者舒服地躺下來，然後反覆以各種方式嘗試把頭轉向右側，也就是他覺得轉起頭來更舒適的方向。但這項訓練不是隨便轉轉頭就好，而是要他不斷感受每次做這個動作時所出現的細微變化。過了20分鐘左右，再把頭轉向原本就相對容易的右側時，就會感到比之前更加舒適。在這種狀態下靜臥5分鐘，這時大腦中關於「往右側舒適轉頭」的新訊息就會移轉到與「往左側轉頭」相關的神經網路去，這是因為我們身體平衡左右兩側的本能始終在運作中。再過大約5分鐘之後，重新確認受試者把頭轉向原本不舒服的左邊，看看感覺如何。令人驚訝的是，儘管受試者完全沒有做過任何往左轉頭的練習，卻感覺到確實有了差別，頭向左轉時也感覺和向右轉時一樣舒適。像按摩那樣單純施加外力來緩解頸部和肩膀僵硬的肌肉，通常沒什麼效果。倒不如自己透過自覺訓練，進行一些簡單的運動來放鬆相對來說較為舒適的左側頸部和肩膀，然後稍微休息一下，反而能更有效地緩解右肩的緊繃感。這就像魔法一樣，而我們的身體就是如此聰慧的存在。

我們的大腦中有一個試圖維持身體兩側平衡的強大機制始終在運作。當我們「覺察」到可以輕鬆地把頭轉向右側時，一個與轉頭動作相關的神經網路全新運作方式，就會干預身體兩側的動作。甚至伴隨這種「移轉」的治療效果，會比患部直接運動所帶來的改變更強大也更持久。費登奎斯認為，與其學習外在的動作，不如由我們身體的一側向另一側學習，效果更強。費登奎斯只是一位物理學家，而不是腦科學家，但他從數十年前就有了這樣的見解，甚至以此為根據開發了ATM課程，確實是一位慧眼獨具的人物。

亞歷山大技巧的無為（Non-doing）

開創亞歷山大技巧的創辦人弗雷德里克・亞歷山大（Frederick Alexander）也與費登奎斯一樣，強調必須先拋棄「意圖」，亞歷山大稱之為「抑制」（inhibition），這是擺脫不良習慣動作模式的第一步。抑制習慣成自然的行為可以活化前額葉皮質，也是提高注意力和自我調節能力的最佳訓練。

出生於1869年的亞歷山大原本是一名在舞台上朗誦莎士比亞戲劇的配音員，但有一天他的喉嚨突然緊繃，聲音變得十分沙啞。他跑遍了各大醫院，想盡辦法治療聲帶，但都沒有效果。才20歲出頭的年輕亞歷山大開始觀察自己，想找出問題所在。由於當時沒有攝影機，他在房間裡放滿了鏡子，不僅觀察自己的正面，連側面也不放過，他想找出自己在朗誦或說話時有什麼不好的習慣。就像費登奎斯因為膝蓋疼痛而開始觀察自己一樣，亞歷山大也因為發不出聲音而開始觀察自己的發聲方式。最後，他終於發現自己在朗誦時頭會往後仰等等的壞習慣，造成喉嚨肌肉過度緊繃，破壞了自然發聲。他嘗試了各種方法來改變自己的習慣，也開發了一套系統化的獨特訓練法，以便培養正確身姿和動作的習慣。這套日後被稱為「亞歷山大技巧」的訓練法，不僅可以改善聲音，還具有矯正姿勢、緩解疼痛、穩定心理等功效而聞名於世，也被推廣到全世界。

亞歷山大提出了所謂「引導」（direction）的口頭指令，作為對動作產生新意圖的方式。引導是導向正確動作的指引，也可以說是用簡短的句子表達的標準化意圖。亞歷山大試圖透過稱得上是內在溝通或自我暗示的一系列引導，來培養新的動作意圖習慣。引導的短句如下：

- 我的喉嚨自由了。
- 我的頭向前再向上。
- 我的脊椎變長、變粗。
- 我的兩條腿脫離軀幹解放了。

從這些引導可以看出，亞歷山大尤其重視放鬆和穩定頭與軀幹連結部位

的緊繃。他所關注的頭部-頸部-軀幹，正如我們在第八章中仔細探討過的一樣，都是直接與腦神經系統連結的部位，也是與情緒誘發及情緒認知密切相關的部位，具體包括胸鎖乳突肌、斜方肌、下顎肌、顏面表情肌、舌下肌等。而與關節相關的部位，則是第一頸椎和第二頸椎。正如前面所探討過的一樣，安定和放鬆這些部位可以穩定杏仁核，對降低身體壓力指數及緩解焦慮、抑鬱和憤怒等負面情緒有很大的功效。亞歷山大發現，端正的姿勢和緩解這些部位的緊繃，是他找到自然嗓音的關鍵。

亞歷山大的「引導」是一種內在溝通。當一個人反覆在心裡跟自己說話時，大腦和神經系統相關部位就會慢慢放鬆，形成正確的站姿或走姿，其實就是在內在狀態中反覆產生新的運動意圖。透過對身體動作的新敘事，就可以形成新動作意圖的習慣。

與費登奎斯方法相比，亞歷山大技巧可以說更重視大腦的敘事（storytelling），這點從亞歷山大技巧著重於透過一連串引導來形成內在狀態的新訊息（意圖）就可以得知。亞歷山大技巧會教導學員猴形或弓箭步，也就是在腳踝和膝蓋垂直呈一直線的狀態下，採取翹臀、半蹲的姿態。相反地，在費登奎斯方法中，沒有類似咒語（mantra）的引導，也沒有可以幫助每一個人的特定範本姿勢，只是有許多套綜合運用身體的分階段動作而已。如果說亞歷山大技巧是著重於直接向內在模型傳達訊息的意識訓練，那麼費登奎斯方法則可以說是著重於覺察各種動作的無意識訓練。

然而，這並不表示亞歷山大技巧只試圖透過意圖和刻意的訊息培養所有動作的新習慣。亞歷山大也對強烈的目標導向（end-gaining），即想努力做好某一件事情的態度，保持警惕。因為他自己透過許多經驗領悟到，「我要挺直腰」、「我要放鬆頸部肌肉」等帶有具體「意圖」的訓練，必然會產生反效果。他強調，當一個人有了一定要「有所成就」或「使命必達」的堅定意志時，就會產生執著的心態，這就成了所有焦慮、擔憂、緊張和壓力的根源，所以對這種事情要有所節制。況且，問題還是在於無意識層面的動作意圖與動作結果之間的差距，也就是在無意識中錯誤執行特定意圖的習慣。在這種狀態下試圖抱著強烈的意圖去做「正確」的嘗試時，最後反而會造成錯誤的結果。

總而言之，亞歷山大一再強調要放下執著，並用「無為」（non-doing）

的概念來強調這一點。亞歷山大所說的「無為」常常會引起誤會，這不是指靜靜坐在那裡什麼都不做的狀態。相反地，靜坐是非常困難且辛苦、需要強韌意志與毅力的特定行為，而不是「無為」。亞歷山大所說的「無為」，簡單地說，就是「無意圖的動作」（Non-doing is non-intending）。

不以特定結果為目標的動作，這一點也暗合莊子的無為自然思想。莊子的無為自然也不是什麼都不做，而是不做「有意圖的行為、期待結果的行為、執意而為的行為」之意。無為自然是放任世上保持原有面貌，也接受世上的這副模樣，藉由無所為（沒有任何意圖），而達到世上無不自然之事的狀態。亞歷山大技巧也以身體的自然活動為導向，警惕行為者抱持特定動作的意圖試圖做出自以為正確的動作，也抑制這樣的行為。

「要站得筆直」的意圖，實際上會造成身體失去平衡；「要走直線」的意圖，也往往會造成另一種扭曲的動作。這是因為有錯誤的習慣介入了意圖與實際動作之間。為了擺脫這種壞習慣，就必須拋棄這種習慣。然而「拋棄壞習慣」的意圖，也會導致另一種壞習慣。所以必須拋棄所有的意圖，才能察覺到身體的自然動作。從某方面來看，這是發現真實自我的第一步。能夠時刻覺察和審視自己的身體狀態、身體動作和身體傳遞的感覺訊息，是非常重要的能力，這也是「與身體的內在溝通」的核心。身體經常在改變，所以需要我們持續對身體有新的理解。費登奎斯方法或亞歷山大技巧等身心運動，在培養一個人對本體感覺的自覺能力方面，是非常有效的訓練法。

Think About

巴馬悟：
身心整合動態冥想

　　著重於提高內感受和本體感覺自覺能力的身心運動，不僅可以強化心理肌力，對改善心理健康也有很大的幫助。「巴馬悟」專案的開始是為了有效提升現代人心理健康，因此從各種身心運動中挑選對提升心理肌力特別有幫助的運動元素，設計了現代人在日常生活中可以輕鬆練習的課程。在我親自體驗過的許多身心運動中，太極拳、亞歷山大技巧、費登奎斯方法、古代擺盪運動是我確定具有實際強化心理肌力效果的運動。我將這些運動的專家介紹給歷任韓國心理創傷壓力學會會長和大韓冥想醫學會會長的精神健康醫學科教授。同時也說服那幾位身心運動專家，說他們各自的運動不僅有益身體健康，也有助於增進心理健康和強化心理肌力。無需我贅言，精神科醫師與身心運動專家們很快就建立起了志同道合的信念。

　　經過幾次籌備會議之後，我確信自己能夠從古代和現代的身心運動中選擇對心理健康最有效的運動。最後，我們開發了「身心整合動態冥想」（Somatic Integrated Movement Meditation，SIMM）課程，這是將身心運動的動作元素和冥想元素結合起來，作為對本體感覺和內感受的自覺訓練。這是一項有系統地結合古代擺盪運動、太極拳等傳統身心運動與費登奎斯方法、亞歷山大技巧等現代身心運動所開發的獨創性治療用課程。

　　2019年1月，在一場由約50位精神科教授和身心運動專家共襄盛舉的研討會上，巴馬悟專案宣告成立。當年7月，我們在國家精神健康研究所向來自全韓國約100名精神科醫生和身心運動專家介紹了可以實際應用於臨床治療的「巴馬悟專案」，同時也開始培訓巴馬悟工作者（practitioner）。

在各自領域畢生從事研究和修行的最頂尖專家們為巴馬悟專案齊聚一堂，我還擔心或許專家們會認為自己的領域最專業，可能會發生堅持特定觀點或詆毀其他傳統的事情。因為在動態冥想中有許多運動的發展過程都帶有傳統宗教色彩，而且往往與各人的基本世界觀有直接的關係，因此可能會出現意見分歧、互不相讓的情況。要將最新的腦科學和精神健康醫學嫁接到擁有悠久歷史的傳統動態冥想上，並不是一件容易的事情。但是，從過去幾年的合作經驗來看，我發現我的擔憂是多餘的。

儘管參與巴馬悟專案的所有專家都在各自領域自成一家，但他們展現出了積極學習其他運動傳統的開放態度，以好奇心和體貼他人的心意尊重對方的意見。而且，他們對於走一條從未存在過的全新道路，也表現出極大的熱情和興趣。我們敢大膽地說，巴馬悟對所有可能性都抱持開放的態度，不會沉迷或執著於某個特定的運動傳統或流行。

在韓國，冥想作為對精神健康科患者的輔助治療方式，正逐漸推廣中。然而，對於遭受嚴重創傷壓力或各種焦慮症的患者來說，要他們安靜坐在那裡專注呼吸是非常困難的事情。當患者被要求透過傳統冥想方式來審視當下浮現的想法或情緒時，他們只會感到種種恐懼，負面想法和負面情緒紛湧而出到難以控制的程度，反而讓患者感到更痛苦。但是，正如我們前面探討過的，冥想原本並不是「靜靜地坐著沉思」，反而可以說是透過積極關注自己的身體和心靈來訓練自己活在當下。冥想是藉由駕馭身體來駕馭心靈，而修行則是經由身體通往心靈的旅程。

巴馬悟可以說是基於「體現認知」（embodied consciousness）概念的「動態冥想」，體現認知就是前面我們透過馬可夫覆蓋了解的將身心視為一體的概念。巴馬悟專案可以廣泛用於治療患有焦慮、憂鬱、心理創傷、強迫症、恐慌症等情緒調節問題的慢性患者。

第十章

用於活化前額葉皮質的內在溝通冥想

- 意識與自我參照過程
- 自我參照過程訓練與冥想的效果
- 自我參照過程訓練的三個階段
- 六種正向內在溝通冥想：寬恕、
  憐憫、愛、接納、感恩、尊重

意識與自我
參照過程

何謂自我參照過程

　　如果說穩定杏仁核是訓練「與身體的內在溝通」，那麼活化前額葉皮質可以說是訓練「與心靈的內在溝通」。活化前額葉皮質的方法大致可分為兩種，一種是回顧自己目前狀態的「自我參照過程」，另一種則是處理有關自己及他人的正面訊息。

　　雖然用想法或意圖來改變自己的情緒很困難，但改變自己的想法則相對來說容易得多。想法是意識不斷進行的故事敘述，而心理肌力訓練的核心就是改變這個敘事習慣。為了讓與正面情緒有密切關係的前額葉皮質能習慣性呈活躍狀態，就必須培養對自己與對他人的正向內在溝通習慣。

　　在日常生活中，我們往往沒有意識到自己正在進行什麼樣的內在溝通。如果想透過內在溝通來加強心理肌力，首先就是要不斷意識到自己正在進行何種內在溝通。去發覺現在流淌過我內心的想法是什麼、現在我感受的情緒是什麼、現在我的身體處於什麼狀態等等，這就是「覺知」（awareness）。覺知自己的想法、情緒、行為，就是一種強大的自我參照過程，這時大腦中主要以前額葉皮質為中心的神經網路就會呈現活躍狀態。

　　所謂「自我參照過程」（self-referential processing），廣義來說是指「將注意力集中在自己身上的認知過程」。在日常生活中，我們的意識通常只關注外在事物或事件。大部分的意識對象存在於自身之外。然而，如果將注意力轉而集中在自己當下的感覺、情緒或想法，大腦就會切換到自我參照過程的狀態。當然，大多數的情況我們會同時經歷內在與外在的經驗，但這種時候我們通常會將更多注意力放在外在事物或事件上。此時，如果將注意力轉向自己內心，將自己的內在經驗作為主要認知對象的話，這就是自我參照過

程。

　　自我參照過程是透過回顧自己來不斷認知當下的一種功能，但如果只是回憶過去或想像未來，就算不上是自我參照過程。自我參照過程是時刻將注意力放在「當下」自己的經驗上。

　　自我參照過程是提升心理肌力非常重要的元素，也是各種內在溝通訓練的共同元素。在腦科學中測量自我參照過程的狀態時，通常會要求受試者挑選最能表現自己的形容詞，或思考自己當前的狀態或感受。當受試者在反思自我或感受他人注視自己的視線時，預設模式網路（DMN）也會被啟動。而大腦中主要參與自我參照過程的是連結以mPFC（內側前額葉皮質）為中心的PCC（後扣帶迴皮質）和楔前葉的神經網路，這個神經網路也與DMN多有重疊。[64]在自我參照過程和DMN中都找得到的元素，也是與mPFC相關的神經網路。

扮演覺知角色的背景自我

　　自我參照過程訓練的核心是認識真實的自我，也就是背景自我。意識是不停編織故事的存在，這種故事敘述可以被視為自己腦中喋喋不休的聲音，也可以單純被視為自己的想法、意志或內心，但我們不能將這種浮現在腦海中的想法和自己劃上等號。「我」是認知內在想法（敘事）的主體，而那個想法卻不能代表「我」，我的「想法」只是我認知的對象罷了。「我」是一個覺察到自己正在經歷各式各樣想法或情緒的存在，而這個覺察的認知主體就是「背景自我」。

　　背景自我是從我身後或保持一步之遙觀望並覺察浮現在我內心中的各種想法。這種覺察本身是我的本質，也是真實的「我」。我，不是認知的對象，而是認知的主體。作為認知主體的我，無法成為認知對象。因此，「我」因為無法被認知，所以是「無」、是「不可言說」的存在，而這樣的「我」只存在於當下。過去或未來的「我」，本質上不過是大腦敘述的故事，也是記憶和認知的對象罷了。

　　內在溝通的起始，是保持一步之遙冷靜觀察作為隱秩序的內在中浮現的

各種想法、意圖、感覺和情緒。這樣的觀察，也是「自我對話」（self-talk）的開始。自我溝通的概念本身，就包含了所謂「自我」（self）的實體不是只有一個的意思。如果只有一個，就無法和自己溝通，唯有將自己分割成說者和聽者才有可能自我溝通。也就是說，必須將自己分割成觀察者和被觀察的對象。而我們就必須找出可以觀照自己的我、找出可以調節自己的我、找出可以審視自己情緒並為該情緒命名的我。這個「我」就是「背景自我」。

康納曼將自我分為「經驗自我」和「記憶自我」，經驗自我是沉浸在當前事物和現象中無暇回顧自身，注意力只集中在對象和現象上的存在；而「記憶自我」則是事後對這些經驗加以定義和敘事的存在。席格（Daniel J. Siegel）也假設有基於大腦特定迴路而獨立存在的自我（self），然後才將自我分為「經驗迴路」（experiencing circuits）和「觀察迴路」（observing circuits）。經驗迴路是體驗發生在自身事件的迴路，與康納曼的經驗自我的概念很相似。不過，觀察迴路則是在事件發生的那一刻觀照該事件，並對事件加以定義和敘事的自我。如果說康納曼的記憶自我是對過去事件加以敘事的自我，那麼席格的觀察迴路就可以說是保持一步之遙觀察當前發生的事件並加以敘事的自我。

綜合康納曼和席格對自我的概念來看的話，正如我們在第六章中所探討的那樣，我們可以看到我們每個人身上都有三個自我。一個是事件發生的那一刻沉浸在事件體驗中的「經驗自我」，另一個是事件發生之後回想起過去的「記憶自我」（或稱「個體我」individual-self）65，最後一個是保持一步之遙觀察這所有一切的自我。第三個自我最接近「背景自我」。

在一般的心理學中會提到前面兩種自我，但是為了更深入了解意識，就不能少了背景自我的概念。在日常生活中我們所關注的事情，通常集中在自己正在做的事情、未來該做的事情和以前做過的事情上。因為注意力只放在自己的行動或行為上，所以我們主要體驗的只有經驗自我和記憶自我。相反地，為了讓背景自我站到自己意識的前面，我們該多關注的是自己的「存在」，而不是自己的「行為」，所以我們在日常生活的模式必須從關注日常行為（doing）轉換到自覺內在溝通的存在（being）。

所謂「背景自我」，就是當下不斷覺察自己正在體驗或已經體驗過各式各樣經驗的自我。它不是沉浸在對象或經驗中的自我，而是靜靜覺察當下自

己存在的自我。背景自我所代表的，是真正的自由與平靜。體驗平靜是經驗自我該做的事，背景自我與其說是對平靜的體驗或感受，不如說它就是平靜本身。經驗自我會說：「我現在正在感受平靜」（I am at peace），但背景自我則會說：「我就是平靜」（I am peace）。

各種自我參照過程訓練的基本目標，就是將這樣的背景自我帶到自己意識的前面來。當特定事件發生的那一瞬間，背景自我就像隔岸觀景（viewing with a gap），與正在體驗事件本身和這起事件的自己保持距離，觀照自己的經驗。傳統的冥想修行可以說是為了使這個背景自我完美存在而付出的各種努力，也是權宜之計。

回顧自我有兩種意義，一種是回想起過去發生的事情，無論是抱著後悔或滿足、痛苦或喜悅之心來回想，回顧過去是記憶自我負責的事情。而記憶自我卻把情節記憶中的「我」誤以為是「真正的我」。

另一種是覺知自己對當下所體驗的每一瞬間經驗所產生的想法、感受和情緒，也就是「對經驗的體驗」。我無時無刻都在即時審視和回顧自己的經驗，這就是薩提修行的核心，也是自我參照過程。[66]

自我參照過程訓練
與冥想的效果

認知治療與自我參照過程

　　自我參照過程訓練是為了培養「自我觀察（self-observation）能力」，這也是薩提（覺知）冥想的核心。薩提冥想是覺察當下的經驗，但卻不加以好或壞的價值判斷，重要的是照單全收，卻不帶特定意圖做出反應。想做到這一點，就需要有足夠客觀的能力來描述發生在自己內心中的各種想法或情緒。這裡的「客觀」是指能夠將自己的內在經驗編輯成「足以向他人描述的故事」。意識的本質就如同狄漢所說的那樣，是一個敘事主體，在綜合和理解各種經驗之後，將其編輯成「足以向他人表達」（something reportable to others）的故事。而覺察意識的這個敘事功能，就是自我參照過程訓練的重點。

　　「客觀」是不僅從自己的角度，還要從他人的角度來看待自己的經驗。因此，薩提冥想與腦科學所說的心智理論（Theory of Mind）也有很密切的關係。按照席格的說法，薩提冥想使我們能夠區分觀察迴路和經驗迴路，並且為我們提供了連結這兩者的視角。

　　因為薩提冥想所認知的對象是發生在自己內心的體驗，所以在引發強大自我參照過程的同時，也啟動了心智理論。正如我們之前所理解的，自我參照過程和心智理論都與以mPFC為中心的前額葉皮質的神經網路活化有密切的關係。這也說明了薩提冥想是提升心理肌力的有效訓練方法。

　　「在當下回顧自己」的自我參照過程是內在溝通訓練的一種型態，具體方法是將注意力集中在當下發生在自己身上的事情和透過感覺器官傳入的各種感覺訊息。像這樣保持一步之遙觀望自己經驗的實體，就是自我意識，也就是背景自我。當我確實感受到這個背景自我的存在，且背景自我和作為自我意識的「我」合而為一的那一瞬間，我就會變得自在平靜，並且能夠在當

下保持清醒。此刻，杏仁核安靜穩定下來，mPFC快樂地活躍著。這種狀態持續的時間愈長，心理肌力就愈強。

為了我能在始終清醒的狀態下不斷看清自己、為了我能更仔細認識自己、為了我能持續觀望自己、為了背景自我要時時注視著經驗自我和記憶自我，所以必須活化以mPFC為中心的神經網路、所以必須將恐懼、擔憂、憤怒、憎惡等負面情緒都平息下來。唯有如此，我們的心才不會奔向未來或過去，只集中在當下自己的內在。唯有如此，恐懼感或焦慮感才會消失。不懼失敗的狀態，就代表一種心理韌性，也是心理肌力最強大的狀態，這是沒有任何牽掛的自由狀態。

因為心理肌力完全崩潰而罹患憂鬱症或焦慮症的患者都有一個共同的特徵，那就是他們會不斷對自己進行負面的內在溝通，習慣性過度譴責自己，批判和憎恨自己。當一個人在回顧自己時會感覺愉快或滿足，這種人就稱得上是心理肌力強大的人。當一個人想到周圍的人時會感到愉快或感激時，這種人也是心理肌力強大的人。

飽受焦慮症或憂鬱症等精神疾病之苦的人無一例外都具有共同的特徵，就是習慣性和強迫性的負面內在溝通。以前額葉皮質為中心的神經網路負責處理有關自己及他人的訊息，當內容是正面時，人就會感覺到快樂和正面情緒。而且，只有前額皮質活躍起來，才能發揮各種心理肌力，也得以提升認知能力。

廣泛應用在精神疾病治療上的認知療法，可以說是將內在溝通習慣和由此產生的行為習慣，從負面轉向正面的訓練。認知療法的核心在於幫助患者站在客觀的立場看清自己處於特定情況時會不自覺採取的內在溝通方式（對情況賦予負面意義、過度批判自己、誘發習慣性的憤怒和焦慮等），讓患者養成即使再遇到相同情況也能採取正向內在溝通的習慣。

許多研究結果證實，認知療法具有不亞於藥物治療的效果。改變內心中習慣性的內在溝通方式，就等於改變大腦的功能，這就是內在溝通訓練的力量。自我（self）本身是敘事累積而成的情節記憶團塊，因此如果把故事敘述的方式從負面改變成正面，大腦的運作方式也會隨之發生變化，進一步還能改變大腦的功能性連結，甚至連生物結構也會發生變化。例如，研究發現慢性疲勞患者的大腦灰質（神經細胞聚集的部位）體積不斷在縮小（附帶說明，慢

性疲勞是一種經常伴隨著憂鬱症的身體症狀），當醫師對這些患者實施認知治療時，患者大腦的前額葉皮質體積增加，各種認知能力和解決問題能力也得到了改善。

根據一項針對認知療法和藥物治療的效果進行深入比較分析的研究結果顯示，認知療法和藥物治療對憂鬱症都具有不相上下的治療效果。差別只在於，藥物治療是藉由直接穩定杏仁核來強化前額葉皮質的功能，而認知療法則是透過強化前額葉皮質，尤其是OFC（眼窩額葉皮質）和dlPFC（背外側前額葉皮質）的功能，來穩定杏仁核。而且認知療法中比較少見在藥物治療時常見的復發隱憂。

自從美國精神科醫生亞倫‧貝克（Aaron Beck）進行研究以來，傳統的認知療法重點如下。第一，找出伴隨傷心事件發生時的負面想法或影像。這時，這種負面的「想法或影像」就是我習慣對自己進行的負面內在溝通的內容。第二，保持一步之遙，客觀審視自己內心中會「自動」喚起這種負面想法或影像的信念體系，也就是我視為理所當然的前提或信念、成見等。第三，對這種信念提出質疑。是不是真的只有這種「信念」或「解釋方式」？是不是還可以用其他的方式來解釋？像這樣尋找「其他解釋方式」的嘗試，就是認知療法的核心重點。所謂的「其他解釋方式」，就是我從新的視角來向自己敘述發生在我身上的事情。也就是說，認知療法的核心重點就是建立新的內在溝通習慣。第四，找出在其他情況下也會反覆出現的負面想法和影像，一起採用新的解釋方式。

為了達到認知療法的效果，患者必須有能力審視自己的內在溝通方式。認知療法的關鍵，是幫助患者找出自己習慣性重複哪些負面想法或強迫性思考。這個療程中絕對需要具備自我參照過程的能力，而認知療法就包含了基於冥想的自我參照過程訓練的元素，所以非常有效。在冥想的基礎上持續進行的認知療法，不僅能改善大腦功能，還可以帶來結構上的變化。

冥想的效果與自我參照過程

前面已經說明了心理肌力主要是以mPFC（內側前額葉皮質）為中心的神

經網路為基礎，腦科學家也認為以mPFC為中心的神經網路具有與精神健康相關的九大功能。這九大功能就是對身體的控制、溝通能力、情緒調節、焦慮調節、反應靈活性、洞察力、共鳴能力、道德感、直覺等，這些都是與心理肌力密切相關的功能。大腦的這九種功能都可以透過薩提冥想訓練來加強，而自覺能力、自我調節能力、超越利己主義去思考和尊重他人的能力，也都是和以前額葉皮質為中心的神經網路有密切的關係，這些能力也可以透過薩提冥想來加強。創意是自我激勵的基礎，實現創意要靠預設模式網路，而活化預設模式網路的最有效方法，同樣是薩提冥想。

由於冥想基本上包含了自我參照過程訓練的元素，所以只要持之以恆且有系統地練習冥想，不僅可以強化以mPFC為中心的神經網路，還可以提高認知能力。從各種與冥想相關的研究來看，薩提冥想除了可以增進身心健康，也有助於提升認知能力。薩提冥想可以活化mPFC，穩定杏仁核，還能改善與情緒調節相關的前額葉皮質功能，確實具備所有我們想要的心理肌力訓練元素。冥想能有這樣的效果，主要還是藉由活化與自我參照過程相關的內側前額葉皮質（mPFC）-後扣帶迴皮質（PCC）-楔前葉（Precuneus）的神經網路才得以實現。

根據統合分析766件有關冥想效果研究的結果顯示，MBCT（Mindfulness-Based Cognitive Treatment，正念認知療法）不僅對治療慢性憂鬱症患者效果顯著，而且在調查60週後是否復發時發現效果依然存在。[67]

不只是對患者，在一項針對一般人的研究中也顯示出，冥想訓練對一般人也具有卓越的功效。一項以一般人為對象，進行為期八週（共42小時）的正念冥想訓練實驗結果顯示，接受冥想和情緒調節訓練的人習慣性反覆出現負面想法的情況顯著減少，憂鬱和焦慮的傾向也大幅降低。而且，在認知他人情緒能力和保護自己情緒不受負面事件影響的能力方面，也有所提升。此外，即使在停止訓練過了五個月之後，重新檢驗受試者的情況時，冥想訓練的效果也幾乎保持原狀。

有系統地反覆練習冥想，不僅可以改變大腦的運作方式，甚至可以改變大腦的結構。美國加州大學洛杉磯分校（UCLA）一個研究小組為了了解冥想對大腦的效果，對22名長期練習冥想的人和22名從來沒有接觸過冥想的人，用高解像度MRI（磁振造影）拍攝他們的大腦結構進行比較。冥想組的平

均冥想資歷為24年，冥想時間從每天10到90分鐘不等。分析結果顯示，長期練習冥想的人大腦中有好幾個部位比沒練過冥想的人更大，因此確定他們的大腦功能發揮得更好。尤其是前額葉皮質、負責記憶的右側海馬、負責調節情緒的OFC（眼窩額葉皮質）等部位的體積，比沒練習過冥想的人更為發達。

　　許多觀察冥想效果的研究都像這樣，將長期練習冥想的人與沒練過冥想的人進行比較。但這種方式的研究存在自我選擇偏誤（self-selection bias）的缺點，也就是說，長期練習冥想的人比沒練習過冥想的人可能從一開始就存在一些不同之處，但這種差異卻無法得到證實。換句話說，很難驗證他們之間原本就有哪裡不一樣，還是因為練習冥想才產生的差別。因此，如果想更準確地掌握冥想的效果，就應該採取縱向研究或實驗研究，來分析同一名受試者隨著時間所產生的變化。也就是在冥想練習開始前先測量一次受試者的狀態，然後在冥想練習結束後再測量一次，以驗證其變化的程度。

　　根據這項實驗研究結果發現，經過八週的正念冥想訓練後，受試者的右側杏仁核灰質體積明顯縮小。只是短短的兩個月時間，就使大腦不僅發生了功能性連結的變化，還發生了結構性連結的變化。換句話說，當大腦的某個部位被活化時，也會連帶造成某些部位跟著一起活化的功能性連結，有了改變。不僅如此，實驗也證明了只要短短兩個月的冥想訓練，甚至可以改變大腦的結構。

　　也有研究發現，接受正念冥想訓練八週的人，他們的杏仁核活化會受到抑制。尤其是在冥想訓練結束之後，接受過冥想訓練的人即使在一般的情況下看到負面影像，他們的杏仁核也不會那麼容易被活化，還是維持穩定的狀態，這可以視為大腦功能的變化已經固定下來。

　　大多數驗證冥想訓練效果的腦科學研究採用八週作為訓練週期的理由，是因為研究人員認為只有持續訓練至少八週，神經可塑性才會有所改變。換句話說，訓練的效果至少需要八週才能透過神經可塑性為大腦帶來功能性或結構性的變化。在腦科學領域主導有關冥想效果研究的理查・戴維森也發現，讓受試者每天練習一小時冥想，連續八週後，大腦的運作方式有了改變，免疫力也有了改善，總體來說，身心都變得更加快樂和健康。

　　關於冥想的效果，如果我們只聚焦於大腦的功能變化，而不是結構變

化，那麼即使在比八週還要短的時間內也可以確認其效果。一個只進行五天、每天20分鐘薩提冥想的小組，與一個同樣時間只進行單純放鬆訓練的小組相比，前者的皮膚電活動（EDA）變低、腹式呼吸變深、胸式呼吸速度變緩、心律變異度（HRV）頻率變高。整體來說，副交感神經系統變得更活躍，前扣帶迴皮質（ACC）等調節情緒的大腦部位也更活化。換言之，可能誘發負面情緒的身體條件得到了顯著的緩解。

　　當然，神經可塑性不是只表現在好的方向。當我們的大腦長期暴露在惡劣條件或不健康的情況時，其結構性連結和功能性連結就會往負面方向改變。簡單地說，壞習慣會被安置在大腦中就此固定下來。例如有研究顯示，當一個人持續暴露在高壓環境時，他的大腦中杏仁核的體積會變大，而前額葉皮質和海馬體的體積會縮小。在針對從小因為受虐而暴露在嚴重壓力環境中成長的青少年，觀察他們的大腦後發現，與正面情緒相關的眼窩額葉皮質部位有明顯縮小的情況。[68]

自我參照過程訓練的
三個階段

第一階段：與自己保持距離

　　內在溝通是我與自己的對話。為了進行讓我認清自己的自我參照過程，首先我們必須接受訓練，學習如何區分和分離成為觀察對象的我及觀察主體的我。當背景自我結合經驗自我或記憶自我共同運作時，我們就很難認清和審視自己，因此就需要練習將審視經驗自我或記憶自我的背景自我分離出來。或許以後我們會明白，其實背景自我和經驗自我是一體的，但為了做到這一點，為了明白覺知主體和覺知客體是一體的，我們必須學會區分兩者。

　　為了做到這一點，我必須練習與自己保持距離，以便審視自己的經驗。唯有能夠跳脫自己的視角，站在第三者的角度來觀察，才能更準確地認識自己。根據「自我-他人認知不對稱模式」（self-other knowledge asymmetry：SOKA）理論，我對自己的了解可能還比不上周圍的人。通常，他人對我的認知能力、魅力、創造力等等會比我自己有更準確的評價，也會比我自己更清楚地知道我的喜好。

　　要觀望事物，就需要隔著一定的距離。要看清自己，就必須讓我從自己「分離」（detachment）出來。能夠保持一步之遙審視自己情緒、想法、感覺或痛苦的能力，是心理肌力的必要條件。在這方面，相關領域的學者們以心理距離、自我距離等概念進行了許多研究。

　　傳統的認知療法也是從讓患者從客觀的角度看待自己所經歷的痛苦和負面情緒開始的。認知療法中特別強調「跳脫自我中心思想」等技巧，這種跳脫自我中心成見的「去中心化」（decentering）不僅是薩提冥想的一項要素，同時也是各種認知療法中重要技巧，其核心就在於專注知覺與反應之間的空間。這種技巧是訓練患者退一步審視自己對來自外界的各種刺激會反射性

自動做出什麼樣的反應，如果能在外界刺激和自己對此的反應之間冷靜地觀望，就可以克服憤怒和焦慮症狀。

2010年美國著名職業籃球運動員雷霸龍·詹姆斯（Lebron James，俗稱詹皇）曾經接受電視訪談。那時，他陷入了巨大的苦惱中，煩惱自己是該很講道義地與一手把他捧成明星的球隊續約，還是轉到更大的球隊去。站在抉擇十字路口的他成為眾人關注的焦點，也讓他的心理承受巨大的衝突。在決定跳槽到一個可以提供更好條件的大球隊後不久，他在電視訪談中說：「我想為雷霸龍·詹姆斯做出最好的決定，我想讓雷霸龍·詹姆斯感到快樂」。他沒有用「我」來稱呼自己，而是用第三人稱「雷霸龍·詹姆斯」的視角來表達。而且他還說，雖然做出這個決定的是「我」，但會這麼做是為了「雷霸龍·詹姆斯」。就像這樣，用第三人稱或名字來稱呼自己的方式，被普遍認為是一種「與自己保持距離」的技巧，對於調節自己情緒有很大的幫助。

伊森·克洛斯（Ethan Kross）教授團隊進行了一項實驗，研究人們在承受壓力的情況下，對自己情緒、想法、行為等方面和自己進行如自我對話之類的內在溝通時，能站在多麼客觀的角度來看待自己。一組受試者被要求在承受壓力的情況下和自己對話時要使用第一人稱代名詞（I、me）來稱呼自己，而另一組受試者則被要求使用第三人稱代名詞（He、She）或自己的名字來稱呼自己。實驗結果發現，以第三人稱或名字來稱呼自己的小組能夠更妥善地調節自己的情緒或行為。

克洛斯教授團隊透過腦波和fMRI測量也證實了類似的研究結果。研究顯示，藉由一邊以自己名字為主詞站在客觀的立場看待自己，一邊和自己討論自己情緒的情況，會比用「我」為主詞的自我對話情況，在情緒調節上有更大的效果。這個研究結果代表了兩層意義，第一層是將自己所處情況以客觀的角度向自己解釋的自我對話，在作為培養情緒調節能力的心理肌力訓練方面，有卓越的效果。第二層是這種自我對話的主詞，客觀地使用自己名字或第三人稱代名詞，會比用「我」要來得有效。

還有一種方法可以和自己保持距離，那就是為自己情緒「命名」（labeling）。如果想盡可能具體描述自己現在所感受到的情緒，就要時刻掌握當下浮現在心底的情緒或感覺，這也是薩提冥想的核心技巧。在fMRI腦部影像實驗中，研究人員向實驗組的受試者出示幾張人臉照片和幾個情緒單詞，並

要求受試者挑選看起來與人臉最相關的情緒單詞。而研究人員在向對照組提供相同的人臉照片時，則是提供了幾個人名，讓他們挑選最適合人臉的名字。結果顯示，比起挑選人名的受試者，挑選情緒單詞的受試者其前額葉皮質更加活躍、杏仁核也更加穩定。不過，這種效果在平時有練習薩提冥想的人身上則表現得更加強烈。這個研究結果指出，練習給自己情緒命名的薩提冥想，有助於穩定杏仁核，使前額葉皮質更加活躍。

患有憂鬱症或焦慮症等情緒調節障礙的人，在受到輕微的外在刺激時幾乎會自動表現出強烈的負面情緒反應。為了改變這種自動反應的習慣，必須讓患者意識到在刺激和反應之間的自我（self）作用。也就是說，必須讓患者覺察到有一個自我在持續製造負面內在溝通的習慣。因為外界傳來的負面刺激（他人的負面言語或行為）並不會自動誘發患者的憤怒或挫折感，而是在那種刺激和自己的反應之間存在著一個作為敘事者的自我。

這種覺察是治癒的第一步，因此要把注意力集中在外界刺激和自我反應的中間空檔，那就是回顧自己的自我參照過程。所以「去中心化」又稱為「自我觀察」（observing self），也稱為「自我見證」（self-as-witness）。另外，「去中心化」也因為具有干預自動反應過程使自我反應能按照個人意願調整的能力，所以又被稱為「去自動化」（deautomatization）。

透過這個步驟，患者就可以控制通常被稱為「反芻」（rumination）的不斷重複的負面內在溝通和強迫性思考。換句話說，在反覆想著「我是人渣」的狀態下，必須有能力轉換到覺察出「啊，我現在想著自己是人渣」的狀態。而這所有過程中就存在著「與自己保持距離」和自我參照過程。

第二個階段：覺知和活化預設模式網路

我們在生活中習慣把注意力放在外在環境的各種事件或事物上，我們的認知對象大部分都存在於外界。我們的注意力通常不是放在現在，而是傾向於過去或未來。比起現在發生的事情，我們的思緒更專注於過去已經發生的事或未來尚未發生的未知數（或根本不會發生的事情）。為了將注意力（attention）的方向從外界、過去、未來180度轉向當下自己的內在，首先需要訓練

自己不要把注意力放在任何對象上,這就是活化預設模式網路(DMN)的訓練。

美國哈佛大學麥特・齊林索斯(Matt Killingsworth)和丹・吉伯特(Dan Gilbert)教授團隊把不斷思考過去或未來的狀態稱為「思緒漫遊」(mind-wandering)。杏仁核習慣性過度活躍的人,即使無所事事也會毫無來由地感到焦慮和浮躁。相反地,心理肌力強大的人即使獨自一人無所事事的時候,也會心平氣和地保持安靜狀態。

當思緒一直朝著過去或未來奔馳時,人類一定不會感到快樂。想到過去就忍不住憤怒,想到未來就擺脫不了焦慮,憤怒調節障礙和焦慮症是現代人最常見的精神障礙。事實上,只有將注意力完全集中在「當下」時,人類才會感到快樂。

我們為了追求快樂而進行的各種愛好都有一個共同點,那就是這些活動都是為了讓一個人完全專注於當下的一種手段。無論是攀岩、賽車、釣魚、騎自行車、跑步、游泳、衝浪、自由潛水或各種球類運動,至少在投入這些活動的時間裡,會讓人產生活在當下的感覺,因此也讓人感到快樂。當然,透過這些活動獲得的一時快樂並無法持續太久,因為這些活動只能暫時遏止心靈奔向過去或未來,一旦活動結束,焦慮、憤怒的情緒或不快感就一定會捲土重來。如果想維持長期的平靜和快樂,就需要有即使什麼都不做也可以活在當下的能力。那就是預設模式網路活化的狀態,而為此我們所需要做的,就是自我參照過程訓練。

通常,當我們想處理某件事的時候,大腦的中央執行網路(central executive network,CEN)就會被啟動,於是我們便可以將注意力集中在特定的對象上。相反地,當什麼事都不做時,預設模式網路就會被啟動。這時,由於我們沒有專注在哪個特定對象上,因此有關自己訊息的處理就會自動啟動。但是,當內心充滿焦慮或憤怒時,大腦就會大量處理其他特定對象的訊息,而不是與自己相關的訊息,因此很難進入預設模式狀態。

越容易受到負面情緒影響的人,當他們無所事事時,他們的mPFC就越容易被活化。mPFC是與杏仁核拉鋸的部位,消極者的mPFC之所以會變得活躍,是為了控制即使在靜坐時也會自動產生的負面情緒。也就是說,這時的mPFC是為了讓不斷試圖活化的杏仁核穩定下來,才變得活躍起來。相反

地，長期練習冥想的冥想專家們，他們在預設模式狀態的mPFC活躍度會比一般人相對要來得低。因為他們的mPFC網路已經很發達，並且發揮著良好的作用，所以沒必要進入更活躍的狀態。這就像一個肌肉發達的人在舉起重物時，不需要用到那麼多肌肉就能舉得起來。

在齊林索斯教授團隊的「思緒漫遊」研究中，隨時都會向世界各地83個國家的15,000多名使用iPhone應用程式的人提出以下的問題——「你現在心情如何？」、「你現在在做什麼？」、「你現在是不是一面做事一面還在想別的事情？」，他們獲得了大約25萬份回覆。分析結果顯示，46.9%的人回答，他們會一面工作一面思考其他的事情。甚至有30%左右的人回答，他們在進行所有活動時都還會想著其他的事情。例如，他們會一邊吃飯，一邊看手機或想別的事情，而不是專心品嘗食物；運動的時候也會收看電視，而沒有完全專注在運動上等等。

很明顯地，現代人習慣於「一心多用」（multitasking），也就是同時進行或思考幾件不同的事情，而不是完全投入在手頭的工作上。然而，研究結果也發現，當這些人進行一心多用之類的「思緒漫遊」時，感覺並沒有那麼快樂。雖然他們回答說，當他們對手頭上的工作反感時，就會分心得很厲害，但根據時差分析（確認因果關係方向的分析）的結果，因果關係的方向與人們的感受正好相反。也就是說，當一個人分心得越厲害，對手頭上的工作就越反感，而不是因為對手頭上的工作反感，所以才會分心。

這項研究的一個重要發現是，人們在想什麼（thinking）比他們實際在做什麼（doing）對快樂的影響更大。也就是說，我們與自己進行的內在溝通，會對快樂產生更大的影響。做什麼事情本身對快樂感的影響不過才3~5%左右，但相反地，在做事時是否還分心想其他事情對快樂感的影響，就達到約11~18%。換句話說，研究證實，無論做什麼，只專心做手頭上的工作而不要分心想其他事情，會比做某件特定工作讓自己感到更快樂。

一心多用的人無法活在當下，因為他們的大腦一直處在活動模式的情況下，這會促使杏仁核活化。而練習自我參照過程的話，則可以攔阻自己奔向外界事物或事件的思緒，將注意力轉向自己的內在。當我們能認清自己時，我們才能活在當下。這樣才可以穩定杏仁核，活化前額葉皮質。當我們安靜回顧自己時，前額葉皮質會活躍地運作起來，創意或認知能力也會隨之提

升，這就是為什麼預設模式網路的活化會提升創意的原因。

專注特定工作的認知過程，主要由中央執行網路（CEN）負責，但提出創造性新觀點或發揮解決問題能力的任務，則主要和預設模式網路（DMN）有關。當我們想發揮相當於自我調節能力的專注力或毅力時，雖然需要中央執行網路，但當我們想發揮相當於自我激勵能力的創意和解決問題能力時，就需要促使預設模式網路更加活躍。心理肌力強大的人可以均衡地在這兩種神經網路之間移動。

傳統冥想的兩種基本方法也與這兩種神經網路有關。通稱為「止禪」的奢摩他（samatha）修行，是透過將注意力集中在特定覺知對象來追求禪定的聚焦專注冥想（Focused Attention Meditation）。從廣義上來看，看話禪也屬於這一類。止禪修行時，為了將注意力持續集中在單一對象上，便會啟動中央執行網路。相反地，通稱為「內觀」的毘婆舍那（vipassanā）修行，則是開放式薩提冥想（open monitoring meditation），修行時不設定特定覺知對象，而是全面將注意力開放給自己當下所體驗的一切。毘婆舍那（vipassanā）這個字本身，毘（vi-）是「全面」，婆舍那（passanā）是「看見」的意思。只有當大腦能夠在預設模式網路和中央執行網路之間自由移動時，才能做到全面開放注意力。也是在這種狀態下，才得以發揮洞察力和創造力。

有具體支持這個觀點的研究結果出現，研究人員先向受試者出示一項簡單到他們還有餘力胡思亂想的課題，然後再出示一項困難的課題，結果就發現受試者的執行能力顯著提高。也就是說，在他們隨便想東想西或進行思緒漫遊之後，創造力變得更好。這項結果也暗示，在自由移動於專注心神和思緒漫遊之間的狀態下，可以發揮最佳的解決問題能力。

創意性想法並不是抓著一個問題幾天幾夜埋頭苦思就能想出來的，反而是在享受閒暇和做白日夢或回憶過往等以各種方式接觸自己的內在世界，讓思緒和情緒更加開放和自由流動時，才能產生創意性想法。順帶一說，在羅傑・比提（Roger Beaty）的研究中也出現過「思緒漫遊」（mind wandering）一詞，但在使用上的意義與前述齊林索斯和吉伯特教授的論文有相當大的不同。在比提的研究中「思緒漫遊」是讓腦海中自由浮現各種想法，意思是指注意力並未集中於特定對象的預設模式網路活化狀態。相反地，齊林索斯和吉伯特的研究中，「思緒漫遊」的意思更接近於在壓力下一心多用的狀態。

比提所說的思緒漫遊是預設模式網路活化，接近於冥想狀態，也成為了創意的基礎。相反地，齊林索斯和吉伯特所說的思緒漫遊則是基於負面情緒的中央執行網路活化，也成為了不快樂的基礎。

有關思緒漫遊的另一項研究報告，思緒遠離手頭上的工作漫遊到他處的時候，大腦中以mPFC為中心的預設模式網路會先活化，但同時，中央執行網路也會被活化。也就是說，思緒漫遊是很獨特的認知狀態，其中不僅具有冥想元素，同時也存在關注課題的對象認知過程。但是，研究也發現，愈缺乏對自我認識的後設覺察（meta-awareness）的人，即自我參照能力愈不足的人，其思緒漫遊現象就愈嚴重。

綜合以上研究來看，在活化前額葉皮質的自我參照過程中，重要的不是一個人的思緒有沒有在漫遊，或注意力是否集中在某個對象上，而是這個人是否存在於當下。快樂的心是一顆始終活在當下的心，能否在保持一定距離的情況下站在第三者角度觀望自己的心靈、自己的情緒、自己當下的體驗，才是最重要的。因此，我們需要將注意力集中在對象與對象之間的空檔或間隙的「無對象認知」訓練上。

在日常生活中，透過啟動預設模式網路達到自我參照過程狀態的最簡單方法，就是靜下來什麼都不做。也就是注意力不再集中於外界事物或事件，而是完全放鬆地審視自己的內在。達到這個目的的最好方法，就是關注內感受或本體感覺的動態冥想。

身兼世界著名旅遊專家和專欄作家的皮可・艾爾（Pico Iyer）曾走訪世界各地知名旅遊勝地和度假村。他認為，如果想透過旅遊感受快樂，最重要的不是身在何處，而是懷抱何種心態。加州大蘇爾（Big Sur）海岸懸崖上的一家旅館一夜要價超過7萬台幣，那家旅館提供的最大服務就是隔絕網路世界。客房裡沒有電話、沒有網路、沒有WiFi，也沒有電視。旅客辦理入住時，還必須將手機寄放在前台。而客人唯一能做的事情，就是抬眼眺望窗外遙遠的大海或低頭靜靜地讀書。

大多數人為了獲得快樂都希望在遠離日常生活空間的度假小鎮擁有一棟別墅，但是他們去了別墅以後，卻又透過網路和各種智慧型產品維持和平時一樣的生活。這不是真正的休憩，艾爾強調，對我們來說，我們需要的不是空間別墅，而是時間別墅。一年中有幾天，或是一天中有幾分鐘的時間，什

麼都不做，享受一個人獨處的安靜時間和空間，才是真正放鬆身心的旅遊。

艾爾解釋說，只有審視自己內在，享受安靜時光的時候，腦海中才會浮現創意性靈感。聽起來似乎有點矛盾，走遍世界各地的旅遊專家推薦的最佳旅遊勝地，竟然是我們內心中安靜的一角。就像即使天上烏雲密布，天空的本色依舊湛藍一樣，即使內心中再怎麼充滿著紛擾複雜的情緒和想法，我們的內在本色依然寧靜、祥和、完好。而自我參照過程訓練，就是讓我們練習沉浸在那份寧靜中。

第三階段：觀隔冥想－無認知對象的覺知

無論是透過與自己保持距離或預設模式網路的活化，當我們一旦對自我參照過程訓練有了某種程度的熟悉，就可以開始練習體驗無對象認知狀態，也就是「沒有體驗對象的體驗」。自我參照過程訓練的終極目標，是和背景自我合為一體。當我們試圖「發現」背景自我時，那麼失敗的可能性就很高。如果將背景自我當成「發現」或「獲取」的追求對象，就有可能將不相關的東西誤認為背景自我。因為背景自我不是經驗的客體，所以無法成為發現或追求的對象。背景自我向來是所有經驗的主體，為了作為經驗主體完整地存在，背景自我就不可以專注於哪個特定對象上。

傳統上將注意力集中於特定對象的冥想稱為薩古納（saguna）冥想，代表例子就是專注於自己身體所感受到的感覺，或專注於聲音、光線或色彩的冥想。專注於參悟話頭的「看話禪」（又稱「話頭禪」）也隸屬這一類，專注於內感受或本體感覺的動態冥想也是薩古納冥想。由於專注於特定對象是我們的認知作用一直在做的事情，因此即使是冥想新手也可以輕鬆入門薩古納冥想。

相反地，沒有專注對象的冥想被稱為涅古納（Nirguna）冥想，但是因為我們的意識習慣於專注在某特定對象上，因此對於維持沒有對象可以認知的狀態會感到非常陌生和困難。如果從一開始就告訴自己「要集中注意力，但沒有關注的對象」，那免不了會感到不知所措。不知道要做什麼、該怎麼做的情況，會令人驚惶失措，再加上還被要求「不要想著要追求什麼」的話，

那就會讓人更加困惑。所以，最有效的方法是先將注意力集中在特定對象上，保持覺知狀態，然後再讓對象慢慢地消失。在持續關注特定外在事物或事件的狀態下，當該認知對象消失時，人自然就會處於「無認知對象」的狀態，這時就會進入強大的自我參照過程。也就是說，人會進入一種無對象的覺知或純粹背景自我的狀態。還有一種方法就是先將注意力集中在兩件事物或事件上，再轉移到兩者中間的空檔或間隙上。

第一種專注於逐漸消失的對象的方法，代表例子是「鐘聲觀隔冥想」，而第二種專注於兩個物體中間空檔的方法，代表例子是專注在吸氣和呼氣中間空檔的「呼吸觀隔冥想」。所謂「觀隔」，如字面所言，就是「觀望間隔」的意思。觀望事物與事物之間的空檔或事件與事件之間的間隙或間隔，就是觀隔。觀看事物消失後留下的空位或靜謐空間，也是觀隔。這兩種方法將在下面做更具體的介紹。

鐘聲觀隔冥想

有效將一個人引進無認知對象狀態的方法，就是將注意力集中在鐘聲，最好能使用餘音綿長的座鐘。方法是先把心靜下來，注意力集中在「鐘響」這個單一事件上，當鐘被敲響的那一瞬間，鐘聲響起，然後聲音慢慢變小，直到最後聲音完全消失的時刻到來。

當鐘聲響起的那一刻，我的意識很自然地會集中在鐘聲這個單一的「對象」上，我會覺察到自己「正聽著鐘聲」的這件事。鐘聲漸漸消失，當聲音愈來愈小時，為了聽清楚鐘聲，我的專注力會變得愈來愈強。鐘聲變得更小聲，達到似有若無的微妙瞬間，也就是「聲音」這單一事件讓位給「寧靜」的時刻。這個時刻鐘聲不再留有殘響，但又並未完全消失，也就是聲音與寧靜混合的那一刻，我的覺知能力也達到了最強的境界。不知不覺間，鐘聲完全消失，只剩下一片寧靜。在注意力集中於「鐘聲」這個對象的狀態下，當鐘聲消失時，我的意識就「沒有了專注的對象」。也就是意識還繼續在聆聽，但聆聽的對象卻已經消失。

現在，我聽到的就是寧靜，處於聆聽寧靜的狀態，沒有了認知對象。在對象消失的那一瞬間，留下的只有認知主體，只留下了背景自我。在聆聽寧靜的狀態下，我的意識轉向我自己。原本向著「鐘聲」這個對象的意識，很

自然地轉回自己的內在，開始了強大的自我參照過程。這種迴光返照*的瞬間，我們就會感受到存在於「當下」的背景自我。其實，「感受到背景自我」這種表達方式也不正確，因為背景自我是意識主體，無法成為感受的「客體」。也因此，背景自我始終空空如也，是「無」，是未知的對象。

　　在日常生活中，我們能聽到的只有聲音，聽不到沉默或寧靜。寧靜不是我身外的某個事件或認知對象，寧靜也不是體驗的對象。即使如此，我們還是清楚知道寧靜的存在。鐘聲消失的那一瞬間，那個空檔，就清楚地暴露出寧靜的存在。寧靜雖然不是可以聆聽的對象，卻始終存在於所有聲音的背景中。隨著鐘聲逐漸變小，寧靜也變得愈來愈明顯，讓人感覺寧靜似乎占據了鐘聲消失後讓出來的位置。但是，寧靜不是因為聲音消失才有的產物，寧靜存在於鐘響之前，又與鐘聲共存，即使在鐘聲消失後也依然存在。寧靜始終不變，永遠是所有聲音存在的前提條件。聲音永遠無法影響寧靜，再嘈雜的聲音也破壞不了寧靜，消滅不了寧靜。聲音只能暫時掩蓋住寧靜，就像烏雲可以遮蓋太陽，卻影響不了太陽一樣。

　　聲音與寧靜的關係就像物體與空間的關係一樣，無論哪種物體都無法破壞空間，只能占有一定的空間而已。請你暫時停下來看看四周圍，一定會看到各式各樣的物品。現在我眼前有一張書桌，桌上有一個咖啡杯，書桌和咖啡杯都占據了一定的空間，但是被書桌或咖啡杯占據的空間本身卻沒有任何改變。空間始終不變，當我移動咖啡杯時，就等於咖啡杯讓出了原本占有的空間轉而迅速占據其他的空間，但空間本身並沒有產生任何變化。

　　任何物體總有一天都會消失，但物體所占有的空間在有物體之前就已經存在，且與物體同在，又於物體消失後仍舊存在。如果沒有空間，就沒有物體的存在。空間既是所有物體存在的前提條件，也是背景。同樣地，寧靜是所有聲音存在的前提條件，也是背景。而相同地，背景自我是所有經驗、想法、感覺、情緒存在的前提條件，也是背景。我所有的經驗都像是聲音或物體，而這些東西存在的背景中，始終有著寧靜空無的背景自我。這些關係可以用如下等式來表達：

---

* 譯註：這裡是指「臨滅前短暫地變旺」之意。

聲音：寧靜＝物體：空間＝經驗自我：背景自我

寧靜為一體，不分你我。你我的聲音雖然不同，但你我的寧靜卻完全相同。所有的寧靜都是一體的，就像空間是一體的一樣。物體雖各有殊異，但每個物體背後作為背景存在的空間卻完全相同。這間房子的空間和那間房子的空間乍看之下不一樣，其實那只是因為有牆壁或各種物體暫時給人不一樣的感覺罷了，空間本身是沒有任何差別的。其實空間不會被牆壁分隔開來，空間是無可分割的，只不過暫時被砌起的牆壁遮住了而已。就像寧靜會暫時被聲音遮蓋住一樣，被牆壁暫時遮蓋住的位置上，依然有空間的存在。就像聲音再大，作為那聲音背景的寧靜始終不變地存在於聲音背後一樣。

我房間的空間和我體內的空間，以及廣大無垠的宇宙空間也是完全一體的。寧靜也一樣，我內在的寧靜和宇宙的寧靜是一致的。我內在的空寂，是你的空寂，也是宇宙的空寂，那就是我的背景自我。[69]背景自我是作為認知主體的真正的「我」。也因此，背景自我不是一個實體，因為它不是可以認知的對象。背景自我是無一物的空間，是寂寥的寧靜。就像所有物體無法影響或破壞空間本身一樣，就像所有聲音無法影響或破壞寧靜本身一樣，我們的經驗、情緒或想法也無法影響或破壞作為認知主體的背景自我。

背景自我只是暫時被我們的經驗、情緒、記憶和故事敘述所掩蓋，也因為它被掩蓋住了，使得我們在日常生活中很難感覺到背景自我的存在。而隔著這樣的圍籬悄悄望過去，這就是觀隔冥想。觀隔冥想的核心是和我被日常喧囂掩蓋住的寧靜相遇，也就是和真實的我相遇。而內在溝通冥想是為了面對我被各種經驗、想法和情緒遮蓋住的無一物空間。自我參照過程訓練的核心，則是為了讓作為空寂的背景自我覺知我真實的面貌。

呼吸觀隔冥想

觀隔冥想的另一個方法是將呼吸作為認知的對象，趁著吸氣轉為呼氣、呼氣轉為吸氣的那一瞬間，將注意力集中在這剎那的一刻，這些瞬間就會像永恆一樣無限擴展，意識就可以停留在那裡。首先，依序進行專注接觸點的呼吸冥想和專注下腹部的呼吸冥想。先將注意力集中在鼻端，慢慢吸氣，感受空氣由鼻端進入鼻腔中，這時會感覺到一股稍微冰冷的氣息。慢慢呼氣的

時候也把注意力放在鼻端上，就可以感受到一股略為溫暖的氣息通過鼻端流出去。像這樣把注意力集中在呼息和吸息進出鼻端感覺的冥想，就是接觸點呼吸冥想。

再次吸氣，感受呼吸經過鼻子、經過喉嚨和支氣管，深深流向下腹部。這時不可以在腹部用力或繃緊腹部，要舒適地自然呼吸，只需觀照呼吸的動作就好，吸息會從鼻端順暢地流向下腹。再次呼氣時，感受一股溫暖的氣息慢慢地從下腹上來，通過鼻端緩緩排出。慢慢重複呼吸的動作，觀察氣流從鼻子開始經過頭、頸、胸、胃，往更下方流動，再慢慢地從腹部開始，經過胸、頸、頭，最後從鼻子裡流出去。

由於吸氣時橫膈膜下降，會稍微壓住腹部的內臟器官，因此下腹會自然而然地稍微突出去。吐氣時橫膈膜會往胸部方向上升，因此下腹會微微收縮到原來的位置。呼吸時不要做出故意在下腹施力使它膨脹等等的動作，而是要專注於下腹隨著呼吸自然起伏的感覺。當吸氣過程中橫膈膜收縮下降時，我們會感覺到身體和肩膀似乎以一種反作用聳起。相反地，當橫膈膜放鬆上升時，就會感覺到身體或肩膀似乎也跟著放鬆而下垂。就像這樣，橫膈膜的運動似乎和我們感覺到的身體上下運動剛好相反。當我們持續專注於自己的呼吸時，就可以觀察自己的呼吸、自己的生命氣息反覆地從底部往上走，又再次緩緩地下沉。現在，呼吸自動進行上下動作，此時就可以觀察自己的呼吸從腹部下方開始，到頭頂為止，像是畫著弧形圓周似地進行上下運動。

現在，把注意力放在吸息轉為呼息的那一瞬間，緩緩吸入的氣息走到下腹後要再次轉為慢慢上升的呼息這一刻，把注意力集中在吸息暫時停止要變為呼息的那一間隙。想像一下橫膈膜的運動，吸氣時橫膈膜下降，氣息沉到下腹部，呼氣時橫膈膜才又上升到胸部，此時將注意力集中在吸氣後、呼氣前的那一瞬間。如果注意力難以集中的話，可以在吸氣過渡到呼氣的那一瞬間暫時閉住氣一秒左右，再把氣呼出來，以此作為權宜之計。暫時閉住氣較能集中注意力。等到逐漸習慣了專注在既不是吸氣也不是呼氣的空檔之後，就可以將暫時閉住氣的時間以0.5秒、0.3秒、0.2秒的方式逐漸縮短。

當吸氣過渡到呼氣的那一瞬間，既沒有吸氣，也沒有呼氣，而是一個無一物的空間。如果一直將注意力集中在吸氣和呼氣這兩件事情上，也就能注意到吸氣和呼氣中間的空檔，做到「無對象的覺知」。一旦熟悉了專注於從

吸氣過渡到呼氣的轉換點時，接著就可以用同樣方式訓練自己專注於從呼氣過渡到吸氣的轉換點。等到學會了專注在從呼氣過渡到吸氣的轉換點時，現在就繼續專注於反覆吸氣-呼氣的轉換點和呼氣-吸氣的轉換點。這就是觀望吸氣和呼氣中間間隔的觀隔冥想。

注意力雖然是集中在呼吸上，但還要集中在吸氣-呼氣中間的轉換點上、集中在中間的間隙上、集中在空寂上、集中在無一物的空間上。利用呼吸的觀隔冥想，以接觸點或下腹的呼吸冥想為基礎，是穩定杏仁核的內感受訓練，也是觀照空寂的自我參照過程訓練，同時有助於活化前額葉皮質。

雖然我介紹了以上使用鐘聲消失和觀望呼吸間隔的兩種冥想法作為觀隔冥想的代表例子，但只要理解了基本原理，就可以在日常生活中嘗試各式各樣的觀隔冥想。例如在走路或跑步時，把注意力集中在邁出左腳後到邁出右腳之前的轉換點，也是很不錯的觀隔冥想。即使在吃飯、喝茶，或者與他人交談的時候，我們都可以發現無數的「間隔」。而透過時時刻刻觀望這無數的間隔，我們就可以在日常生活中藉由觀隔冥想訓練自己的自我參照過程。

> **Note　觀隔隨想——你的名字**
>
> 吸氣轉呼氣，
> 呼氣轉吸氣，
> 轉換的那一瞬間，
> 那裡無吸也無呼。
> 這是一個充滿空無的時刻。
> 白天與黑夜，
> 如果吸氣是白天，那麼呼氣就是黑夜。
> 當白天轉為黑夜的那一刻，
> 當吸氣轉為呼氣的那一刻，
> 當所有動作暫停下來的那一瞬間，就是黃昏。
> 作為日與夜間隔的黃昏，是一個奇蹟。
> 這是一個從明亮的白晝變成深沉黑暗的神奇時刻。
> 這時，整個世界充滿了美麗的淡青色。

這是開天闢地的時刻。

此刻，我們已然習慣明亮光線的眼睛，即使相距不遠也無法馬上認出人來。

在明亮的白天，可以清楚地知道誰在那裡（存在與身分共存）。

在漆黑的夜晚，卻無法分辨誰在那裡（存在和身分均無）。

但在微暗的黃昏之際，我知道有人在那裡，

卻不太清楚那個人是誰。

這是有具體存在但身分消失的時刻。

這是只剩下存在而名字消失的時刻。

誰在那裡？かたわれ時*，這是一個令人忍不住想問「你的名字？」的時刻。

這是一個擺脫身分桎梏的自由存在超越時空的時刻。

當一切眾生的身分都消失時，你我之間的區別也消失，

這是你我超越時空合而為一的奇蹟時刻。

把注意力集中在緩慢吸入的吸氣暫時停止過渡到呼氣之前的黃昏那一刻。

那瞬間，那一剎那，當下即是永恆（eternal now）。

那是我的真實面貌——空寂的背景自我。

藉由觀望這個間隔，永遠停留在那一剎那。

這就稱為觀隔。

---

*　譯註：「かたわれ時」：動畫《你的名字》日文原名，綜合網路對此句的分析有三層意思——「黃昏之時」、「相逢不識君」及「成對事物之一」，均暗合作者文義。

自我參照過程訓練的三個階段

六種正向內在溝通冥想：
寬恕、憐憫、愛、接納、感恩、尊重

作為自我參照過程的內在溝通冥想是活化前額葉皮質神經網路的有效心理肌力訓練，也是與任何宗教意義或神祕主義幻想毫無關聯的科學訓練法。另外，還有一種比自我參照過程訓練更好，可以直接幫助前額葉皮質活化的方法，就是對自己和對他人的正向內在溝通。關於自己的訊息和關於他人的訊息都是透過差不多相同的神經網路處理的，兩者都與以mPFC（內側前額葉皮質）為中心的前額葉皮質有很密切的關係。

有關對自己和對他人正向內在溝通有各種方法，但其中效果獲得證實的有寬恕、憐憫、愛、接納、感恩、尊重。這些都是傳統冥想修行的核心主題，同時也是數千年以來聖人們的教誨，而且也是最新的科學研究主題。

許多腦科學研究報告都指出，寬恕、憐憫、愛、接納、感恩、尊重都具有活化前額葉皮質，增進幸福感，提升認知功能，強化免疫力等正向效果。儒家教誨的「惻隱之心」、佛教教誨的「普渡眾生」、基督教教誨的「愛你的鄰舍」，都是以「肯定他人」為重點，這就牽涉到前額葉皮質的神經網路。另外，無論是佛教「心無罣礙、無有恐怖」的教誨，或基督教「你不要害怕」的教誨，也都與穩定杏仁核有密切關係。

不從宗教，而從腦科學的觀點來看的話，傳統宗教可以廣泛傳播全世界、延續數千年傳統的原因，可說歸功於他們的基本教義在穩定杏仁核及活化前額葉皮質方面的助益。因為一個人只要遵循宗教的核心教誨，就能提升正面情緒變得快樂、提升成就力量無往不利、改善社交能力工作進展順利，還可以提高免疫力讓身體無病無痛，於是這個人就會心懷感激更認真地實踐宗教教誨，形成良性循環。現代腦科學透過各種科學證據不斷地證實，既有宗教的教義對改善腦健康和心理肌力有很大的幫助。

肯定自我和肯定他人的六種方法是由兩大軸心所組成，一個軸心是寬

恕-憐憫-愛，另一個軸心是接納-感恩-尊重。寬恕-憐憫-愛是神賜予人類的祝福，神寬恕世人、憐憫世人、以愛來守護世人。基本上寬恕-憐憫-愛都是「絕對存在者」（the absolute being）給予人類的。而且，寬恕會令人感到憐憫，憐憫會發展成愛。或者說，當一個人心中洋溢著愛時，就會去憐憫他人，有了憐憫之心，就願意寬恕一切罪惡。

而另一個軸心，即接納-感恩-尊重，則是人類對待神的做法。接納就是一個人打開心門，審視自己的內在，在心中接受絕對存在者。而對絕對存在者的一切心懷感激，這就是祈禱的核心。抱著無比敬畏之心尊重絕對存在者，這就是信仰。能做到這六種肯定自我和肯定他人的必要條件，就是覺知。唯有具備足夠的自我參照過程能力來審視自己，才能做到真正的肯定自我-肯定他人。

寬恕

正向內在溝通的第一步是寬恕。寬恕（forgiving）是把什麼物品「往前給出去」（giving forward）。寬恕不是往後看，執著或糾纏著過去不放，而是往前看，放下一切奔向未來。

如果說報復是往後看，懷恨在心只想剝奪對方的一切，那麼寬恕就是往前看，拱手交出一切。寬恕自己，把自己拱手交給未來，這樣就可以讓自己始終活在當下。從心理學的角度來說，寬恕是指從根本上消除慢性敵對感、負面和強迫性的反芻，以及因此帶來的負面結果的認知和情緒轉換過程。

寬恕的核心不是一句「我都不在乎」就算了，也不是對過去的事情重新賦予新的意義，編造新的故事。相反地，寬恕是要讓自己置身於當下。憎恨和報復只會讓自己置身在已經不存在的過去事件中，為此備受折磨。唯有放眼未來，放下糾纏自己的一切，自由地活在當下，才叫寬恕。

心懷憤恨的生活是一種煎熬，許多人因為自己的仇恨心和報復心而痛苦不已。痛恨某個人只會傷害自己，讓自己生病變得衰老，也會讓免疫力急速下降，端粒（telomere）長度縮短（參照頁467〈Note〉）。心懷憤怒的生活，等於是胸中抱著一團火。憤怒會燃燒一個人的心，讓人痛苦不堪，鬱結在心就

六種正向內在溝通冥想：寬恕、憐憫、愛、接納、感恩、尊重　　465

成了憂鬱症。憂鬱症通常會找上不懂得寬恕、糾著他人錯處不放的人。即使錯在對方，懷恨在心的生活也等於自己不斷在懲罰自己。

寬恕有兩種類型，一種是自己做出決定之後就控制自己行為的決策性（decisional）寬恕，另一種是自己慢慢改變對情況的認知、動機、情緒狀態等的情緒性（emotional）寬恕。就效果來說，情緒性寬恕更有效，但實際上在做到真正寬恕的過程中，從決策性寬恕開始會更容易一些。比起請求對方允許或得到諒解，或是在尋求情緒上支持的同時還附帶條件或但書的寬恕，自己下定決心，一次就切斷自己糾結於過去的執著，才是更容易做到寬恕的方法。寬恕是為了自己，沒必要視對方的反應而改變。

寬恕有兩個層面，一是減少「無可饒恕的想法」（unforgiveness＝報復心、心生不滿、懷恨在心、批判心理），另一是對對方的想法由負面轉為正面。

寬恕的對象有寬恕自己和寬恕他人。寬恕自己是不再對自己所犯下的錯誤、過失或愚行深陷自我譴責、自我憎恨和罪惡感中；而寬恕他人則是以寬大的胸懷寬恕他人對自己所做的惡行。另外，寬恕還可分為「寬恕傾向」（forgivingness）和「寬恕狀態」（forgiveness）。寬恕傾向是指已經打算原諒的傾向，寬恕狀態則是顯示對當前特定事件或犯行的寬恕狀態。

從進化心理學的觀點也有很多關於寬恕的理論，譬如當對方現在對我施加傷害時，對此採取適當懲戒是為我將來的穩定社會生活所必需的，但懲戒也會付出社會上、經濟上、心理上昂貴的代價。反過來，寬恕則可以付出更少的代價，獲得更多的東西。因此，進化心理學的立場是，人類的大腦已經發展到能夠根據情況決定報復或寬恕，以維持適當的均衡。這種觀點將寬恕視為處理人際關係衝突的一種工具性手段。

另外，在社會心理學或傳播學領域中，也持續進行有關寬恕的研究，大部分都從策略性的角度來探討寬恕。他們先將寬恕定義為策略性溝通的手段，研究何時該採取何種寬恕策略，或是犯錯的人該尋求什麼樣的寬恕策略或道歉策略等等。但是進化心理學或傳播學對寬恕的這種觀點，並沒有正確掌握寬恕的真實性質。而把寬恕當成透過人際關係獲取最大滿足的策略手段，這麼定義雖然也有合理的一面，但卻是非常偏限性的看法，在對於寬恕真正的意義、方法或效果的理論化方面，注定會失敗。然而令人遺憾的是，至今仍然還有許多學者從這種策略性及工具性的角度來研究寬恕。最重要的

是，以這種侷限性的工具觀點無法解釋寬恕所產生的治療效果為什麼會和許多腦科學家的研究結果相同。

> **Note** **端粒和寬恕的科學**
>
> 　　細胞核中，染色體的尾端有一個長得像鞋帶尾端的堅硬末端組織，這個就是端粒。隨著細胞的不斷分裂，端粒長度會慢慢縮短，最後當細胞再也無法分裂時，端粒的壽命也隨之告終。所以端粒的長度是細胞老化程度的指標，不過，如果細胞分裂時維持端粒長度的酵素——端粒酶活化起來，細胞就可以在維持端粒長度的同時進行分裂。
>
> 　　然而，慢性壓力和負面情緒會降低端粒酶活性，導致細胞老化。實際上，一項以長期養育患有慢性疾病子女的父母為對象，調查他們端粒長度的實驗結果發現，這些父母的端粒長度相當短。而根據研究端粒酶作用而獲得諾貝爾醫學獎的布雷克本（Elizabeth Blackburn）教授團隊的研究結果發現，如果堅持練習冥想，端粒長度不會變短，反而會變長。不僅如此，經過三個月的集中冥想訓練之後，研究人員發現受試者免疫細胞的端粒酶活性變得非常活躍，不僅免疫力提高了，各種健康指標也有了改善。
>
> 　　也有研究結果發現，在練習了肯定他人的方法之一——慈愛冥想之後，端粒長度會變長。相反地，具有敵對和攻擊傾向的人，端粒長度會變短，細胞老化也更快。如果一個人整天心懷憤怒和憎恨生活的話，身體會出現更多病痛，也更快死亡。而如果一個人心中充滿愛與寬恕的話，身體會更加健康長壽。這就是寬恕的科學。

為什麼做不到寬恕？

在以寬恕為主題的講座中，我經常被問到「憤怒的報復心或嚴懲之心不也會帶來能量嗎？」，甚至有人會問「因為對方做錯事而感到憤怒，並基於公平正義的名義懲罰對方，這難道不是負責任的行為嗎？」。我知道很難讓

對方明白這種想法從根本上便是錯誤的，但我還是要一再強調寬恕，因為寬恕是一種義務和使命。崇拜憤怒的文化會讓所有人都不健康，一定要改變。

當對方做了對不起我的事，正常情況下我首先應該選擇原諒，這才是健康的心理狀態。然而，許多人會因為對方的一點小過失就感到憤怒，只想懲戒或報復對方，這幾乎可以說是條件反射了。這種情況在整個社會中有愈演愈烈的趨勢，焦慮症和憂鬱症患者的人數也日漸增多。情緒調節障礙患者最常見的特徵是無法原諒自己，因此也無法原諒他人。即使是一點小錯，他們也會做出激烈的反應；即使是因為他人的過失而發生的事情，他們也會反覆做出嚴厲懲罰自己的愚蠢行為。

唯有重新獲得寬恕的能力，我們的心理肌力才會變得更強大，再次恢復健康。為此，我們必須提出以下的問題──我們為什麼變得不懂得寬恕？我們為什麼失去寬恕的能力？我們為什麼會形成貶低寬恕的文化？我們為什麼不再教導或學習寬恕？是什麼原因導致我們的心理肌力變得如此薄弱？

我們編造故事，並透過這些故事生活。作為敘事者的意識，不斷在編造故事，這些故事不只是「被敘述出來的故事」（story-told），更是「被賦予生命的故事」（story-lived）。我們從小聽到的故事結構，決定了我們對世界的認知方式和生活方式的基本方向。

從小到大，我們聽到的故事都是圍繞著一個強大的壞人和一個與之對抗（拯救地球維護正義）的勇敢主角展開。雖然故事內容各有不同，但主角普遍弱小，壞人總是很強大。主角要做的就是對抗強大的敵人，而且絕對不可以原諒壞人，不然就會顯得很軟弱。於是主角以不屈不撓的意志戰勝一切逆境，以正義之名痛快地報復了壞人。然而，促使弱小的主角變強的原動力，通常都是報復心或仇恨心。主角憑藉著憤怒的力量打敗壞人，以正義之名嚴懲了「不可饒恕」的惡棍。

當我們從小就把時間和金錢花費在漫畫書或電影裡的這些情節上時，也把「我」代入了主角中。然後，我們就會以這種主角的觀點在世上生活，即使長大成人，這種心態也不會改變。戲劇、電影、新聞事件或政治議題都具有善惡對立的結構，無論我們接觸到哪種故事，都會試著先搞清楚誰是「壞人」、誰是「惡棍」。當然，在那個故事裡，我一直都是主角，所以我永遠都善良和正義的化身。

看看網路上猖獗的惡意回帖，每個人都認為自己是對的、道德的、善良的、明智的，而惡意回帖所針對的對象卻是邪惡的、不道德的、惡劣的、愚蠢的。那些人可曾想過這種毫無根據的自信究竟從何而來？這是因為每個人都活在「我是主角」的幻想中，才敢那麼有自信。以這種世界觀活在世上的人，萬一碰上了什麼困難，那麼造成這種困難的人自然會被當成壞人。

事實上，我們根本不會有多餘的心思去想到自己也可能會被對方當成壞人。我們只會想到誰欺負我，誰就是我的敵人。與其說是我的敵人，不如說是世界公敵。萬一那個人社會地位比我高、權力比我大、錢比我多的話，那毫無疑問他一定是個壞人。因為壞人都很強大，所以只要是強者就一定是無良惡棍。和那種邪惡對抗，是我身為正義化身的主角該做的事情。身為主角的我，就該處決敵人，就該果斷地懲罰敵人，因此我必須仇視他們，必須感到憤怒。這就是現代社會中澎湃高漲的憤怒意識形態。

對於被「善良主角vs邪惡壞人」的對立結構世界觀洗腦的現代人來說，心中沒有「寬恕」的容身之地。相較於寬恕這種陌生又彆扭的概念，報復、嚴懲、處決等概念才是現代人熟悉且習慣的。再加上漫畫中消滅惡棍的主角，除了少數幾個之外，幾乎全都是男性，進行報復行動的也以男性為主，無怪乎男性的報復傾向相對來說比女性強。

塔妮亞・辛格（Tania Singer）教授團隊針對喜歡競技電玩遊戲的男性和女性受試者進行了一項關於「共鳴」的研究。男性和女性受試者都會對公平競爭的對手產生共鳴，但對採取不當行為的對手，尤其是男性受試者則無法產生共鳴，取而代之的是與報復心相關的大腦部位會被活化，而且當男性受試者看到做出不當行為的對手受苦的模樣時，大腦中與酬賞系統相關的部位會活躍起來，出現痛快的感覺。這個結果顯示，男性比女性更喜歡懲罰對手，有一顆吝於寬恕他人的大腦，喜歡透過報復獲取更大的快感。針對53篇有關男性和女性在寬恕方面是否存在差異的研究論文進行統合分析的結果發現，女性比男性更容易產生共鳴，也更願意寬恕他人。

另外，漫畫書、電影和連續劇也灌輸了人們憤怒和敵愾心會讓人變強的錯覺，因為在那些故事的情節中主角因為對壞人感到憤怒，報復心愈熾熱，主角就變得愈強大。但這根本不是事實，反而與事實正好相反。科學證實，憤怒會讓人變得脆弱不堪。憤怒其實是恐懼的一種表現方式，當恐懼得不到

解決時，就會連同挫折感表現出憤怒和攻擊性行為。防禦性或攻擊性行為全都源自恐懼，因恐懼而瑟瑟發抖的小狗會吠得更大聲、更具攻擊性，而無所畏懼的大狗就不會亂吠，神情安靜鎮定。由此可知，唯有強者才有勇氣做出寬恕的行為。

基於憤怒的報復心只會損害身心健康，懷恨在心的時間愈長，只會讓你的身體和心理變得更加頹廢和脆弱。

寬恕帶來的改變

只有當我們寬恕對方時，才能做到完全地包容，抱持著開放的心胸接受現有的一切，在這樣的包容心態中才會產生憐憫之心。當我們對對方的痛苦和匱乏產生共鳴時，就會湧起愛與慈悲之心，期盼對方能幸福，也會看到對方的優點和強項，如此一來便會產生尊重。當我們體驗了這一切之後，心中就會同時充滿肯定自我和肯定他人之心，進而生出感恩的心情。就像這樣，寬恕可以說是活化前額葉皮質的正向內在溝通的起點。

寬恕和控制情緒的前額葉皮質神經網路（dlPFC-vlPFC-dACC）的活化有密切關係，和審視他人意圖、判斷他人對錯的神經網路（mPFC-TPJ）也存在密切關係。相反地，想報復的情緒卻和管轄酬賞的邊緣系統有更多的關係。

義大利比薩大學的一個研究小組要求受試者想像自己正受到某人的不公平對待，然後讓第一組受試者原諒對方，第二組受試者向對方吐露不滿。設定的情節如下：有一天總經理突然以業務能力不佳為由解雇你，要你從明天開始就不要來上班。這時，兩組受試者分別拿到不同的後續。第一組拿到的情節是「其實，我想想自己在工作上確實不夠盡心盡力，所以也就原諒總經理了」；第二組拿到的情節是「我無法原諒總經理的不公平對待，我要想想該怎麼做才是最好的報復」。之後，比較兩組的腦部影像發現，在寬恕的條件下，透過心智理論、共鳴或認知的情緒調節等與心理肌力相關的大腦部位（dlPFC、ACC等），呈現更加活躍的狀態。

另一項fMRI研究也顯示，當一個人接到他人為自己的過失真誠道歉，而產生想原諒對方的想法時，與心智理論相關的大腦部位（mPFC、楔前葉等）會更加活躍。像這樣，從腦科學的觀點也證實，寬恕可以說是活化前額葉皮質的一種非常有效的內在溝通訓練。

不僅如此，寬恕還有緩解來自人際關係壓力負面影響的功能，對身心健康都有很大的幫助。對某個人懷恨在心或長期抱有憎恨情緒，會嚴重危害自己健康，對心血管系統也會產生負面影響，同時還會妨礙睡眠，造成皮質醇等壓力荷爾蒙增加。這種憤怒長期持續下去，還會引發憂鬱症等疾病。

相反地，保持寬恕之心對整體健康有非常大的幫助。不僅能促進心血管系統的健康，也能有效地提高心血管患者的生存率。尤其是善於寬恕的人對於藥物或酒精的依賴度相對較低，長期保持寬恕的心理狀態，還能改善包括心跳在內的各種身體症狀。寬恕就像這樣，會直接影響到我們的身體健康。實際研究顯示，愈容易寬恕他人的人，身體愈健康。尤其寬恕能提高一個人的心理韌性，促進身心健康。被譽為美國最佳醫療機構的梅奧診所（Mayo Clinic，妙佑醫療國際）積極教導患者，「寬恕」對整個身心健康具有廣泛的積極效果，譬如形成健康的人際關係、促進精神健康、減少焦慮症、降血壓、緩解憂鬱症、增強免疫力、促進心血管功能、增進自我尊重感等。寬恕真可以說是促進身心健康的靈丹妙藥。

如何才能做到寬恕？

首先我們必須明白，寬恕不代表和解的意圖，也不是想要和好如初。相反地，寬恕是送別過去的事情，讓過去隨風而逝。換句話說，就是從憤怒和憎恨的執著中解脫出來，抹去在我人生中挑起負面情緒的特定事件或人物。因此，寬恕不是和對方一起共同做的事情，也不需要對方的同意、呼應或認同。相反地，根本不需要對方的存在。寬恕是我一個人可以做的事情，我用溫暖柔軟之心抹去對方的存在，讓他隨風而逝。如果說報復心是想用暴力傷害對方的心情，那麼寬恕就是用溫暖安靜的心情抹煞對方。用柔軟之心送別傷害我的對方，這種故事結構早已在現代社會消失多時，所以聽起來難免感到彆扭和陌生。

最廣為人知的寬恕修行傳統之一是「阿希姆薩」（ahiṃsā，不害）。2000多年前，波顛闍利（Patañjali）在《瑜伽經》（Yoga sutra）中將自古流傳下來的各種瑜伽修行法整理成八個階段。第一階段是持戒（Yama），是關於各種禁忌。瑜伽修行的第一步，就是不該做的事情不要做。五種持戒中的第一戒就是「阿希姆薩」。阿希姆薩是所有「修行之始的第一步」，也是一個起點。

「Ahiṃsā」被翻譯為「非暴力」或「不殺生」，意思是不對任何人造成任何傷害。這是對任何對象都不帶有絲毫敵意或惡意的狀態，也是不會對任何對象施加身體暴力和精神傷害的心理狀態。阿希姆薩就是無論在何種情況下，都不尋求報復或懷恨的心態，所以寬恕的核心就是阿希姆薩。

寬恕的本質是我對自己說的真心話，也是一種內在溝通。寬恕的基本方法是在心裡想起傷害過自己的人，然後在心裡這麼說——「我原諒你了！你所造成的傷害再也束縛不了我，我也不會再為此感到難過。我不再有任何仇恨心或報復心，我不再被過去所束縛。對我來說，活在當下才是最重要的。我也不會去傷害你，因為我原諒你了。」

研究結果顯示，一個人看待事物的觀點，會影響到寬恕之心產生的難易。當一個人認為對方的過錯違反了某種原則或規定，也就是違反「程序正義」的話，那或許較為容易原諒對方。但當一個人認為對方的過錯剝奪了該分配給自己的利益，也就是違反了「分配正義」的話，那寬恕的想法就會大大減少。換句話說，即使對方犯了相同的過錯，從程序正義的角度來思考會比從分配正義的角度來思考要容易原諒對方。這樣的研究結果也暗示，當我們想原諒某個人時，如果把焦點放在對方的行為剝奪了自己利益的這件事情上，就很難做到原諒。

凡是把焦點集中在對方對自己造成的傷害時，就很難產生寬恕之心，所以應該把焦點集中在「如果不原諒他，我的損失會更大」這方面才對。我們必須清楚認識到，寬恕有益於我們的幸福和健康，所以寬恕是為了自己好。寬恕不是為了對方，而是為了自己，因此也沒有必要告訴對方「我原諒你了！」。寬恕的事情，我一個人做就足夠了，而且也應該這麼做。

既然要寬恕，無論採取何種方式都不得不想起傷害我的那個人，湧起的不好回憶也一定會促使杏仁核活化。如果心中充滿憤怒和憎恨的話，就很難做到寬恕對方。因此，最好先充分做好穩定杏仁核的訓練，在不會引發憤怒情緒的情況下再開始練習寬恕。當然，如果能配合進行能穩定杏仁核的呼吸冥想或薩提冥想的話，那寬恕的效果更會加倍。

本體感覺訓練也有助於穩定杏仁核，所以動態冥想也是一個不錯的選擇。其實，有氧運動和伸展運動已經被證實可以提高自我調節能力和寬恕能力。在進行有氧運動和伸展運動時，如果也同時訓練自己覺察自身動作的本

體感覺訊息，那麼寬恕能力也會有所提升。

為什麼自我寬恕很重要

大多數無法原諒別人的人也無法原諒自己。大腦中對於有關他人訊息和有關自己訊息的處理，是由幾乎相同的神經網路負責的，因此所有對他人的負面情緒最後都會投射到自己身上來。從心理肌力的角度來看，經常對自己生氣是最糟糕的習慣，也是自我毀滅。原諒自己的「自我寬恕」是保持健康身心的基本要件。所以，我們必須原諒自己。原諒自己需要莫大的勇氣，如果心中有恨有怨，那什麼事情都做不好。唯有當我們懂得原諒，才能做好其他的事情，所以自我寬恕也是接納一切的前提條件。

自我寬恕的首要條件是明確承認自己的錯誤，並對此產生責任感。只有如實接受和承認自己的缺點、愚蠢和不道德，才有可能原諒自己。除非我承認自己的錯誤，否則我便無法原諒自己。如果我繼續為自己找藉口或在心理上一直抗拒說這不是我的錯，那麼就做不到自我寬恕。如此一來，對於自己的負面內在溝通根源不會消失，只會一直保留在內心一角，成為壓力的滋生源。只有乾脆地承認自己的錯誤、請求自己的原諒，並經歷原諒自己的過程，才能消除壓力的根源。也唯有如此，才能建立自我價值（self-worth）和自我尊重（self-respect）的基礎。

如果一個人認為做了錯事也沒什麼大不了，或者認為這麼做也沒什麼不可以，或者覺得每個人都會犯錯，那點小錯算不了什麼。換句話說，這個人對自己的錯誤行為完全不以為然。如果就這樣忽視過去，那就永遠做不到自我寬恕。自我寬恕的第一步，就是從徹底承認、接受並深刻反省自己的過錯開始的。要有這樣的認知、反省和深刻的懺悔之心，才能做到自我寬恕。只有經歷了自我反省和寬恕的過程，我們才會更積極地接受自己。唯有經歷那樣的過程，我們才能做到真正的自我尊重。自我寬恕會引導我們走向自我尊重，而真正的自我反省是走向自我肯定的第一步，唯有發自內心承認和反省自己的過錯，才不會陷入自我厭惡（Self-loathing）的狀況。不懂得反省自己的人，也不會懂得尊重自己，只會一味地責備自己，最後深陷自我貶低和自我厭惡的感覺中。

不管是否有人對我們造成了特別的傷害，首先我們要做的就是自我寬

恕。許多研究顯示，自我譴責會危害健康，而自我寬恕則有益健康。那些無法原諒自己，總是責備自己、和自己進行負面內在溝通的人，他們的杏仁核必然時常處於活躍狀態。習慣自我譴責的人很可能飽受創傷後壓力的折磨或出現憂鬱症症狀。經常對自己進行負面內在溝通、不夠尊重自己的人，甚至有可能會製造交通事故。

雖然原諒自己和原諒他人有許多共同點，但也有關鍵性的差別，那就是無法原諒自己時的危害，會比無法原諒他人時的危害更大。無法原諒他人的話，就必須活在憤怒和報復心之中，這對身心健康有很大的傷害。然而，無法原諒自己的話，則會更直接也更嚴重地危害身心健康，這也是為什麼要先原諒自己的最大原因。我要再次強調，寬恕不是為了他人的懦弱行為，而是為了自己的勇敢行為。

憐憫

憐憫（compassion）是對痛苦產生共鳴，就像寬恕的出發點是自我寬恕一樣，憐憫也要從自我憐憫出發。為了與自己溝通，首先必須與自己和解，要如實接受自己的身體、自己這個人、自己的位置、愚蠢、未能實現的夢想、煩惱和矛盾、懦弱和焦慮、憤怒和悲傷、被賦予的一切，能做和不能做的一切，還要用溫暖的心包容這所有的一切。這就是布萊克（Tara Brach）所說的「全然的自我接納」（radical self-acceptance）。

內夫（Kristin Neff）將此概念化為「自我憐憫」（self-compassion），這與學者們強調寬恕要先自我寬恕是同樣的道理。無論被稱為全然的自我接納、自我寬恕或其他什麼的，由我來安慰自己，對自己的痛苦和煎熬產生共鳴，這就是自我憐憫。

只有我，才能完全接納我自己。如果連我都否定、看輕、拒絕自己的話，那這世上就沒有人會完全接受我了。我們的義務教育總是教導我們要嚴厲批判自己，讓我們挖掘並反省自己做不到的事、自己的缺點、該改正的地方等等不足之處，灌輸我們錯誤的意識形態，以為磨礪自己是一種美德。結果，大多數的人都以溫暖的心態對待他人，卻以冷酷至極的心態對待自己。

現在，讓我們想想一個自己最好的朋友，假設這個朋友犯了一個荒謬的錯誤，給周圍的人造成了巨大損失；或者假設他因為犯了大錯，被公司辭退，那麼各位會對這個朋友說些什麼？既然是最好的朋友，一定會說一些溫暖的話安慰他吧。譬如安慰他說「沒關係！」，鼓勵他說「每個人都有可能犯那種錯誤」，或者與他一起聲討連那點小錯都容不下的公司或整個社會風氣等等。或者為他加油打氣說「說不定藉由這次機會你可以找到更好的工作」，總而言之，一定會溫暖地包容對方。這就是憐憫。

然而，如果是你自己犯了那樣的錯誤，給周圍的人造成了巨大損失，也無法繼續上班的話呢？你很有可能會嚴厲地批判自己，對此深切自責。一想到自己犯了錯，就會無比地討厭自己，看自己不順眼，覺得自己愚蠢到了極點。說不定還會自虐地責備自己說「我就是這樣才一事無成！」。你可以用溫暖的憐憫之心對待朋友，卻對自己冷酷無情。這種人一定沒聽過、也沒做過自我安慰、自我打氣、自我鼓勵的內在溝通，反而很可能習慣用最嚴厲的方式批判自己、責備自己和厭惡自己。

對自己產生憐憫之心的最簡單方法，就是像對待最好的朋友一樣對待自己。大多數人對待最好的朋友都非常溫暖親切，我們每個人也都應該養成這樣溫暖親切地對待自己的習慣。為「自我憐憫」發展成心理學正式研究主題做出巨大貢獻的克莉絲汀・內夫，在這方面提出的建議是──「你要成為自己最好的朋友」。

內夫特別批評了美式教育，認為這種強調「自我尊重」（self-esteem）的教育方式從一開始就杜絕了自我憐憫的可能性。美式教育的最主要意識形態，就是強調「你很特別」。美國的孩子們從小就被教導要認識到自己是與眾不同和卓越的人。這種教育雖然具有灌輸孩子們自信心和勇氣的肯定性作用，但另一方面，那種「你一定要有哪方面與眾不同」的壓迫感也給孩子們帶來了很大的壓力，讓孩子們生活在自己是不是沒什麼過人之處的擔憂中。等到有一天，他們發現自己只是一個沒什麼特別之處的平凡人時，就會品嘗到莫大的挫折感。因為他們學到的是「每個人都有自己與眾不同的地方」，這時候他們就會產生「只有我平凡無奇」的想法，於是就會導致他們自我貶低和自我厭惡。因為他們沒有學過自我寬恕和自我接納，所以也沒有能力原諒或接受毫不起眼的自己。

培養孩子們的自信心固然重要，但更重要的是，同時也要培養孩子們承認和接受真實自我的能力，而且還需要培養孩子們有勇氣溫柔接受自己的平凡或不足之處。我們應該告訴他們，憐憫自己不代表懦弱，而是只有強者才有勇氣做得到的事情。透過自我憐憫可以讓我們變得更強大，反而是習慣自我譴責的人，才是軟弱的人。

　　對自己持有負面印象，總是自我譴責、自我批評、自我厭惡的人，就會養成負面的內在溝通習慣，不斷對自己產生負面的想法。根據一項縱向研究結果顯示，具有強迫性、重複性負向思考（repetitive negative thinking，RNT）習慣的人，記憶力和認知能力下降，甚至β澱粉樣蛋白和tau蛋白的濃度也會增加，這兩種蛋白被認為是導致失智的原因。雖然有憂鬱傾向或焦慮症不能代表tau蛋白濃度增加，但重複性負向思考卻確實和失智密切相關。研究結果顯示，會直接危害到大腦功能和大腦健康的，與其說是憂鬱症或焦慮症，不如說是隨之養成的重複性負向思考等負面內在溝通的習慣，這也暗示了憂鬱症或焦慮症是透過重複性負向思考對大腦造成傷害的。因為憂鬱症的特徵之一，就是不斷地對自己進行強迫性、反覆性的負面內在溝通。

　　長期持續下來的負面情緒或壓力，不僅會影響大腦的功能性連結，也會影響大腦的結構性連結。尤其是在強化杏仁核的同時，還會削弱前額葉皮質和海馬體。

　　盧茨和他的同事們進行了一項研究，比較冥想資深者和初學者的大腦變化。當受試者在進行被視為憐憫訓練之一的慈悲冥想（mettā meditation）期間，研究人員播放出類似尖銳哀號等會誘發負面情緒的聲音刺激時，大腦中與共鳴能力相關的部位，冥想資深者會比冥想初學者更加活躍，這個結果也證實了慈悲冥想訓練會積極改變大腦神經迴路的運作方式。

　　透過關於正念冥想和憐憫冥想訓練效果的縱向研究發現，當受試者受到負面情緒刺激時，冥想組受試者的杏仁核活化程度顯著減少。而杏仁核活化程度減少現象即使在他們沒有練習冥想的日常狀態下，也依然保持著。但是，憐憫冥想不一定要持續一段時間後才能見效。辛格和他的團隊發現，即使只練習了一天憐憫冥想，做出親社會行為的可能性也會顯著增加。只要帶著溫暖的憐憫之心呼吸一次，就能讓我們的大腦發生積極的變化。

愛

愛是期望對方健康幸福的心意，希望對方無病無痛，平安無事。看著對方幸福的模樣，自己也會變得很快樂，這就是愛。如果只想著「我對你這麼好，你也應該對我同樣好」，這不是愛，真愛是不期盼代價或回報的。付出多少就想得到多少，這是交易，不是愛。想獨占或擁有對方的想法，也不是愛。譬如有的父母抱著「我的孩子屬於我所有」的想法，強迫孩子接受自己的思考方式或價值觀，這不是愛孩子，只是把自己的自尊心和成就慾投射到子女身上的自私行為罷了。孩子不是父母的私有物，戀人或配偶也一樣，把對方當成自己「私有物」的想法，只是暴力人際關係的開端，絕對不是愛。

大眾媒體中常見的浪漫愛情，其中或許包含了愛情要素，但其本身與愛相去甚遠。如果你想體驗純粹的愛，就養一隻你真正喜歡的寵物吧。看著就能溫暖人心的可愛小狗或小貓，會喚起我們的愛心。我們會給寵物滿滿的愛，只希望牠們健康地生活，完全不會去期待寵物的回報。我們給牠們吃、為牠們清理糞便、帶牠們去散步、還會把牠們抱在懷裡，一心一意地寵愛牠們。這就是愛！沒有期待、沒有條件的愛，而且其中還包含了寬恕和憐憫。寵物犯的錯，我們全會無條件原諒。一句「不會說人話的傢伙」，這話裡就蘊含著所有的憐憫。不僅是過去犯的錯，就連未來可能會犯下的過錯，也都得到了寬恕。愛，就是事先原諒對方一切的心意。「我愛你」這句話裡，就包含了「你的任何過錯我都會原諒」的意思在內。

愛是付出，養寵物狗就代表要為牠付出一切的意思。為牠準備食物，照顧牠的健康，帶牠去散步，陪牠去運動，跟牠一起玩，跟著牠後面走，為牠清理糞便。當我們為狗付出一切的時候，我就成為了那隻狗的主人。付出的人是主人，如果想成為自己人生的主人，就要為自己付出一切。這就是自愛（Self-love，又譯作「自我肯定感」）。在人際關係中也是一樣，付出的人是主人、付出的人是領導者，這也是透過科學統計分析證實的結果。

有人說愈自私的人愈有可能成功，這只是錯覺罷了。喜歡幫助別人的給予者（giver），雖然短期內看起來像是過著吃虧的生活，但從長期來看，他們的生活更成功。自私的索取者（taker）很難成就大事。成就最高的人是施

大於受的人,其次是付出多少就要索取多少的人,這種人頂多只能做到中間幹部而已。而索取大於付出的利己主義者,或許會過著誇耀自己很聰明、從來不吃虧的生活,但實際上他們是最愚蠢的人。有這種傾向的人構成了社會最底層,而施大於受的人則成為領導者功成名就,世界是屬於給予者的。

在遼闊的農場裡有兩個人從早到晚耕種了一整天,就在太陽逐漸西沉時,這兩個人結束了一天的工作,互相道別。這時,一個人說著謝謝接過工錢,另一個人接過工錢轉身就離開。當然,給錢的人是農場主人,接錢的人是雇工。這世上也是一樣,給予的人成為世界的主人。當我不停詢問世界「你需要什麼?我能為你做什麼?」的時候,這世界也會不停想要給予我什麼。相反地,當我一直詢問「我能拿走什麼?」的時候,這世界也會一直想從我手中拿走什麼。

在傳統冥想修行法中,把泛愛世人稱為「梅塔」(Mettā,即「慈悲」之意),這是可供選擇的最佳奢摩他(Samatha,即「止」之意)冥想修行法之一。我們的大腦被設計成樂人樂己的模式,僅憑接受回報來獲取快感,還不足以達到真正的快樂。人類能夠體驗到的最大幸福感,是透過愛人來獲取的。這句話不是指透過戀愛來獲取的意思,透過戀愛得到的快樂接近於酬賞系統的活化帶來的快感。但是只靠酬賞系統的活化不足以刺激前額葉皮質的活化。練習慈悲冥想可以實際增進正面情緒,減少負面情緒。如果同時進行慈悲冥想和憐憫冥想的話,還能降低壓力荷爾蒙分泌,強化免疫系統,與共鳴相關的大腦部位也會更加活躍。想付出真正的愛,就要先活在「當下」。我們唯有存在於空寂時,才有可能付出真正的愛。這時,我們才會期盼對方得到真正的幸福。

愛的內在溝通訓練法有很多種,但一開始在心裡想起的最好是自己最愛的人,譬如最愛的子女或配偶、家人、好朋友、最器重的人等等。如果沒有即刻想起哪個人,也可以想想自己小時候可愛的模樣或寵物。一面專注在最能挑動自己愛心的對象,一面慢慢進行呼吸冥想,在心裡默默祝願對方平安喜樂、無病無痛。然後將注意力集中在自己對該對象的愛意上,好好記住這種逐漸變得溫暖和煦的感覺,讓這種心境繼續保持下去。

當你感到這份愛意得以保持時,一面想著自己現在的模樣,一面把心中的愛意朝向自己。

當愛人之心被培養得越來越強烈時，就可以慢慢將對象擴大到不太親近的人、見過幾次面的人、不太熟識的人等等。只要這份愛心繼續保持下去，接下來就可以繼續將對象拓展到自己憎恨的人、討厭的人、始終很難去愛對方的人等等。

　　其實，透過冥想來實踐「愛你的仇人」這個教誨，就是傳統慈悲（梅塔）冥想的核心重點。上述內容按照順序整理的話如下：現在愛的人→我自己→不喜歡也不討厭的熟人→見過幾次面不相熟的人→討厭的人→憎恨的人。慈悲冥想的基本目的，就是在保持溫暖和煦的愛心之際，將這份愛心逐漸移往高難度的對象。

　　唯有能寬恕對方、憐憫對方，才能去愛對方。而有了愛心，才能做到寬恕，也才會生出憐憫。當你憎恨或討厭的人浮現在你腦海中的那一瞬間，如果你覺得自己無法繼續保持愛人之心的話，那就馬上停下來，重新專注在呼吸上，思緒回到自己最愛的對象來。重要的不是對象，而是自己的愛心狀態。無論對象是誰，保持一顆溫暖的愛心祝福任何對象幸福才是最重要的。慈悲冥想，其實就是引導我們走向空寂境界的覺知狀態。這是一種強大的自我參照過程訓練，可以有效地促進前額葉皮質神經網路的活化。

接納

　　接納（acceptance）是對自己生活中發生的一切都毫不抗拒的心態，也是完全接受現實的心態。接納是對發生在自己身上的事情，認為既然發生過了就不用再在意的態度。接納的重點是「不予抗拒」，一般人看到討厭的就想推開、看到喜歡的就想拉近，這全都是抗拒的表現，而放棄這種抗拒就是接納，所以接納的另一個名字是投降（surrender）。這裡的投降並不是因為自己輸了而投降，而是接受既定情況，不再抵抗的意思。真正的接納也可以用「完全臣服」（total surrender）來表示。

　　在韓國佛教所依經典《金剛經》的首章中，喬達摩的大弟子須菩提問：「云何降伏其心？」這個問題是問如何達到並守住修行的最終目標，也就是完全臣服的狀態。對此，喬達摩回答：「我應滅度一切眾生。」這個教誨的

重點雖然是「度一切眾生」，但也指出了包括「我應滅」的自我中心想法都必須拋棄的意思，與耶穌的教誨「當愛你的鄰舍」是同樣的道理，二者都是教人應當過著肯定自我和肯定他人的生活。

如果能訓練寬恕-憐憫-愛之心，自然而然心胸就會變得更寬闊，更容易做到接納一切。寬恕自我就是走向接納自己的墊腳石，接納也會銜接到感恩。接納-感恩-尊重是肯定自我和肯定他人的自然提升過程。接納也是連結寬恕和尊重的環節，從根本上如實接受自己本來面目的接納，有著強大的治癒效果。根本上的接納是肯定自我和肯定他人的捷徑，具有恢復愛自己和愛他人的強大力量。

在接納的狀態下，杏仁核會穩定下來，前額葉皮質會被活化。有一項研究要求癌症患者練習放下心結、接納一切的不抗拒訓練，結果發現，患者的幸福度變高了。還有一項針對慢性疼痛患者，要求他們練習不再抗拒疼痛的接納訓練，同樣發現患者的整體幸福感有所提升。當患者們不再對疼痛治療感到焦躁，平靜地接受疼痛不會輕易消失的事實之後，反而能更好地適應日常生活，他們的精神健康也因此獲益良多。

接納等於是放棄執著的意思，放棄執著很容易被誤解為「這樣也可以、那樣也可以、哪樣都無所謂」的狀態。放棄對金錢的執著，不代表從此對金錢無欲無求，也不再賺錢的意思。什麼都不想要的狀態是一種精神疾病，這種狀態被稱為無動機症（amotivation），是出現在思覺失調症患者身上典型的負面症狀之一。放棄執著絕對不是要一個人成為無欲無求的無動機狀態。當一個人有自己的人生方向，想獲得能量，想發揮積極的挑戰性時，就一定要有欲有求。要培養健康的心理肌力，就需要有追求目標的積極動機。為自己賦予動機的自我激勵能力，其基礎就在於有追求的目標。

放棄執著的意思不是什麼都不想要，而是想要什麼，但不會因此變得不幸。如果因為想得到什麼而讓自己變得不幸的話，那種想法才叫做執著。想要什麼卻不會執著於此的想法叫「偏好」（preference），譬如，有個人比起賺到100萬元，更想賺到1,000萬元，但卻不執著於非賺到1,000萬不可，那麼這個人就只是「偏好」1,000萬而已。偏好和執著的差別，當自己想要的東西沒有得到滿足時會變得特別明顯，而關鍵就在於會不會因此讓自己變得不幸。當一個人想賺到1,000萬元，但這個願望沒有得到滿足，如果他因此

感到憤怒和沮喪，整個人變得不快樂的話，那他就是執著於1,000萬。另外，賺到了1,000萬元，卻害怕失去這筆錢的想法，也是執著。當一個人為自己賺到了1,000萬元感到滿足和快樂，而且就算沒賺到這麼多，他也不會因此變得不快樂的話，這就是偏好，而不是執著。不執著的人，做任何事情都不會害怕失敗，因此具有積極的挑戰性（reaching out），這是心理韌性強大的人才有的特徵，執著就是心理韌性最大的敵人。

假設有個人吃了一家餐廳的炸醬麵，覺得好吃得不得了。過了一段時間之後，他突然想起那碗炸醬麵的滋味，便決定再去吃一次。雖然那家餐廳距離遙遠要開車一個多小時才能抵達，但他還是勉強抽空滿懷期待地跑去吃炸醬麵。然而，當他坐下來點了炸醬麵之後，廚師卻跑來跟他道歉說：「實在很不好意思，今天客人特別多，食材已經用完了！」大老遠跑來竟然因為食材用完了吃不到炸醬麵！如果這時他的怒氣湧上心頭，開始感到煩躁和生氣的話，這個人就是執著於炸醬麵。如果他怒氣沖天強勢地對廚師抗議說：「食材沒了不是應該趕緊去買回來做嗎？我為了吃炸醬麵大老遠跑過來，你不負責任的一句『沒有了』，那我怎麼辦？」他就會因為炸醬麵變成一個不幸的人。大老遠跑來吃炸醬麵是為了讓自己快樂，因為他相信自己吃了炸醬麵會很開心。但是最後，他卻因為炸醬麵而變得不快樂，如此一來，他那麼想吃的炸醬麵反而成了造成他不快樂的原因。

那些被認為能帶來幸福的條件，一旦執著於此，反而可能成為不幸的根源。吃不到炸醬麵，雖然稍感失望，但應該擁有寬容的心，平靜接受這個情況，詢問廚師：「那除了炸醬麵之外，還有什麼好吃的嗎？」有炸醬麵會很開心，沒有也不會變得不快樂。這就是偏好而不執著於炸醬麵的狀態。

我們生活的這個社會始終相信我們的幸福取決於特定的條件（金錢、權力、地位、名譽、成功、社會評價、外貌等等），大多數人都執著於這些特定條件，執著於金錢的人愈賺愈覺得錢不夠多；執著於權力的人得到的權力愈多，愈覺得自己力量不夠強大；執著於地位的人，地位愈高，就愈渴望取代更高位的人；執著於外貌的人總喜歡拿自己和別人比較，只看到自己的缺點，不時擔心自己不再有魅力，而且這種焦慮會隨著年齡的增長變得更加嚴重。就像這樣，幸福的條件在成為執著的對象那一刻，反而會成為不幸的條件。

現在，讓我們捫心自問，這一刻我最想要的是什麼？如果得不到它，我會感到不快樂嗎？如果感到不快樂，那就是執著於它。每個人都應該放棄這種執著，把這種想法轉變為偏好就好，而這種轉換的心態，本身就是接納。

吾唯知足則無有恐懼

造成心理肌力減弱、杏仁核活化的最大原因是恐懼，恐懼會帶來挫折感，挫折感會萌發憤怒。人們害怕的主要有兩種情況，一種是擔心無法獲取社會上深信的幸福條件，另一種是害怕失去自認為已經擁有的幸福條件。為了從根本上消除這種恐懼，我們必須認清我們想獲取的成功或成就並不能為我們帶來幸福，必須早日擺脫對此的執著。唯有如此，才能在任何情況下從內心裡養成接受一切的習慣。

如果我們能擁有從心理上不拒絕、不抗拒任何事物，默默接受一切的態度，那麼無論遇到何種失敗或逆境都不會讓自己變得不幸。不管我的人生如何展開、我擁有何種生活條件，都會感到心滿意足。用一句話來表達，就是「吾唯知足」（知足者常樂）的狀態，也是「心無罣礙無有恐怖」的境界。

「吾唯知足」簡單地說，就是想要的東西都已經擁有的心態。我們總想得到自己沒有的東西，即使在某種情況下得到了那件東西，到手之後卻又莫名對那件東西失去興趣，於是就會一直覺得自己少了點什麼，總是感到不快樂。滿足於你已經擁有的，就是接納。如果我們能如實接受當下這一瞬間自己所擁有的一切，就會對這一切感到心滿意足，從中找到無盡的快樂。正如艾克哈特大師（Meister Eckhart）所說的，真正的幸福不是擁有一切，而是即使放棄一切也在所不惜。

使我們的生活變得困難、感到不快樂的，不是發生在我們身上的壞事本身，而是我們抗拒那些我們認為的壞事。想像你穿著新衣新鞋上街，卻一腳踩進爛泥裡去的場景。看到新衣新鞋全變得一塌糊塗的那瞬間，你的內心升起一股強烈的抗拒，怎麼會發生這種令人難以置信也難以接受的事情呢？於是憤怒從心底翻湧而上，你開始怪罪別人。你可能會痛罵區公所員工沒有做好道路管理，甚至也可能責怪自己走路時沒有好好看路。說不定還會罵自己幹嘛要選這條道走，或者埋怨朋友為什麼剛好選在今天這個時間在這附近見面，反正就是對自己和所有人感到憤怒。當然，你會因此變得很不快樂。但

是，讓你變得不快樂的真正原因，與其說是因為一腳踩進爛泥裡這件事，不如說是因為你無法接受自己踩進爛泥的這個事實，這就是我們因為某件事情變得不快樂時的典型心態。碰到壞事固然也是原因之一，但如果深入檢討，就會發現其實是對那件壞事的抗拒心理讓我們陷入更不快樂的狀態。

具有接納心態的人會很快地把腳從爛泥中抽出來，簡單處理一下之後就繼續往前走。雖然心情不可能變得更好，但也不會因此感到憤怒或心情變差，就讓一腳踩進爛泥這件事從自己的生活中過去就算了。

不抗拒負面事件，而讓事情從自己的生活中過去就算了的態度，不代表對事情不採取任何措施的意思。不抗拒這件事的發生，反而能更好地處理這件事，像是把注意力專注在甩掉沾在鞋子和衣服上的泥巴，就可以更快地解決問題。萬一碰上需要採取法律行動的事情時也不要生氣，只要冷靜地按部就班對應即可。問題的關鍵是踩進爛泥這件事，所以只要專注於此就可以。但是，如果我們無法接受這件事，開始產生抗拒心態的話，那麼問題就會擴大到自己身上和這個世界。事情會衍生出許多額外的問題，像是我的憤怒、沮喪、自責，以及這世上各種荒謬、不合理的問題，而這些問題會讓我們的生活充滿煩惱。

抗拒某件事情就等於在抗拒自己編造的故事，也就是說，我在心裡製造了一個抗拒的對象，再加以抗拒。所有的抗拒都是對自己的抗拒，所有的憤怒都是對自己的憤怒。我們不是在抗拒事件本身，而是在抗拒自己對事件的恣意解釋。生活中所有的心理抗拒和隨之而來的憤怒，都是我們自己製造出來的。因此，我們有足夠的能力放下那種抗拒。因為製造抗拒的人是我，所以我也可以令抗拒消失。我可以讓憤怒消失，但首先必須領悟這個道理。

我們抗拒的事情有兩種，一種是已經發生的事情，另一種是尚未發生但或許會發生的事情。抗拒這兩種事情一點意義都沒有，現在就暫時放下書，雙掌合十用力推，左掌推右掌、右掌推左掌。很累吧！這種行為對這個世界一點影響都沒有，只會讓自己感到疲倦。我們的抗拒也是如此，只是左掌和右掌的互相對抗罷了。我在為難自己的同時所承擔的無數擔憂、恐懼或憤怒，也與此相同。所以當有事發生時，事情愈糟糕就愈要讓它盡快掠過自己的生活，沒有必要為了那件事情製造憤怒或恐懼的情緒，這就是接納。

> **Note** **找出自己憤怒的真正原因**

加博爾・馬泰博士認為，我們無法接受某件事的最大原因，在於既有的成見，因為每個人心中對世上的事情都有自己認為該怎麼做才對的堅定信念，因此意圖藉由抗拒現在發生的事情來改變它。通常我們不會考慮到事過境遷，也不會在意改變他人的想法或行為是一件很困難的事情。而且，我們會無緣無故編造讓自己不快樂的最糟糕敘事，然後對著這個敘事生氣。大部分的憤怒都是自己製造出來的，讓我們來看看下面這個例子。

有個人急需修理他的房子，於是他把修理工作委託給了他的裝潢業者朋友之後就出去旅行了幾天。當然，他以為房子都整修好了，但是當他回家一看，一切還是原來的模樣。他的朋友沒來，也沒跟他聯絡，他覺得朋友的行為很可惡，而且是常理無法解釋的。在這種情況下，他難免會感到憤怒。

馬泰博士問，如果我們是他，在這種情況下為什麼會生氣？沒有任何事情會自動誘發我們的憤怒，是我們先編造出故事來的。我們先對房子沒修好、朋友沒聯絡的事情賦予了意義，譬如說認為「他這麼做是瞧不起我！」之類的。但是，朋友為什麼沒有聯絡呢？馬泰博士建議我們試著考慮各種可能性。

當然，朋友有可能是真的瞧不起我，所以沒來；也或許是因為突然有別的更賺錢的工作機會，所以推遲修理我家，然後對此感到抱歉，連電話都不敢打。如果真的是因為這樣，那就值得生氣。但是，萬一是其他原因呢？譬如，他說不定突然生病了沒辦法來；說不定他病得很嚴重被送進急診室，然後要住院或開刀，連打電話的時間都沒有。也有可能他遇上事故受傷了，說不定他遭遇車禍正在住院中。再不然，也可能是他的孩子生病或發生了什麼事故，或者身邊有誰死了。還有可能他被確診感染新冠肺炎隔離中，正好手機又遺失了，想聯絡都沒辦法等等。除此之外，還有許許多多的可能性。

然而，如果是因為這些無可奈何的理由使得朋友來不了的話，那麼我們還會生氣嗎？應該不會吧，而是反過來理解朋友的處境，平靜

地接受他身不由己無法過來的事實，說不定還會為朋友感到擔心。

當我們一看到房子沒修好就生氣時，那是因為最先浮現我們腦海中的是最值得我們憤怒的最糟糕理由，我們也就此斷定朋友是因為這個理由而沒有來。如果朋友是因為生病或事故而來不了，那麼我應該不會生氣，只會告訴自己「那也是有可能發生的事情」，然後接受這個事實，而不會去抗拒。換句話說，我們不是因為「朋友沒有整修房子」這件事而感到憤怒，而是因為我們先將朋友的這種行為賦予了不認真、不負責任的意義，所以才生氣。更準確地說，是因為自己認為朋友「瞧不起我」才生氣的。

容易生氣的人習慣把任何事情臆想成最糟糕的情況，因為他們總是害怕別人會瞧不起自己，所以只要發生與這種可能性稍微沾邊的事情，便無條件斷定那個人是「因為瞧不起我才做出那種言行」。

讓我們按照馬泰博士的解釋來找出我們憤怒的原因吧！想一想近幾年來最令你感到憤怒的事情，並且仔細檢討自己是怎麼「解釋」那件事情的。譬如「我得出了什麼『結論』？」、「我『憑什麼』生氣？」、「我得出的『解釋』真的是唯一的可能性嗎？」、「我是基於什麼樣的敘事才感到憤怒的？」、「我執著的是什麼？」。所有憤怒和恐懼都來自於執著，唯有放下這種執著才能解脫。

放棄執著，接受現狀，恐懼就會消失

佛教的基礎文本《般若心經》是一部原作者不詳的古老經典。[70]如果用一句話來概括《心經》的核心重點，那就是「心無罣礙，無有恐怖，究竟涅槃」。也就是說，若想消除心裡的牽掛，首先要放棄想得到什麼的想法，同時也要明白沒有什麼可得到的。不要執著於任何事情，即使是為了得到真理、教誨或開悟，卻因此糾結在心的話，那就會變成執著。唯有放棄我執，才能消除心中罣礙；唯有心無罣礙，才能消除一切恐懼。無所畏懼的狀態，就是終極悟道的狀態，也是真正自由的狀態。《心經》的目標是不畏懼一切的「無有恐怖」，也就是達到穩定杏仁核的狀態。

心無罣礙的意思就是隨時隨地接納生活中即時發生的一切。接納不是只接受已經發生的事情，也包括現在正在發生，以及未來可能會發生的所有事

情，是一種開放的心態。印度上師帝洛巴所說的「對一切開放而不執著於一物的心」（a mind that is open to everything and attached to nothing），就是接納。

不執著於任何事物會引導我們走向「無條件」的幸福。無條件的幸福不是指在任何情況下都一定要幸福，而是「不依賴任何條件的幸福」。如果說必須得到這樣那樣的東西才會幸福，那不是真正的幸福，那些幸福的條件很快就會變成不幸的條件，那是「有條件」的幸福，而不是真正的幸福。即使再也得不到任何東西也在所不惜，才是真正的幸福。因為無所得，所以心無罣礙，也就無有恐怖、畏懼或擔憂。由於「無所得」是實體，所以領悟這個道理之後，就可以遠離顛倒夢想，這就是無條件的幸福。幸福不能依賴任何條件，無論發生所願或所不願的事，都要感到幸福。因為我們所願或所不願的事，都是顛倒夢想。

痛苦是非常真實的，生活中難免會有身心受苦的時候。在我們的生命裡，總會遇上各式各樣的痛苦，但感到痛苦不一定代表我們變得不快樂。在痛苦中也隨時可以感到快樂，就像一個人生活在安逸中卻飽受擔憂和焦慮之苦，變得非常不快樂一樣，我們在煩惱和痛苦中也隨時能享有快樂。

現在，請你捫心自問——「我現在幸福嗎？」根據許多針對幸福的民意調查結果顯示，人們普遍認為「我這樣已經很幸福了！」。如果你也認為「我這樣已經很幸福了！」的話，那麼就請你想想是什麼原因讓你感到幸福。如果想起的是各式各樣幸福的條件，那你的幸福岌岌可危，隨時有可能因為那些幸福的條件而變得不幸。

如果有人說「因為這樣那樣的原因，我的生活很幸福！」，那大概是因為他認為自己已經滿足了幸福的條件。也就是說，他很有可能是被虛假的幸福給欺騙了。然而，有的人即使遭遇物質上的災難和心理上的痛苦等稱得上世人口中的不幸事件，他們依然發自內心地感到幸福，那麼這種幸福才有可能是真實的。因為這很可能是不依賴任何條件的無條件真正幸福。如果是「儘管」遭遇各式各樣不好的事情，仍舊感到幸福的話，那就是真正的幸福，因為這份幸福感不是來自於任何特定的條件。相反地，如果是「因為」各種好事而感到幸福的話，那麼這種幸福是虛假的可能性更大。所以，只要我們能放下一切執念，訓練自己接受現狀，那麼不管處在任何情況下都可以享有幸福。置身各種逆境患難中仍舊過得很快樂的人，才是真正幸福的人，

這樣的人是擁有強大心理肌力的人。

感恩

接納一切，才能衍生出感恩之心。當大腦處理有關自己和有關他人的正向訊息時，前額葉皮質會變得最為活躍。感恩是以積極的態度接受發生在自己身上的事情，同時也將這件事的發生歸功於他人的心態。換句話說，感恩就是積極接受現在我所具備的東西（肯定自我），同時也積極接受給予我那東西的人（肯定他人）。就像這樣，感恩可以同時達到肯定自我和肯定他人的效果，因此被廣泛作為活化前額葉皮質的有效訓練法使用，而許多研究結果也已經證實感恩冥想或感恩日記等各種感恩作法的效果。

為了具體了解感恩會給大腦帶來什麼樣的變化，我和江南世福蘭斯醫院（Severance Hospital）的金載軫醫師團隊聯合進行了相關研究。[71]結果顯示，短短五分鐘的感恩冥想就能達到非常好的效果。我們先讓受試者戴上耳機，躺在MRI艙內傾聽用自己的聲音錄下來的感恩冥想，為時五分鐘。如果只是要求他們對人們表達感激之意，每個人對感恩的認知不同，隨之浮現的記憶或情緒狀態也有所不同，研究小組認為這樣很難透過腦部影像解讀出一貫的模式，因此有必要請受試者做出相類似的感恩。我認為感謝撫養者（大部分是母親）將會是最有效的正向內在溝通內容，但是每個成年受試者與自己母親的關係各有不同，可能最近雙方關係變差；也可能母親最近臥病在床，只要一想起母親就感到焦慮或壓力；說不定還有母親最近去世了的情況。為了控制這種種情況，我要求受試者透過感恩冥想先回想自己的童年。當他們鮮明回想起最早的童年時節之後，再要求他們回想起他們的主要照顧者（母親或其他家庭成員）最近的模樣。當他們的腦海中清楚浮現母親疼愛自己的模樣時，請他們在心裡一遍又一遍地說「媽，謝謝妳！」。就像這樣在五分鐘感恩冥想進行之際，測量一次大腦幾個部位之間的功能性連結；等到感恩冥想結束後，再馬上測量靜息態（resting state）下的功能性連結。研究人員分析受試者們練習感恩冥想五分鐘之後得到的大腦功能性連結數據發現，杏仁核與前額葉皮質之間的功能性連結，對於焦慮或憂鬱症愈嚴重的人有愈明顯增加

的趨勢。這樣的結果也暗示，對焦慮症或憂鬱症患者來說，即使只是短暫的冥想，對於活化大腦的情緒調節網路也有很大的幫助。而且，感恩冥想會降低所有受試者的心率，這點也表示感恩冥想可以廣泛緩解焦慮症狀。

　　練習感恩冥想期間，受試者的大腦功能性連結會以前額葉皮質為中心出現變化。這個結果也表示，只要重複這樣的訓練，就可以根據大腦的神經可塑性帶來結構性的變化。實際上，許多分析大腦結構的研究也指出，長期進行感恩訓練不僅可以改變大腦功能，也可以改變大腦本身的結構。習慣感恩的人，他們的mPFC（內側前額葉皮質）神經網路結構更為發達，進而對生活滿意度也更高。所以前額葉皮質的活化和大腦結構的改變，稱得上是連結感恩之心和幸福感的紐帶。

　　感恩也被證實可以降低杏仁核活性，緩解杏仁核活化引起的發炎反應。在一項實驗中，260名焦慮症和憂鬱症患者隨機分為兩組，只有一組透過為期五週的網路和手機應用程式練習感恩冥想。實驗結束後比較實驗組和對照組時發現，實驗組的受試者「重複性負向思考」（RNT）的水準顯著下降。

　　另一方面，感恩具有訓練心理肌力的強大效果這一點，從很早以前就廣為人知，而感恩也是很受歡迎的認知療法，所以才逐漸有愈來愈多針對感恩的檢討研究出現。針對27篇以憂鬱症或焦慮症患者為對象實施感恩訓練的研究論文進行統合分析結果指出，感恩訓練的治療效果不是沒有，但也沒到那麼強的程度。這項統合分析的結果也暗示，感恩訓練對患者短期內很難達到預期的效果，而且在進行感恩訓練時，也必須同時做到肯定自我和肯定他人。因此，對於長期以來可能一直反覆否定自我和否定他人的憂鬱症和焦慮症患者來說，感恩訓練的效果必然有限。在這種情況下，最好先讓患者進行充分的接納訓練之後，再開始進行感恩訓練。由於感恩與寬恕之間有非常密切的關聯，所以在開始感恩訓練之前，先培養寬恕的習慣會有很大的幫助。

　　培養正面情緒習慣和加強心理肌力的方法有很多，其中書寫感恩日記被證實最為有效。很多人因為突然被要求寫日記而感到壓力重大，但感恩日記不同於一般的生活日記，而是每天像寫便條一樣寫下「今天因為什麼事很感謝某某人」的簡短句子。感恩日記要堅持寫才會出現更大的效果。正向心理學家索妮亞‧柳波莫斯基（Sonja Lyubomirsky）教授要求一組受試者在六週期間每週寫一次感恩日記，而另一組則每三週寫一次，結果兩組之間出現很大

的差別。每三週寫一次感恩日記的小組沒有出現任何效果,只有每週寫一次的小組出現正面效果。

我在前作《心理韌性》一書中也強調過寫感恩日記,事實上也獲得了良好的反饋,許多讀者們都說寫感恩日記很有效。感恩日記的寫法如下:首先,每天晚上睡覺前把今天發生的事情回想一遍,然後在筆記本上寫下至少五件值得感謝的事情,必須是那一整天裡具體發生的事情中值得感恩的事情,而不是人生中令人感激的普通事情。例如對於好心幫忙搬運重物的人,或在工作上欣然幫忙的同事等,寫下他們令你感激的具體原因。光在腦子裡回想是不夠的,一定要拿筆寫下來之後再睡覺。感恩日記的內容必須是「今天發生了怎樣怎樣的事情,很感謝那個人」,由於裡面必須包含肯定自我和肯定他人兩項要素,所以一定要明確地寫出感恩對象是哪個人。如果不知道名字,那麼寫「幫忙那件事的人」就行。

在睡前寫感恩日記可以讓我們的大腦仔細回想一整天發生的事情,從中找出值得感恩的事情,然後入睡。為什麼要選擇睡前寫感恩日記,是因為大多數的記憶鞏固現象都是發生在睡眠期間。之所以要懷著正向的感恩之心回想當天的事情,目的是為了讓我們能在前額葉皮質活化的狀態下入睡。因為大腦神經網路基於神經可塑性的變化,會在睡眠期間呈現最活躍的狀態。

只要堅持寫幾天感恩日記,那麼早上一醒來,我們的大腦就會自動開始尋找值得感恩的事情。我們的大腦會預測「今天晚上也得回想一整天當中值得感激的事情」,於是便會一直處在監視狀態尋找感激的事情。也就是說,因為在日常生活中一直都在尋找值得感恩的事情,便會自然而然養成習慣,用感恩的眼光看待自己身上發生的事情。

有宗教信仰的人可以進行更有效的感恩訓練,那就是透過感恩祈禱。事實上,無論哪種宗教的祈禱都必須是感恩祈禱。艾克哈特大師斷言,我們能獻上的祈禱只有「感謝祢!」這句話而已。祈求各種願望成真,更像是一種祈福信仰。要求絕對存在者為自己做什麼,這是執著,也是貪欲。人生的悲劇不在於經歷痛苦,而在於未能認清自己已擁有之物的珍貴。

當我們在沒有任何期待的情況下得到了什麼的時候,內心會湧起更強烈的感激。如果事情是在我們期待、計畫、意圖和努力為之的情況下實現,那就很少會產生感激的想法,只會有心滿意足的成就感而已。想擁有真正的感

恩之心，就必須拋棄執著於名為「我」的自我（ego），也就是要放棄我執，放棄「一切都是靠我的努力才得以實現」的想法。想成就一件事情，不能沒有他人的協助，還要有點運氣才行。自己的努力固然重要，但那不能代表全部，我們必須放下想控制一切的意圖，回到接納現狀的心態。唯有如此，我們才能對生活中發生的每一件事情都抱持感恩之心。在逆境中依然能享有快樂的唯一途徑，就是感恩一切。

尊重

尊重某個對象，代表我們在某個對象身上發現比自己更大、更高、更偉大的某種事物。尊重是突破對象的外表，看到更優秀之處的心態，所以尊重（respect）是「重新（re-）看（spect）」的意思。當這種「重新看」面向自己內在時，會感覺到自己內心中有某種比自我更高深的存在，這是最強烈的自我肯定。當這種「重新看」面向他人時，則會產生深厚的尊重與關懷之心。

尊重不是抬高自己、貶低他人的心態，而是正好相反，將抬高自己的心化為對他人的尊重。也就是說，尊重自己和尊重他人都是抱持相同的心態。所以說，處理關於自己的訊息和處理關於他人的訊息都是由大腦中幾乎相同的神經網路負責，這事絕非偶然。

瞧不起周圍的人、藐視地位低於自己或無禮對待他人的人都有一個共同點，那就是在心裡貶低自己。因為自己瞧不起自己，所以也連帶瞧不起他人。無禮對待他人的人通常也會無禮對待自己。對周圍頤指氣使的人，自己也是個自卑自虐的人，也可以說是心理肌力弱到極點的人。

尊重也是道德的根本，重視自己的人不會因為一些小利就做出骯髒、卑鄙或違法的事情，因為他們不願意為了幾個錢就出賣自己高貴的靈魂。相反地，經常輕視自己，覺得自己毫無價值的人，就會認為金錢的價值高於自我，所以很容易為了幾個錢就欺騙自己的良心，也欺騙別人。清廉高潔的道德心來自崇高的自我尊重，想培養子女成為道德之士的父母，就應該在孩子的成長過程中用心教導他們要學會尊重自己，從小就灌輸子女「我是個有價值的人」，這樣孩子們才會成長為道德健康的人。如果做父母的踐踏孩子們

的自我價值感,讓孩子們貶損自己的價值,覺得自己是人渣的話,那麼孩子就會喪失自我尊重感,最後真的成為像人渣一樣的人。

擺脫認同成癮

自我尊重心來自於自我價值感,必須從小就把「我是個有價值的人」的烙印在大腦中,才能培養出自我尊重心。自我價值感是所有心理肌力的根源,認為自己是個有價值的人,才能在遭遇逆境或考驗時不放棄、不灰心。自我價值感始於與撫養者的關係,只有當孩子從小接受愛的時候,自我價值感才會生根,所以孩子們從小就必須從主要撫養者那裡得到「無條件」的關愛。一旦愛有了附帶條件的那一刻,孩子們就會陷入無止境的焦慮。當撫養者不斷含蓄傳遞「成績好才有人愛」的訊息時,對孩子們來說,這是莫大的威脅。孩子們會產生「成績不好爸爸媽媽就不愛我了」的想法,這會造成自我價值感出現一個大洞,他們會感覺「成績比我更重要」。在這種情況之下,如果父母偶爾稱讚一下孩子,孩子就會從這樣的稱讚中感受到無比的快感,隨著年齡的增長,孩子們對周圍人的稱讚和認同就會像吸毒一樣成癮。

當一個人在受到稱讚或得到認同時,會感到無比的快感;相反地,受到責罵或批評時,就會感到無止境的痛苦和恐懼。這樣的過程一再反覆下來,最後孩子們就會從小對所謂的「認同」(recognition)上了癮。孩子們從開始上學以後,為了得到同學們或老師們的認同,拚命努力學習;出了社會之後,為了得到更多人的認同,拚死拚活地工作。無論是一句話、一個動作、身上穿的衣服、手上拿的提包、開的車、買的房,甚至到上班的職場等等,無一不是為了得到世人認同和羨慕的手段。

人們之所以敢大膽花錢購買名牌提包、享用豪華餐點或添購華麗服裝,都是為了上傳社交網站,獲取大家的認同和羨慕。如果我們沒有機會告訴周圍的人我穿了什麼衣服、拿著什麼提包、開著什麼車、到哪裡去旅行、吃了什麼東西的話,絕對不會做出那樣的消費。這種事情通常會被誤認為是「自我炫耀」,其實是認同上癮症(Approval Addiction)的人像毒品成癮一樣,對周圍人的認同和羨慕成癮。我們會把這樣的消費誤認為是一種「自我滿足」,但實際上,我們是在犧牲自己的人生換取他人的認同。通常我們會說「我喜歡就買了」,但我真正「喜歡的東西」其實不是那物品或消費本身,

而是透過那物品或消費可以獲取到的他人認同罷了。

一個人選擇什麼工作、和什麼人結婚、該怎麼教養孩子、該送孩子上哪所學校，這一切其實都取決於這麼做能得到周圍人的多少認同。即使是和某個人交往，也取決於這個人是否會認同自己或批評自己。甚至於上哪所大學、從事什麼工作、選擇哪種職場，也要看他人是否認同來決定。對於獲得穩定認同的人，我們通常稱之為成功人士。以這種方式「成功」的人生活得兢兢業業，擔心他們一直以來所獲得的認同會在一瞬間被剝奪。他們成功的背後，有著恐懼深淵如影隨形。對「認同」這種毒品上癮的人，徹底被社會系統所控制。這種人就如同機器人一樣，是被所謂社會認同或社會體面的社會系統所操縱的可憐人。

認同成癮的人永遠不會快樂，就算偶爾得到他人的認同或成為羨慕的對象，短暫品嘗到一點觸電式的快感，但很快地也會伴隨著莫大的焦慮。由於自己的所有快樂與成功都取決於他人的評價，所以他們不得不生活在焦慮中。一旦得到負面評價或反饋時，就會受到無比的衝擊和痛苦。

現在，就算一個人獲得了世上再多的認同和羨慕，那也不是成功。真正的成功不是依賴社會認同這種毒品的狀態，而是從這種毒品中脫身而出。唯有擺脫他人認同，過著自由自在的生活，真正的幸福才會到來。唯有從認同成癮中脫身而出，才有可能做到真正的自我尊重，所以我們都必須讓自己從他人眼光或評價的牢籠中解放出來。

診斷自己是否是認同成癮的方法很簡單，可以問問自己在做出什麼選擇時是否是為了給某個人心中留下好印象。或者，自己是不是很在意哪個人的羨慕、稱讚或認同？或者是為了避免受到他人的責備或輕視？上述幾個問題，如果你全都無法回答「不是！」的話，那麼你很有可能是認同成癮。

無論我們做什麼事情，都不應該想著要向哪個人解釋、申明或找藉口。認同成癮的人會不斷和自己進行內在溝通，習慣性地為自己的選擇或行為在心裡申明、解釋或找藉口。而完全不在意他人評價或認同的人，則不會在心裡為任何事情向任何人解釋或辯解。

主宰認同成癮者想法的不特定多數「周圍的人」或「世上的人」，其實更接近於沒有實體的幻想。沒有人如你想像的那樣在意你，所以不要再執著於周圍人的眼光或評價，這種事情根本不存在。所謂「在意你或說你壞話、

瞧不起你、責罵你的不特定多數人」，只不過是你自己製造出來的幻想而已。就算收到惡意評價，那也不是針對你這個人的批評，而是發表惡評的人在心裡對以特定形象存在的某個人的批評罷了。你的本質上的「我」是背景自我，一個無法暴露在不特定多數人面前的存在。

而且，世上的人沒有時間也沒有心情去責備你或說你壞話，大家都忙著尋求他人的認同。看看你自己，你有真正在意過其他人嗎？應該沒有吧。我想你大概也只在意自己在他人眼中的模樣而已。每個人都一樣，大家都只擔心別人眼中的自己，而從來沒有認真地看過別人。換句話說，大家都是一面在意他人的評價，一面又希望得到他人的認同。

擺脫認同成癮是自我尊重訓練的第一步，而尊重自己則是尊重世界的基礎。加強自我尊重的尊重訓練，最好從培養對世界的敬畏感做起，而對世界的敬畏心則是從不把世界和他人視為工具做起。

尊重訓練與敬畏心

尊重訓練必須在保持接納心態的情況下進行，當我們處於完全接受的狀態下，就會油然而生尊重之心。每個人至少都有過一次完全臣服的經驗，那就是面對大自然的鬼斧神工時。當我們在沙漠中突然仰望夜空，看見頭頂上傾瀉而下的海量星星和銀河時，我們的心靈會從日常生活中跳脫而出，為之膜拜。當我們置身大海中抬頭望去，視線所及的每個方向都是一望無際的地平線時，或者當我們突然看到一座終年積雪的壯麗山峰時，或看到夕陽灑滿智異山*縱貫路兩旁無止境的山峰和雲海時，面對大自然衝擊人心的美景那一瞬間，我們會完全失去抗拒的能力，只能別無選擇地處在完全臣服或完全接受的狀態。這就是敬畏心。

這是對鋪陳在眼前的景觀毫無一絲抗拒或否定的狀態，這種只能原封不動接受一切的狀態，被稱為「下心」，也就是放低自己抬高對方的意思。放低自己不是單純的謙虛或卑躬屈膝，而是指毫不抗拒地接受。「下心」一詞中的「心」，包含著各種意圖，也就是喜此厭彼、近此避彼的想法。這些意

---

* 韓國第二高山。

圖的本質，其實就是抗拒。意圖是一種否定現狀，想以自己的力量改變現狀的想法。經驗自我所做的事情，大多數是對現狀的抗拒和應激。相反地，靜靜觀望經驗自我的背景自我，則沒有任何意圖和抗拒，只是作為一個無一物的空間，將位置出讓給各式各樣的經驗罷了。而接納之後更上一層樓的敬畏心，則是放下心中所有的抗拒，因此也更接近於背景自我。

尊重訓練就是把對大自然的敬畏心原封不動地導向對世人和事物上。敬畏心是指不把對象當成工具，而是尊重其本身的價值。當我們望著大自然壯麗的夕陽景色，心裡卻想著該怎麼把這景色化為觀光商品的話，那就是只把夕陽視為賺錢的手段。這種情況下，我們對對象的敬畏心就會消失殆盡。社會病態者（Sociopath，俗稱反社會人格者）最大的特徵，就是把認識的每一個人都從這人對自己有什麼好處的角度來看待。也就是說，社會病態者只把他人視為自己謀取利益的工具，其中完全不存在任何尊重。所以他們需要進行心靈訓練，學會接受任何對象本身的價值，而不是將其視為工具。

提高尊重能力的第一步是以感恩之心接受和享受大自然給予我們的各種感覺，我們無需遠遊，只要透過夜空的星星、深谷的水聲、溫柔的春風、馨香的森林等等大自然的現象，就可以感受敬畏之心。

喚起我們敬畏之心的偉大自然，始終存在於我們頭頂上，那就是天空。抬頭看看蔚藍天空上白雲飄浮的景像吧，這是多麼宏偉的美景。只要走在街上，我們就可以看到遼闊的天空，夕陽西下時的絢爛美景，總是讓人讚嘆不已。但卻很少有人在散步或運動過程中抬頭看一看天空，欣賞、享受或讚嘆夕陽之美。或許偶爾有人在眺望夕陽，但走近一看，卻只是一些拿起手機或架設相機只想著拍照的人罷了。他們並沒有帶著敬畏心來觀看夕陽美景，只想著將此景當成拍照的工具，他們眼中並沒有喚起敬畏心的大自然存在。為什麼很難找到為此壯麗景觀深深著迷的人呢？或許這才令人感到不解。比任何觀光景點的歷史遺跡或自然風光更壯麗的存在，就是我們眼前隨時看得見的天空。藍天白雲亙古不變，只要我們抬頭看，令人讚嘆的奇瑰就在那裡，也始終存在於我心中。無論陰晴都以敬畏之心看著天空，就是加強尊重能力的良好訓練。看著天空之美讚嘆的人，其心理肌力絕對不可能會薄弱。

我們內在有所謂的神性（divinity），這不是說我們是神，而是指我們內心中存在著某種超越自我的元素。學習瑜伽時常會聽到「Namaste」（合十

禮）這句問候語,「Namaste」是「namas-」和「te」的複合字。「namas」的原型是「nahma」,放在「te」前面發音變為「namas」,意思是「尊重」或「崇拜」,「te」是第二人稱代名詞「你」的意思,所以「Namaste」的意思就是「我尊重你」。不過,「nahma」的意思超越一般意義上的尊重,更接近於宗教上的崇拜。

「nahma」在昆達里尼瑜伽中主要使用的印度旁遮普邦方言古爾穆基語中也被稱為「namo」,也就是佛教中常說的「南無阿彌陀佛」或「南無觀世音菩薩」裡的「南無」之意。「南無阿彌陀佛」或「南無觀世音菩薩」就是真心禮敬崇拜阿彌陀佛和觀世音菩薩的意思。而「南無」在佛教中讀作「namo」,其實是因為它原本就是「nahma」的音譯。所以「Namaste」這句問候語中就包含了「我如崇敬神一般尊重你」的意思。或者也可以說是「我敬拜你內在的神性」之意。

「Namaste」這個詞中包含了人有神性之意,所以我們必須尊重遇到的每一個人。雖說神是肉眼看不到的,但卻存在於我們四周,所以透過身邊的人,我們就可以看到通往神的道路。

領悟神性存在於我們每個人的內在,是恢復自我價值感、即刻擺脫認同成癮的唯一捷徑。戴邁樂（Anthony de Mello）神父在一場演講中說起了一則寓言,有一隻在羊群中長大的小獅子,即使小獅子長大了也一直以為自己是一隻羊,所以牠的行為像羊,也過著和羊一樣的生活。牠看看四周只看到一大群羊,而所有的羊也全都把牠當成羊來對待,所以牠當然以為自己是一隻羊。然而有一天,獅子偶然在平靜的池塘裡看到自己的倒影,也就是看到了自己真實的模樣。這一瞬間,牠終於明白自己是一隻獅子,於是牠瞬間成了一隻獅子,換句話說,牠尋回了身為獅子的本性。這隻獅子再也沒有回到羊群中,這就是「開悟」的意義。當我們發現自己內在的真正價值時,會在瞬間出現斷開,再也無法回到過去的模樣。

曼谷的金佛寺中,有一座高3公尺、重5.5公噸的巨大金佛像,是世界上以純金製作的最大佛像。推測建造於13世紀左右的這座金佛像一直矗立在泰國北部地方,也許是為了防範緬甸的入侵和掠奪,這座外表覆蓋著石膏的金佛像在數百年期間一直被當成是一座普通的石膏佛像。19世紀時這座巨大的佛像被遷移到首都曼谷,但由於外型過大,無法搬進建築物裡,只好擱

置在薄鐵皮屋頂下，一擱就是幾十年。直到1955年新寺院落成，為了安放這座石膏佛像，動用了起重機吊起來，沒想到鋼索斷了，佛像掉落到地板上，一部分的石膏碎裂開來，這時，這座平凡無奇的石膏佛像才露出真容。當石膏被小心翼翼地揭開之後，這座佛像才展露出金光閃閃的原始面貌，曾經被石膏和泥土覆蓋了真容的金佛像，再也變不回石膏佛像了。

內在溝通訓練就像這樣，是為了認識自己的本來面貌，所以在修行過程中不是多了什麼，而是減去了錯誤的偏見、我執和執迷不悟。有人問喬達摩：「通過修行您得到了什麼？」喬達摩回答：「什麼都沒得到。不過，我可以告訴你我失去的東西，那就是不再有恐懼、憤怒和執迷不悟。」

領悟到自己真正價值的人，就不會再被認同成癮的枷鎖所束縛。當我們明白一直主宰著我們生活的他人視線或評價，其實只是我們自己製造出來的顛倒夢想時，我們就可以完全擺脫他人視線的影響，也不需要在做出人生決定時還要在意他人的評價。如此一來，我們就可以結束尋求認同的漫長旅程，不需要再考慮自己該到多知名的職場、拿多昂貴的提包、穿多華麗的衣服、開多高級的車、和多優秀的人結婚、買多大的房子、孩子該上多有名的學校等等。

從他人的視線和評價中解放出來，這才是真正的自由。他人的評價不會影響你的真正價值，你可以享有真正的自由，任何人都不能破壞你的價值。就像把漆黑的墨汁噴灑到半空中，灑得再多也不會使空氣變黑一樣，無一物空間絕對不會被污染。無論世人再怎麼譴責你、侮辱你，空寂境界的背景自我也絲毫不受任何影響。只要你能明白這一點，就可以享有真正的自由和快樂。唯有領悟這一點，你才能擁有強大的心理肌力去維護自我價值感，以及發揮尊重自我和尊重他人的能力。只要認清這一點，即使獨自一人，也可以享受平靜快樂的孤獨。

處於享受孤獨（aloneness）狀態的人，不需要任何人為伴，自己就很快樂。相反地，總是需要他人為伴的人，獨處時就會經歷痛苦孤獨（loneliness），這是需要有人為伴的孤獨狀態。需要有人為伴的人不可能愛上那個伴，因為當一個人把某人當作自己快樂的條件時，他就已經被對方束縛，同時他也試圖束縛對方。

會說出「我需要你！沒有你，我的人生就不會快樂」這句話的人，就等

於承認「我沒有資格、也沒有能力愛你」。會說出「即使沒有你，我也感到很滿足，一個人也很快樂。我想把我的快樂分享給你，想讓你更幸福。」這句話的人，才是真正有資格、有能力愛對方的人。「我沒有你不行！」這句話根本就是暴力宣言，而不是愛的告白，自己不幸福也要讓對方不幸福。現代社會中已經很難找到真正的愛，大眾媒體將充滿病態束縛、占有慾和執著氾濫的人際關係包裝成美麗的愛情，給人們洗腦。這些被洗腦的人必然會在人際關係中經歷衝突，在痛苦中變得不幸，這真是令人感到惋惜的事情。我期待有一天，真愛成為一種普遍的常識，也就是作為可以獨立自主、可以自己尋求快樂的成熟人類，秉持自我價值感和尊重讓彼此更加幸福。

聽說，人們通常平均與150人維持親密的人際關係。「150人」這個數字是根據比較各種靈長類動物大腦皮質厚度和該靈長類所維持的群體規模後得到的數據，再經過迴歸分析（Regression Analysis）估算出來。而人類在生活中可以建立和維持有用關係的人數大約150人左右的說法，卻並非毫無根據。因為人類的大腦可以維持的人際關係數量，大約就是家人、親戚、同事、朋友等100~200左右。而一個人建立的人際關係網路，決定了這個人的未來。

假設A和B分別與100人建立了人際關係，有一天他們兩人見面協商合作，這時就等於A透過B，間接和B認識的100個人見面；而B也透過A，間接和A認識的100個人見面。萬一A給B留下不好印象，沒能得到B的信賴，那麼B就會對A作出不好的評價，而這個評價也會直接或間接地擴散到B的100位人際關係網中。反過來，如果A給B留下非常好的印象，形成彼此信賴尊重的關係時，這種正面評價遲早也會傳遍B的100位人際關係網中。100個人又各自有自己的100位人際關係網，只要跨越這座橋，A和B就能透過彼此的人際關係網和10,000人間接產生互動。按照人際關係的六度分隔理論（Six degrees of separation），只要經過這樣的六個階段，就能將地球上所有人類都聯繫起來。

所以，我們遇到的每一個人都可說是通往全人類的大門。我們透過每一個人會遇見遠超過那個人的巨大存在。這就是為什麼我們必須珍視和尊重每一個人的理由，因為一個人就是一個小宇宙。真正的尊重能力，就是能夠做到如同敬畏大自然一般去敬畏每一個人。

第十一章

用於提高心理肌力的各種傳統冥想

- 何謂冥想修行
- 佛教的傳統冥想法
- 儒教的傳統冥想法：靜坐法
- 莊子的冥想法
- 呼吸冥想傳統：數息觀

何謂冥想修行

背景自我和冥想

以上我們探討了改善心理肌力的訓練重點，在於穩定杏仁核與活化前額葉皮質（穩杏活前）。傳統冥想中很多修行法都包含了「穩杏活前」的元素，大多數冥想都是透過強化心理肌力、提升認知能力、加強免疫力、促進正面情緒來讓人變得更快樂。

在各種傳統冥想中，內在溝通冥想是去除所有宗教神祕主義或嚴格主義（rigorism），從現代腦科學的角度選擇對穩杏活前有實際幫助的冥想技法，重新組合而成的冥想練習法，不僅在強化心理肌力方面十分有效，尤其萃取了日常生活中可以更容易練習的要素，加以系統化整理。首先，我們探討了能穩定杏仁核的呼吸訓練、內感受訓練和本體感覺訓練。其次，是與活化前額葉皮質相關的自我參照過程訓練，也一一介紹了我他肯定內在溝通的寬恕-憐憫-愛-接納-感恩-尊重六種方法。現在，我想從內在溝通的角度更深入地介紹構成內在溝通冥想基礎的各種傳統冥想根源。

首先要說清楚的是，內在溝通冥想不是為了學習某種特定技巧或知識的訓練，更不是為了獲得神奇開悟的嘗試。想獲取什麼的意圖本身就是一種行為（doing）模式，而內在溝通冥想著重的不是行為，而是更偏向保持舒適的存在（being）模式。因為這麼做才能讓杏仁核穩定下來。傳統冥想的目的也同樣不是為了要獲取什麼，而是為了認清自己內在已經擁有的一切。既然自己已經擁有了一切，那就沒有了執著；既然沒有了執著，也就不再有恐懼。冥想是為了感受當下，感受自己與整體合而為一，看清楚日常生活中總是被經驗自我遮掩、原貌模糊的「真我」，覺察經驗自我並非自己的真實面貌，領悟作為無一物空間的認知主體——即背景自我才是真正的我，在一瞬間從所有痛苦和負面情緒中解脫而出。

我們的日常生活一直充滿噪音，其中最嘈雜的就是自己的心。作為經驗自我的這顆心總是不斷吵吵鬧鬧，敘述各式各樣的故事，這就是經驗自我的本質。當我們在經營日常生活想與他人融洽相處時，經驗自我是必不可少的。但是，如果把一切都交給經驗自我的話，那麼必然會迎來痛苦、焦慮和憤怒。在我們誤以為作為經驗自我的這顆心是真我的情況下就會出現執著，而恐懼則源自於這種執著。

作為經驗自我的這顆心一天到晚都在製造各種感覺、情緒、想法和故事，所以才會這麼吵。如果想跨越這種噪音，發現真正的自我，就要讓這顆心沉靜下來。而冥想的喜悅和修行的目的，就在於明確認清經驗自我編造的各種故事只不過是夢幻而已。冥想能讓我們的心沉靜下來，讓我們看見內心中的空寂世界。寂靜不是我們能直接體驗的對象，我們聽不到寂靜，但在聲音與聲音中間的空寂我們可以覺察到。我們可以很清楚感知到鐘聲消失之後的寂靜。寂靜不是體驗的對象，而是覺知的對象，感知到寂靜的那瞬間，我們就進入覺知狀態，在寂靜中開始內在溝通冥想。

從我們的意識中不斷冒出來的心理評論、想法、情緒、敘事等，全都是噪音。在這種噪音之下，我們很難覺察到空寂境界的背景自我。而冥想的第一步，就是要平息這些內在的噪音、發現寂靜。寂靜始終存在於我們的內心中，而非存在於外界。這份寂靜就是背景自我，也是「我」的原始面貌。

我們的生活向來始於當下，過去與未來只不過是經驗自我編造的故事結構罷了。從過去通往未來的時間軸是人類的意識與記憶製造出來的假象。實際上我們的生活超越了時間的概念，一直是從「當下」展開，與那種假象一點關係都沒有。我們能掌握的只有「持續展開的現存」（unfolding presence），也就是「永恆的當下」（eternal now）。

經驗自我透過各種記憶和想像穿梭於過去與未來之間，但在經驗自我的背後，或者說是在它深處的背景自我，卻始終存在於當下。存在於當下的自我，就是作為認知主體、真正的「我」。背景自我為了讓我們認清真正的我，就必須先將我們的認知帶到當下。因為真正的我只存在於當下，隔著一步之遙觀望著回憶過去、想像未來的經驗自我。經驗自我是對於自己生活中發生的事情，認為自己可以掌控、也應該掌控的「自我」（ego）。而實際上，這也是經驗自我存在的理由，因為自我意識就是經驗自我為了控制我的

何謂冥想修行　501

具體動作和行為而生成。問題是我誤以為自己可以控制生活的各個方面，而不僅僅是身體的特定動作和行為。因此，便出現了各種方法讓我們可以超越日常的經驗自我，覺察始終存在於當下的背景自我，那就是冥想。

冥想：無條件接受巧合

我們生活中發生的每一件事情，基本上都有巧合的存在，以基於因果關係的敘事無法解釋的事就被稱為偶發事件。自我意識的基本運作方式乃是奠基於因果關係的故事敘述，對於不合乎這種敘事結構的所有事情，我們便稱之為「巧合」。在故事敘述崩塌的地方，我們看到了巧合；在因果關係框架無法適用的地點，我們感受到巧合。自我意識出於本能抗拒巧合，作為敘事本質的自我意識無法接受這種它編不出故事的巧合。人類的意識不願接受巧合就只是巧合而已，於是製造了宗教，發展了科學。人類為了從生活中抹去巧合的元素，創造了各式各樣的神話、創造了神祇、創造了理論、創造了新聞，有時甚至創造了陰謀論或荒誕的教義。各種神祇或宇宙理論成了萬靈藥，用來填補被稱為「巧合」的這個空間。

從精妙的科學到邪教組織，所有「解釋」的本質目的都是相同的。他們不願意接受巧合就只是碰巧發生的事情，非要用盡手段將一切編織成因果關係的故事敘述。這樣的嘗試有時或許能建立優秀的理論或了不起的教義，但卻陷人類於萬劫不復。只有當我們接受巧合就只是巧合時，才有可能享有真正的自由和幸福感。我們的出生、成長、經歷的所有過程，都建立在巧合上。生活中各式各樣事情也全都是碰巧發生的，所以無條件接受所有事情，不要套用某種敘事框架，這樣才能引導我們走向自由自在的生活。

我們的生活中充滿許多事件，在無意間發生，又在無意間消失。「活在當下」這件事本身就是一個巧合。空氣經由我的呼吸進入我的身體這件事，純粹是一個巧合。我們的生活本身就是巧合，所以我們必須有能力看清生活中蘊含著無數成功或失敗的巧合，也要無條件接受這樣的巧合。把巧合就當作是巧合，才是最好的接納。

巧合真可謂宇宙的神祕與美麗，是超越人類世界的另一種美。當我們只

把巧合當成巧合看待，我們的經驗自我就會暫時停止。作為因果敘事者的經驗自我對巧合無法發揮作用，其存在感就會降低。這時，我們就可以更明確地感受到背景自我的存在，我們會領悟到自己只存在於當下，如果不能滿足於此，一心期待未來的話，那麼我們就會永遠活在不幸中。當一個人不滿足於自己已經擁有的，只想著自己尚未擁有的，這種心態本身就是不幸。「吾唯知足」的意思就是要懂得滿足於當下。

生活本身比生活的條件或環境更重要，而生活本身其實就是只存在於當下的一堆巧合。必然事件都是關於過去或未來的故事敘述，當下不斷發生的偶然事件業已超越了所有的敘事框架。因此，把巧合就當作巧合來接納，才是覺知背景自我的最短捷徑。

對人類來說，生活原本就是由巧合構成的。依靠狩獵、採集維生的生活建立在巧合的基礎上，原始人肚子餓了，拿起石斧外出打獵謀生的生活，只看能不能湊巧遇上獵物。他們不會知道一年後該怎麼生活，也對此沒有任何計畫，所以也不必為此發愁。因為他們的未來靠巧合，所以也不存在對未來的焦慮，他們要專注的只有當下一天天的生活。但是，自從大約一萬年前發生農業革命以來，未來成了人類可以掌控的對象。人類可以預測現在播種耕作的話，大約何時能收穫多少糧食。然而，當生計成為可以預期的對象之後，人們就產生了對未來可以控制及必須控制的緊迫感，擔心旱澇造成收穫不如預期的焦慮也油然而生。於是，對意外事件的不安開始逐漸主宰了人類的生活。按照尤瓦爾‧哈拉瑞（Yuval Harari）的說法，現代人最大的心理疾病——「焦慮」就是從人類進入農耕社會能夠預測未來的時候開始的。

想從根本擺脫焦慮感，最重要的就是要拋棄我們可以控制、也必須控制未來的幻想。我們需要的是接納的心態，好好領會主宰我們生活的巧合力量，以及打開心門接受巧合的存在。對於還未發生的事情胡思亂想、提前擔心的心態，是病態、強迫性的思考。因為事情並不會因為我們的擔心就得到解決，擔心只是一種不存在的幻影罷了。

真實存在的，只有我們發生在當下的一連串巧合所構成的生活。當然，我們不可能完全擺脫掉經驗自我，所以依然會回憶過去、想像未來，難以將生活中的一切全交給巧合。但是，至少在我們心中的一角必須無條件虛心接受巧合的存在。因為無論是展望未來還是回顧過去，全都是自我意識的故事

敘述罷了。那不是真正的生活，我們必須認清生活一直是由當下的偶發事件所組成，而我們必須無條件接受這種巧合。

經驗自我的活動包括了思考、記憶、行為、感覺和情緒，全都是由故事敘述所組成。而且經驗自我本身基本上就是由情節記憶堆砌而成，所以經驗自我不得不以過去為導向。相反地，背景自我始終存在於當下，所以只有背景自我才是基於當下現實的實際存在。由經驗自我的敘事構成的過去及這個過去所投射的未來，全都只是故事敘述。而它們存在的基礎，靠的便是當下的背景自我。

回憶過去、想像未來的行為都是發生在當下。無論是對過去的挫折與憤怒，還是對未來的擔憂或焦慮，都是發生在現在這一刻。因此，過去和未來一直都是以當下為基點存在。被過去和未來牽引的生活是不幸的，與之相反才是幸福。而背景自我的內在溝通就是不被過去和未來牽引而去，而是將它們帶到當下來。始終存在於當下的背景自我是寧靜祥和的，而內在溝通冥想所追求的就是如此的狀態。

為什麼要練習冥想

如果冥想需要花費力氣辛苦練習的話，那就不是提升心理肌力的冥想。原本冥想就不是為了獲得什麼成果而忍耐痛苦練習的，我們在日常生活中已經很努力生活了，沒必要為了得到什麼而辛苦地付出時間練習冥想，因為冥想本就是「不費力的努力」（effortless efforts）。

假設有個人在長途旅行中一直拿著沉重的手提包到處走，他的手臂和手總是很痠痛，全身也很疲累。然而，他卻一刻也沒有想過要放下手提包。不，是無法放下。因為這是他到哪裡都帶著的提包，所以他陷入了必須時刻提在手上的固定思維中。因為手痛，所以他試著握緊提包把手，也試著在手臂或肩膀上時鬆時緊地用力。每次他這麼做，疼痛似乎短暫地消失了，但過沒多久手、手臂和肩膀又會開始疼痛。這就是許多現代人的縮影，只要暫時放下一切稍事休息就可以的事情，現代人卻做不到。這些人從來沒有放下過手提包，所以連該怎麼鬆手都忘記了。冥想是教導現代人放下沉重的手提

包,擺脫日常生活桎梏的修行。冥想不是為了追求某種具體的目標,真正的冥想應該是經常感到幸福祥和的。因此,練習冥想必須懂得鬆手放下沉重的提包,這個動作雖然簡單,卻不是那麼容易做得到。僅僅只是放下提包而已,這就是不費力的努力。

只要我們堅持練習冥想,身心就會慢慢平靜下來,在這種平靜中,油然生出極端的幸福感。有時會突然想起很久以前的歡樂時光,有時會突然重溫童年在明亮陽光下燦笑的快樂。那些隱藏在人生記憶深處,被自己完全遺忘,甚至以為完全消失的快樂和幸福,就這樣重新回來了。這真的是一種令人驚奇的體驗。

長期練習冥想,久而久之會有種不被任何事物纏身的自在感遍布全身。有時會有種酥麻的快感爬上頸後、背部和腰部、肩膀和手臂、腿部和腳尖。一種全然的充實感和滿足感油然而生,讓我們就像擁有一切般身心富足,這就是「吾唯知足」的狀態。這時,會有一股強烈而具體的感覺擴散到全身,就像身心在當下回歸原位、一切都在完美運作中。這時,我們就會明白何謂身心完美和諧,也會強烈感受到自己和周圍的一切達到平靜而美好的和諧狀態,這才是完美的幸福感。

但如果這種完美的幸福感是我因為「想得到」而費盡心力的話,這個幸福感就只是對努力的「酬賞」而已。因為我必然會為了得到更多的幸福而繼續努力,結果反而不會再珍惜突然到來的幸福。而且說不定我心中還會擔心這種透過我的辛苦和努力得來的幸福感,會不會沒多久就消失不見。

但是,如果我在開始練習冥想之前、練習冥想之中都沒有任何期待,也沒想過要藉此得到什麼,就只是靜靜專注在自己的呼吸和觀望自己身心的話,那麼就會為這份突然到來的幸福感感到驚喜和神奇,但也只會對此生出感恩之心而已。因為事前沒有任何期待,所以我會對這份如禮物般到來的完美幸福感心存感激,樂在其中。沒有期待、沒有渴望、沒有費力、沒有欲求,那麼也就不會產生擔心這份幸福感會消失的恐懼,就只是全身心舒適地沉浸在這份幸福感中。這種幸福感是由於前額葉皮質活化而自然出現的狀態,由此可知冥想對穩定杏仁核、活化前額葉皮質有很大的幫助。這就是為什麼冥想是一種有效的心理肌力訓練的原因。

佛教的
傳統冥想法

薩提冥想（Sati）、觀禪（Vipassanā）、止禪（Samatha）

現在，讓我們來看看聞名於世的薩提（Sati）冥想。巴利語「薩提」（Sati）包含了當下（now）、注意力（attention）、記憶（memory）、臨在（presence）等意思。巴利語「薩提」（sati）在梵語中寫作「斯姆里蒂」（smrti），以漢字來說，意思最接近的就是「今」和「心」組合而成的「念」字。所以薩提的意思就是明確地覺知和觀望當下發生在自己身上的體驗、想法、情緒或感受。換句話說，薩提指的是「專注和覺知當下自己正經歷的事物」之意。與其說薩提是把注意力放在對象本身，不如說是一直放在自己當下的經歷，不錯過任一瞬間。從馬可夫覆蓋模型的觀點來看，薩提冥想可謂是典型的內在溝通型態。

薩提冥想時常被誤以為是如實覺知對象的冥想。我們的大腦是一台主動推理的機器，它的工作就是根據以感覺訊息為基礎的溯因推理法對事物進行推測和架構。因此，人類的意識中不存在所謂「如實」的對象，也不可能有這樣的存在。人類的大腦根本做不到「如實覺知對象」這種事情。

薩提雖然是覺知「當下」，但原本薩提就包含了「記憶」的意思。「覺知」這個動作本身的對象是過去已經發生的事情，當我們認知到什麼事物的那一瞬間，這件事情就已經算是發生在稍早以前的事情了。也就是說，雖然說的是「當下」，但嚴格來講其實是「稍早以前」。因為我現在覺察到的是稍早以前發生的事情，所以覺知的本質其實是記憶。事實上，所有敘事都是記憶，而由敘事所堆砌而成的情節記憶，就是自我。

在內在溝通的本質中，記憶也占有一席之地，如果人類沒有記憶功能，也就不可能有任何形式的溝通。使主動推理得以進行的內在模型和生成模型

的本質，也同樣是一堆記憶團塊。內在模型本身就是來自於過去經驗堆砌而成的記憶團塊，當它被後來傳入的新感覺訊息覆蓋時，沒被覆蓋的漏網之魚就成了預測誤差。從主動推理理論的角度來看，薩提就是專注在這些預測誤差的訓練。

傳統冥想中主要為觀禪和止禪。然而，「觀」和「止」這種說法一不小心很容易引起誤會。因為冥想所言的「觀」和「止」，與我們常用的意思有很大的差別。巴利語毘婆舍那（Vipassanā）的意思本身是「全面」（vi-）「洞察」（passana），英語一般譯作「insight」，翻譯成韓語就是「內觀」，所以毘婆舍在韓語中成了「內觀冥想」，又稱「觀禪」。

內觀或洞察的意思都是看著什麼東西吧？其實就是看著自己所經歷的各種物體和事件。雖然生活中所發生的事情都給我們帶來了痛苦（dukkha）（一切皆苦），而世上萬物多變、沒有固定的實體（annica）（諸行無常），況且體驗這一切名為「我」的意識也同樣是空（anattā），在這種情況下照見這些無特定實體（諸法無我）的就是毘婆舍那。

另外，奢摩他的意思是心靈平靜的狀態。巴利語奢摩他（Samatha）是由表示「寧靜、祥和」之意的「sama」和表示「止於某種狀態、維持」之意的「tha」組合而成的複合字。所以奢摩他就是「止於寧靜祥和的狀態」，英語通常譯成「tranquility」或「calmness」，也有人翻譯成「寧靜覺知」（tranquility awareness）。在韓語中，奢摩他一般被稱為「集中冥想」，但其實稱為「寧靜」或「寂靜」冥想才是更正確的表達方式。因為在薩提（sati）冥想中也經常使用「集中」等表達方式。由於薩提冥想是把注意力「集中」在當下自己的體驗上，所以如果把奢摩他稱為「集中冥想」，很容易引起混淆。不管怎樣，奢摩他修行者很難從一開始就達到無對象的寧靜狀態，所以通常會使用把注意力集中在呼吸、身體或內在來達到寧靜的方法。因此，奢摩他雖然被稱為「集中冥想」，但奢摩他的核心還是在於寧靜祥和，而不在於集中注意力。

喬達摩・悉達多說，修行可以達到兩種狀態，一種是心靈祥和平靜的「奢摩他」狀態，另一種是洞察事物的「毘婆舍那」狀態。喬達摩在指導弟子修行時，從來沒有單獨摘出毘婆舍那，強調觀禪，而在勸導弟子們修行時也總是建議他們修習「禪定」（jhana）。

綜觀早期經典，也沒有看到喬達摩將毘婆舍那作為冥想的方法單獨教授。或許喬達摩曾偶爾提及過毘婆舍那，但多半也是和奢摩他一起提到，而且也不是作為奢摩他修行的替代方案或作為單獨的修行方法提及的。同樣地，喬達摩也從來不曾將奢摩他修行當作是達到毘婆舍那的手段或方法。在早期經典中提及毘婆舍那和奢摩他時，也只將它們當成是修行者在磨礪心靈狀態時必須一起修練的兩個層面而已。讓我們來看看下列幾個例子。

在《止經》（Samatha Sutta）的經文中提到「若修行者自認已修得奢摩他，就該努力透過奢摩他證得毘婆舍那，如果自認已證得毘婆舍那，就該努力透過毘婆舍那證得奢摩他」。同時經書中也強調萬一無法證得這兩者，「就要像頭髮著火的人希望即刻滅火一般急迫而不停歇地積極努力，以證得毘婆舍那和奢摩他」。若已證得這兩者，就該認真鑽研毘婆舍那和奢摩他以達到更高境界。

在教導我們如何得償所願的《希望經》（Ākaṅkha Sutta）經文中提到，我們必須嚴守戒律，不可怠於禪定才能一一實現十祈願（幸福生活、活在當下、無憂無懼、不痛不苦等），但最重要的是，喬達摩不下十次反覆強調止觀雙修，而且還教導弟子透過止觀雙修可以證得四禪定。

在早期經典中出現次數最多的弟子阿難，也強調止觀雙修的重要性。他整理了達到阿羅漢果的四種修行法，第一種是「止為先導而修習觀」，第二種是「觀為先導而修習止」，第三種是「止與觀雙連而修習」，第四種是「專注內心則道生，循道而修習」。由此可見，阿難也同樣強調要同時進行止和觀兩個層面的修行。

東北亞的大乘佛教也強調止觀雙修的必要性。成書於西元2世紀左右的《大乘起信論》可說是奠定了大乘佛教基礎的核心經典，這部經典中也同樣強調必須同時修行毘婆舍那和奢摩他。漢譯經典中因為奢摩他指的是止息一切內在運作的狀態，所以翻譯為「止」；而毘婆舍那的意思是「看見」，所以被譯為「觀」，即強調止觀雙修的重要性。[72]

只有當我們靜下心來，才能透過炯炯的洞察力如實照見自己的經驗。由於這種「觀」如實洞察真相，因之證得的智慧就是「般若智」。佛教中所謂的三無漏學──戒、定、慧，就是指「攝心為戒，因戒生定（止），因定發慧（觀）」的意思。也就是說，止和觀是必須修行的兩個目標，這稱為「止

觀兼修」或「定慧雙修」。

止觀兼修和定慧雙修是高麗時代的高僧知訥所提倡的思想，但與其說是新主張，不如說是回歸最根源的基本主張。知訥主張基於定慧雙修的頓悟漸修，這是指頓悟之後仍須繼續修行之意，這個教誨可說符合了佛教早期經典。正如《希望經》中所提到的，止觀雙修則入（禪）定。也就是透過止觀，達到三昧境界的意思。

另外，有些主張認為既然還有必要繼續修行，那就不能說是已經證得真正的頓悟，因此應該說是「頓悟頓修」才對。然而，由於頓悟是透過修行感受到極致幸福的狀態，因此不管是頓悟漸修或頓悟頓修，在根本上是沒有差別的。就如《般若心經》中所言，觀自在菩薩仍舊在深度修行般若波羅蜜多，這不是說觀自在菩薩還沒有頓悟，而是因為真正頓悟了，因此得以修行更深層的般若波羅蜜多，以此照見五蘊皆空，度一切苦厄。

從心理肌力訓練的角度來看，頓悟是作為純粹意識的主體認清自己的本質、明白萬事無常的道理，但當這種頓悟想改變我們的大腦時，就必須依靠神經可塑性引發神經網路的生物學變化，這就需要重複性的訓練。頓悟是漸修的出發點，而漸修是透過頓悟改變的條件。真正的改變只有透過持續訓練才可能發生，這一點從腦科學的角度來看，頓悟漸修是更具說服力的主張。

奢摩他冥想是將注意力和意識集中在某特定對象上，也是活化前額葉皮質，尤其是以背外側前額葉皮質（dlPFC）為中心的神經網路訓練。而毘婆舍那冥想則是如實觀照當下發生在自己內心中各種認知和情緒的對象，所以也可以說是自我參照過程。這同樣是活化前額葉皮質，尤其是以mPFC（內側前額葉皮質）為中心的神經網路的訓練。然而，若想活化前額葉皮質神經網路，也就是為了順利進行止觀冥想的話，首先必須使杏仁核穩定下來。為了穩定杏仁核，就必須先穩定腦神經系統和自律神經系統，而要達到這個目的最有效的方法，就是透過呼吸冥想的內感受自覺訓練。

從腦科學的觀點來看，早期佛教的修行法確實可說是在強化心理肌力方面非常有效的訓練課程。但是從腦科學的觀點來看的話，早期佛教修行法因為奠基在宗教教義上發展而來，因此確實添加了各種神祕主義元素和宗教色彩。本書中所介紹的心理肌力訓練課程，是基於腦科學的角度從早期佛教及各種傳統冥想修行法中萃選最有效的元素所組成的。

看話禪：禪宗的參禪傳統

韓國佛教很重視參究話頭的看話禪（又稱話頭禪），但印度的喬達摩獨創的修行法核心是安那般那薩提（Anapanasati），或稱數息觀。喬達摩從未提到過看話禪，看話禪是結合中國道教傳統和印度佛教傳統所誕生的東北亞固有修行法。深具佛教宗派臨濟宗傳統的韓國曹溪宗在堅持看話禪的同時，也一直貶低南傳佛教的修行法，稱之為「小乘佛教」。無論如何，或許是因為隨著巴利語經典的傳播，佛教的全球風潮已不容忽視，韓國的曹溪宗似乎也逐漸接納南傳佛教的薩提修行法，但韓國傳統修行法的核心依舊是看話禪。

看話禪的「看」是「觀察分析」的意思，「話」則是「話頭」，所以看話禪就是觀察分析話頭來進行禪修的修行法。12世紀中國宋朝時期，曹洞宗的宏智禪師提倡默照禪風行一時。默照禪強調靜坐禪修這種行為本身，就是悟道佛陀的形象，靜坐就是最好的修行法。

活躍於同時期的臨濟宗大慧禪師批評默照禪是荒謬的修行法，反而提倡發起話頭的看話禪。目前，在韓國和中國佛教的最大宗派是修練看話禪的臨濟宗，而在日本的曹洞宗則因為道元禪師引進了默照禪而成為最大宗派。日本默照禪的修行法在二次大戰之後以坐禪（zazen）之名傳播到歐美國家而廣為人知。結果，今天風行歐美的所謂禪（zen）風格和文化可以說主要是遵循日本默照禪的傳統。中國或韓國的看話禪對西方人來說雖然很陌生，但隨著正規學習冥想修行法的人口日漸增加，慢慢也有不少西方人開始關注與毘婆舍那冥想截然不同的韓國參禪修行。

大多數話頭源於自古流傳下來的禪師與弟子的對話錄，更準確地說，這一段段的對話錄被稱為「公案」，而包含了公案核心思想的短句就稱為「話頭」，以下舉例說明。

洞山禪師對「如何是佛？」的回答：
「麻三斤。」

臨濟禪師對「如何是無位真人？」的回答：

「乾屎橛。」

趙州禪師對「狗子有佛性也無？」的回答：
「無！」

臨濟禪師對「逢佛逢祖如何？」的回答：
「殺佛殺祖。」

趙州禪師對「如何是（達摩）祖師西來意？」的回答：
「庭前柏樹子。」

趙州禪師對「如何是（祖師）西來意？」的回答：
「板齒生毛。」

11世紀初道原禪師撰寫的《景德傳燈錄》中收錄了1,700人的機緣語句和各禪師事蹟，這就是所謂「1,700則公案」。雪竇禪師從中挑選了100則公案整理後加入頌文，集結為《雪竇頌古》公案集。大慧禪師的老師圜悟禪師又於此書中添加「垂示」（提綱）、「著語」（夾註）和「評唱」（解說及評述）等各種型態的個人見解，整理成書，名為《碧巖錄》。後世流傳一則故事，由於此書問世之後風行一時，便出現人們沉浸在書的風格和內容而不去鑽研話頭的弊端，因此看話禪始祖大慧禪師乾脆一把火燒了自己老師的這本《碧巖錄》。

事實上，「公案」是指衙門裡的一種官方文書，而禪宗的「公案」這個名稱中便包含將過去禪師們的言行紀錄視同官方文書一樣是具有權威性的教科書之意。透過「公案」一詞，可以看出宋代的佛教具有和性理學儒教傳統分庭抗禮的地位。

話頭通常是老師為弟子選擇的主題，而不是由弟子隨心所欲選擇任何主題。雖然流傳下來的公案有1,700多則，光是《碧巖錄》中就整理了100則公案，但弟子卻只能緊抓著老師留給他的一個話頭不放，每天堅持不懈地與之較量，這就是看話禪的傳統。換句話說，參禪者不可以發揮自主性，今天參

這個話頭、明天參那個話頭。

大部分的公案都是以老師和弟子之間的對話形式組成的，看話禪與其說是追求開悟的過程，不如說是依賴老師的絕對權威來獲得開悟的方法，也可以說是老師和弟子之間的團隊合作。給了一個話頭並被稱為善知識的人是老師，勃然大怒地吼叫或用竹棍鞭打弟子的人也是老師，判斷弟子是否透過話頭有了開悟的人還是老師。

出現在公案中的老師是「開悟者」，而談話的對象則是未開悟者。公案中的對話是開悟者和未開悟者之間的對話，雙方嚴格遵守這樣的界定，沒有中間地帶，不是開悟、就是未開悟，二者居其一。只有充滿了傳說的公案來證明禪師是開悟者，除了這些傳說之外，沒有其他任何證據可以證明禪師已經開悟。因此，承認開悟者是已經開悟的人，並使他們升格為禪師的這件事情，其實是尚未開悟、且以後也幾乎不可能開悟的弟子做出來的。

開悟者的存在反而要感謝未開悟者，但是反過來道理就無法成立。因為未開悟者無法開悟的原因不在於老師，而在於自己的資質不足。然而，開悟者卻因為未開悟者的肯定，而取得了開悟者的資格。即使有人宣稱自己已經開悟，但沒有弟子或普通人的肯定和尊崇，也就成不了開悟者。未開悟者一直無法開悟的原因，通常被歸咎於他們的愚昧、懈怠和無知，絕對不會把責任怪罪到老師身上，從來沒有老師教得不好致使弟子無法開悟的情況存在。公案裡也從未出現過對老師教育方法的討論，老師對弟子的教育完全不負任何責任，如果弟子無法開悟，那全都要怪弟子自己。在為數眾多的禪師中，因為教育弟子的方法而受到批判的禪師一個都沒有，老師永遠是絕對的善、是真理、是要追隨的存在。弟子該做的事情，就是抱著有一天突然開悟的希望，不斷與老師如謎題般的語句較量。

像這樣認同被稱為善知識的老師具有絕對權威的系統，對佛教作為制度站穩腳跟，以及寺廟的組織運作有很大的幫助。但是從教育的角度來看，這種方法在提升心理肌力方面並沒有多大的效果。看話禪修行法少不了善知識的權威，所以很難開發成類似MBSR之類結構化的訓練課程。但是，對於看話禪修行中的禪問答作用，從腦科學的觀點來看值得探討。

公案中禪師們的回答有一個共同點，那就是對話完全超出了慣常脈絡或「常識」範圍。不僅是對話，就連禪師們的行為也不乏有脫節的情況，譬如

突然大吼大叫、拿起棍子就打或突然轉身離去等等。「常識」是固定觀念或人們共有的解釋框架，從主動推理的角度來看，常識是彼此共有的內在模型；從內在溝通的角度來看，常識是彼此共有的自動敘事。前面我們已經了解到，自我意識是對於特定事情自動編造故事敘述的生成秩序，唯有脫離作為這種自我意識的「我」，才能發現真正的「我」。因此，自動敘事，也就是習慣性的自我意識必須被推翻。

禪師們突如其來地脫節回答或行為，瞬間便會動搖弟子們內在狀態中習慣性運作的自我意識，令既有的自我意識不得不放棄主動推理。這時，堅持自我參照過程訓練的弟子們就可以望見自我意識崩塌後留下的無一物空間，也能突然發覺作為背景自我的真「我」。這就是透過「暫時停下」既有的生成秩序，再製造機會於意識中灌輸新的生成秩序，換句話說，就是禪問答的技巧。這也是基本自我參照過程的修行法，可以達到與平時修行的自我參照過程不同的水準。如上所述，看話禪修行的禪問答是強烈的衝擊療法，所以才需要一位具有絕對權威的老師存在。

在內在溝通冥想中有一種引導冥想（guided meditation），是藉由在適當時刻以適當方法提供脫節的感覺資料或言語刺激，來動搖和改變大腦既有的生成秩序和主動推理方式，這應該可以算是將看話禪修行法結構化之後再開發成現代教育課程的方法。看話禪不容忽視的核心，在於透過那種回答誘發強大的自我參照過程，來推翻既有的生成秩序，改變自我意識，而不是禪師們荒誕的回答。

「是什麼」話頭與自我參照過程

時下韓國修行者中最廣泛使用的話頭，當屬「이뭣고?」，這是韓國慶尚道方言，標準的說法是「이것은 무엇인?」，意思等同於漢文的「是什麼？」，或英文的「What is it?」。由於「是什麼？」問的是關於自己，因此更準確的英文翻譯應該是「Who am I?」或「What am I?」。「Who am I?」同時也是印度吠檀多哲學的核心主題。

有很多方法可以發起「是什麼？」的話頭，但最廣為人知的方法之一，

是將注意力集中在自己的手指尖，然後在心中不停提出如下的問題。首先，將注意力放在右手大拇指尖，再輕輕地動一動指尖，然後問自己——現在正把注意力放在指尖，看著指尖的主體是什麼？現在把注意力放在正輕輕地動一動指尖的主體，可以覺知它是什麼嗎？動一動指尖的主體當然是我，看著手指動作的主體也是我，那麼這兩者是相同的存在嗎？還是不同的存在？

對於「是什麼？」話頭的起源有幾種說法，最具代表性的說法來自於《祖堂集》第三卷中的故事。《祖堂集》於西元925年編撰而成，內容記錄有關禪師的事蹟。

懷讓面見六祖慧能，慧能禪師問：
「甚處來？」（你從何處來？）
懷讓回答：
「嵩山。」（我從嵩山來。）
慧能禪師接著問：
「什麼物恁麼來？」（嵩山像什麼樣子？你從嵩山的東、西、南、北哪個方向來？）

對於這個問題，懷讓無言以對，回答不出來。「什麼物恁麼來？」問的其實是「你這個實體究竟是什麼？」，受到這個問題衝擊的懷讓從此以後在這個問題上苦苦思量了八年，據說這就是「是什麼？」話頭的起源。故事還在繼續，經過了八年的修行，懷讓有了開悟又去面見慧能禪師。

慧能禪師又問：
「甚處來？」
懷讓回答：
「嵩山。」
慧能禪師問：
「什麼物恁麼來？」
對此，懷讓禪師交出了歷經八年修行後的答案。
「說似一物即不中。」（能說出個形象，就不是嵩山真正的樣貌。）

慧能禪師又問。

「還可修證否？」（還可以修證嗎？）

對此，懷讓回答：「修證則不無，污染即不得。」（可以修證，但要讓心性清淨不能受到絲毫污染。）至此，懷讓禪師才得到了六祖慧能的肯定。

對於「是什麼？」話頭在《碧巖錄》第51則中記錄了另一個起源，是雪峰禪師在閉關修行時的故事。

雪峰住在庵時，有兩僧來禮拜，峰見來，以手托庵門，放身出云：
「（你們）是什麼？」
僧亦云：
「（那你）是什麼？」

據傳這裡也出現了「是什麼」這個話頭。從「是什麼」話頭的起源中我們可以知道，「是什麼」其實就是對「我是什麼？」的質問。拖著我的身體到處走的這個實體是什麼？激發我的想法和情緒，體驗所有事情的這個意識主體是什麼？「我」這東西、「我的意識」這東西、我的意識所認知的世上萬物，也就是反映在我意識中的世間萬物，都包含在「是什麼？」這一句質問中。所以，「是什麼」話頭其實就是透過覺知，同時修習奢摩他和毘婆舍那，是非常具體的止觀雙修、定慧雙修的修行法。從腦科學的角度來看，「是什麼」話頭算是非常有效的強化mPFC神經網路訓練法，可以誘發強大的自我參照過程。

「是什麼」話頭是對於認知主體的基本質問，但另一方面，也是基本上無法回答的問題。因為認知主體無法成為認知客體，就像眼睛看不見眼睛、刀子切不到刀子、水洗不了水一樣。一個人的視力再好，也看不到自己的眼睛；一把刀再怎麼鋒利，也沒法切在自己的刀身上；水再怎麼骯髒，也沒法用淨水來清洗。所以，對於「是什麼？」的回答永遠都是「不知道」。這句「不知道」不是「知道」的反義，也不是對可知事物暫且不知的狀態。這句「不知道」是從根本上就真的不知道，所以「不知道」本身也成了一個話頭。

那麼,具體是什麼不知道呢?這點也一樣不知道。不知不知道的客體,如果知道自己不知道什麼,那就不是不知道了。當我們說出「不知道」這句話時,不是想立刻知道什麼,而是停留在「不知道」這個一無所知的無一物空間裡,享受無盡的自由與寧靜,這就是「不知道」話頭的核心。當我們說出「不知道」這句話的時候,總會出現一個無一物空間。所以「不知道」就等於「無」。這個「無」不是「有」的反義詞,而是「是什麼?」帶來的一無所知的無一物空間。所以「是什麼」話頭的目標,和崇山法師的「不知道」話頭或趙州禪師的「無!」話頭是一樣的。

「是什麼」、「不知道」、「無!」都是透過無客體的認知來進行強大的自我參照過程訓練的修行法,也是照見背景自我的無一物空間的方法。同樣地,「你是什麼?」的話頭,問的是「被父母生下來之前,你的真面目是什麼?」(父母未生前本來面目)。這個問題雖然只用了一句話來表達,但實際上問的內容卻很多。在父母生下我之前,我真的存在嗎?還是說,生下來有了身體之後才有了我的存在?如果這個身體不是我的本質,如果這個身體不是真正的我,或者這個身體在生下來之前就已經有過一個「原本的我」呢?那麼,這個身體在生下來之前就已經存在過的「我」是什麼?那會不會是本來就已經存在的「真正的我」?

出生前就已存在的「真我」是印度吠檀多哲學的核心概念。也就是說,「在被父母生下之前就已經存在的我」是一種廣泛用來解釋阿特曼(ātman:真我)的概念。即使到了現代,許多吠檀多哲學的大師仍舊將參悟「真我」作為修行的終極目標,並且提出「被生下來之前的我究竟是什麼?」的問題。舉世聞名的拉瑪那·馬哈希(Ramana Maharshi)的核心教誨也是關於參悟「真我」,其主要質疑就是「我是誰?」(Who am I?)尼薩迦達塔·馬哈拉吉(Nisargadatta Maharaj)也強調「真我」是作為意識主體的純粹意識,他的代表著作書名就是《我是那》(I am that)。拉瑪那和尼薩迦達塔兩位大師都強調必須將追尋「真我」作為修行的終極目標,而且他們也竭力主張「被父母生下來之前我就已經存在,那個就是真我」。作為純粹意識的「真我」,在我的身體被創造出來之前就已經存在,即使身體死了、消失了,這個真我也不會死、不會消失。在吠檀多哲學中出生和死亡僅限於有形的身體,作為純粹意識的「真我」是絕對沒有出生這回事,也因為根本沒有出生,所以是連

死亡都沒有的存在。

從很早以前就出現對禪宗強調的剎那、真我、佛性等概念的批判，其實就是和印度吠檀多哲學的阿特曼相同概念的聲浪。尤其在1980年代日本以「批判佛教」的名義，提出剎那、真我、真面目、佛性等「如來藏」思想的核心概念與《奧義書》中阿特曼概念相似的主張之後，引發了許多爭議。

事實上，喬達摩排斥古印度婆羅門教的基本概念「阿特曼」，取而代之的是強調三法印——阿那塔（anattā：無我）、阿你怛也（anicca：無常）和杜卡（dukkha：苦），以此建立了佛教教義。因此對「真我」阿特曼的徹底否定，就成了佛教教義的出發點，禪宗的「剎那」或「如來藏」思想卻犯下了又引進阿特曼的錯誤。當然，過去也有許多人提出各種反對意見，認為如來藏思想中的佛性或真我是和阿特曼不同的概念，可惜缺乏足夠的說服力。而且，現今禪宗廣泛使用的代表性話頭——「被父母生下來之前就已經存在的剎那」，是吠檀多哲學中由來已久用來解釋阿特曼的概念。

諸法無我：「我」是什麼？

佛教基本教義「三法」之一的「諸法無我」是由巴利語「sabbe dhamma anattā」翻譯而來，「sabbe」的原形「sabba」，意思是一切、整體或全部。而通常被翻譯為「法」的「dhamma」有兩種含意，一是法則、道理、正確的事、真理、喬達摩的教誨等的意思，另一是事物、實體、對象、存在物等的意思。這裡的「sabbe dhamma」，則是「萬物」（everything）的意思。然而，「dhamma」與其說單純指的是事物，不如說它指的是人類所認知的事物，也就是指反映在我們內心中的事物，即作為「認知對象」的一切事物。「dhamma」在梵文中寫成「dharma」，也同樣具有「真理」和「萬物」這兩種意思。達摩法師的「達摩」二字，就是「dharma」的漢字音譯。

「諸法無我」的意思是，我所認知有關我的一切都是「阿那塔」（anattā）。阿那塔通常被漢譯為「無我」，但從阿那塔原本的「非此，非彼」（neti，neti）的意思來看，「非我」毋寧說是更正確的翻譯。所以「諸法無我」實際上就是「我能認知的有關我的一切，其實都不是我」的意思。也就

是說，我們在日常生活中所想到的「我」，其實都不是「我」，只是沒有實質內容的空殼罷了的意思。

現在，用一隻手拿著手機看。我手中的手機明明是我的手機，但這支手機卻不是「我」。手機只是「我的東西」，而不是「我」。我的手機並不構成「我」的某一個基本部分，即使手機故障或破損，名為「我」的存在也不會隨之出現破損。即使手機遺失了，我的某個基本部分也不會消失。即使換一支手機，也不會改變我的本質。

我現在穿的衣服、住的房子、駕駛的汽車、我的地位、我的權力、我的形象、我的名譽、我的面子、我的業績、我的事業，以及其他我所擁有的一切，都和手機是一樣的。這些東西雖然都屬於我，但其本身並不是「我」。我的名字、職業、年齡、性別、性格、身體、想法、情緒、記憶、特徵、行為、習慣、人際關係等等也是如此。這些是「我的」東西，也是「關於我」的東西，但其本身卻不代表「我」。我所擁有的任何東西裡，都沒有稱得上是「真我」的存在。然而，大多數人卻分不清「我的東西」和「我自己」，而把「我的東西」誤認為是「我」。也就是說，這些人在生活中一直將自己手上的手機誤認為是「我」。

這種嚴重的錯覺會造成無數煩惱、痛苦、恐懼和憤怒。這種錯覺也會促使杏仁核過度活躍。但我們要明白的是，我所擁有的一切與我的本質毫不相關，只是偶然間出現，很快就會消失不見。我的想法和情緒也只是「我的東西」，而不是「我」。我的想法和情緒只是發生在我身上的事件，而不是我。我的經驗、情緒、想法、記憶、感覺也都一樣。此非我、彼亦非我，我能覺察到的、能解釋的、能認知的一切，都是我的經驗和認知的對象而已，也就是我所擁有的某種東西罷了，其本身不是我。如果我們仔細觀察在一般觀念中被認為是「我的一部分」的東西時，會發現其中稱得上是「我」的東西一件都沒有。

那麼「我」在哪裡？再看看手中的手機吧。手機不是我，但明明有一個主體正看著、認識著、體驗著這支手機，這個主體就是我。手機不是「我」，看著手機的才是「我」。體驗手機這個對象的主體，就是「真我」。我所擁有的一切東西都不是「我」，覺察、認知和體驗這些東西的主體，才是「真正的我」。

「我」是認知主體，也是經驗主體。所以，「我」是無法描述的。因為「我」成不了認知的對象，所以也沒有實體。就像眼睛看不見眼睛一樣，我也看不見、經驗不了我自己。因為「我」是經驗的主體，所以成不了經驗的對象。我所能經驗到的有關我的一切，都不是我的本質，只是「我的東西」罷了。因此，作為認知主體，「真我」的位置始終空蕩蕩的，也就是「空」。但「空」不代表「無」，明明就有一個「我」作為認知主體的存在，所以始終是「有」而不是「無」。然而，這個「有」卻是空蕩蕩的，就像無一物空間一樣。有空間，物體才有可能存在。雖然我們看得到、感覺得到的只有物體，但透過這些物體的存在，我們才能得知空間的存在。一切存在物體的背後，必然有一個空蕩蕩的空間。就像所有存在的聲音背後，必然有寧靜的存在一樣。作為空蕩蕩的背景始終存在於彼處的，就是「我」。這個「我」就是背景自我，也就是「真我」。

既然認知主體不是經驗對象，便無法被描述或解釋，但當我們覺察自己正在認知什麼的那一瞬間，就無法否認作為認知主體的「我」的存在。「我」始終作為認知主體，而不是認知對象而存在著。諸法無常的教誨不是否定認知主體的存在，而是在諸法無常中沒有「我」。「此非我、彼亦非我」是說，不存在作為認知對象的「我」。諸法無常否定的不是作為認知主體的「真我」，而是認知對象的「關於我的幻象」。領悟和覺知諸法無常，不表示連「真我」都否定掉，那是不可能的。

按照《奧義書》的方式來講的話，那就是透過阿那塔可以發現真正的阿特曼；按照禪宗的方式來講，那就是透過佛性或本來面目（阿特曼）來發現名為「我」的這處空無一物（阿那塔）。所以，這其實就是以兩種方式來解釋同一件事情罷了。從宗教上來看，這兩種觀點有很大的不同，但若從強化心理肌力的自我參照過程訓練的角度來看，基本上是一樣的。

在前述自我參照過程訓練中，「我」是進行自我參照的主體，而不是自我參照的客體。在自我參照過程中當「我觀望自己」時，觀望的對象不是「真我」，而是「我所擁有的某物」。因為「真我」不是觀望的對象。當我們觀望從自己內心中湧起的各種情緒、想法、感覺時，我們可以清楚知道有所謂「我」的認知主體的存在。就像這樣，藉由觀望與自己相關的某物來發現作為認知主體的背景自我的存在，這是內在溝通的出發點，也是目的地。

自我參照過程是內在溝通訓練，其目標是當我們參照自己的想法、情緒或身體感覺的時候，明確認清那些東西不是「我」，而是經驗的對象罷了。同時領悟到「我」是觀望的主體，而不是自己內在產生的想法、情緒或感覺等各種事件。當我的想法、情緒、感覺不代表「我」，而只是我身上發生的一連串事件這一點變得越發清楚時，我就不會被捲入其中，而能退後一步觀望事件發展。同時也會更明確地意識到，我作為認知主體，始終是寧靜祥和、不受動搖的存在。即使洪水席捲世界，我也能在水淹不到的沙洲上，站在一步之遙的距離看著洪水。

　　以上我們探討「是什麼」、「不知道」、「無！」的話頭或「父母未生前本來面目」的話頭，都是要求你要回顧自己的自我參照過程訓練，禪宗稱之為「迴光返照」，也就是將總是面向外在的意識和注意力轉而面向自己的意思。因為有「回顧自己心靈」的意涵，所以也稱為「自心返照」。臨濟禪師曾說：「迴光返照，更不別求，知身心與祖佛不別。」意思是不必從別處追求開悟，回顧自己即可，你的身心就是你的老師、你的佛陀。這與據傳是喬達摩生前最後開示而廣為人知的「當作自洲（atta dipa）而自依」的教誨，兩者是相同的脈絡。蒙山禪師使用了「迴光自看」一詞來代替「迴光返照」，意思是「轉向意識之光以審視自己」，也是指稱自我參照過程的一種說法。

　　「是什麼」雖然是疑問句，卻不是真的提問。事實上，這句話更接近於聲明自己「一無所知」。而崇山禪師搖著頭用強烈的語氣果斷喊出「我不知道！」這句話，雖然形似宣言，其內容卻是對根本的質疑。這兩者一模一樣，都是自心返照。兩者同樣都是透過自我參照過程促使以mPFC為中心的前額葉皮質神經網路大為活化的一種強效心理肌力訓練。

　　公案中所列舉的禪宗禪師們的故事很難用一般意義或邏輯來解釋，但是這些故事都具有一股力量可以突然跳脫日常生活，一舉摧毀生成秩序，改變自動且習慣性的故事敘述。在這些土崩瓦解的日常生活、習慣、成見和傳統觀念的碎片中，自有寧靜祥和的存在。參悟話頭的努力，是藉由持續專注於特定概念或故事的方式，來超越該概念和故事的嘗試。看話禪的參悟也需要高度的專注力和毅力，因此不僅可以加強對自我參照過程相關的神經網路，同時也可以加強以背外側前額葉皮質（dlPFC）為中心的神經網路的修行法。

如果說安那般那薩提（數息觀）是著重於透過呼吸來穩定杏仁核的修行法，那麼相較之下，看話禪就是著重於強化前額葉皮質的修行法。如果說看話禪是追求透過前額葉皮質的活化以穩定杏仁核的修行法，那麼相較之下，安那般那薩提的呼吸訓練或念身（Kāyagatā-sati）（稍後會介紹）就是暫且先穩定杏仁核之後，再謀求前額葉皮質活化的修行法。

當然，最好是兩者都使用。但從現實面來看，對於長期飽受壓力之苦、杏仁核過度活躍的現代人來說，從呼吸訓練或身體掃描冥想（body scan meditation）等穩定杏仁核的訓練開始學起，會是更有效的心理肌力訓練法。

四念處：當作自洲而自依

無論是默照禪或看話禪，禪宗的傳統都依賴老師的絕對權威，這點似乎和喬達摩的教誨背道而馳。喬達摩的教誨「當作自洲而自依」這句話中，並沒有要弟子依賴老師的意思。而且，喬達摩也從來沒有傳授過弟子要好好遵循老師的指導、要好好聽從老師的話，要找到一位卓越的老師服從他的教誨等等。相反地，他告訴弟子「當作自洲而自依」（把自己當成唯一的避難處，只依賴自己），也就是不要依賴老師、不要依賴傳統或權威、不要隨便培育弟子的意思。說起來，也就是「自謀其生」之意。

如果按照喬達摩的這番教誨來做，會出現一個問題，那就是佛教將無法作為制度流傳下去，也很難維持寺廟或禪院等機構的成立和運作。按照喬達摩的教誨，各自把自己當成洲渚來依賴的話，那就根本不可能成立和維持大型寺廟或權威性的宗派，也不可能存在仰賴信徒維生的職業僧侶。

為了維持一個龐大、具有權威性的宗教機構的存在，就需要一個等級秩序森嚴的人為組織，也需要有一群弟子乖乖聽從老師的話，以及絕對需要所謂眾生的群體來養活修行專家（僧侶或聖職者），讓他們即使不去工作也能潛心修行。因此，以老師的絕對權威為前提的看話禪，可以說是佛教在形成制度上非常有效率的傳統。然而換個角度來看，如果要作為培養每個人各自心理肌力的個別修行法的話，看話禪就不是那麼有效率的修行法。如果要培養每個人各自的心理肌力，喬達摩原本的教誨——「當作自洲而自依」，才是

更有效率的方法。讓我們稍微探討一下「當作自洲而自依」這句話的含意。

有關喬達摩在入涅槃前的各種教誨都收錄在《大般涅槃經》（Mahā Parinibbāna Sutta. D 16）裡，其中最廣為人知的教誨就是「當作自洲而自依」這句話。喬達摩入涅槃前，隨侍在側的弟子阿難問：「今後，吾等將以何者為依？」，喬達摩回答：「當作自洲而自依，當作法洲而法依」。[73]

這就是喬達摩遺訓中最有名的「自燈明，法燈明」，意思就是「要把你自己和法作為唯一的燃燈來依靠」，簡單說就是「點燃你心中的燈火」。為什麼「洲」（dīpa）會突然變成「燈」呢？因為巴利語「dīpa」有兩個意思，一個是「燈」（light、lamp），另一個是「洲、島」（island）。在梵文中，燈是「dipa」，島是「dvipa」。其他梵文經典中，這部分是以「dvipa」來表達的，因此這裡的巴利語「dīpa」應該視為「島嶼」，會比「燈」更恰當。從後面意思為「避難處」的「sarana」一詞來看，也可以看出文脈上「島」比「燈」更合適。但是中國佛教從4世紀以來一直將「dīpa」誤譯為「燈」，流傳至今就成了有名的「自燈明，法燈明」。

自從19世紀發現了巴利語經典之後，大部分學者都毫無異議地將「dīpa」翻譯為「島嶼」。漢譯版中翻譯成「島嶼」的居多，也就是翻譯成「自洲、法洲」，而不是「自燈明、法燈明」。這裡不用「島」字，而用「洲」字，是因為經典中所說的「島」，不是指浮在海中央的島嶼，而是洪水來時沒被淹沒在水中的沙洲。洪水來襲，所有的一切都會被捲入水中順流而下，唯有沙洲上是安全的。喬達摩所說「當作自洲而自依」，就是「你要把自己當作像沙洲一樣的避難處，堅定地停留在那裡」。換句話說，就是不要被捲入生活中發生的各種事件、經驗、想法、情緒、感覺而隨波逐流，要安住在「自己」的安全沙洲上，靜靜觀察生活中如洪水般的所有經驗。

然而，該怎麼做才能把自己當成一處安全的避難島嶼呢？該怎麼做才能站在一步之遙外平靜地觀望生活中所有的經驗呢？方法到底是什麼？對於這些疑問，喬達摩留下了明確的教誨，那就是「謂四念處」。也就是說，不要依賴外界的任何對象或任何人，只針對自己的身、受、心、法四個方面進行薩提修行。其具體的方法就是後面我們會探討的數息觀（安那般那薩提）。在《大般涅槃經》裡喬達摩所提到的四念處修行法如下：

修行者放棄對世間所有貪婪和不滿，全神貫注於「身隨觀」（observing

body in the body），全神貫注於「受隨觀」（observing feeling in the feelings），全神貫注於「心隨觀」（observing mind in the mind），全神貫注於「法隨觀」（observing mind-object in the mind-objects）。

全神貫注於自己的身體、感覺、心靈、認知對象，就是把自己當成沙洲和避難處，安住於此的方法。專注四念處，其實就是將注意力轉向自己內在的意思。如果只是告訴自己要專注於內心，可能很難做到，所以才要更具體地告訴自己要專注於身體、專注於感覺、專注於想法，以及更進一步專注於認知自己所意識到的所有事物。從腦科學的觀點來看，這種修行是以各種方式喚起自我參照過程的高效方法。

更具體的專注四念處修行法，在《大念處經》（Mahā Sati'pahāna Sutta. D 22）中有很好的總結。重點便在於持續意識呼吸的同時，「安住於身，觀照內身」。也就是說，當我全神貫注於呼吸時，也充分感受自己的內在身體。

以此為基礎的毘婆舍那冥想傳統中，發展出許多「觀照內身」的修行法，代表例子就是把注意力集中在小腹的動作上。當我們將注意力放在身體上，觀照自然發生的呼吸時，隨著吸氣和呼氣的進行，會感受到小腹微微一起一伏的動作，這是持續將注意力放在小腹動作的方法。另外，還有一種將注意力放在鼻尖的方法。當我們吸氣時，會有一個空氣輕拂過鼻尖的點，這個點被稱為「接觸點」。吸氣時，會出現微涼的空氣略快通過這個點的感覺；呼氣時，會出現濕潤的空氣慢慢通過這個點的感覺。這是持續將注意力放在接觸點上的方法。數息觀還可以應用在將注意力放在胸部的輕微動作或肩膀的起伏等等。另外，也可以嘗試感受吸氣時全身有種變輕、上升的感覺，呼氣時全身有變重、下沉的感覺。這是將注意力集中在身體上的方法。當我一面感受呼吸，一面專注於我現在正在感受呼吸的這件事時，我的注意力就會面向內在。這時自我參照過程順勢而起，以mPFC為中心的神經網路也會相應地活躍起來。同時，呼吸會自然而然地變得平穩，心跳也會變慢，杏仁核也隨之穩定下來。

儒教的傳統冥想法：
靜坐法

朱子的未發涵養

中國本來就是儒教與道教的國家，中國佛教是與儒教、道教的相互影響中發展。儒教在宋代積極吸收佛教和道教的元素，重生為性理學。尤其是傳統儒教在宋代儒學家朱熹的主導下，升級為具備了所謂性理學的哲學體系和修行方法，在這方面禪宗的影響不容小覷。朱熹認為，學問的根本目的是為了闡明人性。由於朱熹認為「性即理」，所以朱子學也被稱為性理學。

朱子學強調涵養是闡明人性的重要方法，更具體強調靜坐閉眼專注於自己內在的冥想修行，朱子稱之為「冥坐」或「靜坐」。朱子學所強調的涵養論，可以說也同樣受到唐宋時代盛行的禪宗影響。朱子採用了許多佛教觀點和修行法，在建立性理學體系的同時，也藉由批判佛教的各個層面來發展性理學。佛教立於心，性理學則立於客觀世界，所以只有性理學才是治世之學，這就是朱子的基本立場。

在朱子事蹟中數度出現看話禪始祖大慧禪師的故事，譬如他去參加科舉時隨身帶了《大慧語錄》一書；在《朱子語類》中也留下了朱子回想大慧禪師的紀錄。朱子的恩師李侗（世稱延平先生）是與默照禪的宏智禪師和看話禪的大慧禪師活躍於同時代的人。即使生活在默照禪或看話禪盛行的時期，李延平也依然對禪宗保持批判的視角。他認為禪宗遺世獨居只追求個人頓悟，不僅無法成為一門實用的學問，而且不切實際。李延平看到弟子朱熹被盛行於宋代當時的禪宗所吸引且沉迷其中，還曾積極勸阻。

李延平向朱熹傳授了默坐澄心，體會《中庸》「未發之氣機」的「未發體認」。「默坐澄心」是受到默照禪影響的概念，顧名思義就是「默默地靜坐，澄明心境」。《中庸》所謂的「未發」是以還未發生喜怒哀樂等情緒的

內在狀態來指稱最根本的內在作用。涵養的基本關鍵，就是回到任何情緒或想法都「還未發生」（未發）的原始認知狀態。然而，這樣的未發狀態卻只能「透過身體來認知」（體認）。透過身體來認識身體感受和原始情緒狀態，這就是「未發體認」。從領悟氣機未發這點來看，未發體認和禪宗所追求的見性很相似。

然而，朱子卻宣稱自己並未能從恩師所教導的未發體認中得到什麼啟發，因此他跨越「未發體認」，轉而主張「未發涵養」，認為在日常生活中持續保持情緒和內在作用全然停止的靜心狀態是非常重要的。從腦科學的觀點來看，朱子強調的「未發涵養」就是一種強化心理肌力的方法，不僅在靜坐冥想時，就連在日常生活中也要保持穩定杏仁核的靜心狀態。

王陽明的事上磨練

明代儒學家王陽明在批判朱子學的同時也提出了陽明學，陽明學強調的不是人性，而是「心即理」，因此也被稱為「心學」。王陽明認為，世間萬物皆與我心有關，脫離了心就沒有任何事物（心外無物）、脫離了心就沒有任何道理（心外無理），這就是他的基本立場。從世間萬物都是通過與人心相互作用而產生的這點來看，王陽明對「物」的概念與佛教作為心靈對象（objects of mind）的「達摩」（法）是非常相似的概念。

王陽明也強調「良知」的概念，良知作為「人之所不慮而知者」，是人性中自動自發的道德根源。王陽明提出「致良知」作為涵養的基本目標，也就是人人都必須培養良知實踐在日常生活中。在解釋致良知時，王陽明也原封不動引用了如「本來面目」、「常惺惺」等佛教術語。「本來面目」一詞據傳最早由六祖慧能所提出，指人類的原來面貌、本性、佛性、真我等的概念。「常惺惺」指的則是清楚覺知的狀態，也就是薩提（sati）的意思。

致良知要求在日常生活中實踐良知，也就是達到「知行合一」的狀態。「知行合一」一詞流傳到現代，就被曲解為「知識和行為必須一致」，但其本義是指人的先天道德本性（良知）必須時時刻刻表現在日常生活和行為中的意思。

王陽明提出了許多修行法來實現「致良知」，首選便是繼承了李延平傳統的靜坐法。剛開始學習的人很難專注內在，所以最好先練習默默靜坐，從澄心做起，即所謂「默坐澄心」，這也可以說是一種奢摩他冥想（止禪）。

　　其次的方法是「省察克治」，也就是將注意力集中在念頭起處，反省檢查自己的思想言行來克制私慾邪念，這也可以說是一種毘婆舍那冥想（觀禪）。從王陽明同時強調默坐澄心和省察克治這點來看，可知他也熟知佛教止觀雙修的修行傳統。

　　實踐致良知另一個重要的涵養法，就是「事上磨練」，這指的是日常生活的修行，也就是在所經歷的事情中隨時鍛鍊自己。這也可以算是一種薩提冥想。王陽明認為，對自己去蕪存菁的涵養，僅憑靜坐閉目是不夠的，反倒是應該在與他人互動處理各種日常瑣事中（事上），堅定地磨練自己才是重要的。換句話說，「事上磨練」的意思就是，一個人坐在房間裡閉上眼睛進行心理肌力訓練只是初步階段，想要更進一步，就必須在紛雜的日常生活中不斷地訓練心理肌力。

　　弟子陸澄曾問老師王陽明說：「靜時亦覺意思好，才遇事，便不同。如何？」事實上，凡是練習過冥想修行的人，都有可能會提出這樣的問題。

　　對此，王陽明回答：「是徒知養靜，而不用克己工夫也。」這是因為他平時沒在鍛鍊心理肌力，提升在任何情況下都能掌控自己情緒的自我調節能力，所以遇到新的事情發生時心情就會受到影響。因此，王陽明強調「人須在事上磨」，這就是「事上磨練」。唯有如此，在任何情況下「方立得住，方能靜亦定，動亦定」。事實上，修行的最高境界就是藉由日常生活的一切行為不斷深入修行。王陽明所強調的，就是透過事上磨練的概念，讓現實生活本身也成為一種修行。

　　王陽明對佛教的批判核心，也是其「不應脫離現實生活」立場的延長。有人問：「釋氏亦務養心，然要之不可以治天下，何也？」對此，王陽明回答：「吾儒養心，未嘗離卻事物，只順其天則自然，就是功夫。釋氏卻要盡絕事物，把心看做幻相，漸入虛寂去了。與世間若無些子交涉，所以不可治天下。」（《傳習錄》下）換句話說，王陽明所強調的是不能為了修行就將世間視為顛倒夢想，或對現實漠不關心。

　　在韓國，自從退溪李滉在《傳習錄論辨》中狠狠批判王陽明哲學之後，

大多數學者們也跟著排斥陽明學，死抱著傳統朱子學不放。包括退溪在內的朝鮮主流儒學家批評陽明學的表面原因，是因為陽明學近似於佛教禪宗。然而，考慮到朱子學也深受宋代禪宗的影響及王陽明也多次公開批評佛教這兩點，朝鮮時代的儒學家排斥陽明學的行為，與其說是出於純粹理論之爭，不如說更多的是出於政治動機。

蕺山的靜坐說

明末著名思想家蕺山劉宗周同樣繼承了王陽明的傳統，強調靜坐的重要性。首先，靜坐的能力就是一切學習的起點，蕺山強調：「更別無法可入。」他並說：「且學坐而已。」接著又反問：「學坐不成，更論甚學？」連靜坐的方法都學不會，還談什麼學問？

蕺山在〈靜坐說〉中更詳細地解釋了日常生活中的修行法，他說：「日用之間，苟有餘刻且靜坐。」與其另外安排靜坐時間，不如養成一有空就隨時靜坐的習慣。我們來看看蕺山是怎麼說的：

「坐間本無一切事，即以無事付之。既無一切事，亦無一切心。無心之心，正是本心。瞥起則放下，黏滯則掃除，只與之常惺惺可也。」（靜坐時本來就沒什麼事情，既然如此就保持這種凡事不操心的狀態。因為沒什麼可以操心的，也就成了無心的狀態。這種無心的狀態，才是本心。放下突然浮現的雜念，掃除堵塞和堆積的執著，時刻保持清醒狀態，這多麼好呀！）

由此可見，儒教的冥想和禪宗一樣，一直是以保持清醒狀態（常惺惺）為目標。不過，蕺山也明確表示，儒教的冥想與禪宗的方法不同，他說：「此時伎倆，不合眼，不掩耳，不趺跏，不數息，不參話頭。」

蕺山一再強調，自己所說的靜坐法和只顧著出世修行的禪宗不同。他說：「只在尋常日用中。有時倦則起，有時感則應。」（只要保持日常生活就可以了。靜坐時若感到疲倦，不要勉強繼續，可以起身。若是靜坐得宜察覺到什麼感覺，可以應之而去。）冥想不成的話，沒必要勉強忍耐。若是成功進入冥想境界，就繼續為之；若是不成，也不用一直坐在那裡，站起來就算了。

按照蕺山的說法，靜坐不是一定要坐著才算。他強調在日常生活中進行

各種活動的同時，也可以隨時保持冥想狀態，這才是更重要的。所以他說，在生活中「行住坐臥，都作坐觀。食息起居，都作靜會。」也就是說，行走、停住、坐下、躺臥時，也可以進行坐觀修行，飲食、休息、起居時，都可以處於靜坐狀態。

從儒教的角度來看，強調默照禪和看話禪修行法的禪宗對現實世界漠不關心，一心沉迷在虛幻世界中，這種批判有一定道理。但是喬達摩教導的原本修行法，其實是和儒教所主張的一樣，強調生活本身就是一種修行。

看話禪始祖大慧禪師也明言，在喧囂市集裡參禪才是真正的修行。韓國曹溪宗開山祖師知訥禪師對大慧禪師的著作深有感觸，寫下了《修心訣》，裡面就明確表達了「頓悟漸修」的思想，強調即使得到一次頓悟，也應該繼續「訓練」以養成習慣。從腦科學的角度來說的話，就是透過日常生活，在神經可塑性的基礎上訓練心理肌力。

禪宗從來沒有像性理學者或陽明學者所說的那樣，強調只能在靜處獨自修行。參禪法流傳到現代，便有了步行禪、跑步禪、運動禪、飲食禪、茶禪等各種表現方式，隱隱暗合戩山所說的「行住坐臥」皆可冥想。另外，大部分的覺知冥想也是以日常生活中保持覺知狀態的常惺惺。雖然基於內在溝通的心理肌力訓練同樣在剛開始的初級階段必須靜坐，但等到逐漸熟練之後，就可以在日常生活中慢慢訓練自己一面做各種事，一面繼續保持冥想狀態。

莊子的冥想法

心齋與坐忘

不只是佛教，莊子的哲學也對性理學所強調的瞑坐或靜坐修行法有很大的影響。尤其是莊子的「坐忘」概念，可以看成是結合了從印度傳來的佛教薩提修行法，發展成禪宗的默照禪或儒教的靜坐修行。《莊子》內篇的〈人間世〉中出現孔子與顏回的對話。不過，《莊子》中出現的「孔子」和「顏回」只是為莊子哲學代言的虛擬化身，而不是實際存在的人物。《莊子》中經常出現的孔子，在〈人間世〉裡他是作為一個代言莊子哲學的人物出現，但在其他地方他代表的卻是一個個性狹隘、有固定成見的人物。

孔子在教導顏回「心齋」，心齋中的「齋」字，意思是舉行祭祀（示）之前做好沐浴淨心（齊），吃乾淨的飲食，不做任何不潔的事情，即「沐浴齋戒」中的「齋」之意。對此，顏回問：「回之家貧，唯不飲酒、不茹葷者數月矣。若此，則可以為齋乎？」孔子回答，那「是祭祀之齋，非心齋也。」顏回又說：「敢問心齋？」於是孔子回答如下：

「若一志，無聽之以耳而聽之以心，無聽之以心而聽之以氣。聽止於耳，心止於符。氣也者，虛而待物者也。唯道集虛。虛者，心齋也。」

這段話的意思是，如果能做到專心一致，則聽不只是用耳朵，更要用心；聽不只是用心，更要用氣。因為耳朵只能聽到聲音，心只能對應外在事物，而氣則是以虛接待萬物，只有道才會集聚在虛，此虛就是所謂的心齋。

這裡顏回說自己「不飲酒、不如葷」是指讓身體潔淨的意思，也表示沐浴齋戒淨身是祭祀時所需的最基本事項，就相當於喬達摩所說「四念處」中的「身念處」；「聽之以耳」，指的是感覺器官對外在事物的反應，這就相當於四念處中的「受念處」；「聽之以心」則相當於「心念處」；而更進一步的「聽之以氣」則是以虛來對待世間萬物，也就相當於以「空」來看待所

有認知對象的「法念處」。「虛者，心齋也」這句話是指作為認知主體的真我就是空蕩蕩的阿那塔之意。莊子的「心齋」教誨，其實就和「諸法無我」的領悟差不多是同樣的意思，所以才引出以下的對話。

顏回說：「回之未始得使，實自回也；得使之也，未始有回也。可謂虛乎？」意思是「我在聽聞此教誨之前，一直以為實際存在著一個名為顏回的人。但是聽了這個教誨之後，我甚至忘了還有一個人叫做顏回。這可以稱之為虛嗎？」由此可知，所謂「心齋」，其實就是「諸法無我」的教誨，是要人們認清日常意義上的「我」是假的，真正的「我」是虛無的認知主體。

從心理肌力的角度來看，心齋也可以說是一種強大的自我參照過程訓練。換句話說，就是活化前額葉皮質的訓練。但是，如前所述，為了有效進行活化前額葉皮質訓練，首先必須穩定杏仁核。以佛教的方式來說，為了做到毘婆舍那（觀禪），就必須先做到進入奢摩他（止禪）境界的訓練。所以在後面會提到的數息觀（安那般那薩提）中，也是先提出12種呼吸練習作為進入奢摩他和禪定境界的方法，最後才提出四種毘婆舍那（法觀）練習法。

從儒教的修行法來說，為了做到藉由省察克治和事上磨練來時刻保持清醒（常惺惺），首先就必須從靜坐或默坐澄心開始做起。從腦科學的立場來看，這樣的做法就和為了使前額葉皮質經常保持活躍狀態，首先必須穩定杏仁核是一樣的意思。當然，這只是針對剛開始修行者的建議。由於杏仁核和前額葉皮質彼此之間存在互動關係，因此穩定杏仁核有助於活化前額葉皮質，活化前額葉皮質也對穩定杏仁核大有幫助。所以早期經典中也揭示了奢摩他和毘婆舍那必須同時或依序修行的目標。從這個角度來看，心齋有助於坐忘、坐忘也對心齋大有助益的看法是合理的。但是心理肌力入門者最好還是從莊子的坐忘（儒教的靜坐或佛教的止禪）開始做起，試著穩定杏仁核。

有關「坐忘」的故事，出現在《莊子》內篇〈大宗師〉中孔子與顏回的對話裡。顏回是這麼說的：「回益矣。」仲尼曰：「何謂也？」曰：「回忘仁義矣。」曰：「可矣，猶未也。」他日復見，曰：「回益矣。」曰：「何謂也？」曰：「回忘禮樂矣。」曰：「可矣，猶未也。」他日復見，曰：「回益矣。」曰：「何謂也？」曰：「回坐忘矣。」仲尼蹴然曰：「何謂坐忘？」這段話的意思是，顏回稱自己有了進步，忘記了仁義。孔子回答「很好，但這樣還不夠。」改天兩人又見面了，顏回又說自己進步了。孔子問他

此話怎講？顏回說自己忘記了禮樂。孔子還是說「很好，但這還不夠。」後來，兩人又見面了，這次顏回又說自己有了進步，孔子再問此話怎講？顏回回答：「我已經坐忘了！」孔子驚訝地問：「什麼是坐忘？」

顏回曰：「墮肢體，黜聰明，離形去知，同於大通，此謂坐忘。」仲尼曰：「同則無好也，化則無常也。而果其賢乎！丘也請從而後也。」顏回回答自己忘記了四肢和軀幹，也擺脫了聽覺和視覺，不再受形體的束縛，連知識都拋棄了，與大道融合為一，這就是所謂「坐忘」。於是，孔子說：「與大道合一就沒有了主觀的好惡，與大道融合就可達到無常。你果然是位賢者啊！我願意追隨你的腳步。」

這裡，莊子讓孔子登場的理由，是為了強調領悟真我的修行比知識更重要。然而，達到坐忘的過程和佛教的四念處觀的組成要素非常相似。首先「墮肢體」是透過身體的修行超越身體感覺的意思，就相當於「身觀」。而「黜聰明」中的「聰」是用耳朵聽、「明」是用眼睛看的意思。也就是說藉由拋棄聽覺和視覺來忘記知覺作用所帶來的感覺，這就相當於「受觀」。更進一步「離形去知」是脫離了心靈作用和認知作用，所以稱得上是「心觀」。然後「同於大通」，則可說是洞燭世事的「法觀」。由此可知，《莊子》的坐忘概念實際上依序表達了四念處的元素。如果能達到這種坐忘的境界，所有執著和好惡之心就會消失，領悟諸法無常。所以喬達摩和莊子所追求的修行目標，可以說是相同的。

踵息法：用腳跟呼吸

《莊子》外篇的〈刻意〉中，有一段在批評那些以各種方式努力修道的人。莊子也嘲笑那些為了求長壽，刻意靠著長吸氣長吐氣的「吹呴呼吸」，或吐出濁氣、吸納新氣的「吐故納新」，或像熊一樣攀樹自懸、像鳥一樣飛空伸腳的「熊經鳥申」的人。

莊子要我們不要做這些「吹呴呼吸」或「吐故納新」之類沒用的嘗試。然而，後來道教的各種修練法中反而很認真在練習「吹呴呼吸」、「吐故納新」或模仿動物，其中代表性的例子就是所謂的「龜息法」，也就是模仿烏

龜的呼吸。具體方法是靜坐冥想，吐氣時身體前傾到額頭幾乎碰觸地面的程度，再像烏龜一樣頭部後仰，慢慢吸氣直起身體。身體坐在坐墊上，臀部固定不動的狀態下，頭部大幅繞圓轉動，或彎下身體呼吸的方式，這也是昆達里尼瑜伽基本姿勢之一。

道教中強調刻意呼吸訓練的另一個例子，就是踵息法。「踵」就是「腳跟」的意思，所以踵息法就是「用腳跟呼吸」，也稱為「吸呼以踵」。《莊子》內篇〈大宗師〉中有這樣一段話：

「古之真人……其息深深。真人之息以踵，眾人之息以喉。」因為有這樣的記錄，所以道教或各種氣功也都強調踵息法。由此可知，道教也和其他的宗教一樣，以呼吸訓練作為修行法的核心。

但是，莊子從來沒有教導我們要努力練習「用腳跟呼吸」以成為真人。他雖然說過真人的呼吸綿長到腳跟，但他只是將此當成真人的各種特徵之一簡單提到而已，而不是說一般人努力練習用腳跟呼吸就可以成為真人的意思。對於想成為什麼、想謀求什麼或想得到什麼的「意圖」，莊子持完全否定的態度。莊子哲學的核心是「無為自然」，什麼都不做，一切自然而成，大道就是以順其自然而成就萬物。

當我們為了實現什麼而刻意努力時，就會產生「執著」，一旦陷入執著，就會促使杏仁核活化。所有的恐懼都來自於執著，只有成為《心經》中所謂「以無所得故」的狀態，才能讓心無罣礙，同時還必須擺脫想得到、想實現或想成就什麼的患得患失和強迫性思維才行。無欲無求的狀態，對於穩定杏仁核是必要的，這就是無為自然。

莊子強調「恬惔寂寞，虛無無為」的重要性，認為「聖人休」，也就是開悟者是懂得舒適休息的人。換句話說，聖人是一個即使什麼都不做也對自己的存在感到滿意的人。接著莊子說：「休焉則平易矣，平易則恬惔矣。平易恬惔，則憂患不能入」，這就是《心經》中所說的「心無罣礙，無有恐怖」的狀態。從心理肌力訓練的角度來看，這是杏仁核完美穩定的狀態。

《莊子》內篇〈大宗師〉中出現的真人，簡單地說就是始終如實靜觀自己面貌的人，也可以說是一個自我調節能力非常卓越的人。自我調節能力卓越的人不太會有情緒上的變化，尤其是負面情緒，無論處在何種情況下都能保持平常心。所以，真人「登高不慄，入水不濡，入火不熱」，而且真人

「過而弗悔，當而不自得也」。

一言以蔽之，真人就是不會有杏仁核過度活躍，被負面情緒席捲的人。但是，這不是說真人完全沒有個人情緒，而是真人的情緒會在很自然的情況下出現和消失。「其容寂，其顙頯，淒然似秋，煖然似春，喜怒通四時，與物有宜，而莫知其極。」意思是，真人的容貌安詳，額頭寬闊平坦，情緒森寒時就像秋天，溫暖時又像春天。喜怒如同四季變化，與世間萬物合為一體，因此無法探知他的能力到何種程度。所以真人是「古之真人，其狀義而不朋，若不足而不承，與乎其觚而不堅也，張乎其虛而不華也，邴邴乎其似喜乎！」（古之真人有俠義之風卻不結黨營私，能力似有不足卻不企求他人襄助，態度安詳卻不特立獨行，虛懷若谷卻不隨聲附和，平時都顯現出很愉悅的模樣。）

當然，從每天過著忙碌、充滿壓力生活的普通人角度來看，莊子所說的真人境界或許給人連想都不敢想的感覺。但是透過內在溝通訓練，當杏仁核漸漸穩定下來，心理肌力慢慢增強之後，幾個月之內你就能在日常生活中感受到莫大的變化。

呼吸冥想傳統：
數息觀

為什麼大多數的冥想都強調呼吸

在透過身體穩定杏仁核的方法中，呼吸是最有效的。因為自律神經系統中，只有呼吸是我們唯一能夠刻意介入的功能。我們無法刻意介入心跳或腸道運動等由自律神經系統控制的功能，心跳不會因為我們的意願而保持恆速緩慢跳動，腸道蠕動也不會因為我們的意願而暫時停止。然而，呼吸雖然是由自律神經系統控制，但也允許我們刻意干預。只有呼吸有這樣的功能，只有呼吸是我們可以觸及內心深處無意識層面的唯一通道。這就是為什麼呼吸具有強大力量可以穩定杏仁核，平息如焦慮、憤怒等各種負面情緒的原因。

由於呼吸冥想具備的強大效果，數千年以來有許多宗教一直在積極開發和使用各種呼吸訓練法。不只是擁有數千年傳統的既有宗教，就連新興宗教也愛用呼吸冥想。但是，呼吸冥想本身並不具備任何宗教意義，只不過是被各宗教援用而已。

呼吸冥想也是佛教修行的核心，也因此，呼吸訓練才得以被佛教大力推廣，例如喬達摩在菩提樹下開發了創新的呼吸冥想技巧。但是，呼吸冥想本身和佛教教義之間不存在直接的關聯性，喬達摩創新開發的呼吸冥想技巧也被使用在以薩提修行為主的南傳佛教及以禪宗為主的大乘佛教中。不僅如此，這種創新的呼吸冥想技巧也在印度教、儒教、道教等各種宗教傳統中占有重要的一席之地。到了現代，即使在沒有任何宗教含意，僅以增進精神健康為目所開發的各種冥想課程中，也廣泛使用呼吸訓練。當然，在以加強心理肌力為目的的內在溝通冥想中，也少不了呼吸訓練。

所謂「呼吸」，如字面之意就是呼氣和吸氣。呼是把氣吐出來，吸是把氣吸進去。我們的身體中，肺的正下方有一道隔開胸部和腹部的橫膈膜。橫

膈膜是一種肌肉，當我們吸氣時，橫膈膜就會收縮下沉以擴大胸腔內的空間，並降低氣壓讓空氣流入肺部。因為橫膈膜的下沉，腹部空間就會變小，造成壓力變大，使得小腹稍微鼓起。反過來，呼氣時橫膈膜放鬆上升，使得胸部空間變小，迫使肺裡面的空氣排出。

　　冥想時會覺得呼氣比吸氣更放鬆，而且有全身元氣往下流動的感覺。相反地，吸氣時胸腔擴張，肩膀會稍微向上提，使我們產生身體元氣往上升起的感覺。當我們向兩側舉起雙臂時，胸腔也會擴張，因此吸氣時胸腔擴張就會產生類似肩膀、手臂和全身往上提的感覺，但對於呼吸來說最重要的橫膈膜在吸氣時卻會下沉。

　　無論是吸氣還是呼氣都是一種失衡狀態，與所有的擺盪運動一樣，一個動作結束時總會呈現不穩定的失衡狀態，因此就會產生一股試圖回到平衡狀態的力量。呼吸也是一樣，吸氣時為了擴大胸腔內的空間，橫膈膜壓迫腹部下沉。體內一旦出現這樣的失衡狀態，就會啟動一股反作用力來尋求平衡。當橫膈膜在我們身體中間下沉時，四肢、肩膀等身體的其他部位就會上升以保持平衡。反過來，呼氣時橫膈膜上升，身體的其他部位下沉，重新回到平衡狀態。所以吸氣時會有種身體略為上提的感覺，呼氣時會有種身體略微下沉的感覺。但是，每一次橫膈膜在我們體內都會朝著反方向運動。由此可知，每一次的吸氣和呼氣都會啟動作用和反作用的力量。呼吸就是像這樣藉由不斷地製造失衡狀態來達到全身的平衡狀態結果。

　　另外，橫膈膜與包裹心臟的心包膜、包裹腹部臟器的腹膜和包裹肺部的肺胸膜有直接的關係。尤其是產生與焦慮、憤怒等情緒相關訊號的心臟被包裹在心包膜中，依賴脊椎心包韌帶和上下胸骨心包韌帶懸吊在脊椎和胸骨上。而且心臟透過韌帶直接與橫膈膜相連（【圖11-1】），橫膈膜運動的相關訊息會透過心包膜或心包韌帶直接傳遞到心臟。呼吸訓練不只是辨識內感受的訓練，也是將穩定的內感受訊息傳遞到心臟的訓練。心臟藉由心包韌帶直接從第四頸椎懸吊到第四胸椎和胸骨之間，而挺直脊椎和頸椎的正確冥想姿勢可以放鬆心包韌帶，對舒緩心臟運動也會產生影響。

　　吸氣時，心臟會受到橫膈膜下沉的拉扯也跟著下沉，此時由於交感神經被啟動，使得心率略為加速。呼氣時，迷走神經被啟動，透過副交感神經使得心率略為減慢。由此可知，心率有一定的週期，會隨著呼吸反覆地略為加

第四頸椎

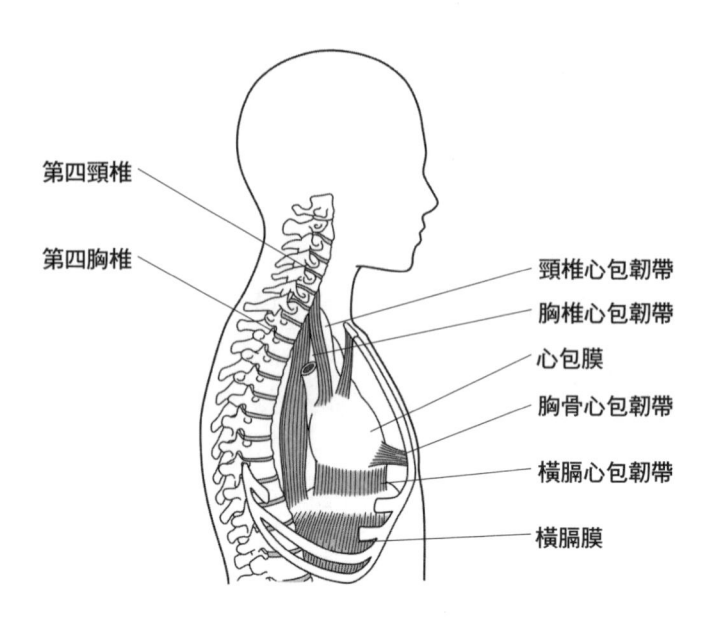

第四胸椎

頸椎心包韌帶
胸椎心包韌帶
心包膜
胸骨心包韌帶
橫膈心包韌帶
橫膈膜

【圖 11-1】橫膈膜與心包膜 產生與焦慮、憤怒等情緒相關訊號的心臟被包裹在心包膜中,依賴脊椎心包韌帶和上下胸骨心包韌帶懸吊在脊椎和胸骨上。而且心臟透過韌帶直接與橫膈膜相連,橫膈膜運動的相關訊息會透過心包膜或心包韌帶直接傳遞到心臟。呼吸冥想不只是一種辨識內感受的訓練,也是一種將穩定的內感受訊息傳遞到心臟的訓練。而挺直脊椎和頸椎的正確冥想姿勢可以放鬆心包韌帶,對舒緩心臟運動也會產生影響。呼吸冥想可以透過橫膈膜的規律運動,經由心臟和內臟器官來穩定內感受訊號。

快或減慢,這稱為心率變異度(heart rate variability,HRV)。測量心率變異度的指標有數十種,一般來說,心率變異度高的情況被解釋為迷走神經的作用變強,這也可以看成是一種情緒更穩定、更健康,壓力更小的狀態。

透過呼吸調節情緒的另一個重點是吸氣和呼氣的時間比例,正常呼吸的情況下,雖然因人而異,但吸氣和呼氣的時間長度幾乎是一樣的。不過,如果呼氣時間稍微長一點的話,就能使心率下降,心率變異度上升,效果幾乎是立竿見影的。只要呼氣比吸氣的時間長兩倍以上,幾次下來就能降低全身的緊張程度,放慢心率,情緒也會跟著平靜下來。當全身因為杏仁核的活化產生緊張和壓力感時,可以按照吸氣4秒、呼氣8秒(一次呼吸共計12秒)的頻

率反覆10次左右，就能看到很好的效果。如果壓力嚴重時，照這個方法在5分鐘內反覆呼吸25次也很有幫助。無論是考試前或發表前心情緊張的考生，或是比賽中需要加強專注力的運動選手，都可以即刻體驗到效果。

冥想中的呼吸訓練之所以有助於調節情緒、改善健康，是由於呼吸迷走神經刺激（respiratory vagal nerve stimulation，rVNS）的作用。呼吸訓練會刺激迷走神經，進而穩定杏仁核，活化前額葉皮質功能。因此，呼吸訓練不僅可以提高各種認知能力和問題解決能力，還具有培養決策能力的效果。

如果想長吐一口氣，時間至少是吸氣時間兩倍以上，最好稍微用力深深吸飽氣。但是，也不能因為想拉長吐氣時間就過度使勁到氣喘吁吁的程度，而是動作輕柔平靜，保持身心舒適，放鬆下顎和頸部肌肉，讓肩膀可以下垂。在心裡一面吸氣數著一、二、三、四，再一面吐氣從一數到八，只要做幾次就能見效。睡前躺在床上進行迷走神經刺激呼吸，對深眠也很有幫助。為了緩解身心緊張，我建議睡覺前可以嘗試做作4-4-8呼吸，也就是重複進行吸氣4秒-閉氣4秒-呼氣8秒的呼吸模式。如果想睡得更深，可以嘗試4-4-8-2，也就是吸氣4秒-閉氣4秒-呼氣8秒-閉氣2秒做一個呼吸循環。

迷走呼吸訓練是刻意控制和調節呼吸的訓練，相反地，類似薩提冥想之類的「呼吸覺察」訓練，則是隨著自然呼吸的節奏，而不刻意干涉。因為呼吸一直都是當下發生在自己身上的事件，所以這是證明自己活在當下最有效也最有力的訓練法。呼吸覺察訓練的核心就是不錯過任何一次呼吸，始終隨著自然的節奏呼吸。這時，絕對不可以刻意調節呼吸，因為這會讓呼吸本身變得刻意。不要帶有任何意圖，只要感受由鼻子進出的吸息和呼息即可。

習慣了呼吸覺察之後，就可以練習觀察自己身體的各部位與世界互動時的感受。這時，就會引發強烈的自我參照過程。不管是觀呼吸，還是薩提，都是修行的方法之一。薩提本身不是修行，而是為了修行的便捷手段而已。就像過河後必須放棄木筏一樣，只要證明了我們活在當下，無論是觀呼吸或薩提都必須放棄，絕對不可以執著於呼吸訓練或薩提。當修行本身成了目的時，我們就會不斷追求這個目的並渴望得到某種結果，這樣反而很容易導致杏仁核活化的反效果。只要不執著於任何事物，心中就不會有任何罣礙，唯有如此，恐懼才會消失，這就是心理肌力訓練。

《安般守意經》：呼吸冥想的教科書[74]

安那般那薩提（Anapanasati）是喬達摩獨創的呼吸冥想技法，被稱為歷史上最偉大的冥想法。「安那」（ana）的意思是吸氣，「般那」（pana）則是呼氣，「薩提」（sati）是覺知。安那般那薩提，顧名思義是覺知吸氣和呼氣的修行法。這種呼吸冥想法在早期經典《Anapanasati Sutta》中有詳細的介紹，「Sutta」是「經典」的意思。「安那般那薩提」翻譯成漢語就是「數息觀」，「Anapanasati Sutta」中，「安那般那」音譯為「安般」，「薩提」意譯為「守意」，所以這本經典的漢譯名稱是《安般守意經》。

從內容來看，不僅非常有系統，而且本身完全不帶任何宗教神祕主義的色彩，稱得上是現代呼吸訓練的說明書。數息觀冥想技法可以結合其他許多訓練，成效卓越。無論是自我參照過程、腦神經系統放鬆訓練、內感受及本體感覺自覺訓練、為活化前額葉皮質的我他肯定內在溝通訓練、動態冥想、運動冥想或任何心理肌力訓練等，都可以結合呼吸冥想，期待更大的效果。

曾是王子身分的喬達摩，儘管已經有一個剛出生沒多久的稚子，還是毅然決然拋棄家人，獨自走上修行之路。他涉獵了當時在印度廣為人知的各種傳統冥想修行，也成功進入深度禪定的境界。但是，他總覺得還缺少了什麼，於是便放棄追求禪定的冥想修行，開始了幾乎不吃不睡、對待自己身體極端殘酷的苦行僧修行。就這樣過了六年之後，他依然感到有所不足，最後他放棄了既有的一切修行法，自己創造了一套新的冥想法。喬達摩透過自己獨創的觀察自然呼吸的修行法——數息觀，安適地靜坐在菩提樹下終於徹底悟道。從喬達摩的故事中我們可以得到的重要教訓，便是修行必須舒適。

在道教傳統中，將藉由呼吸穩定杏仁核的過程稱為「運氣調息」，也就是運作元氣、調節呼吸的意思。表示「呼吸」的漢字「息」，是通過鼻子運動心臟的意思。停下工作放鬆身心，我們稱之為「休息」，從漢字的意思來解釋的話，也可以說休息就是暫時擱置喘口氣。呼吸冥想不是辛苦地去做某件事情，而是暫時放下手上辛苦進行的工作喘口氣，換句話說，就是休息。在引發痛苦的情況下進行的修行，不是有效率的方法，也不是正確的修行法。讓身心處於極度平靜的情況，才是修行的不二法門。心理肌力訓練也一

樣,在進行內在溝通冥想的過程中,如果感到有哪裡不適或疼痛的話,就應該先停下來,重新檢討訓練方法,因為這很有可能是哪裡做錯了。有效的心理肌力訓練應該在舒適平靜的情況下完成。

2,500年前出生於印度的喬達摩·悉達多,與今天的我們之間可說沒有任何共同的經驗。喬達摩大概根本無法想像我們每天在生活中使用的智慧型手機、電腦或汽車,而我們也很難想像喬達摩每天吃了什麼、過著什麼樣的生活。2,500年前的印度人和21世紀的韓國人,在基本思維上一定有很多不同。但是,至少「呼吸」這個行為是相同的。2,500年前喬達摩在呼吸時所感受到的經驗,多半也和現在的我們呼吸時所感受到經驗是一樣的。

「呼吸」的確是一種原始行為,因此它超越了文化上和時間上的差別。喬達摩的呼吸和我的呼吸是一樣的,我很難即刻想像或理解他人做出的各種行為,尤其是對私人行為和個人心理活動更是如此。但是,只有呼吸是我即刻能理解的。我無法正確得知喬達摩的概念或思維,只能透過古老經典來猜測。但是,我卻能確實知道喬達摩的呼吸和我是一樣的。

我無法得知讀者諸君在閱讀這本書的同時,還在做什麼事情。或許是一面吃飯一面看書,不然就是一面喝茶一面看書,甚至有可能一面開車一面聽有聲書。如果以上皆非,那說不定是躺著一面聽音樂一面看書,或者在化妝室裡一面上廁所一面看書。到底是哪一種,我無從得知。但有一點可以確定的,那就是正讀著這本書的你一定還在呼吸。

人類的大部分行為都可以現在做、以後做,或乾脆不做。但只有呼吸是「每個人當下都一直」在做的事情。「每個人當下一直在做的事情」,除了呼吸之外,就沒有別的了。我現在寫的這些內容,不知道哪個人會在哪個時候閱讀。但是,不管是哪個人,至少我知道當他在讀這本書的時候,他也在呼吸。我現在邊敲鍵盤邊進行的呼吸,一定和以後讀著這些內容的你在進行的呼吸一樣。總有一天,正在閱讀這本書的你也會知道,現在正在寫書的我也在呼吸這個事實。呼吸將我們連結在一起,我們透過呼吸融為一體。

當心理肌力減弱,杏仁核因為慢性壓力而習慣性活躍起來時,人就會變得很煩躁,甚至有喘不過氣來的感覺。這表示我們生活在巨大的壓力之下,連正常呼吸都做不到。現在,你的呼吸如何呢?如果連正常呼吸都沒辦法,那表示你正處於壓力之中。當一個人感到恐懼或焦躁的時候,就會下意識屏

住呼吸。而恐懼的結果所造成的憤怒，則會使呼吸變得粗重而紊亂。當一個人出現像是恐慌症等強烈的焦慮時，實際上就會感到呼吸困難。當一個人的思緒總是奔向過去或未來，承受著莫大壓力時，就會出現窒息的感覺。

安詳寧靜的體驗就存在於放鬆的呼吸中，我們一生所嚮往的自由和快樂也存在於寧靜的呼吸中。當我們為了追求快樂卻迷失在岔路上時，就會喘不過氣來，會變得很不幸。呼吸裡有一種無比的快樂始終伴隨著我們，數息觀就是透過呼吸找到快樂的最確實有效的方法。

數息觀的16個階段

數息觀（Anapanasati）是一種冥想法，乃是持續覺察當下反覆發生在自己身上的所謂「吸氣」和「呼氣」的事件。呼吸冥想可以分為兩大類，一類是刻意調節呼吸，譬如深而慢或快而強，或是在中途閉住氣等等。也有的是採用各種嘴型或身姿，譬如昆達里尼瑜伽的各式各樣呼吸技巧或中國道教傳統的丹田呼吸等等。

另一類是順著呼吸自然的節奏用心靈之眼觀察它，時時刻刻意識它，這就是喬達摩獨創的數息觀。這種呼吸法不是把注意力放在呼吸上，以特定方式刻意去調節呼吸，而是靜靜識別和觀察呼吸。氣息要進來就進來，要出去就出去，個人不會干預，只會把呼吸當成發生在自己身上的事件觀看著。

在數息觀中有一點不容忽視的是，不要把吸氣和呼氣看成一個動作，而是要當成兩個獨立的動作。所以「深深吸氣時要認清是深深吸氣，長長吐氣時要覺知是長長吐氣」，而不是隨便地要求「要覺察深呼吸」，這點非常重要。因為到了現代，「呼吸」，即呼氣和吸氣，有被視為一個動作的傾向。數息觀的所有呼吸訓練都是吸氣時還一邊做這做那，呼氣時還一邊做那做這。如果我們把呼吸明確地集中在呼吸上，呼吸自然會變得安靜平緩下來，而且心率會變慢，心率變異度也會下降。隨著這樣的變化，杏仁核逐漸穩定，身心也倍感舒適。同時，由於注意力一直集中在「呼吸」這個發生在自己身上的事件上，所以也引發了強烈的自我參照過程，以前額葉皮質為中心的神經網路隨之活躍起來。

集結這些修行法的經典,便是《安般守意經》。然而,當我們被要求覺察呼吸本身時,注意力到底該放在什麼地方,這就很令人困惑了。喬達摩為了讓人們有效修行數息觀,提出了四處該集中注意力的地方,那就是當注意力持續集中在呼吸的同時,也將「念」放在身體(身念處)、感受(受念處)、心靈(心念處)、認知對象(法念處)上,這就是所謂的「四念處」。

身念處是一面將知覺(念)集中在身體上,一面吸氣(入息)、呼氣(出息);受念處是一面將知覺集中在感覺上,一面吸氣、呼氣;心念處是一面將知覺集中在想法和心靈活動上,一面吸氣、呼氣;法念處是一面將知覺集中在世間萬物上,一面吸氣、呼氣。喬達摩在這四念處之下又各自提出了四種,總共16階段的呼吸訓練法,這就是數息觀的基本結構。

這16階段的修習法中,前12種是為了透過奢摩他(止禪)進入禪定,後4種是為了出了奢摩他後進入洞察世間道理的毘婆舍那(觀禪)。不過,這16種訓練從頭到尾都是一邊吸氣、呼氣,一邊進行的。換句話說,這些呼吸訓練都是為了進行止禪和觀禪,即活化前額葉皮質的訓練,而在穩定杏仁核訓練的基礎上所組成的。

> **Note 數息觀的16階段修習法**
>
> **身念處**
>
> 　一、出息長時,知我出息長;或入息長時,知我入息長。
> dīgha vā assasanto, dīgha assasāmîti pajānāti
> dīgha vā passasanto, dīgha passasāmîti pajānāti
>
> 　二、出息短時,知我出息短;或入息短時,知我入息短。
> rassa vā assasanto, rassa assasāmîti pajānāti
> rassa vā passasanto, rassa passasāmîti pajānāti
>
> 　三、覺知全身(sabba,kaya)我出息;及覺知全身我入息。彼如是學。

sabba,kaya, paṭisa vedī assasissāmîti sikkhati

sabba,kaya, paṭisa vedī passasissāmîti sikkhati

四、安息身行（kaya,saṅkhāraṁ）我出息；及安息身行我入息。彼如是學。

passambhaya kaya,saṅkhāra assasissāmîti sikkhati

passambhaya kaya,saṅkhāra passasissāmîti sikkhati

受念處

五、覺知喜（pīti），我出息；及覺知喜，我入息。彼如是學。
pīti,paṭisa vedī assasissāmîti sikkhati
pīti,paṭisa vedī passasissāmîti sikkhati

六、覺知樂（sukha），我出息；及覺知樂，我入息。彼如是學。
sukha,paṭisa vedī assasissāmîti sikkhati
sukha,paṭisa vedī passasissāmîti sikkhati

七、覺知心行（citta,saṅkhāra）我出息；及覺知心行我入息。彼如是學。

citta,saṅkhāra,paṭisa vedī assasissāmîti sikkhati

citta,saṅkhāra,paṭisa vedī passasissāmîti sikkhati

八、安息心行我出息；安息心行我入息。彼如是學。

passambhayam citta,saṅkhāra assasissāmîti sikkhati

passambhayam citta,saṅkhāra passasissāmîti sikkhati

心念處

九、覺知心（citta,paṭisaṁvedī），我出息；覺知心，我入息。彼如是學。

citta,paṭisa vedī assasissāmîti sikkhati

citta,pa isa vedī passasissāmîti sikkhati

十、令心喜悅我出息；令心喜悅我入息。彼如是學。
abhippamodaya citta assasissāmîti sikkhati
abhippamodaya citta passasissāmîti sikkhati

十一、令心等持我出息；令心等持我入息。彼如是學。
samādaha citta assasissāmîti sikkhati
samādaha citta passasissāmîti sikkhati

十二、令心解脫（vimokkha）我出息；令心解脫我入息。彼如是學。
vimocaya citta assasissāmîti sikkhati
vimocaya citta passasissāmîti sikkhati

法念處
十三、觀無常（anicca），我出息；觀無常，我入息。彼如是學。
aniccâupassī assasissāmîti sikkhati
aniccâupassī passasissāmîti sikkhati

十四、觀離欲（viraga），我出息；觀離欲，我入息。彼如是學。
virāgâupassī assasissāmîti sikkhati
virāgâupassī passasissāmîti sikkhati

十五、觀滅（nirodha），我出息，及觀滅，我入息。彼如是學。
nirodhâupassī assasissāmîti sikkhati
nirodhâupassī passasissāmîti sikkhati

十六、觀捨遣（patinissaga），我出息；及觀捨遣，我入息。彼如是學。

pa inissaggâupassī assasissāmîti sikkhati

pa inissaggâupassī passasissāmîti sikkhati

身念處：第一～第四階段

在16階段修習法中，前面的主詞和後面的述詞都一直在重複，而重複了16次的主詞是「比丘」（bhikkhu，即修行者），述詞則大多數（16個中有14個）是「我出息」（passasissāmîti sikkhati）和「我入息」（assasissāmîti sikkhati）。也就是說，數息觀所提出的呼吸訓練法，是採取「修行者一面做什麼事情一面吸氣；一面做什麼事情一面呼氣」的方式。

不過，在最前面的兩種修習法中，修行者必須「出息時，知我出息」（passasāmîti pajānāti）和「入息時，知我入息」（assasāmîti pajānāti）。只有這兩種修習法是「覺知」（pajānāti）呼吸動作，後面的14種全都是「彼如是學」（sikkhati：練習）。數息觀的基本方式是將對四念處的覺知與呼氣、吸氣訓練結合在一起，但只有前面這兩階段修習法才是覺知呼吸本身。換句話說，這是正式進入呼吸冥想前的預備動作。既然其他所有的「彼如是學」都是練習吸氣和呼氣，所以從覺知呼吸本身作為基本訓練的開始也未嘗不可。

因此，身念處的四種覺知又分為兩個部分，前面兩種訓練是覺知呼吸本身，後面兩種訓練是在覺知身體的同時，練習呼氣和吸氣。覺知呼氣和吸氣本身的呼吸冥想，是當長吸氣時，要覺知是長吸氣；短吸氣時，要覺知是短吸氣。出氣時也一樣。

要注意一點，這裡不是要修行者長呼吸再短呼吸。數息觀不是要調節或控制呼吸，而是順其自然，然後觀察和體驗這樣的呼吸，這才是最重要的。也就是說，要修行者不斷用心靈之眼觀察發生在自己身上的呼氣和吸氣事件，感受它是長或是短的意思。刻意拉長呼氣或吸氣時間，或在一呼一吸之間故意閉氣等等，這些是丹田呼吸或瑜伽呼吸，而不是喬達摩獨創的數息觀。數息觀最重要的，就是順其自然，不刻意干預呼吸。雖然是我們在呼吸，但數息觀要求的是要我們像充滿好奇的旁觀者一樣隔著距離觀望遠處發生的事情就好。雖然這呼吸屬於我，卻不是我做出來的事情。也就是說，雖然有「我的呼吸」存在，卻沒有做出呼吸動作的我，只有作為認知主體、靜

靜地觀望那呼吸的「我」。

第三階段修習法是「覺知全身」（sabba、kaya、paṭisaṁvedī）時練習吸氣和呼氣。「sabba」是「全部」，「kaya」是「身體」，「paṭisaṁvedī」是「感受」的意思。因此，就字面的意思來說，是要修行者練習在覺知全身時吸氣及在覺知全身時呼氣。然而從《清淨道論》（Visuddhimagga）開始，傳統上不再將「sabba、kaya」解釋為「整個身體」，而是解釋為「整個呼吸」。到了20世紀，尤其是在緬甸的馬哈希禪院或帕奧禪院等地都將此解釋為「覺知呼吸的開始、中間及結束」，也就是不要錯過呼吸從開始到結束的全部過程，要一直跟隨它的節奏之意。但是這種解釋存在了幾個問題，稍後再詳細說明。

第四階段修習法是「安息身行」（passambhayam kaya, saṅkhāraṁ）時練習呼氣和吸氣。「passambhayam」是「使安靜、使停止」的意思，而「saṅkhāra」是「無條件、構成、功能、作用等」的意思。也就是說，當修行者在覺知全身時練習吸氣和呼氣之後，就進入第四階段，讓身體活動全部平息下來，同時練習吸氣和呼氣。以上就是數息觀所建議的身念處。

受念處：第五～第八階段

第五至第八階段修習法是對「感覺」的覺知訓練，其結構也和身念處修習法很類似。前三種是在「覺知」（paṭisaṁvedī）喜悅（pīti）、快樂（sukha）和心靈作用（citta, saṅkhāra）的同時，練習吸氣和呼氣，最後一種則在「安靜地平息」（'passambhayam）之際，練習吸氣和呼氣。所以身念處的最後一種修習法——第四階段修習法，與受念處最後一種修習法——第八階段修習法在句子結構上是一樣的。第四階段是「安息身行」（passambhayam kaya, saṅkhāraṁ），第八階段是「安息心行」（passambhayam citta, saṅkhāraṁ），除了從「身」（kaya）變成了「心」（citta）之外，其餘全部相同。

這裡所說的「citta, saṅkhāram」，是指各種表現為感受的心靈作用。「citta」這個字涵蓋所有的感覺、情緒、內心和想法。「citta, saṅkhāram」的代表例子是第五階段修習法中的「喜悅（pīti）」和第六階段修習法中的「快樂」（sukha）。而第七階段修習法中，則是要修行者在充分體驗所有這些心靈作用的同時，練習呼吸。然後進入第八階段修習法，讓這些心靈活動

全部安息下來的同時，練習呼吸，這就是受念處修行法。所以，不管是身念處或受念處，基本順序是相同的，先充分覺知，再安息下來。

喜悅（pīti）是指在冥想修行狀態下可以感受到的愉悅快感或歡喜。如果可以透過專注呼吸的訓練，藉由呼吸感受全身，進而安靜地讓身體作用平息下來的話，就會出現「啊，真舒服！」的好心情，這就是喜悅。而這種「快感」是任何在日常生活中忙到暈頭轉向的人，一旦靜下心來冥想都可以感受到的。打個比方，就像把臉浸到水裡，因為無法呼吸而感到痛苦掙扎的那一瞬間，突然抬起頭來大口吸氣時所能感受到的那種舒適心情。還有，就像是被蚊子咬了卻忍著不抓撓，忍了又忍，終於痛快地撓起來，這時的快感就是一種喜悅。當我們擺脫痛苦狀態的那一瞬間所感受到的酥麻快感，就是這裡所說的喜悅（pīti）。

《清淨道論》解釋說，這種肉體的快感有五個階段：第一階段是輕微的快感，是讓人全身豎起寒毛的酥麻快感。第二階段是短暫的快感，是轉瞬即逝的清楚快感。第三階段是如波浪般傳遍全身的強烈快感，第四個階段是讓人忍不住想飛上天的興奮而強烈的快感，第五個階段是如洪水般席捲全身的快感。

如果說喜悅（pīti）是酥麻、清晰、愉悅的快感，那麼快樂（sukha）就是比喜悅的範圍更寬廣、更沉靜、更安寧舒適的幸福感。也有人解釋說，喜悅接近於肉體上的快感，而快樂則更接近於精神上的滿足感，但這樣的解釋很難令人接受。應該說喜悅也包括了精神上的愉快才對。而且，全身舒爽、安適的感覺更接近於快樂，而不是喜悅。當肩膀緊繃、後頸僵硬、疼痛時，如果按摩那個部位的肌肉，就會油然生出「啊，好舒服！」的愉悅快感，這就是喜悅。相反地，當全身呈現舒適、樂活的狀態時，這就是快樂。沒有煩惱和痛苦（dukkha）的狀態，就是快樂（sukha）。

《安般守意經》將喜悅、快樂都當作是一種心靈作用（citta, saṅkhāra），也就是所謂無條件的「造作心」。在禪定中，喜悅和快樂都是非常重要的指標，只要我們進行呼吸訓練，就會感受到源源不斷的喜悅和快樂。一面將注意力集中在這種令人愉悅的快感和舒適感，一面練習呼吸，就是數息觀的第五階段和第六階段修習法。在一面感受包括喜悅和快樂在內的各種感覺所構成的心靈活動時，一面練習呼吸，這就是第七階段修習法。而第八階段修習

法則是讓這些隨著感覺而動的心靈作用安靜地平息下來，同時練習吸呼。

心念處：第九～十二階段

第九到第十二階段的修習法是「心念處」，這部分同樣是按照先覺知再安息的順序組成的，不過在靜心方面使用了三種方法。在身念處和受念處的修習法中，分別是在第四階段和第八階段要求修行者做到「安息」（安靜地平息）。但在心念處修習法中，則是在第十、第十一、第十二階段分別以喜悅、等持（專注）、解脫的三種方式來促使心靈平靜下來。

在身念處部分，前面兩個階段是對呼吸本身的覺知訓練，後面兩個階段一個是對身體的覺知，一個是對身體作用的安息。所以在身念處部分，「覺知」出現一次、「安息」出現一次。而在受念處部分，因為著重於覺知，所以「覺知」出現三次，「安息」出現一次。相反地，對於心靈來說，平靜更重要，因此提出了三種方法（喜悅、等持、解脫）來安息心靈，而「覺知」只出現一次。也就是說，「覺知」和「安息」的比率以一比一（身）→三比一（受）→一比三（心）的流程進行，可知這是非常巧妙保持平衡的結構。

法念處：第十三～十六階段

從數息觀的結構來看，前面十二個階段的修習法（身念處、受念處、心念處）是為了入定的止禪訓練，後面四個階段的修習法則是在禪定狀態下進行觀禪訓練。因此法念處的最後四個階段和前面十二個階段完全不同，既不是「覺知」，也不是「安息」，只是觀察而已。由於這不是關於身受心的冥想，而是關於世間道理的冥想，因此著重於「觀察」，而不是行動。

也因此，從第十三到第十六階段的最後四個修習法都是以「觀」（anupassi）什麼什麼的同時，練習呼氣和吸氣的方式組成的，這裡面除了「觀」之外就沒有其他的動詞，所以可以說是「觀」的訓練，只不過觀的受詞各有不同罷了。這四個階段所觀望的對象，是變化多端無固定實體的無常（anicca）、執著和欲望的消失（viraga）、焦灼煩惱的熄滅（nirodha），以及讓一切煙消雲散的捨遺（patinissaga），在觀望的同時練習呼氣和吸氣。

有一點要注意的是，作為各種認知對象的世間萬物，也就是「法」（dhamma）的冥想，並不是要修行者付出努力或苦心來達到某種特定狀態的

意思,這點非常重要。法念處的四個階段修習法目的不在於謀求對無常的領悟,而只是要修行者看著無常而已。同樣的,也不在於謀求達到無欲無求的境地,只要求修行者單純看著執著與欲望的消失;不在於謀求無論如何都要熄滅焦灼的煩惱,只要求修行者單純地看著煩惱熄滅;不在於謀求讓一切煙消雲散,只要求修行者單純看著一切煙消雲散。然而,這些事情如何能不付出努力呢?答案就在法念處之前的十二個修習法。只要堅持進行身念、受念、心念的十二個覺知修習法,就能進入禪定,之後就可以順其自然進入法念的觀禪狀態。

是整個身體,還是整個呼吸

數息觀第三階段修習法中提到的「sabba, kaya」,按照字面意思是「整個(sabba)身體(kaya)」。但自《清淨道論》以來,緬甸傳統的寺院中都將此解釋為「整個呼吸」。雖然只是一個句子,但這樣解釋很容易讓人對數息觀(安般念)整體產生誤解,因此不是那麼簡單的問題。當「sabba, kaya」被解釋為「整個呼吸」的那一刻開始,就會動搖精心架構在四念處概念之上的數息觀修習系統。因為這件事情對掌握第三階段修習法的正確意義,以及對數息觀整體的正確理解都至關重要,所以以下將一一探討把「sabba, kaya」解釋為「整個呼吸」的問題點。

第一、四念處中,神觀消失,只剩下呼吸觀。數息觀的核心是進行四念冥想的同時,練習吸氣和呼氣。然而,如果將第三階段修習法解釋為「覺知整個呼吸」,那麼第四階段修習法也就成了「要安靜平息呼吸作用」。實際上在緬甸寺院等地,第四階段修習法都被教導為「練習輕微的呼吸」或「安息整個呼吸」。但是,如果這樣解釋的話,前面四個修習法全都成了呼吸念訓練。四念處中的「身」消失,只剩下「呼吸」。當然,呼吸念也可以說是身念處的一部分,但至少《安般守意經》的基本精神是要修行者以呼吸為基礎,修習身念、受念、心念、法念等四念處,而不是要修行者修習呼吸念。

第二、喬達摩對於四念處修習法中也特別強調「身念處」的重要。緊接在《安般守意經》(M 118/3:78-88)之後出現的《念身經》(Kāyagatāsati Sutta，M 119/3：88-99），顧名思義，就是有關身念處的經典。但是《念身經》在導言中首先原封不動地引用了數息觀前面的四個階段修習法，緊接著才不厭其煩地解釋這些修習法，因此《念身經》稱得上是數息觀「身念處」的詳細說明書。

《念身經》涵蓋我們對身體想像得到的裡裡外外各個方面，包括身體32個部位的32身分、身體組成要素——地、水、火、風的四界分別觀，以及死屍觀。同時，也仔細解釋了修習念身可以證得四禪。此外，《念身經》還教導了修習念身所帶來的好處，就是可以消除恐怖，讓身體在任何情況下都能感到舒適自在，並且還解釋，透過修習念身，可以安息身行（第四階段修習），全身充滿喜（pīti）、樂（sukha）。也就是說，透過身念處可以自然而然跨越到第五、第六階段的修習，進入禪定。由這點來看，《念身經》可說是《安般守意經》的附錄，也是它的詳細說明書。從《念身經》的內容可以清楚看出，第三、第四階段修習法是對身體的覺知，而不是對呼吸的覺知。

第三、如果按照《清淨道論》和緬甸禪院的解釋將「sabba、kaya」視為「整個呼吸」的話，第三階段修習就是「不要錯過呼吸的開始、中間和結束，要跟隨著它全部的節奏」之意。然而，不要錯過呼吸「從開始到結束的過程」，要跟隨它的節奏這件事，已經包含在第一和第二階段修習法中。前面兩個階段的修習是「長呼吸時，覺知長呼吸；短呼吸時，覺知短呼吸」，想要覺知呼吸是長、是短，就必須不錯過呼吸從開始到結束的過程，一直加以留意才行。由此可知，這些修習法的核心絕對不是要修行者刻意控制呼吸的長短，而是要修行者留意呼吸的長短。然而，這件事需要修行者從頭到尾不錯過整個呼吸過程才有可能做到。不管是吸氣還是呼氣，在呼吸開始的那一瞬間，我們無從得知這個呼吸是長是短，只有從頭到尾一直留意，才能知道。由此可知，不錯過呼吸的整個過程一直跟隨著它的節奏，這種練習已經被包含在前面兩階段的呼吸覺知修習中，因此，將第三階段中的「sabba、kaya」又解釋為「整個呼吸」的話，就形成了邏輯上的矛盾。

第四、在數息觀中，呼吸是被16個修習法都涵蓋在內的根本基礎。對呼吸的覺知是所有四念處修習法的基本條件。呼吸念是在各種「念」的背景下做為前提條件而存在的，其本身不是體驗或安息的對象。喬達摩教導的是要修行者在呼吸的基礎上進行身、受、心、法四念處的修習，而把呼吸本身當

成覺知目標的,只有第一和第二階段修習法而已。因此,只有這兩個修習法中要求「覺知」(pajānāti)出入息,其餘的14個修習法中都只要求「學習」(sikkhati)出入息。

第五、身念處、受念處、心念處的結構都是先「覺知」再「安息」,同時練習吸氣和呼氣。如果第三和第四階段的修習中「覺知」和「安息」的受詞是呼吸的話,那麼呼吸就等於被放在了與感受或心靈同等的位置。但這個位置是四念處的第一念——身體的所在位置,而不是呼吸的位置。

第六、把「sabba, kaya」解釋為「整個呼吸」,主要是根據《安般守意經》的以下段落——「可以說,這樣的入息和出息(assāsa, passāsaṁ)是諸身中之一身」,但是,以這段話作為依據就說喬達摩把呼吸視同身體,似乎有點勉強。這句話只不過是指「在各類型身體中,與呼吸相關的也是身體的一種類型」的意思罷了。正如《清淨道論》中所顯示的一樣,喬達摩認為身體是由四種元素所組成,即地(肌肉)、水(血液、津液)、火(熱氣)、風(呼吸)。這裡把呼吸說成是身體的一個類型,應該是將它視為喬達摩說的地水風火四大中的「風元素」(vāyo dhātu),而不是呼吸本身就是身體的意思。

因為喬達摩緊接著又對於受念處說了一段話——「可以說,專注入息和出息是諸受中之一受(vedanāsu vedanā'ññatara)」。這段話也是指呼吸會帶來一種感受的意思,而不是說呼吸本身就是一種感受。同樣地,「諸身中之一身」,是指呼吸和組成身體的各種元素或功能中的一個層面有密切關聯,而不是指呼吸本身就是身體的意思。

第七、對於收錄了《安般守意經》的《中部尼柯耶》(Majjhima Nikāya)做了深度研究的阿那拉約比丘(Bhikkhu Anālayo),也將「sabba, kaya」解釋為作為肉體的整個身體。另外,收錄在《相應尼迦耶》(Saṃyutta Nikāya)裡的《金毘羅經》(Kimbila Sutta)中,也出現與《安般守意經》幾乎完全一模一樣的內容。而翻譯《相應尼迦耶》的菩提比丘(Bhikkhu Bodhi)也把「sabba, kaya」解釋為作為肉體的整個身體。此外,將薩提冥想以現代方式加以系統化的葛印卡(Satya Narayan Goenka)禪師,還有以容易理解的方式向大眾介紹數息觀而聞名的釋一行(Thích Nhất Hạnh)禪師,也明確地將「sabba, kaya」解釋為作為肉體的整個身體。

當然,將《清淨道論》翻譯成英文的髻智比丘(Ñāṇamoli Bhikkhu)則遵

循《清淨道論》的傳統，將「sabba, kaya」解釋為「整個呼吸」。但他根據的不過是《清淨道論》或《中部尼柯耶》的巴利語註釋書（Aṭṭhakathā），而不是《安般守意經》原書。早期的經典中從來沒有出現喬達摩將「sabba, kaya」解釋為「整個呼吸」或「呼吸的開始和結束」。將「sabba, kaya」解釋為「呼吸的開始、中間、結束」的說法，可說是在喬達摩圓寂後1000年才成書的《清淨道論》深具獨創性的解釋。《清淨道論》的另一個獨創概念就是「禪相」（nimitta），也就是一種「心理圖像」（mental image）。了解禪相對於想正式開始練習冥想的一般人來說，也有很大的幫助，稍後我會介紹。

什麼是禪相

禪相在透過數息觀追求宗教體驗的禪院中受到極大的重視。當我們閉上眼睛進行呼吸冥想時，往往會看見一些東西，通常顯現為白色，有時也會以各種顏色的光線或型態顯現出來。人們也認為，「唯有浮現禪相」，才算正確做到了呼吸冥想。也有人說，按照修行的程度會浮現出各式各樣各類型的禪相。然而，如果進行不屬於宗教修行的心理肌力呼吸訓練的情況，禪相之類的概念不僅不必要，反而有礙冥想。

不管是《安般守意經》，還是《大念處經》（Mahāsatipaṭṭhāna Sutta）等經典中，都從未出現以禪相來作為修行的衡量標準。禪相原本只是泛指心相或知覺碎片的概念而已，直到喬達摩圓寂後1000年覺音（Buddhaghosa）所著的《清淨道論》和後世的其他註釋書中，才開始將禪相的經驗作為修行的衡量標準。喬達摩從來沒有以這種方式來使用禪相的概念，也從來沒有將它當成修行的指標，反而是將心相或作為知覺結果浮現的禪相，視為修行必須克服的對象。針對修行的基本方法，喬達摩只強調過身、受、心、法四念處而已，禪相是一個完全不屬於四念處的概念。

直到現代，在緬甸等東南亞地區的禪院才強調用禪相來做為修行的指標。他們主張修行的成功與否或是否有進展，可以按照閉眼時眼前顯現的物體或顯現的色彩、形狀、大小來判斷。當然，這麼做也不是不可以，但必須將之視為一種宗教信念或文化傳統才行。從腦科學的立場來看，閉眼時眼前

顯現的東西和修行進展一點關係都沒有。因為我們的視覺中樞和意識即使不用眼睛接收視覺訊息，也可以製造出任何一種圖像。所以，禪相應該被視為大腦視覺中樞活動的結果，而不是修行的結果。

正如我們透過主動推理理論所了解的，我們的「看見」，其實是大腦投射的內在模型。當我們看著什麼時，我們所看見的，與其說是來自眼睛視神經接收到的訊息，不如說更多是來自儲存在視覺中樞和大腦皮層的內在模型和各種記憶的訊息。我們從大腦接收到的訊息遠比從眼睛接收到的多，我們其實是用「大腦」在看這個世上。大腦將各種既有訊息投射在從眼睛接收到的視覺訊息上，然後積極進行推理，賦予解釋。我們的大腦源源不斷製造意識認知的圖像，其結果就是，在意識清醒的狀態下，即使閉上眼睛好一陣子，不管是不是在練習冥想，都會「看見」某些東西。即使透過視神經不斷傳入的視覺訊息在閉眼期間被切斷了，視覺中樞的推理作業也沒有停下來。過了一些時間之後，我們的大腦就會製造出圖像，並讓這些圖像浮現在認知作用上。所以，即使我們閉著眼，眼前也會清楚地呈現某些事物。

舊金山近海的惡魔島上，有一座以無法越獄的傳說而舉世聞名的監獄。這座成為許多電影素材的恐怖監獄裡，有一間懲罰囚犯的單人懲戒室，裡面沒有光，也聽不到聲音，接收不到任何刺激，是一間完全黑暗的牢房，因此又被稱為「黑洞」（the Hole）。被關在這間牢房長達29天的囚犯羅伯特·路克（Robert Luke），他作證說自己清楚地看到了各種美麗的光線和圖像。其他曾經被關在黑洞中的囚犯也說，自己看到了某些絢爛的光線和色彩。

這是大腦做出來的事，當不再有任何視覺訊息透過眼睛傳進來的時間拉長，大腦就一定會製造出明亮的色彩或神奇的圖像。即使睜著眼睛固定盯著一個點看，時間一長也會發生類似的事情，不是圖像慢慢變形，就是變成活物似地動來動去。

就我個人的經驗來說，閉上眼睛開始冥想後大約過了30分鐘，眼前就會浮現各種圖像，最常浮現的是白色，其次是藍色。有時候會感覺白色充斥了整個世界，有時又會慢慢變得越來越小，看起來就像一個小點一樣閃閃發光。有時感覺像白雲一樣柔軟，接著又會變成刺眼的強光。有時會像戴上了3D立體眼鏡看世界一樣，眼前展現出華麗色彩的圖像，可以看到森林、樹木、花朵、蘑菇，甚至還可以看到類似動物的形象，大部分都是從未見過的

美麗景象。還有最常出現的，就是人臉。許多從未謀面的陌生臉孔占了大多數，比熟人臉孔還要多，就這樣清晰地浮現在眼前，讓人有種驚悚感。然而，這些現象其實非常自然且理所當然。不管我是不是在練習冥想，只要閉上眼睛不打瞌睡，任何人都會經歷各式各樣的視覺體驗。即使睜著眼睛，只要坐下來凝視房間地板，大概過了20分鐘左右，地板就會慢慢看起來變得3D立體。這也是大腦基於有限的視覺訊息進行各式各樣推理作業後所產生的自然現象。

　　禪相也只不過是我們的大腦創造出來的圖像，與其說禪相的產生源自冥想，不如說是因為閉眼靜坐時間長了所出現的現象。每個人看到的圖像或色彩因人而異，沉浸在宗教思想中的人當然就會在腦海中清楚地浮現各種宗教圖像。大多數人會將自己大腦創造出來的圖像誤以為是宗教體驗。如果你想看到一些神奇色彩，不妨現在就閉上眼睛，靜靜地坐下來，專心注視浮現在眼前的事物。無論是冥想、呼吸訓練、祈禱或任何行為，做不做都無所謂，甚至一面聽音樂也可以，只要你集中精神，刻意注視眼前所浮現的事物就行。記得，不要打瞌睡，那麼30分鐘之內，你一定會清楚看到許多新奇事物。這只能證明你的大腦正在認真工作，而不能作為開始入定的指標。

　　不管有沒有看到禪相，都與心理肌力訓練沒有直接的關係。因為心理肌力訓練是為了強化前額葉皮質和穩定杏仁核，而看到禪相主要是視覺中樞的作用。所以冥想時不管看見什麼，都無需驚訝，而是要將它視為自然現象，千萬不要被這種現象所迷惑。冥想時如果有了什麼新奇體驗，往往會覺得很有趣，而想再度體驗它。但是，專注在這種新奇體驗上，對強化心理肌力的努力一點幫助都沒有。就算你的眼前顯現新奇事物，也要把它當成想當然耳的事，還是要專注於呼吸，努力進行穩定杏仁核和活化前額葉皮質訓練，這才是最重要的。

　　《安般守意經》是一本非常優秀的心理肌力訓練指南和重點清單。《安般守意經》也強調，只要修行者堅持數息觀訓練，其結果有可能產生各式各樣的事情。但不可以因此設定「意圖」和「目標」去努力得到這樣的結果。也就是說，不可以為了想感受喜樂而付出辛苦的努力，不可以試圖透過呼吸訓練來「追求」喜樂或其他任何事物。修行是不可以執著於想得到什麼的，只要我們堅持心理肌力訓練，透過數息觀，直到喜樂油然而生即可。

> Think About

呼吸十想

振盪

呼吸是吸氣和呼氣週期性反覆的一種振盪（oscillation），包括呼吸在內的所有生命現象，都是由各種振盪完成的。由突觸連結組成的神經細胞，其運作方式中也存在著振盪。而這些振盪訊號的集合，就是腦電波。心臟裡也存在振盪，那就是心跳。心率會按照一定的週期重複稍微變快再慢下來的過程。心率變化的振盪，就是心率變異度。心率變異度是顯示個人情緒狀態的指標。肌肉動作或各種臟器功能也持續進行著特定振盪，不只是人類的生活，就連宇宙本身也是由能量的振盪所形成的。晝與夜、四季的變化，還有包含光線在內的電磁波本身，都是能量的振盪。聲音和音樂也當然全是空氣的振盪，就連深夜裡寒冷的空氣中，也融入了宇宙的振盪。當我深深吸一口氣時，我與空氣振盪合而為一。當我聽著音樂呼吸時，我與音樂的波動合而為一。吸氣中存在呼氣，呼氣中存在吸氣，吸呼之間，我們看到了空寂。

改變

每一次的呼吸都會改變我們的身體，氧氣、二氧化碳等新原子成為我們身體的一部分，而原本的舊原子就會被淘汰。呼吸是不斷變化的過程，但在變化中也存在著不變。這一刻的呼吸絕對不會重複，每一次的呼吸都是新的一次呼吸，專注呼吸就是保持初心的方法。

自律神經的邊界

我們無法刻意控制身體的自律神經系統，包括心跳、腸道運動及調節荷

爾蒙的內分泌系統等，都沒有意識介入的餘地。但是，呼吸是例外。呼吸是唯一受自律神經系統控制的同時，也可以靠個人意圖來控制的功能。我們體內透過自律神經系統執行的許多功能，都超出了意識的管轄範圍，而我們能抵達意識深處或無意識的唯一方法，就是呼吸。呼吸是我們不止步於意識表面，而能深入無意識深淵的唯一通道。呼吸引導我們走向內心深處。

身體和心理

我們是有軀體的存在，呼吸雖然是由身體進行的作用，但也和心理有直接的關係。呼吸平順的情況下，就不可能感到憤怒或焦慮。呼吸紊亂時，心也跟著亂起來。呼吸牽涉到整個身體，包括鼻腔、聲帶、肺、肋骨、橫膈膜、腹部、心臟、腸道和肌肉等。呼吸將身體和心理合而為一。

能量

呼吸是為細胞提供氧氣的運動。更具體地說，是因為細胞內的粒線體在生產能量的過程中需要消耗氧氣。這一刻，當我呼吸時，我的整個身體都在呼吸，不只是各個器官在呼吸，每一個細胞也在呼吸，就連讓呼吸運動成為可能的肌肉細胞都在呼吸。

運動（movement）

所有行為和動作都伴隨著呼吸，或者說，呼吸是所有運動的基礎。意識的存在是為了運動，而呼吸使這種運動成為可能。呼吸本身也是一種運動，而同時，所有運動都因為有了呼吸才得以進行。

當下

呼吸總是發生在當下。專注於呼吸就代表讓我的身體和心靈存在於當下的意思。海德格把語言稱為「存在之家」，而我敢保證，呼吸確實是存在之家。透過觀呼吸，我們可以存在於當下。關於呼吸，不存在「我呼吸了」的過去式，或「我將呼吸」的未來式。呼吸不是被記憶或計劃的事情，因為它

不是一種行為。呼吸不是行為類型，而是存在方式。透過專注於呼吸，我們可以從行為模式切換到存在模式。喬達摩的開悟不是透過苦行或禪修，而是透過舒適坐在菩提樹下修習數息觀。開悟的最重要方法就是修習數息觀。世界上第一個主張透過數息觀可以開悟的人，就是喬達摩・悉達多。薩提（覺知）冥想的關鍵，就是透過持續覺察呼吸，在體內觀察身體。

吐息

我們吐出的氣息中不僅包含了我們的靈魂和影響力，還包含數百種的氣體，不只有氮氣、氧氣和二氧化碳，還有少量氫氣、甲烷、丙酮、甲苯、硫化氫、一氧化碳、乙烷等各種氣體。根據特定氣體的檢測量，還可以診斷出一個人的健康狀況。譬如製造氫氣和甲烷的，不是人體細胞，而是腸道細菌。當果糖吸收不良的人吃下大量水果時，果糖無法被正常吸收就進入腸道，導致腸道細菌迅速繁殖並釋放出大量氫氣和甲烷。有憂鬱傾向的人氫氣和甲烷的排放量相對較多。

溝通

為了用聲音說話，我們必須靠呼氣振動聲帶，所以說話也是呼吸的一部分。所有溝通的原型，都是呼吸。當我們心意相通時，呼吸也會同步。溝通就是呼吸同步，一起呼吸就是一起活著的意思。呼吸將我們連成一體，你的呼吸和我的呼吸是一樣的。我無從得知正讀到這段話的你現在在哪裡、邊讀書邊做著什麼，但可以確定的是，你現在正在呼吸。

和宇宙融為一體的行為

呼吸是向我們的身體提供氧氣的動作。當地球最初在太陽系形成時，地球表面除了氫和氦之外，還出現了碳和鐵等重元素。早期地球上一度充滿了氮氣，而氧氣幾乎不存在。後來，地球出現了藍菌（cyanobacteria），這是一種會儲存陽光作為能量的光合微生物。藍菌透過光合作用開始釋放氧氣，隨著光合植物數量的增多，地球上的氧氣濃度也逐漸增加，最後終於出現了各

種透過呼吸利用氧氣並排出二氧化碳的動物。我們每一次呼吸吸入的氧氣,都是光合作用的成果。透過呼吸,我們與無數植物合而為一。我們吸入植物釋放的氧氣,呼出植物光合作用所需的二氧化碳。透過呼吸,我們參與了地球的歷史,並和宇宙融為一體。

注釋與參考資料

前言

第一章　心理肌力訓練的重要性

第二章　心理肌力的三種腦科學根據

1　　有關酬賞系統請參考第五章內容。

第三章　心理肌力訓練

2　　薩波斯基教授的這門課是迄今為止我上過的無數課程中講得最好的。自2010年春季班開始進行的這門課程影片，可以在iTunes或YouTube上輕鬆找到。我把整學期每堂課的內容從頭到尾反覆看了許多次，也學到和領悟到了很多，對世界、人類和社會有了新的看法。這門課讓我感覺到我一直活在欺騙中，甚至連每一個研究人類的社會學系學生都必須知道的基本常識，我也一無所知。薩波斯基教授的這門課有系統地涵蓋了各種主題，不僅有遺傳學和內分泌學，還包括了從非洲狒狒的靈長類動物研究到憂鬱症、思覺失調症和攻擊傾向研究、腦科學和複合系統理論等等。上完這門課之後，我將薩波斯基教授視為我心中的智慧英雄和導師。這門課的許多內容集結成《Behave》一書，在2017年出版（Sapolsky，2017）。說不定我現在正在寫的這本書中，全都是奠基在薩波斯基看待人類的觀點上也未可知。

3　　目前已確定與人類行為有直接關聯的基因並不多，頂多只發現了與討厭含糊相關的基因、愛冒險刺激的基因，以及因多巴胺受體而易於發生的行為成癮（如賭癮等）基因等。不過這些基因也會根據環境和條件的不同，在表現程度上有很大的差別，所以很難斷言特定基因的存在就一定會造成特定行為或傾向。另外，MAO-A基因在有關基因對人類行為的影響方面曾經引起相當大的誤解和爭議，特別是對於探索人類行為的人文社會科學方面感興趣的讀者們有必要了解這一點。

4　　事實上，這是誤傳。活化的神經細胞彼此緊密連結的現象，最早是在1980年代由史丹佛大學的卡拉‧沙茨（Carla Shatz）博士所發現的。著名的命題「一起發射，一起連結」（Fire together, wire together）也出自於沙茨。但這為何被廣泛稱為「赫布原則」，卻是一個謎，我想這會不會是因為網路檢索系統不斷散播不正確的訊息所致。沙茨是一位傑出學者，她不僅是第一位獲得哈佛大學神經生物學博士學位的女性，也是第一位成為史丹佛大學醫學院基礎科學領域教授職位的人。2000年，她受邀到哈佛大學擔任神經生物學系主任，而7年後她又回到了史丹佛大學。由此可見，她是一位因其傑出成就而受到肯定的神經科學家。

第四章　自己改變自己

5　　例如，西方在文藝復興時期發明了透視法之後，開始流行立體繪畫。然而，東洋畫中則沒有透視法，只有平面的風景畫。但是，僅根據有無透視法就斷定西方人和東方人存在視覺能力上的基本差別，這種說法很難令人接受。而且，也不能因為中世紀時只有沒使

用透視法的平面風景畫，到了文藝復興時代引進透視法之後立體風景畫才廣泛流行，就把文藝復興時代作為人類視知覺大轉換的起始點，稱人類的平面視知覺方式已然崩潰，開始出現立體視知覺能力。當然，同樣也沒辦法證明不是這樣，因為那個時代和那之前的人都已經死光了。傑恩斯的看法可以說與此類似，不過他的「左腦腔室聽到右腦腔室的聲音，這是意識起源」的主張算得上是慧眼獨具，因為這個主張與目前腦科學持續發現的內容一致。

6　美國查普曼大學客座教授米納斯・卡法托斯，曾受聘在韓國頂尖大學擔任客座教授，也曾獲選為韓國科學技術翰林院外籍院士，並積極在韓國進行公開講座。他經常在暑假和寒假期間留在首爾，我有幾次機會與卡法托斯教授面對面交談。在我詢問「意識與宇宙關係的核心是什麼？」時，他在回答中強調了「感質」（qualia）。宇宙中所有的感質都只能透過人類的經驗來產生，宇宙為人類提供的形狀、顏色、聲音和質感（不管是不是透過電波望遠鏡或電子顯微鏡等測量工具）都是源自人類的感質，沒有這種感質，宇宙就什麼都不是了。

第五章　大腦是如何運作的

7　CP 2.619。在引用皮爾斯的原作時，通常會註明《皮爾斯全集》（Collected Papers）的第幾冊、第幾段。「CP 2.619」是指全集的第二冊第六一九段的意思。這裡引用的《皮爾斯全集》由哈佛大學出版社於1994年出版（Peirce, 1994）。

8　Kim et al., 2022；這種生成模型的最高層級是作為敘事者的自我意識。皮爾斯也特別針對與「自我調節能力」（self-regulation）相關方面表示，自己跟自己說話的「內在言語」（inner speech）比簡單的思維（thinking）重要得多。（Colapietro, 1988）。諾伯特・威利也將「內在言語」視為自我形成的核心要素（Wiley, 2016）。

9　fMRI最初是為了分析PET（斷層掃描）資料而開發的軟體，但在1994年升級為分析fMRI資料，此後不斷升級，直至資料分析軟體SPM12問世。SPM使用體素（體積+像素的概念）作為分析的基本單位，可以用統計的方式驗證大腦的空間BOLD（Blood oxygen level dependent，血氧濃度相依對比）訊號活化的差別。除了fMRI之外，SPM還可以統計分析PET、SPECT（單光子斷層掃描）、EEG（腦電圖）和MEG（腦磁圖）等各種腦部影像資料。

10　「主動推理」一詞譯自「active inference」，當然，「active」也有「與行為相關的、行為上的」的意思。我思考了很多，到底應該將這裡的「active」翻譯為「主動」，還是翻譯成「行為」，最後決定翻譯為「主動」。這是因為「active inference」代表大腦透過主動修正預測誤差來積極推理的意思，而不是被動地推理。當然，它也包含了透過動作和行為（action）對感覺訊息進行推理的意思。如果想涵蓋「active」的這兩種涵義，應該翻譯成「主動-行為」推理才對，但這也不能說是一個理想的翻譯。

11　這個過程就是梅洛-龐蒂在知覺現象學中提到的「作為知覺場的身體」之意（Merleau-Ponty, 2013），這也是內在溝通的一個層面──『與身體的內在溝通』過程。

12　如果我們能脫離大多數人所陷入的幻覺和妄想，那才是真正的解脫和自由。如果用一句話來表達，那就是《心經》裡的「遠離顛倒夢想」。因此，為了做到遠離顛倒夢想，我們需要內在溝通訓練，也就是冥想。

13. Kim，2016。這也是為什麼所有形態的媒體，包括各類型數位媒體在內，都是身體延伸的理由。無論是穿戴式電腦裝置、虛擬實境或元宇宙，所有媒體的成功與否都取決於是否對作為社交平台的身體有妥善的設定。將數位和行動媒體用擴展的馬可夫覆蓋來建立模型和理論化，可以為數位通訊的理論化提供非常有用的視角。

14. 在笛卡兒的命題「Cogito, ergo sum」中，「cogito」是拉丁文動詞「cogitare」的第一人稱單數直述句的現在式，比起「I think」，意思更接近於「I recognize」。換句話說，「cogitare」的意思與其說是思考各種具體的想法，不如說是包括這些想法在內更廣泛的「認知」。也就是說，「cogitare」是指所有的認知作用，不僅是懷疑物體的存在這一點，甚至還包括了意識在內。根據馬可夫覆蓋模型，這些認知作用全都是內在狀態，理所當然是由負責對感覺狀態和行為狀態進行主動推理的行動主體（agent）所生成的，因此應該說「我在故我思」（sum, egro cogito）才對。這就是弗里斯頓的立場，而我當然也同意這一點。

15. Milliere & Metzinger, 2020。另外，LSD或裸蓋菇素（致幻蘑菇）等迷幻療法（Psychedelic Therapy）為什麼會對包括憂鬱症在內的各種精神疾病展現積極療效的最大原因，是這些精神藥物干擾了主動推理過程，給予了既有的病態「自我意識」強烈的衝擊。尤其是透過促使作為自我意識基礎的深層生成模型的時間厚度崩潰，可以從根本上改變既有的「自我」觀念，進而為自我意識創造出形成新的主動推理系統的契機，所以對治療有很大的幫助。（Deane, 2020）。

16. Metzinger, 2020。「突發性」和「持續性」的概念原本是一種肌肉生理學概念。在受到特定刺激或某種特定情況下，肌肉會出現短暫的特徵性收縮，這稱為突發性收縮。而肌肉隱隱持續保持某種張力狀態，則稱為持續性（緊張性）收縮。梅辛革援用這點，認為意識也存在突發狀態和持續狀態。突發性覺醒或收縮都是為了特定目的而暫時讓肌肉收縮，這與經驗自我的行為有密切的關係；而持續性覺醒或收縮則是持續覺察經驗自我的活動，這與背景自我的清醒有密切的關係。

17. 不二論是印度的吠檀多（advaita vedanta）哲學的核心思想。真「我」的阿特曼（ātman）就是終極實體「梵」（brahman）。不二論也對佛教的「空」思想影響至深。《心經》中所說的「色『不異』空、空『不異』色」，就是不二論。稱得上是人類各種經驗的「色受想行識」，即五蘊皆不異於空、空不異於五蘊，這就「不異」於不二論。

18. 精準醫學原本是指在診斷與治療上利用基因、環境、生活習慣等與個人特徵相關的大數據，再因人而異地進行精準診斷和提供客製化治療的新型醫療系統。自2015年美國政府宣布啟動精準醫療計畫（precision medicine initiative）之後，人們對精準醫學的興趣日益濃厚。因此，精神醫學界呼籲引進精準精神醫學的聲音也越來越高。（Gandal等人，2016；Gratton等人，2019；西爾維斯特等人，2020）。

19. 我們的身體細胞中無數粒線體的基因訊息100%來自母親卵子中的粒線體。雖然細胞核染色體中的DNA接收了父母雙方各一半的遺傳，但在細胞核外面線粒體中的基因卻全部都來自於卵子。如果是患有粒線體基因問題的孕婦，可以只遺傳細胞核DNA給孩子，而粒線體基因則可以繼承自卵子捐贈者。實際上，2016年就有第一個攜帶了父親、母親和卵子捐贈者三人的基因出生的試管嬰兒。

20. 這就是知訥禪師所強調的永嘉玄覺大師的「惺惺寂寂」中的「惺惺」之意，也是鈴木俊隆（Shunryu Suzuki）所說的「初心」之意（Suzuki, 2020）。

21　Park & Friston, 2013年。這張圖取材自朴海政（音譯）教授和弗里斯頓共同撰寫、刊載在頂級學術期刊《科學》（Science）中的論文。這篇論文中，包括這張圖在內的幾張圖在在顯現出朴教授卓越的繪畫作業技巧。他以他的藝術才華表達自己的科學研究成果，這是只有科學藝術家或藝術科學家才做得到的事情。這些圖不僅美觀，且展現了深刻的洞察力，其本身就是該論文的核心重點。在這篇論文中，與其說這些圖是為了有助於對文本的理解才添加上去的，不如說是為了有助於理解這些圖才附帶文本。在過去的15年期間，我和朴海政教授合作過各種有關腦科學的研究，有機會近距離觀察他。他不僅是最優秀的腦科學家，同時也是最出色的視覺藝術家。不管是fMRI、DTI，或是用相機拍攝的照片，還是手繪的圖畫等等任何圖像，只要經過他的手，就能成為精彩的藝術作品。他的iPad上保存著許多他素描的美麗圖畫，如果只把他稱為腦科學家就太可惜，朴教授就是一位真正意義上的神經藝術家（neuro artist）。腦科學的代表性學術期刊之一的《神經圖像》（NeuroImage）曾數度刊登他的論文作為封面論文，並且用他繪製的美麗DTI神經網路圖像妝點期刊封面。

22　DTI是透過測量水分子的分布圖來顯示特定組織的結構圖像，在大腦研究中主要用於顯示由神經細胞軸突所組成的神經束結構。在MRI腦部影像中，fMRI可以說是觀察大腦對特定刺激或條件的功能性反應，DTI則可以說是觀察大腦的結構。

23　第十一章中會詳細探討的數息觀（安般念）冥想最開始的四個修習法，即身念處，可以說就相當於第一階段；其次的四個修習法——即受念處，則相當於第二階段。

第六章　隱秩序與內在溝通

24　Carroll, 2019。有些人更進一步主張「主體實在論」（agential realism），將兩個粒子視為一種「行動主體」（agent），並指出該行動主體之間的相互作用是一種實體。根據巴拉德（Karen Barad）的說法，宇宙是由彼此之間具有內在互動或「內在作用」（intra-activity）的「行動主體」所組成的，而這種內在作用決定了空間、時間和物質。一旦建立了這種內在作用的關係，各個組成元素很快就會處於糾纏（entanglement）狀態。巴拉德認為，這種糾纏不僅存在於量子力學的自然領域，也存在於社會領域。這是試圖將量子糾纏概念原封不動擴大應用到社會行動主體之間動態的嘗試（Barad，2007）。雖然這可能是充滿創意性、文學性和政治性的主張，或者是看似合理的詩意（poetic）主張，但很難將其視為科學主張。首先，從量子力學的立場來看，不存在自然與社會的區別，因為他們認為生命現象本身就是一種物理現象。而將宇宙，乃至一般學術研究分為自然和社會兩個領域來看的立場，只是人文社會學者典型的固定觀念罷了。

25　Bohm, 2005, p. 76。玻姆關於「Soma-Significance」和「Signa-Somatic」之間關係的概念，與生物符號學（biosemiotics）的基本觀點也很類似（Hoffmeyer, 2008a）。例如，霍夫梅耶的「符號鷹架」（semiotic scaffolding）概念，指的是用生命體來解釋符號，並根據其涵義做出反應或行為的整個生命過程（Hoffmeyer, 2008b）。同時，也將符號產生過程本身就是生命現象的基本要素化為了概念。這也表示接收特定刺激的生物體會進行根據自己的背景、環境和情況來「解釋」的符號學調整。而亥姆霍茲雖然沒有使用「符號學」這個詞，卻是將這個過程化作「無意識推理」理論的人。而將這個過程進一步發展的，則是弗里斯頓的主動推理理論和馬可夫覆蓋模型。從廣義上講，玻姆和弗里斯頓在做的，都是一種生物符號學。同時，約瑟夫森綜合玻姆的概念、霍夫梅耶的符

號鷹架概念、音流學（Cymatics），以及量子力學中關於意識的討論等概念，試圖從物理學的觀點全面理解其意義和心理問題的一系列研究，也值得注目（Josephson, 2019a; Josephson, 2019b; Josephson, 2018）。

26　Bohm, 1952。譬如說，有一種隱形次元的透明液體（能量場或背景能量）將整個宇宙黏合成一體，玻姆稱之為「隱變數」，並將其理論化。1952年因政治因素流亡巴西的年輕時期，玻姆發表了一篇以數學方法證明「隱變數」的論文，他堅信自己的論文不僅會徹底顛覆既有的量子物理學理論，也會對物理學界造成巨大的衝擊。但是，論文發表後卻沒有人出面批評或反駁他的論文，甚至沒有任何人提到這篇論文。事實上，這篇論文一發表，當時的權威物理學家們都感到很驚慌。因為這是與廣泛被接受的哥本哈根詮釋完成不同的新解釋，不管是用數學方法或邏輯方式都很難反駁。據傳，尤其是曾任玻姆指導教授的奧本海默（J. Robert Oppenheimer）曾經對其他物理學家同事說：「我們要嘛就反駁這篇論文，不然就乾脆提都不要提」。或許因為如此，所以才沒有人言及這篇論文，結果玻姆的新理論並沒有受到關注，直到幾十年之後才經由實驗證實（Peat, 1997）。

27　在這裡，「active information」翻譯為「主動式訊息」，「activity of information」翻譯為「資訊行為」。同一個英文單字一次被翻譯為「主動式」，一次被翻譯為「行為」。這是一個不可避免的問題，因為英語和韓語單詞不是一對一對應的。英文單詞「active」既有「主動」的意思，也有「行為」的意思。韓語裡面沒有一個單詞可以同時表達這兩個意思，因此在翻譯時不得不二選一。當需要強調訊息主動完成某件事時，我就把「active」譯為「主動式訊息」；當需要強調訊息做了某件事或發揮某種作用時，我就把「active」譯為「資訊行為」。類似的煩惱也發生在之前我將弗里斯頓的「active inference」翻譯成「主動推理」的時候。事實上，這個概念也可以翻譯成「行為推理」，因為畢竟要強調的是推理過程中的「行為」。但是，考慮到整體自由能原理和預測模型的理論背景，我認為應該強調的是推理乃主動完成的解釋過程，而非被動地接受來自大腦的訊息，所以選擇翻譯成「主動推理」。就像這樣，每次翻譯時面對選擇上的困難，為了盡可能減少讀者們的困惑，我都會在後面用括號標示原始英文單詞。

28　Bohm, 2005。還有一種主張認為，如果把主動式訊息的概念進一步擴大，就可以將意識和無意識之間的差異透過與訊息處理相關的數學模型加以理論化。例如，赫連尼科夫認為，可以透過心理空間（Mental space）的p進數表現來區分意識和無意識（Khrennikov, 2000）。人類潛意識層面的訊息處理過程可以透過古典物理學來建模，意識層面的訊息處理過程可以透過玻姆的主動式訊息概念（隱變數模型和導航波模型）來建模。但是，這種主張背後的前提，是意識和無意識各有不同的運作方式。從玻姆的內在秩序和整體性觀點來看，這種人為的區分本身就可以說是機械論世界觀的殘渣。

29　Bohm, 2005, p.12；波蘭尼的隱性知識（tacit knowledge）也是隱秩序很好的例子（Polanyi, 2009）。當我們騎腳踏車快摔倒的時候，如果不想摔車，就必須把龍頭朝著快摔倒的方向轉動，在快摔倒的程度或該轉動的角度之間存在一定的相互關係。但是，如果我們想學習這種相互關係，並實際應用的話，反而有礙騎行，因為最重要的還是腳踏車與我們身體整體動作的協調。騎腳踏車除了牽涉到腳踏車的重量、速度之外，還牽涉到騎行者的肌肉、關節、本體感覺、平衡、運動神經、視覺、大腦運作等等，所有動作都必須協調成一個整體，是非常複雜而微妙的運動，所以不可能一一明確（explicit）地描述或解釋所有的動作。騎腳踏車需要的，是波蘭尼所說的「隱性知識」。這是一種隱秩序，當它朝著整體動作內捲時，才會有腳踏車隨著騎行者動作而移動的外展。唯有

騎行者動作和腳踏車滾動的關係所形成的顯秩序，才有可能加以外在的描述。從這裡也再度證實，顯秩序只不過是一種對更基本、更廣泛的隱秩序某個側面的有限抽象化罷了。

30　一個與這種看法的轉變有關且值得注目的概念，是「協調動力學」（coordination dynamics）（Kelso, 2013）。這是指各個部分相互交換訊息，為整體創造有意義訊息的意思。這是一個很有用的觀點，不僅可以涵蓋生命現象，還可以涵蓋生命體的運動或人類的社會行為（Tognoli et al., 2020）。對於從微觀世界到宏觀世界的各個層級上所發現的自發性自我組織化過程的理論化也很有幫助（Kelso, 1994）。大腦的主動推理過程、自我意識的誕生及人類的行為狀態等，都可以說是共享協調動力學而產生的現象（Kelso, 2014）。

31　病毒與其說是活的生命體，不如說更接近於含有RNA基因訊息的蛋白質碎片。一個新冠病毒的重量為0.85阿克（ag）。1阿克是1公克的10的18次方。感染新冠病毒的人體內病毒必須繁殖到700億個以上才會出現症狀，並且成為足以將病毒傳播給其他人的患者。即使如此，導致一個人患病的新冠病毒總量，也只不過為0.0000005公克而已（Ganapathy, 2020）。假設韓國有1,000萬名新冠病毒患者，雖然大多數可能都是輕症病例，但假定所有患者都出現某種程度的症狀，也就是說，即使1,000萬名患者都攜帶了700億個病毒時，造成全國大恐慌的新冠病毒總量也只不過為5公克而已。

第七章　內在溝通與冥想

32　傳播學者也使用喬治・賀伯特・米德（George Herbert Mead）作為主詞的自我（I）和作為受詞的自我（me）的概念來定義人際溝通（Macke, 2008; Vocate, 1994）。在韓語單詞中無法區分「作為主詞的我」和「作為受詞的我」，但包括英語在內的其他許多語言中，它們卻是可以用不同的單詞來表達的。為了方便起見，我將作為主詞的自我（I）稱為「主詞自我」，將作為受詞的自我（me）稱為「受詞自我」。米德認為，主詞自我是自發性的、動態的，更接近生物學基礎，而受詞自我是被內化、被組織化，需要透過與他人互動來形成的實體（Mead, 2015）。主詞自我是行動的執行者，受詞自我是觀察的批評者。借用康納曼的概念來說的話，主詞自我相當於「經驗自我」，受詞自我則可說是「記憶自我」（Kahneman, 2011）。另外，列夫・維高斯基（Lev Vygotsky）認為，「內心獨白」（inner speech）既具有故事特徵，也具有思維特徵，所以他也把內心獨白稱作是一種「口語式思維」（verbal thought），並說：「內心獨白是為了自己，人際溝通是為了他人」。另一方面，他也將內心獨白稱為「純粹意義上的思維（thinking）」（Vygotsky, 2012）。總而言之，我們在這裡探討的內在溝通概念，可以說既包含了傳播學者的「內在溝通」，也包含了維高斯基的「內心獨白」。

33　實際上，許多腦科學研究發現，聽覺和說話的功能是以整合的方式運作的（Dikker et al., 2014; Dikker & Pylkkänen, 2013; Houde et al., 2002; Fruchter et al., 2015; Pylkkänen et al., 2002; Skipper et al., 2005）。同時，MEG（腦磁圖）實驗具有比fMRI更高的時間分辨率以及與EEG（腦電圖）相似的空間分辨率，對於研究大腦的語言處理過程特別有用。根據一項MEG研究，聽——聽覺區域和說——言語運動區域的同時活化現象，在以特定速度播放語音時最為明顯。此播放速度約為四點五赫茲，與大多數語言的平均語速一致（Assaneor & Poeppel, 2017）。換句話說，當我們的大腦聽到我們以平常的語速說話時，做出的反應最自然。由此可知，從人腦的角度來看，說和聽的過程本質上是同

一類型的事件（Poeppel et al., 2012）。

34　Eco, 1979; 1994。這就是安伯托・艾可所說的「解釋的侷限」和「讀者的角色」。

35　Montagu, 1967. 人類學家阿什利・蒙塔古（Ashley Montagu）將嬰兒出生後的前9個月稱為「第二個9個月」或「子宮外的懷孕期」，指的是嬰兒原本應該在產婦子宮內，卻提前出生的時間，也包含了這是一個如同在胎盤裡一樣需要在情緒上和身體上給予穩定照顧的時期之意。

36　Bohm, 2005。玻姆說：「溝通意味著我向你的內心內捲，你向我的內心內捲。我除了可以自我反思之外，也可以透過對話來反思自己。換句話說，透過人際關係的『社交冥想』（social meditation）是有可能成立的，這就是冥想式對話」。

37　尤爾根・魯施（Jurgen Ruesch）和格雷戈里・貝特森（Gregory Bateson）將內在溝通理解為「一個人的溝通系統」，並且將之定義為「訊息的起點和終點存在於一個有機體領域內」（Ruesch & Bateson, 1951）。因此，正如黛安・麥基（Diane Mackie）準確指出的那樣，內在溝通的關鍵在於它是一個「自我觀察者」（self-observer）（Mackie2008），而內在溝通冥想的核心也在於自我觀察。

38　在這種情況下，2017年韓國冥想協會的成立確實意義重大。韓國的精神健康醫學科醫師們從經驗中很明確地了解冥想有助於患者的治療，因此他們也終於開始對冥想進行科學研究，並應用在臨床上。我希望有一天韓國能夠像其他國家一樣，開發各種科學冥想治療方案來治療患者，並為他們提供廣泛的醫療保險支援。

第八章　用於穩定杏仁核的內在溝通冥想

39　在區分情緒和情感時，有人會認為情緒（emotion）是相對短暫的，情感（affection）則有持續性的傾向，但在這裡姑且將兩者視為從根本上指稱同一個對象的概念。另外，感覺（feeling）是意識根據身體提供的感覺訊息初步模糊認知的東西，這種感覺會對特定心境（mood）產生影響。

40　除此之外，研究結果也發現，SN（警覺網路）普遍出現在各種情緒中（Touroutoglou et al., 2015）。

41　這裡的「全域」（global）一詞有「整體、全面、囊括」的意思。這種全域網路不是只有這裡提到的三個，大腦神經網路中有結構樞紐和功能樞紐，大腦中扮演網路中心角色的區域就有好幾處。尤其是與自我相關的內側前額葉皮質-後扣帶迴皮質-楔前葉（mPFC-PCC-precuneus）網路，或負責管轄動作的運動皮質部位都相當於重要的樞紐（van den Heuvel & Sporns, 2013）。

42　Barrett, 2017b。由此可知，諸如恐懼或憤怒之類的情緒並不是自成一格的實體。

43　Limanowski & Friston, 2020；負面情緒和疼痛都和以前扣帶迴皮質（ACC）為中心的神經網路有密切關係。然而，前扣帶迴皮質也與認知調節和目標導向行為關係密切。疼痛、情緒和認知調節都重疊在前扣帶迴皮質（Shackman et al., 2011）。負面情緒和痛苦會導致人類採取特定目標導向的行為。痛苦和負面情緒可說是一種強烈的訊號，提醒我們要擺脫如此的狀態。

44　Eisenberger, 2012a; 2012b。另外，疼痛被認為是由生物、心理和人際三個層面所組成，

這被稱為生物-心理-社會（Bio-psycho-social，BPS）模式。史提威爾和哈曼更進一步從啟動論（enactivism）的觀點提出將疼痛概念化為5E（Embodied, Embedded, Enacted, Emotive, and Extended）（Stilwell & Harman, 2019）。換句話說，這是建議在三種組成要素上，再追加考慮主動推理的觀點來理解疼痛的意思。

45 Calsius et al., 2016；在類似的背景下，還有一種主張認為，培養患者的「體現自我覺察」（embodied self-awareness）能力具有強大的治療效果。這種「體現自我覺察」的能力可以藉由引導患者即時認知他們當下感受到的感覺、行動和情緒來強化（Fogel, 2013）。

46 Owens et al., 2018。內感受的主動推理模型顯示，內感受資料是情緒和自我意識的製造來源。從這個角度來看的話，歐文斯（Andrew Owens）建議，在處理與神經系統相關的各種疾病和疼痛問題，甚至是身體和心理的各種問題時，首先應考慮大腦的主動推理系統對內感受的運作方式。當然，對內感受的預測誤差不只是指對自下而上的刺激訊息做出錯誤解釋這種零碎問題，焦慮、憂鬱等情緒失調障礙及慢性疼痛，都屬於自動的元認知（metacognition），與動態平衡系統的整體運作有廣泛的關聯。

47 如果黑質無法正常產生多巴胺，調節肌肉的能力就會下降，變得無法正常行動，這就是帕金森氏症。一個有趣的事實是，當我們聽到節奏強勁的音樂時，大腦也會釋放多巴胺。也就是說，當我們聽到節奏強勁的音樂時，多巴胺就會被釋放出來，於是我們就會感到興奮和激動。這個時候出現全身顫抖的現象，也是因為多巴胺大量釋放的緣故。所以，在運動時聽節奏強勁的音樂，就不會感到那麼疲勞，反而能產生更大的力量，可以長時間進行有氧運動。健身房不是無緣無故播放節奏強勁的音樂的！如果給一個連走路都無法正常行走的帕金森氏症患者播放他年輕時愛聽的強勁節奏音樂，他們的行動能力會立即恢復正常，還會隨著音樂興奮地擺動，這是因為節奏強勁的音樂會促使大腦釋放多巴胺。但是，當音樂一結束，這些人又會再次回到行動能力受限的病患模式。

48 維持警覺狀態的上行網狀活化系統的40赫茲訊號，就是透過丘腦傳遞到整個大腦皮質（Urbano et al., 2012），這點在第九章有更詳細的介紹。

49 在與精神科醫師、太極拳、身心運動和古代擺盪運動專家共同開發的正念運動課程「巴馬悟」（Bamaum）的動作中，有踏出右腳，移動重心，同時舉起左手向左看，然後反過來，踏出左腳，移動重心，同時舉起右手向右看的動作。還有一種利用擺錘的擺盪運動，這種運動集合了左右轉移身體重心、左右轉動身體、左右手交替提棒看向左右方向等動作，堪稱波斯棒鈴的縮小版。這些「巴馬悟」的基本動作，都屬於內感受和本體感受訓練，同時也具有Somatic-EMDR元素（Jeongho Chae et al., 2022）。

50 內感受的概念最早出現於謝靈頓（Charles Scott Sherrington）於1906年出版的《神經系統的綜合作用》（The Integrative Action of the Nervous System）一書中。在這本書裡，謝靈頓使用了「內感受接收器」（interoceptors）、「內感受接收器場」（interoceptive receptor fields）、「內感受表面」（interoceptive surface）和「內感受片段」（interoceptive segments）等概念。但是，令人驚訝的是，他使用的不是作為名詞的「內感受」（interoception）這個單詞（Ceunen, Vlaeyen, & Van Diest, 2016）。直到1940年代後「內感受」一詞才開始出現在科學期刊中，1947年謝靈頓才在他的書裡附上新的序文重新出版（Sherrington, 1906/1947）。

51 髓鞘化是指神經細胞中電訊號流動的軸突部分被屬於脂肪細胞的髓磷酯包裹起來，就像用橡膠包裹住銅芯電線一樣，出現髓鞘化的神經細胞傳遞電訊號更快更強。髓鞘化在我

第九章　本體感覺訓練和動態冥想

52　Sheets-Johnstone, 1999。讓我們來聽聽更多希茲-瓊斯頓說的話。她說：「亞里斯多德從共同體意義（sensus communis）的角度來看待運動，也就是說，將運動視為常理意義的結晶常識（common sense）。錨定於運動的身體符號學顯示了本體論意義，而這種運動符號學就是認知符號學的基礎」（Sheets-Johnstone，1999）。另外，胡塞爾和亥姆霍茲也試圖以相當互補的方式來對運動與知覺的關係進行深入分析，雖然他們在方法上有所不同。根據他們的分析，人類的基本功能——運動、知覺和認知，從根源上來說彼此關係密切（Sheets-Johnstone, 2019）。整合這三種功能的是意圖（intention）和注意力（attention），而在一連串意圖和注意力的不斷互動中，產生了作為敘事者的自我意識。

53　人類在本國和全世界範圍內共享單一時間的概念，始於20世紀收音機這種傳播媒體出現之後。在收音機出現之前，現實上幾乎不可能存在全國通用一個統一時間的概念。雇主不可能命令員工9點以前上班，因為每個人的時鐘都略有不同。但是，收音機的出現改變了一切。收音機扮演了國家時鐘的角色，向人民通報全國通用的標準時間。有了收音機每個時刻的「報時」，全國人民都依此調整自己的時鐘。所以，共同體生活在統一時間的概念，是廣播媒體的產物。

54　Llinás, 2002, p. 136。不過，這怎麼看都像是記錯了，應該是柴可夫斯基D大調小提琴協奏曲op.35才對。

55　位於大腦最底層的腦幹（brainstem），深度參與了與負面情緒相關的固定行為類型。而與情緒相關的腦幹大致由三種網路組成，一種來自感覺神經上傳的網路（血清素迴路），一種是由運動神經下傳的網路（多巴胺迴路），第三種是仲介這兩者網路的神經傳導物質網路（去甲腎上腺素迴路）。透過這些網路的互動就產生了作為固定行為類型的情緒（Venkatraman, et al., 2017）。通常，與特定負面情緒相關的FAP需要相當長的時間才能形成，但如果一個人由於外部的嚴重刺激而受到強烈的情緒衝擊，在短時間內就會形成負面FAP。由個人後天的負面經驗所形成的FAP，代表例子有焦慮症、恐慌症、社交恐懼症等，因強烈衝擊而在短時間內形成的FAP，代表例子有心理創傷症候群或創傷後壓力症候群（PTSD）（Stanley, 2010; Ogden et al., 2006）。

56　Llinás, 2002。因為情緒本身就是一種行為，所以關於情緒的溝通也是奠基在身體和行為之上。在對情緒或感覺進行語言分析時，大多數與情緒相關的單詞都和感覺運動（sensorimotor）有密切的關係（Williams et al., 2020）。

57　Llinás, 2002。除了外界輸入的各種訊息之外，再加上來自記憶的內在模型整合在一起的結果，就是讓我們有了「我」這種感覺的自我意識。里納斯模仿笛卡兒的模式說：「它（大腦）整合，故我在」（It binds, therefore I am）。里納斯認為，不存在名為「我」的實體，所謂自我意識，只是特殊的心理狀態。我們所說的「我」，只是個被創造出來的抽象存在，自我是透過大腦的「推理作用」產生出來的。

58　構成大腦的細胞中不僅包括神經細胞（neuron），也包括神經膠（glia）細胞。神經膠細胞因為像膠水一樣黏附在神經細胞的外圍，發揮固定神經細胞的作用而得名，也簡稱為「膠細胞」。由於它不像神經細胞那樣參與訊息的傳遞，被認為只具有附帶作用，

因此也出現了相關的研究。然而，隨著神經膠細胞的各種功能逐漸被發現，相關研究也積極展開。首先，神經膠細胞的數量遠遠多於神經細胞，構成大腦的細胞中有80~90%是神經膠細胞。其次，神經膠細胞種類繁多，其中有星星模樣的星狀神經膠細胞可以為神經細胞提供能量或調節神經傳導物質的濃度，以幫助溝通順暢。還有微神經膠細胞（Microglia），可以治癒大腦損傷或負責免疫功能。當微神經膠細胞無法正常發揮作用時，受損的神經細胞就無法修復，罹患失智症的可能性就會增加。另外，神經細胞幾乎不進行分裂，所以也就沒有罹癌的事情發生。但是，神經膠細胞的分裂卻很活躍，所以腦瘤幾乎都是發生在神經膠細胞中。

59　具有類似概念的游泳法稱為魚式游泳（Total Immersion，TI）。發明魚式游泳的人並沒有要強調水下冥想或本體感覺運動，而是認為這種游泳法學起來更輕鬆更快，方便人們長距離游泳。但是，魚式游泳的基本概念可以說正好符合了傳統在水下的動態冥想。（Laughlin & Delves, 2004）。然而，如果了解魚式游泳的游法就會發現，其游泳的關鍵與其說是完全沉入水下（total immersion），不如說是接受一切，不抗拒水。所以，比起「TI」，稱其為「TA」（Total Acceptance）或「全接納游泳法」可能更恰當。

60　許多研究結果顯示，太極拳有助於緩解壓力、增進心理健康，對治療焦慮症、憂鬱症和心理創傷也很有效（Abbott & Lavretsky, 2013; Miller & Taylor-Piliae, 2014; Wang et al., 2014）。許多權威醫療機構也為關節炎、心臟病、癌症和失智症患者開發太極拳課程，並付諸實施中（Wayne & Fuerst, 2013）。

61　這種主張也出現在海德格的著作《什麼是思維？》（Was heißt Denken?）中（Heidegger, 1968）。在理解海德格哲學方面，這本書可以說與海德格的代表作《存在與時間》（Sein und Zeit）一樣重要。在這本書中，海德格主張思維就像手工藝（handicraft），手的所有動作都包含思維的要素，手所做的一切也根源於思維，手的動作就是思維，思維透過手表現出來。現象學家鄭和烈（Jung Hua Yeol，音譯）更進一步解釋：「就像我們用兩條腿走路一樣，我們用兩隻手說話和思考」（Jung, 1995）。

62　所以，費登奎斯的教育方式與不用文字傳承的禪宗授業方法或《奧義書》的傳統有著十分相似之處。

63　費登奎斯相信身體的每個部位都有其獨特的個性，這也是典型的道家觀點。費登奎斯的哲學背景似乎是基於莊子哲學或道家的觀點。

第十章　用於活化前額葉皮質的內在溝通冥想

64　Uddin et al., 2007。與此相關內容請參考第二章「自我調節能力」部分。

65　記憶自我中的「記憶」指的是情節記憶。情節記憶的累積就是個體自我，也稱為「ego」。席格批評那種相信每個人都是獨立個體的文化，稱這種文化荒廢和傷害人們的精神，個體自我的概念本身就是一種疾病。所有精神疾病的治療核心應該超越侷限於單獨個人的個體自我範圍，恢復個體與他人的關係才對（Siegel, 2010a）。他也強調，冥想是認識到你和我不是個別存在的過程，而在恢復與他人的關係方面，最重要的大腦部位就是mPFC（Siegel, 2010b）。

66　「薩提」（sati）在梵語中寫作「斯姆里蒂」（smrti），原本是「記憶」的意思（Levi & Rosenstreich, 2019）。簡單地說，薩提可以說是對當前發生事件的記憶或注意力

（attention），而這種薩提的主體則是背景自我。有關薩提的概念，請參照第七章Note。

67　Kuyken, et al., 2016；除此之外，還有一項針對23篇論文有關正念認知療法（MBCT）的統合分析研究（van der Velden, et al., 2015），以及一項針對78篇論文有關從腦部影像探討冥想效果的統合分析研究（Fox et al., 2016）。

68　Hanson et al., 2010。眼窩額葉皮質位於眼球正上方，緊貼著內側前額葉皮質。眼窩額葉皮質的活化與正面情緒的誘發或幸福感也有著密切的關係，以上提供參考。

69　領悟到背景自我就是寂靜本身這件事，以吠檀多哲學的方式來說的話，就是領悟到宇宙的根本和人的本性非二元，由此實現真正的自我。用基督教的方式來說，就是領悟到吾乃上帝的子女，透過基督與上帝合而為一（unity），我的生命充滿了主的恩典。所有這些領悟都指引著我們走向寂靜，喧鬧永遠只是自我（ego）的表象，上帝總是用沉默來回應世界。先知以利亞在何烈山的一個山洞裡目睹了一場猶如世界末日的天災。首先，一股颶風席捲而過，但上帝並不在那颶風中。風過後發生大規模地震，大地裂開，但上帝並不在那地震中。地震之後發生大火，但上帝依然不在大火中。當所有的巨響都過去後，微妙而純淨的寂靜之聲（kol demah dakah）傳來，上帝就在那寂靜中。「Kol」的意思是聲音（voice），「demamah」的意思是沉默、靜止（silence, stillness），「dakah」的意思是細微或純淨（thin, sheer）（Torresan, 2003）。上帝不存在於喧囂中，噪音裡只有痛苦、煩惱和苦悶。寂靜中，始終存在著祥和安然與極致的快樂。上帝以微妙的寂靜（delicate sound of silence）形式存在，而我們的背景自我也始終是空寂的。

70　《般若心經》是由《西遊記》中登場的玄奘法師於西元7世紀翻譯而成的，裡面用260個漢字簡潔介紹了佛教教義的精華。其內容主要在闡釋，只要能領悟五蘊（色、受、想、行、識）皆空，就能脫離一切苦痛和煩惱，達到涅槃境界。「無苦集滅道，無智亦無得。以無所得故，心無罣礙。無罣礙故，無有恐怖」，所以才能遠離顛倒夢想，究竟涅槃。

71　Kyeong, et al., 2017。另外，史丹佛大學的安德魯·胡貝爾曼（Andrew Huberman）教授透過他的YouTube講座（youtube.com/@hubermanlab）也詳細解釋了這篇論文的意義和重要性。

第十一章　用於提高心理肌力的各種傳統冥想

72　《大乘起信論》云：「所言止者，謂止一切境界相，隨順奢摩他觀義故。所言觀者，謂分別因緣生滅相，隨順毗鉢舍那觀義故。」由此可知，《大乘起信論》直接繼承了早期經典的教誨，同時強調透過止（奢摩他）可入禪、透過觀（毗鉢舍那）可得智慧的「止觀」修行法。

73　「attadīpā viharatha attasaraṇā anaññasaraṇā dhammadīpā dhammasaraṇā anaññasaraṇā.」直譯如下：Atta的意思是「你自己（self）」，dīpā的意思是「洲、島」。viharatha的意思是「停留、生活在那裡」，saraṇā的意思是「避難處」。anañña的意思是「除此之外的其他任何事物」，而這裡的「dhammasaraṇā」則指「作為真理的法」。

74　這裡所介紹的關於安那般那薩提（數息觀）的內容，已經作為學術論文發表在《韓國冥想醫學會誌》中（金周煥，2021）。

圖片資料

【圖 5-3】這是黑白照片，還是彩色照片？——大腦對填色的推理　這是一張黑白照片，孩子們的衣服全都是白色或灰色，只不過是在孩子們的衣服上畫上各種顏色的交叉線條而已，結果我們的視覺中樞便將「線條」的顏色當成同學們身上衣服的顏色，作出填滿適當色彩的推理。所以，是我們的大腦把這張照片變成了彩色照片。

來源：PetaPixel

【圖 5-4】無意識自動推理　這張圖片中的物體上半部和下半部顏色相同，但看起來卻像是不同的顏色。當相同顏色看起來像不同顏色時，很容易讓人聯想到單純的「錯視」或「錯覺」。然而，即使在確認了物體上下部分是相同顏色之後，看起來顏色還是不同。這是大腦主動而積極推理的結果，而不是一個單純的錯誤。

【圖5-5】大腦喜歡被稱為「人臉」的解釋框架 視覺中樞有一個識別人臉的強大內在模型,因此當我們看到有稍微類似人臉型態的物體時,就會把該物體推理為人臉。

朱塞佩・阿爾欽博托（1527-1593）,〈園丁〉

protozoa

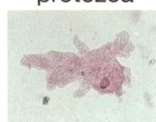

馬可夫覆蓋
I model the world

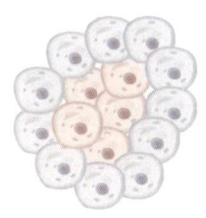

plants

覆蓋的覆蓋
we model the world

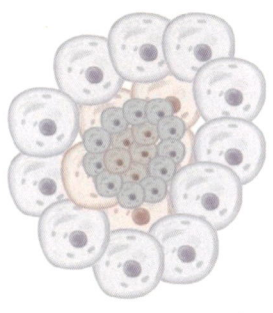

pontiffs

覆蓋內的覆蓋
we model ourselves modelling the world

【圖 5-10】由馬可夫覆蓋組成的馬可夫覆蓋　單細胞生物是一個馬可夫覆蓋，多細胞生物也是一個馬可夫覆蓋，一個組織也是一個馬可夫覆蓋。
資料來源：Kirchhoff et al., 2018

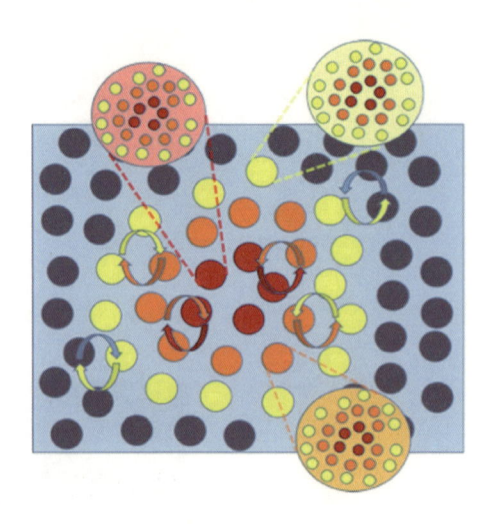

【圖 5-11】馬可夫覆蓋的巢狀結構　橘色和黃色圓圈是馬可夫覆蓋的感覺狀態和行為狀態,其內的紅色圓圈是內在狀態,外面的灰色圓圈是外在狀態。如果仔細觀察每個圓圈的話,又可以在圓圈裡面發現馬可夫覆蓋的結構。

資料來源:Kirchhoff et al., 2018

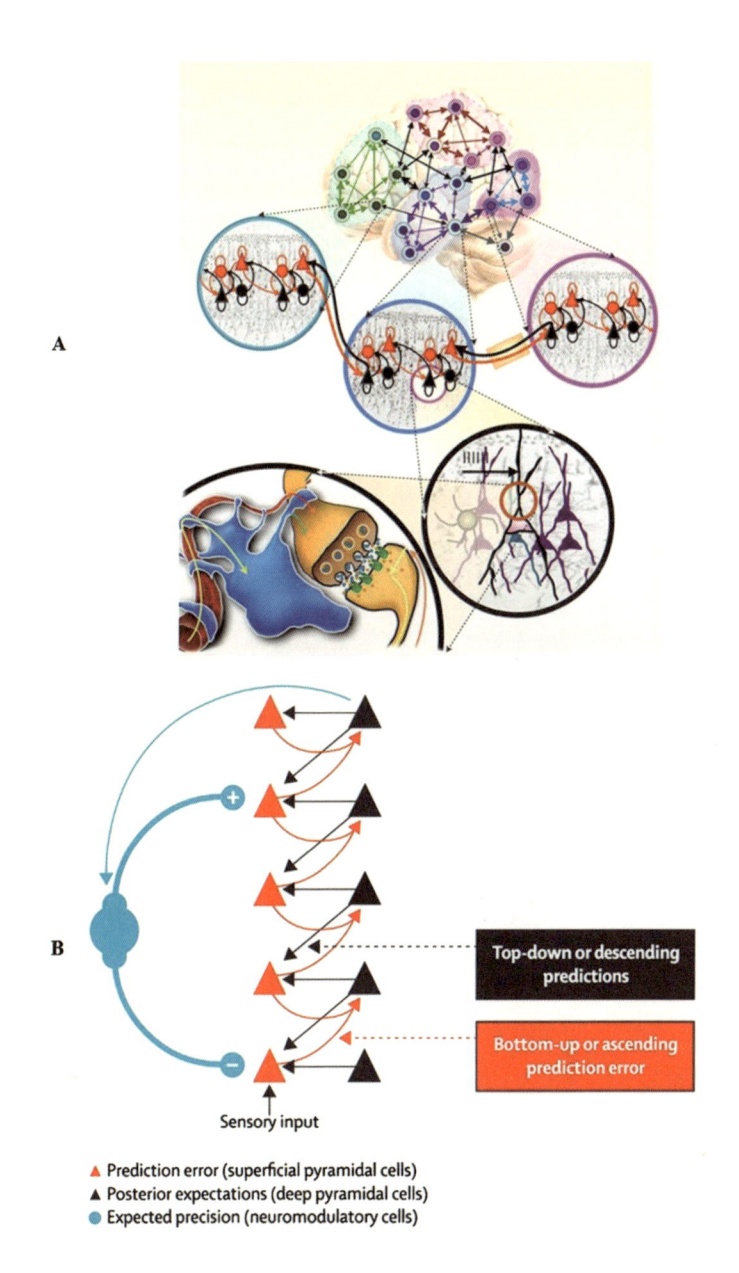

【圖 5-13】主動推理的層級順序　分層主動推理過程也存在於大腦的區域之間、大腦區域內較小的節點之間,甚至存在於其下的神經細胞層級中。不只馬可夫覆蓋的結構是巢狀的,主動推理過程也是巢狀的。換句話說,結構和功能層面都形成了巢狀的結構。

資料來源:Ramstead, Badcock&Friston, 2018

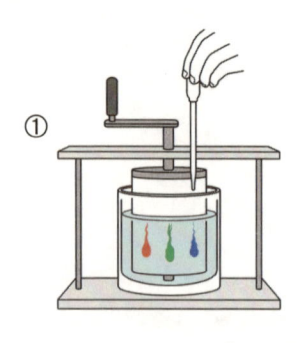

① 在高黏度的透明液體中，用滴管各加入一滴紅色、綠色和藍色的墨水。

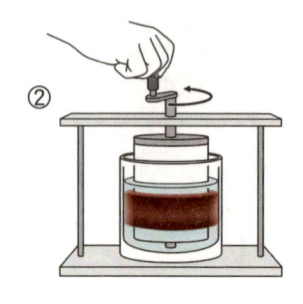

② 將中間的小圓筒轉動幾次之後，看似獨立粒子的三個墨滴會完全混合在一起，粒子像能量一樣擴散開來，失去原本的型態。

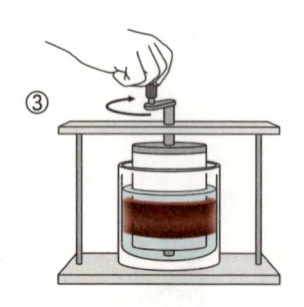

③ 現在，再將小圓筒往反方向慢慢轉動幾次。

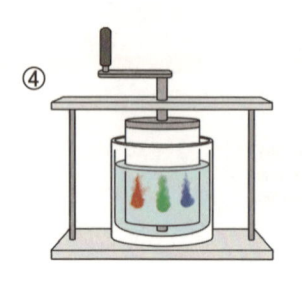

④ 很快地又會重新出現各自獨立的墨滴。

【圖 6-2】消失後又出現的墨滴

①蓋瑞森學院入口，天主教神學院的牌匾猶存，十字架也依然高高站在建築物的頂端。

②佛陀就坐在建築物的正前方望著十字架。

③室內還保留著天主教聖堂中才看得到的彩繪玻璃，中間地板上放著取代椅子的冥想墊。

【圖 7-2】蓋瑞森學院景觀

野人家 243

冥想改造大腦
腦神經科學、呼吸&動態冥想，讓你擺脫『原始腦』，
開啟自我深度對話、停止焦慮內耗的內在溝通減壓聖經
내면소통: 삶의 변화를 가져오는 마음근력 훈련

作　　者	金周煥 김주환
譯　　者	游芯歆

野人文化股份有限公司

社　　長	張瑩瑩
總 編 輯	蔡麗真
責任編輯	徐子涵
校　　對	魏秋綢
行銷經理	林麗紅
行銷企畫	李映柔
封面設計	萬勝安
美術設計	洪素貞

出　　版	野人文化股份有限公司
發　　行	遠足文化事業股份有限公司(讀書共和國出版集團) 地址：231 新北市新店區民權路 108-2 號 9 樓 電話：(02) 2218-1417　傳真：(02) 8667-1065 電子信箱：service@bookrep.com.tw 網址：www.bookrep.com.tw 郵撥帳號：19504465 遠足文化事業股份有限公司 客服專線：0800-221-029
法律顧問	華洋法律事務所　蘇文生律師
印　　製	成陽印刷股份有限公司
初版首刷	2025 年 4 月

9786267555705（平裝）
9786267555699（EPUB）
9786267555682（PDF）

有著作權　侵害必究
特別聲明：有關本書中的言論內容，不代表本公司／出版集團之立場與意見，
文責由作者自行承擔
歡迎團體訂購，另有優惠，請洽業務部(02) 22181417 分機 1124

내면소통 : 삶의 변화를 가져오는 마음근력 훈련
Copyright © 2023 by KIM JOO-HAN
All rights reserved.
Original Korean edition published in 2023 by INFLUENTIAL INC.
Chinese(complex) Translation rights arranged with INFLUENTIAL INC.
Chinese(complex) Translation Copyright ©2025 by Yeren Publishing House.
through M.J. Agency, in Taipei.

野人文化
官方網頁

野人文化
讀者回函

冥想改造大腦
線上讀者回函專用
QR CODE，你的寶
貴意見，將是我們
進步的最大動力。

國家圖書館出版品預行編目（CIP）資料

冥想改造大腦：腦神經科學、呼吸 & 動態冥想，讓你擺脫『原始腦』，開啟自我深度對話、停止焦慮內耗的內在溝通減壓聖經／金周煥著；游芯歆譯. -- 初版. -- 新北市：野人文化股份有限公司出版：遠足文化事業股份有限公司發行, 2025.04
　面；　公分. --（野人家）
譯自：내면소통 : 삶의 변화를 가져오는 마음근력 훈련
ISBN 978-626-7555-70-5(平裝)

1.CST: 靈修

192.1　　　　　　　　　114001959